Kohlhammer

Öffentliches Wirtschaftsrecht
Allgemeiner Teil

Grundlagen des deutschen, europäischen und internationalen öffentlichen Wirtschaftsrechts

Professor Dr. Dr. h. c. mult. Rolf Stober
Universität Hamburg

Professor Dr. Stefan Korte, Dipl.-Kfm.
Technische Universität Chemnitz

19., überarbeitete Auflage

Verlag W. Kohlhammer

Erschienen ist das Werk bis zur 18. Auflage unter dem Titel:
„Stober, Allgemeines Wirtschaftsverwaltungsrecht"

19. Auflage 2019

Alle Rechte vorbehalten
© W. Kohlhammer GmbH, Stuttgart
Gesamtherstellung: W. Kohlhammer GmbH, Stuttgart

Print:
ISBN 978-3-17-033963-7

E-Book-Format:
pdf: ISBN 978-3-17-033964-4
epub: ISBN 978-3-17-033965-1
mobi: ISBN 978-3-17-033966-8

Für Barbara

Ingo und Tanja

Katja und Fabio

Antonia, Alessio, Mika und Matteo

sowie

für Maya

Tilman, Adrian, Helena und Tamina

Vorwort zur 19. Auflage

Das Öffentliche Wirtschaftsrecht ist ein dynamisches Rechtsgebiet. Es muss neue wirtschaftspolitische Herausforderungen sowie aktuelle wirtschaftspraktische Bedürfnisse beachten und dabei den gegenwärtigen ökonomischen, ökologischen, technischen und sozialen Erkenntnisstand sowie die jüngste Entwicklung in Literatur, Rechtsprechung und Rechtsetzung einbeziehen. Dieses Spannungsfeld prägt auch die Neubearbeitung des Allgemeinen Teils des Öffentlichen Wirtschaftsrechts (Stand Januar 2018). Sie thematisiert die weitere Konsolidierung sowie Umsetzung des sekundären Unionsrechts und zeigt die damit verbundenen tiefgreifenden Veränderungen für das Öffentliche Wirtschaftsrecht u. a. im Wettbewerbs-, Außenwirtschafts-, Regulierungs- und Vergaberecht auf. Die Überarbeitung befasst sich ferner mit zahlreichen wirtschaftsüberwachungsrechtlichen Neuerungen etwa im Kreislaufwirtschafts-, Produktsicherheits- und Informationsrecht, die zunehmend verbraucherschutzrechtlich orientiert sind, sowie mit der Digitalisierung der Wirtschaftsverwaltung.

Die in diesem Grundlagenband zum Öffentlichen Wirtschaftsrecht behandelten allgemeinen Lehren werden in dem Folgeband zum Besonderen Öffentlichen Wirtschaftsrecht (Stober/Eisenmenger) insbesondere für das Gewerberecht und das spezielle Branchenrecht konkretisiert. Außerdem wird diese Materie in dem Band Stober/Paschke (Hg.), Deutsches und Internationales Wirtschaftsrecht, intradisziplinär auch aus wirtschaftsprivat- und wirtschaftsstrafrechtlicher Sicht entfaltet. Das Lehrbuch ist schließlich auf die im NWB-Verlag erscheinende Textausgabe Stober (Hg.), Wichtige Gesetze für Wirtschaftsverwaltung und die öffentliche Wirtschaft abgestimmt.

Erfreulicherweise hat sich mein akademischer Schüler, Professor Dr. *Stefan Korte*, bereit erklärt, ab dieser Auflage als Koautor mitzuwirken. Seine Forschungsschwerpunkte liegen seit jeher im Öffentlichen und insbesondere im Europäischen Wirtschaftsrecht. An seinem Lehrstuhl an der wirtschaftswissenschaftlichen Fakultät der TU Chemnitz haben sich insbesondere Frau Ass. iur. Luise Johne, Frau Dr. Nicole Thurner, Herr Lars Klenk, Herr Maros Fenik und Herr Zhilin Ye um das Werk verdient gemacht. Ihnen schulden die Autoren für ihre gründlichen Korrekturarbeiten, für die zuverlässige Überarbeitung der Fußnoten sowie für ihre kritischen Anmerkungen erheblichen Dank.

Hamburg und Chemnitz, im Mai 2018

Rolf Stober
Stefan Korte

Inhaltsübersicht

Inhaltsverzeichnis

Inhaltsverzeichnis

Inhaltsverzeichnis

Inhaltsverzeichnis

Inhaltsverzeichnis

Inhaltsverzeichnis

Abkürzungsverzeichnis

A

a. a. O.	am angegebenen Ort
ABl.	Amtsblatt der EU
Abs.	Absatz
AbwAG	Abwasserabgabengesetz
AEG	Allgemeines Eisenbahngesetz
AEUV	Vertrag über die Arbeitsweise der Europäischen Union
a. E.	am Ende
a. F.	alte Fassung
AFBG	Aufstiegsfortbildungsförderungsgesetz
AFG	Arbeitsförderungsgesetz
AFTA	ASEAN Free Trade Area
AG	Aktiengesellschaft, Ausführungsgesetz, Die Aktiengesellschaft (Zeitschrift)
AGB	Allgemeine Geschäftsbedingungen
AGVO	Allgemeine Gruppenfreistellungsverordnung
AkkStelleG	Gesetz über die Akkreditierungsstelle
AKP-Staaten	afrikanische-karibische-pazifische Staaten
A.M./a. M.	Andere Meinung/andere Meinung
AMG	Arzneimittelgesetz
amtl.	Amtliche, amtliche
AO	Abgabenordnung
AöR	Archiv des öffentlichen Rechts
APEC	Asia-Pacific-Economic-Cooperation
ArbZG	Arbeitszeitgesetz
Art.	Artikel
ASEAN	Association of Southeast Asian Nations
AT	Allgemeiner Teil
AufenthG	Aufenthaltsgesetz
Aufl.	Auflage
AVR	Archiv des Völkerrechts
AWG	Außenwirtschaftsgesetz
AWVO	Außenwirtschafts-Verordnung

B

BAG	Bundesarbeitsgericht
BAFG	Gesetz über die Errichtung des Bundesaufsichtsamtes für Flugsicherung
BAnz	Bundesanzeiger
BauGB	Baugesetzbuch
BauNVO	Baunutzungsverordnung
Bay	Bayerische
BayObLG	Bayerisches Oberstes Landesgericht
BayVBl.	Bayerische Verwaltungsblätter
BayVerfGH	Bayerischer Verfassungsgerichtshof
BayVGH	Bayerischer Verwaltungsgerichtshof
BB	Betriebsberater
BBankG	Bundesbankgesetz
Bbg.	Brandenburg (brandenburgisch)
BBiG	Berufsbildungsgesetz
BBodSchG	Bundes-Bodenschutzgesetz
Bd.	Band
BDSG	Bundesdatenschutzgesetz
Begr.	Begründung
BerlVerfGH	Berliner Verfassungsgerichtshof
BFH	Bundesfinanzhof

BFStrG	Bundesfernstraßengesetz
BGB	Bürgerliches Gesetzbuch
BGBl.	Bundesgesetzblatt
BGH	Bundesgerichtshof
BGHSt	Entscheidungen des Bundesgerichtshofes in Strafsachen
BGHZ	Entscheidungen des Bundesgerichtshofes in Zivilsachen
BHO	Bundeshaushaltsordnung
BImSchG	Bundes-Immissionsschutzgesetz
BImSchVO	Bundes-Immissionsschutzverordnung
Bln	Berlin
BMF	Bundesminister der Finanzen
BNatSchG	Bundesnaturschutzgesetz
BNotO	Bundesnotarordnung
BQRL	EG-Berufsqualifikationsanerkennungsrichtlinie 2005/36 EG
BR	Bundesrat
BR-Ds.	Bundesratsdrucksache
BRAO	Bundesrechtsanwaltsordnung
Brem	Bremer
BSI	Gesetz über das Bundesamt für Sicherheit in der Informationstechnik
BSG	Bundessozialgericht
BT	Besonderer Teil
BT-Ds.	Bundestags-Drucksache
BVerfG	Bundesverfassungsgericht
BVerfGG	Gesetz über das Bundesverfassungsgericht (Bundesverfassungsgerichtsgesetz)
BVerwG	Bundesverwaltungsgericht
BW	Baden-Württemberg
BZRG	Bundeszentralregistergesetz
bzw.	beziehungsweise
C	
C	Communication
Calliess/Ruffert	Kommentar zum EUV/AEUV und zur GrCH, 5. Aufl. 2016
CE	Communautés Europénnes
CCZ	Corporate Compliance Zeitschrift
ChemG	Chemikaliengesetz
C.I.S.G.	United Nations Convention on Contracts for the International Sale of Goods
CMA	Centrale Marketinggesellschaft der deutschen Agrarwirtschaft G.m.b.H.
COMECON	Council for Mutual Economic Assistance
CPV	Common Procurement Vocabulary
D	
DB	Der Betrieb
DDR	Deutsche Demokratische Republik
ders.	derselbe
DHKT	Deutscher Handwerkskammertag
dies.	dieselbe(n)
DIHK	Deutscher Industrie- und Handelskammertag
DIN	Deutsches Institut für Normung
DJT	Deutscher Juristentag
DLR	EG-Dienstleistungsrichtlinie 2006/123/EG
DÖV	Die öffentliche Verwaltung
DRiG	Deutsches Richtergesetz
DRiZ	Deutsche Richterzeitung
Ds.	Drucksache
DSD	Der Sicherheitsdienst
DVBl.	Deutsches Verwaltungsblatt

Abkürzungsverzeichnis

E

E	Amtliche Entscheidungssammlung des zuvor genannten Gerichte
EBRD	European Bank for Reconstruction and Development
ECU	European Currency Unit
EFTA	Europäische Freihandelszone
EG	Europäische Gemeinschaft
EGBGB	Einführungsgesetz zum Bürgerlichen Gesetzbuch
EG-FsRL	EG-Fernsehrichtlinie
EGKS	Europäische Gemeinschaft für Kohle und Stahl
EGKSV	Vertrag über die Gründung der Europäischen Gemeinschaft für Kohle und Stahl
EG	Vertrag zur Gründung der Europäischen Gemeinschaft
Ehlers	Ehlers/Fehling/Pünder (Hg.), Besonderes Verwaltungsrecht Band 1, Öffentliches Wirtschaftsrecht, 3. Aufl. 2012
EIB	Europäische Investitionsbank
EMRK	Europäische Konvention zum Schutze der Menschenrechte
EN	Euro(päische) Normenreihe
EnWG	Energiewirtschaftsgesetz
EnstatG	Energiestatistikgesetz
Erl.	Erläuterung
ERP	European Recovery Program
EStG	Einkommensteuergesetz
ESZB	Europäisches System der Zentralbanken
EU	Vertrag über die Europäische Union
EuGH	Europäischer Gerichtshof
EU GR Charta	Charta der Grundrechte der Europäischen Union
EuGRZ	Europäische Grundrechte-Zeitschrift
EuR	Europarecht
EUV	Vertrag über die Europäische Union (in der Fassung von Lissabon)
EuZW	Europäische Zeitschrift für Wirtschaftsrecht
EV	Einigungsvertrag
EWG	Europäische Wirtschaftsgemeinschaft
EWGV	Vertrag zur Gründung der Europäischen Wirtschaftsgemeinschaft
EWR	Europäischer Wirtschaftsraum
EZB	Europäische Zentralbank

F

FAO	Fachanwaltsordnung
FG	Festgabe
FFG	Filmförderungsgesetz
FinDAG	Finanzdienstleistungsaufsichtsgesetz
Frotscher/Kramer	Frotscher/Kramer, Wirtschaftsverfassungs- und Wirtschaftsverwaltungsrecht, 6. Aufl. 2013
FS	Festschrift
FS Säcker	Joost/Oetker/Paschke (Hg.), Festschrift für Franz Josef Säcker zum 70. Geburtstag, 2011
FS Stober	Kluth/Müller/Peilert (Hg.), Festschrift für Rolf Stober zum 65. Geburtstag, Wirtschaft-Verwaltung-Recht, 2008.
FStrPrivFinG	Fernstraßenbauprivatfinanzierungsgesetz
FTAA	Free Trade Area of the Americas

G

G	Gesetz
GastG	Gaststättengesetz
GATS	General Agreement on Trade in Services
GATT	General Agreement on Tariffs and Trade
GBl.	Gesetzblatt
GemO	Gemeindeordnung
GenTG	Gesetz zur Regelung der Gentechnik (Gentechnikgesetz)
GeRL	Genehmigungsrichtlinie

GewArch.	Gewerbearchiv
GewO	Gewerbeordnung
GG	Grundgesetz
GmbH	Gesellschaft mit beschränkter Haftung
GmbHG	Gesetz betreffend die Gesellschaften mit beschränkter Haftung
GMBl.	Gemeinsames Ministerialblatt
GO	Gemeindeordnung
GPA	Government Procurement Agreement
GSOGB	Gemeinsamer Senat der obersten Gerichtshöfe des Bundes
GüKG	Güterkraftverkehrsgesetz
GVBl.	Gesetz- und Verordnungsblatt
GVG	Gerichtsverfassungsgesetz
GV. NW	Gesetz- und Verordnungsblatt für das Land Nordrhein-Westfalen
GWB	Gesetz gegen Wettbewerbsbeschränkungen (Kartellgesetz)
GwG	Geldwäschegesetz

H

Hdb.	Handbuch
HdBGR	Handbuch der Grundrechte in Deutschland und Europa, herausgegeben von Detlef Merten und Hans-Jürgen Papier, 2006 ff.
HdbStR	Handbuch des Staatsrechts, herausgegeben von Josef Isensee und Paul Kirchhof, 10 Bände, 1987 ff.
Hess	Hessisch
Hg.	Herausgeber
HGB	Handelsgesetzbuch
HGrG	Haushaltsgrundsätzegesetz
h. M.	herrschende Meinung
Hmb	Hamburgisch
Hoffmann-Riem ua. (Hg.) Grundlagen	Hoffmann-Riem/Schmidt-Aßmann/Voßkuhle (Hg.), Grundlagen des Verwaltungsrechts, 2. Aufl. 2013
HwO	Handwerksordnung

I

i. d. F.	in der Fassung
i. e. S.	im engeren Sinn
IFG	Informationsfreiheitsgesetz
IHK	Industrie- und Handelskammer(n)
IHKG	Gesetz zur vorläufigen Regelung des Rechts der Industrie- und Handelskammern
i. S. d./v.	im Sinne des/von
ISO	International Organization for Standardization
IT	Informationstechnik
ITU	International Telecommunication Union
IuKDG	Gesetz zur Regelung der Rahmenbedingungen für Informations- und Kommunikationsdienste (Informations- und Kommunikationsdienste-Gesetz)
i. V. m.	in Verbindung mit
IVU	Integrierte Vermeidung und Verminderung der Umweltverschmutzung
IWF	Internationaler Währungsfonds

J

Jura	Juristische Ausbildung
JuS	Juristische Schulung
JZ	Juristenzeitung

K

KAG	Kommunalabgabengesetz
KG	Kommanditgesellschaft
KGG	Gesetz über kommunale Gemeinschaftsarbeit
KMU	Kleine und mittlere Unternehmen

Abkürzungsverzeichnis

KOM	Dokumente der Kommission der Europäischen Gemeinschaften
KredAWAG	Gesetz über die Kreditanstalt für Wiederaufbau
KrWG	Kreislaufwirtschaftsgesetz
KSZE	Konferenz für Sicherheit und Zusammenarbeit Europas
KWG	Kreditwesengesetz
L	
L	Législation/Legislation
LadschlG	Ladenschlussgesetz
LBO	Landesbauordnung
LFGB	Lebens- und Futtermittelgesetzbuch
LG	Landgericht
LHO	Landeshaushaltsordnung
LÖG	Ladenöffnungsgesetz
LuftSiG	Luftsicherheitsgesetz
LuftVG	Luftverkehrsgesetz
LV	Landesverfassung
M	
Maunz/Dürig	Grundgesetz-Kommentar, 81. Ergänzungslieferung 2018
MDStV	Mediendienste-Staatsvertrag
MERCOSUR	Mercado Común del Sur
MOG	Marktordnungsgesetz
MV	Mecklenburg-Vorpommern
m. w. N.	mit weiteren Nachweisen
N	
NAFTA	North American Free Trade Agreement
Nds	Niedersachsen, niedersächsisch
NJW	Neue Juristische Wochenschrift
Nr.	Nummer(n)
NRW, nrw	Nordrhein-Westfalen, nordrhein-westfälisch
NVwZ	Neue Zeitschrift für Verwaltungsrecht
NVwZ-RR	NVwZ-Rechtsprechungsreport
NW	Nordrhein-Westfalen, nordrhein-westfälisch
NW PolG	Polizeigesetz des Landes Nordrhein-Westfalen
NWVBl.	Nordrhein-westfälische Verwaltungsblätter
O	
o.	oben
ObLG	Oberstes Landesgericht
OECD	Organisation für Wirtschaftliche Zusammenarbeit und Entwicklung
ÖPNV	öffentlicher Personennahverkehr
OHG	Offene Handelsgesellschaft
OLG	Oberlandesgericht
ÖR	Öffentliches Recht
OVG	Oberverwaltungsgericht
OWiG	Ordnungswidrigkeitengesetz
OZG	Onlinezugangsgesetz
P	
Parl. Rat	Parlamentarischer Rat
PBefG	Personenbeförderungsgesetz
PolG	Polizeigesetz
PostG	Postgesetz
PrALR	Allgemeines Landrecht für die preußischen Staaten
ProdSG	Produktsicherheitsgesetz
PrOVGE	Entscheidungen des preußischen Oberverwaltungsgerichts
R	
RL	Richtlinie

Rn.	Randnummer
ROG	Raumordnungsgesetz
RP	Rheinland-pfälzisch
Ruthig/Storr, Öff. WiR	*Ruthig/Storr,* Öffentliches Wirtscahftsrecht, 4. Aufl. 2015
S	
S.	Seite
s.	siehe
Sa	Saarländisch
SAARC	Südasiatische Vereinigung für regionale Zusammenarbeit
saarl.	saarländisch
Sächs	Sächsisch(e)
SächsVBl.	Sächsische Verwaltungsblätter
SADC	Southern African Development Community
Sanh	Sachsen-Anhalt
SchfHwG	Schornsteinfeger-Handwerksgesetz
SchlH	Schleswig-Holstein (schleswig-holsteinisch)
Schmidt-Bleibtreu u. a.	Schmidt-Bleibtreu/Hofmann/Henneke (Hg.), GG-Kommentar, 14. Aufl. 2017
Schmidt/ Wollenschläger	Schmidt/Wollenschläger (Hg.), Kompendium Öffentliches Wirtschafts-recht, 4. Aufl. 2015
SigVO	Signaturverordnung (Verordnung zur digitalen Signatur)
Slg.	Sammlung
s. o.	siehe oben
SRÜ	Seerechtsübereinkommen
StabG	Stabilitätsgesetz
StAnz	Staatsanzeiger
StGB	Strafgesetzbuch
StGH	Staatsgerichtshof
Stober, Quellen	R. Stober, Quellen zur Geschichte des Wirtschaftsverwaltungsrechts, 1986
StVG	Straßenverkehrsgesetz
StVO	Straßenverkehrsordnung
s. u.	siehe unten
SubvG	Subventionsgesetz
SubVVO	Subventionsverfahrensverordnung
T	
TA	Technische Anleitung
TAFTA	Trans Atlantic Free Trade Agreement
TMG	Telemediengesetz
TEHG	Treibhausgas-Emissionshandelsgesetz
Thür.	Thüringen (thüringisch)
ThürVBl.	Thüringische Verwaltungsblätter
TKG	Telekommunikationsgesetz
TRIMS	Agreement on Trade Related Investment Measures
TRIPS	Agreement on Trade Related Aspects of Intellectual Property Rights
TÜV	Technischer Überwachungsverein
U	
u. a.	unter anderem, und andere
UAG	Umwelt-Audit-Gesetz
UGB-KomE	Umweltgesetzbuch, Entwurf der Unabhängigen Sachverständigenkom-mission
UN	United Nations
UNCITRAL	United Nations Commission on International Trade Law
UNCTAD	United Nations Conference on Trade and Development (Welthandels-konferenz)
UVP	Richtlinien zur Umweltverträglichkeitsprüfung

Abkürzungsverzeichnis

UVPG	Gesetz über die Umweltverträglichkeitsprüfung
UWG	Gesetz gegen den unlauteren Wettbewerb

V

V	Verordnung (auch VO)
v.	vom, von
VAG	Versicherungsaufsichtsgesetz
VDI	Verein Deutscher Ingenieure
Verf.	Verfassung
VerfGH	Verfassungsgerichtshof
VerpackVO	Verpackungsverordnung
Verw.	Die Verwaltung
VerwArch.	Verwaltungsarchiv
VerwRspr.	Verwaltungsrechtsprechung
VG	Verwaltungsgericht
VGH	Verwaltungsgerichtshof
VIG	Verbraucherinformationsgesetz
vgl.	vergleiche
VN	Vereinte Nationen
VO	Verordnung
VOB/A	Vergabe- und Vertragsordnung für Bauleistungen Teil A
VO	Vergabe- und Vertragsordnung für Leistungen ausgenommen Bauleistungen
VVDStRL	Veröffentlichungen der Vereinigung der Deutschen Staatsrechtslehrer
VwGO	Verwaltungsgerichtsordnung
VwVfG	Verwaltungsverfahrensgesetz

W

WHG	Wasserhaushaltsgesetz
WiSt	Wirtschaftswissenschaftliches Studium
WiVerw	Wirtschaft und Verwaltung
Wolff/Bachof/ Stober/Kluth	Wolff/Bachof/Stober/Kluth, Verwaltungsrecht Band I, 13. Aufl., 2017; Band II, 7. Aufl., 2010
WphG	Gesetz über den Wertpapierhandel
WRV	Weimarer Reichsverfassung
WTO	World Trade Organisation
WuW	Wirtschaft und Wettbewerb
WWSUV	(Staats-)Vertrag über die Schaffung einer Währungs-, Wirtschafts- und Sozialunion zwischen der Bundesrepublik Deutschland und der Deutschen Demokratischen Republik v. 18.5.1990 (BGBl. II, S. 537)

Z

z. B.	zum Beispiel
ZHR	Zeitschrift für das gesamte Handels- und Wirtschaftsrecht
Ziekow, Öff. WiR	*Ziekow*, Öffentliches Wirtschaftsrecht, 4. Aufl. 2016
ZögU	Zeitschrift für öffentliche und gemeinwirtschaftliche Unternehmen
ZPO	Zivilprozessordnung
ZRP	Zeitschrift für Rechtspolitik
z. T.	zum Teil

A. Grundlagen des Öffentlichen Wirtschaftsrechts

§ 1 Öffentliches Wirtschaftsrecht in Studium, Wissenschaft und Praxis

I. Zur Bedeutung des Öffentlichen Wirtschaftsrechts für Studium und Prüfung

1. Öffentliches Wirtschaftsrecht für Rechts- und Wirtschaftswissenschaftler

Als Rechtsmaterie ist das Öffentliche Wirtschaftsrecht gleichermaßen für Juristen, **1** Wirtschaftswissenschaftler und Wirtschaftsingenieure relevant. Die Aufnahme wirtschaftsjuristischer Gegenstände in Ausbildungs-, Studien- und Prüfungsordnungen wird damit begründet, dass das Wirtschaftsrecht über Gesetzgebung, Verwaltung und Rechtsprechung den **Rahmen für das unternehmerische Handeln** setze. Als Schwerpunktbereich ist das teilweise auch als Wirtschaftsverwaltungsrecht bezeichnete Öffentliche Wirtschaftsrecht in rechtswissenschaftlichen Studiengängen ausgestaltet, meistens als Teil eines öffentlich-rechtlich geprägten Fächerspektrums in Verbindung mit Planungs-, Umwelt-, Regulierungs-, Infrastruktur- oder Medienrecht.[1] In wirtschaftswissenschaftlichen Studienangeboten ist das Öffentliche Wirtschaftsrecht oftmals Bestandteil schon des Grundstudiums, jedenfalls aber im Wahlfachbereich angesiedelt.

2. Zur akademischen Aufwertung des Öffentlichen Wirtschaftsrechts im Jura-Studium

Die Konzentration auf den Schwerpunkt- und Wahlfachbereich belegt, dass die juristi- **2** sche und ökonomische Bedeutung des Öffentlichen Wirtschaftsrechts an deutschen Universitäten nach wie vor gering eingeschätzt wird[2]. Im Gegensatz zu den Wirtschaftswissenschaften spielen in der gegenwärtigen, **traditionell orientierten Juristenausbildung** Zusammenhänge von Recht und Ökonomie keine tragende Rolle. Zu Recht wird beklagt, die fundamentale Bedeutung eines funktionsfähigen Wirtschaftsrechts für die Entwicklung der Volkswirtschaft sei im Curriculum der Juristen nicht vorgesehen[3]. Zwar hat der Deutsche Anwaltsverein anlässlich des 58. Deutschen Juristentages gefordert, die Grundzüge des Wirtschaftsverwaltungsrechts zum Kernfach im juristischen Grundstudium zu erheben[4]. Demgegenüber kommt weder das Wirtschaftsverwaltungsrecht noch das Öffentliche Wirtschaftsrecht in den Vorschlägen des Juristischen Fakultätentages zur Neuordnung des juristischen Studiums im öffentlich-rechtlichen Pflichtfachbereich vor[5]. Immerhin hat das Thema „Öffentliches Wirtschaftsrecht" in mehreren Bundesländern Eingang in den Prüfungsstoff für den juristischen Vorbereitungsdienst gefunden.[6]

---

1 Jura 2005, 721 ff.; s. auch die Übersicht bei *Rolfs/Rossi-Wilberg*, JuS 2007, 297, 300 ff. sowie das Dokument „Die Schwerpunkte in der ersten juristischen Prüfung", JuS 2012, 278 ff.
2 S. auch *Beljin/Micker*, JuS 2003, 556: *Doerfert*, DVBl. 2004, 295 f.
3 *Schlüchter*, Jura 1998, 1, 3; *Grundmann*, NJW 1998, 2329 f.; *Hoffmann*, JuS 2004, 262, 264.
4 Anwaltsblatt 1990, 363, 372.
5 S. *Schomerus*, JuS 2003, 930, 932.
6 *Stelkens*, DÖV 2017, 148, 153 ff.

3 Eine Alternative zur klassischen und künftigen Juristenausbildung bieten die auf Empfehlungen des Wissenschaftsrates beruhenden und von der Wirtschaft begrüßten[7], gegen energischen Widerstand u. a. des Juristen-Fakultätentages[8] an zahlreichen **Fachhochschulen** geschaffenen grundständigen Studiengänge Wirtschaftsrecht oder Verbundstudiengänge „Betriebswirtschaft, Schwerpunkt Wirtschaftsrecht". Diese und andere Angebote eröffnen die Chance zum Erwerb von Mischqualifikationen, die Problemlösungskompetenz an der Schnittstelle zwischen Wirtschaft und Recht, Betrieb und Verwaltung vermitteln[9]. Ausweislich des statistischen Jahrbuches der Anwaltschaft 2017/18[10] studieren 90 Prozent der Studierenden an Fachhochschulen, die die Fachgruppe „Rechtswissenschaft" belegt haben, das Fach „Wirtschaftsrecht". Das zeigt, dass mit diesem Studienangebot eine nachgefragte Alternative gegenüber der Beschäftigung als Volljurist zur Verfügung steht, die eine auch in der Wirtschaft gewünschte Spezialisierung ermöglicht.

4 Großes Gewicht wird im Öffentlichen Wirtschaftsrecht, teilweise in Ausformung als Wirtschaftsverwaltungsrecht in jüngerer Zeit **postgradualen wirtschaftsjuristischen Zusatz-, Ergänzungs-, Aufbau- und Masterstudiengängen** eingeräumt. Daneben haben einige Universitäten interdisziplinäre und international ausgerichtete Bachelor- und Masterstudiengänge zum Wirtschaftsrecht entwickelt[11]. Die Zielrichtung geht insoweit oftmals dahin, rechtswissenschaftliches Grundwissen mit der ökonomischen Basis zu verknüpfen – so z. B. im Falle des Master-Studiengangs „Wirtschaftswissenschaften für Juristen", den die wirtschaftswissenschaftliche Fakultät der TU Chemnitz für Absolventen des ersten juristischen Staatsexamens oder eines gleichwertigen Studienabschlusses anbietet und der nach einer ökonomischen Grundlagenausbildung darauf angelegt ist, juristisches Wissen z. B. im Bereich „Wirtschaft und Regulierung" an ökonomischen Phänomenen und deren Funktionsweise zu spiegeln, um so die Studierenden zu ökonomisch informierten Juristen auszubilden.

II. Zur Bedeutung des Öffentlichen Wirtschaftsrechts für Wissenschaft und Praxis

5 Unbeschadet der aufgezeigten akademischen Aufwertung wird das Wirtschaftsverwaltungsrecht in der **Forschung** eher stiefmütterlich behandelt[12]. Das rechtswissenschaftliche Interesse beschränkt sich einerseits auf bestimmte Ausschnitte oder auf einzelne Zweige, wie etwa das Medienwirtschaftsrecht, das Kapitalmarktrecht, das Regulierungsrecht oder das Subventionsrecht. Andererseits ist zu beobachten, dass das Öffentliche Wirtschaftsrecht zunehmend aus seinem wissenschaftlichen Schattendasein heraustritt und an Reputation gewinnt. Eine vertiefte wissenschaftliche Beschäftigung ist vor allem vor dem Hintergrund angebracht, dass das Wirtschaftsverwaltungsrecht wegen seiner Vielgestaltigkeit, Dynamik und rechtspolitischen Schlüsselfunktion zunehmend die Rolle eines modernen Referenzgebietes des Verwaltungsrechts übernimmt[13]. Allerdings ist zu konstatieren, dass es an visionären und evolutionären Entwürfen zur Zukunftsgestaltung dieser Materie mangelt[14].

---

7 S. *Konegen-Grenier*, WiSt. 1994, 207, 210.

8 S. u. a. die Würzburger Thesen, JuS 1995, 749 ff. und dagegen z. B. *Hoffmann-Riem*, JuS 1997, 208 ff.

9 S. zu den Konzepten u. a. *Schomerus*, JuS 2001, 1244 ff.; *Hoffmann*, JuS 2004, 262 ff.

10 *Kilian/Dreske*, Statistisches Jahrbuch der Anwaltschaft 2017/18, Tabelle 6. 1. 9.

11 S. näher *Gravenhorst/Klöhn*, Jura 2001, 791 f.; *Hoffmann*, JuS 2004, 262 ff.; *M. Kilian*, NJW 2017, 3043, 3045.

12 S. näher *Stober*, DÖV 1995, 125 ff.; *ders.*, in: FS für Maurer, 2001, S. 827 ff.

13 Zustimmend *Masing*, JZ 2011, 753, 757; *Fehling*, JZ 2016, 540 ff.

14 Vgl. dazu z. B. *Fehling*, JZ 2016, 540 ff.; siehe auch *Knauff*, DÖV 2017, 969 ff.

Neben der Wissenschaftsrelevanz ist die **Praxisbedeutung** des Öffentlichen Wirt- **6**
schaftsrechts unübersehbar. Denn diese Materie bildet den unverzichtbaren Rahmen
für die juristische Steuerung der Wirtschaft und die ökonomische Entfaltung von Unternehmen und Verbrauchern *(s. §§ 2 ff.)*. Die Verwendungsmöglichkeiten des Wirtschaftsverwaltungsrechts in klassischen und modernen juristischen und ökonomischen
Berufen sind vielfältig. Im Vordergrund dieses expandierenden Dienstleistungsmarktes
stehen die Unternehmens-,Wirtschafts- und Verwaltungsberatung, die Rechtsgestal-
tung und das Konfliktmanagement[15]. Hinsichtlich einer anwaltlichen Spezialisierung
auf das Wirtschaftsverwaltungsrecht im Rahmen einer Tätigkeit als Fachanwalt für
Verwaltungsrecht bieten nach § 43c BRAO in Verbindung mit § 8 Fachanwaltsord-
nung mehrere Veranstalter unter dem Titel „Wirtschaftsverwaltungsrecht" spezielle
Vorbereitungskurse an.

III. Literaturhinweise

1. Textausgaben
Becksche Textausgabe Öffentliches Wirtschaftsrecht (Loseblattsammlung)
Becksche Textausgabe Europäisches Wirtschaftsrecht (Loseblattsammlung)
Schwartmann (Hg.), Völker- und Europarecht mit WTO-Recht, 10. Aufl. 2015
Sodan (Hg.), Öffentliches, Privates und Europäisches Wirtschaftsrecht, 17. Aufl. 2017
Stober (Hg.), Wichtige Gesetze für Wirtschaftsverwaltung und die öffentliche Wirtschaft,
     30. Aufl. 2018
Stober (Hg.), Quellen zur Geschichte des Wirtschaftsverwaltungsrechts, 1986

2. Lehr- und Handbücher
Badura, Wirtschaftsverfassung und Wirtschaftsverwaltung, 4. Aufl. 2011
P.M. Huber, Öffentliches Wirtschaftsrecht, in: Schoch (Hg.), 15. Aufl. 2013, S. 305 ff.
Ehlers/Fehling/Pünder (Hg.), Besonderes Verwaltungsrecht Band 1, Öffentliches Wirtschafts-
     recht, 3. Aufl. 2012
Enchelmaier, Europäisches Wirtschaftsrecht, 2005
Fetzer, Wirtschaftsverwaltungsrecht, in: Steiner (Hg.), Besonderes Verwaltungsrecht, 9. Aufl. 2018,
     S. 693 ff.
Frotscher/Kramer, Wirtschaftsverfassungs- und Wirtschaftsverwaltungsrecht, 6. Aufl. 2013
Herdegen, Internationales Wirtschaftsrecht, 11. Aufl. 2017
Hilf/Oeter (Hg.), WTO-Recht, 2. Aufl. 2010
Jarass, Wirtschaftsverwaltungsrecht und Wirtschaftsverfassungsrecht, 3. Aufl. 1997
Kirchhof/Korte/Magen (Hg.), Öffentliches Wettbewerbsrecht – Neuvermessung eines Rechtsgebiets,
     2014
Kilian/Wendt, Europäisches Wirtschaftsrecht, 6. Aufl. 2017
Knauff, Öffentliches Wirtschaftsrecht, 2015
Krajewski, Wirtschaftsvölkerrecht, 4. Aufl. 2017
Prieß/Berrisch, WTO-Handbuch, 2003
Reus/Mühlhausen/Stöhr, Haushalts- und Beihilferecht, 2017
Rittner/Dreher, Europäisches und deutsches Wirtschaftsrecht, 3. Aufl., 2008
Ruthig/Storr, Öffentliches Wirtschaftsrecht, 4. Aufl. 2015
Schliesky, Öffentliches Wirtschaftsrecht, 4. Aufl. 2014
Schmidt R., Öffentliches Wirtschaftsrecht, Allgemeiner Teil, 1990
Schmidt R. (Hg.), Öffentliches Wirtschaftsrecht, Besonderer Teil 1 und 2, 1995/1996
Schmidt/Wollenschläger (Hg.), Kompendium Öffentliches Wirtschaftsrecht, 4. Aufl. 2015
Schulte/Kloos (Hg), Handbuch Öffentliches Wirtschaftsrecht, 2016
Schwarze, Europäisches Wirtschaftsrecht, 2007
Stober (Hg.), Rechtsschutz im Wirtschaftsverwaltungs- und Umweltrecht, 1993
Stober/Paschke (Hg.), Deutsches und Internationales Wirtschaftsrecht, 3. Auflage 2017
Stober/Eisenmenger, Besonderes Wirtschaftsverwaltungsrecht, 16 Aufl. 2016
Stoll/Schorkopf, WTO, 2002

---

15 *M. Kilian*, NJW 2017, 3043, 3046.

Tietje (Hg.), Internationales Wirtschaftsrecht, 2. Aufl. 2015
Weiß/Hermann/Ohler, Welthandelsrecht, 2. Aufl. 2007
Ziekow, Öffentliches Wirtschaftsrecht, 4. Aufl. 2016

3. Fallsammlungen
Glaser/Klement, Öffentliches Wirtschaftsrecht, 2009
Gurlit/Ruthig/Storr, Klausurenkurs im Öffentlichen Wirtschaftsrecht, 2. Aufl. 2017
Hösch, Fälle und Lösungen zum Wirtschaftsverwaltungsrecht, 2001
Pache/Knauff, Fallhandbuch Europäisches Wirtschaftsrecht, 2. Aufl. 2010
Sander/Sigloch, Fälle zum Wirtschaftsverfassungs- und Wirtschaftsverwaltungsrecht, 2003
Schöbener/Jahn, Fälle zum öffentlichen Wirtschaftsrecht, 2. Aufl. 2009

4. Schriftenreihen
Basedow/Hopt/Roth (Hg.), Schriftenreihe Europäisches Wirtschaftsrecht
Burgi u. a. (Hg.), Schriften zum Öffentlichen Wirtschaftsrecht
Ehlers/Wolffgang (Hg.), Schriften zum Außenwirtschaftsrecht
Stober/Korte (Hg.), Studien zum Öffentlichen Wirtschaftsrecht

§ 2 Methodische Erschließung und Abgrenzung des Öffentlichen Wirtschaftsrechts

I. Das Öffentliche Wirtschaftsrecht im System der Gesamtrechtsordnung

1. Notwendigkeit und Bedeutung des Öffentlichen Wirtschaftsrechts

8 Öffentliches Wirtschaftsrecht ist als Rechtsmaterie nur erforderlich, wenn der Staat das Verhalten von Wirtschaftssubjekten oder Wirtschaftsakteuren steuern will. Es geht insoweit also um die **Steuerung von Wirtschaftsprozessen** in Form einer legislativen, judikativen oder administrativen Beeinflussung von Wirtschaftssubjekten (Unternehmern und Verbrauchern) oder von Wirtschaftsverbänden *(s. u. Rn. 20 ff.)* zur Durchsetzung ökonomischer oder ggf. gemeinwohlorientierter Ziele. Beschäftigt sich der Staat nicht mit der Lenkung, der Überwachung oder der Förderung der Wirtschaft *(s. u. Rn. 847 ff.),* dann bedarf es keines Öffentlichen Wirtschaftsrechts oder Wirtschaftsverwaltungsrechts. Der Staat greift dann nur im Rahmen der allgemeinen polizeilichen Gefahrenabwehr ein, indem er das gesellschaftliche Leben im Übrigen regelt bzw. hoheitlichen Maßnahmen unterwirft.

Beispiele: Polizeiliche Schließung eines Betriebes wegen Seuchen- oder Einsturzgefahr.

9 Die **fundamentale Bedeutung der Wirtschaft** für die Existenz, den Wohlstand und den Fortschritt eines Volkes ist heute allgemein anerkannt. Denn Güter und Dienste sind in jeder Wirtschaft knapp und jedes Gemeinwesen muss sich um die Bedarfsdeckung und die hierfür erforderliche Infrastruktur *(s. u. Rn. 852 ff.)* kümmern. Die Volks- und die Betriebswirtschaft, die privatwirtschaftliche Betätigung und die rechtliche Verantwortung der Unternehmen hängen entscheidend von den grundlegenden rechtlichen Vorgaben des jeweiligen Wirtschafts- und Verwaltungsrechtssystems ab *(s. u. Rn. 93 ff.).*

Beispiele: Ein auf Wettbewerb und Markt basierendes Wirtschaftsrechtssystem hat andere Rechtsgüter zu schützen als eine planwirtschaftlich gelenkte Rechtsordnung.

10 Aus diesen und anderen Gründen verzichtet kein Staat auf die öffentlich-rechtliche Steuerung der Wirtschaft. Sie ist Ausdruck der **staatlichen Verantwortung für die Wirtschaft** und besitzt den Rang einer zentralen Staats- und Rechtsaufgabe *(s. u. Rn. 141 ff. und Rn. 847 ff.).* Selbst der liberale Staat stellt rechtliche Rahmenbedingungen zur

Verfügung, mit denen er wirtschaftliches Handeln ermöglicht und begleitet[16]. Er hat mindestens zu gewährleisten, dass Versorgung und Entsorgung funktionieren (sog. wirtschaftliche Gewährleistungsverwaltung)[17]. Zusammengefasst ist das Öffentliche Wirtschaftsrecht infolgedessen regelmäßig Bestandteil einer jeden hoheitlichen Rechtsordnung.

2. Rechtsvergleichende Perspektive

Aus einer rechtsvergleichenden Perspektive[18] bedarf es einer Differenzierung nach Rechtskreisen, um die Bedeutung des Öffentlichen Wirtschaftsrechts bzw. des Wirtschaftsverwaltungsrechts zu erschließen. Dem vom Common Law und damit dem Case Law geprägten **anglo-amerikanischen Rechtskreis** (USA, Kanada, UK, Australien, Neuseeland, Indien, Singapur, Hongkong) sind die Materien Öffentliches Wirtschaftsrecht und Wirtschaftsverwaltungsrecht fremd[19]. Stellvertretend sei eine britische Aussage zitiert: „The idea of a unified concept of economic administrative law is alien to the legal system of the United Kingdom"[20]. Hier liegt der Schwerpunkt der ökonomischen Regulierung im Allgemeinen Verwaltungsrecht. Daneben wird sie allenfalls aspektiv, punktuell problembezogen als economic regulation oder speziell z. B. als constructed market law[21] gepflegt. **11**

Ganz anders verhält es sich mit dem vom Civil Law bzw. Roman Law dominierten, systematisch angelegten **kontinentaleuropäischen Rechtskreis**. Insoweit hat das Wirtschaftsverwaltungsrecht//Öffentliche Wirtschaftsrecht in Österreich, der Schweiz, Deutschland, Frankreich, den meisten mittel- und osteuropäischen Staaten sowie teilweise im südostasiatischen Rechtsraum (Japan, Volksrepublik China, Taiwan, Südkorea) eine intensive eigenständige rechtliche Behandlung erfahren[22]. In diesem Zusammenhang ist auffallend, dass sich zahlreiche Staaten am deutschen Rechtsrahmen orientieren, das sich im Wettbewerb der Rechtskreise zu einem Exportschlager entwickelt hat[23]. Mit der Wahl dieses Bezugspunktes ist ein erhebliches Potenzial für wirtschaftsrechtsvergleichende Forschung verbunden, weil die jeweiligen Normenkomplexe aufgrund historischer oder gesellschaftspolitischer Unterschiede nicht im Detail gleichgeschaltet sind. **12**

Eine Brücke zwischen Common Law und Civil Law schlagen das südafrikanische und das schottische Recht, die deshalb als „mixed system" oder „**hybride**" **Rechtsordnung** bezeichnet werden. Zudem verschwinden die Unterschiede zwischen Common Law und Civil Law aufgrund der Supranationalisierung des Wirtschaftsrechts in der EU, deren Mitgliedstaaten (Art. 52 EUV) teilweise auf dem Common Law aufbauen (UK, Nordirland, Malta und Zypern). Während die Rechtssetzung der Union nach kontinentaleuropäischem Kodifikationsvorbild erfolgt, verbindet die EU-Rechtsprechung schon deshalb beide Rechtsfamilien, weil häufig auf Präzedenzfälle zurückgegriffen wird[24]. Wegen dieser methodischen Annäherung wird auch das Unionsrecht häufig als Hybridform gekennzeichnet[25]. **13**

---

16 *P. Saladin*, Verantwortung als Staatsprinzip, 1984, S. 132 ff.; BVerfGE 15, 235, 240.
17 S. etwa *Schuppert* (Hg.), Der Gewährleistungsstaat, 2005.
18 *Kischel*, Rechtsvergleichung, 2015.
19 S. zum Begriff des Common Law *Lepsius*, Verwaltungsrecht unter dem Common Law, 1997, S. 31 ff.
20 *Lyall*, An Introduction to British Law, Baden-Baden, 1994, S. 118 f.
21 *Masing*, AöR 128 [2003], 558 ff.; *Breuer*, in: FS für W. Brohm, 2003, S. 310.
22 S. zu Japan *A. Fahje*, Wirtschaftsverfassungsrecht in Japan, 2007; zu Südkorea *K. W. Chang*, Die Vergemeinschaftung des deutschen Wirtschaftsverwaltungsrechts, 2005, S. 8 und zur Volksrepublik China *Libin Xie*, Chinesisches und deutsches Wirtschaftsverfassungsrecht, 2007.
23 *Stober*, DÖV 2002, 547 ff.; s. allgemein *Peters/Giegerich*, VVDStRL 69 [2010]. 9 ff. und 65 ff.
24 S. etwa EuGH, NVwZ 2014, 283, 285 Rn. 57.
25 *Pötters/Christensen*, JZ 2012, 289 ff.

14   Unklar ist die Stellung des Öffentlichen Wirtschaftsrechts im religiös geprägten und von der Scharia beherrschten **islamischen Rechtskreis**, dessen Einzugsbereich vom Nahen Osten bis Südostasien reicht. Einerseits handelt es sich jenseits säkularisierter Erscheinungsformen um geschriebenes Recht mit umfassender Geltung des Korans, der als Gesetzbuch unter Berücksichtigung der Sunna als der Sammlung vorbildlicher Aussagen des Propheten Mohammed insbesondere nach klassischem Verständnis interpretiert wird[26]. Andererseits finden sich im Koran unbeschadet seiner fundamentalen Bedeutung für die islamische Wirtschaftsordnung nur rudimentäre Wirtschaftsrechtsregeln (etwa das Zins-, Glücksspiel, Spekulations- oder Schweinefleischverbot, aber auch das Schächtgebot)[27], die zur Schaffung islamkonformer Vorschriften und Produkte (z. B. Scharia-Policen) geführt haben.[28] Betrachtet man ferner den im Koran enthaltenen Gedanken der „sozialen Verwendung von Überschüssen" bzw. das Leitmotiv des Schutzes von Bedürftigen durch die Solidargemeinschaft, dann weist der islamische Rechtskreis auch Elemente einer sozialen Marktwirtschaft auf *(s. u. Rn. 106 ff.)*[29].

3. Konturenlosigkeit

15   Unbeschadet seiner beschriebenen ökonomischen und juristischen Bedeutung ist es bisher nicht gelungen, das Öffentliche Wirtschaftsrecht bzw. Wirtschaftsverwaltungsrecht überzeugend **von anderen Rechtsmaterien abzugrenzen** und seine Eigenheiten herauszupräparieren. Vielmehr belegt die neuere Literatur, dass es noch keine herrschende Meinung über den Begriff sowie den Lehr- und Forschungsgegenstand dieser Disziplin gibt. Nach wie vor ist diese Materie terminologisch, definitorisch, konzeptionell und inhaltlich gleichermaßen umstritten[30]. Die Konturenlosigkeit[31] hat mehrere Gründe:
- Das Öffentliche Wirtschaftsrecht ist kein typischer Rechtsbegriff. Dieser Ausdruck schließt auch eine historische, soziologische, ökonomische, ökologische, ethische, geografische, politische und verwaltungswissenschaftliche Dimension ein. In diesem umfassenden Sinne ist es angebracht, von Wirtschaftsverwaltungswissenschaft zu sprechen *(s. u. Rn. 83 ff.)*.
- Die Bezeichnungen Wirtschaft und Verwaltung sind nicht eindeutig zuzuordnen. Deshalb sind unterschiedliche Inhaltsbestimmungen denkbar (privatrechtlich, öffentlich-rechtlich, strafrechtlich, sonderrechtlich *[s. u. Rn. 29]*).
- Das Öffentliche Wirtschaftsrecht besitzt Querschnittscharakter. Es wirkt sich auf zahlreiche andere Rechts- und Lebensbereiche aus und wird von unterschiedlichen Rechtsregeln beeinflusst *(s. u. Rn. 40 ff., 67 ff. und 118 ff.)*.
- Das Öffentliche Wirtschaftsrecht muss unterschiedlich verfasste Rechts- und Wirtschaftsordnungen berücksichtigen (nationales, europäisches und internationales Wirtschaftsrecht – *s. u. Rn. 67 ff., 229 ff. und 503 ff.)*.
- Das Öffentliche Wirtschaftsrecht ist als Ausprägung des Wirtschaftsrechts eine junge Rechtsmaterie[32]. Es ist im Gegensatz zu anderen Rechtszweigen (wie etwa dem Polizei- und Baurecht) weder kodifiziert *(s. u. Rn. 50 f.)* noch vollumfänglich[33]

---

26 S. *Popal*, Die Scharia, das religiöse Recht – ein Konstrukt, 2006; Bock, NVwZ 2007, 1250 ff.
27 *T. Nagel*, Das islamische Recht, 2001, S. 73 ff., 127 ff., 282.
28 *Gramlich/Manger-Nestler*, WM 2009, 1629 ff. und 1677 ff.; *Casper*, Rechtswissenschaft 3/2011, 251 ff.; vgl. im Speziellen auch *Thurner*, Die Implementation des murābaḥa-Vertrages in deutsches Recht, 2014.
29 S. näher *Traub*, in Muckel (Hg.), Der Islam im Öffentlichen Recht des säkularen Verfassungsstaates, 2008, 582 ff.; *Rohe*, Das islamische Recht, 3. Aufl. 2009.
30 Hoffmann-Riem/Schmidt-Aßmann/*Kahl*, Verwaltungsverfahren, 2002, S. 67, 107; vgl. für das Öffentliche Wettbewerbsrechts *Korte*, in: Kirchhof/Korte/Magen (Hrsg.), Öff. Wettbewerbsrecht, 2014, § 3 Rn. 22 ff.
31 Zustimmend zu diesem Befund *M. Dreher*, JZ 2014, 185.
32 *Rittner*, in: FS für Ulmer, 2003, S. 977 f.
33 Vgl. aber *Kirchhof/Korte/Magen* (Hrsg.), Öff. Wettbewerbsrecht, 2014.

wissenschaftlich durchgearbeitet. Gleichzeitig führt die wachsende Spezialisierung zu einer Rechtszersplitterung und Abwanderung von Normkomplexen in andere Rechtsbereiche wie etwa vom Gewerberecht in das umweltrechtlich motivierte Immissionsschutzrecht[34].

– Das Öffentliche Wirtschaftsrecht ist eine besonders dynamische Rechtsmaterie. Wirtschaft und Verwaltung unterliegen durch das Fortschreiten der Technik (New Economy[35], Gentechnikrecht, Medienwirtschaftsrecht, Wirtschaftsregulierungsrecht[36]), neue Produktentwicklungen (Novel Food), veränderte Bedürfnisse (Virtuelle Unternehmen), Liberalisierungen (Privatisierungsfolgenrecht) sowie rechtspolitische Forderungen (Verbraucherschutz) einem ständigen Wandel[37].

– Das Öffentliche Wirtschaftsrecht ist realwirtschaftlich nur teilweise beherrschbar, weil viele Vorgänge kaum juristisch greifbar sind (Vernetzung von Datenmassen, Kapitalmarkttransaktionen).

Diese Besonderheiten verlangen **Entwicklungsoffenheit in der Definition** und verbieten eine Festschreibung, wenn man nicht von vornherein bestimmte Teilbereiche willkürlich ausklammern will. **15a**

4. Konzepte und Prinzipien

Wirtschaftsverwaltungsrecht muss auch als Öffentliches Wirtschaftsrecht als möglichst **16** komplex und als Prozess verstanden werden, der normative und reale Wirtschaftsvorgänge sowie Lebenssachverhalte und damit auch deren Wirkungen berücksichtigt (Art. 34 AEUV). Es leuchtet ein, dass angesichts dieser Verflochtenheit Unsicherheit über die Konzeption, die Dimensionen, die Strukturen und den Kanon des Wirtschaftsverwaltungsrechts besteht. Allerdings ist eine **Begriffserklärung** und Umschreibung schon wegen der Abgrenzung gegenüber anderen Rechtsmaterien, der Erschließung der spezifischen Inhalte und der anzuwendenden Prinzipien unabdingbar. Sie ist abhängig von der Fragestellung, dem Untersuchungsgegenstand und dem methodischen Vorgehen. Sie kann entweder abstrakt theoretisch und damit losgelöst von einem bestimmten Rechtssystem oder positivrechtlich konkret auf eine bestimmte Rechtsordnung bezogen sein.

Mögliche Anknüpfungspunkte für eine Präzisierung sind Sachprobleme, die einer **17** wirtschaftsrechtlichen Lösung zugeführt werden sollen oder ökonomische Begriffe (wie Unternehmen und Markt, Knappheit und Wettbewerb), individuelle Rechte (Wirtschaftsfreiheiten) oder politische Wertvorstellungen als Berücksichtigung von Einzel-, Gruppen- oder Gesamtinteressen (sozialstaatliche Belange, gesamtwirtschaftliche Erfordernisse, Mittelstandsförderung usw.). In der Lehrbuchliteratur werden unterschiedliche Konzepte vertreten. Hingegen wird die Schlüsselfrage nach den spezifischen Wertungen und Prinzipien des Wirtschaftsverwaltungsrechts kaum thematisiert[38]. Insofern handelt es sich bei dieser Materie um einen chaotischen Zweig des Rechtssystems auf der Suche nach klaren Strukturen[39]. Folglich muss verstärkt darüber nachgedacht werden, welche Prinzipien das Öffentliche Wirtschaftsrecht prägen bzw. ob und inwieweit **Prinzipien** anderer Rechtsgebiete für diese besondere Ausprägung des Wirtschaftsrechts fruchtbar gemacht werden können.

---

34 Zustimmend *Knauff*, DVBl. 2011, 722, 730.
35 *T. Ernst*, Modernisierung der Wirtschaftsverwaltung durch elektronische Kommunikation, 2005.
36 *Möstl*, GewArch. 2011, 265 ff.
37 *Bauschke*, Verbraucherschutz im Öffentlichen Recht, 2005; *Knauff*, DVBl. 2011, 727 ff.
38 S. auch *Schmidt-Aßmann*, Das Allgemeine Verwaltungsrecht als Ordnungsidee, 2. Aufl. 2004, S. 134 f., *Lüdemann*, DVBl. 2014, 95 f.
39 *Stober*, in: FS für Maurer, 2001, S. 827 f.; zustimmend *Knauff*, DVBl. 2011, 727 f.

5.   Eigen-, Mit- und Staatsverantwortung

18   **a) Die Rolle des Staates und der Staatengemeinschaft.** Dieses Lehrbuch will die Rolle und **Verantwortung des Staates**, seiner Einrichtungen und Glieder für ökonomische Prozesse unter weltwirtschafts-, unions-, staats- und verwaltungsrechtsprinzipiellen Gesichtspunkten beleuchten. Sie kann etwa in Staatszielen, Staatszwecken, Grundrechten, Grundfreiheiten, Strukturnormen, Leitideen usw. zum Ausdruck kommen (sog. principle guiding rules oder conceptual basis of legal systems, principes généraux de droit) und sich von einer Vollverantwortung bis zu einer Gewährleistungsverantwortung erstrecken *(s. o. Rn. 10 ff und u. Rn. 86 ff. und 852 ff.)*.[40] Diese Ausrichtung schließt die Frage nach dem Ob und dem Umfang der eigenwirtschaftlichen Betätigung der staatlichen und kommunalen Verwaltung ein *(s. u. Rn 761 ff.)*.

18a   Gleichzeitig reicht die Staatsverantwortung im Zeitalter der Regionalisierung und der Globalisierung der Wirtschaft nicht mehr aus[41]. Wenngleich jeder Staat die Souveränität besitzt, über sein Wirtschaftssystem und die Zusammenarbeit mit anderen Staaten zu entscheiden, entspricht es der ökonomischen Realität, dass sich die Wirtschaft sozusagen verselbstständigt, weil sie sich nicht an nationalen Wirtschaftsgrenzen, sondern an Märkten orientiert und deshalb dem national gesetzten Wirtschaftsrahmen entwächst. Aus diesem Blickwinkel ergibt sich das Problem der **Staatenverantwortung** etwa im Sinne einer Unions-, Mehrebenen-,[42] Verbund- oder Globalverantwortung *(s. u. Rn. 67 ff., 229 ff. und 503 ff.)*, der eine neue Verantwortungsqualität der grenzüberschreitend agierenden Unternehmen gegenübersteht.

19   **b) Öffentliches Wirtschaftsrecht zwischen Hierarchie, Kooperation und Subsidiarität.** Neben die Staats- bzw. Staatenverantwortung treten weitere Grundsätze, die auf die staatliche Wirtschaftssteuerung in Form des Öffentlichen Wirtschaftsrechts ausstrahlen, nämlich das Prinzip der Eigenverantwortung[43] und das Prinzip der Mitverantwortung. Diese insgesamt drei Grundprinzipien stehen nicht überschneidungsfrei nebeneinander und gestatten nur grobe Abgrenzungen. Jedenfalls beschreiben sie die Schlüsselfrage nach der wirtschaftsrechtlichen Arbeitsteilung zwischen Staat und Privatwirtschaft. Insbesondere geht es darum, ob und inwieweit der Staat in das Wirtschaftsleben eingreifen (Eingriffswirtschaftsverwaltung), bestimmte Leistungen bereitstellen (Leistungswirtschaftsverwaltung) oder lediglich das Funktionieren des Wirtschaftsgeschehens auch in Krisensituationen[44] sichern soll (Gewährleistungswirtschaftsverwaltung – *s. u. Rn. 852 ff.*)[45]. In diesem Sinne bedeutet Staatsverantwortung staatliche Wirtschaftsgesetzgebung, Wirtschaftsverwaltung und Gerichtsbarkeit als Bestandteil eines hierarchisch geordneten Staatskonzeptes (**hierarchischer Staat**).

19a   Demgegenüber beruht der **subsidiäre Staat** *(s. u. Rn. 199)* auf Eigenverantwortung als der privatautonomen Verantwortung der Wirtschaftssubjekte für Selbstregulierung (Allgemeine Geschäftsbedingungen, Lex Mercatoria, Produktverantwortung einschließlich Risiko-, Compliance- und Customer Relationship Management – *s. u. Rn. 917 ff.*), Selbstverwaltung sowie Selbstkontrolle (Privatinitiierte Entwicklung von Gewerbezentren – § 171 f BauGB; Schiedsgerichtsbarkeit, Mediation)[46]. Teilweise ist

---

40 *Wolff/Bachof/Stober/Kluth*, VerwR I, § 4 II 2b.
41 S. jüngst *Stoll*, DVBl. 2007, 1064 ff.
42 *Röhl*, DVBl. 2006, 1070 ff.
43 Ebenso *Holoubek*, VVDStRL 60 [2001], 513, 578 ff.; s. ferner *Ziekow*, in: FS für H. H. v. Arnim, 2004, S. 189 ff.
44 *Knauff*, DÖV 2009, 581 ff.
45 *Hoffmann-Riem*, ZRP 2007, 101 ff.; allg. *Schoch*, NVwZ 2008, 241 ff; *Franzius*, Gewährleistung im Recht, 2008.
46 *Brugger*, VVDStRL 63 [2004], 101, 128; *G.-P. Calliess/H.Hoffmann*, ZRP 2009, 1 ff.; BVerfGE 98, 106, 120.

auch von einer Verantwortungsgemeinschaft, einer Verantwortungsteilung, einer Verantwortungsstufung und von dualer Verantwortung von Wirtschaft und Verwaltung die Rede. Diese Stichworte kennzeichnen den **kooperativen Staat**[47], bei dem die Zusammenarbeit zwischen der öffentlichen Hand und Privaten als zentrale Steuerungsressource zur Organisation von Wirtschaftssubjekten und Märkten im Vordergrund steht.

c) Unternehmer und Verbraucher als Wirtschaftssubjekte. Die Differenzierung nach **20** der Eigen-, Mit-, Staats- und Staatenverantwortung ist aus zwei Gründen bedeutsam.

aa) Mikroebene. Erstens lenkt sie den Blick auf die Wirtschaftssubjekte *(s. o. Rn. 8)* **21** und den Markt. Denn die Ausgestaltung der Wirtschaftsordnung hat sich am Menschenbild der Rechtsordnung und an den Grundrechten zu orientieren, weil der Mensch das alleinige, letzte Ziel allen Wirtschaftens ist. Immerhin sind Wirtschaftssubjekte Hauptbetroffene sowie Hauptakteure des Wirtschaftsgeschehens. Ihre Anforderungen an das Öffentliche Wirtschaftsrecht unterscheiden sich erheblich von denen des Staates *(s. u. Rn. 554)*. Wirtschaftsakteur (vgl. § 2 Nr. 29 sowie § 27 ProdSG) ist vornehmlich der Unternehmer, dessen ökonomische Freiheit (s. Art. 16 EU GR Charta) das Öffentliche Wirtschaftsrecht in gemeinwohlorientierte Bahnen lenken will. Es hat den Rahmen für einen optimalen und effizienten Einsatz der betrieblichen Produktionsfaktoren (Kapital, Arbeit, Boden bzw. Umwelt, Zeit, Information) zur Ermöglichung einer angemessenen Wertschöpfung zu schaffen *(s. u. Rn. 855 ff.)*. Der **Unternehmer im zivilrechtlichen Sinne** wird etwa in § 14 BGB definiert als eine Person, die in Ausübung einer gewerblichen oder selbstständigen beruflichen Tätigkeit handelt (s. zur Legaldefinition auch § 2 Abs. 1 Nr. 6 UWG).

Im Gegensatz dazu **definiert das Binnenmarktrecht der Union Unternehmen** als jede **22** Einheit unabhängig von ihrer Organisationsform oder der Art ihrer Finanzierung, die eine wirtschaftliche Tätigkeit ausübt[48]. Erfasst sind Aktivitäten im Rahmen der Urproduktion (Landwirtschaft), der Verarbeitung (Handwerk, Industrie) und der Dienstleistungserbringung (Handel, Verkehr, Information). Umfasst sind auch öffentliche Unternehmen, die etwa Gegenstand von Art. 106 AEUV sind *(s. u. Rn. 762 ff.)*. Besondere Aufmerksamkeit widmet das Unionsrecht kleinen und mittleren Unternehmen (KMU), die ausdrücklich etwa in Art. 173 und Art. 179 AEUV genannt werden. Es besteht jedoch keine Einigkeit über die präzise Abgrenzung, zumal die Zuordnung unterschiedliche wirtschaftspolitische Ziele verfolgt. In Deutschland werden die kleinen und mittleren Unternehmen als Mittelstand zusammengefasst, der immerhin 99,7 % aller Unternehmen[49] ausmacht und als „Rückgrat der Wirtschaft" bezeichnet wird. Die EU-Kommission hat eine Empfehlung zur Definition von kleinen und mittleren Unternehmen angenommen, die sie ab 1.1.2005 Fördermaßnahmen zugrunde legt und mit Erlass der Allgemeinen Gruppenfreistellungsverordnung bestätigt hat[50] *(s. u. Rn. 946 ff.):*
- **Kleinst-(Mikro-)unternehmen** sind Unternehmen mit bis zu neun Beschäftigten und einem Jahresumsatz oder einer Bilanzsumme bis zu 2 Mio. Euro.
- **Kleinunternehmen** sind Unternehmen, die keine Mikrounternehmen sind, bis zu 49 Beschäftigte haben und einen Jahresumsatz oder eine Bilanzsumme bis zu 10 Mio. Euro erwirtschaften.

---

47 BVerfGE, 98, 102, 121; *Voßkuhle*, VVDStRL 62 [2003], 267, 270 ff.
48 EuGH, EuZW 2002, 146.
49 Sachverständigenrat Jahresgutachten 2002/03, S. 219 ff.; *Willems*, Förderung des Mittelstands, 2003, S. 5 f.
50 Empfehlung v. 6.5.2003, ABl. EG Nr. L 124 v. 20.5.2003, S. 36 und AGVO EG 800/2008 v.6.8.2008, ABl.EU Nr. L 214 Anhang I.

– **Mittlere Unternehmen** sind Unternehmen, die keine Kleinunternehmen sind, bis zu 249 Beschäftigte und einen Jahresumsatz bis zu 50 Mio. Euro oder eine Bilanzsumme bis zu 43 Mio. Euro haben.

23 Dem Unternehmer steht als Wirtschaftssubjekt der **Verbraucher** gegenüber. § 13 BGB kennzeichnet ihn als eine Person, die ein Rechtsgeschäft überwiegend zu einem Zweck abschließt, der weder seiner gewerblichen noch seiner selbstständigen beruflichen Tätigkeit zugerechnet werden kann. Es handelt sich also um eine Person, die zu privaten Zwecken am Marktgeschehen teilnimmt[51]. Kernfrage ist, ob und inwieweit der Staat den Verbraucher gegenüber dem Unternehmer vor Gefahren, Risiken und sonstigen Nachteilen schützen muss *(s. u. Rn. 898)*. Jedenfalls haben der Staat und andere öffentliche Stellen in einer modernen Dienstleistungs- und Informationsgesellschaft gegenüber dem Verbraucher, aber natürlich auch gegenüber dem Unternehmer eine dienende Funktion. In diesem Zusammenhang ist auch zu prüfen, ob im Rahmen eines Good-Governance-Konzepts und eines verwaltungsrechtlichen Customer Relationship Managements[52] ein Recht auf eine gute Verwaltung *(s. u. Rn. 1042 ff.)* besteht, das ansatzweise nach Art. 41 EU GR Charta existiert.

24 **bb) Makroebene.** Zweitens wirken sich die Differenzierung von Eigen-, Mit-, Staats- und Staatenverantwortung sowie die nötige Entscheidung für ein bestimmtes Grundprinzip oder einen Prinzipienmix auf das **gesamte Öffentliche Wirtschaftsrecht** aus. Insoweit stellt sich die Frage nach dem Wirtschaftssystem (Markt- oder Zentralverwaltungswirtschaft – *s. u. Rn. 101 ff.)*, der Wirtschaftsverfassung *(s. u. 118 ff.)*, den Wertentscheidungen (z. B. Sozialstaats- und Subsidiaritätsprinzip, Rechtsstaats- als Erforderlichkeitsprinzip), der Rechtsetzung (staatliche Steuerung oder gesellschaftliche Selbstregulierung durch die freiwillige Beachtung selbstgesetzter Standards), den Aufgaben *(s. u. 847 ff.)*, den Handlungsformen *(s. u. Rn. 1033 ff., z. B. Eigenüberwachung und Kooperationsprinzip), der Organisation (z. B. staatliche Organisation, Selbstverwaltung oder Einbeziehung Privater und Privatisierung *(s. u. Rn. 1163 ff.))* und der Ausgestaltung der einzelnen Zweige des Öffentlichen Wirtschaftsrechts (s. Band II ÖffentlichesWirtschaftsrecht, Besonderer Teil).

6. Entwicklung und Zukunftsorientierung

25 **a) Vergangenheitsbezug.** Die bisherige methodische Erschließung des Öffentlichen Wirtschaftsrechts erfolgte aus der Perspektive der Gegenwart. Davon ist der Vergangenheitsbezug zu trennen. Diese Entwicklung zum modernen Wirtschaftsverwaltungsrecht und zum aktuellen Öffentlichen Wirtschaftsrecht muss an dieser Stelle nicht detailliert nachgezeichnet werden. Denn sie ist zum größten Teil lediglich von historischem Interesse und für das aktuelle Verständnis des Öffentlichen Wirtschaftsrechts kaum von Bedeutung[53]. Soweit zu **wirtschaftsrechtsgeschichtlichen Themen** ein konkreter stofflicher Problembezug besteht, sind die einschlägigen entwicklungshistorischen Aspekte in den jeweiligen Textzusammenhang eingearbeitet *(s. u. Rn. 118 ff)*.

26 **b) Zukunftsorientierung hinsichtlich neuer Geschäftsmodelle.** Gleichzeitig ist das Öffentliche Wirtschaftsrecht in hohem Maße zukunftsorientiert, weil es als **dynamische Rechtsmaterie** den Rhythmus der Wirtschaft und die Marktbedingungen berücksichtigen muss. So entstehen im Rahmen der technischen Entwicklung und des ökonomischen Wettbewerbs permanent neue Geschäftsmodelle. Hier geht es darum, dass die

---

51 EuGHE 1997 I, S. 3767; s. ferner *K. Schmidt*, JuS 2006, 1 ff.
52 *Graf/Paschke/Stober* (Hg.), Customer Relationship Management, 2005; *Schuppert*, Verw. 40 (2007), 463 ff.
53 S. *Stober*, Quellen zur Geschichte des Wirtschaftsverwaltungsrechts, 1986.

Gestalter des Öffentlichen Wirtschaftsrechts die damit verbundenen neuen Rechtsfragen präventiv erkennen und ggf. regeln.

Beispiele: Gewerblicher Transport mit Drohnen[54], Aktivierung von Sharing-Economy-Modellen, die auf Teilen wirtschaftlicher Ressourcen angelegt sind[55]; Nutzung des Sonntags für kommerzielle Zwecke[56]; Nutzung von Suchmaschinen bzw. Internet-Portalen[57]; wirtschaftliche Aktivierung selbstlernender Systeme im Kontext der sog. Industrie 4.0[58].

c) Zukunftsorientierung hinsichtlich der Digitalisierung der Verwaltung. Parallel zu **27** dieser ökonomischen Evolution befinden sich auch die Unternehmensverwaltung und insbesondere die Wirtschaftsverwaltung in einem fundamentalen Umbruch, der vornehmlich auf die rasante Entwicklung und Verbreitung der Informations- und Kommunikationstechnologie zurückzuführen ist, die sämtliche Verwaltungsabläufe und -verfahren erfasst[59]. Man kann diesen Wandel als **Übergang von der Papier- und Aktenverwaltung auf ein digital und halbautomatisch funktionierendes E-Government-System** begreifen, das den Transformationsprozess der Internetwirtschaft und des E-Commerce auf die Wirtschaftsverwaltung überträgt, aber zugleich auch erhebliche datenschutzrechtliche Anforderungen vor allem in Form von Zweckbindungsgeboten stellt, um Datenmissbrauch über Big-Data Anwendungen zu verhindern. Starke Impulse für den Umwälzungsprozess sind insbesondere der EU zu verdanken, deren Regelwerke darauf abzielen, den Zugang zu digitalen Gütern und Dienstleistungen für Unternehmer und Verbraucher zu verbessern, neue Rahmenbedingungen für die digitalen Netze und Dienste zu schaffen sowie die Entwicklung einer europäischen digitalen Wirtschaft zu fördern.

Daran anknüpfend verpflichtet beispielsweise Art. 8 DLR die Mitgliedstaaten dazu, dass **28** alle Verfahren und Formalitäten, welche die Aufnahme und Ausübung einer Dienstleistungstätigkeit betreffen, problemlos aus der Ferne und elektronisch über einen einheitlichen Ansprechpartner oder eine zuständige Behörde abgewickelt werden können. Dementsprechend eröffnet Art. 91e Abs. 5 GG den bundesweit **einheitlichen Zugang zu Online-Angeboten der Verwaltung**, der durch das Online-Zugangsgesetz – OZG – umgesetzt wird.[60] Dieses Gesetz ist die Basis für die Schaffung eines zentralen Bürgerportalverbundes als Lotsenportal. Ihm liegt das sog. Once only-Prinzip zugrunde, wonach die Verwaltungsstellen die Daten nur einmal erfassen und dann für sämtliche Verwaltungsvorgänge und Verfahren nutzen, indem sie die vorhandenen Daten mit anderen Registern verknüpfen[61]. Damit soll sichergestellt werden, dass Verwaltungsleistungen effizienter, kostengünstiger, schneller und individueller erbracht werden und die Überwachung der Wirtschaft unter Verwendung von Legal Technology- Mechanismen[62] verbessert wird.

Beispiele: Schnellinformationssystem nach § 25 Abs. 2 und § 30 ProdSG; Auskünfte aus dem Vermittlerregister nach § 11a Abs. 3 GewO; dem Wettbewerbsregister nach § 1 Abs. 3 WettbewerbsregisterG, Ergebnisse einer Emissionsüberwachung nach § 31 Abs. 5 Satz 3 BImSchG. Elektronische Informationsplattform der Bundesnetzagentur (§ 111d EnWG).

7. Öffentliches Wirtschaftsrecht und Wirtschaft

Mit dieser Grundlegung ist noch nicht geklärt, wie die Schlüsselbegriffe Öffentliches **29** Wirtschaftsrecht und Wirtschaftsverwaltungsrecht zu definieren sind. Das positive

---

54 *Brahms/Maslaton*, NVwZ 2016, 1125 ff; *Stellpflug/Hilbert*, NVwZ 2017, 1490 ff.
55 *Kramer/Hinrichsen*, GewArch 2015, 145 ff; *Ingold*, DÖV 2016, 595 ff; *Ludwigs*, NVwZ 2017 ,1646 ff.
56 *Knauff*, GewArch 2016, 217 ff.; *Korte*, GewArch. 5/2018.
57 *Korte*, AöR 139 (2014), 384 ff.; *Raji*, AfP 2017, 192 ff.
58 *Hoffmann-Riem*, AöR 142 (2017), 1 ff.
59 *Hölzel*, DVBl 2017, 1015 ff; *Martini*, DÖV 2017, 443 ff.
60 *Martini*, DÖV 2017, 443 ff; *Berger*, DVBl 2017, 1271 ff; *M. Herrmann/Stöber*, NVwZ 2017, 1401 ff.; *Thiele*, in: Dreier (Hg.), GG, 3. Aufl. 2018, Art. 91e
61 *Martini/Wenzel*, DVBl 2017, 749 ff.
62 *A. Berger*, DVBl 2017, 1271 ff.

Recht verzichtet auf eine inhaltliche Präzisierung und setzt die Begriffskenntnis voraus. Wirtschaftsverwaltungsrecht setzt sich aus zwei überschneidenden Rechtsdisziplinen zusammen: dem **Wirtschaftsrecht und dem Verwaltungsrecht.** Der Schwerpunkt dieses Rechtsgebietes liegt auf dem Merkmal „Wirtschaft", um deren Verwaltung es geht. Aus der Perspektive des Öffentlichen Wirtschaftsrechts steht eher die öffentlich-rechtliche Steuerung der Wirtschaft im Fokus. Da das Merkmal „Wirtschaft" aus der Begriffswelt der Wirtschaftswissenschaft stammt und sie betrifft, ist es zunächst aus dieser Warte zu bestimmen.

29a **Wirtschaft** wird grundsätzlich definiert als Summe der Einrichtungen und Maßnahmen zur planvollen Deckung des menschlichen Bedarfs durch Erzeugung, Herstellung und Verteilung knapper Güter (Drei-Sektoren-Lehre). Dabei ist der Güterbegriff im Interesse der Erfassung aller realen Erscheinungsformen weit zu verstehen. Er schließt neben den Sachgütern auch sog. immaterielle Güter wie etwa Dienstleistungen und vermögenswerte Rechte ein[63]. Ziel des Wirtschaftens ist es, mit Hilfe des ökonomischen Prinzips (Rationalprinzip, Wirtschaftlichkeitsprinzip) der vorhandenen Güterknappheit unter Einsatz von Produktionsfaktoren Herr zu werden. Insoweit geht es also jedenfalls auch, wenn nicht in der Regel vor allem um einen optimalen Einsatz der zur Verfügung stehenden Ressourcen.

29b Dementsprechend betrifft das **Recht der Wirtschaft** die rechtliche Regelung und Ordnung des Wirtschaftsgeschehens zur Bedarfsdeckung. Dieser weitgefassten volkswirtschaftlich geprägten Begriffsbestimmung entspricht zunächst das positiven Landesverfassungsrecht, nach dem der Staat die „Herstellung und Verteilung der wirtschaftlichen Güter zur Deckung des notwendigen Lebensbedarfes der Bevölkerung (...) überwacht" (Art. 152 BayVerf.; vgl. auch Art. 38 Abs. 1 HessVerf.). Ein ähnliches Verständnis vom „Recht der Wirtschaft" findet sich im Schrifttum[64] und liegt überdies in ständiger Rechtsprechung der Spruchpraxis des *BVerfG*[65] zu Art. 74 Abs. 1 Nr. 11 GG zugrunde, wonach dazu alle das wirtschaftliche Leben und die wirtschaftliche Betätigung regelnden Normen zählen.

8. Wirtschaftsprivat-, Wirtschaftsstraf- und Wirtschaftsverwaltungsrecht

30 Die ökonomische Definition der Wirtschaft *(s. o. Rn. 29)* ist problematisch: Denn ökonomisches Handeln ist in der Realität nicht immer planmäßig bzw. rational im Sinne einer objektiven Nutzenmaximierung. Spätestens die sog. Verhaltens- und Neuroökonomie hat herausgefunden, dass wirtschaftliches Handeln aufgrund psychologischer und sozialer Mechanismen häufig unkontrolliert, emotional oder intuitiv erfolgt. Der **homo oeconomicus** *(s. u. Rn. 94)* ist lediglich eine Fiktion, die jedenfalls als Ausgangsprämisse bzw. Arbeitshypothese für rechtliche Bewertungen kaum hilfreich ist[66]. Deshalb kann man allenfalls von einem Bemühen um ein planvolles Wirtschaften sprechen. Die Feststellung dieses Plandefizits ist wesentlich, weil es sich auf das rechtliche Regelungserfordernis und auf die Regelungsdichte auswirken kann.

31 Hinzu kommt, dass das Recht der Wirtschaft, versteht man darunter alle das Wirtschaftsleben ordnenden Rechtsnormen und Maßnahmen zur Bedarfsdeckung *(s. o. Rn. 29)*, das **Privatrecht** und das **öffentliche Recht** gleichermaßen erfasst. Beide Teilrechtsordnungen beschäftigen sich auf ihre Weise mit der rechtlichen Seite der Erzeu-

---

63 S. *Calliess/Korte*, Dienstleistungsrecht in der EU, 2011, S. 28 f.; *Wöhe/Döring*, Einführung in die Allgemeine Betriebswirtschaftslehre, 23. Aufl. 2008, S. 1 ff.; *Siebert*, Einführung in die Volkswirtschaftslehre, 12. Aufl., S. 18.

64 S. etwa *Ehlers*, in Ehlers/Fehling/Pünder (Hg.), Bes. Verwaltungsrecht, § 18 Rn. 2.

65 BVerfGE 29, 402, 409; 55, 274, 308.

66 Ebenso *Häberle*, ZRP 1993, 383, 385; *Richard H. Thaler/Cass R. Sunstein,* Nudge 2009

gung, Herstellung und Verteilung von Gütern. Beispielsweise zählen das Handels- und Aktienrecht ebenso zum Wirtschaftsrecht wie das Gewerbe- und Medienrecht oder das öffentliche Wirtschafts- und Unternehmensrecht. Das Wirtschaftsrecht ist also rechtlicher Bestandteil des Privat- und des öffentlichen Rechts. Diese umfassende Deutung entspricht wie gesagt dem „Recht der Wirtschaft" im Sinne des Art. 74 Abs. 1 Nr. 11 GG, das eine Bundesgesetzgebungskompetenz begründen kann *(s. u. Rn. 205)*.

Hinzu tritt das auf individuell unternehmerisches Fehlverhalten am Markt bezogene **32** **Wirtschaftssanktionsrecht**. Es greift in einem weiteren Sinne als Wirtschaftsverwaltungsordnungswidrigkeitenrecht immer dann, wenn rechtlich normierte oder aus anderen Gründen rechtlich schutzwürdige Interessen des Wirtschaftsverkehrs verletzt und Bußgelder erforderlich werden. In einem engeren Sinne ist es als Wirtschaftsstrafrecht immer dann angesprochen, wenn eine solche Rechtsverletzung so schwer wiegt, dass sich der Täter dadurch in sozialethisch zu missbilligender Weise außerhalb der Gesellschaft stellt und ihn deshalb ein moralischer Vorwurf trifft, so dass er eine Geld- oder sogar Freiheitsstrafe erhalten muss.[67] Zusammengefasst kann man also das Wirtschaftsrecht in ein privates Wirtschaftsrecht oder Wirtschaftsprivatrecht[68], in ein Wirtschaftssanktionsrecht[69] und in ein öffentliches Wirtschaftsrecht oder Wirtschaftsverwaltungsrecht einteilen.

Diese **Trennung** wird wegen des engen Zusammenhangs des Wirtschaftsrechts als solches (sog. ökonomische Tönung der Gesamtrechtsordnung) **kritisiert**. Eine Zusam- **33** menführung sämtlicher Rechtsmaterien zu einem einheitlichen Wirtschaftsrecht scheitert jedoch gegenwärtig an traditionellen Fächergrenzen, die weder in der Wissenschaft noch in Lehre, Ausbildung und Prüfung (z. B. Schwerpunkt- oder Wahlfachgruppen), sondern allenfalls partiell im Schrifttum überwunden sind *(s. o. Rn. 2 ff.)*[70]. Außerdem liegt die Ursache für diese Teilung in der unterschiedlichen Aufgabenstellung des privaten und öffentlichen Rechts begründet. Das private Wirtschaftsrecht bestimmt die Regeln des Güter- und Leistungsaustausches auf dem Markt zwischen Produzenten, Händlern und Konsumenten auf der Basis von Angebot und Nachfrage. Dieser Rahmen lässt innerhalb der Privatautonomie individuelle Abweichungen zwischen den Vertragspartnern zu.

Das **Öffentliche Wirtschaftsrecht** steuert dagegen die Rechtsbeziehungen der am Wirt- **34** schaftsleben teilnehmenden Subjekte zum Staat sowie dessen eigenwirtschaftliche Aktivitäten und muss sich daher stets am wirtschaftlichen Wohl der Allgemeinheit, etwa am Streben nach gesamtwirtschaftlicher Richtigkeit, nachhaltiger Entwicklung und sozialer Gerechtigkeit orientieren sowie zahlreiche private und öffentliche Interessen beachten. Das **Wirtschaftsverwaltungsrecht** ist demgegenüber als die Summe der Normen und Maßnahmen zu verstehen, welche die Einrichtung und Tätigkeit von Verwaltungsorganen und Behörden vornehmlich zur infrastrukturellen und informationellen Bewältigung, Planung, Überwachung, Lenkung und Förderung des wirtschaftlichen Geschehens sowie die Rechtsverhältnisse der am Wirtschaftsleben teilnehmenden Wirtschaftssubjekte zur (ggf. auch wirtschaftlich aktiven) öffentlichen Verwaltung regeln.

Da die stärker die Arbeitsebene spiegelnde Definition des Wirtschaftsverwaltungs- **35** rechts die öffentliche Hand (natürlich) nicht von ihrer Gemeinwohlbindung befreit,

---

67 Ausf dazu *Tiedemann*, Wirtschaftsstrafrecht, 5. Aufl. 2017.
68 *Rittner/Dreher*, Europäisches und deutsches Wirtschaftsrecht, 3. Aufl., 2008; *Schade*, Wirtschaftsprivatrecht, 3. Aufl. 2013; Stober/Paschke (Hg.), Deutsches und Internationales Wirtschaftsrecht, 2. Aufl. 2011, 13 ff.
69 *Hellmann/Beckemper*, Wirtschaftsstrafrecht, 4. Aufl. 2013; *Tiedemann*, Wirtschaftsstrafrecht, 5. Aufl. 2017.
70 S. aber *Stober/Paschke* (Hg.), Deutsches und Internationales Wirtschaftsrecht, 3. Aufl. 2017.

bestehen erheblichen **inhaltliche Parallelen im Sinne von Kongruenzen** zum Öffentlichem Wirtschaftsrecht, so dass es letztlich unerheblich ist, welchen Terminus man präferiert[71]. Allerdings hat sich in jüngerer Zeit im Schrifttum die (nunmehr auch) für das vorliegende Lehrbuch verwendete Bezeichnung Öffentliches Wirtschaftsrecht durchgesetzt[72]. Der Umgang mit den beiden Begriffen in der Literatur zeigt aber, dass der Rückgriff auf den Ausdruck Wirtschaftsverwaltungsrecht nicht entbehrlich ist. Man denke nur an das Wirtschaftsverwaltungshandeln sowie die Organisation der Wirtschaftsverwaltung.[73] Das gilt erst recht, wenn man das Öffentliche Wirtschaftsrecht als Referenzgebiet für die Entwicklung des Verwaltungsrechts qualifiziert[74].

9. Öffentliches Wettbewerbsrecht

36 Auch wenn sich das Wirtschaftsverwaltungs- und das Öffentliche Wirtschaftsrecht im soeben beschriebenen Sinne vom Wirtschaftssanktions- und -privatrecht scheiden lassen, ist damit noch keine wirkliche inhaltliche Aussage verbunden, insbesondere weil dadurch keine übergreifenden, die zugehörigen Regelungen **verklammernden Grundsätze** gefunden sind. Diese Lücke versuchen Teile der Literatur in jüngerer Zeit dadurch zu schließen, dass sie an die Funktionsweise von Wettbewerbsprozessen anknüpfen, um die Zugriffsbefugnisse der öffentlichen Hand auf unternehmerisches Verhalten zu kategorisieren und so rechtsregimeübergreifende Gemeinsamkeiten[75] zu finden, die vom jeweiligen Sachgebiet wie z. B. dem Telekommunikations-, Abfall- oder Personenbeförderungsrecht abstrahieren.

37 Grundlage dieses Vorgehens ist die Erkenntnis, dass ein funktionsfähiger **Wettbewerb auf einem Kreislauf** basiert, der allokative Effizienz sichert, die Freiheitssphäre der Beteiligten vergrößert und Innovationen schafft. Er verläuft von den Unternehmen, die ihre miteinander konkurrierenden Produkte am Markt anbieten, über den Verbraucher, der sich für das für ihn beste Produkt entscheidet, zurück zu den Unternehmen, die ihr Produkt in Kenntnis dieser Konsumentscheidung optimieren, damit es die Verbraucher zumindest künftig (oder weiterhin) nachfragen. Betrachtet man die Interaktionen der beteiligten Wirtschaftssubjekte, sind zwei Arme dieses Kreislaufs zu differenzieren – nämlich ein Konkurrenzverhältnis zwischen den Unternehmen und ein Austauschverhältnis zwischen Unternehmen und Verbrauchern.[76]

38 Aufgabe der Hoheitsgewalt ist es nun einerseits die Rahmenbedingungen dafür zu schaffen, dass der Wettbewerbskreislauf funktionsfähig gehalten wird, damit sich Konkurrenz entfalten kann. Dazu setzt sie eine Rahmenordnung, deren Funktionsbedingungen zwar umstritten sind, die aber z. B. zumindest Vertragsfreiheit und Rechtsschutzmöglichkeiten bieten sowie stabile Tauschbedingungen durch Bereitstellung einer verlässlichen Währung schaffen muss.[77] Andererseits kann die Hoheitsgewalt aber auch die Bedingungen des Konkurrenz- und des Austauschverhältnisses determinieren, indem sie ihre Regelungen darauf bezieht und entsprechende Maßnahmen trifft; oftmals ist sie dazu genauso verpflichtet wie zur Schaffung der Rahmenordnung, weil sonst kein **funktionsfähiger Wettbewerb** entstehen kann.

---

71 *Knauff* verwendet für sein Lehrbuch den Titel Öffentliches Wirtschaftsrecht und für eine Aufsatzpublikation DÖV 2017, 969 ff. die Überschrift Kontinuität und Diskontinuität im Wirtschaftsverwaltungsrecht
72 *Ruthig/Storr,* Öff. WiR, § 1 II; *Ziekow,* Öff. WiR, § 3; *Ehlers,* in: Ehlers/Fehling/Pünder (Hg.), Bes. Verwaltungsrecht, 3. Aufl. 2012, S. 8.
73 S. auch BVerfG NJW 2017, 2744, 2748; *Schulte/Kloos/Apel,* in: Schulte/Kloos (Hg), Handbuch Öffentliches Wirtschaftsrecht 2016, § 1 III
74 S. etwa *Fehling,* JZ 2016, 540
75 Vgl. *Kirchhof/Korte/Magen u. a.,* in: Kirchhof/Korte/Magen (Hg.), Öff. Wettbewerbsrecht, 2014, § 4.
76 Allg. dazu *Korte,* Standortfaktor Öffentliches Recht, 2016, S. 26 ff.
77 Vgl. dazu allg. *Olten,* Wettbewerbstheorie und Wettbewerbspolitik, 2. Aufl. 1998, S. 15 ff.

Bezogen auf das **Konkurrenzverhältnis** lassen sich daran anknüpfend verschiedene un-   **39**
ternehmensgerichtete Mechanismen differenzieren und idealtypischen, d. h. nicht immer trennscharf übergreifenden Kategorien zuordnen: Im Einzelnen wollen sie etwa
in Form der Verhaltens- und Strukturkontrolle der Art. 101 f. AEUV Wettbewerb sichern, insbesondere in Form der Netzzugangs- und Entgeltregulierung Wettbewerb
ermöglichen, z. B. in Form der Abgabenerhebung oder der Indienstnahme Wettbewerb
lenken oder in Form von Ausschreibungen, Versteigerungen bzw. der Erzeugung han-
delbarer Rechte Wettbewerb schaffen. Diese Mechanismen sind nicht abschließend zu
verstehen, sondern erweiterbar. Deren Einordnung in vier verschiedene Kategorien
ermöglicht übergreifende Aussagen im Sinne einer Grundlegung – so zur Bedeutung
der Wettbewerbsneutralität, aber z. B. auch zu den Ermessensbindungen.[78]

II. Ökologisierung des Öffentlichen Wirtschaftsrechts

Schrifttum und Verwaltungspraxis behandeln das Öffentliche Wirtschaftsrecht und   **40**
das Umweltrecht im Sinne von § 1 Abs. 1 BImSchG grundsätzlich getrennt und igno-
rieren den **Wirtschaftsbezug des Umweltrechts**[79]. Diese Aufspaltung übersieht, dass in
jüngerer Zeit aus Gründen der Ressourcenschonung in vielen Sektoren ein Paradigmenwechsel in Richtung Nachhaltigkeit der Wirtschaftätigkeit stattgefunden hat
(§ 29b LuftVG, § 23 KrWG, § 1 EnWG)[80]. Außerdem hat sich das Umweltrecht histo-
risch mindestens teilweise aus dem Gewerberecht entwickelt. So gehen das BImSchG
und das Produktsicherheitsgesetz auf die §§ 16 ff. GewO a. F. zurück, die bereits 1869
Umweltgefährdungen durch Anlagen regelten (s. etwa § 67 BImSchG und § 34
ProdSG).

Sachlich und systematisch lassen sich Ökonomie und Ökologie, Wirtschaftsverwal-   **41**
tung und Umweltschutz nicht trennen. Zur Ökonomisierung ist inzwischen die **Ökolo-
gisierung des** Rechts getreten[81]. Diese Tönung erfasst auch das **Wirtschaftsrecht**. Zum
einen verbraucht die Wirtschaft Ressourcen und sie ist Adressat von Umweltmaßnah-
men[82]. Zum anderen kann sie nur auf der Grundlage einer intakten Umwelt produzieren (z. B. Lebensmittelherstellung – s. § 1 Abs. 1 Nr. 4 LFGB). Der wirtschaftliche
Nutzen liegt in der langfristigen Sicherung der Produktionsgrundlagen. Diese Ange-
wiesenheit verlangt nach einer auf nachhaltige Verfügbarkeit abgestimmten Wirtschaftsweise.

Da das Umweltrecht eine problembezogene, nicht auf bestimmte Sachbereiche be-   **42**
schränkte Querschnittsmaterie ist[83], wie Art. 11 AEUV für die Unionsebene belegt,
garantiert nur die **Integration des Umweltrechts in das Öffentliche Wirtschaftsrecht**
ökologisch vertretbare Lösungen[84]. Das belegt auch die Herausbildung einer Umwelt-
schutzindustrie und zahlreicher Umweltdienste. Man denke nur an die Tätigkeit als
Sammler, Beförderer, Händler oder Makler von Abfällen (§ 53 KrWG) sowie an Entsorgungsfachbetriebe (§ 56 KrWG), weshalb der Einbau der umweltrechtlichen Kom-

---

78 *Kirchhof/Korte/Magen u. a.*, in: Kirchhof/Korte/Magen (Hg.), Öff. Wettbewerbsrecht, 2014, § 4 Rn. 3 f.
79 S. z. B. *Badura*, Wirtschaftsverfassung und Wirtschaftsverwaltung, 3. Aufl. 2008, S. 1 ff.; zur Kritik *D.
Frank*, Umweltrecht und Wirtschaft, 2000; *Stober*, GewArch. 2000, 265 ff.
80 S. etwa *Hutsch*, DÖV 2012, 145 ff.; *Petersen/Doumet/Stöhr*, NVwZ 2012, 512 ff.
81 S. auch die Zusammensetzung der Schwerpunktfächer in der ersten juristischen Prüfung, JuS 2012, 278 ff.
82 BVerfGE 98, 106, 117 ff.
83 *Breuer*, Gutachten B zum 59. DJT 1992, S. 57 f.; *Schmidt-Aßmann*, JZ 1995, 1, 5.
84 *Di Fabio*, NVwZ 1998, 329 ff.; *Frank*, Umweltrecht und Wirtschaft, 2000; *Stober*, GewArch. 2000,
265 ff.; *Beckmann und Schulte/Herbich*, in Schulte/Kloos(Hg), Handbuch Öffentliches Wirtschaftsrecht
2016, §§ 14 f.

ponente die Nagelprobe für die Leistungs- und Optimierungsfähigkeit eines an der Idee des „sustainable development" orientierten Öffentlichen Wirtschaftsrechts ist[85].

43 Diese Integration ist ein spezifisches Anliegen der **ökologisch-sozialen Marktwirtschaft** *(s. u. Rn. 109 ff.)* und wirkt sich auch auf die Definition des Wirtschaftsbegriffs aus, weil neben der Bedarfsdeckung bzw. Versorgung auch die Entsorgung eine Rolle spielt. Erst die Berücksichtigung des Umweltschutzaspektes legt offen, dass auch *(s. o. Rn. 37)* der Wirtschaft selbst ein insoweit ökologisch motiviertes Kreislaufmodell zugrunde liegt, das seinen Niederschlag u. a. in § 5 Abs. 3 BImSchG und in § 1 KrWG gefunden hat und auf eine Recyclingwirtschaft (§ 3 Nr. 25 KrWG) sowie die Vermeidung und Verwertung von Abfällen (§ 3 Nr. 19 KrWG) und damit auf die Produktverantwortung (§ 23 KrWG)[86] abstellt. Ihre Weiterentwicklung ist umso wichtiger, je knapper die Rohstoffressourcen sind bzw. künftig werden.

III. Öffentliches Wirtschaftsrecht und Wirtschaftsverfassungsrecht

1. Wirtschaftsverfassung im engeren und weiteren Sinne

44 Mit der Einbeziehung des wirtschaftsbezogenen Umweltrechts in das Öffentliche Wirtschaftsrecht steht noch nicht fest, wie dessen Verhältnis zum Wirtschaftsverfassungsrecht zu bestimmen ist *(s. u. Rn. 119 f.)*. Der Begriff **Wirtschaftsverfassung** hat eine sozialhistorische, wirtschaftswissenschaftliche und rechtliche Bedeutung. Hier wird der **rechtswissenschaftliche Begriff** relevant. Er abstrahiert wohl überwiegend von der Streitfrage der Souveränität bzw. Ableitbarkeit der verfassten Hoheitsgewalt[87] und wird allgemein in einem engeren und in einem weiteren Sinn verstanden.

45 Die **Wirtschaftsverfassung im engeren Sinne** prägt, dass sie sachgebietsübergreifend das Wirtschaftsleben als höherrangiges Recht ordnet, ohne dass sich die zugehörigen Normen unmittelbar auf wirtschaftliche Betätigungen beziehen müssen. Da das Wirtschaftsvölkerrecht, wie ein Umkehrschluss aus Art. 25 GG zeigt, dem einfachen Recht nicht vorgeht, kommt diese Funktion allein dem Grundgesetz sowie den Unionsverträgen zu. Das abgeleitete Unionsrecht insbesondere in Form von Richtlinien und Verordnungen geht im Falle seiner unmittelbaren Anwendbarkeit zwar ebenfalls dem nationalen Recht vor *(s. u. Rn. 201 f.)*, setzt aber nicht sachgebietsübergreifend an und zählt daher nicht zur Wirtschaftsverfassung im engeren Sinne.

46 Die **Wirtschaftsverfassung im weiteren Sinne** umfasst hingegen die Gesamtheit der Normen, die unabhängig von ihrem rechtlichen Rang den Ablauf des Wirtschaftslebens grundlegend und dauernd bestimmen (Gewerbeordnung, Kreislaufwirtschaftsgesetz, Lebens- und Futtermittelgesetzbuch, Außenwirtschaftsrecht). Hierher gehören auch die auf die Binnenmarktkompetenzen der Unionsverträge *(s. u. Rn. 295)* gestützten Richtlinien oder Verordnungen. Da die Trennung von Wirtschaftsverfassung im engeren und im weiteren Sinne somit die Rechtsebenen überlagert, ist ihre Aussagekraft limitiert.

2. Normenhierarchie im Öffentlichen Wirtschaftsrecht

47 Das Öffentliche Wirtschaftsrecht hat sich zunächst an der Wirtschaftsverfassung im engeren Sinne auszurichten. Denn Grundgesetz bzw. Unionsverträge besitzen Gel-

---

85 BT-Ds. 12/8260, S. 33; *Kahl*, Nachhaltigkeit als Verbundbegriff, 2008; *Herdegen*, Internationales Wirtschaftsrecht, 10. Aufl. 2014, § 8.
86 S. näher *Ensthaler/Gesmann-Nuissl/S. Müller*, Technikrecht, 2012, S. 17 ff.
87 *Korte*, Standortfaktor Öffentliches Recht, 2016, S. 19 ff.

tungs- bzw. Anwendungsvorrang[88] *(s. u. Rn. 120, 132)*, führen also im Falle des Grundgesetzes zur Nichtigkeit widersprechenden einfachen Rechts und im Falle unmittelbar anwendbarer, d. h. also hinreichend bestimmter und unbedingter Vorschriften aus den Unionsverträgen (sog. Primärrecht) zur Unanwendbarkeit kollidierenden nationalen Rechts[89], so dass es jenseits unionsrechtlicher Vorgaben mit der Folge sog. Inländerdiskriminierungen wieder auflebt.[90] Diesen **Anwendungsvorrang** genießen darüber hinaus auch Teile der Wirtschaftsverfassung im weiteren Sinne, nämlich die unmittelbar anwendbaren Vorschriften des abgeleiteten **Unionsrechts**, d. h. also vor allem des sog. Sekundärrechts, insbesondere in Form von Verordnungen und nach Ablauf der Umsetzungsfrist auch von Richtlinien, die im Rang unter dem Primärrecht stehen.[91] Der Anwendungsvorrang des Unionsrechts überlagert, modifiziert und verdrängt entgegenstehendes nationales Recht, um die volle Wirksamkeit des Unionsrechts (sog. effet utile) auf dem gesamten Binnenmarkt zu sichern[92]. Es handelt sich um eine wesentliche Vorgabe für die Funktionsfähigkeit der Union, die als Rechtsgemeinschaft kaum eigene Vollzugsmöglichkeiten hat und daher darauf angewiesen ist, dass jeder Mitgliedstaat gleichermaßen ihre Regeln beachtet.[93]

Hinzu kommt das **Wirtschaftsvölkerrecht**, das jenseits der allgemeinen Regeln des Völkerrechts (vgl. Art. 25 GG), die nach wohl überwiegender Ansicht in der Normenhierarchie zwischen einfachem Recht und Grundgesetz stehen, eines sog. Transformationsgesetzes (vgl. Art. 59 GG) bedarf, um innerstaatliche Verbindlichkeit zu erlangen, und daher gegenüber dem nationalen Recht keinen Vorrang genießt.[94] Das Wirtschaftsvölkerrecht könnte aber ggf. ähnlich wie das Unionsrecht im Falle seiner hinreichenden Bestimmtheit und Unbedingtheit unmittelbar anwendbar sein. Ob diese Eigenschaft besteht, hängt von einer Auslegung der konkreten völkerrechtlichen Norm ab. Erforderlich ist, dass sie nach dem Willen der Staaten als Vertragsparteien auch einzelne Bürger bzw. Unternehmen berechtigen soll, was im konkreten Einzelfall zwar umstritten sein kann, in praxi aber oft abgelehnt wird. Um eine Haftung im Außenverhältnis zu vermeiden, kann das Welthandelsrecht wegen der Völkerrechtsfreundlichkeit des Grundgesetzes[95] und der Unionsverträge[96] allerdings jedenfalls in die Auslegung insbesondere des einfachen bzw. abgeleiteten Rechts einfließen (sog. **völkerrechtskonforme Auslegung**). Diese Eigenschaft teilt das Wirtschaftsvölkerrecht mit dem Unionsrecht (sog. unionsrechtskonforme Auslegung).[97]

Beispiele: Für das WTO-Recht geht die unionsgerichtliche Spruchpraxis davon aus, dass ihm keine unmittelbare Anwendbarkeit zukommt, weil es primär auf Verhandlungen baue und weil anderenfalls den auf WTO-Ebene verhandelnden Organen ihr Spielraum genommen würde, was zu Nachteilen im Rahmen der dortigen Absprachen mit anderen Vertragspartnern führen könnte. Etwas anderes gilt nach der unionsgerichtlichen Spruchpraxis nur, wenn die Union eine bestimmte Verpflichtung aus dem WTO-Recht erfüllt oder ausdrücklich auf das WTO-Recht verweist.[98] Diese Rechtsprechungslinie bindet dort, wo die Außenkompetenzen bei der Union liegen *(s. u. Rn. 366 f.)* auch die Mitgliedstaaten.

---

88 BVerfG, NJW 2010, 3422 f.
89 EuGH, Rs. C-6/64 (Costa/E.N.E.L), Slg. 1964, 1251.
90 Schmidt/Wollenschläger/*Wollenschläger*, Kompendium, § 1 Rn. 82.
91 Calliess/Ruffert/*ders.*, EUV/AEUV, Art. 288, Rn. 20, 48 ff.
92 EuGH, NJW 2010, 427, 429 und zu den Grenzen BVerfG, NJW 2009, 2267, 2272.
93 *Bieber/Epiney/Haag/Kotzur*, Die Europäische Union, 12. Aufl. 2016, § 3 Rn. 19.
94 Ausf. dazu *Calliess*, Staatsrecht III, 2014, S. 110 ff.
95 Ausf. dazu *von Heinegg*, in: Ipsen (Hg.), Völkerrecht, 6. Aufl. 2014, § 21
96 Vgl. dazu *Haratsch/Koenig/Pechstein*, Europarecht, 11. Aufl. 2018, Rn. 448.
97 Ausf. dazu *Calliess*, Staatsrecht III, 2014, S. 290 ff.
98 EuGH, Rs. C-149/96, ECLI:EU:C:1999:574 Rn. 36 ff.; EuGH, Rs. C-377/02, ECLI:EU:C:2005:121 Rn. 45 ff.

3. Öffentliches Wirtschaftsrecht als Wirtschaftsverfassungsrecht im engeren und weiteren Sinne

49 Fasst man die bis hierher gewonnenen Erkenntnisse zusammen, knüpft das Öffentliche Wirtschaftsrecht einerseits an das Wirtschaftsverfassungsrecht im engeren Sinne an, insbesondere indem es wirtschaftliche Freiheit und Gleichheit sichert, um so hoheitliches Handeln in geordnete Bahnen zu lenken und zu begrenzen. Diese Funktion kommt indes auch dem Wirtschaftsverfassungsrecht im weiteren Sinne zu, soweit es Anwendungsvorrang vor dem einfachen Recht genießt oder darauf im Wege der Auslegung ausstrahlt. Hinzu treten die einfachgesetzlichen Vorschriften des Wirtschaftsrechts, wobei die des Bundes denen der Länder vorgehen (vgl. Ar. 31 GG). Das Öffentliche Wirtschaftsrecht ist somit **Wirtschaftsverfassungsrecht im engeren und im weiteren Sinne** gleichermaßen[99]. Die Wirtschaftsverwaltung wiederum ist unabhängig von der Einordnung in diese Kategorien an das Öffentliche Wirtschaftsrecht in Gänze gebunden, weil sie beim Gesetzesvollzug die Grundrechte und die verfassungsmäßige Ordnung beachten muss, zu der auch die Vorgaben des unmittelbar anwendbaren Unionsrechts und des Wirtschaftsvölkerrechts nach dessen Transformation zählen (Art. 1 Abs. 3 und 20 Abs. 3 GG).[100]

IV. Kodifikationsstand, Systematik und Auslegung des Öffentlichen Wirtschaftsrechts

1. Kodifizierung und Systematisierung

50 Die Existenz zahlreicher Rechtsquellen sagt nichts über den Kodifikationsstand des Öffentlichen Wirtschaftsrechts aus. Bislang existieren lediglich **Teilkodifikation** wie das Lebensmittel- und Futtermittelgesetzbuch oder das Kapitalanlagengesetzbuch und Versuche, das Gewerberecht zu vereinheitlichen *(s. Bd. II § 45 II)*[101]. Unionsrechtlich ist der Zollkodex zu erwähnen. Zusammengefasst besteht das Öffentliche Wirtschaftsrecht aus einem unsortierten Vorschriftenberg, der durch eine starke Rechtszersplitterung gekennzeichnet ist[102].

51 Juristisch dürfte eine **übergreifende Kodifikation** gegenwärtig an der Kompetenzverteilung zwischen Union und Mitgliedstaaten, der unterschiedlichen Interpretation des Subsidiaritätsgedankens, dem Bundesstaatsprinzip sowie an den unterschiedlichen Rechtskulturverständnissen scheitern[103]. Hinzu kommt, dass es an einer überzeugenden Systematik des Öffentlichen Wirtschaftsrechts noch fehlt *(s. o. Rn. 15)*[104]. Verglichen mit der Reformkraft und dem Novellierungstempo in anderen Rechtsbereichen handelt es sich um einen Spätentwickler[105].

2. Interpretation

52 Angesichts der Uneinheitlichkeit des Öffentlichen Wirtschaftsrechts kommt der zutreffenden Auslegung besondere Bedeutung zu. Es wäre eine bedeutsame Erleichterung für die Praxis, wenn sämtliche Rechtsquellen einen Vorspruch oder Erwägungen enthielten, aus denen sich der Gesetzeszweck oder die Regulierungsziele ergeben, wie das beispielsweise typisch für EU-Verordnungen und EU-Richtlinien ist (Art. 296 AEUV) und etwa für § 1 f.

---

99   S. allg. *Durner*, in: Ehlers/Fehling/Pünder (Hg.), Bes. Verwaltungsrecht, 3. Aufl. 2012, § 11. Ebenso *Frotscher/Kramer*, § 1 II, die von Wirtschaftsverwaltung im weiteren Sinne sprechen.
100 *Sachs*, in: Sachs (Hg.), GG, 8 Aufl. 2018, Art. 20 Rn. 107.
101 *Stober*, NVwZ 2003, 1349 ff.
102 *Stober*, Rückzug des Staates im Wirtschaftsverwaltungsrecht, 1997, 26.
103 S. näher *Blaurock*, JZ 1994, 270 ff.; *Stober*, in: FS für Söllner, 2000, S. 167 ff.; *Meder*, JZ 2006, 477.
104 Vgl. zu diesen Versuchen *Henke*, DVBl. 1983, 982 ff.; *Griller*, Zur Systembildung im Wirtschaftsrecht, 1989.
105 *Stober*, DÖV 1995, 125, 127; *ders.*, Rückzug des Staates im Wirtschaftsverwaltungsrecht, 1997, S. 26.

TKG, § 1 LFGB oder § 1 KrWG geschehen ist. Im Übrigen richtet sich die Interpretation zunächst nach den klassischen **Auslegungsmethoden** (Wortlaut, Entstehungsgeschichte, Systematik, Zweck)[106]. Den Ausgangspunkt bildet insoweit immer der Wortlaut der jeweiligen Norm. Er darf durch deren Interpretation nicht umgangen werden. In dessen Rahmen werden dann ggf. die historischen Erwägungen des Gesetzgebers relevant. Hinzu kommen komparative Gesichtspunkte in Form der systematischen Auslegung, die die auszulegende Norm in ihren Bestandteilen oder mit umliegenden Vorschriften vergleicht. Von besonderer Bedeutung und in der Regel ausschlaggebend ist allerdings der objektive, ggf. vom historischen Willen des Gesetzgebers abweichende Gesetzeszweck; er wird teilweise ausdrücklich in Beziehung genommen (§ 8 Abs. 1 AWG).

Die **Einflüsse des höheren Rechts** werden im Rahmen der Auslegung ebenfalls relevant,   **53**
wenn es ein bestimmtes Ergebnis fordert und eine Vorschrift deshalb in diesem Sinne zu interpretieren ist. Dieser Weg ist dann schon aus Gründen des Respekts vor dem demokratisch legitimierten Gesetzgeber vorrangig vor der Außerachtlassung einer Norm. Anknüpfungspunkte für diese Interpretationsform bietet zum einen die Tatbestandsebene, soweit dort hinreichend offene, unbestimmte Rechtsbegriffe vorhanden sind, aber auch die Rechtsfolgenebene, falls eine Vorschrift den Behörden Ermessen einräumt. Im Einzelnen lässt sich eine verfassungs-, insbesondere grundrechtskonforme sowie eine unionsrechtskonforme, sämtliche Vorschriften des Unionsrechts unabhängig von ihrer unmittelbaren Anwendbarkeit[107] erfassende Auslegung differenzieren.[108] Hinzu tritt wegen der Völkerrechtsfreundlichkeit des Grundgesetzes ggf. eine welthandelsrechtskonforme Auslegung, um Rechtsverletzungen im Außenverhältnis gegenüber anderen Staaten zu vermeiden (*s. o. Rn. 48*).[109] Ggf. kommt über die Auslegung hinaus eine Rechtsfortbildung in Betracht, um Lücken zu schließen und Wertungswidersprüche aufzulösen[110].

Auch für das Öffentliche Wirtschaftsrecht gilt der Grundsatz des **Methodenpluralismus**.   **54**
Deshalb kann gleichzeitig nach der sog. topischen Auslegungsmethode vorgegangen werden. Sie befasst sich primär mit dem Herausfinden problembezogener, entscheidungserheblicher Begründungen, die auch auf die Verknüpfung von ergangenen Entscheidungen gestützt werden können. In diesem Zusammenhang sind insbesondere die Wirkung von Rechtsvorschriften (s. etwa Art. 34 AEUV), die Funktionsfähigkeit von Einrichtungen (§ 17 Abs. 3 KrWG[111]) oder des Binnenmarktes und die praktische Wirksamkeit (effet utile) einschließlich des Gedankens der Kohärenz (Art. 7 AEUV) im Sinne von Stimmigkeit und Widerspruchsfreiheit zu berücksichtigen. Die effiziente Problemlösung steht auch bei der ökonomischen Analyse des Rechts im Vordergrund *(s. u. Rn. 84)*. Eine Interpretations- und Problemlösungsalternative kann auch das Instrumentarium des Compliance-Systems liefern, das zahlreiche Aspekte der juristischen Methodenlehre betrifft.[112]

V. Gliederung und gesamtrechtliche Vorgabe

1. Materielles Recht und Verfahrensrecht

Das Öffentliche Wirtschaftsrecht ist primär materielles Recht. Man kann es in ein   **55**
Allgemeines und in ein **Besonderes** Öffentliches Wirtschaftsrecht aufteilen. Zum Allge-

---

106 BVerwG, NVwZ 2017, 1111,1113; *T. Giegerich*, VVDStRL 69 [2010], 59, 96 ff.
107 *Calliess*, Staatsrecht III, 2014, S. 292 f.
108 S. dazu etwa *Stern*, in FS Stober, 2008, S. 97 ff.; BGH, GewArch. 1998, 429 ff. und NJW-RR 2001, 1369; BVerwGE 89, 320, 324; EuGH, NJW 2006, 2465; EuGH, NJW 2010, 427, 429; BGH MDR 2014, 671 ff.
109 *Streinz*, in: Sachs (Hg.), GG, 8. Aufl. 2018, Art. 24, Rn. 6.
110 BVerfG, NJW 2010, 3422 Rn. 64.
111 BVerwG, NVwZ 2016, 1559 ff.
112 *Stober,* in FS H.-J. Koch, 2014, 91 ff.

meinen Teil (Band I dieses Lehrbuches) zählen die Normen und Grundsätze, die für alle Wirtschaftszweige und für jede staatliche Beeinflussung der Wirtschaft gelten. Der besondere Teil (Band II dieses Lehrbuches) befasst sich mit der Ordnung einzelner Wirtschaftszweige und mit bestimmten Teilbereichen der Wirtschaftsbeeinflussung. Das materielle Recht wird flankiert durch das Wirtschaftsverwaltungsverfahrensrecht sowie das Wirtschaftsverwaltungsprozessrecht. Sie dienen der Realisierung und Durchsetzung der materiellen Rechte und insbesondere der Grundrechte der Unternehmer und Verbraucher (sog. Grundrechtsschutz durch Verfahren[113] – *s. u. Rn. 560*). Der tatsächliche Umfang ökonomischer Freiheit und Gleichheit bemisst sich letztlich nach dem Ob, dem Wie und dem Wann des verfahrens- und prozessrechtlichen Schutzes der Wirtschaftssubjekte. Das Wirtschaftsverwaltungsverfahren ist ein behördliches Verfahren, das in Spezialgesetzen und im Übrigen im VwVfG bzw. den entsprechenden landesrechtlichen Vorschriften normiert ist *(s. u. Rn. 1041 ff. und Rn. 1130 ff.)*. Das Wirtschaftsverwaltungsprozessrecht betrifft demgegenüber die gerichtliche Durchsetzung des geltenden Öffentlichen Wirtschaftsrechts *(s. u. Rn. 330 ff.)*[114].

2. Vorgaben für das Wirtschaftsstraf- und Wirtschaftsprivatrecht

56 Neben den Wirtschaftssubjekten sind auch die Wirtschaftsverwaltungsbehörden auf die Befolgung und Durchsetzung des Öffentlichen Wirtschaftsrechts angewiesen. Zur Ahndung von Verstößen steht ihnen abgesehen vom Verwaltungszwang das Wirtschaftssanktionsrecht *(s. o. Rn. 32)* zur Verfügung. Die zugehörigen Vorschriften sind regelmäßig im Schlusskapitel der einzelnen Gesetze normiert (sog. **Wirtschaftsverwaltungsunrecht**). Dort finden sich Tatbestände, die dem Wirtschaftsverwaltungsordnungswidrigkeiten- und in schwereren Fällen dem Wirtschaftsstrafrecht zuzuordnen sind *(s. o. Rn. 32)*.

57 Gelegentlich macht das Öffentliche Wirtschaftsrecht inhaltliche Vorgaben für das Wirtschaftsordnungswidrigkeiten- und/oder für das Wirtschaftsstrafrecht. Man spricht in diesem Zusammenhang von der **Wirtschaftsverwaltungsrechtsakzessorietät** des Wirtschaftssanktionsrechts, so insbesondere, wenn wirtschaftsverwaltungsbehördliche Zulassungen im Falle ihrer Wirksamkeit Legalisierungswirkung entfalten oder im Falle ihrer Nichtigkeit keine Rechtswirkungen entfalten und dann ggf. zur Strafbarkeit des wirtschaftlichen Verhaltens führen [115].

Beispiele: Wer nach § 325 StGB ohne Genehmigung bestimmte Tatbestände verwirklicht oder sonst verwaltungsrechtliche Pflichten i. S. d. § 330d Nr. 4 und 5 StGB verletzt, macht sich ggf. strafbar. Das Fehlen einer verwaltungsrechtlichen Zulassung ist Tatbestandsmerkmal des § 284 Abs. 1 StGB (Glücksspiel).

58 Außerdem wirkt das Öffentliche Wirtschaftsrecht im Interesse der Einheit der Rechtsordnung auf unterschiedliche Weise auf das **Wirtschaftsprivatrecht** ein. Die das Bürgerliche Recht, Handelsrecht, Gesellschaftsrecht usw. im Sinne einer Privatrechtsgestaltung modifizierenden und überlagernden Vorgaben ergeben sich in der Regel aus Spezialgesetzen[116]. Denkbar ist es auch, dass umgekehrt zivilrechtliche Vorgaben auf das Öffentliche Wirtschaftsrecht ausstrahlen.

Beispiele: Kreditinstitute dürfen nach § 2b KWG nicht in der Rechtsform des Einzelkaufmanns betrieben werden. Nach § 15 AWG ist ein Rechtsgeschäft unwirksam, das ohne die erforderliche Genehmigung vorgenommen wird. Nach Art. 108 Abs. 3 AEUV i. V. m. § 134 BGB ist ein Vertrag nichtig, wenn er gegen das EU-Notifizierungsgebot verstößt[117] oder wenn er geschlossen

---

113 *Stober*, in: HdBGR, 2009, § 77.
114 S. *Stober* (Hg.), Rechtsschutz im Wirtschaftsverwaltungsrecht, 1993.
115 BVerwGE 55, 118, 120; BVerwG, DVBl. 2000, 904.
116 S. näher *Schlarmann*, NJW 2007, 870 ff.
117 BGH, EuZW 2003, 444 f. und dazu *Strievi/Werner*, JuS 2006, 106 ff.; *Schmidt-Räntsch*, NJW 2005, 106.

wird, um das Meistererfordernis zu umgehen[118]. Die Nichtbeachtung der Bekanntmachungspflicht nach § 135 Abs. 1 Nr. 2 GWB führt zur Unwirksamkeit des öffentlichen Auftrages.

VI. Ausstrahlung des Öffentlichen Wirtschaftsrechts

1. Öffentliches Wirtschaftsrecht im engeren und im weiteren Sinne

Die bislang erörterten Materien bilden das Öffentliche Wirtschaftsrecht im engeren **59**
Sinne. Darüber hinaus gibt es zahlreiche Rechtsgebiete, die nur sekundär von **wirtschaftlicher Bedeutung** sind und die man deshalb unter das Öffentliche Wirtschaftsrecht im weiteren Sinne zusammenfassen kann. Darunter fallen alle öffentlich-rechtlichen Materien und Normen, die wenigstens partiell die Rechtsverhältnisse der am Wirtschaftsleben Teilnehmenden zur öffentlichen Verwaltung in wirtschaftlicher Hinsicht beeinflussen und damit einen Bezug zum Öffentlichen Wirtschaftsrecht i. e. S. haben. Die zugehörigen Rechtsmaterien sind deshalb normalerweise wirtschafts- bzw. wettbewerbsneutral auszugestalten[119].

Beispiele: Straßen- und Straßenverkehrsrecht (Verkauf von Waren auf der Straße[120]; Erteilung einer Genehmigung zum Befahren einer Fußgängerzone[121]; Betrieb von Bierbikes auf öffentlichen Straßen[122]; Verbot einer der Wirtschaftswerbung dienenden Prismenwendeanlage[123]; Abstellen von Werbeanhängern[124]; Aufstellen von Reisemobilen zur Ausübung der Prostitution[125]; Werbeschilder im Bereich von Bundesautobahnen[126]; Sondernutzungserlaubnisse für die Außengastronomie[127]; Sonn- und Feiertagsrecht[128] (Arbeitszeitgesetz, Ladenöffnungsrecht; Betrieb eines Bräunungsstudios oder einer Videothek[129]); Aufenthaltsrecht (Aufnahme einer selbstständigen Erwerbstätigkeit nach §§ 9, 19, 21 AufenthG; *s. u. Rn. 727)*; Bauplanungsrecht (Gestattung großflächiger Einzelhandelsbetriebe nach § 11 BauNVO)[130]; Ausweisung urbaner Gebiete für Mischnutzung nach § 6a BauNVO, Untersagung der gewerblichen Nutzung einer Ferienwohnung durch Vermietung[131]; Naturschutzrecht (Anforderungen an die Land- und Fischereiwirtschaft).

2. Öffentliches Wirtschaftsrecht und Polizeirecht

Zum Öffentlichen Wirtschaftsrecht im weiteren Sinne gehört insbesondere das Polizei- **60**
recht. Es fungiert nach dem Grundsatz der **Subsidiarität des Polizeirechts** als Auffangordnung. Die polizeiliche Generalklausel (Schutz vor Gefahren für die öffentliche Sicherheit und Ordnung) ist demnach nur anwendbar, soweit keine Sonderregelungen bestehen, die die Eingriffsvoraussetzungen abschließend regeln[132]. Neben der fachlichen Spezialität ist auch die bundesstaatliche Komponente zu beachten. Denn nach Art. 74 Abs. 1 Nr. 11, 72 Abs. 2 GG besitzt der Bund in Konkretisierung des Art. 31 GG eine konkurrierende Gesetzgebungszuständigkeit für das Wirtschaftsrecht *(s. u. Rn. 300)*. Da die Wirtschaftsüberwachung *(s. u. Rn. 875)* deshalb weitgehend ver-

---

118 BAG, GewArch. 2009, 456.
119 OVG Münster, NVwZ –RR 2014, 710 ff.
120 BVerwGE 94, 234; OVG Magdeburg, LKV 2001, 45; VGH Mannheim, NVwZ-RR 2007, 678.
121 BayVGH, BayVBl. 1998, 536.
122 BVerwG, DVBl. 2012, 1434 f.
123 OVG Münster, GewArch. 2003, 169 und 437.
124 OVG Münster, DÖV 2004, 170.
125 VG Hamburg, NVwZ-RR 2010, 370.
126 BVerwG, DVBl. 2012, 764 f.
127 OVG Münster, NVwZ –RR 2014, 710 ff und NVwZ-RR 2017, 805 ff.
128 BVerfGE 111, 10 ff.; BayVerfGH, GewArch. 2007, 250; BVerfG, NVwZ 2010, 570 ff. (Berliner Ladenöffnungszeiten); *Knauff*, GewArch 2016, 217 ff.; vgl. auch *Korte*, GewArch. 4/2018.
129 BVerwGE 90, 337 ff.; BVerwG, NVwZ-RR 1995, 516; OLG Düsseldorf, NJW 2008, 158 f.
130 BVerwGE 124, 364, 376; EuGH, EuZW 2011, 557 f.
131 OVG Berlin-Brandenburg, NVwZ 2016, 650 ff.
132 BVerwGE 38, 209, 213; OVG Münster, DÖV 1997, 1055; VGH Mannheim, GewArch. 2013, 217 f.

rechtlicht ist, ist nur ausnahmsweise ein Rückgriff auf das Polizeirecht der Länder zulässig.

61   Für genehmigungsbedürftige Vorgänge folgt aus diesen Grundsätzen, dass die Existenz einer wirksamen Genehmigung ein Einschreiten auf Grund der polizeilichen Generalklausel regelmäßig ausschließt. Hier kommt auch die Legalisierungswirkung *(s. o. Rn. 57)* zum Tragen, sofern der Rahmen der Genehmigung eingehalten wird[133]. Insoweit, d. h. also für das „Ob" der wirtschaftlichen Tätigkeit (vgl. § 1 Abs. 1 GewO: „Betrieb eines Gewerbes") ist das Öffentliche Wirtschaftsrecht somit polizeifest. Diese Grundsätze gelten auch für nicht genehmigungsbedürftige Aktivitäten, soweit der relevante Normenkomplex eine Rechtsgrundlage enthält, die wie § 35 GewO eine Untersagung ermöglicht.

62   Eine wirtschaftliche Tätigkeit darf aber gleichwohl nicht so ausgeübt werden, dass die öffentliche Sicherheit und Ordnung konkret gefährdet wird. Hinsichtlich der **Art und Weise der Ausübung**, d. h. also dem „Wie" der Wirtschaftstätigkeit kann deshalb auf Basis des allgemeinen Polizei- und Ordnungsrecht, eingeschritten werden[134]. Dasselbe gilt, falls der Erlass einer hoheitlichen Maßnahme eilig bzw. vorläufig, jedenfalls aber nicht dauerhaft ist. Bedeutung kann die Generalklausel ferner erlangen, wenn eine Verbotsnorm verletzt wird und keine spezialgesetzliche Rechtsgrundlage (vgl. z. B. § 42 Abs. 2 LFBG) besteht, um sie durchzusetzen (sog. lex imperfecta)[135].

Beispiele: Verbotsverfügung an Verkäufer von Glasflaschen im Straßenkarneval auf Basis der ordnungsrechtlichen Generalklausel[136]; Erlass einer polizeirechtlichen Verfügung wegen akuter Seuchengefahr oder aus Anlass eines Störfalles. Vorläufige Schließung einer Spielhalle wegen der Gefahr des Rauschgifthandels auf Basis des Polizeirechts[137]. Polizeirechtliche Anordnung der Beseitigung von Geldspielgeräten, die unter Verstoß gegen gewerberechtliche Bestimmungen aufgestellt wurden[138]; Untersagung des personenbeförderungsrechtlichen Geschäftsmodells „uber pop" auf Basis der ordnungsrechtlichen Generalklausel[139].

63   Sind spezialgesetzliche Rechtsgrundlagen zwar vorhanden, passen sie aber ihrer Zielrichtung nach nicht, um einen Gefahrenherd einzudämmen, so ist ebenfalls ein Rückgriff auf das Landesordnungsrecht möglich – so z. B. wenn eine Rechtsgrundlage auf persönliches Fehlverhalten reagiert, die Gefahr aber von der Tätigkeit als solche ausgeht und nichts mit dem Verhalten des Unternehmers zu tun hat. Ein Einschreiten ist dann aus Gründen effektiver Gefahrenabwehr geboten; eine Sperrwirkung entfaltet die spezialgesetzliche Rechtsgrundlage nicht, weil sie eine andere Zielrichtung verfolgt.[140]

Beispiele: Schließung eines gewerblich genutzten Gebäudes aufgrund von Baumängeln; Schließung einer strafrechtlich verbotenen Wettannahmestelle[141], obwohl in diesem Falle an sich auch ein unzuverlässigkeitsbegründender Normverstoß gegeben ist, so dass die gewerberechtlichen Eingriffsgrundlagen eigentlich anwendbar gewesen wären[142].

64   Zumindest ein dauerhafter Rückgriff auf die polizeiliche Generalklausel scheidet schließlich trotz fehlender spezialgesetzlicher Rechtsgrundlage auch dann aus, wenn eine verbreitete neue Erscheinungsform der Berufsausübung unter Berücksichtigung einer Mehrzahl verschiedener widerstreitender Interessen abwägend zu bewerten ist.

---

133   *Peine*, JZ 1990, 201, 211.
134   BVerfGE 28, 364, 372 ff.; BVerwGE 115, 189, 192.
135   *Erhguth/Mann/Schubert*, Besonderes Verwaltungsrecht, 12. Aufl. 2015, Rn. 438.
136   OVG Münster, GewArch. 2012, 265 f.
137   OVG Koblenz, DÖV 1999, 168; s. auch OVG Münster, GewArch. 2001, 71 ff.
138   VGH Mannheim, GewArch. 1990, 403.
139   OVG Hamburg, DVBl 2015, 48 ff.
140   Schmidt/Wollenschläger/*Korte*, Kompendium, § 9 Rn. 40.
141   BVerwGE 126, 149, 154 f.
142   Schmidt/Wollenschläger/*Korte*, Kompendium, § 9 Rn. 40.

Denn dazu ist der Gesetzgeber berufen. Da ihm ein gewisser Überlegungszeitraum zum Sammeln von Erfahrungen und zur Beobachtung der Sachlage zuzubilligen ist, kommt ein Rückgriff auf die Generalklausel aber jedenfalls währenddessen übergangsweise in Betracht.

Beispiele: Betrieb eines Laserdromes mit simulierten Tötungshandlungen[143].

Berührungspunkte zwischen Öffentlichem Wirtschaftsrecht und Polizeirecht existieren **65** ferner dann, wenn wirtschaftsverwaltungsrechtliche Ge- bzw. Verbote nicht befolgt werden und deshalb mit **Verwaltungszwang** durchgesetzt werden müssen. Zudem können Standardmaßnahmen z. B. in Form von Beschlagnahmen oder Sicherstellungen Bezüge zum Wirtschaftsleben aufweisen.

Beispiele: Durchsetzung einer Untersagungsverfügung zur Bekämpfung illegalen Glücksspiels durch Versiegelung von Wettbüros[144]; Beschlagnahme zur Bereitstellung von Flüchtlingsunterkünften[145].

Falls die Wirtschaftsverwaltungsbehörden Zwangsmittel z. B. in Form des unmittelba- **66** ren Zwangs anwenden wollen bzw. müssen, die ihnen selbst nicht zur Verfügung stehen, können sie ggf. andere Hoheitsträger wie die Polizei um Unterstützung ersuchen. In diesen Fällen liegt ein Fall der Vollzugshilfe vor, der den Anforderungen der **Amtshilfe** entsprechen muss (Art. 35 GG; §§ 4 ff. VwVfG). Für die Verfolgung von Ordnungswidrigkeiten (sog. Wirtschaftsverwaltungsunrecht – *s. o. Rn. 56)* sind die Wirtschaftsverwaltungsbehörden demgegenüber grundsätzlich selbst zuständig (§ 35 OWiG). Die Verfolgung von Straftaten ist wiederum Angelegenheit der Staatsanwaltschaft im Verbund mit der Polizei (§ 163 StPO; §§ 20 f. GüKG).

VII. Internationales und ausländisches Öffentliches Wirtschaftsrecht

1. Zur Internationalisierung und Globalisierung der arbeitsteiligen Wirtschaft

Die bisherigen Ausführungen haben sich im Wesentlichen auf die nationalen Aspekte **67** des Öffentlichen Wirtschaftsrechts beschränkt. Davon sind die Wirtschaftsbeziehungen zu anderen Staaten und übernationalen Wirtschaftszusammenschlüssen zu unterscheiden. Sie können nach dem Prinzip der wirtschaftlichen Autarkie oder der wirtschaftlichen Arbeitsteilung organisiert sein. Für eine internationale Arbeitsteilung spricht die auf den Arbeiten von *David Ricardo* beruhende **Außenhandelslehre des komparativen Vorteils** (sog. comparative advantage)[146]. Sie stellt darauf ab, dass Länder über unterschiedliche Technologien bzw. Ressourcen verfügen und durch Spezialisierung in der Produktion auf ein Gut bei gleichzeitigem Import eines anderen Gutes Kosten einsparen. Zudem begünstigt der Außenhandel das Entstehen von sogenannten Economies of Scales, weil Unternehmen insbesondere dann florieren, wenn nach der teuren Produktentwicklung viele Märkte mit großen Stückzahlen kostengünstig bedient werden können.[147]

Deutschland hat sich auf der Grundlage der Art. 23–25 GG für die internationale **68** Zusammenarbeit und das **Prinzip der offenen Staatlichkeit** entschieden[148]. Es kooperiert mit anderen Staaten und integriert sich in die Weltwirtschaft, um die Wirtschaft

---

143   BVerwGE 115, 189, 192; vgl. dazu auch BVerfG, DVBl. 2013, 169, 174.
144   OVG Lüneburg, DVBl. 2010, 909.
145   OVG Lüneburg, DVBl 2016, 116 ff.
146   S. *Ricardo,* The Principles of Political Economy and Taxation, 1817; s. zur Kritik *Krajewski,* Wirtschaftsvölkerrecht, 2006, § 1 III und § 2 I 1.
147   *Rose/ Sauernheimer,* Theorie der Außenwirtschaft, 14. Aufl. 2006, S. 559 ff.
148   *Stober,* Globales Wirtschaftsverwaltungsrecht, 2001; *R. Wahl,* JuS 2003, 1145 ff.; *Tietje,* Verfassungsrechtliche Dimensionen des Internationalen Wirtschaftsrechts, 2006.

zu fördern, den Wohlstand zu mehren und die Kosten-Nutzen-Relation zu optimieren. Der offene Handels- und Dienstleistungsstaat öffnet die Märkte, insbesondere indem er Hoheitsrechte auf zwischenstaatliche Einrichtungen in Form der EU überträgt (Waren-, Dienstleistungs-, Kapital- und Personenfreiheit) und sich auch im Übrigen auf internationaler Ebene mit anderen Staaten zu Handelsorganisationen zusammenschließt. Er gestattet den Unternehmen, ein bestimmtes Rechts- und Wirtschaftssystem zu präferieren und sich global zu positionieren[149]. Zugleich ist die Staatengemeinschaft gefordert. Sie muss bei Marktmissbrauch und bei Marktversagen einschreiten können und in bestimmten, national nicht beherrschbaren Sektoren in der Lage sein, grenzüberschreitend geltende Rahmenbedingungen zu schaffen.

2. Zur begrenzten Regelungsrolle nationaler Wirtschaftsregeln

69 Staaten, Regionen und Kommunen einerseits sowie Unternehmen und Arbeitnehmer andererseits betätigen sich als „Global Player" und konkurrieren um die besten Rahmenbedingungen für Investoren, um Absatzmärkte und um Arbeitsplätze. Nationale Unternehmen verändern sich zu transnationalen Gesellschaften und multinationalen Konzernen (Glocalpreneur), die – je nach Bedarf – dem nationalen Rechtsregime ausweichen können. Angesichts dieser **Entnationalisierung** und Mobilität der Produktionsfaktoren spielt das national begriffene Öffentliche Wirtschaftsrecht nur noch eine relative Rolle. Die territoriale Anknüpfung staatlich gesetzten Rechts läuft zunehmend leer.[150]

70 Unabhängig davon sind viele moderne Rechtsfragen nicht gebietsbezogen nationalstaatlich lösbar. Man denke nur an das Umwelt-, Medien-, Kapital-, Verkehrswirtschafts- und Meeresrecht[151]. Da die Steuerungsfähigkeit des nationalen Öffentlichen Wirtschaftsrechts in dem Maße abnimmt, in dem internationale ökonomische Verflechtungen zunehmen, sind die Staaten **immer mehr** zu **grenzüberschreitender Zusammenarbeit** gezwungen[152], um Gemeinwohlforderungen durchzusetzen.[153] Dazu bedienen sie sich internationaler und supranationaler Organisationen.

Beispiele: Art. 28 ff. DLR i. V. m. §§ 8a ff. VwVfG regeln die Verwaltungszusammenarbeit zur europaweiten Überwachung der Dienstleistungsfreiheit.

71 Die Globalisierung der Wirtschaft verlangt nach einer **Erleichterung des internationalen Rechtsverkehrs** und nach einer Globalisierung des Rechts (Globalization of Law). Folglich weitet sich die bisher territorial gebundene Regelungs- und Schutzpflichtverantwortung für das Wirtschaftsgeschehen zu einer internationalen bzw. supranationalen Bereitstellungs-, Regulierungs-, Gewährleistungs- und Kontrollverantwortung aus[154].

Beispiele: Globale Investitionsregeln dienen der Rechtssicherheit, dem Eigentumsschutz, der Rechtsvereinfachung und der Wirtschaftsbelebung[155]. Internationale Finanzmarktregeln wie die Eigenkapitalstandards von Basel III sollen Anleger angesichts der globalen Mobilität des Kapitals vor Vermögensschäden schützen.[156] Globales Lebensmittelrecht fördert die Verbrauchergesundheit. Die Informations- und Kommunikationstechnologie gestattet einen weltweiten Austausch

---

149 *M. Staack*, Handelsstaat Deutschland, 2000, S. 29 ff.
150 *Schwarze* (Hg.), Globalisierung des Rechts, 2008; *Peters/Giegerich*, VVDStRL 69 [2010], 9, 15, 59 ff.
151 *Schoch* u. *Trute*, VVDStRL 57 [1998], 180 ff. u. 244 ff.; *Stober*, DÖV 2004, 221 ff.; BVerfG, NJW 1995, 2339.
152 *Stober*, in: FS für Großfeld, 1999, S. 1173 ff.; *Ladeur*, DÖV 2012, 369 ff.
153 Vgl. zum Ganzen ausf. *Korte*, Standortfaktor Öffentliches Recht, 2016.
154 S. auch *Stober*, Globales Wirtschaftsverwaltungsrecht, 2001, S. 9 ff. und im Anschluss daran *H. Bauer*, in: ders. u. a. (Hg.), Umwelt, Wirtschaft und Recht, 2002, S. 69, 72; *Ladeur*, DÖV 2012, 369 ff.
155 *Dolzer*, NJW 2001, 2303 f.
156 S. stellvertretend *Mülbert*, JZ 2010, 834 ff.; grundlegend *Calliess*, VVDStRL 71 (2012), 113 ff. sowie *Thiele*, Finanzmarktaufsicht 2014.

datenbasierter Dienste und Prozesse, der sowohl neue Marktchancen (*s. o. Rn. 49*) als auch Missbrauchspotential eröffnet[157].

Dieser Gedanke der internationalen wirtschaftsrechtlichen Zusammenarbeit im Interesse der Rechtsharmonisierung, Liberalisierung und Regulierung mit dem Ziel der Schaffung einer **Weltwirtschaftsordnung** liegt zahlreichen Präambeln internationaler Übereinkommen zugrunde (*s. u. Rn. 504*): **72**
- WTO-Übereinkommen (Handelsliberalisierung, multilaterales Handelssystem)
- Seerechtsübereinkommen (Gerechte internationale Wirtschaftsordnung)
- Charta der wirtschaftlichen Rechte und Pflichten der Staaten (Handelsausweitung, gerechte internationale Wirtschaftsordnung).

3. Begriff und Bedeutung des Internationalen Öffentlichen Wirtschaftsrechts

Angesichts dieser Ausgangslage muss sich auch das Öffentliche Wirtschaftsrecht mit **73** der Globalisierung der Wirtschaft befassen und die internationale Wirtschaftsrechtsentwicklung in das nationale Wirtschaftsrechtssystem integrieren. Rechtswissenschaftlich betrachtet war in der Vergangenheit stets das **Internationale Wirtschaftsprivatrecht** Wegbereiter und Motor der Internationalisierung des Rechts. Erfolgreiches Musterbeispiel dieser Bemühungen um die Globalisierung des Wirtschaftsprivatrechts ist das Übereinkommen der Vereinten Nationen über Verträge über den internationalen Warenkauf (CISG – Convention of Contracts for the International Sale of Goods), das rechtskreisübergreifend einheitliche Rechtsregeln zur Verfügung stellt (sog. Einheitsrecht).

Hinzu treten auf internationalen Handelsbräuchen beruhende, von der Rechtsüberzeu- **74** gung der Kaufleute getragene, einheitliche Lex-Mercatoria- und Lex-Maritima-Regeln (z. B. Vertragsklauseln in Gestalt von Incoterms, auf die sich die Handelskammerorganisationen geeinigt haben) sowie standardisierte internationale technische (Lex-Technica-Regeln)[158] und lebensmittelrechtliche Regelungswerke (Codex Alimentarius), die nicht zwingende unterschiedliche innerstaatliche Rechte ersetzen. Dieses selbstgeschaffene Recht der Wirtschaft ist markanter Ausdruck **marktwirtschaftlicher Selbstregulierung** und internationaler ökonomischer Eigenverantwortung[159] und Entterritorialisierung.

Das **Internationale Öffentliche Wirtschaftsrecht** hat diesen Rechtsstand bislang nicht **75** erreicht. Dessen Regeln reichen nicht aus, um den vielfältigen und divergierenden öffentlichen Interessen und Gemeinwohlforderungen Rechnung zu tragen, die sich aus den unterschiedlichen rechtlichen Dimensionen und Facetten der Internationalisierung der Wirtschaft ergeben[160]. Eine Verschmelzung privatrechtlicher und öffentlich-rechtlicher Elemente unter dem Dach eines einheitlichen Internationalen Wirtschaftsrechts[161] bietet sich zwar einerseits rechtssystematisch schon wegen des gemeinsamen grenzüberschreitenden Bezugspunktes an. Andererseits spricht insbesondere die bereits herausgearbeitete (*s. o. Rn. 18 ff. und 30 ff.*) unterschiedliche Aufgabenstellung für eine separate Problematisierung[162].

---

157 S. dazu am Beispiel der Datenschutzgrundverordnung z. B. *Hornung/Hoffmann*, ZD 2017 Beih. 4, 1 ff.; vgl. zur Regulierung von Suchmaschinen z. B. *Korte* AöR 139 (2014), 384 f.

158 *Röthel*, JZ 2007, 755 ff.; *Wiesendahl*, Technische Normung in der Europäischen Union, 2007; *I. Hoffmann*, Theorie des Internationalen Wirtschaftsrechts, 2009, 93 ff.; s. *Müller*, in: Ensthaler/Gesmann-Nuissl/Müller, Technikrecht, 2012, S. 27 ff.

159 *U. Stein*, Lex Mercatoria, 1995; *A. Maurer*, Lex Maritima, 2012.

160 S. näher *Haltern*, in Ipsen, Völkerrecht, 6. Aufl. § 32.

161 .; *R. Schmidt*, Beih. 2 zu Verw. 32 (1999), 165 ff; *Herdegen*, Internationales Wirtschaftsrecht, 10. Aufl. 2014, § 1 Rn. 4 ff.; Schmidt/Wollenschläger/*Terhechte*, Kompendium, § 3.

162 *Biaggini*, VVDStRL 67 [2008], 415 f.

76 Das Internationale Öffentliche Wirtschaftsrecht ist ein Ausschnitt aus dem in der Entwicklung befindlichen Internationalen Verwaltungsrecht[163]. Es betrifft eine Gemengelage zwischen Verfassungsrecht, Verwaltungsrecht und Völkerrecht und regelt die **Rechtsbeziehungen zwischen Innen- und Außenwirtschaft.** Im Kern handelt es sich um rechtskreisübergreifend geltende öffentlich-rechtliche Rechtsprinzipien, Konfliktvermeidungsregeln oder um Kollisionsnormen (conflict of laws), die den Anwendungsbereich nationaler wirtschaftsrelevanter Normen auf Grund internationaler Vereinbarungen zur Erleichterung des Rechtsverkehrs beschränken und vielfältige Formen der Verwaltungskooperation einschließen. Sachlich erfasst es u. a. das Wirtschaftsvölkerrecht und das Welthandelsrecht[164] (s. u. *Rn. 503 ff.*).

4. Rechtsquellen und Bindungswirkung des Internationalen Öffentlichen Wirtschaftsrechts

77 Aus diesem Blickwinkel wird deutlich, dass das Internationale Wirtschaftsverwaltungsrecht aus unterschiedlichen **Rechtsquellen** besteht (Wirtschaftsvertragsrecht, Wirtschaftsgewohnheitsrecht, Wirtschaftsrechtsgrundsätze – Art. 38 Statut des Internationalen Gerichtshofes). Es wird ferner durch Soft Law ergänzt[165], das häufig die Vorstufe von Hard Law bildet, welches seinen Niederschlag in WTO-Abkommen und nationalen Umsetzungsgesetzen findet. Es wird durch Internationale Organisationen, Non Governmental Organisations (NGO) und private Zusammenschlüsse in Gestalt von Programmen, Modellgesetzen und Verhaltenskodizes entwickelt.

Beispiele: Die Richtlinien und Empfehlungen der Kommission des Codex Alimentarius haben Eingang in das WTO-Übereinkommen über die Anwendung gesundheitspolizeilicher und pflanzenschutzrechtlicher Maßnahmen gefunden (Präambel, Art. 3 Abs. 4). Der aus Notenbank- und Finanzgouverneuren und damit aus Behördenvertretern bestehende informelle Baseler Ausschuss für Bankenaufsicht setzt rechtlich unverbindliche, aber faktisch akzeptierte Standards, die in die Unionsgesetzgebung übernommen wurden. Die Internet Corporation for Assigned Names and Numbers vergibt und verwaltet Internetadressen[166].

78 Rechtssystematisch stehen die internationalen Rechtsquellen und das nationale Wirtschaftsverwaltungsrecht wegen der allgemein anerkannten **Souveränität und Gleichberechtigung der Staaten** hinsichtlich des Wirtschaftssystems zunächst nebeneinander. Bindungen und Vorrangwirkungen entstehen erst auf Grund innerstaatlicher Akzeptanz der Rechtsquelle über Art. 25 oder 59 Abs. 2 GG oder auf Grund unionsrechtlicher Anordnung (s. etwa § 1 Abs. 1 LuftVG sowie oben § 2 III 2). Auf welthandelsrechtlicher Ebene wird in diesem Kontext Art. 2 Abs. 2 i. V. m. Art. 16 Abs. 4 ÜWTO relevant. Danach hat jedes Mitglied sicherzustellen, dass seine Gesetze, sonstige Vorschriften und Verwaltungsverfahren mit den Verpflichtungen aus den als Anlage beigefügten welthandelsrechtlichen Übereinkommen in Einklang stehen[167].

Beispiele: Die WTO hat festgestellt, dass die EU-Bananenmarktverordnung insbesondere gegen den Grundsatz der Meistbegünstigung verstoße, weil sie Importe aus Lateinamerika unberechtigterweise gegenüber Fruchtlieferungen aus den sog. AKP-Staaten benachteilige[168].

5. Europäisches Öffentliches Wirtschaftsrecht

79 Eine besondere Ausprägung des Internationalen Öffentlichen Wirtschaftsrechts ist das Unionswirtschaftsverwaltungsrecht, das auch als Europäisches Wirtschaftsverwaltungsrecht (European Economic Administrative Law) bezeichnet werden kann. Es ist

---

163 S. dazu *Ohler*, DVBl. 2007, 1083 ff.
164 *Krajewski*, Wirtschaftsvölkerrecht, 2006; *Tietje* (Hrg.), Internationales Wirtschaftsrecht, 2009.
165 *Tietje*, Internationalisiertes Verwaltungshandeln 2001, S. 241 ff.; *Ohler*, DVBl. 2007, 1083, 1085.
166 *Dederer*, AVR 2009, 367 ff.
167 S. auch BT-Ds. 12/7655, S. 337; *Stoll*, ZaöRV 54 [1994], 241, 257, 266.
168 *Rabe*, NJW 1996, 1320 ff.; *Meier*, EuZW 1997, 566 ff.

Kernbestandteil des übergreifenden Europäischen Wirtschaftsrechts, Gegenstück des Europäischen Wirtschaftsprivatrechts, ein Ausschnitt aus dem Europäischen Verwaltungsrecht und erstreckt sich auch auf das Europäische Außenwirtschaftsrecht (Art. 21 EUV; Art. 206 AEUV). Seine Regeln sind für das nationale Öffentliche Wirtschaftsrecht wegen des oben dargelegten Anwendungsvorrangs des Unionsrechts *(s. o. Rn. 47)* und der Einbettung des deutschen Wirtschaftsrechts in den Binnenmarkt von herausragender juristischer und praktischer Bedeutung *(s. u. Rn. 118 ff., 229 ff. und 503)*[169]. Man denke nur an den prägenden Einfluss des unionalen Wettbewerbsrechts (Marktstruktur- und Beihilfenkontrolle) auf die Mitgliedstaaten (Art. 101 ff. AEUV)[170]. Insofern ist **Öffentliches Wirtschaftsrecht konkretisiertes Unionsrecht**, das nationales Recht in vielen Bereichen des Wirtschaftslebens überlagert und verdrängt und damit zu einer weitgehenden Entnationalisierung führt[171].

Beispiele: Nach Einschätzungen mancher Experten sollen nahezu 80 Prozent aller Regelungen im Bereich des Wirtschaftsrechts durch das Unionsrecht festgelegt und nahezu 50 Prozent aller deutschen Gesetze durch das Unionsrecht veranlasst sein[172]. Teilweise sind aber auch deutlich niedrigere Zahlen im Gespräch; die Quote liegt danach in vielen Rechtsbereichen deutlich unter 50 %.[173] Jedenfalls ist statistisch nachgewiesen, dass die EU zwischen 1998 und 2004 insgesamt 18167 Verordnungen und 750 Richtlinien erlassen hat *(s. u. Rn. 248 ff. und Rn. 397 ff.)*.

Die Mitgliedstaaten geben im Zuge der Europäisierung aber nicht nur Kompetenzen   **80** ab. Gleichzeitig erweitern sie den Geltungsbereich nationaler Rechtsetzung und Verwaltung, soweit ihr „Heimatrecht" als **transnationales Recht** oder als Ursprungsrecht in anderen Staaten anwendbar ist[174]*(s. u. Rn. 437)*. Im Hinblick auf diese Wechselwirkungen kann man von einer „Unionisierung" des nationalen Öffentlichen Wirtschaftsrechts sprechen. Zusammengefasst lässt sich unter das EU-Wirtschaftsverwaltungsrecht jedenfalls die Summe der Normen und Maßnahmen verstehen, welche die Einrichtung und Tätigkeit der Organe der EU und ihrer Untergliederungen zur Durchführung und Verwirklichung der wirtschaftlichen Grundsätze, Ziele und Aufgaben regeln. Die von den Mitgliedstaaten auf der Grundlage des EU-Wirtschaftsverwaltungsrechts erlassenen Ausführungsakte, die das EU-Recht umsetzen, werden zum nationalen Wirtschaftsverwaltungsrecht gerechnet *(s. u. Rn. 271 ff.)*[175].

6. Ausländisches Öffentliches Wirtschaftsrecht

Das ausländische Öffentliche Wirtschaftsrecht bezieht sich auf die jeweiligen Beson-   **81** derheiten fremder Rechtsordnungen, die insbesondere bei grenzüberschreitenden Wirtschaftsbeziehungen zu berücksichtigen und nicht bilateral, unionsrechtlich oder international normiert sind. Rechtswissenschaftlich kann es einen Ausgangspunkt für **rechtsvergleichende Untersuchungen** (komparatives Öffentliches Wirtschaftsrecht, Comparative Economic Law, Droit Comparé Economique)[176] bilden. Dabei fungiert das komparative Recht sozusagen als eine „école de vérité", die den Vorrat an verwaltungsrechtlichen Lösungspotenzialen bereichert. Denn seine zentrale Aufgabe ist es, Regelungen, Bedürfnisse und Rechtsprobleme zu ermitteln und der Verschiedenheit sowie der Gemeinsamkeit von Rechtskreisen, Rechtssystemen, Rechtskulturen und Rechtstraditionen Rechnung zu tragen *(s. o. Rn. 11 ff.)*[177].

---

169   Zuleeg, VVDStRL 53 [1994], 155; BVerwGE 106, 328, 331.
170   *Voßkuhle*, VVDStRL 62 [2003], 266, 286; *Siegel*, Europäisierung des Öffentlichen Rechts, 2012.
171   Zustimmend *Battis*, DÖV 2001, 988.
172   *Rabe*, NJW 1993, 1 ff.; *Griwotz*, ZG 1993, 115 f.; BVerfGE 89, 155, 173.
173   So *Oppermann/Classen/Nettesheim*, Europarecht, 7. Aufl. 2016, § 32 Rn. 7, *Töller*, ZParl 2008, 3.
174   *Ruffert*, Verw. 34 (2001), 453; *Becker*, DVBl. 2001, 855 ff.
175   Allg. *Wolff/Bachof/Stober/Kluth*, VerwR I, § 6 II.
176   S. näher *Wolff/Bachof/Stober/Kluth*, VerwR I, § 2 VI 7.
177   *Rösler*, JuS 1999, 1084 ff.; *Grote*, AöR 126 [2001], 10 ff.

82　Ziel der Wirtschaftsrechtsvergleichung ist entweder die Etablierung oder die Verbesserung des jeweils geltenden Öffentlichen Wirtschaftsrechts durch die Übernahme bewährter und verallgemeinerungsfähiger Rechtsinstitute oder Rechtsgedanken. Langfristig muss die Wirtschaftsrechtsvergleichung darauf gerichtet sein, möglichst viele global akzeptierte Rechtsprinzipien zu entwickeln, um den internationalen Wirtschaftsverkehr durch Rechtsangleichung und Rechtsvereinheitlichung zu erleichtern[178]. Die Wirtschaftsrechtsvergleichung ist insofern für Wissenschaft, Rechtsetzungs- und Verwaltungspraxis das, was Benchmarking für Unternehmen ist: der Ansporn, das Produkt Öffentliches Wirtschaftsrecht zu optimieren, indem man von den Besten lernt (**Optimierungsfunktion**).[179]

§ 3　Intra- und interdisziplinäre Ansätze des Öffentlichen Wirtschaftsrechts

I.　Verhältnis zu den Wirtschaftswissenschaften

83　Das Öffentliche Wirtschaftsrecht ist Bestandteil und Teildisziplin der Rechts- bzw. Verwaltungswissenschaft[180], die gleichzeitig als Querschnittswissenschaft fungiert[181]. Sein Arbeitsfeld ist **weit zu ziehen**, um nicht von vornherein bestimmte Ansätze auszuklammern. Es befasst sich unter sämtlichen rechtlichen Gesichtspunkten mit der Erfassung, Untersuchung, Verarbeitung sowie Lösung von Fragen, Bezügen, Erscheinungsformen, Bedingungen sowie Konzeptionen des Öffentlichen Wirtschaftsrechts und ist die Folge davon, dass sich moderne und zukunftsgerichtete Wirtschaftsverwaltung nicht in juristisch vorgeformter Aufgabenerfüllung erschöpft. Es impliziert daneben ein hohes Maß an metajuristischer, intra- und interdisziplinärer Verantwortung im Interesse einer Optimierung des Öffentlichen Wirtschaftsrechts *(s. o. Rn. 15 ff.)*.

Beispiele: Wirtschaftsverwaltungsrechtliche Maßnahmen und Normen müssen nicht nur verfassungs- und rechtmäßig sein. Sie haben auch den Grundsätzen der Zweckmäßigkeit (§ 10 VwVfG), Wirtschaftlichkeit (§ 7 BHO), Sachlichkeit, Wirtschaftsnähe und Bürgernähe (Art. 1 EUV), Rechtzeitigkeit (§ 10 VwVfG) und Effizienz (Art. 120 AEUV) zu entsprechen.

84　Die Einbeziehung entsprechender Fragestellungen verlangt einen Rückgriff auf die Methoden und Erkenntnisse anderer Wissenschaften. Erforderlich ist eine ökonomische, ökologische, technische und verwaltungswissenschaftliche Analyse sowie Problemlösung des Wirtschaftsrechts[182]. Von besonderer Bedeutung ist in diesem Kontext die **ökonomische Analyse des Rechts**.[183] Sie ist wirtschaftswissenschaftlich orientiert und verfolgt das Ziel, alle rechtlich gestalteten Lebensbereiche nach ökonomischen Prinzipien und mit Hilfe wirtschaftswissenschaftlicher Instrumente zu untersuchen, zu erklären und zu regeln. Die ökonomische Analyse des Rechts will die als unzulänglich erkannte Analyse- und Problemlösungskapazität der hermeneutisch ausgerichteten Rechtsfindungsmethoden ergänzen und dadurch zur Optimierung und effizienten Ausgestaltung von Recht beitragen, stößt aber dann auf Grenzen, wenn der Effizienzge-

---

178　S. auch *Starck*, JZ 1997, 1021, 1025 f.; *Stober*, in: FS für Großfeld, 1999, S. 1173 ff.
179　Vgl. dazu *Korte*, Standortfaktor Öffentliches Recht, 2016, S. 108 ff.
180　S. näher *Wolff/Bachof/Stober/Kluth*, VerwR I, § 2 VI.
181　Zustimmend *Fehling*, JZ 2016, 540 ff.
182　S. näher *Engel*, VVDStRL 59 [2000], 56 ff.; *W. Weigel*, Rechtsökonomie, 2003; *Schmidt-Aßmann*, in: ders./Hoffmann-Riem (Hg.), Methoden der Verwaltungsrechtswissenschaft, 2004, 387, 400 f.
183　Ausf. dazu *Towfigh/Petersen*, Ökonomische Methoden im Recht, 2. Aufl. 2017 sowie *Eidenmüller*, Effizienz als Rechtsprinzip, 2005.

danke überbetont wird und mit spezifisch öffentlich-rechtlichen Rationalitäten und insbesondere der Gemeinwohlorientierung hoheitlichen Handelns konfligiert.[184]

Beispiele: Verbraucherschutz ist aus ökonomischer Sicht eine Reaktion auf ein Marktversagen, das auf Informationsasymmetrien zwischen Unternehmer und Verbraucher beruhen kann. Diese Asymmetrie kann durch eine institutionelle Qualitätskontrolle der Wirtschaftsverwaltung, durch ein ausgereiftes Customer Relationship Management und durch ausgleichende staatliche Information (§ 1 Abs. 1 Nr. 3 LFGB, IFG, VIG) überwunden werden *(s. u. Rn. 917 ff.)*.[185]Handels- und Handwerkskammern mit Pflichtmitgliedschaft tragen zur Minimierung staatlicher Rechtset- zungs- und Vollzugsdefizite bei, indem sie durch Informationsaustausch und Gremienarbeit für Fair Play im Geschäftsleben und für Rechtssicherheit sorgen. Insbesondere die gesetzlich vorgese- hene Interessenbündelung gestattet eine vollständige Information, die ohne Pflichtmitgliedschaft nicht möglich wäre[186]. Ferner gestatten Gutachten und Stellungnahmen für die Regierung wirt- schaftspolitische Korrekturen[187].

Die Betrachtung des Öffentlichen Wirtschaftsrechts aus wirtschaftswissenschaftlicher   **85** Perspektive erfasst zahlreiche Disziplinen, die hier nur exemplarisch und stichwortar- tig angeführt werden können[188]:

– **Volkswirtschaftslehre** (Auseinandersetzung mit gesamtwirtschaftsrelevanten Be- griffen und Problemen wie etwa dem gesamtwirtschaftlichen Gleichgewicht oder Good Governance-Konzepten)[189].
– **Betriebswirtschaftslehre** (Auseinandersetzung mit unternehmensrechtsrelevanten wirtschaftlichen Begriffen und Problemen wie etwa Risiko-, Qualitäts-, Customer- und Compliance Management).
– **Wirtschaftsgeografie** (Auseinandersetzung mit wirtschaftsräumlichen Problemen für geopolitische Ziele).
– **Wirtschaftsethik** (Auseinandersetzung mit moralischen Handlungsanforderungen an das Wirtschaften im Sinne von Compliance Management-Systemen und an den ehrbaren Kaufmann im Sinne des § 1 Abs. 1 IHKG)[190].
– **Wirtschaftskulturlehre** (Auseinandersetzung mit den das jeweilige Wirtschaftsrecht formenden nationalen Besonderheiten z. B. interkulturelles Management).
– **Wirtschaftsinformatik** (Auseinandersetzung mit den Regeln der Informations- und Kommunikationswirtschaft wie etwa dem Electronic Government[191] und der Digi- talisierung von Wirtschaft und Verwaltung)[192].
– **Wirtschaftspsychologie** (Auseinandersetzung mit Erscheinungsformen wie Egois- mus und Gier als Grundlage und Grenze von Wohlstand).

II.   Verhältnis zur Rechtspolitik

Das Öffentliche Wirtschaftsrecht setzt sich mit dem geltenden Recht und seiner Inter-   **86** pretation, also mit dem Istbestand und Istzustand dieses Rechtsgebietes auseinander. Die wirtschaftsbezogene Rechtspolitik vergleicht hingegen als Zweig der Wirtschafts- politik und der Verwaltungswissenschaft das positive Öffentliche Wirtschaftsrecht mit

---

184   Vgl. dazu schon die Kritik z. B. von *Ladeur*, JahrbfRechtsSoz 8 (1992), S. 110 ff.; siehe dazu auch *Lieth*, Die ökonomische Analyse des Rechts, 2007, sowie jüngst *Steinbach*, Rationale Gesetzgebung, 2016, S. 104 ff.
185   BVerfGE 105, 252, 266 f.; *Ott*, in: Graf/Paschke/Stober (Hg.), Staatlicher Verbraucherschutz und pri- vate Unternehmerverantwortung, 2003, S. 5, 15 ff.; *Stober*, DÖV 2005, 333 ff.
186   BVerfG, NJW 2017, 2744, 2747 ff.
187   *Stober*, GewArch. 2001, 393, 396; *F. Nolte*, DÖV 2007, 941 ff.
188   S. näher *Wolff/Bachof/Stober/Kluth*, VerwR I, § 2 VI.
189   *Wolff/Bachof/Stober/Kluth*, VerwR I, § 2 VI.
190   *Stober*, NJW 2010, 1573 f.; *ders.*, DVBl. 2012, 391 ff.
191   *T. Ernst*, Modernisierung der Wirtschaftsverwaltung, 2002.
192   *Boehme-Neßler*, NJW 2017, 3031 ff; *Berger*, DVBl 2017, 1271 ff.; *Korte*, AöR 139 (2014), 384.

der tatsächlichen gesellschaftlichen und wirtschaftlichen Situation und der Verwirklichung der Verfassungsordnung. Sie befasst sich also mit dem Sollbestand sowie dem Sollzustand und trägt der Dynamik des Wirtschaftsrechts (**law in action**) Rechnung. Sie ermittelt Defizite, macht Verbesserungsvorschläge für eine wirksame Weiterentwicklung und Optimierung des Öffentlichen Wirtschaftsrechts im Sinne einer „geronnenen" wirtschaftsbezogenen Rechtspolitik und findet ihre Basis unter anderem in der Rechtsetzungslehre.

Beispiele: Zweckmäßigkeit von Ladenöffnungszeiten; Für und Wider von Industrie- und Handelskammern[193]; Handwerksreform[194]; Energiewende und Atomausstieg[195].

III. Verhältnis zur Ordnungspolitik

87 Aus der Perspektive der Ordnungspolitik geht es um das kontrovers diskutierte[196] Grundproblem, welches Wirtschaftssystem realisiert wird und insbesondere welche Rahmenbedingungen für wirtschaftliches Handeln gelten *(s. u. Rn. 93 ff., 118 ff.).* Das ist im Kern die Frage nach Regulierung und Deregulierung, Verstaatlichung und Privatisierung, Formalisierung und Entbürokratisierung. Sämtliche Begriffe betreffen die Grenzziehung zwischen Staat und Markt, zwischen staatlicher und privatautonomer ' Verantwortung für das Wirtschaftsgeschehen. **Deregulierung** (Deregulation, Better Regulation)[197] zielt darauf ab, Regelungen zu vermeiden und zu verringern (Reduzierung der Regelungsmenge und Normendichte), marktwidrige Eingriffe in den Wettbewerb abzubauen sowie das Recht einfacher, überschaubarer, effektiver und verständlicher zu machen, ohne dabei die hoheitliche Gemeinwohlbindung zu vernachlässigen *(s. u. Rn. 855 ff., 1066 ff.)*[198].

Beispiele: Deregulierung des früheren Ladenschlussrechts, das durch ein Ladenöffnungsrecht ersetzt wurde, Gesetz zur Umsetzung von Vorschlägen zu Bürokratieabbau und Deregulierung aus den Regionen, Mittelstandsentlastungsgesetze.

88 Bestandteil der Deregulierung ist die **Entmonopolisierung**, die sich mit der Öffnung von bislang ganz oder teilweise geschlossenen Märkten für den Wettbewerb befasst. Dabei liegt das Hauptaugenmerk auf dem dynamisch wachsenden Dienstleistungssektor *(s. u. Rn. 473 ff.)*[199]. Die Entlassung ehemals hoheitlich verantworteter Tätigkeiten aus dem Staas- in den Privatsektor schafft zwar neue dem unternehmerischen Wettbewerb zugängliche Bereiche, sie hat aber zugleich oftmals auch zu beachten, dass die ehemals von der öffentlichen Hand erbrachten Leistungen in der Regel zur Daseinsvorsorge zählen, so dass die Entmonopolisierung zugleich auch der staatlichen Verantwortung für die Versorgung der Bevölkerung mit bestimmten Leistungen gerecht werden muss.

Beispiele: Lockerung des Rechtsberatungsmonopols, Lockerung des Apothekenmonopols, Lockerung des Verkehrsmonopols (ÖPNV)[200]; Wegfall des Branntweinmonopols[201].

---

193 *Stober,* GewArch. 1996, 184 ff.; *ders.,* GewArch. 2001, 393 ff.; *Graf/Paschke/Stober* (Hg.), Strategische Perspektiven des Kammerrechts, 2007 und BVerfG, NJW 2017, 2744, 2747 ff.
194 *Stober,* GewArch. 2003, 393 ff.; BT-Ds. 15/1206.
195 G. v. 31.7.2011, BGBl. I, S. 1704; *Sellner/Fellenberg,* NVwZ 2011, 1025 ff.
196 *Stober,* Rückzug des Staates im Wirtschaftsverwaltungsrecht, 1997; *König,* DÖV 1998, 963 ff.
197 *Hill,* DÖV 2007, 809 ff.
198 *Stober,* DÖV 1995, 125 ff.; zustimmend *Burgi,* Funktionale Privatisierung und Verwaltungshilfe, 1999, S. 2.
199 Vgl. dazu *Calliess/Korte,* Dienstleistungsrecht in der EU, 2011, § 2.
200 *Nettesheim,* NVwZ 2009, 1449 ff.
201 G. v. 21.6.2013, BGBl. I, S. 1650 ff.

Mit der **Privatisierung** werden herkömmlich von der öffentlichen Hand erfüllte **89** (Teil-)Aufgaben auf privatrechtlich organisierte Träger oder die Privatwirtschaft (Entstaatlichung, Entkommunalisierung) verlagert[202]. Sie erfasst sämtliche Staatsfunktionen (Legislative, Exekutive, Judikative) und erstreckt sich auf viele Felder der Wirtschaftsverwaltung[203]. Ausgangspunkt ist die Überlegung, dass in einem grundrechtsorientierten und auf Selbstverantwortung angelegten Rechtssystem die Wirtschaftssubjekte die Möglichkeit zur Selbstregulierung haben sollen *(s. o. Rn. 18 ff., 852 ff. und Rn. 1195 ff.)*[204]. In der Praxis kennt die Privatisierung unterschiedliche Geschwindigkeiten, Tiefen und Intervalle.[205] Gegenwärtig ist ein Trend zu Reverstaatlichung und Rekommunalisierung zu beobachten, der auf unterschiedlichen Erwägungen beruht.[206]

Beispiele: Volle Marktöffnung: Fernbahnverkehr[207] und Fernbusverkehr[208] nach § 42a i. V. m. § 13 Abs. 2 Satz 2 PBefG, Telekommunikation[209], Technische Überwachung nach § 17 ProdSG[210], Schornsteinfegerwesen[211], Post[212], Strom- und Gaswirtschaft[213]. Partielle Marktöffnung: Personennahverkehr, Abfallwirtschaft (§ 17 Abs. 3 KrWG, wobei in Abgrenzung zur gewerblichen Sammlung auf die Funktionsfähigkeit des öffentlich-rechtlichen Entsorgungsträgers abgestellt wird)[214], Wasserwirtschaft (§§ 40 Abs. 2, 56 Satz 3 WHG)[215], Arbeitsvermittlung. Volle Marktschließung: Ausschluss der Beteiligung Dritter an der Autobahninfrastrukturgesellschaft (Art. 90 GG i. V. m. § 1 Infrastrukturgesellschaftserrichtungsgesetz).

Entbürokratisierung meint den Abbau formaler, zeitlicher, technischer und organisato- **90** rischer Hindernisse bei Aufnahme und Ausübung von Wirtschaftstätigkeit. Sie soll durch neue Steuerungsmodelle der Verwaltung im Sinne eines u. a. auf Wirtschaftlichkeit und Effizienz ausgerichteten *(s. o. Rn. 29, und u. Rn. 248)* New Public Managements gewährleistet werden[216], ist aber auch maßgeblich durch unionsrechtliche Vorgaben inspiriert. Die Entbürokratisierung weist enge Bezüge zur Deregulierung auf, weil oftmals der Abbau von Rechtsvorschriften zugleich dazu führt, dass administrative Hemmnisse für den Wirtschaftsverkehr verringert werden. Sie darf daher ebenfalls nicht die Gemeinwohlbindung hoheitlichen Handelns vernachlässigen, verfolgt insoweit also keinen Selbstzweck.

Beispiele: Vereinfachung und Beschleunigung von Genehmigungsverfahren*(s. u. Rn. 1066 ff.)* nach Art. 5 DLR, § 6a GewO; Privatisierungsprüfpflicht nach § 7 Abs. 1 Satz 2 BHO; Erprobungsklauseln (§ 13 GewO, § 2 Abs. 7 PBefG)[217]; Einheitliche Stelle nach Art. 6 DLR, § 6b GewO, §§ 71a ff VwVfG; Bürokratieabbau- und Entlastungsgesetze[218]; Gesetz über den Normenkontrollrat.

---

202 Ebenso Zustimmend *Sanden*, Verw 38 [2005], 367, 370.
203 *Wolff/Bachof/Stober/Kluth*, VerwR I, § 89; *Burgi*, in: HdBStR, 3. Aufl. IV, § 75.
204 *Peine*, DÖV 1997, 353 ff.; *Lee*, Rechtsprobleme der Privatisierung, 1998; *Burgi*, Funktionale Privatisierung und Verwaltungshilfe, 1999; *Schuppert*, Verw 31 [1998], 415 ff
205 *Hochhuth* (Hg.), Rückzug des Staates und Freiheit des Einzelnen, 2012.
206 *T. J. Schmidt*, DÖV 2014, 257 ff.
207 *Frotscher/Kramer*, NVwZ 2001, 24 ff.; *Lackner*, Gewährleistungsverwaltung und Verkehrsverwaltung, 2004.
208 *Saxinger*, GewArch. 2013, 346 ff.; *Maier*, DÖV 2013, 180 ff.
209 *Stober*, DÖV 2004, 221 ff.
210 *Ossenbühl*, DVBl. 1999, 1301 ff.; BVerfG, GewArch. 2002, 372.
211 G. v. 26.11.2008, BGBl. I S. 2242 und dazu *Sydow*, GewArch. 2009, 14 ff.
212 BVerfG, NVwZ 2004, 329 f.
213 *Tüngler*, JuS 2006, 487 ff.
214 *Petersen/Doumet/Stöhr*, NVwZ 2012, 521, 526; OVG Koblenz, NVwZ-RR 2014, 135 ff.; s. auch EuGH, NVwZ 2014, 283 ff.; BVerwG, NVwZ 2017, 1559 ff.
215 *Kühling*, DVBl. 2010, 205 ff.
216 S. *Wolff/Bachof/Stober/Kluth*, VerwR I, § 2 VI 5; *Bull*, Verw. 38 (2005), 285 ff.
217 *Schönleiter*, GewArch. 2005, 369.
218 *Stenger*, GewArch. 2007, 448 ff.

91 Im Rahmen der ordnungspolitischen Diskussion ist zu beachten, dass Privatisierungen z. B. aufgrund von natürlichen Monopolen zu marktbeherrschenden Stellungen privater Unternehmen führen können (z. B. Entsorgungs- oder Telekommunikationswirtschaft) und dann **neuen Regelungsbedarf** hervorrufen (z. B. Privatisierungsfolgenrecht, insbesondere Re-Regulierung, verstärkte Wirtschaftsüberwachung) und Regulierungsbehörden erforderlich machen *(s. u. Rn. 1175)* Insoweit ist der Gedanke der staatlichen und unionsrechtlichen Gewährleistungsverantwortung[219] und des wirtschaftsverwaltungsrechtlichen Regulierungsverwaltungsrechts[220] im Interesse einer Etablierung politisch definierter, gemeinwohlverträglicher Märkte[221] im Öffentlichen Wirtschaftsrecht von erheblicher Bedeutung *(s. u. Rn. 852 und 879)*.

IV. Verhältnis zur Verwaltungspolitik

92 Nicht zu verwechseln mit dem Wirtschaftsverwaltungsrecht ist die Wirtschaftsverwaltungspolitik, die innerhalb des Öffentlichen Wirtschaftsrechts **politische Handlungsspielräume** auslotet, dabei aber dessen Grenzen einhalten muss. Sie findet ihre Basis namentlich in der Rechtstatsachenforschung, die sich mit der empirischen Ermittlung und Verarbeitung der Realität des Wirtschaftsgeschehens befasst. Die Bedeutung der Wirtschaftsverwaltungspolitik liegt darin, dass neben der Rechtmäßigkeit des Handelns unterschiedliche Zweckmäßigkeitsüberlegungen eine Rolle spielen dürfen.[222] Auf EU-Ebene muss sie im Einklang mit den in Art. 3 Abs. 3 EUV niedergelegten Zielen stehen.

Beispiele: Währungspolitik der Europäischen Zentralbank nach Art. 127 und 130 AEUV; Kommunale Wirtschaftsförderungspolitik im Rahmen des Art. 28 Abs. 2 GG; Vergabe von Taxikonzessionen nach § 13 Abs. 4 PBefG; Erstellung eines Lagebildes zur Einschätzung des Handlungsbedarfs nach § 49 LFGB.

§ 4 Wirtschaftssysteme als Vorentscheidung staatlicher Wirtschaftsverfassungen

I. Wirtschaftssysteme als wirtschaftsverfassungsrechtliches Grundproblem

93 Die methodische Erschließung des Öffentlichen Wirtschaftsrechts hat gezeigt, dass Rechtsordnungen ökonomisch nach zwei Grundprinzipien verfasst sein können: Beruhen sie auf der Eigenverantwortung der Unternehmer, dann sind sie marktwirtschaftlich, wettbewerblich angelegt. Basieren sie auf der Staatsverantwortung, dann sind sie planwirtschaftlich, zentralverwaltungsgesteuert organisiert. Da die **Grundwirtschaftssysteme** im Systemwettbewerb stehen, jeder Staat auf Grund seiner Souveränität zwischen Markt und Plan wählen kann (Wahlfreiheit des Wirtschaftssystems) und die konkrete Ausprägung des Öffentlichen Wirtschaftsrechts von der jeweils getroffenen Systementscheidung abhängt, ist zunächst auf Bedeutung und Funktionsweise der beiden Grundwirtschaftssysteme und ihre Zwischenformen einzugehen.

---

219 *Schoch*, NVwZ 2008, 241 ff.; *Ruffert*, AöR 134 [2009], 197, 204.
220 *Weiß*, Privatisierung und Staatsaufgaben, 2002, S. 290 ff.; *Masing*, AöR 128 [2003], 558 ff.; *Lackner*, Gewährleistungsverwaltung und Verkehrsverwaltung, 2003; *Stober*, in: FS für R. Scholz, 2007, 943 ff.
221 *Schorkopf*, JZ 2008, 20 ff.
222 *Frenz*, GewArch. 2010, 329 ff.

II. Verkehrswirtschaft/Marktwirtschaft

1. Das Konzept der Verkehrswirtschaft

Die durch den Liberalismus geprägte und von *Adam Smith* inspirierte Verkehrs- oder **94**
Marktwirtschaft[223] stellt den Einzelmenschen in den Vordergrund. Ihm spricht sie die
Fähigkeit zu, sein Bestes zu erkennen und immer nach dem ökonomischen Prinzip
zu handeln (homo oeconomicus). Im Mittelpunkt dieses Wirtschaftssystems steht die
Privatautonomie im Sinne eines Rechts auf freie eigenverantwortliche Betätigung im
wirtschaftlichen Bereich. Eigenverantwortung bedeutet Entfaltung von persönlicher
Initiative, Bereitschaft zur Teilnahme an der Ideenkonkurrenz und zur Übernahme von
Risiken. Die Privatautonomie wird rechtlich abgesichert durch die Gewährleistung
von subjektiven Wirtschaftsrechten, die dem persönlichen Erwerben und Haben dienen *(s. u. Rn. 548 ff.. und 1047)* und über die verfügt werden kann (Verfügungsrechte).

Die Privatautonomie wird flankiert durch **objektive Verkehrsfreiheiten,** die den freien **95**
Austausch von Gütern und Dienstleistungen, Informationen, Arbeitskräften und Kapital garantieren *(s. u. Rn. 447 ff.).* Auf diese Weise wird eine Gewinn- und Nutzenmaximierung gestattet, welche die Wirtschaftsteilnehmer zum Handeln motivieren und zu
einer Optimierung des Einsatzes der zur Verfügung stehenden Ressourcen sowie zu
deren optimaler Verwertung (sog. allokative Effizienz) führen soll. Infolgedessen hängen unternehmerischer Wettbewerb und der der Hoheitsträger um die Investition von
Produktionsfaktoren eng zusammen, ohne aber in ihren Rahmenbedingungen identisch zu sein.[224]

Die Verkehrswirtschaft beruht ferner auf **Dezentralisierung.** Jeder einzelne Betrieb und **96**
Haushalt ist Entscheidungsträger und kann seinen individuellen „Wirtschaftsplan"
aufstellen. Darin wird über Investition, Produktion, Verteilung und Bedarf unter Berücksichtigung der Markt- und Preislage eigenverantwortlich entschieden. Der Einzelne produziert und verbraucht vorwiegend, was ihm günstig und interessant erscheint; er bestimmt so über Mengen und Preise. Die dadurch entstehende Ordnung
wird durch den „Markt" koordiniert, auf dem Angebot und Nachfrage zusammentref-
fen (Selbstkoordination). Deren Umfang entscheidet über die weiteren Planungen von
Unternehmen, Handel und Verbrauchern und ist somit ein natürliches Lenkungsmittel
des freien Wettbewerbs (Selbstkontrolle).

Die Marktwirtschaft beruht auf **Wettbewerb als Entdeckungsverfahren** in einer Welt **97**
der Unsicherheit[225], ist insoweit also auf „trial and error" angelegt. Dadurch wird der
Prozess schöpferischer Zerstörung[226] unablässig vorangetrieben, wobei der Markt als
korrigierender Filter wirkt. Leitbild ist der dynamische Unternehmer, der für Innovati-
ons- und Change Management offen ist. Privatinitiative und Ideenkonkurrenz, Vernetzung und Kooperation können zu neuen und besseren Problemlösungen, zu preiswer-
teren Produktions- und Vertriebsformen, zur raschen Anpassungsbereitschaft an
veränderte wirtschaftliche Verhältnisse und zur Verringerung des Risikos wirtschaftlicher Fehlentscheidungen führen. Insofern wird die Marktwirtschaft wegen ihrer Effizienz und Optimierungsfähigkeit geschätzt.

Beispiele: Internet-Ökonomie, Sharing- Ökonomie (Unterkunftsvermittlung, Personenbeförderung)[227].

---

223   *A. Smith*, An Inquiry into the Nature and the Causes of the Wealth of Nations, 1776.
224   Ausf. zu den Unterschieden *Korte*, Standortfaktor Öffentliches Recht, 2016, S. 73 ff.
225   *F. A. Hayek*, Der Wettbewerb als Entdeckungsverfahren, in: Freiburger Studien, 1969, S. 249 f.; Mono-
      polkommission, Sondergutachten 27, Systemwettbewerb, 1998, S. 25.
226   *J. A. Schumpeter*, Kapitalismus, Sozialismus und Bürokratie, 6. Aufl. 1987, S. 134 ff.
227   *Ludwigs*, NVwZ 2017, 1646 ff.; EuGH GewArch 2018, 105 ff. – Uber-App.

98 Eine zentrale **Aufgabe des Rechts** besteht in der Marktwirtschaft darin, den Wettbewerb zu schützen (sog. sichtbare Hand des Rechts[228]). Im Übrigen soll die sog. „unsichtbare Hand der Wirtschaft" im Sinne von *A. Smith* einen Zustand der Gerechtigkeit und der Harmonie herbeiführen, indem der eigennützig handelnde Unternehmer über seine Teilnahme am Wettbewerb domestiziert wird und im Ergebnis gemeinwohlverträgliche Angebote zum Nutzen des Kunden schafft. Der Markt- oder Verkehrswirtschaft ist daher eine systematische hoheitliche Wirtschaftssteuerung fremd. Der Staat beschränkt sich stattdessen auf Gefahrenabwehr und stellt die Rahmenbedingungen für einen funktionierenden marktwirtschaftlichen Wettbewerb her. Dazu bedarf es auch einer funktionsfähigen Infrastruktur *(s. u. Rn. 852 ff.)*.

Beispiel: *Adam Smith* sieht es u. a. als Pflicht des Souveräns an, „bestimmte öffentliche Anstalten und Einrichtungen zu gründen und zu unterhalten, die ein Einzelner oder eine kleine Gruppe aus eigenem Interesse nicht betreiben kann, weil der Gewinn ihre Kosten niemals decken könnte"[229].

2. Schwächen der Verkehrswirtschaft

99 Die Verkehrswirtschaft beruht allerdings auf zweifelhaften Prämissen. So setzt sie einerseits voraus, jeder Mensch handle wirtschaftlich planmäßig bzw. rational und erkenne selbst, wo sein größter Nutzen im Wirtschaftsleben liege. Dieses der ökonomischen Theorie entstammende Bild des homo oeconomicus, des homo consumens oder des informierten Wirtschaftssubjekts im Sinne eines rationalen Nutzenmaximierers entspricht allerdings nicht der **wirtschaftlichen Realität** *(s. o. Rn. 30)*[230], zumal oft volle Marktkenntnis und Markttransparenz unterstellt wird.

100 Die Verkehrswirtschaft ist andererseits zudem vornehmlich am persönlich-egoistischen Gewinnstreben orientiert, während die Verantwortung für das wirtschaftliche, soziale und ökologische Gemeinwohl in den Hintergrund tritt. Sie geht von dem Funktionieren des beschriebenen Markt- und Preismechanismus aus, übersieht jedoch, dass sich die Produzenten auf Grund der eingeräumten Wirtschaftsfreiheiten zusammenschließen und wettbewerbsverzerrende Marktmacht ausüben können. Daher besteht bei diesem Wirtschaftssystem die Gefahr von Marktbeherrschung, Marktmissbrauch und Marktversagen[231].

III. Zentralverwaltungswirtschaft/Planwirtschaft

1. Das Konzept der Zentralverwaltungswirtschaft

101 Die Zentralverwaltungs- oder Planwirtschaft vermeidet die in der Privatautonomie und ökonomischen Eigenverantwortung angelegten Nachteile. Als idealtypisches **Gegenstück zur Verkehrswirtschaft** wurzelt dieses vom Sozialismus geprägte und von *Marx* theoretisch fundierte[232] Wirtschaftsmodell in einer vom Staat allein geplanten und organisierten Wirtschaft. Der Staat bzw. die Gesellschaft ist Eigentümer der Produktionsmittel. Der Einzelne ist im Wesentlichen Objekt des staatlichen Wirtschaftshandelns und kann damit kaum auf den Ablauf des Wirtschaftslebens Einfluss nehmen.

---

228   *S. Mestmäcker*, Die sichtbare Hand des Rechts, 1978; *Fezer*, JZ 1990, 657 ff.

229   Zit. nach *Smith*, Der Wohlstand der Nationen, aus dem Englischen übertragen von H. C. Recktenwald, 3. Aufl. 1983, S. 582; s. ferner a. a. O., S. 612 ff.

230   *Von Hippel*, JZ 1998, 529, 531 f.; *Gröschner* und *Kirchgässner*, in: Engel/Morlok (Hg.), Öffentliches Recht als Gegenstand ökonomischer Forschung, 1998, S. 31 ff. und 49 ff.; s. auch *Engländer*, JuS 2002, 535 ff.

231   S. näher *Schmidt-Trenz*, in: Stober/Paschke (Hg.), Deutsches und Internationales Wirtschaftsrecht, 3. Aufl., 2017, S. 1 ff.

232   *Karl Marx*, Das Kapital, Kritik der politischen Oeconomie, 1867.

Die Planwirtschaft ist durch das Merkmal der **Zentralisierung** gekennzeichnet, das **102** heißt, bestehende individuelle Einzelpläne werden durch einen staatlichen Gesamtwirtschaftsplan ersetzt oder gebunden (Struktur-, Investitions-, Produktions- und Leistungslenkung). Außerdem ist der Staat befugt, jeder beliebigen Person eine beliebige Aufgabe zuzuweisen. Produktion und Verbrauch werden bis in Einzelheiten auf Grund politischer und technokratischer Planziele vorgeschrieben, die sich nicht an der Marktlage (so z. B. an der Nachfrage nach einem Produkt) orientieren.

An die Stelle des für die Marktwirtschaft typischen Wettbewerbs- und Tauschprinzips **103** tritt die Zuteilung. Planwirtschaftlicher Ersatz für Marktpreise sind allgemeine oder für bestimmte Betriebe festgelegte Kennziffern etwa über die industrielle Warenproduktion, die Gewinne, die Exporte und die Grundmaterialkosten. Hinzu treten staatlich festgelegte Verkaufspreise, die unabhängig von Angebot und Nachfrage sind. Die **Aufgabe des Rechts** in der Zentralverwaltungswirtschaft ist es deshalb, die strikte Erfüllung der Pläne mit den darin normierten Kennziffern und Zuteilungen zu schützen.

2. Schwächen der Zentralverwaltungswirtschaft

Die Zentralverwaltungswirtschaft hat auf den ersten Blick wegen ihrer straffen Organisation den Vorteil, dass sie überschaubar ist. Dem stehen in der Regel mehrere Nachteile gegenüber: Zum einen werden die Konsumwünsche nicht vorrangig und nicht vollständig befriedigt. Stattdessen besteht die Gefahr einer Überproduktion wenig gefragter Güter und der Anreiz zur Hortung von Vorräten, um Mangelsituationen zu kompensieren. Zum anderen wird die Eigenverantwortung und Privatinitiative der für den Staat tätigen Produzenten ausgeschaltet, die wegen des Wirtschaftsdirigismus und insbesondere des fehlenden Privateigentums nicht zur Leistungsverbesserung motiviert werden (**Staatsversagen**). Insgesamt beruht die deshalb so bezeichnete Kommandowirtschaft auf den zweifelhaften Annahmen, dass der Staat und seine Bediensteten besser als Privatunternehmen in der Lage sind, unter Bedingungen von Ungewissheit zu planen, und dass der Staat als ökonomische Zentralinstanz der beste Garant für ökonomisches Handeln und wirtschaftlichen Fortschritt ist.

IV. Wirtschaftssysteme zwischen Markt und Plan

1. Mixed Economy als realtypische Erscheinungsform

Die dargestellten Grundwirtschaftssysteme sind idealtypische Muster. Sie kommen in **105** dieser Absolutheit und Reinheit in der Wirtschaftswirklichkeit nicht vor. Stattdessen existieren realtypisch vielfältige Spielarten und Zwischenformen. Ihr Ziel ist es, die aufgezeigten Mängel der beiden Grundsysteme zu eliminieren und die Gestaltung der wirtschaftlichen Betätigung zu optimieren. Teilweise ist in diesem Zusammenhang auch von „mixed economy" oder von einem **„dritten Weg"** die Rede.

2. Soziale Marktwirtschaft

a) **Individuelle Komponente.** Ein solches Zwischenmodell ist die so genannte soziale **106** Marktwirtschaft. Allerdings verbirgt sich hinter diesem Begriff keine einhellig anerkannte und klar definierbare Wirtschaftsform. Soziale Marktwirtschaft ist eher ein offenes System, ein Programm, das im Lichte neuer Ideen und Erkenntnisse einer Weiterentwicklung nicht entgegensteht. *Alfred Müller-Armack*, der den Begriff „soziale Marktwirtschaft" geprägt hat, umschrieb dieses Wirtschaftsmuster als einen „der Ausgestaltung harrenden progressiven Stilgedanken"[233]. Unbeschadet der denkbaren Fa-

---

233 *Müller-Armack*, Wirtschaftsordnung und Wirtschaftspolitik, 1966, S. 10.

cetten und verschiedenen Ansätze dieses Leitbildes steht jedoch die **Eigen- und Mitverantwortung der privaten Wirtschaftssubjekte** einschließlich der Sozialpartner für das Wirtschaftsgeschehen im Vordergrund. Im Kern entspricht dieses Modell dem Leitbild des in § 1 Abs. 1 IHKG verankerten ehrbaren Kaufmanns[234], der für Fairness, Anstand, Ehrlichkeit, Verlässlichkeit sowie Verantwortung steht und vorgegebene Rechtsvorschriften, internationale Standards (ISO 26000 Guidance on Social Responsibility) und selbst gesetzte Regeln (Code of Conduct) in Gestalt von Compliance Management Systemen (ISO 19600) beachtet[235]*(s. auch u. Rn. 876).*

107 **b) Soziale Komponente.** Grundregel für das Zusammenspiel von Einzel-, Gruppen- und Staatsinteresse sind das Subsidiaritätsprinzip *(s. u. Rn. 199)* und das etwa in Art. 3 Abs. 3 EUV sowie in Art. 27 ff. EU GR Charta angesprochene Solidaritätsprinzip („Einer für alle und alle für einen"). Aus diesem Grunde steuert der Staat den Wirtschaftsablauf, um wirtschaftliche Freiheit auf dem Markt mit sozialer Gerechtigkeit und sozialem Ausgleich zu verbinden. Der **Staat fungiert als Marktwächter**[236], weil der Markt zu wenig Rücksicht auf soziale Belange schutzbedürftiger Wirtschaftsteilnehmer nimmt.

Beispiele: Kleine und mittlere Unternehmen *(s. o. Rn. 22)*, Verbraucher *(s. o. Rn. 23)*, Arbeitnehmer, Betriebsnachbarn.

108 Soziale Korrekturen sind auf unterschiedliche Weise möglich und hängen vom **hoheitlichen Steuerungsanliegen** ab, wobei eine funktionierende Wettbewerbs- und Grundrechtsordnung dominiert. Ziel kann es sein, Marktmissbrauch (Monopolbildung) und Marktversagen (s. o. *Rn. 100)* zu korrigieren, gemeinwohlschädliche Wirtschaftsergebnisse zu vermeiden, bestimmte Wirtschaftssubjekte zu schützen und zu unterstützen (Verbraucherschutz – s. u. *Rn. 896)*, Wirtschafts- und Finanzkrisen zu meistern[237] oder ökonomische Fehlentwicklungen zu beheben.[238] Wegen dieser Fokussierung wird kritisiert, dass sich diese Wirtschaftsform zu wenig um das Staatsversagen (z. B. Umfang der Staatstätigkeit, Bürokratie) kümmere[239].

3. Ökologisch-soziale Marktwirtschaft

109 **a) Die ökologische Komponente.** Das klassische Modell der sozialen Marktwirtschaft hat sich nur rudimentär mit ökologischen Fragen befasst. Immerhin hat *Müller-Armack* bereits im Jahre 1960 von der „**Umweltordnung**" gesprochen und in diesem Zusammenhang die Bewahrung der Landschaft erwähnt[240]. Das belegt, dass die Umweltkomponente der entwicklungsoffenen sozialen Marktwirtschaft nicht systemfremd ist. Sie ist vielmehr eine Gesamtordnung, bei der die Einbeziehung einer gesunden und sauberen Umwelt essenzielle Voraussetzung für ein sozialgerechtes zukünftiges Wirtschaften und für die Erhaltung des Wohlstandes ist.

110 Die Ökologiefrage ist damit gleichzeitig zur Systemfrage und zum Prüfstein der Leistungsfähigkeit marktwirtschaftlicher Ordnungen geworden. Die ökologisch-soziale Marktwirtschaft entspricht dem international anerkannten Leitgedanken des **sustainable development** (s. etwa Präambel Abs. 1 WTO; Art. 11 AEUV; Art. 37 EU GR Charta), der ökonomische, ökologische und soziale Ziele miteinander verbinden will

---

234 *Stober*, NJW 2010, 1573 f.
235 S. näher *Stober*, in FS Peine, 2016, 591 ff.
236 Zu diesem Begriff *Leisner*, in: FS für Kriele 1997, S. 253, 268; BVerfGE 105, 252, 265 ff.
237 *Zuck*, DÖV 2010, 558 ff.
238 Vgl. dazu *Kirchhof/Korte/Magen u. a.*, in: Korte/Kirchhof/Magen (Hg.), Öff. Wettbewerbsrecht, 2014, § 4.
239 *König*, DVBl. 1997, 239 ff.
240 *Müller-Armack*, in: Stützel u. a. (Hg.), Grundtexte der sozialen Marktwirtschaft, 1981, S. 63, 71 ff.

(s. o. Rn. 40) – so namentlich im Bereich der Bioökonomie. Sie bezweckt, fossile Inputs durch biogen-erneuerbare Rohstoffe und Energieträger zu ersetzen[241].

Die ökologisch-soziale Marktwirtschaft basiert auf dem Prinzip der Eigen- und Mit-   **111**
verantwortung der Wirtschaftssubjekte für die Umwelt. Deshalb soll sich der **Staat** darauf beschränken, **Zielwerte und Rahmenbedingungen vorzugeben,** aus denen sich entnehmen lässt, wie die Umwelt möglichst kostengünstig geschützt werden kann. Im Übrigen sollen die marktwirtschaftlichen Kräfte für eine Verbesserung der Umweltsituation aktiviert werden. Dadurch kann ein Wettbewerb um fortschrittliche und preiswerte Umweltlösungen einsetzen.

b) Zur Internalisierung externer Effekte. Übermäßige Umweltnutzungen können häu-   **112**
fig erhebliche gesellschaftliche Kosten in Form von Verschmutzungen der Umwelt verursachen (sog. negative externe Effekte), weil deren Gebrauch frei und daher weder Gegenstand der Knappheit, des Preises noch des Wirtschaftens ist (social cost)[242]; volkswirtschaftliche und privatwirtschaftliche Kosten divergieren insoweit. Daher steht die **Internalisierung des Produktionsfaktors Umwelt in das einzelwirtschaftliche Kalkül** im Mittelpunkt einer marktwirtschaftlichen Umweltpolitik. Sie begreift die Umwelt als knappes Gut und belegt ihre Nutzung mit einem Preis, der über die tatsächlich verursachten Kosten Auskunft gibt[243]. Ein Höchstmaß an ökologischer Wirksamkeit und ökonomischer Effizienz kann über marktwirtschaftliche Anreize bzw. Instrumente erreicht werden, die nach dem Motto „Umweltschutz durch Eigennutz" umweltfreundliches Wirtschaften belohnen und umweltbelastendes Wirtschaften verteuern.

Beispiele: Ökologische Produktverantwortung nach § 23 KrWG i. V. m. dem Verpackungsgesetz; Kosteneffiziente Verringerung von Treibhausgasen nach § 1 TEHG; Eigenproduktion und Verwendung erneuerbarer Energie nach § 1 Erneuerbare Energien-Gesetz – EEG 2014.

c) Marktwirtschaftliche Umweltprinzipien als Bestandteil des Öffentlichen Wirt-   **113
schaftsrechts.** Zur Realisierung eines effizienten marktwirtschaftlich ausgerichteten Umweltschutzes wird auf bestimmte, u. a. in Art. 191 AEUV niedergelegte, Prinzipien zurückgegriffen. Sie sind verallgemeinerungsfähig, weil sich ihre Bedeutung nicht im jeweiligen ökologischen Gehalt erschöpft: Im Einzelnen strebt das **Kooperationsprinzip (principle of cooperation)** eine möglichst weit gehende Beteiligung aller gesellschaftlichen Gruppen bei der Konzeption und Durchsetzung umweltpolitischer Zielsetzungen und Maßnahmen an *(s. o. Rn. 19)*. Es konkretisiert die duale und arbeitsteilige Umweltverantwortung von Wirtschaft und Verwaltung[244] und führt sie zu einer gemeinsamen Verantwortung zusammen.

Beispiele: Umweltschutzbeauftragte, duale Abfallwirtschaft.

Nach dem **Vorsorgeprinzip (principle of precautionary action)** ist Umweltschutz Ge-   **114**
fahrenabwehr, Risiko- und Zukunftsvorsorge. Es bezweckt die Verhütung von Umweltbelastungen, die Risikominimierung sowie den schonenden Umgang mit dem Produktionsfaktor Umwelt im Interesse einer möglichst langfristigen Sicherung der ökologischen Grundlagen[245]. Das Vorsorgeprinzip basiert im Wesentlichen auf dem

---

241 *Ludwig/Köck/Troniake/Gawel,* DÖV 2015, 41 ff.
242 S. dazu *Ronald Coase,* The Problem of Social Cost, abgedruckt in: Coase (Hg.), The Firm, The Market and The Law, Chicago University Press, 1988, S. 95 ff.
243 Jahresgutachten 1989/90 des Sachverständigenrates zur Begutachtung der gesamtwirtschaftlichen Entwicklung, BT-Ds. 11/5786, S. 144 ff.; Bericht der Enquêtekommission Schutz des Menschen und der Umwelt, BT-Ds. 12/8260, S. 296 ff.
244 BVerfGE 98, 100, 120 f.; *Schuppert,* Verw 31 [1998], 415, 434 ff.; *Di Fabio,* NVwZ 1999, 1153 ff.
245 *Fleury,* Das Vorsorgeprinzip im Umweltrecht, 1995; *Lübbe-Wolff,* NVwZ 1998, 777 ff.; *Rengeling,* DVBl. 2000, 1473 ff.; *Appel,* NVwZ 2001, 395 ff.; *Arndt,* Das Vorsorgeprinzip im EU-Recht, 2009.

Gedanken, mit den gegenwärtig verfügbaren Ressourcen sparsam umzugehen oder sie wieder aufzubauen, um sie zukünftigen Generationen zu erhalten. Insoweit geht es also auch um nachhaltiges Wirtschaften im Interesse der Umwelt.

115 Das **Verursacherprinzip (pollution pay principle)** lastet dem die Kosten einer Umweltbelastung an, der für ihre Entstehung verantwortlich ist. Dieser Grundsatz entspricht daher dem Gedanken der Marktwirtschaft, weil er auch Kostenzurechnungsprinzip und ökonomisches Effizienzkriterium ist. Der betriebliche Anknüpfungspunkt folgt dem Konzept der Produktverantwortung und garantiert die Internalisierung externer Effekte, die sonst die Allgemeinheit tragen müsste (Gemeinlastprinzip). Da die Kosten in die Kalkulation eingehen, wird ein sparsamer Umgang mit der Umwelt gewährleistet und es werden Initiative und Kreativität für umweltschonende und kostengünstige Lösungen freigesetzt.

116 Ein weiterer Ansatz einer ökologischen und zugleich sozialen Marktwirtschaft ist das **Prinzip** der ganzheitlichen Betrachtungsweise bzw. **des integrierten Umweltschutzes.** Danach müssen Umwelteinwirkungen in ihrem Zusammenwirken untersucht werden, weil die Erfahrung zeigt, dass Umweltschäden vielfach die Folge von Emissionen aus einer Vielzahl von Quellen sind, die für sich betrachtet kaum von großer Relevanz sind. Der integrierte Umweltschutz kann insoweit einerseits unternehmensintern ansetzen und dann Herausforderungen an das betriebliche Management stellen, andererseits aber auch betriebsübergreifende Vorgaben machen und so mitunter erheblichen Abstimmungsaufwand erzeugen.

Beispiele: Richtlinie über die integrierte Vermeidung und Verminderung der Umweltverschmutzung und Konkretisierung durch § 1 Abs. 2 BImSchG.

4. Globalgesteuerte Marktwirtschaft

117 Die sog. globalgesteuerte Marktwirtschaft hat nicht die Globalisierung eines Wirtschaftssystems im Blick. Sie ist vielmehr eine weitere staatliche Option, die sich im Gegensatz zur sozialen Marktwirtschaft nicht auf eine punktuelle Steuerung aus sozialen und ökologischen Gründen beschränkt. Ziel dieser Wirtschaftsform ist vielmehr die Herbeiführung eines **gesamtwirtschaftlichen Gleichgewichts** im Sinne von Art. 109 Abs. 2 GG i. V. m. § 1 StabG und Art. 3 Abs. 2 EUV sowie Art. 127 ff. AEUV durch zentrale wirtschafts-, finanz- und haushaltspolitische Entscheidungen *(s. u. Rn. 238 f. und 243)*. Die theoretische Ausformung der globalgesteuerten Marktwirtschaft geht auf *J. M. Keynes*[246] und auf *J. A. Schumpeter*[247] zurück.

---

246   The General Theory of Employment, Interest and Money, 1936.
247   History of Economic Analysis, 1950.

B. Wirtschaftsverfassungsrecht

Erster Abschnitt: Verfassungsrechtliche Grundlagen der Wirtschaftssteuerung

§ 5 Wirtschaftsverfassung des Grundgesetzes, der Unionsverträge und des Weltwirtschaftsrechts

I. Die Wirtschaftsverfassung Deutschlands

1. Deutsche Wirtschaftsverfassung und Globalisierung der Wirtschaft

Die Darstellung der Grundwirtschaftssysteme und ihrer Zwischenformen bildet die **118** Basis für die das Öffentliche Wirtschaftsrecht prägende Ausgangsfrage nach der Wirtschaftsverfassung *(s. o. Rn 44)*. Sie ist aus drei Richtungen und zuvörderst der deutschen Perspektive (I.) zu problematisieren. Dieser Blickwinkel ist allerdings unvollständig, weil jeder Staat auf Grund seiner **völkerrechtlichen Souveränität** und des Grundsatzes der Staatengleichheit eigenverantwortlich nicht nur die für ihn relevante Wirtschaftsordnung festlegen, sondern auch die Bedingungen des Wirtschaftsverkehrs mit anderen Staaten ausgestalten kann *(s. o. Rn. 67 f.)*[248]. Denn die wachsende Regionalisierung und Globalisierung der Wirtschaft *(s. o. Rn. 71)* zwingen die Staaten zunehmend, im Interesse der Vereinfachung und Förderung des internationalen Wirtschaftsverkehrs Einschränkungen ihrer Souveränitätsrechte auf dem Gebiet der Wirtschaft zu akzeptieren *(s. o. Rn. 69 f.)* und sich überstaatlichen Wirtschaftsverbünden anzuschließen. Daher ist die Frage nach der dem Öffentlichen Wirtschaftsrecht zugrunde liegenden Wirtschaftsverfassung ebenfalls aus unionaler (II.) und weltwirtschaftlicher Perspektive (III.) zu beantworten, auch wenn der letztgenannte Blickwinkel kein Teil des Wirtschaftsverfassungsrechts im engeren Sinne ist, immerhin aber eine relevante Ausrichtungsgröße für das einfache öffentliche Wirtschaftsrecht bildet *(s. o. Rn. 46)*. Bevor hierauf eingegangen wird, soll zunächst die deutsche Verfassungslage erörtert werden, die anhand des Grundgesetzes entfaltet wird.

2. Der Streit um die Wirtschaftsverfassung

Während die Weimarer Reichsverfassung einen besonderen Abschnitt über das „Wirt- **119** schaftsleben" vorsah, widmet das Grundgesetz der Wirtschaftsordnung kein eigenes Kapitel. Die Bundesverfassung hat ferner kein bestimmtes Wirtschaftssystem ausdrücklich in Form eines Verfassungsprinzips oder Staatsziels festgeschrieben. Insofern stimmt das Grundgesetz etwa mit der Verfassungslage in der Schweiz und Österreich überein[249]. Es unterscheidet sich hingegen von einigen jüngeren **europäischen Verfassungen**, die entweder ein Bekenntnis zum Staatsziel Marktwirtschaft ablegen oder die Grundsätze der Wirtschaftsordnung bestimmen (Art. 38 spanische Verfassung; Art. 80 ff. Portugiesische Verfassung).

Jedenfalls in diesem Sinne ist die Bundesrepublik kein Wirtschaftsstaat[250] und die **120** Ausgestaltung des Wirtschaftsgeschehens keine Staatszielbestimmung. Zwar enthalten mehrere vor In-Kraft-Treten des Grundgesetzes ergangene **Landesverfassungen** der Weimarer Reichsverfassung weitgehend nachgebildete Abschnitte über das Wirt-

---

248 *Stober*, Globales Wirtschaftsverwaltungsrecht, 2001.
249 S. näher *Vallender*, *Richli* und *Griller*, in: Stober (Hg.), Wirtschaftsverwaltungsrecht in Europa, 1993, S. 3 ff.
250 S. zu diesem Begriff *E. R. Huber*, Wirtschaftsverwaltungsrecht I, 2. Aufl., Vorwort und S. 7.

schaftsleben (s. etwa Art. 151 ff. BayVerf.; Art. 27 ff. HessVerf.; Art. 24 ff. NWVerf.) und mehrere Bundesländer haben das Konzept der ökologisch-sozialen Marktwirtschaft *(s. o. Rn. 109 ff.)* in ihre Verfassung aufgenommen (Art. 42 Abs. 2 BbgVerf.; Art. 51 RPVerf.; Art. 38 ThürVerf.). Diese und ähnliche Bestimmungen sind jedoch wegen der in den Art. 70 ff. GG festgelegten Kompetenzordnung im Lichte des Art. 31 GG weitgehend ohne große praktische Bedeutung.[251] *(s. u. Rn. 292 ff.).*

3. Zur Offenheit der deutschen Wirtschaftsverfassung

121 Auf Grund dieser grammatikalischen, verfassungssystematischen und rechtsvergleichenden Verfassungslage *(s. zur Auslegung o. Rn. 52 ff.)* ist zweifelhaft, ob das Grundgesetz überhaupt eine bzw. eine bestimmte Wirtschaftsverfassung enthält bzw. nach welchen rechtlichen Grundsätzen das Wirtschaftsleben zu gestalten ist. Diese Frage wird seit Bestehen der Bundesrepublik Deutschland unter dem Stichwort „**Streit um die Wirtschaftsverfassung**" kontrovers diskutiert[252].

122 a) **Verfassungsrechtlicher Befund.** Verfassungsrechtlicher Ausgangspunkt der Befunderhebung ist die Feststellung, an welchen Stellen im Grundgesetz der Begriff und der Sachbereich Wirtschaft vorkommen. Die zentrale Kompetenzvorschrift des Art. 74 Abs. 1 Nr. 11 GG für das Recht der Wirtschaft wurde bereits mehrfach erwähnt *(s. o. Rn. 29 ff.).* In diesem Zuständigkeits- und **Aufgabenverteilung**szusammenhang sind ferner u. a. folgende Vorschriften zu nennen *(s. auch u. Rn. 229 ff. und 292 ff.):*
- Überführung von Produktionsmitteln in Gemeineigentum bzw. -wirtschaft (Art. 74 Abs. 1 Nr. 15 GG).
- Verhütung des Missbrauchs wirtschaftlicher Machtstellung (Art. 74 Abs. 1 Nr. 16 GG).
- Förderung der land- und forstwirtschaftlichen Erzeugung und Sicherung der Ernährung (Art. 74 Abs. 1 Nr. 17 GG).
- Lebens- und Futtermittelrecht (Art. 74 Abs. 1 Nr. 20 GG).
- Abfallwirtschaftsrecht (Art. 74 Abs. 1 Nr. 24 GG).
- Gentechnikrecht (Art. 74 Abs. 1 Nr. 26 GG)[253].
- Währungswesen (Art. 73 Abs. 1 Nr. 4 GG).
- Luftverkehrsrecht (Art. 73 Abs. 1 Nr. 6 GG).
- Postwesen und Telekommunikation (Art. 73 Abs. 1 Nr. 7 GG).
- Verbesserung der regionalen Wirtschaftsstruktur (Art. 91a Abs. 1 Nr. 1 GG).
- Gesamtwirtschaftliches Gleichgewicht (Art. 109 Abs. 2 GG).

123 Hingegen enthält der Abschnitt „**Die Grundrechte**" nur rudimentäre Hinweise auf ökonomische Freiheiten und Schranken *(s. u. Rn. 548 ff.).*[254] Art. 9 Abs. 3 GG spricht von Wirtschaftsbedingungen und Art. 15 GG gestattet die Überführung von Produktionsmitteln in Formen der Gemeinwirtschaft. Den Grundfreiheiten entsprechende, auf den Abbau von Handelshemmnissen gerichtete Gewährleistungen finden sich demgegenüber zumindest nicht ausdrücklich.[255]

124 b) **Verfassungsrechtliche Diskussion.** Auf Basis dieses rechtlichen Status quo werden im **Schrifttum** unterschiedliche Ansichten vertreten[256]: So wird gelegentlich geltend gemacht, aus dem Grundgesetz ergebe sich eine bewusste verfassungsrechtliche Nicht-

---

251 Vgl. aber *Schmidt am Busch,* GewArch. 2015, 273, 278.
252 S. etwa *Rittner/Dreher,* Jahrbuch des Öffentlichen Rechts der Gegenwart, Band 59 [2011], S. 59 ff.
253 S. dazu BVerfG, NVwZ 2011, 94 ff.
254 S. näher *Badura,* in: HdBGR II, § 29 A.
255 *Korte,* Standortfaktor Öffentliches Recht, 2016, S. 9.
256 S. näher *Rittner/Dreher,* Europäisches und deutsches Wirtschaftsrecht, 3. Aufl., § 2 Rn 47 ff.; *Stolleis,* Geschichte des Öffentlichen Rechts in Deutschland, Band IV, 2012, S. 269 ff.

entscheidung in der Frage der Wirtschaftsordnung[257], während andere Stimmen von der Garantie einer „gemischten Wirtschaftsverfassung" oder einer teilverfassten Wirtschaft[258] sprechen, weil das Grundgesetz ein spannungsvolles Gleichgewicht und einen Ausgleich von grundrechtlichen Wirtschaftsfreiheiten und Sozialbindungen enthalte[259]. Teilweise heißt es aber auch, das Grundgesetz lasse jede Wirtschaftsordnung bis hin zu einer „sozialistischen Umgestaltung" zu, die wegen Art. 15 GG sogar ohne Verfassungsänderung möglich sei[260]. Im Lichte der institutionellen Gewährleistung der Wettbewerbs- und Gewerbefreiheit sowie der sozialstaatlichen Gehalte des Grundgesetzes wird die Wirtschaftsordnung der Bundesrepublik bisweilen auch als soziale Marktwirtschaft qualifiziert[261], während manche aus den Grundrechten eine Entscheidung für eine Wettbewerbsordnung, eine Funktionsgarantie der Marktwirtschaft oder einen Vorrang der Privatheit ableiten[262]. Teilweise wird wegen Art. 109 Abs. 2 GG die Auffassung vertreten, es handle sich um eine globalgesteuerte Marktordnung[263].

Das *BVerfG* argumentiert, das Grundgesetz sei in der Frage der Wirtschaftsordnung **125** sehr zurückhaltend. Es lasse die Frage der Wirtschaftsverfassung bewusst offen, um freier Auseinandersetzung, Entscheidung und Gestaltung Raum zu lassen. Das Grundgesetz binde den Gesetzgeber nicht an eine bestimmte wirtschaftspolitische Auffassung. Vor allem garantiere es nicht die soziale Marktwirtschaft oder die Beibehaltung einer bestimmten anderen Wirtschaftspolitik. Die gegenwärtige Wirtschaftsordnung sei lediglich eine nach dem Grundgesetz mögliche, nicht aber die allein mögliche. Sie beruhe auf einer vom Willen des Gesetzgebers getragenen wirtschafts- und sozialpolitischen Entscheidung, die durch eine andere Entscheidung ersetzt oder durchbrochen werden könne. Das in der Verfassungsurkunde zu Tage tretende Element relativer Offenheit trage dem geschichtlichen Wandel Rechnung, der in besonderem Maße das wirtschaftliche Leben kennzeichne[264].

c) Verfassungssystematische Interpretation. Die Auffassung des *BVerfG* entspricht der **126** vorgenommenen verfassungsrechtlichen Analyse und den allgemeinen Maßstäben der Verfassungsinterpretation (*s. o. Rn. 52 ff.*). Markt und Wettbewerb sind nicht als solche grundrechtlich institutionell abgesichert[265]. Die Verfassung legt allenfalls das Gerüst für die Voraussetzungen eines Marktes. Die Grundrechte verhindern zwar die völlige Aufhebung eines Marktes, weil sie unter dem Vorbehalt der Verhältnismäßigkeit hoheitlichen Handelns stehen. Der Staat ist jedoch nicht auf marktkonforme Steuerung beschränkt[266]. Dem entsprechen die verschiedenen wirtschaftsnahen Kompetenztitel zugunsten des Bundes in den Art. 73 f. GG, weil sie dem Bund gerade die Möglichkeit der Gestaltung lassen wollen, ohne die Rahmenbedingungen der Wirtschaftsverfassung in irgendeiner Weise vorzuformen.

d) Verfassungshistorische Dimension und Grundgesetznovellierung. Greift man auf die **127** Entstehungsgeschichte des Grundgesetzes zurück, dann ergibt sich folgendes Bild: Das Grundgesetz hat deshalb keinen Abschnitt über das Wirtschaftsleben, weil im Zeit-

---

257 H. *Krüger*, DVBl. 1951, 361.
258 *Kersten* u. *Lepsius*, in: Vesting/Korioth (Hg.), Der Eigenwert des Verfassungsrechts 2011, S. 135 ff. u. 149 ff.
259 *E. R. Huber*, Wirtschaftsverwaltungsrecht I, 2. Aufl. 1953, S. 30.
260 *Abendroth*, Das Grundgesetz, 7. Aufl. 1978, S. 65 ff.
261 *Schmidt-Preuß*, DVBl. 1993, 236, 239 ff; *Ziekow*, Öff. WiR, § 3 IV 1.
262 *Papier*, in: Handbuch des Verfassungsrechts, 2. Aufl. 1994, S. 810; *Sodan*, DÖV 2000, 361 ff.; *H. M. Meyer*, Vorrang der privaten Wirtschafts- und Sozialgestaltung als Rechtsprinzip, 2006.
263 *Zuck*, NJW 1967, 1301.
264 BVerfGE 4, 7, 18; BVerfGE 50, 290; BVerwGE 71, 183, 195; *Papier*, in: FS für Selmer, 2004, S. 459 ff.
265 *P. Huber*, in: FS Stober, S. 547, 552.
266 *Schmidt*, in: HdbStR IV, 3. Aufl. § 92 Rn. 27 ff.; BVerfGE 4, 7, 17.

punkt der Beratungen des Grundgesetzes **keine Einigkeit** innerhalb der politischen Machtfaktoren über die Gestaltung der Wirtschaftsordnung bestand[267]. Damals sah man die Bundesrepublik und das Grundgesetz als Provisorium an und wollte die endgültige Gestaltung auch der wirtschaftlichen Ordnung einer gesamtdeutschen Verfassung vorbehalten.

128 Zudem ging die SPD davon aus, bei den Wahlen zum ersten Bundestag stärkste Partei zu werden. Sie legte deshalb im Parlamentarischen Rat Wert auf **umfangreiche wirtschaftspolitische Kompetenzen des Bundesgesetzgebers**, um als spätere Regierungspartei die eigenen politischen Zielsetzungen durchsetzen zu können, statt mühsam im Parlamentarischen Rat um Mehrheiten und Formulierungen kämpfen zu müssen[268].

129 Auch die Festlegung auf die Erfordernisse des **gesamtwirtschaftlichen Gleichgewichts** (Art. 109 Abs. 2 GG) im Jahre 1967 wirkt sich nicht auf die wirtschaftsverfassungsrechtliche Beurteilung aus, da es sich um eine finanz- und haushaltsspezifische Änderung handelt. Sie hat infolgedessen nicht die Kraft, als grundgesetzübergreifende Vorentscheidung für eine bestimmte Wirtschaftsverfassung herangezogen werden zu können[269].

4. Staatliche Gestaltungsfreiheit und Verantwortung für die Wirtschaft

130 Einerseits bedeutet die relative Offenheit des Grundgesetzes in Sachen Wirtschaftsverfassung, dass die Grenzen zwischen Eigen-, Mit- und Staatsverantwortung im Wirtschaftsbereich nicht klar gezogen sind *(s. o. Rn. 15 ff.)*. Andererseits darf wirtschaftspolitische „Neutralität" der Wirtschaftsverfassung nicht im Sinne von Nichteinmischung in die Wirtschaft oder als Staatsfreiheit der Wirtschaft missverstanden werden. Präzise Schranken lassen sich indes kaum ziehen. **Verfassungswidrig** wären nur eine totale staatliche Planwirtschaft[270] *(s. o. Rn. 101 ff.)* und totaler wirtschaftlicher Liberalismus („Manchester").

131 **Wirtschaftspolitisch** war und ist die relative Offenheit des Grundgesetzes eine große Chance. Angesichts der Dynamik, Differenziertheit, Komplexität und Kompliziertheit des Wirtschaftslebens sowie des wissenschaftlichen und technischen Fortschritts gestattet sie es, flexibel auf neue Aufgabenstellungen, wechselnde Anforderungen, gesellschaftlichen Wandel sowie auf die Vorgaben des höheren Rechts einzugehen.

Beispiele: Enteignungsgesetz für systemrelevante Banken zur Sicherung der Finanzmarktstabilität[271].

II. Die Wirtschaftsverfassung des Binnenmarktes

132 Im Lichte der somit zu konstatierenden relativen Offenheit des Grundgesetzes in Sachen Wirtschaftsverfassung stellt sich freilich die Frage, ob und inwieweit das Anwendungsvorrang genießende Unionsrecht *(s. o. Rn. 47)* Vorgaben für die wirtschaftsverfassungsrechtliche Ausrichtung des Binnenmarktes und damit auch Deutschlands[272] macht.

---

267 Vgl. Parl. Rat, Stenografischer Bericht, 2. Sitzung v. 8.9.1948, S. 14.
268 *Kunert*, JuS 1979, 322, 327 m.w.N.; *Nörr*, Die Republik der Wirtschaft, 1999, S. 84 ff.
269 *R. Schmidt*, in: FS Stober, S. 19 f.
270 Ebenso *Papier*, in FS Säcker 2011, S. 1093, 1120; *Durner*, in: Ehlers § 11 III.
271 G. v. 7.4.2009, BGBl. I, S. 729 ff.
272 *Ruffert*, AöR 134 [2009], 198, 201 ff.

1. Grundgesetzliche und unionsrechtliche Wirtschaftsverfassung

Enthielte das Binnenmarktrecht der EU entsprechende Aussagen, könnte der Streit **133** um die deutsche Wirtschaftsverfassung partiell überholt und das Konzept der Offenheit weitgehend obsolet sein[273]. Ob diese Wertung zutrifft, ist anhand einer Textanalyse des **europäischen Primärrechts**, d. h. also im Wesentlichen der Unionsverträge zu prüfen, die sich aus dem Vertrag über die Arbeitsweise der Europäischen Union (AEUV) und dem Vertrag über die Europäische Union (EUV) zusammensetzen. In diesem Kontext spielt auch die rechtlich gleichrangige EU GR Charta eine Rolle (Art. 6 Abs. 1 EUV).

2. Strukturen der EU-Wirtschaftsverfassung

Zunächst ist festzuhalten, dass der Gründungsvertrag, der sog. **EWG-Vertrag**, in sei- **134** ner Zielrichtung, seiner ursprünglichen Beschränkung auf das Wirtschaftsleben und seiner späteren Ausrichtung auf einen Binnenmarkt eine Rechtsordnung war, die in der Summe ihrer Normen eine bis ins einzelne gehende Wirtschaftsverfassung aufwies. Diesen auf die zentralen Tätigkeitsfelder der EG gestützten Charakter als **Wirtschaftsgemeinschaft** behielt die frühere EG nach Ansicht des *BVerfG*[274] auch nach dem In-Kraft-Treten der politisch weiter gehenden Unionsverträge und trotz des Wegfalls des prägenden Wortes Wirtschaft[275] im bislang so bezeichneten EG-Vertrag. Lediglich in Titel II zu Art. 8 des ehemaligen EU-Vertrages findet sich noch ein Hinweis auf den Begriff Wirtschaftsgemeinschaft, welche die Basis für die heutige Ausgestaltung des Unionsrechts bildete. Die früheren EG- und die neuen Unionsverträge von Lissabon stehen damit, betrachtet man sie aus einer übergreifenden, noch nicht an den Strukturen orientierten Perspektive, an sich in einem klaren Gegensatz zum Grundgesetz.

Die Strukturen der unionalen Wirtschaftsverfassung ergeben sich aus zahlreichen Be- **135** stimmungen der Unionsverträge, denen unterschiedliche und teilweise gegenläufige ökonomische Aufgaben, Ziele, Prinzipien und Politiken zugrunde liegen. Im Mittelpunkt steht der **Binnenmarkt**, in dem der freie Verkehr von Waren, Personen, Dienstleistungen und Kapital gewährleistet ist (Art. 26 AEUV – *s. u. Rn. 398*) und der eine gemeinsame Handelspolitik mit nicht europäischen Staaten einschließt (Art. 206 f. AEUV). Diese sog. Verkehrsfreiheiten werden durch wettbewerbsrechtliche Regeln flankiert, die sich sowohl an Unternehmen richten als auch staatliche Beihilfen betreffen (Art. 101 ff. AEUV). Die Verkehrsfreiheiten beschränken sich nicht auf den klassischen Markt zwischen privaten Anbietern und Abnehmern. Sie erstrecken sich auch auf den Markt des sog. öffentlichen Beschaffungswesens (Go Public), der von der öffentlichen Hand und ihren Unternehmen beherrscht wird *(s. u. Rn. 806 ff.)*.

Formulierung und Stellung der Verkehrsfreiheiten einerseits und die Einräumung sub- **136** jektiver Rechte andererseits etwa in Art. 21 und 157 AEUV lassen erkennen, dass Verkehrsfreiheiten nicht mit **Grundrechten** im Sinne ökonomischer Gewährleistungen für einzelne Wirtschaftssubjekte identisch sind. Allerdings achtet die Union über Art. 6 Abs. 1 EUV auch die Grundrechte als allgemeine Grundsätze des Unionsrechts, die in der EU GR Charta kodifiziert sind und sich nach Art. 51 an die Organe und Einrichtungen der Union und an die Mitgliedstaaten bei der Durchführung des Rechts der Union richten *(s. u. Rn. 599 ff.)*. Die Charta erfährt durch die Unionsverträge insofern eine juristische Aufwertung, als sie – wie dargelegt – denselben Rang wie die Unionsverträge besitzt (Art. 6 Abs. 1 EUV).

---

273 S. auch *Zippelius/Würtenberger*, Deutsches Staatsrecht, 32. Aufl., § 35 I 1.
274 E 89, 155, 181, 190; ebenso *Streinz*, WuV 1996, 129 ff. m. w. N.
275 Ebenso *P. Kirchhof*, JZ 1998, 965, 971; *Mussler*, Die Wirtschaftsverfassung der Europäischen Gemeinschaft im Wandel, 1998, S. 91 ff.

137 Daneben genießen die öffentliche Hand und ihre Unternehmen über Art. 14 und 106 AEUV sowie Art. 36 EU GR Charta besonderen Schutz, insbesondere damit sie **Dienste von allgemeinem wirtschaftlichen Interesse** erbringen und ihren Daseinsvorsorgeaufgaben nachkommen können. Unabhängig davon unterliegen bestimmte Wirtschaftsbereiche lenkungsrechtlichen Marktordnungen. Erinnert sei nur an den Landwirtschafts- und Verkehrssektor und an die Industriepolitik (Art. 38 ff., 90 ff., 173 AEUV). Hinzu tritt die Konjunktur-, Wirtschafts- und Währungspolitik, die ein gesamtwirtschaftliches Gleichgewicht in einer Wirtschafts- sowie Währungsunion anstrebt *(s. u. Rn. 230 ff.)*. Ferner sind im Rahmen verschiedener Vertragsänderungen umwelt- und verbraucherschutzrechtliche Komponenten in das Primärrecht aufgenommen worden (Art. 4 Abs. 2, 11 f., 169 und 191 AEUV).

3. Grundsatz der offenen Marktwirtschaft

138 Angesichts dieser Gemengelage ist es juristisch sachgerecht, auch für die Union von einer relativ offenen Wirtschaftsverfassung auszugehen, zumal sie weder eine über Einzelverbürgungen hinausgehende Wirtschaftsverfassung mit normativem Sollbestand besitzt[276] noch eine Systementscheidung für ein bestimmtes wirtschaftstheoretisches Konzept enthält[277]. Diese Bewertung stimmt auch mit der Selbstqualifizierung des EG-Vertrages in der Maastrichter Fassung überein, der erstmals in mehreren Vorschriften den **„Grundsatz der offenen Marktwirtschaft mit freiem Wettbewerb"** betonte. Diese zentrale Vertragsaussage behalten Art. 119 f., 127, 173 AEUV auch dann bei, wenn sie neben der Verfolgung anderer Binnenmarktziele u. a. auf eine **„wettbewerbsfähige soziale Marktwirtschaft"** hinwirken wollen (Art. 3 Abs. 3 EUV) und damit das soziale Element zusätzlich gewichten[278]. Jedenfalls dem Grunde nach laufen die wirtschaftsverfassungsrechtlichen[279] Ausgangslagen auf unionaler und auf nationaler Ebene somit in dieselbe Richtung, so dass es kaum zu wirtschaftspolitischen Kontroversen kommen dürfte.[280] Daraus folgt allerdings nicht, dass das Unionsrecht und das bundesdeutsche Recht konfliktfrei nebeneinanderstünden. Im Übrigen ist für das Verhältnis der Mitgliedstaaten untereinander zu konstatieren, dass weder die deutsche noch eine unionale Interpretation von Wirtschaftsverfassung europäisches Gemeingut ist.[281]

III. Die Wirtschaftsverfassung der Weltwirtschaft

139 Mit diesem Ergebnis ist nur noch die Frage nach der Existenz einer Wirtschaftsverfassung der Weltwirtschaft bzw. einer „Welthandelsverfassung" zu beantworten. Ein international verbindliches Bekenntnis zu einem speziellen Wirtschaftssystem oder ein klar konturiertes Weltwirtschaftsrecht sind nicht nachweisbar[282]. Allenfalls kann man faktisch, interregional und regional eine Präferierung des marktwirtschaftlichen Systems beobachten. Die Präambel des Übereinkommens zur Errichtung der Welthandelsorganisation (WTO) enthält zwar Hinweise in Richtung eines umfassend verstandenen gesamtwirtschaftlichen Gleichgewichts (Erhöhung des Lebensstandards,

---

276 Ebenso *Frotscher/Kramer*, § 2 II 4; *Rittner/Dreher*, Europäisches und deutsches Wirtschaftsrecht, 3. Aufl., § 2 B III; *Cremer*, in: Ehlers, § 9 Rn. 9 und 19; a. M. *Schmidt-Preuß*, in: FS Säcker 2011, S. 969 ff.

277 Calliess/Ruffert/*ders.*, EUV/AEUV, Art. 3 EUV Rn. 38; a. M. *M. Dreher*, JZ 2014, 185, 188.

278 S. näher *Brauser-Jung*, in: FS Stober, S. 43 ff. Frenz, GewArch. 2010, 329 ff.

279 Vgl. zur der Verfassung jenseits souveräner Staaten *Korte*, Standortfaktor Öffentliches Recht, 2016, S. 19 ff.

280 Zur Diskussion *Nowak* EuR Beih. 1/2009, S. 129 ff.

281 *M. Dreher*, JZ 2014, 185, 188.

282 *Rittner/Dreher*, Europäisches und deutsches Wirtschaftsrecht, 3. Aufl., § 1 C IV.

Sicherung der Vollbeschäftigung, Wirtschaftswachstum, Umweltschutz usw.). Diese
Ziele hängen aber u. a. von dem Abschluss von Übereinkünften ab, weshalb den
Mitgliedstaaten kein bestimmtes wirtschaftspolitisches Modell aufgezwungen
wird[283]. Deshalb ist es gegenwärtig korrekt, wenn auf völkerrechtlicher Ebene oftmals von einem **offenen internationalen Wirtschaftssystem** oder von einer „mixed
economy" die Rede ist.[284]

Zweiter Abschnitt: Wirtschaftssteuerung durch Staats- und Rechtsprinzipien

Je offener die Wirtschaftsverfassung ist, umso mehr kommt es für die Herausarbei-   **140**
tung der verfassungs- und unionsrechtlichen Grundlagen des Öffentlichen Wirtschaftsrechts auf die ökonomischen Gehalte von Staatsprinzipien und Staatszielen
an. Nachfolgend werden unter Staatsprinzipien verfassungsrechtlich feststehende
Struktur- und Grundentscheidungen verstanden, während Staatsziele verbindliche
programmatische Direktiven sind, für die sich der Staat einzusetzen hat[285]. Mangels
einer existierenden Weltwirtschaftsverfassung *(s. o. Rn. 139)* ist diese Definition
nicht auf weltwirtschaftliche Rechtsprinzipien anwendbar. Deshalb werden unter
den **Begriff** des Rechtsprinzips aus wirtschaftsvölkerrechtlicher Perspektive die von
Staaten aus unterschiedlichen Rechtskreisen und geografischen Regionen überein-
stimmend akzeptierten, verbindlichen Rechtsregeln für den internationalen Wirt-
schaftsrechtsverkehr zusammengefasst[286]. Sie bilden ebenfalls eine Richtschnur für
die Ausgestaltung und für die Auslegung des Öffentlichen Wirtschaftsrechts, auch
wenn sie keinen Anwendungsvorrang genießen *(s. o. Rn. 47)*. Im Zusammenhang
mit dem Öffentlichen Wirtschaftsrecht werden im Allgemeinen nur das Sozialstaatsprinzip, das Rechtsstaatsprinzip und das Prinzip des gesamtwirtschaftlichen Gleichgewichts thematisiert[287]. Diese Beschränkung ist problematisch, weil letztlich die
meisten Staatsziele und -prinzipien auf wirtschaftliches Handeln einwirken – so namentlich die Bundesstaatlichkeit, weil sie Auskunft über die in Wirtschaftsfragen
handlungsbefugte Behörde gibt oder das Umweltschutzziel, weil es sich auf einen für
die Wirtschaft relevanten Kostenfaktor bezieht *(s. u. Rn. 199 und 250 ff.)*. Ferner
prägt das Demokratieprinzip das Recht der wirtschaftlichen Selbstverwaltung (Kam-
merwahlen)[288] sowie die Wesentlichkeitslehre[289] und ist infolgedessen ebenfalls von
ökonomischer Relevanz. Dasselbe gilt für das republikanische Prinzip, soweit man
es von seinem begrifflichen Bezugspunkt „res publica" ableitet, weil es dann ein
Handeln im Interesse des Gemeinwohls[290] fordert und im Verbund mit den zugrunde
liegenden Allgemeininteressen hoheitliche Eingriffe in den Wirtschaftsprozess legitimieren kann. Aufgrund dieser Fülle an wirtschaftsrelevanten Prinzipien setzen die
folgenden Ausführungen umfassender an.

---

283   *R. Schmidt*, in: FS Stober, S. 19, 25.
284   *Tietje*, in: Tietje (Hg.) Internationales Wirtschaftsrecht, 2. Aufl. 2015, § 1 Rn. 8.
285   S. näher Bericht der Gemeinsamen Verfassungskommission, BT-Ds. 12/6000, S. 77; *Sommermann*,
      Staatsziele und Staatszielbestimmungen, 1997.
286   S. *Stober*, in: FS für Großfeld, 1999, S. 1173, 1177; *ders.*, Globales Wirtschaftsverwaltungsrecht, 2001,
      S. 23; zustimmend *H. Bauer*, in: ders. u. a. (Hg.), Umwelt, Wirtschaft und Recht, 2002, S. 69, 72 f.
287   Vgl. etwa *Rittner/Dreher*, Europäisches und deutsches Wirtschaftsrecht, 3. Aufl., § 4.
288   S. näher *Stober*, GewArch. 2001, 393 ff.; BVerfGE 107, 59, 92; BVerfG, GewArch. 2005, 72.
289   *Degenhart*, Staatsrecht I, 33. Aufl. 2017, Rn. 329 f.; BVerfGE 49, 89, 126.
290   *Wolff/Bachof/Stober/Kluth*,VerwR I, § 18 III 3.

§ 6 Sozialstaatsprinzip

I. Wirtschaftliche Elemente des Sozialstaates

1. Die Verfassungsentscheidung für den Sozialstaat

141 Nach Art. 20 Abs. 1, 28 Abs. 1 GG ist die Bundesrepublik Deutschland ein sozialer Bundesstaat. Das **Sozialstaatsprinzip** steht sozusagen als **Ersatz für eine Sozialverfassung,** auf deren Aufnahme die Grundgesetzschöpfer nach eingehender Diskussion insbesondere mit Rücksicht auf den im Jahre 1949 empfundenen provisorischen Charakter der Bundesverfassung *(s. o. Rn. 127 ff.)* verzichteten. Das Grundgesetz hat das Sozialstaatsprinzip in der Erkenntnis aufgenommen, dass die Lebensverhältnisse in einem arbeitsteilig organisierten, wirtschaftlich hochdifferenzierten und industriell geprägten modernen Staat immer komplizierter werden und soziale Missstände und Defizite allein durch einen Ausgleich innerhalb der gesellschaftlichen Kräfte nicht beseitigt oder verhindert werden können[291].

2. Wirtschaftsrelevante Sozialaussagen und ihre Grenzen

142 Ethische Grundlage und essenzieller Bestandteil des Sozialstaatsprinzips ist das **Solidaritätsprinzip**[292]. Denn dieser aus dem vorrechtlichen Gedanken der Brüderlichkeit (fraternité, einer für alle und alle für einen) abgeleitete Grundsatz ist auf sozialen Ausgleich und auf Umverteilung gerichtet. Ausgangspunkt ist, dass Volkswirtschaft mehr ist als die Summe der Einzelwirtschaften. Deshalb ist der Staat als der Ort des gesellschaftlichen Tauschens in die solidarische Verbundenheit der Menschen eingebettet, so dass die Wirtschaft auch dem Gemeinwohl dient, das der Staat durch Gesetzgebung und darauf bezogenes Verwaltungshandeln konkretisiert.[293]

143 Das Solidaritätsprinzip steht in einer Wechselbeziehung zum **Subsidiaritätsprinzip,** das die organisations- und kompetenzrechtliche Verteilung der Wirtschaftsverantwortung, aber auch die Rolle der Individuen im ökonomischen Prozess betrifft *(s. u. Rn. 199).* Während nämlich das Solidaritätsprinzip den Vorrang der kollektiven Versorgung betont, ist das Subsidiaritätsprinzip auf den Vorrang der Eigenvorsorge gerichtet *(s. o. Rn. 106 ff. und u. 199).* Daraus ergibt sich ein Spannungsverhältnis, weil das Solidaritätsprinzip anders als der Gedanke der Subsidiarität zentralisierend wirkt.[294]

II. Bedeutung und Adressaten

1. Der Sozialstaat als Staatsaufgabe und Gestaltungsauftrag

144 Das Sozialstaatsprinzip ist unmittelbar geltendes Recht und damit mehr als ein unverbindlicher Programmsatz oder eine Empfehlung[295]. Die Verwirklichung des Sozialstaates ist eine zentrale **Staatsaufgabe,** die den Gesetzgeber aber nicht zu einer bestimmten sozialen Gesetzgebung und zur Realisierung bestimmter Einzelelemente zwingt. Insbesondere enthält das Sozialstaatsprinzip keinen zwingenden Auftrag zu weit gehender gesellschaftlicher und ökonomischer Umgestaltung oder zur Praktizierung der sozialen Marktwirtschaft *(s. o. Rn. 106 und 118 ff.).* Aus der wirtschaftlichen Perspektive wird jedoch ein „Verfassungsauftrag zur Wachstumsvorsorge"[296] oder zur Wohlstandsvor-

---

291 *Enders,* VVDStRL 64 [2005], 9 ff.
292 *S. Grimm,* EvStL, 3. Aufl., Sp. 3144 ff.; *Volkmann,* Solidarität – Programm und Prinzip der Verfassung, 1998, S. 362; *Isensee,* Solidarität in Knappheit, 1998.
293 vgl. dazu, Schmidt/Wollenschläger/*Wollenschläger,* Kompendium, § 2 Rn. 97.
294 Vgl. dazu *Calliess,* Subsidiaritäts- und Solidaritätsprinzip in der EU, 2. Aufl. 1999, S. 185 ff.
295 BVerfGE 1, 105.
296 *H. P. Ipsen,* Diskussionsbeitrag in: VVDStRL 24 [1966], 221 f.

sorge[297] diskutiert, der sich etwa in der Aufgabe „wirtschaftliche Infrastruktur" widerspiegelt *(s. u. Rn. 852 ff.).*

Einen weiteren Verfassungsauftrag kann man aus der Verbindung des Sozialstaatsprinzips mit Art. 1 Abs. 1 GG unter dem Aspekt ökonomisches Existenzminimum[298] ableiten. Im Übrigen ist hinsichtlich der Bejahung bestimmter Verfassungsaufträge aus dem Sozialstaatsprinzip Zurückhaltung geboten, weil andernfalls wirtschaftsverfassungsrechtliche Festschreibungen erfolgen könnten, die im Widerspruch zur beabsichtigten **wirtschaftsverfassungsrechtlichen Offenheit des Grundgesetzes** *(s. o. Rn. 121 ff.)* stünden. Bei dem Sozialstaatsprinzip handelt es sich vielmehr um ein der konkreten Ausgestaltung in hohem Maße bedürftiges Prinzip, das sich einer konkreten Umschreibung entzieht. **145**

Beispiele: Widerrufsrechte aus Gründen des Verbraucherschutzes; Begrenzung der Vertragsfreiheit[299] durch Kontrahierungszwang im Personenbeförderungsrecht aufgrund bestehender Beförderungspflichten (vgl. § 22 PBefG).

2. Adressaten und subjektive Rechte

Adressaten des Sozialstaatsprinzips sind in erster Linie **Gesetzgeber, Verwaltung und Rechtsprechung.** Der Gesetzgeber muss den Sozialstaat politisch ausgestalten[300], während den anderen Staatsgewalten vor allem die Aufgabe zukommt, die Sozialstaatserklärung bei der Auslegung von Rechtsnormen, der Interessenabwägung und bei der Ermessensausübung zu verwirklichen. Diese prinzipielle Ausrichtung zeigt, dass der Sozialstaat zeitabhängig ist und es kein allgemeines soziales Rückschrittsverbot gibt. Seine Konkretisierung steht unter dem Demokratie- und Finanzierungsvorbehalt und bietet keine ökonomische Bestandsgarantie[301]. **146**

Ferner kann der **Wirtschaftsbürger** grundsätzlich aus dem Sozialstaatsprinzip selbst keine subjektiv einklagbaren Rechte auf ein bestimmtes Handeln der Wirtschaftsverwaltung bzw. auf bestimmte Leistungen ableiten[302]. Sie werden erst erzeugt, wenn der Gesetzgeber das Sozialstaatsprinzip in einer Norm konkretisiert, die nicht nur im Interesse der Allgemeinheit, sondern mindestens auch zu Gunsten Einzelner erlassen ist, und wenn die zugrunde liegende Vorschrift eine verbindliche Rechtsposition bietet oder eine anspruchsbegründende Ermessensreduzierung auf Null vorliegt *(s. u. Rn. 1047).* **147**

III. Sozialprinzip in der EU

Der Sozialstaatsgedanke hat auf Grund seines wirtschaftsbeeinflussenden Charakters als **Sozialprinzip** auch Eingang in das Recht der EU gefunden. Eine soziale Tendenz spiegelt sich bereits in Art. 3 EUV und Art. 4 AEUV wider. Die Ziele der Union werden durch zahlreiche sozial motivierte Bestimmungen (Art. 151 ff.; Art. 169 AEUV und Art. 38 EU GR Charta) konkretisiert. Art. 3 Abs. 3 EUV enthält eine neue Querschnitts-Sozialklausel, die alle Unionspolitiken verpflichtet[303]. **148**

Im Gegensatz zum deutschen Verfassungsrecht ist das **Solidaritätsprinzip** sowohl eine grundlegende Handlungsmaxime der Union als auch Gegenstand zahlreicher vertrags- **149**

---

297 *Burgi*, AöR Beiheft 2014, S. 30 ff.
298 BVerfGE 84, 133, 158; 99, 216, 233.
299 BayVerfGH, NVwZ 1997, 481, 485; BVerfG, NJW 1994, 36, 38 und BVerfG, NJW 1994, 2749.
300 BVerfGE 82, 60, 80; BVerwG, DÖV 2006, 867, 869.
301 *Isensee*, in: ders./Kirchhof (Hg.), HdBStR IV, 3. Aufl. § 73 Rn. 30.
302 S. auch BVerfGE 33, 303, 331; BayVerfGH, NVwZ 1997, 481, 485.
303 *Pernice*, EuZW 2008, 65.

rechtlicher Ausprägungen (s. Art. 3 Abs. 3 EUV; Art. 27 ff. EU GR Charta; Art. 222 AEUV)[304]. Diese Aufwertung ist französischen Einflüssen auf das Unionsrecht geschuldet; sie entspricht zudem den vertikalen und horizontalen Treuepflichten aus Art. 4 Abs. 3 EUV.

IV. Sozialprinzip und Weltwirtschaftsrecht

150 Im Gegensatz zum nationalen und europäischen Recht spielt der Sozialschutz in internationalen Wirtschaftsrechtsquellen gegenwärtig nur eine **marginale Rolle**. Die Texte beschränken sich im Wesentlichen auf allgemeingehaltene Absichtserklärungen und unverbindliche Bekenntnisse zur Schaffung sozialer Gerechtigkeit, zur Realisierung des sozialen Fortschritts, zur Bekämpfung der Arbeitslosigkeit sowie zur Gewährung sozialer Sicherheit[305]. International aufgestellte Unternehmen bekennen sich häufig im Rahmen ihrer globalen Verantwortung für Menschenrechte, Arbeits- und Umweltschutz zu einem angemessenen Interessenausgleich durch codes of conduct in Gestalt von Corporate Social Responsibility- (s. ISO 26000) und Compliance-Programmen (s. ISO/DIS 19600)[306].

Beispiele: OECD Guidelines for Multinational Enterprises, UN-Global Compact[307].

§ 7 Rechtsstaatsprinzip

I. Die Gesetzmäßigkeit der Wirtschaftsverwaltung

1. Wirtschaftsrelevante Bedeutungen des Rechtsstaatsprinzips

151 Während das Sozialstaatsprinzip einen zentralen Gestaltungsauftrag für wirtschaftsverwaltungsrechtliches Handeln von Staat und Selbstverwaltung (Kommunen und Kammern) liefert, sind die Gesetzmäßigkeit und der Gerechtigkeitsgehalt der sozialen Wirtschaftsordnung Forderungen des Rechtsstaats. Sie sind daher weniger auf Gestaltung, sondern vielmehr auf (mehr oder weniger) **konkrete Maßstäbe setzende Vorgaben** angelegt.

152 Eine funktionstüchtige Wirtschaft bedarf eines funktionsfähigen Rechtsstaates[308], der die wirtschaftliche Freiheit garantiert und das Wirtschaftsverwaltungsrecht durch das Medium bzw. die Herrschaft des Gesetzes (rule of law, principe de légalité) im Sinne einer **Mäßigung** bzw. Lenkung **von Hoheitsgewalt** in rechtlich geordnete Bahnen diszipliniert. Denn der Güteraustausch zwischen Wirtschaftssubjekten ist im Kern ein Austausch von Rechten über Güter *(s. o. Rn. 94)*[309].

153 Die Herrschaft des objektiven Rechts darf dabei **nicht** mit den **subjektiven Gerechtigkeitsvorstellungen** der Betroffenen, die im Streitfall naturgemäß unterschiedlich sind, gleichgesetzt werden. So gesehen fordert der Grundsatz der Gesetzmäßigkeit der Verwaltung im Allgemeinen, aber auch im Öffentlichen Wirtschaftsrecht im

---

304   *Gussone*, Das Solidaritätsprinzip in der Europäischen Union und seine Grenzen, 2006.
305   S. näher *Kotzur*, JZ 2008, 265, 270 ff.
306   S. näher *Herdegen*, Internationales Wirtschaftsrecht, 10. Aufl. 2014, § 4 Rn. 68.
307   S. zu den Texten *Keller/Schünemann/Stober* (Hg.), Compliance Textsammlung 2011, A IV und IX.
308   *Grimm*, JZ 2009, 596 ff.
309   *Schmidt-Trenz*, in: Stober/Paschke (Hg.), Deutsches und Internationales Wirtschaftsrecht, 2. Aufl. 2011, S. 1 f.

Besonderen keine Gerechtigkeit, sondern die fehlerfreie Anwendung des geltenden Rechts.[310]

2. Einzelausprägungen

a) Gesetzesbindung. Der in Art. 20 Abs. 3 GG enthaltene Grundsatz der Gesetzmäßig- **154** keit der Verwaltung besagt zum einen, dass auch die Wirtschaftsverwaltung bei ihrem Handeln entsprechend den Gesetzen verfahren muss. Diese Verpflichtung besteht aus dem Gebot, bestehende Gesetze anzuwenden und aus dem Verbot, von bestehenden Gesetzen abzuweichen (Gesetzesbindung i. e. S., **Gesetzesbeachtungspflicht**).

Beispiele: Verbot der Bestechlichkeit im Amt (§§ 331 f. StGB); kein Verzicht auf gesetzmäßige Abgabenerhebung.

b) Gesetzesvorrang. Zum anderen bedeutet Gesetzmäßigkeit, dass die Wirtschaftsver- **155** waltung nicht gegen den Vorrang des Gesetzes verstoßen darf. Darunter versteht man, dass der gesetzgeberische Wille jeder anderen staatlichen Machtäußerung (Rechtsverordnung, Satzung, Verwaltungsakt) vorgeht (sog. **Rangfunktion der Rechtsquellen –** *s. o. Rn. 47 f. und u. Rn. 1052 ff..*).

Beispiele: Eine durch Satzung auferlegte kommunale Verpackungssteuer widerspricht wegen ihrer steuerrechtlichen Lenkung dem abfallwirtschaftsrechtlichen Konzept des KrWG, dem wegen der Produktverantwortung und der Beteiligung Privater an der Entsorgung das Kooperationsprinzip zugrunde liegt[311].

Obwohl die Rechtstreue der Verwaltung eigentlich eine Selbstverständlichkeit sein **156** sollte, haben Verstöße dazu beigetragen, dass auch für den Bereich der öffentlichen Verwaltung **Compliance**funktionen eingerichtet und Complianceprogramme aufgelegt werden, um u. a. das Rechtsbewusstsein zu stärken[312].

c) Gesetzesvorbehalt. Von besonderer Bedeutung für das Öffentliche Wirtschaftsrecht **157** ist der ebenfalls aus dem Grundsatz der Gesetzmäßigkeit der Verwaltung ableitbare Vorbehalt des Gesetzes.

aa) Grundlegung. Der Gesetzesvorbehalt hat eine grundrechtliche und eine organisati- **158** onsrechtliche Komponente, der jeweils unterschiedliche Ziele zugrunde liegen. Während es bei der grundrechtlichen Seite um den Schutz von Allgemeininteressen geht *(s. u. Rn. 548 ff.)*, so dass der Gesetzesvorbehalt insoweit Freiheitsbeschränkungen legitimiert, steht bei der rechtsstaatlich-demokratisch motivierten Seite die verfassungsmäßige Verteilung der Kompetenzen zwischen Parlament und Verwaltung im Vordergrund *(s. u. Rn. 292 ff.)*, so dass er freiheitserweiternd wirkt, weil er Hoheitsgewalt mäßigt.[313] Gemeinsam ist beiden Komponenten trotz ihrer je nach Bezugspunkt unterschiedlichen Funktion allerdings, dass es hier wie dort um die Frage geht, ob es eines **Gesetzes** bedarf, damit die Verwaltung handeln darf.

Aus grundrechtlicher Sicht geht die ältere Lehre davon aus, dass der Vorbehalt des **159** Gesetzes nur für Eingriffe der Verwaltung in Freiheit und Eigentum gilt (**Eingriffsvorbehalt**). Dafür spricht, dass grundrechtliche Gesetzesvorbehalte angesichts der klassischen Abwehrdimension auch der wirtschaftlich motivierten Grundrechte primär als Eingriffsvorbehalte konzipiert sind (s. Art. 2 Abs. 2 Satz 3 und Art. 12 Abs. 1 Satz 2 GG)[314]. Dabei kann im Einzelfall problematisch sein, ob bestimmte wirtschaftsverwal-

---

310 *Wolff/Bachof/Stober/Kluth*, VerwR I, § 9 Rn. 3.
311 BVerfGE 98, 106, 123, 130.
312 *Stober*, DVBl. 2012, 391 ff.; *Stober/Orthmann* (Hg.), Compliance, Handbuch für die öff. Verwaltung, 2014.
313 *Sachs*, in: Sachs (Hg.), GG, 8. Aufl. 2018, Art. 20 Rn. 113.
314 BVerfG, NJW 1989, 2614; OVG Münster, NJW 1990, 466.

tungsrechtliche Maßnahmen – wie etwa Warnungen oder die Veröffentlichung von Warentests – Eingriffscharakter besitzen *(s. u. Rn. 1126 f.)*[315]. In diesem Kontext werden dann namentlich Fragen der Belastungsintensität relevant *(s. u. Rn. 590)*. Liegt ein Eingriff vor, dann ist er nur gerechtfertigt, wenn er auf eine Befugnisnorm gestützt wird.

160 Eine solche **Befugnisnorm** prägt eine verwaltungsgerichtete Handlungsermächtigung (vgl. z. B. die §§ 15 Abs. 2, 35 Abs. 1 GewO), die die avisierte Maßnahme der Hoheitsgewalt tragen können muss, was im Falle des Erlasses eines Verwaltungsakts aufgrund der ihm eigenen zusätzlichen Belastung *(s. u. Rn. 1080 ff.)* ggf. umstritten sein kann (sog. Problem der Verwaltungsaktbefugnis). Unstreitig ist demgegenüber, dass sog. Aufgabennormen Grundrechtsbeeinträchtigungen nicht tragen können, da sie nicht zu Eingriffen ermächtigen *(s. u. Rn. 849)*, sondern nur Auskunft über die behördliche Zuständigkeit geben (vgl. z. B. §§ 61, 155 GewO). Da Aufgaben- und Befugnisnormen erhebliche Unterschiede aufweisen, gerade was die Voraussetzungen für ein behördliches Tätigwerden angeht, ist der Schluss von der Aufgabe auf die Befugnis unzulässig.[316]

Beispiele: § 1 IHKG umschreibt die Aufgabe der Kammern, das Gesamtinteresse ihrer Mitglieder wahrzunehmen. Diese Norm berechtigt nicht zu hoheitlichen Eingriffen in Grundrechte[317]. Amtliche Internetveröffentlichungen als Ergebnis einer lebensmittelrechtlichen Betriebskontrolle in Form einer Bewertung bedürfen wegen der berufsregelnden Tendenz und der indirekten Verhaltenslenkung der davon Betroffenen einer gesetzlichen Grundlage[318]. Gentechnische Anlagen dürfen wegen der Grundrechtsrelevanz der Gentechnik und der Schutzpflicht des Gesetzgebers nur auf Grund einer ausdrücklichen gesetzlichen Regelung betrieben werden[319]. Regelungen über die Käfighaltung sind wegen ihrer Bedeutung für die Grundrechte der Tierhalter und der Nähe zur Tierquälerei hinsichtlich der grundsätzlichen Art der Tierhaltung dem parlamentarischen Gesetzgeber vorbehalten[320]. Dass § 14 GewO hoheitliche Aufforderungen zur Anzeigeerstattung trägt, wird in der Literatur[321] wegen des insoweit unergiebigen Wortlauts mangels Verwaltungsaktbefugnis bezweifelt, in der Rechtsprechung aber bejaht.[322]

161 **bb) Geltungskraft im Bereich der Leistungsverwaltung.** Mit dieser Einordnung ist noch offen, ob bzw. inwieweit der Gesetzesvorbehalt im Falle der hoheitlichen Gewährung von Leistungen insbesondere in Gestalt von Subventionen *(s. u. Rn. 947 ff.)* gilt, was entsprechend der obigen Ausführungen dann der Fall wäre, wenn die staatliche Maßnahme auf den Wirtschaftsbürger ebenso wirkt wie ein Grundrechtseingriff.

162 **(1) Streitstand.** Insoweit wird der überkommenen engen Bestimmung des Gesetzesvorbehaltes entgegengehalten, die veränderte Realität des modernen Sozialstaates sowie die Vielfalt der Gesetze, die staatliche Leistungen zum Gegenstand hätten, müssten dazu führen, dass der Gesetzesvorbehalt auf die Leistungsverwaltung auszudehnen ist. Begründet wird dieser Ansatz insbesondere damit, dass auch in diesen Fällen Grundrechtsbeeinträchtigungen drohen. Zwar dürfte es an einer hinreichend intensiven Belastung des Subventionsempfängers regelmäßig fehlen, weil ihm selbst im Falle einer lenkenden Wirkung der Förderung immer noch die Freiheit bleibt, sie auszuschlagen und sich nicht lenken zu lassen. Jedenfalls drohen aber negative Rückwirkungen auf etwaige nicht geförderte **Konkurrenten**,[323] die eine gesteuerte Konkurrenzsituation

---

315 BVerfGE 105, 252, 268; BVerwG, GewArch. 1996, 465.
316 Wolff/Bachof/Stober/*Kluth*, VerwR I, § 30 Rn. 30.
317 BVerwGE 89, 281, 285; BVerwG, GewArch. 1996, 465.
318 OVG Berlin Brandenburg, NVwZ–RR 2014, 846 ff.
319 VGH Kassel, NJW 1990, 336.
320 BVerfG, NJW 1999, 3253 f.
321 Schmidt/Wollenschläger/*Korte* Kompendium, § 9 Rn. 68.
322 BVerwG v. 10.10.1990 NVwZ 1991, 267, 268.
323 S. BVerwGE 30, 191.

nach sich ziehen und die verfassungsrechtlich vorgegebene Konkurrenzordnung verfälschen können.[324]

Zwar geht auch das *BVerfG* dem Grunde nach davon aus, dass staatliches Handeln, **163** durch das dem Einzelnen Leistungen und Chancen gewährt und angeboten werden, für eine Existenz in Freiheit oft nicht weniger bedeutungsvoll ist als das Unterbleiben eines Eingriffs[325]. Gleichwohl stellt das Gericht, wenn es Leistungsgewährungen am Gesetzesvorbehalt misst, nicht auf die Belastungsintensität, sondern stattdessen auf die **Grundrechtssensibilität** der Maßnahme ab. Sie sei insbesondere im Falle von Pressesubventionen und finanziellen Unterstützungen zugunsten von Religionsgemeinschaften zu bejahen, weil hier das Gebot der Staatsferne und Neutralität in besonderem Maße gelte.[326] Die Verwaltungsgerichtsbarkeit bejaht im Falle von Wirtschaftssubventionen darüber hinaus nur dann einen Eingriff in Art. 12 Abs. 1 GG, wenn die Subvention einem Konkurrenzunternehmen die eigene ökonomische Aktivität unmöglich macht oder unzumutbar erschwert und letztlich dessen Existenz gefährdet[327].[328]

Damit übersieht die Rechtsprechung, dass staatliche Einflussnahmen auf den Wettbe- **164** werbsprozess und dort auf das Konkurrenzverhältnis zurückwirken und Freiheitsgrade entziehen können, die Art. 12 Abs. 1 GG gerade schützen will.[28] Dieser Schutz darf zudem nicht erst im Falle der Unzumutbarkeit ansetzen, wenn man nicht entgegen der **herkömmlichen Grundrechtsdogmatik** die Eingriffs- und Rechtfertigungsebene vermengen will. Stattdessen sind vielmehr die allgemeinen Anforderungen an Grundrechtsbeschränkungen zu bemühen. Daher kommt es darauf an, ob eine sog. mittelbare Beeinträchtigung vorliegt, weil der übergangene Konkurrent tatsächlich intendiert bzw. hinreichend intensiv in seiner Stellung am Markt bzw. in seiner Rentabilität beschränkt wird *(s. u. Rn. 623)* – so wenn die Subvention wegen ihrer Höhe[29] oder ihrer Ausschlussfunktion bzw. -wirkung[30] den Wettbewerb verfälscht.[31]

Beispiele: Eine Gemeinde übernimmt die Vertriebskosten für ein vor Ort tätiges Traditionsunternehmen, ohne zugleich dessen einzigen lokalen Konkurrenten entsprechend zu fördern.[329] Von zwei lokal operierenden Pflegeunternehmen erhält eines, da es Teil eines Wohlfahrtsverbandes ist, zweckfrei verwendbare Mittel auf Basis des Wohlfahrtsförderungsrechts[330].

(2) Erfordernis einer Rechtsgrundlage. Gemessen an diesen Grundsätzen ist ein sog. **165** Subventionsgesetz verfassungsrechtlich jedenfalls dort geboten, wo grundrechtssensible Bereiche betroffen sind, so dass auch nach der verfassungsgerichtlichen Rechtsprechung zumindest im Falle der Förderung von Presseunternehmen oder Religionsgemeinschaften eine spezielle materielle Subventionsgrundlage erforderlich ist[331]. Darüber hinaus stünde es auf Basis der bisherigen Spruchpraxis im Ermessen des Gesetzgebers, ob er entsprechende Befugnisnormen schafft oder nicht. Ein über diese Bereiche hinausweisendes **Subventionsgrundsätzegesetz**, das die Subventionszwecke, die Vergabebedingungen, den Empfängerkreises und die Leistungshöhe festlegt sowie Aussagen zur Verwendungskontrolle trifft[332], wäre demgegenüber nur insoweit nötig,

---

324   *Korte*, JURA 2017, 656 ff.
325   BVerfGE 40, 237, 248 f.; BVerfG, NJW 1989, 2877; BVerfG, NJW 1997, 1975, 1977; vgl. auch OVG Berlin, NJW 1975, 1938 – Pressesubvention; s. auch *Kühling/Barudi*, Jura 2006, 672, 674 f.
326   BVerfG, NJW 1989, 2877, 2878; vgl. auch BVerfGE 123, 148, 180 f. und *Schwarz*, BayVBl. 2014, 677, 678.
327   BVerwGE 30, 191, 198; ähnl. *Ziekow*, Öf. WiR, § 6 Rn. 16.
328   *Korte*, JURA 2017, 656 ff.
329   Vgl. *OLG Frankfurt*, NVwZ 1993, 706 ff.
330   S. dazu aus unionsrechtlicher Perspektive *Korte* DVBl. 2017, 730 ff.
331   *Stober*, GewArch. 1993, 136 ff. und 187 ff., 192 ff.; BVerfGE 80, 124, 132; BVerwG, DVBl. 1992, 1038.
332   So *Bauer*, DÖV 1983, 53 ff. m. w. N.; *Ehlers*, GewArch. 1999, 305 f.

als man wie hier vertreten davon ausgeht, dass hoheitliche Leistungsgewährungen ggf. Grundrechtseingriffe begründen können.

Beispiele: Das novellierte Filmförderungsgesetz (FFG) legt neben den allgemeinen Fördervoraussetzungen und der Zweckbindung der Fördermittel die Vergabebedingungen sowie Schlussprüfungen und Rückzahlungspflichten fest. Hält man den Bereich der Filmförderung im Lichte des Art. 5 Abs. 1 S. 2 Var. 2 GG für grundrechtssensibel ist dieses Gesetzes zwingend erforderlich, anderenfalls jedenfalls nach der gerichtlichen Spruchpraxis nicht.

166 Dort, wo es keines ausdrücklichen Subventionsgesetzes bedarf, genügt es, wenn im durch Bundes- bzw. Landesgesetz oder kommunale Satzung festgestellten **Haushaltsplan** (vgl. Art. 110 II 1 GG) eine Position abstrakt ausgewiesen ist, die die Förderung trägt. Damit reichen die als Organgesetz an die Exekutive gerichteten, nicht außenwirksamen Haushaltsgesetze[333] aus – und zwar auch bzw. in Fortschreibung dessen, wenn die Förderung mit Nebenbestimmungen verbunden wird.[334] Dagegen wird zwar geltend gemacht, das Haushaltsgesetz sei zu abstrakt und dürfe als formelles Gesetz nicht mit budgetfremden Materien verquickt bzw. belastet werden[335].

167 Dieses Vorbringen übersieht jedoch, dass nur die Subventionssteuerung über den Haushalt die für die Wirtschaftsverwaltung im Leistungsstaat notwendige **budgetäre Beweglichkeit** sichert. Zudem ist der Bedeutungs- und Funktionswandel der öffentlichen Haushalte zu berücksichtigen, der durch die Einführung des gesamtwirtschaftlichen Gleichgewichts eingetreten ist (Art. 109 Abs. 2 GG i. V. m. § 2 Satz 3 HGrG). Danach ist der Staat aus der ökonomisch neutralen Bedarfsdeckungssituation herausgetreten. Dieser Wandel erfasst auch die Legitimationswirkung der Haushaltsgesetzgebung und der budgetären Subventionierung, weil der durch das Haushaltsgesetz festgestellte Haushaltsplan eine wirtschaftspolitische Grundsatzentscheidung über Belastungen und staatlich gewährte Begünstigungen enthält[336].

168 Daran anknüpfend sieht auch das *BVerwG* (jenseits grundrechtssensibler bzw. existenzgefährdender Zuwendungen (*s. o. Rn. 165*)) die etatmäßige Bereitstellung der zur Subventionierung erforderlichen Mittel unter folgenden Voraussetzungen als hinreichende Legitimation verwaltungsmäßigen Handelns an[337]:
1. Der Haushaltsplan muss entsprechende Mittelansätze aufweisen.
2. Der Haushaltsplan umreißt die Zweckbestimmung dieser Mittel.
3. Die Subventionsvergabe gehört zu den verfassungsrechtlichen Aufgaben der Verwaltungsbehörde (Aufgabennorm).

169 (3) **Rückforderung von Subventionen.** Haushaltsgesetze bzw. -pläne sind nur eine Ermächtigungsgrundlage für die Verwaltung. Sie begründen nach Art. 110 Abs. 4 Satz 1 GG i. V. m. § 3 Abs. 2 HGrG weder Ansprüche noch Verpflichtungen. Hingegen bedarf die Rückforderung einer Subvention einer materiellen Rechtsgrundlage. Sie folgt je nach handelndem Hoheitsträger in der Regel aus den §§ 48 f. VwVfG bzw. den entsprechenden landesrechtlichen Bestimmungen.[338] Das Erfordernis einer Rechtsgrundlage ergibt sich aus der Erwägung, dass die Rückforderung für die Bürger eine

---

333 So *Siekmann*, in: Sachs (Hg.), GG, 8. Aufl. 2018, Art. 110 Rn. 40.

334 So auch *Ruthig/Storr*, Öff. WiR, Rn. 788; OVG NW, NWVBl. 2009, 320, 321.

335 *Stern*, JZ 1960, 518 ff.; *Götz*, Recht der Wirtschaftssubventionen, 1966, S. 281, 299; *Rupp*, JuS 1975, 615 f.

336 BVerfGE 45, 1, 32; 79, 311, 328; BVerfG, NJW 2011, 2947, 2950 f.; VGH München, BayVBl. 2000, 245 f.; OVG Weimar, GewArch. 2002, 325 f.; *Böhm*, NVwZ 1998, 934 f.; zustimmend *Ehlers*, DVBl. 2014, 1 ff.

337 BVerwGE 6, 282, 287; BVerwG, NJW 1977, 1838; BVerwGE 58, 45; OVG Münster, NVwZ 1982, 381; OVG Lüneburg, NVwZ 1985, 499; *Stober*, GewArch. 1993, 136 ff. und 187 ff.

338 *Korte*, JURA 2017, 656, 663 f.

Belastung darstellt. Sie kann nicht formaljuristisch lediglich als „Kehrseite der Subventionierung" angesehen werden, insbesondere weil der **Erhalt einer finanziellen Leistung** durch hoheitliches Handeln die dem Grunde nach **berechtigte Erwartung** erzeugt, dass sie behalten werden darf[339].

cc) Delegation wirtschaftsrelevanter Staatsgewalt. Praktische Bedeutung erlangt der   **170**
Grundsatz vom Gesetzesvorbehalt auch im Falle der Delegation von Staatsgewalt im Bereich des Öffentlichen Wirtschaftsrechts. Abgesehen von den Fällen des Art. 80 Abs. 1 GG gilt er auch im Verhältnis zu Selbstverwaltungsträgern der Wirtschaft und zu den Kommunen sowie bei der Übertragung von Hoheitsbefugnissen auf Beliehene *(s. u. Rn. 1185 ff.).* Denn der **Gesetzgeber** darf sich seiner **Rechtsetzungsbefugnis** auch bei einer an sich zulässigen Autonomiegewährung **nicht völlig entäußern**[340].

Beispiele: Einerseits kann der Gesetzgeber den Industrie- und Handelskammern Einzelheiten von Berufswahl- und Berufsausübungsregelungen nach § 36 Abs. 4 GewO überlassen. Andererseits muss er selbst entscheiden, ob und inwieweit Freiheitsrechte des Einzelnen gegenüber Gemeinschaftsinteressen zurücktreten müssen[341].

II. Messbarkeit und Vorhersehbarkeit des Wirtschaftsverwaltungshandelns

1. Rechtssicherheit als ökonomische Rahmenbedingung

Die Funktionsfähigkeit, Rentierlichkeit, Leistungs-, Investitions- und Innovationsbereit-   **171**
schaft der Wirtschaft hängt weitgehend von der Messbarkeit und Vorhersehbarkeit wirtschaftsverwaltungsrechtlicher Maßnahmen ab. Messbarkeit bedeutet für private Wirtschaftssubjekte Rechts- und Dispositionssicherheit im Sinne von **Verlässlichkeit und Kontinuität der Wirtschaftsrechtsordnung.** Sie ist in einem freiheitlich ausgestalteten Rechtssystem eine elementare ökonomische Rahmenbedingung (z. B. als Standortfaktor), Voraussetzung wirtschaftlicher Entfaltung und insbesondere eines effektiven Einsatzes von Produktionsfaktoren. Messbarkeit ist gegeben, wenn staatliche Maßnahmen in einem formalisierten Verfahren erfolgen, das entweder öffentlich ist oder den betroffenen Wirtschaftsbürgern oder Wirtschaftskreisen Gelegenheit zur Anhörung (z. B. innerhalb eines Gesetzgebungs- oder Verwaltungsverfahrens) gibt *(s. u. Rn. 1252 ff.).* Messbar sind wirtschaftsverwaltungsrechtliche Maßnahmen ferner, wenn sie den Betroffenen bekannt gemacht werden (z. B. durch Gesetzesverkündung), Übergangsregelungen enthalten und nach einer angemessenen Anpassungszeit erst in der Zukunft gelten. In diesem Kontext spielt auch die Transparenz staatlichen Handelns eine Rolle, weil sie einen wichtigen Beitrag zur Stärkung der Rechtsstaatlichkeit im Informationsstaat *(s. u. Rn. 859)* leistet.[342]

2. Ökonomischer Vertrauensschutz für die Zukunft?

Die Messbarkeit und Vorhersehbarkeit betrifft neben der Gegenwart die Zukunft.   **172**
Insoweit stellt sich die Frage, ob die privaten Wirtschaftssubjekte auf den Fortbestand staatlicher Wirtschaftsgesetzgebung vertrauen dürfen, weil sie ihre wirtschaftlichen Entscheidungen (Investitionen, Standortüberlegungen, betriebliche Planungen) nach den vorhandenen öffentlichen Regelungen richten[343]. Dagegen spricht jedoch, dass staatliche und kommunale Wirtschaftsgesetzgebung dynamisch bleiben muss. Andern-

---

339   BayVGH, GewArch. 1976, 291; *Stober,* DÖV 1984, 265 ff.; unklar OVG Berlin-Brandenburg, NVwZ 2006, 104 und dazu *Vögler,* NVwZ 2007, 294 ff.; Korte, JURA 2017, 656, 660 f.
340   BVerfGE 33, 125, 163; BVerfG, NJW 1988, 191; BVerfG, GewArch. 2005, 72; BVerwGE 73, 75; BVerwG, NVwZ 1989, 1175; OVG Münster, GewArch. 1990, 52.
341   BVerfGE 86, 28, 40.
342   Vgl. dazu , *Bröhmer* Transparenz als Verfassungsprinzip, 2004, S. 146 ff.
343   S. allg. *Blanke,* Vertrauensschutz im deutschen und europäischen Verwaltungsrecht, 2000.

falls könnte die Wirtschaft nicht sinnvoll weiterentwickelt werden und bestimmte wirtschaftspolitische Anliegen ließen sich nicht im Interesse des Allgemeinwohls realisieren. Der Staat wäre weitgehend zur Untätigkeit gezwungen. Deshalb kann es im Allgemeinen kein Vertrauen auf einen generellen Fortbestand einer bestimmten Wirtschaftsgesetzgebung oder die Beibehaltung wirtschaftspolitischer Zwecke geben[344]. Diese Grundsätze werden nur durchbrochen, wenn ein **besonderer Vertrauenstatbestand** z. B. durch den Erlass eines Verwaltungsaktes[345] geschaffen wird.

Beispiele: Legalisierungswirkung rechtmäßig erteilter Genehmigungen, die sich im Falle der Unanfechtbarkeit der Erlaubnis zu einem Bestandsschutz verdichtet. Kein Dispositionsschutz gegen Steuererhöhungen[346]. Kein Vertrauensschutz auf Fortbestand günstiger Vergütungssysteme für Solarstromeinspeisung[347].

3. Ökonomischer Vertrauensschutz für die Vergangenheit

173 a) **Echte und unechte Rückwirkung.** Von der Frage nach dem Fortbestand staatlicher Wirtschaftsgesetzgebung für die Zukunft ist das Rechtsinstitut der Rückwirkung zu unterscheiden, weil es sich auf in der Vergangenheit liegende ökonomische Sachverhalte bezieht. Hier geht es um das Problem eines **Vertrauensschutzes privater Wirtschaftssubjekte** für den Fall, dass der Wirtschaftsgesetzgeber Normen mit Wirkung für die Vergangenheit erlässt. Neben der rechtsstaatlichen hat die Rückwirkungsproblematik auch eine nicht zu unterschätzende grundrechtliche Dimension[348].

174 Die begriffliche Umschreibung und die Differenzierung nach einzelnen **Rückwirkungstypen** sind in Rechtsprechung und Literatur umstritten. Diese Kontroverse ist jedoch nicht spezifisch auf das Öffentliche Wirtschaftsrecht bezogen. Sie muss auch deshalb nicht vertieft werden[349], weil eine begriffliche Annäherung der höchstrichterlichen Spruchpraxis feststellbar ist[350]. Daher wird auf die klassische Unterscheidung nach echter und unechter Rückwirkung zurückgegriffen.

175 Eine echte Rückwirkung liegt vor, wenn ein Gesetz nachträglich ändernd in bereits in der Vergangenheit abgeschlossene Tatbestände eingreift. Unechte Rückwirkung liegt vor, wenn ein Gesetz auf gegenwärtig begonnene, noch nicht abgeschlossene Sachverhalte für die Zukunft einwirkt und dabei zugleich eine bestehende Rechtsposition nachträglich beschneidet[351]. Danach ist entscheidend, ob der **Sachverhalt**, an den die rückwirkende Norm anknüpft, **vollständig** vor Verkündung des Gesetzes abgeschlossen war **oder** in der Zukunft **fortwirkt**.

Beispiele: Die Gewerbesteuer für das Jahr 2014 wird durch Gesetz vom 1.4.2015 erhöht (echte Rückwirkung). Die Gewerbesteuer für das Jahr 2014 wird durch Gesetz vom 1.4.2014 erhöht (unechte Rückwirkung).

176 b) **Zulässigkeit der Rückwirkung und Vertrauensschutz.** Von der begrifflichen Umschreibung und Abgrenzung ist die Frage nach der Zulässigkeit der Rückwirkung und damit nach dem Ob und dem Umfang des Vertrauensschutzes zu trennen. Sie kann nicht einheitlich beurteilt werden. Vielmehr ist auf die konkrete Betroffenheit des Wirtschaftssubjekts und auf den jeweils zu regelnden Sachbereich abzustellen. Bei **begünstigenden Regelungen** ist eine Rückwirkung unproblematisch, weil der betroffene Wirt-

---

344 *Maurer*, HdbStR III, § 60 Rn. 55 ff.; BVerfGE 38, 61, 83; 68, 193, 221; BVerfG, GewArch. 2007, 379.
345 Vgl. zu dieser Funktion *Wolff/Bachof/Stober/Kluth*, VerwR I, § 46 Rn. 13.
346 BVerwG, DVBl. 1994, 816.
347 BVerfG, NVwZ-RR 2010, 905 ff.
348 *Möller/Rührmair*, NJW 1999, 908 ff.
349 S. *Wolff/Bachof/Stober/Kluth*, VerwR I, § 27 I 3 m. w. N.; *Maurer*, HdbStR III, § 60 Rn. 15.
350 BVerfGE 97, 67, 78 ff.
351 BVerfGE 39, 157 ff.; 72, 175, 196; 94, 241, 258 f.; BVerfG, NJW 2013, 145 ff.; BFH, NJW 2004, 877, 881.

schaftsbürger nicht durch eine nachträgliche Verschlechterung in seinen bestehenden Rechtspositionen beschnitten wird[352].

Bei **belastenden Regeln** ist zu **differenzieren**: Die Verfassung verbietet ausdrücklich **177** rückwirkende Wirtschaftsstrafgesetze (Art. 103 Abs. 2 GG; s. auch Art. 49 Abs. 1 EU GR Charta) unabhängig davon, in welche Kategorie sie einzuordnen sind. Diese Schranke gilt nach § 3 OWiG auch für Wirtschaftsverwaltungsunrecht (Ordnungswidrigkeitenrecht), so dass der Bürger sich im Bereich des **Wirtschaftssanktionsrechts** darauf verlassen kann, dass sein ursprünglich rechtmäßiges Verhalten nicht nachträglich als strafwürdig bzw. ordnungswidrig qualifiziert wird[353].

Im übrigen Wirtschaftsverwaltungsrecht richtet sich die Anerkennung von Vertrauens- **178** schutz danach, ob eine echte oder eine unechte Rückwirkung vorliegt. Bei der **echten Rückwirkung** von belastenden Rechtsvorschriften gilt, dass sich der Betroffene prinzipiell darauf verlassen darf, dass der Gesetzgeber keine ungünstigeren Folgen einführt als sie im Zeitpunkt der Vollendung des jeweiligen Sachverhalts anhand der geltenden Rechtsordnung voraussehbar waren[354]. Als Ausnahmen von diesem Grundsatz sind vornehmlich folgende Konstellationen anerkannt, bei denen die echte Rückwirkung jeweils (es genügt, wenn eine Ausnahme vorliegt!) nicht verfassungswidrig ist:
– Der Bürger musste mit der Regelung rechnen[355].
– Das geltende Recht war unklar und verworren[356].
– Eine nichtige wird durch eine verfassungsmäßige Bestimmung ersetzt[357].
– Es liegen (in besonders gelagerten Ausnahmekonstellationen[358]) zwingende Gründe des Gemeinwohls vor[359].
– Dem Betroffenen entsteht nur geringer Schaden (sog. Bagatellvorbehalt)[360].

Eine **unechte Rückwirkung** ist demgegenüber anders als eine echte grundsätzlich verfas- **179** sungsrechtlich zulässig, soweit sie verhältnismäßig ausgestaltet ist *(s. u. Rn. 187 ff.)* und den Erfordernissen des Vertrauensschutzes gerecht wird[361]. Dabei ist stets das Ausmaß des schutzwürdigen Vertrauens des Betroffenen mit der Bedeutung des gesetzgeberischen Anliegens für das Wohl der Allgemeinheit in Ausgleich zu bringen. Nur wenn die dafür erforderliche Interessenabwägung ergibt, dass das Vertrauen auf den Fortbestand der bestehenden Lage den Vorrang verdient, ist die Regelung unzulässig[362].

III. Die Bestimmtheit wirtschaftsrechtlicher Gesetze und Ausführungsakte

1. Zur Bedeutung des Bestimmtheitsgrundsatzes

Das Rechtsstaatsprinzip gebietet, dass alle wirtschaftsrelevanten Gesetze und Maßnah- **180** men nach Inhalt, Gegenstand, Zweck und Ausmaß hinreichend bestimmt sind[363]. Positivrechtlichen Ausdruck hat dieser Bestimmtheitsgrundsatz für strafende Gesetze in Art. 103 Abs. 2 GG, für Rechtsverordnungen in Art. 80 Abs. 1 GG und für Verwaltungsakte in

---

352 BGH, EuZW 2003, 444.
353 BVerfGE 63, 343, 357; BVerfG, JZ 1997, 142 ff.
354 BVerfGE 94, 241, 258; BGH, EuZW 2003, 444.
355 BVerfGE 48, 1, 20; BGH NJW 2001, 1671.
356 BVerfGE 18, 439; BVerwGE 89, 57, 61.
357 BVerfGE 13, 261, 272; 48, 1.
358 Vgl. *Degenhart*, Staatsorganisationsrecht, 33. Aufl. 2017, Rn. 396.
359 BVerfGE 13, 261, 272; 18, 439; 88, 384, 403 f.
360 BVerfGE 72, 200, 258.
361 BVerfG, NJW 2013, 145.
362 BVerfGE 31, 222 ff.; 72, 175, 196; 74, 141, 155.
363 BVerfGE 87, 234, 263.

§ 37 Abs. 1 VwVfG gefunden. Das Bestimmtheitserfordernis beruht zum einen auf der staatsorganisatorischen Erwägung, dass der Gesetzgeber die Verwaltung zum Erlass von Rechtsvorschriften und Verwaltungsakten hinreichend eindeutig ermächtigen und deren damit einhergehende **Befugnisse begrenzen** muss, um Missbräuche der vollziehenden Gewalt auszuschließen. Zum anderen ist der grundrechtliche Gedanke zu beachten, dass staatliche Maßnahmen für die Adressaten klar und justiziabel sein müssen. Sie müssen dem Bürger ein solches Maß an Berechenbarkeit bieten, dass eine willkürliche Handhabung durch Behörden (bei der Ausführung, Überwachung und Vollstreckung) und Gerichte ausgeschlossen ist. Die Adressaten müssen wissen, wozu sie berechtigt bzw. verpflichtet sind, damit sie sich entsprechend verhalten können[364].

2. Bestimmtheit im Wirtschaftssanktionsrecht

181　Für Bestrafungen trifft **Art. 103 Abs. 2 GG** eine verfassungsrechtlich fundierte Spezialaussage im Sinne eines Vorbehalts zugunsten eines hinreichend bestimmten Gesetzes. Er gilt für das gesamte Wirtschaftssanktionsrecht und damit für **Straf- und Bußgeldtatbestände,** weil sie trotz unterschiedlicher Intensität des Schuldvorwurfs gleichermaßen als missbilligende hoheitliche Reaktion auf schuldhaftes Verhalten und damit als „Bestrafungen" im verfassungsrechtlichen Sinne einzustufen sind.[365]

182　**Inhaltlich** setzt Art. 103 Abs. 2 GG wegen des ihm zugrunde liegenden Gedankens des Schuldausgleichs voraus, dass jedermann vorhersehen können muss, welcher Verstoß gegen wirtschaftsorientierte Normen mit Strafe oder Bußgeld bedroht ist, um sein Verhalten entsprechend einrichten zu können. Daraus ergeben sich im Vergleich zum Verwaltungsrecht gesteigerte Bestimmtheitsanforderungen, die jedenfalls im Ergebnis verlangen, dass das Verbotene klar vom Erlaubten abgegrenzt werden kann[366].

Beispiele: Der Subventionsbegriff ist in § 264 Abs. 7 StGB klar definiert, während er im Übrigen umstritten ist *(s. u. Rn. 951 und Bd. II § 56)*. Die Strafvorschrift im Rindfleischetikettierungsgesetz ist verfassungswidrig, soweit sie sich in einer Verweisung auf europäische Rechtsakte erschöpft, weil ohne näher bestimmte Verhaltensge- und -verbote nicht klar erkennbar ist, welche Verletzungen unionsrechtlicher Vorgaben sanktioniert werden sollen[367].

3. Bestimmtheit wirtschaftsverwaltungsrechtlicher Vorschriften

183　Jenseits der strafrechtlichen Vorgaben aus Art. 103 Abs. 2 GG ist die Bestimmtheit rechtlicher Maßnahmen eine Forderung der Rechtsstaatlichkeit, die für Ermächtigungen zum Erlass von Rechtsverordnungen eine konkrete Normierung in **Art. 80 Abs. 1 S. 2 GG** erfahren hat. Danach müssen Inhalt, Zweck und Ausmaß der Ermächtigung hinreichend bestimmt im Gesetz niedergelegt sein. Dadurch soll der Bürger vor uferlosen abstrakt generellen Regeln der Exekutive geschützt werden. Insoweit, aber auch im Übrigen gilt, dass die Bestimmtheitsdichte von Rechtsvorschriften geringer ist als bei konkret-individuellen Maßnahmen, weil andernfalls die gesetzlichen Tatbestände nicht angemessen umschrieben werden könnten und der Gesetzgeber nicht im Stande wäre, der Vielgestaltigkeit des Lebens Rechnung zu tragen[368].

184　Besonders im Wirtschaftsverwaltungsrecht kann der Gesetzgeber ohne Generalklauseln und **unbestimmte Rechtsbegriffe,** ohne Typisierungen und Pauschalierungen nicht auskommen *(s. u. Rn. 1042 ff.)*[369]. Er muss sich deshalb abstrakter und unbestimmter Formulierungen bedienen dürfen, wenn er die Verwaltungsbehörden in die Lage ver-

---

364　BVerfGE 56, 1, 13; BVerwG, NVwZ-RR 1997, 534 ff.; BVerfG, NVwZ 2009, 950 ff.
365　*Radtke/Hagemeier,* in: Epping/Hillgruber (Hg.), GG, 2. Aufl. 2016, Art. 103 Rn. 19 ff.
366　BGH, NJW 1987, 1833; BVerwG, NJW 1988, 1534; BVerfG, NJW 1993, 1909.
367　BVerfG, DVBl 2017, 187 ff.
368　BVerfGE 33, 358, 366.
369　BVerfGE 78, 214, 226.

setzen will, den besonderen Umständen des Einzelfalles, schnell wechselnden Situationen und der Ordnung von Massenerscheinungen gerecht zu werden. Infolgedessen reicht es in solchen Konstellationen aus, wenn Zweifelsfragen mit Hilfe der anerkannten Auslegungsmethoden beantwortet werden können *(s. o. Rn. 52)*[370].

Beispiel: „Zuverlässigkeit" i. S. v. § 35 GewO.

Welche Bestimmtheitsanforderungen **im Einzelnen** erfüllt sein müssen, richtet sich **185** nach dem jeweiligen Regelungsgegenstand bzw. der Eigenart der zu ordnenden Lebenssachverhalte, nach dem Ausmaß, in dem Grundrechte betroffen werden und nach der Art und Intensität des Verhaltens, zu dem die Verwaltung ermächtigt wird[371]. Abgesehen davon ist auch von Bedeutung, ob die Rechtsprechung den Begriff bereits durch die eigene Spruchpraxis etwa in Form von Fallgruppenbildung konkretisiert hat bzw. dazu in der Lage ist. Grundsätzlich wird man sagen können, dass die Vorgaben des Bestimmtheitsgrundsatzes sehr stark vom konkreten Normkontext abhängig sind.

Beispiel: Eine Norm ermöglicht behördliche Eingriffe zulasten von Gewerbetreibenden, die in ihrem Betrieb „übermäßig laute Geräuschentwicklungen" verursachen[372]. Diese Vorschrift ist zu unbestimmt, weil sie eine genaue Dezibel-Angabe nach der TA-Lärm enthalten müsste, um die Höhe des gemessenen Lärms anhand gesetzlicher Vorgaben bewerten zu können.

4. Bestimmtheit wirtschaftsverwaltungsrechtlicher Ausführungsakte

An die Bestimmtheit konkret-individueller Maßnahmen (**Verwaltungsakte, Verträge** **186** *(s. u. Rn. 1052 ff..))* sind höhere Anforderungen zu stellen, weil die Verwaltung nicht auf die hohe Abstraktionsebene des Gesetzgebers angewiesen ist. Hier liegt Bestimmtheit nur vor, wenn der Inhalt der Maßnahme so formuliert ist, dass er ohne Zuhilfenahme Dritter oder von Hilfsmitteln vollständig, klar und eindeutig erkennbar und keiner unterschiedlichen subjektiven Bemessung zugänglich ist[373].

Beispiele: Einem Verwaltungsakt fehlt die erforderliche Bestimmtheit, wenn hinter einer beispielhaften Aufzählung „usw." gesetzt ist[374] oder wenn u. a. nachfolgende Ausdrücke verwendet werden: angemessen, zumutbar, ordnungsgemäß, üblich, geeignet[375]. Dasselbe gilt für eine Gaststättenerlaubnis, die für einen „Wirtschaftsgarten mit Außentheke und Ausschankhütte" erteilt wurde, wenn sie keine Angaben über Lage, Größe und maximal zulässige Gästezahl enthält und deshalb entgegen § 3 Abs. 1 S. 1 GastG nicht für einen „bestimmte(n)" Raum erteilt worden ist[376].

IV. Zur Verhältnismäßigkeit wirtschaftsverwaltungsrechtlicher Maßnahmen

1. Verhältnismäßigkeit als Generalschranke jeder staatlichen Aktivität

Während der Bestimmtheitsgrundsatz Rechtsklarheit gewährleisten will, versucht das **187** Verhältnismäßigkeitsprinzip das Spannungsverhältnis zwischen grundrechtlicher Wirtschaftsfreiheit *(s. u. Rn. 549 ff.)* und wirtschaftsverwaltungsrechtlicher Gebundenheit der Wirtschaftssubjekte im Interesse der Gemeinwohlverwirklichung zu lösen[377]. Dieser Grundsatz konkretisiert das Gebot des „Maßhaltens" und der „Mäßigung". Danach darf die Freiheit des Einzelnen nur so weit eingeschränkt werden, wie es im

---

370 BVerwG, NVwZ-RR 1997, 534 f.; EuGH, EuZW 2001, 691, 693.
371 BVerfGE 48, 210, 222; 56, 1, 13; BVerwGE 105, 144, 147.
372 S. auch BVerwGE 31, 15.
373 OVG Münster, OVGE 13, 182, 184; BVerwG, GewArch. 1993, 117.
374 BVerwG, EzGewR § 1 Abs. 2 HwO Nr. 8.
375 Vgl. OVG Münster, DÖV 1962, 147 und NWVBl. 2003, 314.
376 VGH München, GewArch 2017, 312 ff.
377 S. näher *Drechsling*, Das Verhältnismäßigkeitsgebot, 1989.

Interesse des Gemeinwohls unabdingbar ist[378]. Dieser Prüfungsmaßstab dient also der **Feinabstimmung, Ausdifferenzierung sowie Abwägung** und begrenzt letztlich die Staatszwecke.

188 Der Verhältnismäßigkeitsgrundsatz besitzt als Teil des Rechtsstaatsprinzips Verfassungsrang und gilt für alle staatlichen Maßnahmen als **rechtsstaatliche Generalschranke**. Teilweise hat der Gesetzgeber diese Forderung in einzelne Gesetze aufgenommen. Fehlt es daran, ist dem Verhältnismäßigkeitsgrundsatz im Wege einer verfassungskonformen Auslegung *(s. o. Rn. 53)* hinreichend offener Tatbestandsmerkmale zu entsprechen. Soweit die Rechtsgrundlage für hoheitliches Handeln *(s. o. Rn. 165)* auf Rechtsfolgenebene Ermessen einräumt, können die Vorgaben dieses Prinzips im Rahmen der behördlichen Ermessensausübung *(s. u. Rn. 1045 ff.)* berücksichtigt und auf den Einzelfall projiziert werden.

Beispiele: § 4 Abs. 4 AWG[379]; § 35 Abs. 1 GewO, § 17 Abs. 2 BImSchG, § 4 LuftSiG; § 97 Abs. 1 GWB; § 88 Abs. 2 AO.

189 Die Intensität, mit der die Verfassungsgerichtsbarkeit die Einhaltung des Verhältnismäßigkeitsgrundsatzes überprüft, hängt davon ab, wer der Initiator der Maßnahme ist. Geht es um Parlamentsgesetze, wird ein gewisser **Beurteilungsspielraum** eingeräumt, der je nach Komplexität der Sachlage zwischen Willkür- und Wahrscheinlichkeitskontrolle changiert,[380] insbesondere um nicht die Autorität des demokratisch legitimierten Gesetzgebers zu untergraben. Maßnahmen der Exekutive werden hingegen in der Regel *(s. u. Rn. 579)* strenger geprüft. Das gilt auch für Rechtsverordnungen und Satzungen, obwohl sie ähnlich einem Parlamentsgesetz abstrakt generelle Wirkung entfalten.[381]

2. Prüfungsschritte

190 Der Verhältnismäßigkeitsgrundsatz stellt auf die Zweck-Mittel-Relation ab, wobei Zweck und Mittel jeweils verfassungs- und gesetzmäßig sein müssen. Im Einzelnen ist zunächst der Gesetzeszweck *(s. o. Rn. 52 f.)* bzw. der Zweck der getroffenen Maßnahme zu ermitteln. Im Anschluss daran werden dann üblicherweise drei Stufen unterschieden: die Geeignetheit, die Erforderlichkeit und das Übermaßverbot (oder Verhältnismäßigkeit im engeren Sinne). Das bedeutet, dass ungeeignete, nicht erforderliche oder unangemessene Regelungen und Maßnahmen verfassungsrechtlich verboten sind. Es ergibt sich, wenn man die Ermittlung des Gesetzeszwecks insoweit außen vor lässt, eine **dreistufige Prüfung**.

191 **a) Eignung.** Geeignet ist eine Maßnahme nur, wenn der mit ihr verfolgte Zweck wirksam erreicht werden kann, wenn also der Eintritt des mit der Maßnahme gewünschten Erfolgs möglich und das hoheitliche Handeln ein **Schritt in Richtung Zielverwirklichung** ist. Diese Hürde ist zwar an sich einfach zu nehmen; gleichwohl reißt sie die Hoheitsgewalt bisweilen.

Beispiel: Die an einen Gastwirt gerichtete Aufforderung, nachts Ordner zu beschäftigen, die dafür sorgen sollen, dass die Gäste beim Betreten und Verlassen einer Diskothek keine unvertretbaren Geräusche außerhalb der Gastwirtschaft verursachen, ist nicht geeignet zum nächtlichen Lärmschutz beizutragen, weil die Ordner im Rahmen des übertragbaren Hausrechts (§ 34a Abs. 1a Satz 2 und Abs. 5 GewO) allenfalls durch gutes Zureden auf die Gäste einwirken können[382].

192 **b) Erforderlichkeit.** Erforderlich (notwendig) ist eine Maßnahme nur, wenn nicht andere geeignete Maßnahmen zur Verfügung stehen, welche die Betroffenen und die

---

378 BVerfGE 19, 342, 348; 69, 135.
379 S. näher *Epping*, Die Außenwirtschaftsfreiheit, 1998, S. 240 ff.
380 *Degenhart*, in: Sachs (Hg.), GG, 8. Aufl. 2018, Art. 72 Rn. 20.
381 Wolff/Bachof/Stober/Kluth/*Stober*, VerwR I, § 25 Rn. 39 ff.
382 VGH München, BayVBl. 1982, 53.; VG Neustadt, GewArch 2015, 225 ff.

Allgemeinheit in ihren Rechten (vor allem Freiheitsrechten) weniger stark beeinträchtigen (Problem der Alternativlösungen). Das danach **mildere Mittel** muss jedoch denselben Erfolg erzielen, d. h. also **gleich geeignet** sein.

Beispiele: Abmahnung vor Widerruf einer Erlaubnis[383]; Auflage vor Untersagung nach § 126 TKG; Unternehmereigene vor behördlicher Warnung nach § 26 Abs. 2 Nr. 9 ProdSG. Keine Regelung der Ladenöffnungszeiten, wenn das Anliegen auch ohne gesetzgeberische Intervention durch marktorientiertes Verhalten der beteiligten Wirtschaftskreise erreichbar ist[384].

c) Angemessenheit. Eine Maßnahme verstößt dann gegen das Übermaßverbot (Verhältnismäßigkeit i. e. S.), wenn sie unbeschadet ihrer Geeignetheit und Erforderlichkeit außer Verhältnis zu dem angestrebten Erfolg steht, wenn also das hoheitliche Handeln die Freiheit stärker beschränkt, als der Zweck es rechtfertigt. Entscheidend ist, dass die Maßnahme bezüglich des mit ihr verfolgten Zwecks nicht völlig unangemessen sein darf. Es ist daher eine **Güter- und Interessenabwägung** erforderlich, in deren Rahmen die Eingriffsintensität der getroffenen Maßnahme und das Gewicht der damit kollidierenden Interessen gegenüberzustellen und in Ausgleich zu bringen sind. Das *BVerfG* setzt die Übermaßgrenze bei der Zumutbarkeit für den Betroffenen an, fragt insoweit also danach, ob die hoheitliche Maßnahme für ihn insbesondere im Lichte seiner Freiheitsrechte hinnehmbar ist[385]. **193**

Beispiele: Die Auflage, Ordner vor einer Gaststätte zur Verhinderung von Ruhestörungen einzusetzen, verletzt nicht nur das Prinzip der Eignung (*s. o. Rn. 191*), sondern in Fortschreibung dessen auch der Zumutbarkeit, weil sie trotz fehlender Erfolgschancen den Antragsteller zwingt, neue Kräfte einzustellen und ihm damit wirtschaftliche Opfer abverlangt, die in keinem sinnvollen Verhältnis zu den der Allgemeinheit bzw. den Nachbarn erwachsenden Vorteilen stehen[386]. Zulässig kann es hingegen im Lichte des Verhältnismäßigkeitsgrundsatzes sein, vom Gastwirt die Beschäftigung zusätzlichen Personals zu verlangen, um so im Innern der Gaststätte ordnungsgemäße Zustände herzustellen und z. B. durch Taschenkontrollen an der Eingangstür Drogenmissbrauch vorzubeugen[387].

Prozeduralisiert man den Punkt der Angemessenheit, so ist zunächst nach abstrakten rechtlichen Hinweisen zu suchen, um festzustellen, wie stark die kollidierenden Interessen betroffen sind. In diesem Kontext kann z. B. die Sozialbindung des Eigentums *(s. u. Rn. 661)* genauso für die Zulässigkeit einer Maßnahme sprechen wie die Ableitbarkeit der ihr zugrunde liegenden Gemeinwohlinteressen aus dem höheren Recht. Für die Belange des Wirtschaftsbürgers kann es hingegen sprechen, wenn hoheitliches Handeln ein Grundrecht beeinträchtigt, das nur bedingt einschränkbar ist *(s. u. Rn. 603 f.)*. Danach bietet es sich an, die konkrete Eingriffsintensität der hoheitlichen Maßnahme zu bestimmen, z. B. indem erörtert wird, ob das „Ob" oder nur das „Wie" des wirtschaftlichen Handelns betroffen ist. Schließlich ist das Gewicht der kollidierenden Gemeinwohlbelange bezogen auf den konkreten Fall festzulegen; diese beiden widerstreitenden Belange müssen dann schließlich ausgeglichen werden. **194**

V. Rechtsschutz gegen wirtschaftsverwaltungsrechtliche Maßnahmen

Ein Rechtsstaat verdient dieses Prädikat nur, wenn er zugleich Rechtsschutzstaat ist, um zu gewährleisten, dass materielle Rechtspositionen in Form subjektiv-öffentlicher Rechte *(s. u. Rn. 1133)* prozessual durchgesetzt werden können Das setzt voraus, dass wirtschaftsverwaltungsrechtliche Gesetze und Einzelmaßnahmen einer **gerichtlichen** **195**

---

383   BVerwG, DÖV 1992, 218; BVerwG, GewArch. 2000, 197; OVG Hamburg, GewArch. 1996, 425.
384   BVerfG, GewArch. 2004, 289, 291.
385   BVerfGE 30, 292, 316; BGH, NJW 1999, 3406 ff.; BVerfGE 117, 163, 181 ff.
386   VGH München, BayVBl. 1982, 53 m. w. N.
387   VG Neustadt, GewArch. 2015, 225 ff.

Kontrolle unterworfen sind, die auch dem Gebot der Effektivität im Sinne einer wirksamen Überprüfung durch die Rechtsprechung Rechnung trägt *(s. u. Rn. 330)*[388]. Diesem Gedanken wird im Falle von Maßnahmen der öffentlichen Gewalt mit Eingriffscharakter über Art. 19 Abs. 4 GG entsprochen. Im Übrigen, d. h. also soweit dieses Grundrecht nicht greift, ist ein effektiver Rechtsschutz Forderung des allgemeinen Justizgewährleistungsanspruchs, der sich aus dem Rechtsstaatsprinzip ableiten lässt und über Art. 2 Abs. 1 GG zur Individualrechtsposition erstarken kann.[389]

Beispiel: Da der Staat im Falle der Auftragsvergabe wie ein Nachfrager am Markt handelt und keine Hoheitsgewalt im Sinne einer dem Bürger übergeordneten und ggf. mit den Mitteln des Zwangs arbeitenden Exekutive ausübt, greift Art. 19 Abs. 4 GG in solchen Fällen nicht. Stattdessen kommt aber dem allgemeinen Justizgewährleistungsanspruch als Ausfluss des Grundsatzes der Rechtsstaatlichkeit ggf. Bedeutung zu. Er setzt ebenfalls eine Beeinträchtigung subjektiv öffentlicher Rechte voraus, die sich auch aus dem einfachen Recht ergeben können, aber jedenfalls in der Regel im Falle von Auftragsvergaben unterhalb der sog. Schwellenwerte *(s. u. Rn. 844)* nach der verfassungsgerichtlichen Spruchpraxis[390] nicht tangiert sind[391].

196   Aus verwaltungsrechtlicher Perspektive kommen zum gerichtlichen Rechtsschutz des Wirtschaftsbürgers als Vorgabe des Rechtsstaatsprinzips ergänzend ggf. eine Selbstkontrolle und eine Fremdkontrolle der Verwaltung durch andere übergeordnete Behörden hinzu. Beide Formen der **Überwachung hoheitlichen Handelns** erfolgen **innerhalb der Exekutive** und können, jedenfalls soweit sich ein gerichtliches Verfahren anschließt, als vorverlagerter Wirtschaftsverwaltungsrechtsschutz qualifiziert werden *(s. u. Rn. 1130 ff.)*[392], weil sie zwar keinen gerichtlichen Rechtsschutz gewährleisten, dafür aber die handelnde oder die ihr übergeordnete Verwaltungsbehörde zur Überprüfung der getroffenen Maßnahme zwingen.

VI. Rechtsstaatsprinzip und EU

197   Die EU versteht sich u. a. als ein Raum des Rechts (Art. 3 EUV) bzw. als eine **Rechtsgemeinschaft**[393], die nach Art. 2 EUV auf dem Grundsatz der Rechtsstaatlichkeit basiert und über Art. 6 EUV Grundrechtsschutz bietet. Die soeben behandelten nationalen rechtsstaatlichen Aspekte sind deshalb zugleich Prinzipien des Unionsrechts. Das gilt zunächst für das Gebot der Gesetzmäßigkeit der Verwaltung aufgrund von Art. 2 EUV[394], sowie für den Grundsatz des Gesetzesvorbehaltes (Art. 52 Abs. 1 EU GR Charta[395]). Ferner ist der Verhältnismäßigkeitsgrundsatz[396] ein Leitprinzip des Binnenmarktes, wie sich aus Art. 5 Abs. 4 EUV sowie Art. 49 Abs. 3 und 52 Abs. 1 EU GR Charta und vor allem aus Art. 26 Abs. 1 AEUV[397] ergibt. Darüber hinaus hat der *EuGH* u. a. den Bestimmtheitsgrundsatz, den Vertrauensschutzgedanken, das Prinzip der Rechtssicherheit und das Rückwirkungsverbot (Art. 49 EU GR Charta)[398] aner-

---

388   BVerfG, DVBl. 2010, 250 f.
389   Schmidt/Wollenschläger/*Wollenschläger*, Kompendium, § 2 Rn. 96.
390   BVerfGE 116, 135, 148.
391   Zur neueren, großzügigeren Entwicklung, die eine Verletzung von Regeln, deren Einhaltung der Auftraggeber versprochen hat, genügen lässt Schmidt/Wollenschläher/*Diederichsen/Renner*, Kompendium § 7 Rn. 164 f.
392   *Stober*, in: Merten/Papier (Hg.), Handbuch der Grundrechte in Deutschland und Europa, Band III, 2009, § 77.
393   EuGH Rs. 294/83, Slg. 1986, 1339 (Les Verts)
394   Vgl. dazu Calliess/Ruffert/*Calliess*, EUV/AEUV, Art. 2 EUV Rn. 25.
395   EuGH, JZ 2006, 358.
396   EuGH, EuZW 1994, 95 *Hauke*, Verhältnismäßigkeit im europäischen Wirtschaftsverwaltungsrecht, 2005.
397   Calliess/Ruffert/*Korte*, EUV/AEUV, Art. 26 AEUV Rn. 30 ff.
398   EuGH, EuZW 1992, 281; EuGH, EuZW 1997, 693 ff.; EuGH, EuZW 2005, 532 ff.

kannt. Damit sichert die EU die national geprägte Rechtsstaatlichkeit zusätzlich durch eine binnenmarktweit geltende Garantie ab, deren Einzelausprägungen sich aber von den aus dem Grundgesetz ableitbaren unterscheiden können. Insoweit ist auch im Lichte der Vorstellungen in anderen Mitgliedstaaten eine unionsrechtlich autonome Betrachtung geboten.

Beispiel: Nach Art. 297 AEUV müssen Gesetzgebungsakte publiziert werden. Sollen etwa Anhänge aus Sicherheitsgründen geheim gehalten werden, entfalten sie gegenüber einzelnen Personen keine Bindungswirkung[399].

VII. Rechtsstaatsprinzip und Weltwirtschaftsrecht

Das nationalstaatlich entwickelte Rechtsstaatsprinzip und sein unionsrechtliches Pendant haben weltwirtschaftsrechtlich noch keine klaren Konturen erlangt. Zwar klingt das Ziel einer „gerechten" Weltwirtschaftsordnung in internationalen Rechtsquellen an. Man denke nur an die Präambel des Seerechtsübereinkommens. Dieser Wunsch ist jedoch bislang ein unverbindliches Postulat. Eine Ausnahme hiervon ist der Grundsatz der friedlichen Streitbeilegung, der auch die Einhaltung bestimmter Verfahrensregeln einschließt. Im Mittelpunkt steht insoweit das Streitbeilegungssystem der WTO *(s. u. Rn. 528)*, das als zentrales Element zur Schaffung von Sicherheit und Vorhersehbarkeit im multilateralen Handelssystem angesehen wird[400]. Ferner normieren diverse WTO-Abkommen Fairness- und Verfahrensregeln im Sinne eines „due-process". **198**

Beispiele: Art. 49 und 51 TRIPS, Art. XX GPA, Art. 2 Ziffer 21 Versandkontrollabkommen hinsichtlich Verwaltungs-, Widerspruchs- und Beschwerdeverfahren[401].

§ 8 Wirtschaftsrelevante Prinzipien der Aufgabenverteilung

Neben das Sozial- und das Rechtsstaatsprinzip treten weitere die Wirtschaft steuernde Grundsätze. Sie beziehen sich auf die Seite der Aufgabenwahrnehmung und lassen sich auf ein Subsidiaritätsprinzip im weiteren Sinne (hier sog. **Subsidiaritätsgedanke**) zurückführen. Dahinter verbirgt sich ein aus der katholischen Soziallehre stammender Ansatz zur Ordnung auch des wirtschaftlichen Lebens im Sinne einer Nachrangigkeit der nächsthöheren Ebene. Ihn prägt, dass zunächst die untergeordnete Einheit mit einem Problem befasst wird und die übergeordnete Stelle erst dann tätig wird, wenn sie scheitert.[402] Dieser Gedanke kann Einfluss einerseits auf die Verteilung der wirtschaftsrelevanten Kompetenzen in föderal organisierten Einheiten und andererseits auf die Selbstorganisation der Wirtschaft haben. **199**

I. Verteilung der wirtschaftsrelevanten Kompetenzen

Betrachtet man daran anknüpfend zunächst die Frage der Verteilung der wirtschaftsrelevanten Gesetzgebungs- und Verwaltungskompetenzen in ihren Grundzügen, so sind die auf Unionsebene in den Verträgen und die auf nationaler Ebene im Grundgesetz niedergelegten Vorschriften zu unterschieden. **200**

---

399   EuGH, DVBl. 2009, 587 ff.
400   *Weber/Moos*, EuZW 1999, 229 ff.; *Stober*, Globales Wirtschaftsverwaltungsrecht, 2001, S. 44 f.
401   *Göttsche*, in: Hilf/Oeter (Hg.), WTO-Recht, 2005, § 7 II.
402   *Degenhart*, Staatsrecht I, 33. Aufl. 2016, Rn. 482.

1. Unionsebene

201 Auf Unionsebene bildet Art. 5 EUV die maßgebliche Vorschrift, in der genauso wie in Art. 4 Abs. 1 EUV zum Ausdruck kommt, dass die **Mitgliedstaaten** die **Herren der Verträge** sind, weil sie durch Konzeption des Primärrechts darüber entscheiden, wie weit die Kompetenzen der Union insbesondere im Bereich der Binnenmarktverwirklichung reichen. Art. 5 EUV knüpft an Art. 3 Abs. 6 EUV an, bezieht sich auf jegliches Handeln der Unionsorgane[403] und verlangt drei kumulative Voraussetzungen für ein Tätigwerden der Union. Im Einzelnen muss erstens nach dem Grundsatz der begrenzten Einzelermächtigung in den Verträgen eine Zuständigkeit zugunsten der EU vorgesehen sein („Kann die Union handeln?" (Kann-Frage)). Zudem bedarf es zweitens der Überlegenheit einer auf Unionsebene generierten Lösung bei gleichzeitiger Insuffizienz mitgliedstaatlicher Regelungen. Dieser sog. Subsidiaritätsgrundsatz fragt als Kompetenzausübungsschranke danach, ob die Union so handeln darf wie avisiert („Ob-Frage"). Und schließlich ist drittens zu erörtern, ob der avisierte Unionsakt dem Verhältnismäßigkeitsgebot *(s. o. Rn. 187)* Stand hält („Wie-Frage").[404]

202 Macht die Union von den ihr in den Verträgen zugewiesenen Kompetenzen Gebrauch, bleibt die Frage zu beantworten, inwieweit die Mitgliedstaaten noch tätig werden dürfen. Die Antwort darauf liefern die Art. 2 ff. AEUV. Sie bilden keinen Kompetenzkatalog ab (vgl. Art. 2 Abs. 6 AEUV), sondern legen die **Wirkweise der Unionszuständigkeiten** fest. Daran anknüpfend sind im Wesentlichen[405] drei Facetten zu differenzieren: Bei ausschließlicher Zuständigkeit (Art. 2 Abs. 1, Art. 3 AEUV) darf von Vertrags wegen allein die Union tätig werden. Bei geteilter Zuständigkeit (Art. 2 Abs. 2 AEUV) sind die Mitgliedstaaten noch rechtsetzungsbefugt, sofern und soweit die Union untätig geblieben ist, was anhand einer Auslegung *(s. o. Rn. 53)* etwa bestehenden Sekundärrechts zu ermitteln ist. Schließlich nehmen Union und Mitgliedstaaten bei paralleler Zuständigkeit (Art. 2 Abs. 5, Art. 6 AEUV) ihre Befugnisse nebeneinander wahr, wobei die Union ein Harmonisierungsverbot trifft (Art. 3 Abs. 5 UAbs. 2 AEUV). Insbesondere deshalb ist anhand der Umstände des geplanten Rechtsetzungsvorhabens der Union genau zu prüfen, auf welche Kompetenz sie sich im konkreten Fall stützen darf.

Beispiel: Die Tabakwerbeverbots-Richtlinie dient gesundheitsschützenden Zwecken, weil sie den Tabakkonsum einschränken will, aber auch binnenmarktverwirklichenden Zielen, weil ein Verbot der Werbung die grenzüberschreitende Handelbarkeit des Werbeträgers verbessert. Die im Lichte dieser Zielsetzungen einschlägige Rechtsgrundlage kann sich daher entweder aus Art. 114 Abs. 1 AEUV oder aus Art. 168 Abs. 5 AEUV ergeben. Hielte man entgegen der unionsgerichtlichen Spruchpraxis die letztgenannte Kompetenznorm für einschlägig, dürfte die Richtlinie wegen des dort normierten Harmonisierungsverbots nicht erlassen werden, weil ein Tabakwerbeverbot das Recht der Mitgliedstaaten angleicht bzw. vereinheitlicht[406].

2. Bundesebene

203 Auf Bundesebene sind, lässt man einmal die Verteilung der gerichtlichen Zuständigkeiten nach Maßgabe der Art. 92 f. GG außen vor, die Gesetzgebungs- und die Verwaltungskompetenzen zu diskutieren, um die rechtlichen Auswirkungen des Subsidiaritätsgedankens im Grundgesetz auszuloten. Den maßgeblichen Ausgangspunkt bildet insoweit das in Art. 20 Abs. 1, 23 Abs. 1, 28 GG verankerte **Bundesstaatsprinzip**. Es gibt als Zuständigkeits- und Organisationsprinzip über die Frage der zentralen oder dezentralen, getrennten oder gemeinschaftlichen, vorrangigen oder subsidiären Aufgabenerledigung im Öffentlichen Wirtschaftsrecht Auskunft[407].

---

403 *Streinz*, in: Streinz (Hg.), EUV/AEUV, 2. Aufl. 2012, Art. 5 Rn. 4.
404 Calliess/Ruffert/*Calliess*, EUV/AEUV, Art. 5 EUV Rn. 6 ff.
405 *Streinz*, in: Streinz (Hg.), EUV/AEUV, 2. Aufl. 2012, Art. 2 AEUV Rn 12 ff.
406 EuGH, Rs. C-380/03; EuGH, Rs. C-367/98; *Calliess*, JURA 2002, 311.
407 S. *Oeter*, Integration und Subsidiarität im deutschen Bundesstaatsrecht, 1998.

a) Verteilung der Gesetzgebungskompetenzen. Die Gesetzgebungskompetenzen für das **204** Wirtschaftsrecht und andere wirtschaftsaffine Zuständigkeitsbereiche werden vor allem nach **Maßgabe der Art. 70 ff. GG** zwischen dem Bund und den Ländern aufgeteilt. Die dortigen Regelungen gehen in Fortschreibung des Art. 30 GG nach Art. 70 Abs. 1 GG davon aus, dass grundsätzlich die Länder zuständig sind, soweit das Grundgesetz dem Bund keine Gesetzgebungsbefugnisse verleiht. Diese in der Verfassung zugewiesenen Kompetenzen sind entweder ausschließlicher Natur und lassen den Ländern dann überhaupt keine Möglichkeit zur Rechtsetzung (Art. 71 GG) oder weisen dem Bund eine konkurrierende Kompetenz zu, nach der die Länder an der Gesetzgebung gehindert sind, solange und soweit der Bund seine Zuständigkeit nicht gebraucht hat (Art. 72 Abs. 1 GG). Zu diesen Kompetenzkategorien, die Entsprechungen im Unionsrecht finden, tritt die sog. Abweichungskompetenz als Spielart der konkurrierenden Zuständigkeit (vgl. Art. 74 Abs. 1 GG) hinzu. Sie ermöglicht es den Ländern in bestimmten Sachbereichen, von einer bestehenden Bundesnorm unter den Voraussetzungen des Art. 72 Abs. 3 GG abzuweichen.[408] Dadurch sollen die Länder die Möglichkeit haben, regionale Spezifika in die bestehende Bundesgesetzgebung einfließen zu lassen oder die vom Bund erlassenen Regelungen zu derogieren. Da der Bund wiederum dieses Vorgehen durch neuerliche Rechtsetzung ungeschehen machen kann ist in der Literatur auch gelegentlich von einer „Ping-Pong-Kompetenz die Rede.[409]

Maßgeblich für die Zuordnung eines Sachgebiets zur Gesetzgebungszuständigkeit des **205** Bundes oder der Länder ist in erster Linie die **Reichweite der im Grundgesetz vorgesehenen Kompetenztitel:** So begründet namentlich Art. 73 Abs. 1 GG ausschließliche Gesetzgebungskompetenzen zugunsten des Bundes z. B. für Post- und Telekommunikation. Hingegen sind die in Art. 74 Abs. 1 GG aufgeführten konkurrierenden Kompetenzen für die Wirtschaftsgesetzgebung unterschiedlichen Ausmaßes: Während die Kernzuständigkeit des Bundes z. B. für das Arbeitsrecht (Nr. 12) bereits greift, wenn ein Rechtsakt dieses Sachgebiet anspricht, ist der auf das Marktgeschehen bezogene Titel für das Recht der Wirtschaft (Nr. 11) genauso wie die anderen in Art. 72 Abs. 2 GG genannten Titel als Erforderlichkeitskompetenz ausgestaltet, so dass auch die Voraussetzungen des Art. 72 Abs. 2 GG eingehalten sein müssen, damit der Bund tätig werden darf. Die in Art. 72 Abs. 3 GG normierte Abweichungszuständigkeit ist schließlich vor allem umwelt- und weniger wirtschaftsaffin. Was die Auslegung der verschiedenen Kompetenztitel angeht, gelten die herkömmlichen Auslegungsmethoden (*s. o. Rn. 52 ff.*). Überdies kann es aber auch sein, dass der Verfassunggeber einen Kompetenztitel auf einen bereits bestehenden Normenkomplex beziehen will oder wollte, so dass er ggf. daran anknüpfend auszulegen ist.[410]

Beispiel: Obwohl Art. 74 Abs. 1 Nr. 11 GG das Recht der Spielhallen von der Gesetzgebungskompetenz des Bundes für das Recht der Wirtschaft ausnimmt und insoweit an § 33i GewO orientiert ist, sind die Länder befugt, alle für den Betrieb und die Zulassung von Spielhallen relevanten Regeln und damit z. B. auch solche über die Aufstellung von Spielgeräten zu erlassen. Denn mit der Formulierung „Recht der Spielhallen" sollte die Länderzuständigkeit nicht auf den Regelungsgehalt des § 33i GewO beschränkt, sondern auf das gesamte Spielhallenwesen erstreckt werden, um ökonomische Aktivität, die nur örtlich radizierte Auswirkungen hat, dem Subsidiaritätsgedanken entsprechend den Ländern zu überantworten[411].

Betrachtet man die in den Art. 70 ff. GG angelegte Verteilung der Gesetzgebungsbefug- **206** nisse, so zeigt sich, dass dem **Bund** eine Fülle wirtschaftsaffiner Kompetenztitel zur Verfügung stehen. Sie hat er im Laufe der Zeit in umfassender Weise gebraucht und

---

408 Vgl. *Degenhart*, Staatsrecht I, 33. Aufl. 2017, Rn. 164 f.
409 *Degenhart*, in: Sachs (Hg.), GG, 8. Aufl. 2018, Art. 72 Rn. 40.
410 Vgl. dazu *Höfling/Rixen* GewArch. 2008, 1 ff.
411 Vgl. BVerfGE 145, 20 ff.

so aufgrund der Wirkweise insbesondere des Art. 72 Abs. 1 GG die **Rechtsetzungsbefugnisse der Länder** im Wirtschaftsrecht sukzessive **an sich gezogen.** Ob dieses Vorgehen dem Subsidiaritätsgedanken ent- oder widerspricht, hängt vor allem davon ab, ob die Länder im Wirtschaftsrecht hinreichend regelungskompetent sind und wird so auch zu einer rechtspolitischen Frage. Der Verfassunggeber sieht jedenfalls (in wenn auch eng umgrenzten Bereichen) Potenzial für Regelungen der Länder und hat ihnen im Zuge der Föderalismusreform von 2006[412] einige Gesetzgebungskompetenzen übertragen – so im Ladenschluss-, Spielhallen- oder Messerecht.[413] In eine ähnliche Richtung geht die verfassungsgerichtliche Spruchpraxis[414], die namentlich Art. 72 Abs. 2 GG auch mit Wirkung für die Reichweite Art. 74 Abs. 1 Nr. 11 GG eng auslegt und dadurch die Länderkompetenzen, aber auch die Bedeutung des Landesverfassungsrechts stärkt[415]. Abgesehen davon sind die Länder seit jeher für die Regelung ihres Hausguts *(s. u. Rn. 317)* zuständig; es ist unentziehbar[416]. Hierher gehören etwa Rechtsetzungsvorhaben zur regionalen Wirtschafts-, Standortmarketing-, Infrastruktur- oder Zuwendungspolitik.[417]

Beispiele: Gesetz zum Erhalt und zur Stärkung des Luftfahrtindustriestandortes Hamburg[418]; Business Improvement District Gesetze[419].

207   **b) Verteilung der Verwaltungskompetenzen.** Während das Grundgesetz dem Bund vielerlei Gesetzgebungsbefugnisse auch und insbesondere im Wirtschaftsrecht zuweist, sind dessen Verwaltungskompetenzen dort deutlich restriktiver konzipiert. Denn die Länder führen nicht nur ihre eigenen Gesetze aus, sondern vollziehen nach Art. 83 GG, der in der Formulierung an Art. 70 Abs. 1 GG angelehnt ist und Art. 30 GG auf die Vollzugsebene transferiert, auch das namentlich auf Basis der Art. 74 Abs. 1 Nr. 11, 72 Abs. 2 GG erlassene Bunderecht als eigene Angelegenheit. Der Bund hat insoweit zwar Einflussmöglichkeiten aufgrund von Art. 84 GG in Form einer Bundesaufsichtsverwaltung. Die damit angesprochenen Zugriffsrechte sind aber eher limitiert, weil der Bund zwar allgemeine Verwaltungsvorschriften erlassen darf, um einen einheitlichen Vollzug zu gewährleisten (Abs. 2), aber nicht als Fach-, sondern nur als Rechtsaufsicht fungieren kann; der Bund ist also auf die Rüge von Rechtsfehlern beschränkt und darf keine eigenen Zweckmäßigkeitserwägungen in den Landesvollzug einbringen (Abs. 3). Soweit der Bund demgegenüber jenseits der Art. 70 ff. GG gesetzgeberischen Einfluss auf das Verwaltungsverfahren oder die Behördenorganisation nehmen will, steht dessen Tätigwerden unter Abweichungsvorbehalt zugunsten der Länder; nur unter ganz engen Vorgaben (besonderes Bedürfnis nach bundeseinheitlicher Regelung), kann er Vorschriften zum Verwaltungsverfahrens (und nur zu diesem) erlassen (Abs. 1). Diese zurückhaltenden Zugriffsrechte des Bundes führen zusammengefasst dazu, dass die bundesstaatliche Struktur in Deutschland oft als Form des **Vollzugsföderalismus** begriffen wird.

207a   Art. 83 GG stellt den Vollzug von Bundesrecht durch die Länder als deren eigene Angelegenheit zwar ähnlich wie Art. 70 Abs. 1 GG unter den Vorbehalt, dass das **Grundgesetz** nicht **etwas anderes bestimmt oder zulässt.** Diese beiden Optionen bilden jedoch nicht nur de iure, sondern auch de facto die Ausnahme. Denn die damit angesprochenen Fälle der (fakultativen oder obligatorischen) Bundesauftragsverwaltung

412   Maunz/Dürig/*Uhle*, GG, Art. 72 Rn. 45 ff.
413   *Schönleiter*, GewArch. 2006, 371 ff.; *Höfling/Rixen*, GewArch. 2008, 1 ff.
414   BVerfGE 106, 62, 135 ff.
415   *Durner*, in: Ehlers/Fehling/Pünder (Hg.), Bes. Verwaltungsrecht, 3. Aufl. 2012, § 11 Rn. 39 ff.
416   BVerfGE 87, 181, 196.
417   Vgl. *Kersten*, VerwArch. 99 (2008), 30, 32 ff.; *Battis/Kersten*, Standortmarketing im Bundesstaat, 2008, 14 ff.
418   G v. 18.6.2002, HmbGVBl. 2002, 96 ff.
419   *Graf/Paschke/Stober* (Hg.), Rechtsrahmen für Business Improvement Districts, 2007.

durch Länderbehörden im Sinne des Art. 85 GG einerseits, die dem Bund jedenfalls mehr Möglichkeiten des Zugriffs auf den Ländervollzug bietet als die Bundesaufsichtsverwaltung, und der Bundeseigenverwaltung durch Bundesbehörden im Sinne des Art. 86 GG andererseits sind auf die (eher seltene) Konstellation beschränkt, dass sich eine ausdrückliche Regel im Grundgesetz findet – so in Art. 87f Abs. 2 S. 2 GG für Hoheitsaufgaben im Bereich Post- bzw. Telekommunikation oder in Art. 104a Abs. 3 GG für die Gewährung von Geldleistungen wie z. B. Zuwendungen[420]. Aber auch soweit es namentlich Art. 87 Abs. 3 GG im Sinne des Art. 83 a. E. GG zulässt, dass der Bund weitere Bereiche der Eigenverwaltung durch Rechtsetzung an sich zieht, hält sich die praktische Bedeutung dieser Option der Schaffung von Bundesverwaltung in deutlichen Grenzen, weil sie zwar die Gründung von Bundesbehörden zulässt, soweit dem Bund eine Gesetzgebungskompetenz zusteht, aber jedenfalls unter Finanzierungsvorbehalt steht und daher entsprechend dem Subsidiaritätsgedanken weniger den vollzugsrechtlichen Alltag, als vielmehr den Sonntag abbildet.

c) Kooperativer Wirtschaftsföderalismus. Da gewachsene Wirtschaftsräume in ihrer **208**
Entfaltung nicht durch zufällige Landesgrenzen behindert werden dürfen, gewinnt die **innerregionale wirtschaftliche Zusammenarbeit** an Bedeutung. Zu diesem Zweck bedienen sich Bund und Länder, aber auch die Länder untereinander vielfältiger Formen der Koordination und Kooperation. Sie schlägt sich etwa in der Tätigkeit von Wirtschafts-, Umwelt-, Agrar-Ministerkonferenzen, Arbeitskreisen (z. B. der Gewerberechtsreferenten) oder Ausschüssen nieder (sog. kooperativer Föderalismus), manifestiert sich aber auch in Staatsverträgen des Bundes mit den Ländern oder der Länder untereinander (z. B. Glücksspielvertrag), mit deren Hilfe eine bundesweit homogene Rechtslage erzeugt werden soll.

Einen diese Formen des kooperativen Föderalismus verfassungsrechtlichen fortschrei **209**
benden Anwendungsfall bildet **Art. 91a GG.** Danach kann der Bund bei der Erfüllung der Landesaufgaben „**Verbesserung** der regionalen **Wirtschaftsstruktur**" und „**Agrarstruktur**" mitwirken, soweit diese Aufgaben für die Gesamtheit bedeutsam sind und die Mitwirkung zur Verbesserung der Lebensverhältnisse erforderlich ist. Der Bund hat sich dazu insbesondere an den entstehenden Ausgaben hälftig nach Maßgabe seines Haushaltsplans zu beteiligen (Abs. 3). Welche Gemeinschaftsaufgaben verfolgt werden und wie das Zusammenwirken koordiniert wird, regelt ein Bundesgesetz, dessen Erlass die Zustimmung des Bundesrates bedarf (Abs. 2).

Begrenzt wird der kooperative Wirtschaftsföderalismus durch das **Verbot der Misch 210
verwaltung.** Es gilt jenseits ausdrücklicher Abweichungen wie Art. 91a GG und ist darauf zurückzuführen, dass die Verwaltungsräume von Bund und Ländern prinzipiell getrennt zu sein haben, weil ein Hoheitsträger die ihm grundgesetzlich übertragenen Zuständigkeiten nicht an einen anderen ab- und damit aus der Hand geben darf. Denn ein solches Vorgehen konfligiert mit dem Erfordernis der demokratischen Legitimation hoheitlichen Handelns und mit der in der Verfassung vorgesehenen Kompetenzverteilung, die nicht zur Disposition von Bund und/oder Ländern steht[421], Ausnahmen sind nur auf Basis besonderer sachlicher Gründe in eng umgrenzten Verwaltungsmaterien zulässig. Ob weitere Anforderungen bestehen, ist nicht abschließend geklärt.[422]

Beispiel: Das sog. Glücksspielkollegium ist in Abweichung von der zumindest gelebten Praxis der Glücksspielhoheit der Länder[423], die die Wirkung von Glücksspielkonzessionen auf das jeweilige Landesgebiet begrenzt, dafür zuständig, bundesweit gültige, gebündelte Erlaubnisse zur Veran-

---

420 *Siekmann*, in: Sachs (Hg.), GG, 8 Aufl. 2018, Art. 104a Rn 25 ff.
421 *Degenhart*, Staatsrecht I, 33. Aufl. 2017, Rn. 529 ff.; vgl. auch BVerfGE 119, 331, 367.
422 Vgl. zum Ganzen *Siekmann*, in: Sachs (Hg.), GG, 8. Aufl. 2018, Art. 91a Rn. 1.
423 *Korte*, GewArch 2017, 129, 134 f.

staltung bestimmter Sportwetten zu erteilen. Es setzt sich aus je einem Vertreter je Bundesland zusammen, trifft solche Genehmigungsentscheidungen aber mit 2/3-Mehrheit. Diese Praxis verstößt gegen das Verbot der Mischverwaltung, weil sie entgegen den Vorgaben des Demokratieprinzips dazu führen kann, dass eine Glücksspielkonzession in einem Bundesland gilt, ohne dass der zugehörige Hoheitsakt der Zulassungserteilung auf den Willen der dortigen Bevölkerung zurückgeführt werden kann; ihm fehlt daher insoweit die nötige demokratische Legitimation[424].

211   **d) Internationale Vereinbarungen.** Auf internationaler Ebene ist der Bund nach außen aufgrund von Art. 32 Abs. 1 GG der maßgebliche Akteur für den Abschluss wirtschaftsvölkerrechtlicher Verträge. Da sich die Transformationskompetenz nach innerstaatlichem Recht richtet, hat er sich dort, wo eine solche Vereinbarung Länderkompetenzen anspricht, allerdings mit den Bundesländern vorab abzusprechen, um einer völkerrechtlichen Haftung für den Fall der Nichtumsetzung aus dem Wege zu gehen. Die Einzelheiten zu dieser im Detail umstrittenen Fragestellung[425] regelt in praxi das **Lindauer Abkommen**, das freilich nicht den Wortlaut der Verfassung derogiert, sondern vielmehr einen modus vivendi festlegt.[426] Soweit die Länder in den ihnen verbliebenden Kompetenzbereichen wirtschaftsvölkerrechtliche Verträge schließen wollen, bedürfen sie nach Art. 32 Abs. 3 GG der Zustimmung der Bundesregierung, um eine einheitliche Außenpolitik sicherzustellen. Die Position des Bundes ist aufgrund seines damit verbundenen Veto-Rechts also auch insoweit eine entscheidende Größe.[427]

211a   Soweit mit dem wirtschaftsvölkerrechtlichen Vertrag **Hoheitsrechte übertragen** werden sollen, wird Art. 24 GG relevant. Nach dessen Absatz 1 steht diese Befugnis primär dem Bund zu, der dazu ein entsprechendes Gesetz verabschieden muss. Wirtschaftlich bedeutende Beispiele für dieses Vorgehen finden sich namentlich im Bereich der Schifffahrt, so in Form der Moselkommission oder der Zentralkommission für die Rheinschifffahrt. Diese Einrichtungen überwachen den Schiffsverkehr und können dazu Anordnungen mit Wirkung für das gesamte Flussgebiet treffen.[428] Die Länder sind zur Übertragung von Hoheitsrechten demgegenüber nur nach Maßgabe des Art. 24 Abs. 1a GG befugt und können sie daher nur an grenznachbarschaftliche Einrichtungen abgeben, soweit ihre Kompetenzen reichen. Diese Befugnis steht ebenfalls unter dem Vorbehalt der Zustimmung der Bundesregierung.[429] Eine solche grenzüberschreitende Zusammenarbeit wird wegen der damit verbundenen infrastrukturellen und ökonomischen Vorteile gerade im wirtschaftlichen Bereich vielfach praktiziert[430].

Beispiele: Euregio, Regio Basiliensis, Arge Alpe, Saar-Lor-Lux-Kammer, Euroregion Neiße.

212   Für den Bereich der **europäischen Integration**, die in erheblicher Weise auch für das Wirtschaftsrecht relevant ist, enthält Art. 23 GG mittlerweile eine eigenständige Regel, weil Art. 24 GG insoweit spätestens seit der auch politischen Konzeption einer umfassenden europäischen Wirtschafts- und Währungsunion nicht mehr ausreichte.[431] Art. 23 GG bildet daher nunmehr die maßgebliche Basis für die Teilnahme Deutschlands an der EU und soll gleichermaßen ein Vereintes Europa verwirklichen und die Beteiligung des Bundestages sowie des Bundesrates am Integrationsprozess sicherstellen. Dazu finden sich in dieser Norm verschiedene Informationsverpflichtungen der Bundesregierung, während die Einflussmöglichkeiten der Länder über den Bundesrat

---

424   VGH Kassel, NVwZ 2016, 171 ff.; BayVerfGH, NVwZ 2016, 137 ff.; *Kirchhof*, NVwZ 2016, 124 ff.
425   Vgl. zum Streitstand *Streinz*, in: Sachs (Hg.), GG, 8. Aufl. 2018, Art. 32 Rn. 31 ff.; siehe dazu auch *Calliess*, Staatsrecht III, 2013, S. 84 ff.
426   Vgl. dazu Schmidt-Bleibtreu/Hofmann/Henneke/*Hillgruber*, GG, Art. 32 Rn. 30 ff.
427   *Calliess*, Staatsrecht III, 2013, S. 86.
428   Ausf. dazu *Gerhold*, in: BeckOK StPO, 29. Ed. 1.1.2018, GVG § 14 Rn. 8 ff.
429   *Calliess*, Staatsrecht III, 2013, S. 117 ff.
430   S. näher *T. Stein*, VVDStRL 53 [1994], 26, 42 ff.; *Grotefels*, DVBl. 1994, 785 ff.
431   BT-Ds. 12/3338, S. 6; s. auch BVerfGE 89, 155 ff.

an die innerstaatliche Zuständigkeitsverteilung anknüpfen und je nach Umfang der Länderkompetenzen von einer Pflicht zur Berücksichtigung über eine Pflicht zur maßgeblichen Berücksichtigung auf eine Pflicht zur Übertragung der Rechtewahrnehmung auf die Länder (so z. B. im Bereich des Rundfunkrechts) reichen.[432]

3. Kommunale Ebene

a) Wirtschaftsverwaltungsrechtliche Bedeutung von Gemeinden. Die auf den Subsidia- **213** ritätsgedanken rückführbare Idee der föderativen Gliederung im Grundgesetz und der regionalen Wahrnehmung von Aufgaben der Wirtschaftsverwaltung betrifft auch die kommunalen Selbstverwaltungsträger, die bei der Erfüllung gesamtstaatlicher und eigener wirtschaftsverwaltungsrechtlicher Aufgaben eine herausragende Rolle spielen. Denn das wirtschaftliche Geschehen findet vornehmlich auf dem Boden der Gemeinden statt, so dass sie im Sinne des Subsidiaritätsgedankens *(s. o. Rn. 199)* die **Möglichkeit des ersten Zugriffs auf lokale Wirtschaftsaktivitäten** haben.

Beispiele: Die Gemeinden weisen Gewerbegebiete aus, vermitteln Industriegrundstücke, betreiben Bestandspflege, sanieren gewerbliche Altlasten, unterhalten Versorgungs- und Entsorgungsbetriebe, beschließen Gewerbesteuersätze, setzen private Marktveranstalter ein[433], gewähren Subventionen und überwachen die Unternehmen[434].

Deshalb sind die wirtschaftlichen Rahmenbedingungen auf der örtlichen Ebene nach **214** den Maximen „think global, act local" und „all business is local" von großer Bedeutung[435]. Unter den Stichworten „**Glokalisierung**"[436] und „**Glokapreneur**" wird zum Ausdruck gebracht, dass nach der Nationalisierung und Globalisierung lokale Lösungen für globale Probleme gefragt sind. In diesem Kontext hat die Weltsiedlungskonferenz Habitat II u. a. festgestellt, dass Städte unter dem Aspekt der „urbanisation economics" die besten Möglichkeiten zur Ausschöpfung wirtschaftlicher Potenziale bieten[437]. Das gilt insbesondere für die wachstumsstarken Metropolregionen.[438]

Die Kommunen sind auch im **EU-Primärrecht** als relevante Glieder der Staats- bzw. **215** Wirtschaftsorganisation anerkannt, weil Art. 4 Abs. 2 EUV die lokale Selbstverwaltung zu den grundlegenden politischen und verfassungsmäßigen Strukturen zählt. Der in dieser Vorschrift formulierte Achtungsanspruch ist allerdings kein absoluter, sondern einer Abwägung mit widerstreitenden Interessen zugänglich. Er steht zudem unter dem Vorbehalt der Rückführbarkeit auf die nationale Identität des jeweiligen Mitgliedstaats, wie sie in dessen grundlegenden politischen und verfassungsrechtlichen Strukturen zum Ausdruck kommt. Diesem Vorbehalt genügt Art. 28 Abs. 2 GG mangels Verfassungsänderungsfestigkeit nicht.[439]

b) Dekonzentrierte und dezentrale Aufgabenerledigung. Die vielfältigen Aufgaben der **216** kommunalen Wirtschaftsverwaltung werden nicht nach einheitlichen Maßstäben erledigt. Teilweise müssen die Gemeinden staatliche Wirtschaftsverwaltungsaufgaben erfüllen. Insoweit gilt das Prinzip der **Dekonzentration**. So sind die Gemeinden verpflichtet, einschlägige wirtschaftsverwaltungsrechtliche Bundesgesetze wie etwa die Gewerbeordnung auszuführen. Sie sind dann an die Weisungen der Aufsichtsbehörden gebunden.

---

432 Ausf. dazu *Jarass*, in: Jarass/Pieroth (Hg.), GG, 14. Aufl. 2016, Art. 23 Rn. 46 ff.
433 OVG Berlin-Brandenburg, NVwZ-RR 2011, 293.
434 *Stober*, JZ 1984, 105 ff.; *Eckert*, Kommunale Aufgaben im Bereich der Wirtschaftsverwaltung, 2004.
435 *Jochum*, VerwArch. 98 (2007), 199 ff.
436 S. zu diesem Begriff *U. Beck*, Was ist Globalisierung?, 1997, 88 ff.
437 Weltbank (Hg.), Globalisierung und Lokalisierung, Weltentwicklungsbericht, 1999/2000, 2000.
438 *Aust* Das Recht der globalen Stadt, 2017.
439 Calliess/Ruffert/*Puttler* EUV/AEUV, Art. 4 EUV Rn. 19; *Schink*, DVBl. 2005, 861, 864.

217 Davon ist die **dezentrale Wirtschaftsverwaltung** im Sinne des Art. 28 Abs. 2 GG zu trennen *(s. u. Rn. 1200 ff.)*. Dort wird den Kommunen die Befugnis zur eigenverantwortlichen Erledigung der Angelegenheiten der örtlichen Gemeinschaft übertragen. Diese Selbstverwaltungsgarantie erstreckt sich auf freiwillige und pflichtige Aufgaben. Während die Gemeinde bei ersteren darüber entscheiden kann, ob sie eine Aufgabe übernimmt, ist sie bei letzteren nur im „Wie" der Erledigung frei.

Beispiele: Kommunale Wirtschaftsförderung ist mangels gesetzlicher Verpflichtung zur Wahrnehmung eine freiwillige Aufgabe[440]. Die gemeindliche Betätigung im Bereich Abfallwirtschaft ist nach § 17 KrWG eine kommunale Pflichtaufgabe.

218 Freiwillige und Pflichtaufgaben sind nach Art. 28 Abs. 2 GG nur **im Rahmen der Gesetze** zulässig. Insoweit wird vor allem die kommunale Wirtschaftsförderung durch Unions-, Bundes- und Landesrecht beschränkt[441]. Umstritten ist auch, ob den Kommunen eine eigenwirtschaftliche Betätigung gestattet ist, was anhand von Art. 28 Abs. 2 GG diskutiert wird *(s. u. Rn. 761 ff.)*.

219 Unabhängig von den im Einzelnen zu diesen Fragen vertretenen Ansichten besteht aber jedenfalls Einigkeit darüber, dass die Gemeinden nur ein kommunales wirtschaftsverwaltungspolitisches Mandat besitzen. Sie dürfen deshalb **nicht außerhalb ihres Wirkungskreises** tätig werden und nicht in die Kompetenzordnung des Bundes eingreifen.

Beispiele: Unzulässigkeit eines kommunalen Werbenutzungsvertrages zur Durchsetzung eines Werbeverbotes für Tabakerzeugnisse[442]. Unzulässigkeit einer Verpackungssteuer[443].

II. Wirtschaftsverwaltung als Selbstverwaltungsaufgabe

220 Ein weiterer an den Subsidiaritätsgedanken angelehnter Aspekt der Wirtschaftsorganisation findet sich, wenn man die unternehmerische Selbstverwaltung betrachtet. Insoweit sind ein öffentlich- und ein privatrechtlicher Zweig zu differenzieren.

1. Selbstverwaltung durch Kammern

221 Insbesondere die Industrie- und Handelskammern sowie die Handwerkskammern bilden die **öffentlich-rechtliche Komponente der unternehmerischen Selbstverwaltung.** Sie basieren auf dem Gedanken der Pflichtmitgliedschaft aller Gewerbe- bzw. Handwerksbetriebe, operieren mit Hilfe von Pflichtbeiträgen, die von den verkammerten Mitgliedern nach Maßgabe ihrer wirtschaftlichen Kraft erhoben werden, und bewirken eine gebündelte Vertretung des Gesamtinteresses der gewerblichen bzw. handwerklichen Wirtschaft. Die Kammern nehmen insoweit also besondere öffentliche Interessen gegenüber der öffentlichen Hand wahr *(s. näher u. Rn. 1203 ff.)*[444]. Diese Pflicht zur Förderung der gemeinsamen Interessen der Mitglieder trifft auch die ebenfalls öffentlich-rechtlich organisierten Handwerksinnungen, die aber als Interessenvertretung bestimmter Handwerke fungieren und keine Pflichtmitgliedschaft kennen.

222 Der rechtliche Unterschied zwischen gemeindlicher und wirtschaftlicher Selbstverwaltung zeigt sich darin, dass die Kammern nur einen beschränkten, nach Berufen organisierten Aufgabenbereich besitzen. Sie sind insoweit Träger der **wirtschaftlichen bzw.**

---

440 BVerwG, NVwZ-RR 2013, 465 f.
441 *Knemeyer*, WuV 1989, 92 ff.; *Stern*, in: FS für Friauf, 1996, S. 75, 81; RPVerfGH, GewArch. 2000, 326 ff.
442 VGH Mannheim, NVwZ 1993, 903.
443 BVerfGE 89, 106, 123, 130.
444 *Stober*, Die IHK als Mittler zwischen Staat und Wirtschaft, 1992; *Tettinger*, DÖV 1995, 169 ff.

funktionalen Selbstverwaltung, was auch das Unionsrecht unterstreicht[445] *(s. u. Rn. 1205)*. Hingegen müssen die Gemeinden die wirtschaftlichen Interessen aller Einwohner und Berufstätigen berücksichtigen. Ferner können den Kammern im Gegensatz zu den Gemeinden (Art. 84 Abs. 1 Satz 7 und Art. 85 Abs. 1 Satz 2 GG) durch Bundesgesetz neue Aufgaben übertragen werden, soweit sie sich als Teil des von den Kammern wahrzunehmenden Gesamtinteresses begreifen lassen *(s. u. Rn. 1212)*. Die Industrie- und Handelskammern fungieren daran anknüpfend namentlich im Gewerberecht als Register- (vgl. § 11a GewO), Ausbildungs- (vgl. § 34a Abs. 1a GewO) oder Erlaubnisbehörde (vgl. § 34d Abs. 1 GewO)[446].

Das Grundgesetz äußert sich anders als die Weimarer Reichsverfassung nicht zur **223** Selbstverwaltung der Wirtschaft *(s. u. Rn. 1203)*. Die deshalb fehlende verfassungsrechtliche Anerkennung des Kammerwesens[447] ist eine Folge der Zurückhaltung des Grundgesetzes zu wirtschaftsverfassungsrechtlichen Fragen *(s. o. Rn. 118)*. Zwar garantieren einige Landesverfassungen das Institut der Selbstverwaltung der Wirtschaft (s. etwa Art. 154 BayVerf.). Der Bund besitzt jedoch gem. Art. 74 Abs. 1 Nr. 11 GG auch die **Zuständigkeit zur Regelung der Wirtschaftsorganisation**[448] und kann davon abweichende Regelungen treffen. Ferner hat das Prinzip der wirtschaftlichen Selbstverwaltung bislang keine ausdrückliche unionsrechtliche Anerkennung gefunden[449], obwohl unbeschadet unterschiedlicher Kammersysteme in Europa sowohl der Gedanke der Wirtschaftsnähe als auch der eingangs geschilderte Subsidiaritätsgedanke für eine unionsrechtliche Verankerung sprechen *(s. u. Rn. 1209)*.

Trotz der fehlenden Anerkennung im höheren Recht und häufiger kammerkritischer **224** Stimmen[450] ist die praktische Bedeutung des Kammerwesens nach wie vor hoch, insbesondere, weil es ein Stück wirtschaftlicher Autonomie im jeweiligen Kammerbezirk sicherstellt , mit der die Vielfalt und die Besonderheiten des föderalistischen Staatsaufbau zur Geltung gebracht und regionale Probleme wirtschaftsnah gelöst werden können. Die wirtschaftliche Selbstverwaltung ermöglicht darüber hinaus eine dezentrale Aufgabenwahrnehmung, eine Kooperation zwischen Staat, Verwaltung sowie Wirtschaftssubjekten und entspricht insofern einem freiheitssichernden, auf Staatsdistanz und Marktnähe bedachten Wirtschaftssystem. Aufgrund ihrer darin zum Ausdruck kommenden **Mittlerrolle zwischen Staat und Wirtschaft**[451] werden die Kammern dem Dritten Sektor zugeschlagen, zumal sie (trotz hoheitlicher Verfasstheit) weder Teil des öffentlichen noch (trotz der (Pflicht-)Mitgliedschaft von Unternehmen) des privaten Sektors sind[452].

2. Selbstverwaltung durch Verbände

Die staatsfernste Facette des Subsidiaritätsgedankens im Bereich der Selbstorganisa- **225** tion der Wirtschaft bildet deren Eigenverwaltung durch Unternehmensverbände und -vereinigungen. Deren Verhalten ist anders als das der Kammern lediglich eigen- und nicht gemeinwohlorientiert[453]. Es basiert im Unterschied zum Kammerwesen auf dem

---

445 S. dazu *Stober*, in: Gedächtnisschrift für P. Tettinger, 2007, S. 189 ff.
446 BVerwGE 112, 69 ff; BVerwG, GewArch. 2010, 400 ff.
447 BVerwGE 106, 64, 83; BVerwG, DVBl. 2000, 1796 für Landwirtschaftskammern; BVerwG, DVBl. 2005, 1172.
448 Vgl. *Rengeling*, in: Bonner Kommentar, Art. 74 Abs. 1 Nr. 11 Rn. 49.
449 S. *Stober*, DÖV 1993, 333 ff.; *ders.*, GewArch. 1996, 184, 188 und dazu OVG Koblenz, GewArch. 1997, 196 f-
450 Vgl. dazu z. B. *Ruschemeier* AL 201, 230 ff. und allg. *Kopp* NVwZ 2001, 172 ff.
451 *Stober*, Die IHK als Mittler zwischen Staat und Wirtschaft, 1992 sowie BVerwGE 107, 169, 174.
452 *Schmidt-Trenz*, in: Stober/Vogel (Hg.), Wirtschaftliche Betätigung der öffentlichen Hand, 2000, S. 13 ff.
453 *Collin*, JZ 2011, 274 f.

Freiwilligkeitsprinzip, weil jedes Unternehmen frei darüber entscheiden kann, ob es einem Verband beitreten und dann Beiträge entrichten will. Aus diesem Grunde sind nicht alle Berufsträger in solchen Verbänden organisiert, was auf der einen Seite das Zusammengehörigkeitsgefühl stärken, auf der anderen Seite aber auch Trittbrettfahrertum begünstigen kann.

226 Die Interessenvertretung über zivilrechtlich organisierte und damit jenseits der Wahrnehmung von Hoheitsaufgaben operierende Unternehmensverbände bietet insoweit Vorteile, als sie auf **bestimmte Sachgebiete** ausgerichtet sind. Solche Vereinigungen vertreten folglich anders als die Kammern ein Gruppeninteresse eines bestimmten Wirtschaftszweigs und nicht das Gesamtinteresse der gewerblichen bzw. der handwerklichen Wirtschaft. Dadurch wird ihr Vorgehen fokussierter und spezifizierter, was dessen Erfolgswahrscheinlichkeit ggf. vergrößern kann.[454]

III. Der Subsidiaritätsgedanke als politische Klugheitsregel

227 Auch wenn die Kompetenzverteilungsregeln auf unionaler und nationaler Ebene Anleihen am Subsidiaritätsgedanken nehmen, handelt es sich anders als z. B. beim Rechtsstaatsprinzip nicht um einen in allen Facetten bindenden Grundsatz. Er wird auch de facto im Politischen nicht konsequent durchgehalten, wie die im Zuge der Zeit **zunehmenden Rechtsetzungsaktivitäten auf Unions- und Bundesebene** zeigen. Zwar findet man in Art. 5 Abs. 3 EUV noch eine ausdrückliche Bezugnahme auf das Subsidiaritätsprinzip, die auch Art. 23 Abs. 1 GG zugrunde liegt. Das Grundgesetz ist jedoch im Übrigen weit weniger offen, zumal der Verfassungskonvent von Herrenchiemsee die Aufnahme einer Subsidiaritätsklausel verworfen hat.[455]

228 Für den Bereich der wirtschaftlichen Tätigkeit gilt denn auch weniger ein strikter Subsidiaritätsgedanke als vielmehr der oben dargelegte Grundsatz wirtschaftspolitischer Offenheit, der die gleichzeitige Bejahung eines rechtlich verbindlichen Subsidiaritätsprinzips ausschließt *(s. o. Rn. 118)*[456]. Stattdessen ist der Gedanke der Subsidiarität vielmehr eine Art **Klugheitsregel** in Richtung einer zielführenden Wirtschaftsverwaltungsrechtspolitik *(s. o. Rn. 86 ff.)*[457] und hat insoweit die Funktion das Wirtschaftsverfassungs- und Wirtschaftsverwaltungsrechts weiter voranzubringen und zu optimieren.

§ 9   Makroökonomische Prinzipien mit Wirtschaftsrelevanz

229 Hinzu kommen schließlich noch einige fiskalpolitische Prinzipien. Sie sind zwar auf übergreifend ansetzende Instrumente der wirtschaftlichen Steuerung durch Hoheitsträger bezogen und setzen primär im Bereich der Staatsausgaben an, entfalten aber gleichwohl gewisse Rückwirkungen auf die Wirtschaftssubjekte, so dass sie ebenfalls an dieser Stelle zu erörtern sind.

---

454   Ausf. z. B. *Arnaud* Die Mitwirkung privater Interessengruppen an der europäischen Gesetzgebung, 2009.
455   S. dazu *Merkl* Die Entstehung der Bundesrepublik Deutschland, 1965.
456   BVerwGE 23, 306; *Häberle*, AöR 199 [1994], 169, 184.
457   S. allg. *Link*, VVDStRL 50 [1990], 7, 26; s. zur Netzwirtschaft *Schumacher*, DÖV 2012, 176, 179 ff.

I. Unionsebene

Betrachtet man insoweit zunächst die Unionsebene, geraten die gemeinsame Wirt- **230**
schafts- und Währungspolitik in den Blick.

1. Etablierung einer gemeinsamen Währungspolitik

Das nach außen wohl sichtbarste Zeichen der europäischen Integration ist die gemein- **231**
same Währung, der Euro. Dessen Einführung basiert auf einer Herauslösung der gesamten Geld- und Währungshoheit aus der mitgliedstaatlichen Souveränität und deren
Übertragung auf die Union (sog. **Entnationalisierung der Geld- und Währungspolitik**)
auf Basis einer marktwirtschaftlich ausgerichteten Geldordnung, für deren Konzeption
die Union ausschließlich zuständig ist (vgl. Art. 3 Abs. 1 lit. c) AEUV). Die wesentlichen Bestandteile dieser supranationalen Geldordnung kommen in Art. 119 AEUV
zum Ausdruck und bestehen danach aus der Festlegung und Durchführung einer einheitlichen Geld- und Wechselkurspolitik, die vorrangig das Ziel der Preisstabilität verfolgt. Infolgedessen ist es zutreffend, die EU als Stabilitätsunion[458] zu bezeichnen, weil
die Erhaltung der Preisstabilität de iure das maßgebliche Fundament der Währungsunion bildet.[459]

Institutionell nimmt diese Aufgabe nach Art. 127 Abs. 2 AEUV das **Europäischen Sys-** **232**
tem der Zentralbanken (ESZB) wahr, das die Beschlussorgane der EZB leiten (vgl.
Art. 129 AEUV). Deren Erfüllung basiert auf zwei Säulen in Form einer Analyse der
Entwicklung realwirtschaftlicher Faktoren wie der Preisentwicklung und einer Analyse
von monetären Faktoren wie dem Wachstum der Geldmenge. Ergeben sich danach
Gefahren für die Preisstabilität, schreitet das ESZB ein – im Wesentlichen erstens durch
sog. Offenmarktgeschäfte, bei denen die Geschäftsbanken der EZB Zinsangebote machen können und daraufhin Geld erhalten, zweitens durch sog. Mindestreserven, bei
denen die Geschäftsbanken Geldreserven bei der EZB unterhalten müssen und drittens
durch ständige Fazilitäten, mit deren Hilfe die kurzfristigen Zinssätze am Geldmarkt
gesteuert werden können.[460] Andere geldpolitische Mittel können in den Grenzen
rechtlicher Bindungen, so z. B. des Art. 123 Abs. 1 AEUV[461] hinzutreten. Die E(S)ZB
agiert nach Maßgabe des Art. 130 AEUV in Unabhängigkeit.[462]

Die **Teilnahme an der Währungsunion** ist für die partizipierenden Mitgliedstaaten **233**
unwiderruflich und kann daher zumindest grundsätzlich nur im Wege einer einstimmig
zu vereinbarenden Vertragsänderung (vgl. Art. 48 AEUV) aufgehoben werden.[463] Die
Währungsunion ist zwar de iure perspektivisch darauf angelegt, alle Mitgliedstaaten
zu umfassen, erstreckt sich derzeit jedoch nur auf 18. Der Grund dafür liegt entweder
darin, dass die Mitgliedstaaten die Voraussetzungen für den Beitritt zur Währungsunion und insbesondere die sog. Konvergenzkriterien, die auf Preisniveau-, Haus-
halts-, Wechselkurs- und langfristige Zinssatzstabilität angelegt sind, (noch) nicht erfüllen, oder aber darin, dass sie sich Sonderregeln ausbedungen haben bzw. die
Einführung des Euro innenpolitisch nicht durchsetzen konnten.[464] Soweit ein Mitgliedstaat noch nicht Teil der Eurozone ist, gelten für ihn aufgrund von Art. 139
AEUV bestimmte Vorschriften über die Wirtschafts- und Währungsunion nicht, sondern stattdessen die in den Art. 140 ff. AEUV enthaltenen Bestimmungen.

---

458 BVerfGE 89, 155, 204; s. auch *Ohler*, JZ 2008, 318 ff.
459 *Hahn/Häde*, Währungsrecht, 2. Aufl. 2010.
460 Vgl. dazu z. B. *Heun* JZ 1998, 866 ff.
461 Vgl. BVerfGE 134, 366 ff.; krit. dazu z. B. *Thiele* EuZW 2014, 394 ff.
462 Calliess/Ruffert/*Häde*, EUV/AEUV, Art. 119 Rn. 11.
463 Calliess/Ruffert/*Häde*, EUV/AEUV, Art. 140 Rn. 49 ff.
464 Bieber/Epiney/Haag/Kotzur, Die Europäische Union, 12. Aufl. 2017, § 21 Rn. 23 f.

234   Weitere währungsrelevante Sonderregeln für die Eurozone ergeben sich seit 2012 aus
Art. 136 Abs. 3 AEUV. Diese Norm bildet die Basis für die Errichtung eines **Europäischen Stabilitätsmechanismus (ESM)**, der aktiviert wird, wenn es unabdingbar ist, um
die Stabilität des Euro-Währungsgebiets insgesamt zu wahren. Die zugehörige Rechtsgrundlage steht als eigenständiger völkerrechtlicher Vertrag außerhalb des Unionsrechts und erlaubt die Gewährung von Finanzhilfen bei schwerwiegenden Finanzie-
rungsproblemen. Der ESM ist (anders als seine Vorgänger EFSM und EFSF) nicht als
vorübergehende Maßnahme konzipiert, sondern soll den Euro-Rettungsschirm auf
eine dauerhafte Basis stellen.[465] Während der *EuGH* davon ausgeht, dass der ESM
kein Teil der ausschließlich der Union überantworteten Währungspolitik ist, so dass
die Mitgliedstaaten entsprechende Vereinbarungen im Rahmen der unionsrechtlichen
Vorgaben treffen dürfen,[466] stellt das *BVerfG* vor allem auf die dem ESM zugrunde
liegenden Vetorechte zugunsten Deutschlands ab und begründet so, dass dem Bundestag die im Lichte des Demokratieprinzips notwendigen Einflussnahmemöglichkeiten
bleiben[467].

2. Koordinierung der mitgliedstaatlichen Wirtschaftspolitiken

235   Zwar ist die Verantwortung für die Geld- und Wechselkurspolitik bezogen auf die
Mitgliedstaaten, die den Euro eingeführt haben, auf der Unionsebene angesiedelt, was
ihnen eine Fülle ökonomischer Steuerungsinstrumente nimmt. Im Bereich der Sozial-
und Wirtschaftspolitik bleiben den Mitgliedstaaten jedoch erhebliche Gestaltungs-
räume, deren Nutzung das Primärziel der **Preisstabilität gefährden** und so auf die
Währungspolitik der Union zurückwirken kann. Deshalb begreifen die Verträge die
Wirtschaftspolitik als eine Angelegenheit von gemeinsamen Interesse, so dass die Aktivitäten der Mitgliedstaaten in diesem Bereich auf Unionsebene koordiniert werden
müssen.[468]

236   a) **Grundlagen.** Die maßgeblichen Rechtsgrundlagen dafür finden sich in den
Art. 119 ff. AEUV. Sie erlauben dem Ministerrat die Verabschiedung von **Empfehlungen über die Grundzüge der Wirtschaftspolitik** der Mitgliedstaaten und der Union, an
deren Konzeption auch die Kommission beteiligt ist (vgl. Art. 121 AEUV). Es handelt
sich um einen de iure unverbindlichen Rechtsakt (vgl. Art. 288 Abs. 5 AEUV), an
dessen Kernaussagen sich die einzelnen Mitgliedstaaten zu orientieren haben, um eine
dauerhafte Annäherung (Konvergenz) ihrer Wirtschaftsleistungen zu gewährleisten.
Justiziabel sind die Empfehlungen infolgedessen nicht; etwas anderes gilt jedoch, wie
ein Umkehrschluss zu Art. 126 Abs. 10 AEUV zeigt, im Falle eines Verstoßes gegen
die Pflichten aus Art. 120 AEUV.[469]

237   Inhaltlich erstreckt sich die wirtschaftspolitische Koordinierung der Union in Umsetzung der in den Art. 119 f. AEUV enthaltenen Rahmenbedingungen auf eine **Beobachtung der wirtschaftspolitischen Entwicklung der Mitgliedstaaten** im Allgemeinen sowie der Wachstumspolitik im Besonderen, indem die strukturpolitischen
Maßnahmen auf wichtigen Märkten sowie die Kosten- und Preisentwicklung in
den Blick genommen werden. Zudem werden die Haushaltslage und -politik der
einzelnen Mitgliedstaaten überwacht und Steuerreformen zur Vermeidung eines
Steuersenkungswettbewerbs gefördert. Die Empfehlungen des Ministerrates zu den
Grundzügen der Wirtschaftspolitik knüpfen daran an, indem sie konkretisie-

---

465   Ausf. dazu *Pilz* Der Europäische Stabilitätsmechanismus, 2016, S. 64 ff.
466   EuGH, NJW 2013, 29 ff.
467   BVerfG, NJW 2012, 3145 ff. und dazu *Nettesheim*, NJW 2013, 14 ff.
468   Vgl. *Ruschitschka* Die Offene Methode der Koordinierung, 2016, S. 25 ff., 126 ff.
469   Calliess/Ruffert/*Häde*, EUV/AEUV, Art. 120 Rn. 3 ff., 10 ff.

rende Impulse liefern und Leitlinien z. B. im Bereich der Arbeitsmarktpolitik enthalten.[470]

b) Gesamtwirtschaftliches Gleichgewicht. Einen wesentlichen Orientierungspunkt der **238** Grundzüge bilden die Bestandteile des gesamtwirtschaftlichen Gleichgewichts, das auf ein ausgewogenes Wirtschaftswachstum, ein außenwirtschaftliches Gleichgewicht, Preisstabilität und Vollbeschäftigung abzielt. Diese aus den Art. 119 ff. AEUV ableitbaren Gradmesser werden in weiten Teilen auch in der allgemeinen Zielbestimmung des Art. 3 Abs. 3 EUV angesprochen – dort allerdings nicht isoliert, sondern im Kontext vieler anderer politischer Leitbilder, so namentlich des wirtschaftlichen, territorialen und sozialen Zusammenhalts, der sozialen Gerechtigkeit, der nachhaltigen Entwicklung Europas oder des Umweltschutzes. Durch diese nicht abschließende Aufzählung werden die Gradmesser des gesamtwirtschaftlichen Gleichgewichts überformt und zu einem **magischen Vieleck** modifiziert.

Dessen Elemente wirken, wie Art. 3 Abs. 3 EUV zeigt, zwar nicht kompetenzbegrün- **239** dend zugunsten der Union. Sie entfalten aber gleichwohl eine gewisse **direktive Kraft**, weil die Union und die Mitgliedstaaten bei der Durchführung des Unionsrechts ihre Maßnahmen, soweit ihnen Ermessen bleibt, auf die Vorgaben des Art. 3 Abs. 3 EUV ausrichten müssen. Dabei bleiben hinreichende Möglichkeiten zur politischen Gestaltung, die die Vorgaben des Art. 3 Abs. 3 EUV nur in sehr engen Grenzen justiziabel werden lassen und dazu führen, dass die Anforderungen des gesamtwirtschaftlichen Gleichgewichts ggf. zurückstehen müssen – wegen des Anwendungsvorrangs des Unionsrechts ggf. mit Rückwirkungen für die Mitgliedstaaten.

c) Haushaltsüberwachung. Ein wesentlicher Bestandteil der Koordinierung der Wirt- **240** schaftspolitiken ist die in Art. 126 AEUV normierte Überwachung der Haushaltsdisziplin der einzelnen Mitgliedstaaten. Sie kontrolliert die Kommission anhand von zwei Referenzwerten, die Vorgaben für den staatlichen Schuldenstand (max. 60 % des BIP) und für das jährliche Haushaltsdefizit (max. 3 % des BIP) machen. Stellt sie ein übermäßiges Defizit fest, wird der Ministerrat befasst, der dieses Defizit bestätigen muss und dann ggf. die in Art. 126 Abs. 7 ff. AEUV normierten Maßnahmen ergreifen kann. Die Einzelheiten zur Anwendung des Art. 126 AEUV finden sich insbesondere in Protokoll Nr. 12 und 13 sowie in der RL Nr. 2011/85 und der VO Nr. 1467/97.[471] Teil dieses sog. **Stabilitäts- und Wachstumspakts** ist auch die VO Nr. 1466/97, die die wirtschafts- und haushaltspolitischen Überwachungsmechanismen aus den Art. 121, 126 AEUV verknüpft.

Obwohl das in Art. 126 AEUV geregelte Kontrollsystem den Ministerrat letzten Endes **241** auch zu verbindlichen Beschlüssen ermächtigt, die jedenfalls gegenüber Mitgliedern der Euro-Zone (vgl. Art. 139 AEUV) detailliert vorgeben können, wie im Falle eines übermäßigen Defizits der mitgliedstaatliche Haushalt zu sanieren ist,[472] stieß es im Zuge der 2010 einsetzenden Finanzkrise an seine Grenzen. Aus diesem Grunde sind in der Folge vielerlei unterschiedliche Sekundärrechtsakte ergangen, die die Haushaltspolitik der Mitgliedstaaten in geordnete Bahnen lenken sollen. Sie sind auf Basis der Art. 121 Abs. 6 AEUV ggf. in Verbindung mit Art. 136 Abs. 1 AEUV unter den Stichworten „six pack" und „two pack" in die europäische Rechtsetzungsgeschichte eingegangen, beschränken sich weitgehend auf die Eurozone und ermöglichen insbesondere durchsetzbare Korrekturen makroökonomischer Ungleichgewichte sowie Zugriffe auf

---

470   Vgl. dazu z. B. *Cremer* EuR 2016, 256 ff.
471   Ausf. dazu Calliess/Ruffert/Häde, EUV/AEUV, Art. 126 Rn. 79 ff.
472   Vgl. z. B. ABl. L 190/2012, S. 8.

die mitgliedstaatliche Haushaltspolitik. Ihre Primärrechtskonformität steht, weil sie teilweise von Art. 126 AEUV abweichen, in Streit.[473]

242 Weitere haushaltsrechtliche Bindungen haben die meisten Mitgliedstaaten bis auf Tschechien und Großbritannien im Jahre 2012 im sog. **Fiskalvertrag über Stabilität, Koordinierung und Steuerung in der Wirtschafts- und Währungsunion (VSKS)** vereinbart. Dieser Vertrag soll den ESM ergänzen, indem er für eine weitere Verengung der Koordinierung der nationalen Wirtschaftspolitiken sorgen und so eine Hauptursache für finanzielle Instabilitäten bekämpfen soll. Die Vereinbarung steht als völkerrechtlicher Vertrag neben dem Unionsrecht und verpflichtet die teilnehmenden Mitgliedstaaten insbesondere auf einen ausgeglichenen bzw. einen Überschuss aufweisenden gesamtstaatlichen Haushalt. Die in Umsetzung dieser Vorgabe zu verabschiedende Schuldengrenze ist im nationalen Recht in verbindlicher Form, vorzugsweise auf Verfassungsebene niederzulegen; deren Einhaltung überwacht der Gerichtshof der Europäischen Union.[474]

II. Verfassungsebene

243 Das bundesdeutsche Verfassungsrecht verpflichtet in Art. 109 Abs. 2 GG Bund und Ländern zur Beachtung des **gesamtwirtschaftlichen Gleichgewichts**. Diese Vorschrift ist im Jahre 1967 eingeführt worden und enthält eine grundlegende Aussage zur Ausgestaltung der staatlichen Wirtschaftspolitik und zur Konkretisierung des Öffentlichen Wirtschaftsrechts. Sie steht mittlerweile im Schatten des Unionsrechts, weil Art. 109 Abs. 2 GG nur im Rahmen der demgegenüber vorrangigen haushaltsrechtlichen Verpflichtungen der Mitgliedstaaten aus dem Primär- und Sekundärrecht relevant wird. Nur soweit dort Spielräume bleiben (, aber jedenfalls immerhin dann), können die Anforderungen des gesamtwirtschaftlichen Gleichgewichts folglich relevant werden[475] und z. B. Maßnahmen auf Basis des Art. 104b Abs. 1 S. 1 Nr. 1 GG nach sich ziehen. Die Bindung in Art. 109 Abs. 2 GG an das gesamtwirtschaftliche Gleichgewicht ist damit zumindest nicht völlig[476] bedeutungslos.[477]

244 Die in Art. 109 Abs. 2 GG enthaltene Bekenntnis zum gesamtwirtschaftlichen Gleichgewicht spiegelt keine Fundamentalentscheidung im Sinne der in Art. 20, 20a, 23 und 28 GG erwähnten Staatsstrukturbestimmungen wider. Das folgt schon aus der systematischen Stellung des Art. 109 GG als **Bestandteil des Haushaltsverfassungsrechts**. Gleichwohl ist die Einhaltung des gesamtwirtschaftlichen Gleichgewichts als zentrales Staatsziel anerkannt[478], weil sich die Bedeutung des Art. 109 Abs. 2 GG nicht im Haushaltsverfassungsrecht erschöpft. Vielmehr ist der Staat aus seiner ökonomisch neutralen Bedarfsdeckungsfunktion herausgetreten und setzt den Haushalt im Sinne einer wirtschaftspolitischen Steuerung als Gestaltungsmittel *(s. o. Rn. 229)* ein. Er muss sich daher auch insoweit an die Vorgaben des Art. 109 Abs. 2 GG halten[479].

245 In solchen Fällen bildet die Pflicht zur Beachtung des gesamtwirtschaftlichen Gleichgewichts einen relevanten Orientierungspunkt für hoheitliches Handeln, wovon auch Art. 109 Abs. 2 GG ausgeht, ohne inhaltliche Anforderungen zu stellen. Eine **begriffliche Konkretisierung** findet man indes in § 1 StabG, der auf die ökonomischen Grund-

---

473 *Calliess*, DÖV 2013, 785 ff.
474 *Piecha* Die Rettungsmaßnahmen zugunsten zahlungsunfähiger Mitgliedstaaten, 2016, S. 74 ff.
475 *Siekmann*, in: Sachs (Hg.), GG, 8. Aufl. 2018, Art. 109 Rn. 48.
476 So aber *Korioth*, JZ 2009, 729, 731.
477 So auch *Siekmann* in Sachs (Hg.), GG, 8. Aufl. 2018, Art. 109 Rn. 17 ff.
478 *Hänsch*, Gesamtwirtschaftliche Stabilität als Verfassungsprinzip, 2002, S. 138 ff.
479 *Puhl*, Budgetflucht und Haushaltsverfassung, 1996, S. 8, 15 und 436 ff.; BVerfGE 79, 311, 329.

lagen Bezug nimmt und als Bestandteile des gesamtwirtschaftlichen Gleichgewichts ein stabiles Preisniveau, einen hohen Beschäftigungsstand und ein außenwirtschaftliches Gleichgewicht bei stetigem und angemessenem Wirtschaftswachstum nennt. Diese kumulativen Anforderungen sind allerdings schon aus Gründen der Normenhierarchie, aber auch aus der ökonomischen Logik heraus nicht abschließend zu verstehen. Vielmehr ist Art. 109 Abs. 2 GG grundsätzlich offen für neue Erkenntnisse der Wirtschaftswissenschaften, soweit sie hinreichend gesichert sind und den unionsrechtlichen Vorgaben entsprechen.[480]

Seiner Regelungsstruktur nach ist Art. 109 Abs. 2 GG keine Ermächtigungsgrundlage. **246** Die Verfassungsnorm berechtigt daher nicht zu hoheitlichen Maßnahmen. Sie enthält stattdessen eine denkbar schwach ausgeprägte Verpflichtung, die sich in der Formulierung „… tragen … Rechnung …" Ausdruck verschafft. Verlangt ist infolgedessen nur, dass Bund und Länder die relevanten gesamtwirtschaftlichen Gesichtspunkte in haushalts- und finanzpolitische Entscheidungsprozesse einbeziehen, was einen erheblichen **Entscheidungs- und Beurteilungsspielraum** zugunsten der Gesetzgeber zur Folge hat.[481] In praxi lässt sich seit jeher der Versuch einer antizyklischen Konjunkturpolitik in dem Sinne beobachten, dass bei schlechter Wirtschaftslage im Abschwung die staatlichen Ausgaben und Kreditaufnahmen gesteigert werden (Schubladenprogramme, Deficit Spending). Politischer Zwang führt jedoch dazu, dass das ökonomisch zwingende Gegenstück dieser Politik in Form der Ausgabensenkung und Schuldentilgung in Aufschwungphasen oftmals aus den Augen verloren wird.[482]

Im Lichte dieses Mangels geht auch das *BVerfG* davon aus, dass das Grundkonzept **247** der nachfrageorientierten diskretionären Fiskalpolitik nach keynesianischem Vorbild *(s. o. § 4 IV 4)* kein geeignetes Instrument rationaler Steuerung und Begrenzung staatlicher Schuldenpolitik ist[483]. Verbesserungen verspricht man sich von der auch unionsrechtlich geforderten, in Art. 109 Abs. 3 GG für Bund und Länder verbindlich niedergelegten **Schuldenbremse**[484]. Sie untersagt eine strukturelle, weil auf die Normalsituation bezogene Neuverschuldung über die Haushaltsfinanzierung durch Einnahmen aus Krediten. Ausnahmen sind bei Konjunkturschwankungen oder zur Bewältigung von Naturkatastrophen und außergewöhnlichen Notlagen zulässig; insbesondere deshalb lässt Art. 109 Abs. 3 GG den Ländern ein hinreichendes Maß an Haushaltsautonomie und verletzt nicht Art. 79 Abs. 3 GG[485]. Für den Bund bestehen nach Art. 109 Abs. 3 GG sogar noch größere Freiräume, weil er auch in der Normalsituation Einnahmen aus Krediten in Höhe von bis zu 0,35 % des nominalen Bruttosozialprodukts aufnehmen darf.[486]

III. Wirtschaftlichkeitsprinzip als rechtsebenenübergreifende Direktive

Eine weitere gesamtstaatlich relevante Direktive für hoheitliches Handeln bildet das **248** sog. Wirtschaftlichkeitsprinzip. Es ist ebenfalls als mit widerstreitenden Interessen in Ausgleich zu bringendes Rechtsprinzip von Verfassungsrang anerkannt und Ausdruck einer **Good Governance**[487]. Eine genaue Regelung dessen, was sich hinter dem Wirt-

---

480 Vgl. *Siekmann* in Sachs (Hg.), GG, 8. Aufl. 2018, Art. 109 Rn. 17 ff.
481 BVerfG, DÖV 2007, 789 ff.
482 *Siekmann*, in: Sachs (Hg.), GG, 8. Aufl. 2018, Art. 109 Rn. 12 f., 43, 45.
483 BVerfG, DÖV 2007, 789, 793; krit. dazu z. B. *Wieland*, KritV 2008, 117, 126 f.; *Gröpl*, LKRZ 2010, 401, 402.
484 *Calliess/Schoenfleisch*, JZ 2012, 477, 481 f.
485 Im Ergebnis ebenso *Kemmler*, DÖV 2009, 549, 554 ff.; *Seiler*, JZ 2009, 721, 727 f.
486 *Reimer*, in: Epping/Hillgruber (Hg.), GG, Art. 109 Rn. 17.
487 *A. Peters*, DÖV 2001, 749 ff.; VerfGH NW, DÖV 2004, 121 ff.

schaftlichkeitsprinzip verbirgt, ist im nationalen Verfassungsrecht nicht zu finden, immerhin aber im einschlägigen Haushaltsrecht – so in § 7 BHO oder in § 7 nds. LHO, der mit der Kosten-Nutzen-Analyse auch zeigt, wie Wirtschaftlichkeit messbar wird[488]. Auf Unionsebene treten die Art. 310 Abs. 5, 317 Abs. 1 AEUV hinzu, wonach der Haushaltsplan entsprechend der Grundsätze der Wirtschaftlichkeit durch die Organe der Union und insbesondere die Kommission oder im Verbund mit den Mitgliedstaaten auszuführen ist.

Beispiele: Das Wirtschaftlichkeitsprinzip findet im Vergaberecht *(s. u. § 24 IV und § 37)* in § 97 Abs. 1 S. 2 GWB ausdrückliche Erwähnung. Das engere (Verhältnismäßigkeit) und weitere (Abs. 3: Berücksichtigung insbesondere sozialer und umweltbezogener Aspekte) Regelungsumfeld dieser Norm deuten aber darauf hin, dass es ggf. mit widerstreitenden Aspekten auszugleichen und nur modifiziert anzuwenden ist[489].

249   Sowohl auf unionaler als auch auf nationaler Ebene[490] fordert das Wirtschaftlichkeitsprinzip aufgrund einer Zweck-Mittel-Relation die bestmögliche Nutzung derjenigen Ressourcen zu bewirken, die für Aufgaben der Wirtschaftsverwaltung eingesetzt werden[491]. Im Einzelnen ist die Wirtschaftlichkeit auf eine Nutzenmaximierung gerichtet, wenn sie als Gebot verstanden wird, mit gegebenen Mitteln den größtmöglichen Nutzen zu erreichen. Hier steht die Ertragsmaximierung im Sinne von **Effektivität** im Vordergrund (Maximalprinzip), weil die günstigste Relation zwischen dem gesteckten Ziel und den eingesetzten Mitteln angestrebt wird[492]. Soll ein bestimmter Nutzen mit den geringstmöglichen Mitteln erreicht werden, spricht man vom Minimal- oder Sparsamkeitsprinzip[493]. Dann geht es darum, den Umfang der einzusetzenden Produktionsfaktoren unter dem Aspekt der **Effizienz** möglichst klein zu halten und dadurch Ressourcen einzusparen.

§ 10 Umweltstaatsprinzip

I. Umweltschutz im Grundgesetz und im Landesverfassungsrecht

250   Das verfassungsrechtlich fundierte **Umweltschutzprinzip** ist auf Bundesebene namentlich in **Art. 20a GG** niedergelegt, in den Landesverfassungen finden sich in der Regel entsprechende Vorschriften. Art. 20a GG schützt die natürlichen Lebensgrundlagen (s. etwa § 1 BImSchG) aus allgemein ethischen Gründen, aber vor allem im Interesse des Menschen[494]. Er ist wegen der in Art. 1 Abs. 1 GG als oberstes Verfassungsprinzip niedergelegten Menschenwürde Maß und Mittelpunkt aller staatlicher Regelungen und Maßnahmen. Gleichzeitig betont der Wortlaut des Art. 20a GG die staatliche Umweltverantwortung für die künftigen Generationen, deren Ressourcen geschont werden müssen (Staatsaufgabe Prävention) und das Erfordernis einer nachhaltigen Entwicklung im Bereich der Umwelt *(s. u. Rn. 895)*. Infolgedessen sind erneuerbare Ressourcen behutsam und endliche Umweltgüter sparsam in den Wirtschaftskreislauf einzubringen *(s. o. Rn. 43)*.[495]

---

488   *Gröpl*, in: HdBStR V, 3. Aufl., § 121 Rn. 9 ff.; RPVerfGH, DVBl. 1997, 491, 495.
489   BVerwG, NVwZ 2007, 475; *Stober*, NJW 2007, 2008 ff.
490   Vgl. für die Unionsebene *Niedobitek*, in: Streinz (Hg.), EUV/AEUV, 2. Aufl. 2012, Art. 310 Rn. 36.
491   S. auch allgemein BVerwG, NVwZ 2007, 475 f.
492   VerfGH NW, DÖV 2004, 121 ff.
493   S. näher *Fehling*, VerwArch. 95 (2004), 443 f.
494   BVerfG, NVwZ 2011, 289, 292.
495   *Calliess*, Rechtsstaat und Umweltstaat, 2011, S. 114; *Korte*, Standortfaktor Öffentliches Recht, 2016, S. 356.

Unabhängig von Art. 20a GG lässt sich der **Umweltschutzgedanke** in Teilen aus einer **250a** **Zusammenschau anderer Grundgesetzbestimmungen** ableiten. In diesem Kontext spielen vor allem die aus den Grundrechten resultierenden Schutzpflichten eine bedeutende Rolle, insbesondere Art. 2 Abs. 2 S. 1 GG entfaltet insoweit Reflexwirkungen zugunsten der Umwelt *(s. u. Rn. 600 f.)*. [496] Infolgedessen darf Art. 20a GG nicht so ausgelegt werden, dass er diese Gewährleistungen abschwächt.[497] Den umweltbezogenen Kompetenztiteln wie Art. 74 Abs. 1 Nr. 26 GG kommt demgegenüber keine derart grundlegende Bedeutung zu, weil sie lediglich im Zusammenhang mit der Verteilung der Gesetzgebungskompetenzen für den **Umweltschutz** relevant sind, und nur insoweit eine eigene materielle Aussage treffen, als sie zeigen, dass Regelungen in den von der jeweiligen Zuständigkeitsnorm erfassten Sach- bzw. Rechtsgebieten zumindest dem Grunde nach zulässig sind.[498]

Adressat des Umweltschutzprinzips ist die gesamte Hoheitsgewalt von Bund und Ländern. Die Gesetzgeber in Bund und Ländern müssen den Umweltstaat politisch ausgestalten, während Rechtsprechung und Verwaltung das Umweltschutzprinzip bei der Auslegung von Rechtsnormen, der Interessenabwägung und der Ermessensausübung zu berücksichtigen haben[499]. Diese Zielrichtung folgt aus der umfassenden, den „Staat" als Ganzes adressierenden Formulierung des Art. 20a GG. Eine Auslegung dieser Bestimmung ergibt zudem, dass Art. 20a GG weder ein Umweltgrundrecht garantiert noch auf andere Weise konkrete einklagbare Abwehr- oder Leistungsrechte begründet. Es handelt sich stattdessen um eine objektiv-rechtlich wirkende Verpflichtung von Bund und Ländern.[500]

Damit ist auch der Bezug zum Öffentlichen Wirtschaftsrecht hergestellt: Zentrale Aufgabe des Staates ist es, ökologische und ökonomische Konflikte bzw. Interessen zum Ausgleich zu bringen. Diese **Pflicht zur praktischen Konkordanz** schließt es aus, den Umweltschutz als vorrangiges Ziel zu interpretieren[501]; gewährleistet ist stattdessen eine Art umweltbezogenes, von einem zwingenden Mindeststandard flankiertes Optimierungsgebot.[502] Dessen Leitlinie ist, dass sämtliches Wirtschaftshandeln so umweltverträglich wie möglich ausgestaltet sein muss, ohne hinter einem bestimmten Umweltschutzminimum zurückbleiben zu dürfen. Die öffentliche Hand muss vor allem bei nicht endgültig geklärtem Erkenntnisstand der Wissenschaft und bei der Beurteilung langfristiger Folgen neuer Technikanwendungen besonders sorgfältig handeln[503].

250b

250c

II. Umweltschutz und EU

Die Verpflichtung zum Schutz der natürlichen Lebensgrundlagen und der Tiere hat **251** neben der nationalen eine unionsrechtliche Dimension[504]. Sie ergibt sich zunächst aus den sog. **Querschnittsklauseln**, nach denen Belangen des Tierschutzes im Rahmen der in Art. 13 AEUV aufgeführten Unionspolitiken Rechnung zu tragen ist bzw. berücksichtigt werden müssen, während der Umweltschutz im Übrigen sogar in die Unions-

496 Vgl. Gemeinsame Verfassungskommission, BT-Ds. 12/6000, S. 67; *Voßkuhle*, NVwZ 2013, 1, 5.
497 *Murswiek*, in: Sachs (Hg.), GG, 8. Aufl. 2018, Art. 20a Rn. 21.
498 BVerfGE 53, 30, 56; 12, 45, 50; 28, 243, 261; 69, 1, 21.
499 *Murswiek*, NVwZ 1996, 222, 229; *Caspar/Geissen*, NVwZ 2002, 913 ff.; VGH Mannheim, VBlBW 2004, 100.
500 *Jarass*, in: Jarass/Pieroth, GG, 14. Aufl. 2016, Art. 20a Rn. 2; *Bernsdorff*, NuR 1997, 328, 330.
501 *Murswiek*, NVwZ 1996, 222, 228; BVerwG, NVwZ 2007, 461 f.; *Calliess*, Rechtsstaat und Umweltstaat, 2001.
502 Vgl. dazu *Sommermann*, in: von Münch/Kunig, GG I, 6. Aufl. 2012, Art. 20a Rn. 37 ff.
503 BVerfG, NVwZ 2011, 94 ff.
504 *Appel*, Staatliche Zukunfts- und Entwicklungsvorsorge, 2005, § 5.

politiken einbezogen werden muss, was umfassendere Pflichten der Unionsorgane begründet.[505] Hinzu kommt für den Umweltschutz Art. 37 EU GR Charta, der ebenfalls auf eine nachhaltige Entwicklung gerichtet ist (s. auch Art. 3 Abs. 3 Satz 2 und Abs. 5 Satz 2 EUV)[506].

252 Der **Titel XX des AEU-Vertrages** mit der Überschrift „Umwelt" bildet mit Art. 3 Abs. 3 EUV die Rechtsgrundlage für eine einheitliche und umfassende europäische Umweltpolitik und den Ausbau der Wirtschaftsunion zur Umweltunion, die sich (genauso wie Bund und Länder wegen Art. 20a GG) am Vorsorge- und Verursacherprinzip orientiert. Die ökologisch qualifizierte Wirtschaftsunion ist – wie sich aus Art. 191 AEUV und Art. 37 EU GR Charta ergibt – gleichzeitig auf ein hohes Umweltschutzniveau sowie eine Verbesserung der Umweltqualität (Art. 3 Abs. 3 EUV) gerichtet. Art. 193 und 114 Abs. 4 ff. AEUV ermächtigen die Mitgliedstaaten trotz des auf Unionsebene angestrebten hohen Schutzniveaus (vgl. auch Art. 114 Abs. 3 AEUV), verstärkte Schutzmaßnahmen beizubehalten und zu ergreifen.

III. Umweltschutz und Weltwirtschaftsrecht

253 Darüber hinaus ist der Umweltschutz inzwischen als staatspolitische Leitlinie im Sinne eines „sustainable development" international weitgehend anerkannt. Erinnert sei nur an die Charta von Paris und an die UN-Umwelterklärung von Rio de Janeiro. Musterbeispiel für diesen Wandel ist das sog. **„Greening of the GATT"** durch die Präambel des WTO-Übereinkommens[507]. Es bemüht sich primär darum, die Erfordernisse des Umweltschutzes mit den Notwendigkeiten eines offenen Welthandels in Einklang zu bringen und zur Förderung einer nachhaltigen Entwicklung beizutragen. In diesem Zusammenhang sind alle Staaten nach Grundsatz 2 der UN-Umwelterklärung dafür verantwortlich, dass Tätigkeiten innerhalb ihres Hoheitsbereichs oder unter ihrer Kontrolle die Umwelt anderer Staaten nicht schädigen.

254 Materiell hat die internationale Rechtsmaterie Umweltschutz dadurch Konturen erlangt, dass bestimmte Prinzipien, wie etwa das Vorsorge- und Verursacherprinzip, von vielen Staaten und Staatengemeinschaften akzeptiert werden und der Gedanke der **nachhaltigen Entwicklung als Rechtsprinzip der Zukunft** bezeichnet wird[508]. Umweltpolitische Aspekte dürfen darüber hinaus auf wirtschaftsvölkerrechtlicher Ebene unter den Voraussetzungen des Art. XX GATT nationalen Hoheitsakten zugrunde gelegt werden, so dass sie im Falle ihrer Verhältnismäßigkeit nicht gegen dieses Vertragswerk verstoßen; Probleme bestehen insoweit bei solchen Maßnahmen, die zugleich auch extraterritoriale Schutzwirkung entfalten.[509]

255 Schwierigkeiten ergeben sich auf völkerrechtlicher Ebene zudem, wenn die besonderen handelsregulierenden Aspekte des **WTO-Rechts mit** solchen **völkerrechtlichen Verträgen kollidieren**, die in spezifischer Weise umweltbezogene Zielsetzungen verfolgen, weil sich dann die Frage stellt, welches Regelwerk sich durchsetzt. Soweit es an entsprechenden Vorschriften im jeweiligen Vertrag fehlt und auch die allgemeinen Auslegungs- bzw. Konfliktregeln der Wiener Vertragsrechtskonvention keine Aussagen treffen, kommt es dann auf eine Interpretation der Abkommen an. Sie erfolgt auch auf

---

505 Vgl. nur Calliess/Ruffert/*Calliess*, EUV/AEUV, Art. 11 Rn. 6 ff. sowie Art. 13 Rn. 7 ff.
506 *Appel*, in: Koch (Hg.), Umweltrecht, 4. Aufl. 2014, § 2 Rn. 41.
507 S. näher *Diem*, Freihandel und Umweltschutz im GATT und WTO, 1996, S. 54; *Hilf*, NVwZ 2000, 481, 484.
508 *Stober*, Globales Wirtschaftsverwaltungsrecht, 2001, S. 36 ff.; *Epiney*, JuS 2003, 1066 f.
509 *Krajewski*, Wirtschaftsvölkerrecht, 4. Aufl. 2017, Rn. 352 ff.

welthandelsrechtlicher Ebene anhand der allgemein gültigen Auslegungsmethoden (*s. o. Rn. 53*).[510]

Dritter Abschnitt: Verfassungszuständigkeiten und -funktionen

Die soeben beschriebenen Verfassungsprinzipien werfen im Verbund mit ihren Anwen-   **256**
dungsvorrang genießenden Pendants aus dem Unionsrecht die Frage auf, welcher Funktionsträger für deren Vollzug zuständig ist. Soweit die selbststeuernden Kräfte der Wirtschaft ungenügend sind, kommen Unions-, Bundes-, Landes- und Selbstverwaltungsorgane in Betracht *(s. o. Rn. 207)*.

§ 11 Wirtschaftsrelevante Regierungs-, Rats- und Verwaltungszuständigkeiten

I. Wirtschaftsrelevante Zuständigkeiten der Mitglieder der Bundesregierung

1. Die Bundesregierung als Träger der Wirtschaftspolitik

Die zentrale Rolle für die Festlegung und Verwirklichung der Wirtschaftspolitik hat die   **257**
Bundesregierung inne. Sie kommt zwar wegen der wirtschaftspolitischen Offenheit des Grundgesetzes nicht im Verfassungstext zum Ausdruck, bildet aber gleichwohl die Basis für die Wahrnehmung wirtschaftsrelevanter Funktionen und Befugnisse. Innerhalb der Bundesregierung bestimmt der **Bundeskanzler** nach Art. 65 Abs. 1 GG die **Richtlinien** der Wirtschafts-, Finanz-, Haushalts-, Konjunktur-, Währungs- und Außenwirtschaftspolitik; bei deren Festlegung ist er zwar an Recht und Gesetz gebunden (vgl. Art. 20 Abs. 3 GG), verfügt aber über einen weiten Beurteilungsspielraum.[511] Innerhalb dieser sog. Richtlinienkompetenz wird festgelegt, welche Ministerien sowie Bundesbehörden eingerichtet werden und wer welche Wirtschaftsaufgaben wahrnimmt.

Beispiel: Mit Organisationserlass vom 22.10.2005[512] erhielt das Bundesministerium für Wirtschaft und Arbeit die Bezeichnung Ministerium für Wirtschaft und Technologie und mit Organisationserlass vom 31.12.2013[513] wurde das Bundeministerium für Wirtschaft und Technologie in Bundesministerium für Wirtschaft und Energie umbenannt.

Neben die Richtlinienkompetenz des Bundeskanzlers tritt die sog. **Ressortkompetenz**   **258**
der Bundesminister. Sie ermächtigt zur eigenverantwortlichen Leitung und Verwaltung der ihnen jeweils zugewiesenen Geschäftsbereiche. Diese Autonomie reicht allerdings nur so weit, wie es die vom Bundeskanzler festgelegten Richtlinien der Politik, d. h. also dessen grundlegende politische Leitentscheidungen zulassen. Wegen der dem Bundeskanzler zugewiesenen Leitungs- (vgl. Art. 65 GG) und Organisationsgewalt (vgl. Art. 64 Abs. 1 GG) sowie seiner politischen Gesamtverantwortung gegenüber dem Bundestag (vgl. Art. 67 f. GG) gilt diese Grenze auch dort, wo das Grundgesetz einem

---

510   Ausf. dazu *von Heinneg*, in: Ipsen (Hg.), Völkerrecht, 6. Aufl. 2014, § 12.
511   Schmidt-Bleibtreu/Hofmann/Henneke/*Uhle/Müller-Franken*, GG, Art. 65 Rn. 12, 15.
512   BGBl. I, S. 3197.
513   BGBl. I, S. 4310.

Minister (vgl. Art. 65a, 112 GG) bestimmte Aufgaben ausdrücklich zuweist; auch insoweit darf er also nicht vollständig autonom agieren.[514]

259 Soweit das Verfassungsrecht bestimmt, dass die Bundesregierung als solche (vgl. Art. 62 GG) zuständig ist, ist die sog. **Kabinettskompetenz** angesprochen, nach der die **Regierung als Kollegialorgan** tätig wird und mit einfacher Mehrheit entscheidet; ob dann etwaige Richtlinien des Kanzlers zu wahren sind, ist streitig, wegen des nur auf die Minister bezogenen Wortlauts des Art. 65 S. 2 GG aber eher zu verneinen, [515]

Beispiel: Grundsätzlich ist das Wirtschaftsministerium eigenverantwortlich für Sachfragen zuständig, die die Automobilindustrie betreffen, soweit keine Richtlinien des Kanzlers bestehen. Der jüngst diskutierte Dieselabgasskandal über manipulierte Schadstoff-Software berührt allerdings auch den Geschäftsbereich des Umweltministeriums. Bestehen im Umgang mit solchen ressortübergreifenden Fragestellungen Meinungsverschiedenheiten zwischen den zuständigen Ministerien, entscheidet ggf. die Bundesregierung als Kollegialorgan. Befürchtet der Bundkanzler, dass sich die Dinge entgegen seiner Vorstellungen entwickeln, kann er jedenfalls auf eine Diskussion der zugehörigen Fragen in der anstehenden Kabinettssitzung verzichten, indem er die streitigen Punkte von der Tagesordnung nimmt[516].

260 Da die Bundesregierung Trägerin der Wirtschaftspolitik und nicht Wirtschaftsakteur ist, ist es ihren Mitgliedern nach **Art. 66 GG untersagt**, sich im Rahmen der dort genannten **erwerbswirtschaftlichen Tätigkeiten** zu beteiligen. Die Vorschrift ist Art. 55 Abs. 2 GG nachgebildet und bezieht sich nur auf den Kanzler und die Minister, gilt also nicht für Staatssekretäre. Sie dient dazu, den „bösen Schein" der Interessenverflechtung zu vermeiden und so eine uneigennützige und unbestechliche Amtsführung zu gewährleisten. Falls Art. 66 GG greift, muss die Tätigkeit aufgegeben werden. Die Norm verbietet aber nicht das Innehaben der dort genannten Funktionen, sondern nur deren Ausübung während der Regierungsbeteiligung, so dass z. B. eine Vertretung möglich ist.[517] Eine Karenzzeit fordert Art. 66 GG nicht, so dass die wirtschaftliche Tätigkeit nach dem Ausscheiden aus dem Amt wieder aufgenommen werden darf.[518]

Beispiele: Die Publikation von Büchern dient Politikern dazu, die eigenen Anschauungen zu Sachfragen zu verbreiten, so dass es Regierungsmitgliedern grundsätzlich nicht aufgrund von Art. 66 GG untersagt ist, dafür ein Honorar zu verlangen, jedenfalls solange dadurch nicht die Integrität und das Ansehen des Amtes in Mitleidenschaft gezogen werden. Halten sie Vorträge, ist diese Tätigkeit hingegen Teil ihrer Amtsgeschäfte und daher keine „andere" wirtschaftliche Tätigkeit im Sinne des Art. 66 GG. Eine zusätzliche Honorierung eines Regierungsmitglieds stößt dann aber ggf. an die Grenzen des § 330 StGB[519].

2. Rechtsetzungs- und Aufsichtszuständigkeiten der Bundesregierung

261 Die Bundesregierung besitzt als Kollegialorgan nach Art. 76 Abs. 1 GG insbesondere das Recht zur Gesetzesinitiative für wirtschaftsrelevante Gesetze *(s. u. Rn. 292 ff.)* und ist auf Grund von Art. 80 und 84 Abs. 2 GG ermächtigt, Rechtsverordnungen sowie Verwaltungsvorschriften zu erlassen *(s. u. Rn. 326)*. Außerdem übt sie nach Maßgabe der Art. 83 ff. GG *(s. o. Rn. 207)* die Aufsicht über die Ausführung der **Gesetze des Bundes zum Öffentlichen Wirtschaftsrecht** aus *(s. u. Rn. 271)*.

3. Informations- und Öffentlichkeitsarbeit der Bundesregierung

262 Als Organ der Staatsleitung hat die Bundesregierung im Rahmen des Regierungsvorbehalts und der aus dem Transparenzprinzip folgenden Informationsverantwortung das

---

514 *Degenhart*, Staatsrecht I, 33. Aufl. 2017, Rn. 753 ff.
515 Schmidt-Bleibtreu/Hofmann/Henneke/*Uhle/Müller-Franken*, GG, Art. 65 Rn. 17, 39.
516 Vgl. *Oldiges/Brinktrine*, in: Sachs (Hg.), GG, 8. Aufl. 2018, Art. 65 Rn. 36 f.
517 Ausf. zum Ganzen *Commandeur*, DÖV 2017, 1017 ff.
518 Vgl. *Bamberger*, Nachamtliche Tätigkeitsbeschränkungen für politische Amtsträger, 2014, S. 93 ff., 180 ff.
519 *Oldiges/Brinktrine*, in: Sachs (Hg.), GG, 8. Aufl. 2018, Art. 66 Rn. 13a.

Recht zur Öffentlichkeitsaufklärung[520] und zur Kommunikation mit Unternehmern und Verbrauchern (*s. auch u. Rn. 859*), sofern nicht die Bundesländer zuständig sind. Die in diesem Zusammenhang stehenden Auskünfte sind in der Regel **zukunftsgerichtet** und daher von solchen Aussagen zu unterscheiden, mit denen die Regierung über vergangenes Tun und damit über politische Erfolge berichten will, was ihr jedenfalls im unmittelbaren Wahlumfeld untersagt ist, weil es sich dann in der Regel um unzulässige Wahlwerbung handelt.[521]

Beispiele: Warnungen und Empfehlungen[522], Unterrichtung und vorbeugende Aufklärung der Wirtschaftsakteure.

Die so umschriebene Informationsbefugnis leitet die Rechtsprechung aus der Kompe- **263** tenz der Bundesregierung zur Staatsleitung ab, wie sie sich aus den Art. 62 ff. GG ergibt. Sie unterliegt allerdings der **Voraussetzung**, dass es tatsächlich um eine Aufgabe der handelnden Stelle geht, dass das handelnde Organ zuständig ist (sog. Organkompetenz), dass die Äußerungen inhaltlich richtig sind, was sich bei Warnungen oft nur im Nachhinein feststellen lässt, so dass dann lediglich eine Pflicht zu sorgfältigem Handeln besteht, und dass die Äußerung nach Form bzw. Inhalt zulässig, also insbesondere nicht diffamierend ist.[523]

Viele Stimmen in der Literatur kritisieren diese Spruchpraxis, weil sie die Grundrechts- **264** positionen der Betroffenen außer Acht lasse. Insbesondere Warnungen vor bestimmten Produkten könnten mitunter erhebliche Bedeutung für deren Vermarktung haben und so den Erzeuger in eine existenzgefährdende Situation bringen. Daher wird im Lichte des **Gesetzesvorbehalts** (*s. o. Rn. 157*) eine ausdrückliche Rechtsgrundlage gefordert,[524] wie sie sich z. B. in § 26 Abs. 2 Nr. 9 ProdSG findet. Diese Norm gilt allerdings genauso wie die polizei- und ordnungsrechtlichen Generalklauseln (*s. o. Rn. 60*) nicht für die Bundesregierung.

Eine solche Rechtsgrundlage hält die **gerichtliche Spruchpraxis** demgegenüber nur dort **265** für nötig, wo es nicht mehr nur um Warnhinweise, sondern um Maßnahmen geht, die gezielt in die Rechtspositionen der Betroffenen eingreifen. Denn in diesem Falle solle nicht mehr nur Markttransparenz hergestellt werden, sondern stattdessen sei vielmehr intendiert, einen Marktbürger zu einem bestimmten Verhalten zu veranlassen.[525] Diese Überlegungen sind indes nur insoweit umsetzbar, als das Kriterium der Zielrichtung im konkreten Einzelfall hinreichend trennscharf ist; Abgrenzungsschwierigkeiten dürften drohen.

Beispiele: Behördliche Maßnahmen in Form einer Überlassung vorformulierter Erklärungen, nach denen potenzielle Geschäftspartner vor dem Eingehen einer Handelsbeziehung Auskunft über ihre Beziehungen zu Scientology geben müssen, sollen, weil sie aktiv den Kreis der potenziellen Geschäftspartner der betroffenen Unternehmen beeinflussen, nicht auf die Art. 62 ff. GG gestützt werden können.[526] Hingegen soll die Warnung vor einem bestimmten Wein, der mit dem Frostschutzmittel Glykol versetzt ist und den nur einige wenige Unternehmen abgefüllt haben, nicht in deren Grundrechte eingreifen und daher auf diese Verfassungsnormen gestützt werden können,[527] obwohl es in beiden Fällen um Aufklärung (hier über Gesundheitsgefahren, dort über die Innentendenzen potenzieller Geschäftspartner) geht, die geschäftliche Entscheidung

---

520 BVerfGE 63, 230, 243; BVerwG, NJW 1989, 3269; *Gröschner*, DVBl. 1990, 619 ff.
521 Ausf. dazu *Mandelartz*, LKRZ 2010, 371 ff.; BVerfGE 44, 125 ff.
522 BVerwGE 82, 76; 87, 37; BVerwG, GewArch. 1996, 465; BVerfGE 105, 252 ff.; *Martini/Kühl*, DÖV 2013, 573 ff.
523 Vgl. BVerfGE 105, 252, 268.
524 *Unger*, in: Kirchhof/Korte/Magen (Hg.), Öff. Wettbewerbsrecht, 2014, § 8 Rn. 40 ff.
525 BVerwG, NJW 2006, 1303, 1305; vgl. auch *Martini/Kühl*, JURA 2014, 1221, 1229 f.
526 BVerwG, NJW 2006, 1303 ff.
527 BVerfGE 105, 252 ff.

hier wie dort den Marktakteuren überlassen bleibt und der Kreis der Betroffenen jeweils zumindest eng umgrenzt ist.

II. Wirtschaftsrelevante Zuständigkeiten der Landesregierungen

266 Hauptaktionsfeld der Wirtschaftspolitik auf Landesebene durch die jeweilige Regierung ist die **regionale Wirtschafts-, Struktur-, Infrastruktur-, Technologie- und Entwicklungspolitik** sowie (ebenfalls) die Informations- und Öffentlichkeitsarbeit *(s. o. Rn. 199, 1126)*[528]. In rechtlicher Hinsicht gelten die soeben gemachten Ausführungen vorbehaltlich abweichender Bestimmungen in der jeweils relevanten Landesverfassung bzw. im einfachen Landesrecht entsprechend.

267 Abgesehen davon haben die Regierungen der Bundesländer über ihre Mitglieder im **Bundesrat** bzw. über deren Vertreter (vgl. Art. 51 Abs. 1 GG) Einfluss auf die wirtschaftsverwaltungsrechtliche Rechtsetzung des Bundes. Der Umfang dieser Mitwirkungsrechte hängt vom dort verhandelten Sachgegenstand ab und ist bei Gesetzen, deren Verabschiedung von einer Zustimmung des Bundesrates abhängt, höher als im Falle eines Einspruchsgesetzes.

Beispiele: Im Jahre 2017 wurde als Einspruchsgesetz auf Basis des Art. 73 Abs. 1 Nr. 11 GG das Energiestatistikgesetz erlassen. Eine Zustimmung des Bundesrates war hierfür nicht erforderlich (Umkehrschluss aus Art. 73 Abs. 2 GG). Das Erbschaftssteuer- und Schenkungssteuergesetz ist als Zustimmungsgesetz ergangen (Art. 106 Abs. 2 Nr. 2, 105 Abs. 3 GG)

III. Wirtschaftsrelevante Zuständigkeiten der Räte der Union

268 Auf Unionsebene vertritt der Bundeskanzler die Interessen der Bundesrepublik im **Europäischen Rat**. Er besteht nach Art. 15 EUV aus den Staats- und Regierungschefs der Mitgliedsstaaten und ist das Leitorgan auf Unionsebene, das der EU die für ihre Entwicklung erforderlichen Impulse gibt und die allgemeinen politischen Zielvorstellungen und Prioritäten dafür festlegt. Der Europäische Rat wird dazu nicht gesetzgeberisch tätig; etwa nötige Entscheidungen trifft er konsensual, so dass über die jeweilige Sachfrage solange zu verhandeln ist, bis kein Einspruch mehr erhoben wird. Abweichende Regeln in der Regel in Form einstimmiger Beschlüsse ergeben sich ggf. aus den Verträgen.[529]

269 Nicht mit dem Europäischen Rat zu verwechseln ist der **Rat (der Europäischen Union)**. Er besteht nach Art. 16 EUV aus je einem Vertreter der Mitgliedstaaten auf Ministerebene, der für seine Regierung handeln darf, und tritt in unterschiedlichen Formationen zusammen. Für den wirtschaftlichen Bereich sind der Rat für Wettbewerbsfähigkeit (u. a. für Fragen zum Binnenmarkt) und der EcoFin-Rat (u. a. für Fragen der Koordinierung der Wirtschaftspolitik und zum Haushalt) von Bedeutung. Unabhängig von der Zusammensetzung des Rates nehmen für Deutschland in der Regel die (an nationales Recht gebundenen) Bundesminister an dessen Sitzungen teil und stimmen ab; deren Vertretung durch Staatssekretäre ist möglich.[530] Der Rat beschließt in der Regel mit qualifizierter Mehrheit (vgl. Art. 16 Abs. 3 ff. EUV) und ist im Rahmen des sog. Mitentscheidungsverfahrens (Art. 294 AEUV) neben dem Europäischen Parlament das maßgebliche Gesetzgebungsorgan.

---

528   NWVerfGH, NVwZ 1992, 467 ff.
529   Ausf. dazu Calliess/Ruffert/*Calliess*, EUV/AEUV, Art. 15 EUV Rn. 5.
530   *Breier*, in: Lenz/Borchardt (Hg.), EU-Verträge, 6. Aufl. 2012, Art. 16 EUV Rn. 6.

Soweit der Rat Fragen verhandelt, die nach den Art. 70 ff. GG im Schwerpunkt aus- **270**
schließliche Gesetzgebungskompetenzen der **Länder** berühren *(Rn. 206)*, nimmt aufgrund von Art. 23 Abs. 6 GG an den Sitzungen ein vom Bundesrat benannter Vertreter
der Länder die Stimm- und sonstigen Mitwirkungsrechte Deutschlands im Rat wahr –
so z. B. im Bereich Rundfunk. Dieses Vorgehen ist unionsrechtlich nicht zu beanstanden, da Art. 16 Abs. 1 EUV nur fordert, dass das stimmberechtigte Ratsmitglied der
„Ministerebene" und nicht dem Zentralstaat angehört.[531] Im Übrigen wirken die Bundesländer auf Unionsebene ggf. beratend über den in Art. 300 Abs. 3 AEUV normierten Ausschuss der Regionen mit *(s. o. Rn. 199)*.

IV. Wirtschaftsrelevante Zuständigkeiten der Verwaltung

1. Verwaltungszuständigkeiten bundesdeutscher Behörden

a) Vollzug nationalen Rechts. Aufgabe der Wirtschaftsverwaltungsbehörden ist es, Re- **271**
gierungs- sowie Unionspolitik und Wirtschaftsverwaltungsgesetze auszuführen und sie
in **Einzelmaßnahmen gegenüber dem Wirtschaftsbürger** zu konkretisieren. Dazu sind
nach den Art. 83 ff. GG primär, nämlich soweit kein (vergleichsweise seltener) Fall
der Bundeseigenverwaltung gegeben ist, die Behörden der Länder einschließlich der
Gemeinden und die Kammern befugt *(s. o. Rn. 207)*. Welche Behörde wann zuständig
ist, ergibt sich aus dem jeweiligen Landesorganisationsrecht, wobei im Einzelnen zwischen Vorschriften über die sachliche, die örtliche und ggf. die instanzielle Zuständigkeit zu unterscheiden ist.

Beispiele: § 38 Abs. 1 LFGB und § 155 Abs. 2 GewO (Verweisungen auf Landesrecht); §§ 34d
und e GewO (für die IHK); § 61 GewO (örtliche Zuständigkeit); § 35 Abs. 5 S. 3 nds. SOG für
die Datenerhebung in Wohnungen durch den verdeckten Einsatz technischer Mittel (Zuständigkeit liegt im Falle von Gefahr in Verzug bei der Behördenleitung).

Unbeschadet der prinzipiellen Verwaltungskompetenz der Länder sind sie im Interesse **272**
eines einheitlichen Gesetzesvollzugs bei der Ausführung von Wirtschaftsverwaltungs-
gesetzen des Bundes nach Art. 84 GG an dessen **Verwaltungsvorschriften** gebunden.
Sie haben den Zweck, das dezentrale Verwaltungshandeln mit abstrakt genereller Wirkung präventiv an bestimmte übergreifende Grundsätze zu binden, um dadurch den
Vollzug zu vereinheitlichen. Hinzu treten Aufsichtsmöglichkeiten des Bundes, die ihm
dort ein repressives Einschreiten ermöglichen, wo die Länder die Gesetze nicht seinen
Vorstellungen entsprechend ausführen. Je nach Vollzugsform ist zwischen Rechts- und
Fachaufsicht zu differenzieren *(s. u. Rn. 1225 f.)*.

Die Verfassung schließt es wegen der prinzipiellen Gleichrangigkeit der drei Staatsge- **273**
walten und des Grundsatzes der **Verwaltungsverantwortung** nicht aus, dass Behörden
auch auf dem Sachgebiet der Wirtschaftsverwaltung eigene Handlungsspielräume zustehen, insbesondere um den Rechtsgüterschutz[532] zu dynamisieren und die Verwirklichung der gesetzlichen Schutzzwecke zu optimieren. In Umsetzung dessen wird die
Exekutive zum einen zum Erlass von Rechtsverordnungen ermächtigt *(s. u. Rn. 321 f.)*.
Zum anderen werden der Verwaltung eigenständige Planungs-, Richtlinien- und Orga-
nisationskompetenzen sowie Beurteilungs-, Planungs- und Ermessensspielräume *(s. u.*
Rn. 1045) eingeräumt[533]. Dadurch können die Länder spezifische wirtschaftsverwaltungsrechtliche Aktivitäten entwickeln.

Beispiel: Erteilung von Ausnahmegenehmigungen nach dem Arbeitszeitgesetz.

---

531   Calliess/Ruffert/*Calliess*, EUV/AEUV, Art. 16 EUV Rn. 9.
532   BVerfGE 81, 185, 191 und BVerfG, NVwZ 2012, 750, 753.
533   Ausf. dazu *Wolff/Bachof/Stober/Kluth*, VerwR I, § 31.

274 b) **Indirekter Vollzug von Unionsrecht.** Soweit für den Erlass hoheitlicher Maßnahmen das Unionsrecht eine Rolle spielt *(s. o. Rn. 293)*, sind für den Vollzug wegen des Grundsatzes der begrenzten Einzelermächtigung und des Subsidiaritätsprinzips *(s. o. Rn. 199)* normalerweise die nationalen Behörden und ebenfalls primär die der Länder zuständig. In diesem Falle spricht man von der mitgliedstaatlichen Verwaltung oder vom **indirekten Vollzug von Unionsrecht.** Er kennt zwei Spielarten in Form einer unmittelbaren und einer mittelbaren Komponente. Daran anknüpfend ist von indirektem, unmittelbarem Vollzug die Rede, wenn die nationalen Behörden unmittelbar Unionsrecht anwenden, indem sie z. B. Verordnungen *(s. o. Rn. 79)* vollziehen. Vom indirekten mittelbaren Vollzug spricht man demgegenüber, wenn es um die Ausführung von nationalem, aber unionsrechtlich überformtem Recht geht, insbesondere weil es in Umsetzung einer Richtlinie ergangen ist.[534]

Beispiele: Falls die Ordnungsbehörden § 4 GewO anwenden, führen sie Unionsrecht indirekt und mittelbar aus, weil diese Vorschrift auf Art. 16 DLR zurückzuführen und in Umsetzung dieser Sekundärrechtsnorm ergangen ist. Die Bundesanstalt für marktwirtschaftliche Ordnung führt EU-Agrarverordnungen aus und wird damit im Rahmen des indirekten, aber unmittelbaren Vollzugs von Unionsrecht tätig.

275 Im Falle der Ausführung von Unionsrecht durch nationale Verwaltungsbehörden sind die Art. 83 ff. GG jedenfalls dann anwendbar, wenn ein Fall des indirekten mittelbaren Vollzugs vorliegt und das Unionsrecht in ein Bundesgesetz überführt worden ist, da diese Bestimmungen dann ihrem Wortlaut nach ohne weiteres einschlägig sind. Probleme ergeben sich indes, wenn es um den **indirekten unmittelbaren Vollzug** geht, weil dann kein Bundesgesetz, sondern Unionsrecht vollzogen wird, so dass die **Art. 83 ff. GG** zumindest nicht direkt greifen. Aber auch eine analoge Anwendung ist nicht angängig[535], weil Bundes- und Unionsrecht nicht vergleichbar sind, würden doch anderenfalls die Einflussmöglichkeiten des Bundes auf die Landesverwaltung zu groß werden und insbesondere auch solche Fälle adressieren, in denen ohne unionsrechtliche Übersteuerung ein Landesgesetz zu vollziehen wäre.

276 Vor diesem Hintergrund wird überwiegend davon ausgegangen, dass die Art. 83 ff. GG im Falle des indirekten, unmittelbaren Vollzugs von Unionsrecht nur insoweit relevant werden, als dem Bund die **Gesetzgebungskompetenz für die Regelung der Sachfrage** zugestanden hätte, was folglich inzident als Vorfrage für die Anwendung dieser Verfassungsnormen zu prüfen wäre. Liegt diese Voraussetzung hingegen nicht vor, soll das Unionsrecht dem Landesrecht gleichstehen, so dass die Art. 83 ff. GG in diesem Falle keine Anwendung finden. Geht man derart vor, dürften etwaige Vollzugsschwierigkeiten nicht drohen, weil das Unionsrecht, aber auch das Verfassungsrecht (vgl. insbesondere Art. 37 GG[536]) hinreichende Möglichkeiten bereitstellen, um die Länder zur Umsetzung der aus dem Unionsrecht resultierenden Pflichten anzuhalten.[537] Die Art. 83 ff. GG greifen somit im Ergebnis nur im Falle des indirekten unmittelbaren Vollzugs von Unionsrecht, wenn der Bund befugt gewesen wäre, den im Unionsrecht normierten Sachverhalt zu regeln.

277 Im Falle des indirekten Vollzugs von Unionsrecht besteht die Gefahr, dass dessen effektive und gleichmäßige Durchführung binnenmarktweit nicht gewährleistet ist, weil die Ausführung auf dem nationalen Verfahrens- und Organisationsrecht basiert, das je Mitgliedstaat oftmals unterschiedlich ausgestaltet ist. Um zu verhindern, dass das Uni-

---

534 *Epiney*, in: Bieber/Epiney/Haag/Kotzur (Hg.), Die Europäische Union, 12. Aufl. 2016, § 8 Rn. 3.
535 Dahin tendiert aber z. B. *Dittmann/Winkler*, in: Sachs (Hg.), GG, 8. Aufl. 2018, Art. 83 Rn. 20.
536 *Korte*, Standortfaktor Öffentliches Recht, 2016, S. 363 ff.
537 Ausf. zum Ganzen *Suerbaum*, Die Kompetenzverteilung beim Vollzug des Europäischen Gemeinschaftsrechts in Deutschland, 1998, 229 ff.; s. a. *Pache*, VVDStRL 66 (2007), 106, 124.

onsrecht infolgedessen im Unionsgebiet unterschiedliche Bedeutung erlangt, sind in der unionsgerichtlichen Spruchpraxis in Auslegung des Gebots zur loyalen Zusammenarbeit zwischen Union und Mitgliedstaaten aus Art. 4 Abs. 3 EUV zwei Prinzipien entwickelt worden, die der institutionellen, organisatorischen und verfahrungsmäßigen Autonomie der Mitgliedstaaten[538] gewisse Grenzen setzen: Einerseits verlangt das sog. Diskriminierungsverbot bzw. **Äquivalenzprinzip**, dass das mitgliedstaatliche Verwaltungsrecht den unionsrechtlichen nicht schlechter als den nationalen Sachverhalt behandelt. Und andererseits darf es die Wirksamkeit des Unionsrechts nicht praktisch unmöglich machen bzw. übermäßig erschweren (sog. **Effektivitätsprinzip**).[539]

Beispiel: Gewährt eine nationale Behörde einem Unternehmen eine finanzielle Unterstützung entgegen der Vorgaben der Art. 107 f. AEUV, ist diese Beihilfe, soweit deren Unionsrechtswidrigkeit bestandskräftig festgestellt worden ist, auf Basis des § 48 VwVfG zurückzufordern. Der Effektivitätsgrundsatz gebietet dann allerdings insbesondere eine europarechtsfreundliche Interpretation der Vertrauensschutz- und Verjährungsregeln, um die Art. 107 f. AEUV praktisch wirksam zu halten[540].

Der indirekte Vollzug von Unionsrecht wirft im Falle einer grenzüberschreitenden Tätigkeit von Marktakteuren auch Schwierigkeiten auf, wenn und soweit sie sich auf unionsrechtliche Garantien berufen können, die die **Überwachung der Unternehmen im Herkunfts- und nicht im Zielstaat** fordern, den in der Heimat zuständigen Behörden aber die für ein Eingreifen erforderlichen Informationen über das Verhalten des Marktakteurs im Bestimmungsland nicht zur Verfügung stehen. In diesem Falle bedarf es der transnationalen Kooperation der beteiligten Behörden, um Überwachungsdefizite zu vermeiden und eine effektive Gefahrenabwehr zu ermöglichen. Insbesondere muss gewährleistet sein, dass sie in Kontakt treten und auf Informationen über Sachverhalte zugreifen können, die ggf. ein hoheitliches Einschreiten im Herkunftsstaat fordern. **278**

In Konkretisierung dessen wird das Erfordernis einer grenzüberschreitenden Verwaltungszusammenarbeit namentlich in den Art. 28 ff. i. V. m. Erwägungsgrund Nr. 105 DLR damit gerechtfertigt, dass sie für ein reibungsloses Funktionieren des Binnenmarktes für Dienstleistungen unerlässlich ist. Denn mangelnde Kooperation führe zu einer Zunahme von Vorschriften oder zu doppelten Kontrollen und könne von unseriösen Geschäftemachern dazu genutzt werden, sich der Überwachung zu entziehen oder nationale Vorschriften zu umgehen. Deshalb wurden im Zuge der Umsetzung der DLR die §§ 8a-e VwVfG geschaffen. Dabei handelt es sich um spezielle **Amtshilferegelungen**, die bei Hilfeersuchen anderer Mitgliedsstaaten und bei deutschen Hilfeersuchen greifen. Sie sind auf Informations-, Zustell- und Vollstreckungshilfe gerichtet. **279**

Beispiel: Betreibt ein Unternehmer aus einem anderen Mitgliedstaat vorübergehend in Deutschland ein Wanderlager (§ 56a GewO), treffen die vor Ort zuständige Behörde im Falle eines Fehlverhaltens Kooperationspflichten gegenüber den in der Heimat des Unternehmers zuständigen Stellen. Ein Einschreiten[541] deutscher Behörden ist aber nach Art. 16 DLR unzulässig[542].

2. Unionseigene Verwaltung

Neben den indirekten tritt der direkte Vollzug von Unionsrecht durch Unionsorgane. Der EWG-Gründungsvertrag und die Änderungsverträge regeln die Verwaltungszuständigkeiten von EU-Organen allerdings nicht in einem speziellen Kapitel. Hauptver- **280**

---

538 *Rengeling*, VVDStRL 53 [1994], 202, 231; BVerwGE 99, 315, 319 f.
539 EuGH, Rs. 33/76, Slg. 1976, 1989 Rn. 5 – REWE sowie Rs. C-542/08, Slg. 2010 I-3189 Rn. 17, – Barth.
540 *Korte* JURA 2017, 656, 660 f.
541 So aber VG Neustadt, GewArch. 2011, 117 ff.
542 *Korte*, in: Korte/Schulze-Werner/Repkewitz (Hg.), GewO, 306. EL 2018, § 4 Rn 3.

waltungsorgan ist nach Art. 13 und 17 EUV die **EU-Kommission**, die nach dem Prinzip der begrenzten Einzelermächtigung tätig wird und aufgrund der Ausgestaltung des EU-Primärrechts genauso nur ausnahmsweise das Unionsrecht selbst ausführt wie andere Unionsorgane wie z. B. Agenturen.

281   Werden diese Institutionen tätig, spricht man von unionseigener Verwaltung oder vom **direkten Vollzug** von Unionsrecht. Angesichts der zunehmenden Vergemeinschaftung und Vernetzung des Wirtschaftsverwaltungsrechts ist eine Tendenz dahin festzustellen, dass im Interesse eines einheitlichen Vollzugs verstärkt EU-Verwaltungskompetenzen geschaffen werden *(s. u. Rn. 1177)*. Der EU-Vollzug betrifft (zumindest anteilig) insbesondere die Agrar-, Verkehrs-, Wettbewerbs- und die Beihilfeaufsicht, die Antidumping-Politik, unionseigene Subventionen oder die Fondsverwaltung.

§ 12 Bundesbank und Europäische Zentralbank

I. Wirtschaftsverfassungsrechtliche Stellung der Bundesbank

1. Aufgaben

282   Neben der Bundesregierung und den anderen Behörden der Wirtschaftsverwaltung ist die Bundesbank ein zentrales verfassungsrechtliches Element zur **Mitwirkung an der Wirtschafts- und Währungssteuerung**. Diese Bedeutung kommt allerdings in der verfassungssystematischen Stellung im Abschnitt „Die Ausführung der Bundesgesetze und die Bundesverwaltung" und in der Charakterisierung des Art. 88 GG als Währungs- und Notenbank nur unzureichend zum Ausdruck, weil sie überdeckt, dass die Bundesbank auch eine spezielle Wirtschaftsverwaltungsinstanz ist. Denn sie hat – nunmehr freilich weitgehend als Teil der ESZB *(s. o. Rn. 232)* und übersteuert durch das Unionsrecht (vgl. Art. 88 S. 2 GG) bzw. durch die EZB – daran mitzuwirken, dass die Rahmenbedingungen für eine funktionierende Wirtschaftsordnung gewahrt sind, indem sie etwa bei der Geldversorgung der Marktakteure und bei der Sicherung der Währungsstabilität unterstützt oder in die Bankenaufsicht eingebunden ist (vgl. § 7 KWG).[543] In der Summe befasst sich die Bundesbank daher mit Aufgaben der Wirtschaftslenkung, der Wirtschaftsüberwachung, aber auch mit übernationalen Währungs- und Geldfragen *(s. u. 875 ff.)*[544].

2. Organisationsstruktur

283   Betrachtet man die Bundesbank aus einer **institutionellen Perspektive**, fällt auf, dass Art. 88 GG zu deren Errichtung zwingt, was, nachdem dieser Schritt vollzogen ist, dazu führt, dass ihr Bestand für die Zukunft garantiert ist.[545] Als Verfassungsorgan ist die Bundesbank nicht zu qualifizieren. Es handelt sich stattdessen um ein exekutives Leitungsorgan, d. h. also um einen Teil der vollziehenden Gewalt, im Sinne des Art. 1 Abs. 3 GG in Form der mittelbaren, d. h. also mit eigener Rechtspersönlichkeit ausgestatteten Bundesverwaltung. Diese Organisationsstruktur ist nötig, damit die Bundesbank ihre Aufgaben erfüllen kann, ohne dass ihre geldpolitischen Geschäfte den Bund verpflichten und allgemeines Haushaltsrecht anwendbar ist.[546]

---

543   Ausf. zum Ganzen *Siekmann*, in: Sachs (Hg.), GG, 8. Aufl. 2018, Art. 88 Rn. 15 ff.
544   *Geerlings*, DÖV 2003, 322, 326 ff.
545   BVerwGE 41, 334, 350; *Hahn*, BayVBl. 1982, 71 ff.
546   Schmidt-Bleibtreu/Hofmann/Henneke/*Ohler*, GG, Art. 88 Rn. 5; vgl. auch BVerfGE 142, 123, 232.

Ihre **Unabhängigkeit** ist der Bundesbank verfassungsrechtlich nur mittelbar[547], näm- **284**
lich über ihre Einbindung in das ESZB (vgl. Art. 88 S. 2 GG) garantiert.[548] Ökonomisch wird die Unabhängigkeit damit begründet, dass das Geld- und Währungswesen
im Interesse der Währungsstabilität dem Zugriff von Interessengruppen und an einer
Wiederwahl interessierten Mandatsträgern entzogen werden muss[549]. National hängt
die Unabhängigkeit von der Stellung der Bundesbank gegenüber der Bundesregierung
ab. Sie wird in § 12 BBankG als grundsätzliche Weisungsunabhängigkeit gekennzeichnet.

3. Art. 88 GG als Rechtsgrundlage zur Übertragung von Hoheitsrechten

Art. 88 GG ist ferner, wenn nicht vor allem *(s. o. Rn. 282)* eine gegenüber Art. 23 **285**
Abs. 1 GG spezialverfassungsrechtliche Grundlage zur **Übertragung von Aufgaben
und** Befugnissen der Bundesbank **auf die Europäische Zentralbank.** Die Nutzung dieser in Art. 88 S. 2 GG normierten Option hat eine erhebliche Beschneidung der Kompetenzen der Bundesbank mit sich gebracht, welche nunmehr ein Teil des ESZB ist
und dadurch die Eigenständigkeit zur Formulierung der Geldpolitik[550] verloren hat.
Sie fungiert stattdessen nun sozusagen als Filiale der EZB, weil sie in Anknüpfung an
die in Art. 282 Abs. 2 AEUV normierte Leitungsfunktion der Beschlussorgane der EZB
nach § 6 BBankG an deren Weisungen gebunden ist.[551]

II. Die Europäische Zentralbank als Hüterin der Unionswährung

1. Aufgaben und Befugnisse

Die Europäische Zentralbank (EZB) wird damit zum maßgeblichen geldpolitischen **286**
Akteur. Sie ist einer der beiden Eckpfeiler der Wirtschafts- und Währungsunion *(s. o.
Rn. 230 ff.)* Während der Ministerrat die Wirtschaftspolitik koordiniert und die Ein-
haltung der Konvergenzkriterien sicherstellt, ist es nach Art. 119, 127, 282 AEUV
Aufgabe der Europäischen Zentralbank, für eine einheitliche, am vorrangigen Ziel der
Preisstabilität orientierte Geld- und Währungspolitik zu sorgen und die Wirtschaftspo-
litik der Union dadurch zu unterstützen *(s. o. Rn. 231).*

Ihr obliegt als **Hüterin der Unionswährung** somit die monetäre Integration, die ein **287**
Anwendungsfall der unionseigenen Verwaltung in Form des direkten Vollzugs ist *(s. o.
Rn. 281).* Die EZB ist aber nicht auf die Geld- bzw. Währungsverwaltung beschränkt.
Sie besitzt ferner Rechtsetzungs- (vgl. Art. 132 AEUV), Eingriffs-[552], Sanktions- und
Vollstreckungsbefugnisse (vgl. zum Ganzen Art. 127 Abs. 6 AEUV und das darauf
basierende Sekundärrecht[553]).

Die EZB hat nach Art. 128 und 282 Abs. 3 AEUV das ausschließliche Recht, die **288**
Ausgabe von Banknoten innerhalb der Union und den Umfang der Münzausgabe zu
genehmigen, während die Münzausgabe selbst nach Art. 16 ESZB-Satzung i. V. m.
§ 14 BBankG in der Zuständigkeit der Mitgliedstaaten verbleibt. Die einzelnen geld-
und währungspolitischen Befugnisse (etwa die Genehmigung von Banknoten und die
Mindestreservepolitik) sind in der **ESZB/EZB-Satzung** detailliert geregelt.

---

547 S. näher *Weikart*, NVwZ 1993, 834 ff.; *Häde*, NJW 1994, 3214 ff.; *Janzen*, Der neue Artikel 88 Satz 2
     des Grundgesetzes, 1996 und dazu BVerfGE 97, 350 ff., 368 ff.
548 So auch BVerfGE 89, 155, 208; Gemeinsame Verfassungskommission, BT-Ds. 12/6000, S. 26;
549 BT-Ds. 2/2781, S. 24; BVerfGE 89, 155, 208.
550 BT-Ds. 13/7728 S. 6.
551 Ausf. dazu Calliess/Ruffert/*Häde*, EUV/AEUV,Art. 282 Rn. 4 f.
552 Vgl. zur sog. Bankenaufsicht der EZB *Ceyssens*, NJW 2013, 3704 ff.
553 Ausf. zum Ganzen *Thiele*, Das Mandat der EZB, 2013, S. 37 ff.

2. Rechtsstellung

289 Die EZB ist nicht zuletzt aufgrund ihrer hohen Bedeutung für die Geld- und Währungspolitik ein EU-Organ (vgl. Art. 13 Abs. 1 EUV), das mit eigener Rechtspersönlichkeit ausgestattet ist (vgl. Art. 282 Abs. 3 S. 1 AEUV). In der Wahrnehmung ihrer Aufgaben agiert sie im Interesse einer **Entpolitisierung der Geldpolitik** unabhängig. Die damit einhergehende Weisungsfreiheit von politischen Instanzen wird institutionell, funktionell, finanziell und personell in Art. 130 bzw. 282 Abs. 3 S. 3 AEUV abgesichert und in Art. 7 ESZB/EZB-Satzung deklaratorisch wiederholt [554]. Der Vertragstext unterscheidet wie bereits angedeutet *(s. o. Rn. 288)* in Art. 282 AEUV und in anderen Vorschriften institutionell zwischen der Europäischen Zentralbank (EZB) und dem Europäischen System der Zentralbanken (ESZB), das gleichfalls auf das vorrangige Ziel der Preisstabilität verpflichtet ist und unabhängig agiert (vgl. Art. 130 AEUV[555]). Das ESZB besteht nach Art. 282 Abs. 1 AEUV aus der EZB und den weiter fortbestehenden nationalen Zentralbanken.

290 Dem ESZB sind in den Verträgen und namentlich in Art. 127 Abs. 2 AEUV bestimmte Aufgaben zur Erfüllung unter der Leitung der Beschlussorgane der EZB zugewiesen (Art. 282 Abs. 2 S. 1 AEUV). Bisweilen adressieren die Vertragsvorschriften aber auch ausschließlich die EZB. Aus den in den Verträgen der EZB zugewiesenen Zuständigkeiten folgt, dass deren Mandat nach Art. 3 Abs. 1 lit. c sowie Art. 119 und 127 ff. AEUV auf die Geld- und Währungspolitik beschränkt und keinesfalls grenzenlos ist. Innerhalb dieses Rahmens darf die EZB zwar auch die EU-Wirtschaftspolitik unterstützen. Hingegen darf sie wegen des in Art. 5 AEUV verankerten und ausweislich des Art. 13 Abs. 2 EUV auch die EU-Organe bindenden **Prinzips der begrenzten Einzelermächtigung** *(s. o. Rn. 201)* keine eigenständige Wirtschafts- und Haushaltspolitik betreiben.[556] Zudem dürfen der EZB ausweislich des Art. 127 Abs. 6 AEUV nur „besondere Aufgaben" im Rahmen der Bankenaufsicht übertragen werden; die Reichweite dieses unbestimmten Rechtsbegriffs ist im Einzelnen freilich streitig.[557]

III. Internationaler Währungsfonds

291 Die Staatengemeinschaft hat seit längerem erkannt, dass angesichts der wachsenden Globalisierung der Wirtschaft und der weiteren Öffnung der Kapitalmärkte das **Bedürfnis nach internationaler Zusammenarbeit auf dem Gebiet des Geld- und Währungswesens** wächst. Dazu wurde der Internationale Währungsfonds gegründet, der u. a. folgende Ziele verfolgt:
- Erleichterung der Ausweitung eines ausgeglichenen Welthandels,
- Förderung der Stabilität der Währungen, Aufrechterhaltung geordneter Währungsbeziehungen zwischen den Mitgliedern und Verhinderung von Währungsabwertungen aus Wettbewerbsgründen und
- Mitwirkung bei der Einrichtung eines multilateralen Zahlungssystems für die laufenden Geschäftsbeziehungen zwischen den Mitgliedern und Beseitigung von Devisenverkehrsbeschränkungen.[558]

---

[554] *Ohler,* JZ 2008, 317 ff.
[555] Ausf. dazu *Griller,* in: Grabitz/Hilf/Nettesheim (Hg.), EUV/AEUV II, 50. EL 2013, Art. 130 AEUV Rn. 21 ff.
[556] Ausf. zu den damit verbundenen Fragen *Thiele,* Das Mandat der EZB, 2013, S. 33 ff.
[557] Vgl. Calliess/Ruffert/*Häde,* EUV/AEUV, Art. 127 Rn. 51 ff.
[558] Ausf. dazu z. B. *Krajewski,* Wirtschaftsvölkerrecht, 4. Aufl. 2017, § 5 III.

§ 13 Wirtschaftsrelevante Rechtsetzungs- und Rechtsprechungszuständigkeiten

I. Rechtsetzungszuständigkeiten

Die rechtlichen Grundlagen des Öffentlichen Wirtschaftsrechts werden von der Euro-   **292**
päischen Union, dem Bund, den Ländern und den Selbstverwaltungsträgern erlassen.

1. Unionsebene

Auf Basis einer Unionskompetenz (*s. o. Rn. 201*) können, soweit keine Einschränkung   **293**
normiert ist, in den Grenzen der Verhältnismäßigkeit alle **Maßnahmen im Sinne des
Art. 288 AEUV** getroffen werden. Das Mittel der Wahl bilden regelmäßig Richtlinien
oder Verordnungen (*s. o. Rn. 79*). Zum Unionsrecht zählt der *EuGH*[559] aber auch
das technische Sicherheitsrecht in Form sog. harmonisierter europäischer Normen. Sie
erlassen zwar privatrechtlich organisierte Einheiten, werden aber auf Initiative und
unter Leitung sowie Aufsicht der Kommission konzipiert und müssen, um wirksam
zu werden, im Amtsblatt C veröffentlicht werden, so dass sie den Charakter eines
Durchführungsrechtsakts einer Unionsmaßnahme – vorliegend in Form der Sekundär-
rechtsvorschrift, die auf die harmonisierten Normen verweist – in sich tragen.[560]

In inhaltlicher Hinsicht beziehen sich die Unionskompetenzen auf eine **Vielzahl unter-**   **294**
schiedlicher wirtschaftlicher Bereiche. So betreffen die ausschließlichen Kompetenzen
u. a. die Zollunion, die Wettbewerbsregeln, die Währungspolitik und die internationalen Übereinkünfte. Die geteilten Kompetenzen erstrecken sich u. a. auf den Binnenmarkt, die Landwirtschaft und Fischerei, die Umwelt und den Verbraucherschutz. Die
parallelen Kompetenzen der Union beziehen sich namentlich auf den Bereich der
menschlichen Gesundheit, Industrie und Kultur. Die Aufzählungen von Sachgebieten
in den Art. 2 ff. AEUV ersetzen allerdings keinen Kompetenztitel; der jeweilige Titel
findet sich in den Bestimmungen zum jeweiligen Bereich (*s. u. Rn. 414*).

Gerade die Binnenmarktkompetenzen sind **oftmals final konzipiert**, d. h. also zielge-   **295**
richtet auf die Verwirklichung des Binnenmarktes gerichtet. Eine überbordende Weiterung der Unionskompetenzen geht damit allerdings gleichwohl nicht einher,[561] weil
auch diese Zuständigkeiten genauso wie sachbereichsbezogene zunächst insoweit eine
dem Grunde nach konditionale Struktur aufweisen,[562] als sie tatbestandliche Vorgaben machen. Nicht zuletzt deshalb ist der Unterschied zu solchen Kompetenztiteln,
die – wie der aus dem bundesdeutschen Verfassungsrecht bekannte Art. 74 Abs. 1
Nr. 11 GG – dem Bund bestimmte Regelungsbereiche (weitgehend (*s. o. Rn. 31*)) vollständig zuweisen, ein eher gradueller.[563]

2. Bundesebene

Das Grundgesetz räumt dem Bund umfassende **Gesetzgebungszuständigkeiten** zur Re-   **296**
gelung wirtschaftsrechtlicher Fragen ein. Es existieren, sieht man einmal von der vor
allem für das Haushaltsrecht von Bund und Ländern relevanten Grundsatzgesetzge-
bungskompetenz in Art. 109 Abs. 4 GG ab, zwei ökonomisch relevante Zuweisungs-
kategorien in Form der ausschließlichen und der konkurrierenden Gesetzgebungskompetenz. Sie haben im Zuge der Föderalismusreform erhebliche Änderungen erfahren,

---

559   EuGH, Rs. C-613/14, Rn. 40 ff.
560   Kritisch zu diesen Punkten *Nusser*, NJW 2017, 315, 315.
561   *Pernice*, JZ 2000, 866, 872.
562   *Meyer*, ZaöRV 61 (2001), 577, 582 ff.; *Magiera*, Integration 2003, 269, 271.
563   *Pernice*, JZ 2000, 866, 872.

um die Länder zu stärken und die Aufgabenverteilung zu modernisieren[564]. Im Ergebnis wurde jedoch die gesetzgeberische Machtfülle des Bundes kaum geschmälert *(s. o. Rn. 206).*[565]

297　a) **Ausschließliche wirtschaftsrelevante Gesetzgebungszuständigkeiten.** Im Einzelnen besitzt der Bund eine ausschließliche Gesetzgebungskompetenz nach Art. 73 GG für das Währungs-, Geld- und Münzwesen, die Freizügigkeit des Warenverkehrs mit dem Ausland, das Waffenrecht, den Eisenbahnverkehr, das Postwesen, die Telekommunikation, die friedliche Nutzung der Kernenergie und den Luftverkehr. Es handelt sich insgesamt um solche für das Marktgeschehen relevanten Zuständigkeiten, die schon ihrer **Natur nach einen Ländergrenzen überschreitenden Bezug** aufweisen und daher allein vom Bund geregelt werden können.

298　Weitere ausschließliche Kompetenzen finden sich in Art. 91a Abs. 2 GG, wonach allein der Bund befugt ist, Gemeinschaftsaufgaben insbesondere zur Verbesserung der Agrar- bzw. der regionalen Wirtschaftsstruktur festzulegen und die Einzelheiten der Koordinierung näher zu bestimmen. Hinzu kommt Art. 94 Abs. 4 S. 2, Abs. 5 GG, wonach der Bund Errichtung und Betrieb eines Netzes zur Verbindung der informationstechnischen Systeme von Bund und Ländern sowie Zugangsfragen regelt.[566] Die Ausschließlichkeit dieser Kompetenzen folgt daraus, dass **gebietsübergreifende Kooperationen bzw. Gemeinschaftsaufgaben** realisiert werden sollen; sie stehen unter dem Vorbehalt der Zustimmung des Bundesrates.

299　Abgesehen davon ist auch die in Art. 110 GG normierte Zuständigkeit des Bundesgesetzgebers für seinen Bereich das **Haushaltsgesetz** zu verabschieden, ausschließlicher Natur, schon weil diese Rechtsgrundlage über die Einnahmen und Ausgaben allein des Bundes entscheidet. Für das Öffentliche Wirtschaftsrecht wird das Haushaltsgesetz vor allem deshalb relevant, weil es die hauptsächliche Rechtsgrundlage für die Vergabe von Wirtschaftssubventionen des Bundes abbildet und daher jedenfalls in praxi maßgeblich über deren Zulässigkeit entscheidet *(s. o. Rn. 161 und u. 947 ff.).*

300　b) **Konkurrierende wirtschaftsrelevante Gesetzgebungszuständigkeiten.** Neben die ausschließliche tritt die konkurrierende Gesetzgebungszuständigkeit des Bundes. Die zugehörigen Sachbereiche sind in Art. 74 Abs. 1 GG aufgeführt. Sie sind in weiten Teilen wirtschaftsrelevant (vgl. z. B. die Nr. 1, 12 f., 16, 19, 22 …) und ermächtigen je nachdem, ob sie Teil der Erforderlichkeits-, der Kern- oder der Abweichungskompetenz sind, unter unterschiedlichen Voraussetzungen und in unterschiedlicher Reichweite den Bund zur Gesetzgebung *(s. o. Rn. 204 f.).*

301　aa) **Art. 74 Abs. 1 Nr. 11 GG als maßgeblicher Zuständigkeitstitel.** Zentrale Rechtsgrundlage im Bereich der konkurrierenden Gesetzgebung ist Art. 74 Abs. 1 Nr. 11 GG. Diese Norm bezieht sich auf das **Recht der Wirtschaft** – eine Wendung, die im Verfassungstext nicht näher erläutert wird und deren Reichweite in der Konzeptionsphase dieses Titels jedenfalls im Detail umstritten war[567]. Sie wird nunmehr allgemein weit ausgelegt und umfassend verstanden[568]. Das Kriterium „weit" ist jedoch wegen seiner Unbestimmtheit für eine Zuständigkeitsabgrenzung nicht geeignet. Zielführender ist deshalb auch ein Rückgriff auf den (auch nach der Ausklammerung von Teilgebieten

---

564　Amtl. Begr. BT-DS 16/813, S. 7 ff.; G.v. 28.8.2006, BGBl. I S. 2034 ff.

565　S. näher *J. Ipsen,* NJW 2006, 2801 ff.; *Rengeling,* DVBl. 2006, 1537 ff.; *Schönleiter,* GewArch. 2006, 371 ff.

566　Vgl. dazu *Siekmann,* in: Sachs (Hg.), GG, 8. Aufl. 2018, Art. 91a Rn. 31, Art. 91c Rn. 25.

567　JöR NF 1 (1951), 517 f.; *Nörr,* Die Republik der Wirtschaft, 1999, S. 91.

568　S. etwa BVerwG, NVwZ 1986, 754.

im Zuge der Föderalismusreform von 2006 *(s. o. Rn. 206)* unveränderten[569]) Sinn und Zweck des Art. 74 Abs. 1 Nr. 11 GG, der eine Zersplitterung des Wirtschaftsrechts vermeiden und dem Bund daher die Möglichkeit eröffnen will, die Wirtschaftsordnung, das Wirtschaftsleben und das Wirtschaftshandeln zu regeln[570]. Das *BVerfG* fasst in Fortschreibung dessen unter das Recht der Wirtschaft alle das wirtschaftliche Leben und die wirtschaftliche Betätigung als solche regelnden Normen und insbesondere diejenigen, die sich in irgendeiner Form auf die Erzeugung, Herstellung und Verteilung von Gütern des wirtschaftlichen Bedarfs beziehen *(s. o. Rn. 29)*[571]. In Konkretisierung dessen fällt nicht nur der erste Markt, sondern auch der zweite Markt, der sich mit der Vergabe öffentlicher Aufträge beschäftigt, unter diesen Zuständigkeitstitel *(s. u. Rn. 806 ff.)*[572].

Die Gesetzgebungskompetenz für das Recht der Wirtschaft ist in Art. 74 Abs. 1 Nr. 11   **302** GG mit einem **Klammerzusatz** versehen. Die dort genannten Sachgebiete sind jedenfalls Teil dieses Zuständigkeitstitels, ohne dass das Recht der Wirtschaft auf diese Bereiche beschränkt wäre.[573] Dafür spricht schon, dass sonst der Passus „Recht der Wirtschaft" in Art. 74 Abs. 1 Nr. 11 GG nicht eigens hätte vorangestellt werden müssen. Hinzu kommen die Zielsetzungen dieses Zuständigkeitstitels. Denn wenn er eine Zersplitterung des Wirtschaftsrechts vermeiden und dem Bund weitreichende Zugriffsmöglichkeiten auf wirtschaftlichem Gebiet eröffnen will, kann sich dessen Regelungskompetenz in diesem Bereich keineswegs in der Aufzählung einzelner Wirtschaftszweige erschöpfen,[574] zumal der Bund insbesondere bei neueren Entwicklungen in der Lage sein muss, unter Beachtung der in Art. 72 Abs. 2 GG enthaltenen Voraussetzungen bundeseinheitliche Regelungen treffen zu können[575]. Diesem Ansatz entspricht die gerichtliche Spruchpraxis, nach der auch solche Regeln zum Recht der Wirtschaft zählen, deren Bezug zum in Art. 74 Abs. 1 Nr. 11 GG genannten Klammerzusatz sich zumindest nicht unmittelbar erschließt.[576]

Beispiel: Das sog. Filmförderungsgesetz, das auf die Förderung der deutschen Filmwirtschaft und des deutschen Films ausgerichtet ist, fällt seit jeher unter Art. 74 Abs. 1 Nr. 11 GG, weil es die wirtschaftlichen Erfolgschancen der beteiligten Unternehmen verbessern soll, obwohl sich die Filmwirtschaft wenn überhaupt nur eingeschränkt unter die im dortigen Klammerzusatz aufgeführten Sachgebiete subsumieren lässt[577].

Die weite Auslegung, die Art. 74 Abs. 1 Nr. 11 GG in praxi erfährt *(s. o. Rn. 206)*,   **303** darf nicht darüber hinweg täuschen, dass sich dieser Titel nur auf solche Regeln beziehen kann, die insbesondere nach ihrem unmittelbaren Regelungsgegenstand, ihrem Normzweck oder ihrer Wirkweise de iure zum „Recht der Wirtschaft" zählen. Insoweit können auch die bestehenden gesetzlichen Strukturen eine Rolle spielen, soweit sie in diesen Kompetenztitel (und insbesondere in dessen Ausnahmen („ohne")) einbezogen sind.[578] Ggf. spricht ein Sachverhalt aber nicht nur Art. 74 Abs. 1 Nr. 11 GG, sondern auch andere Kompetenztitel an. Dann stellen sich **Abgrenzungsprobleme**. Sie können einerseits horizontal zwischen verschiedenen Bundeszuständigkeiten bestehen und dann namentlich über die Anwendbarkeit des Art. 72 Abs. 2 GG *(s. o. Rn. 205)*

569   BT-Ds 16/813, 9 und 13; *Höfling/Rixen*, GewArch. 2007, 1, 5.
570   BVerfGE 41, 344, 352 f.
571   BVerfGE 29, 409; BVerfG, NJW 2007, 51 f.
572   BVerfG, NJW 2007, 51 f.
573   So etwa *Pieroth*, in: Jarass/Pieroth, GG, 14. Aufl. 2016, Art. 74 Rn. 19.
574   *Rengeling/Szczekalla*, in: Kahl/Waldhoff/Walter (Hg.), BK-GG XV, 131 EL 2007, Art. 74 Abs. 1 Nr. 11 Rn. 29 ff.
575   BVerwGE 23, 304; OVG Koblenz, NVwZ-RR 1989, 133.
576   *Seiler*, in: Epping/Hillgruber (Hg.), GG, 2. Aufl. 2016, Art. 74 Rn. 43.
577   BVerfGE 135, 155, 205; BVerwGE 45, 1, 63.
578   Ausf. dazu *Höfling/Rixen* GewArch. 2008, 1 ff.

entscheiden, andererseits aber ggf. auch vertikal angelegt und dann für die Abgrenzung von Bundes- und Länderkompetenz relevant sein. Im Zweifel ist in beiden Fällen jede avisierte Bundesnorm danach zu untersuchen, ob sie Art. 74 Abs. 1 Nr. 11 GG oder ein anderer Zuständigkeitstitel trägt, was dann, wenn mehrere Bundeskompetenzen angesprochen sind, im Falle der Trennbarkeit der in Streit stehenden Bundesnormen eine sog. Mosaikkompetenz zur Folge haben kann. Fehlt es daran, entscheidet der Schwerpunkt der avisierten Regelung über die Reichweite der jeweils angesprochenen Zuständigkeiten.[579]

Beispiele: Die zugunsten der Länder bestehenden Zuständigkeiten im Bereich der Kultur schließen es nicht aus, dass der Bund auf Basis des Art. 74 Abs. 1 Nr. 11 GG das Filmförderungsgesetz erlässt, wenn bzw. weil es seinem objektiven Regelungsgehalt nach auf die Förderung des Films als Wirtschaftsgut gerichtet ist, mögen die in dem Gesetz enthaltenen Normen auch zugleich eine Steigerung der kreativ-künstlerischen Qualität des deutschen Films bewirken.[580] Für Regelungen zur technischen Seite der Telekommunikation bietet Art. 73 Abs. 1 Nr. 7 GG eine Basis, während Vorschriften über die Inhalte oder über die Art der Nutzung der Telekommunikation auf andere Kompetenznormen zu stützen sind;[581] werden insoweit rein wirtschaftliche und keine inhaltlichen Fragen geregelt (z. B. zum Teleshopping), greift ggf. Art. 74 Abs. 1 Nr. 11 GG[582].

304 **bb) Art. 72 Abs. 2 GG als zusätzlicher Zuständigkeitsfilter.** Im Interesse der Länder ist die konkurrierende Gesetzgebungszuständigkeit des Bundes durch Art. 72 Abs. 2 GG beschränkt. Danach ist der Bund insbesondere in den Sachgebieten der Art. 74 Abs. 1 Nr. 4, 11, 15, 19a, 20 GG nur zur Gesetzgebung befugt, wenn und soweit die **Herstellung gleichwertiger Lebensverhältnisse im Bundesgebiet** oder die **Wahrung der Rechts- oder Wirtschaftseinheit** im gesamtstaatlichen Interesse eine bundesgesetzliche Regelung erforderlich machen. Die erste Variante liegt vor, wenn sich die Lebensverhältnisse in den Ländern der Bundesrepublik in erheblicher, das bundesstaatliche Sozialgefüge beeinträchtigender Weise auseinanderentwickelt haben, sich eine derartige Entwicklung konkret abzeichnet oder sie zu erwarten ist[583]. Hingegen ist die Rechts- oder Wirtschaftseinheit im Sinne des Art. 72 Abs. 2 GG gefährdet, wenn eine Gesetzesvielfalt auf Länderebene das Recht mit problematischen, nicht hinnehmbaren Folgen zersplittert oder wenn es um die Erhaltung der Funktionsfähigkeit des deutschen Wirtschaftsraums durch bundeseinheitliche Rechtsetzung geht und Landesregelungen oder das Untätigbleiben der Länder erhebliche Nachteile für die Gesamtwirtschaft mit sich bringen.[584]

Beispiele: Zweck der bundesrechtlichen Festlegung des Berufsbildes der Altenpflege ist es, die sich mittelbar aus den unterschiedlichen Länderregelungen ergebenden negativen wirtschaftlichen Auswirkungen der bisherigen Ausbildung im Bereich der Altenpflege zu vermeiden. Deshalb hält das *BVerfG* diese Regelungen für erforderlich[585]. Hingegen ist eine bundesrechtliche Regelung des Ladenschlusses zur Herstellung gleichwertiger Lebensverhältnisse nicht erforderlich[586]. Das *BVerfG* bezweifelt, ob das Schornsteinfeger-Handwerksgesetz auf der Grundlage der Art. 74 Abs. 1 Nr. 11, 72 Abs. 2 GG ergehen konnte, weil der Schornsteinfeger lokal oder regional tätig werde und das EU-Recht keine Bundesregelung verlange[587].

305 Art. 72 Abs. 2 GG wird durch die in dessen Absatz 4 enthaltene Klausel ergänzt, dass nicht mehr erforderliches Bundesrecht durch Landesrecht ersetzt werden kann[588].

---

579   Ausf. zum Ganzen *Degenhart*, in: Sachs (Hg.), GG, 8. Aufl. 2018, Art. 70 Rn. 57 ff.
580   BVerfGE 135, 155 205.
581   BVerfGE 113, 348, 368 f.
582   *Degenhart*, in: Sachs (Hg.), GG, 8. Aufl. 2018, Art. 74 Rn. 44, 51.
583   BVerfG, NJW 2015, 303 ff.
584   Ausf dazu *Korte*, Standortfaktor Öffentliches Recht, 2016, S. 394 f.
585   BVerfGE 106, 62, 135, 144 ff.
586   BVerfG, NJW 2004, 2363.
587   BVerfG, NVwZ-RR 2011, 385 ff.
588   BT-Ds. 12/6000, S. 33.

Diese Vorschrift bezieht sich auf Bundesrecht, das zwar zum Erlasszeitpunkt den Anforderungen der Erforderlichkeitsklausel genügte, ihnen danach allerdings insbesondere aufgrund einer Veränderung der tatsächlichen Umstände nicht mehr entspricht. Liegt diese Voraussetzung vor, kann der Bundesgesetzgeber in Bezug auf das nicht mehr den Vorgaben des Art. 72 Abs. 2 GG genügende Bundesrecht eine umfassend oder partiell geltende Rückholklausel zugunsten der Länder erlassen. Deren Durchsetzung erleichtern zumindest in gewissen Grenzen[589] die Art. 93 Abs. 1 Nr. 2a und Abs. 2 GG, weil sie den Ländern eine verfassungsgerichtliche Überprüfung der Rechtslage ermöglichen, an deren Ende ggf. ein Freigabebeschluss stehen kann, der ein Bundesgesetz im Sinne des Art. 72 Abs. 4 GG ersetzt[590]. Die Möglichkeit der Länder zur Beteiligung des *BVerfG* ändert freilich nichts an der Langwierigkeit des **Rückholverfahrens.**

cc) Gebrauchmachen des Bundes, Art. 72 Abs. 1 GG. Solange und soweit eine konkurrierende Gesetzgebungskompetenz des Bundes vorliegt, folgt daraus allein noch nicht, dass die Länder auf diesem Gebiet keine Gesetze erlassen dürfen. Diese Rechtsfolge ergibt sich nur, wenn die Voraussetzungen des Art. 72 Abs. 1 GG vorliegen. Wie weit die aus dieser Verfassungsnorm resultierende **Sperrwirkung** reicht, hängt vom Umfang des erlassenen Bundesrechts und von dessen Abschlusscharakter ab. Er ist anhand einer inhaltlichen Gesamtwürdigung des jeweiligen Regelungsbereichs zu ermitteln, indem das einschlägige Bundesrecht ausgelegt oder anhand objektiver Kriterien danach gefragt wird, ob der Bund eine bestimmte Frage absichtlich nicht geregelt hat.[591]   **306**

Ein Gebrauchmachen des Bundes liegt daran anknüpfend mangels tatsächlich getroffener Regelung zunächst dann nicht vor, wenn er sich auf die Normierung von Wert- oder Zielvorstellungen beschränkt. Zudem bleibt **Raum für Landesrecht**, wenn das verabschiedete Bundesrecht keine inhaltlichen Vorgaben macht, nur Teilaussagen trifft, unbestimmte Rechtsbegriffe enthält, (soweit zulässig) dynamisch auf das jeweils gültige Landesrecht verweist, ausfüllungsbedürftige Lücken in der Regelungsbreite bzw. -tiefe lässt oder Vorbehalte zugunsten der Länder aufstellt. Im Detail sind die damit verbundenen Auslegungsfragen schwierig zu beantworten und oftmals eine Argumentationsfrage.[592]   **307**

Beispiele: Das LFGB verwehrt es Bundesländern nicht, im Rahmen von Ladenöffnungsgesetzen den Verkauf alkoholischer Getränke zu verbieten[593]. Die §§ 14 Abs. 2, 35 Abs. 9, 1 GewO stellen den Handel mit Losen von Lotterien sowie den Betrieb von Wettannahmestellen aller Art unter Anzeigevorbehalt und bieten für den Fall der Unzuverlässigkeit die Möglichkeit der Untersagung dieser Tätigkeiten. Mit diesen rechtlichen Vorgaben konfligiert das im Glücksspielstaatsvertrag der Länder dem Grunde nach normierte Verbot der Vermittlung von Glücksspielen über Internet genauso[594] wie die dortigen Vorschriften zur Aufnahmeüberwachung, soweit sie sich auf den konventionellen Lotterie- und Sportwettvertrieb beziehen.

c) Wirtschaftsrelevanz ungeschriebener Kompetenzen. Neben den bislang erörterten geschriebenen stehen ungeschriebene Gesetzgebungskompetenzen des Bundes. Sie können kraft Natur der Sache bestehen, weil Sachverhalte begriffsnotwendig auf Bundesebene geregelt werden müssen, und sind dann ausschließlicher Natur. Hinzu kommen Bundeszuständigkeiten aufgrund eines Sachzusammenhangs, die dem Bund solche weiteren Sachgebiete für seine Gesetzgebung erschließen, deren Regelung unerlässliche Voraussetzung für den avisierten Rechtsakt ist, und daher verbreiternd wirken. Ferner   **308**

---

589   Ausf. dazu *Korte*, Standortfaktor Öffentliches Recht, 2016, S. 404 ff.
590   BVerfGE 106, 62, 135 ff.
591   *Gröpl*, Staatsrecht I, Rn. 1183; BVerfGE 32, 319, 327 f.
592   *Korte*, Standortfaktor Öffentliches Recht, 2016, S. 398 f.
593   BVerfG, NVwZ 2011, 355 f.
594   Ausf. dazu *Korte*, GewArch 2017, 129, 134.

gibt es ungeschriebene Gesetzgebungskompetenzen kraft Annex zu einem bestehenden Kompetenztitel des Bundes. In diesem Falle wird dessen Zuständigkeit vertieft, weil ihm Kompetenzen zugewiesen werden, die für den praktischen Vollzug (d. h. also für die Vorbereitung oder insbesondere ordnungsrechtliche[595] Durchführung) des avisierten Rechtsakts zwingend nötig sind, ohne die Kompetenzen des Bundes für weitere Sachgebiete zu öffnen. **Bundesgesetzgebungszuständigkeiten** kraft Sachzusammenhangs oder Annex können je nach Kompetenztitel, auf den sie Bezug nehmen, ausschließlicher oder konkurrierender Natur sein, wobei die Grenzen innerhalb des Art. 73 GG enger sind.[596]

Beispiele: Art. 74 Abs. 1 Nr. 11 GG verleiht dem Bund zwar die Kompetenz zur Regelung der Organisation, des Aufgabenfeldes, der Finanzierung und der jährlichen Rechnungslegung der Industrie- und Handelskammern, gibt ihm aber nicht die Zuständigkeit zur Verabschiedung von Vorschriften über die externe Prüfung von Jahresabschlüssen, weil damit keine wirtschafts-, sondern haushaltsrechtliche Fragen angesprochen sind. Eine Annexkompetenz des Bundes scheidet ebenfalls aus, weil die Kammerorganisation und die externe Prüfung der Rechnungslegung unabhängig voneinander bestehen[597].

309   d) **Vorschriften über Geldleistungspflichten.** Von wirtschaftlich großer Bedeutung ist im Kontext der Verteilung der Gesetzgebungskompetenzen die Frage, inwieweit der Bund den Marktakteuren auf Basis der ihm zustehenden Sachkompetenzen Geldleistungspflichten auferlegen darf. Ganz allgemein werden seit jeher **drei Abgabeformen,** nämlich Gebühren, Beiträge und Steuern, differenziert: Unter Gebühren werden öffentlich-rechtliche Geldleistungen verstanden, die als Gegenleistung für eine besondere, individuell zurechenbare Leistung, Amtshandlung oder sonstige Tätigkeit der Verwaltung (Verwaltungsgebühren), für die Inanspruchnahme öffentlicher Einrichtungen (Benutzungsgebühren) oder für die Einräumung subjektiver Rechte (Verleihungsgebühren)[598] erhoben werden *(s. zur Finanzierungsfunktion u. Rn. 1261 ff.).* Demgegenüber fallen unter den Begriff der Beiträge alle öffentlich-rechtlichen Geldleistungen, die dem Ersatz des Aufwandes für die Herstellung, Anschaffung und Erweiterung öffentlicher Einrichtungen einschließlich ihrer Unterhaltung dienen, ohne dass der dadurch Begünstigte einen konkreten Vorteil erlangen muss; es reicht die Möglichkeit zur Nutzung der finanzierten Einrichtung. Als Steuern werden schließlich alle Abgaben bezeichnet, die zur Erzielung von Einnahmen für die Deckung des allgemeinen Finanzbedarfs eines Gemeinwesens erhoben und dazu in dessen Haushalt überführt werden, ohne dass der Schuldner eine individuelle hoheitliche Gegenleistung erhält (vgl. § 3 AO).[599]

310   Für die Steuererhebung gilt, dass dem Bund aufgrund von Art. 105 Abs. 2 GG eine konkurrierende Zuständigkeit eingeräumt ist, wenn ihm das Aufkommen aus einer Steuer nach Maßgabe des Art. 106 GG zumindest teilweise zusteht oder wenn er über eine Bundeskompetenz aus den Art. 73 f. GG verfügt und die Voraussetzungen des Art. 72 Abs. 2 GG vorliegen. Soweit es nicht um Steuergesetze, sondern um Regeln über Gebühren und Beiträge geht, greifen die Art. 105 f. GG nicht. In solchen Fällen geht die verfassungsgerichtliche Spruchpraxis grundsätzlich davon aus, dass die **Kompetenz zur Erhebung dieser Abgaben** zwar den Sachkompetenzen aus den Art. 73 f. GG folgen kann, aber besondere Anforderungen gewahrt sein müssen, um der Begrenzungs- und Schutzfunktion der bundesstaatlichen Finanzverfassung (Art. 104a ff. GG) gerecht zu werden. Denn sie ist zwar nicht abschließend, legt aber die für die Finanzie-

---

595   BVerfGE 28, 146; 41, 344, 355; 98, 265, 299 ff.
596   Ausf. zum Ganzen *Degenhart,* Staatsrecht I, 33. Aufl. 2017, Rn. 181 ff.
597   BVerwGE 135, 100, 110.
598   Dazu *Wolff/Bachof/Stober/Kluth,* VerwR I, § 42 IV 5; siehe auch OVG Münster, DVBl 2017, 325.
599   Vgl. z. B. *Siegel* JuS 2008, 1071, 1072 f.

rung der Staatstätigkeit primär maßgeblichen Finanzierungsquellen fest und lässt die Bürger darauf vertrauen, dass sie nur in Ausnahmefällen weitere Geldleistungspflichten treffen. Hinzu kommt das Verfassungsgebot der Vollständigkeit des Haushaltsplans, der dem Parlament einen vollständigen Überblick über das zur Verfügung stehende Finanzvolumen bieten soll und daher Zahlungspflichten jenseits des Budgets an sich entgegensteht. Aus diesen Gründen wird erstens ein besonderer, über die Erzielung von Einnahmen hinausgehender Zweck gefordert und zweitens muss sich die erhobene Abgabe hinreichend deutlich von einer Steuer unterscheiden. Gebühren und Beiträge werden diesen Vorgaben aufgrund ihrer Ausgleichsfunktion gerecht.[600]

Beispiele: Die Fehlbelegungsabgabe, die Mieter einer öffentlich geförderten Wohnung zahlen müssen, wenn sich ihre finanziellen Voraussetzungen derart verbessert haben, dass sie an sich keinen Anspruch mehr auf deren Nutzung haben, durfte weil sie unberechtigte Subventionen rückabwickeln und abschöpfen soll, auf die frühere Bundeskompetenz für das (gesamte) Wohnungswesen aus Art. 74 Abs. 1 Nr. 18 GG gestützt werden, ist nun aber nicht mehr von dieser Kompetenz umfasst[601]; Straßenbenutzungsgebühren dürfen, da sie die Gegenleistung des Fahrers für den Gebrauch der Straße abbilden, auf Art. 74 Abs. 1 Nr. 22 GG gestützt werden[602]; die Luftsicherheitsgebühr, die für die Durchsuchung von Passagieren und deren Gepäck beim Betreten der nicht allgemein zugänglichen Bereiche auf Flughäfen erhoben wird, darf aufgrund der ausschließlichen Bundesgesetzgebungskompetenz für den Luftverkehr (Art. 73 Abs. 1 Nr. 6 GG) erhoben werden, weil sich dieser Titel auf das gesamte Luftfahrtwesen bezieht, im Sinne eines Annex auch ordnungsrechtliche Regelungen erlaubt, sofern sie wie solche Kontrollen in einem notwendigen Zusammenhang zum Luftverkehr stehen, und weil solche Gebühren den Vorteil der durch die Kontrollen erlangten Luftsicherheit abschöpfen.

Als gewissermaßen vierte Abgabeform neben Steuern, Gebühren und Beiträgen hat die verfassungsgerichtliche Spruchpraxis die sog. **Sonderabgaben** etabliert. Sie werden erhoben, um besondere Finanzierungsaufgaben zu bewältigen und erfüllen damit einen spezifischen Finanzierungszweck, ohne dass ihnen eine besondere Ausgleichsfunktion zukommt. Da sie infolgedessen weder in den allgemeinen Haushalt fließen noch eine Gegenleistung für die (mögliche) Inanspruchnahme einer bestimmten hoheitlichen Leistung abbilden, passt diese Abgabeform nicht in die überkommenen Kategorien. Immerhin grenzt sie sich infolgedessen allerdings hinreichend klar von der Steuer, die zur Deckung des allgemeinen hoheitlichen Finanzbedarfs erhoben wird, ab. Da Sonderabgaben aufgrund ihrer spezifischen Parameter in besonderer Weise die Gefahr einer Umgehung der Art. 104a ff. GG bieten, reicht es der Verfassungsgerichtsbarkeit anders als bei Gebühren oder Beiträgen nicht, dass sie auf ein besonderes, über die bloße Mittelbeschaffung hinausgehendes Ziel ausgerichtet sind. Stattdessen werden vielmehr zusätzlich noch besondere Anforderungen an den Kreis der Abgabenschuldner gestellt, um sicherzustellen, dass sie nicht in ungerechtfertigter Weise neben ihre allgemeinen noch spezifische, darüber hinausgehende Abgabepflichten treffen. Im Einzelnen wird verlangt, dass es sich 1. um eine homogene Gruppe handelt, die 2. eine besondere Sachnähe zur finanzierten Aufgabe hat und daher 3. eine besondere Finanzierungsverantwortung trifft. Zudem müssen die generierten Mittel 4. gruppennützig verwendet werden, um einen Zusammenhang zwischen Abgabeerhebung und -nutzen herzustellen (*s. u. Rn. 1261*)[603].

Beispiele: Der Kohlepfennig, der von den Endverbrauchern getragen werden sollte, weil die Energieversorgungsunternehmen nach der zugehörigen Rechtslage ihn auf ihre Kunden abwälzen konnten, und der dazu dienen sollte, den Steinkohleeinsatz bei der Stromerzeugung zu sichern, konnte nicht auf Art. 74 Abs. 1 Nr. 11 GG gestützt werden, weil die Gesamtheit der Endverbraucher als Gruppe nicht hinreichend homogen ist und sie zudem über keine gemeinsame Interessen-

600   *Degenhart*, Staatsrecht I, 33. Aufl. 2017, Rn. 568; BVerfGE 93, 319, 342 ff.

601   Schmidt-Bleibtreu/Hofmann/Henneke/*Sannwald*, GG, Art. 74 Rn. 231; BVerfGE 78, 249, 266

602   S. G v. 30.8.1994, BGBl. II, S. 1765; *Degenhart*, in: Sachs (Hg.), GG, 8. Aufl. 2018, Art. 74 Rn. 97.

603   S. BVerfGE 55, 274, 304; 93, 319, 342; BVerwG, NVwZ 2012, 763 ff.; *Berg*, GewArch. 2006, 441 ff.

lage verfügen, die eine besondere Sachnähe zum Ziel Steinkohleverstromung begründen könnte.[604] Die Sonderabgabe nach dem Absatzfondsgesetz zur Förderung des Absatzes und der Verwertung von Erzeugnissen der Land-, und Ernährungswirtschaft durch die Centrale Marketing Gesellschaft (CMA) adressiert zwar mit den Unternehmen der Land- und Ernährungswirtschaft eine homogene Gruppe mit Sachnähe zur Förderung ihrer eigenen Produkte, erschöpft sich in ihrem Nutzen aber in einem hoheitlich gesetzten Förderungszweck und wird daher nicht hinreichend gruppennützlich, sondern stattdessen vielmehr zur Ausübung staatlicher Wirtschaftspolitik verwendet[605]. Dasselbe gilt für die Abgabe zum Forstabsatzfonds[606]. Die Finanzierung der Filmförderungsanstalt durch die Filmverwerter wie z.B. Kinos nach den §§ 146 ff. FilmFöDG lässt sich auf Art. 74 Abs. 1 Nr. 11 GG stützen, weil sie aufgrund vergleichbarer Tätigkeit eine homogene Gruppe bilden, die eine hinreichend große Sachnähe zum deutschen Film aufweist und auch an hochwertigen deutschen Filmen ein besonderes, weil umsatzsteigerndes Interesse hat, so dass die Förderung solcher hochwertiger Produktionen auch gruppennützlich ist[607].

3. Landesebene

312 a) Die Auswirkungen der Föderalismusreform von 2006. Die Länder sind für die wirtschaftsbezogenen Gesetzgebungsbereiche zuständig, die ihnen wegen des **Ausnahmekataloges des Art. 74 Abs. 1 Nr. 11 GG** durch die Föderalismusreform von 2006 zugewiesen wurden, um die Länderkompetenzen zu stärken *(s.o. Rn. 206)*. Die dortigen Exemptionen bilden ausschließliche Länderkompetenzen ab, weil sie den in Art. 70 Abs. 1 GG enthaltenen Grundsatz der Länderzuständigkeit aufleben lassen. In struktureller Hinsicht ist zu beachten, dass die in Art. 74 Abs. 1 Nr. 11 GG enthaltenen Ausnahmen auf bestehende Normenkomplexe Bezug nehmen, so dass auch das (noch) existierende Bundesrecht für die Auslegung dieser Exemptionen relevant werden kann, soweit die Zuständigkeitsverteilung nachvollziehend daran ausgerichtet worden ist.[608] Im Einzelnen besteht der Ausnahmekatalog aus dem Recht
– des Ladenschlusses[609],
– der Gaststätten[610],
– der Spielhallen[611],
– der Schaustellung von Personen,
– der Messen, Ausstellungen und Märkte[612]*(s. näher dazu Bd. II §§ 45 III 6 ff.)*.

313 Die meisten **Bundesländer** (bis auf Bayern) haben nach der Novellierung des Art. 74 Abs. 1 Nr. 11 GG zunächst vornehmlich von ihrer neuen Gesetzgebungsbefugnis für das Ladenschlussrecht **Gebrauch gemacht** und Ladenöffnungsgesetze erlassen *(s. Bd. II § 55)*. Zudem bestehen (auch in Umsetzung des Glücksspielstaatsvertrags von 2011) zahlreiche Spielhallengesetze,[613] während ein Landesgesetz über Messen, Ausstellungen und Märkte bisher nur in Rheinland-Pfalz verabschiedet wurde[614]. Ferner wurden im Bereich des Gaststättenrechts neue landesrechtliche Grundlagen geschaffen[615], teilweise wurde aber auch nur die Weitergeltung des Bundesrechts angeordnet[616]. Wird

---

604   BVerfGE 91, 186, 196.
605   BVerfG, DVBl. 2009, 375 ff.
606   BVerfG, NVwZ 2009, 1030 ff.
607   BVerfGE 135, 155, 205.
608   *Höfling/Rixen*, GewArch. 2008, 1, 3 f.; *Korte*, GewArch. 2017, 129, 134 ff.
609   BVerfGE 138, 261 ff.
610   *Korte*, in: Korte/Repkewitz/Schulze-Werner (Hg.), GewO, 237. EL 2009, vor Titel III, Rn. 156 ff.
611   BVerfG, NVwZ 2017, 1111 ff.
612   *Schönleiter*, GewArch. 2006, 371 ff.; *Rengeling*, DVBl. 2006, 1537, 1540; *Höfling/Rixen*, GewArch. 2008, 1 ff.
613   Ausf dazu *Makswit*, Auswirkungen der Föderalismusreform im Glücksspielrecht, 2015, 83 ff.
614   Vgl. dazu *Bickenbach*, LKRZ 2014, 265 ff. sowie *Stollenwerk*, GewArch. 2017, 274 ff.
615   *S. Lehmann*, NVwZ 2009, 84 ff. zu Brandenburg.
616   *Glaser*, GewArch 2013, 1 ff.

ein Land in einem der in Art. 74 Abs. 1 Nr. 11 GG genannten Bereiche nicht aktiv, gilt aufgrund von Art. 125a Abs. 1 GG das bestehende Bundesrecht fort. Der Bund ist insoweit befugt, das bestehende Recht an aktuelle Herausforderungen anzupassen, substanziell ändern darf er es aber nicht.[617]

Im Hinblick auf die Gewerbe- bzw. Berufsfreiheit und die unionsrechtliche Niederlas- **314** sungs- und Dienstleistungsfreiheit sowie wegen der Einheitlichkeit des Wirtschaftsraumes ist eine Herunterzonung wirtschaftsbezogener Kompetenzen auf die Landesebene nur insoweit zu befürworten, als der **Regelungsschwerpunkt im regionalen oder lokalen Sektor** liegt. Dem entsprechen die Erwägungen des verfassungsändernden Gesetzgebers, der neben dem fehlenden Erfordernis bundesrechtlicher Regelungen den besonderen Regionalbezug betont, um die Auswahl der den Ländern überantworteten Kompetenzbereiche zu begründen. Infolgedessen geht es in den in Art. 74 Abs. 1 Nr. 11 GG enthaltenen Ausnahmen also nicht darum, den Ländern solche Zuständigkeiten zu überantworten, die an die vom jeweiligen Regelungsobjekt ausgehenden Gefahren anknüpfen.[618]

Beispiele: Reisegewerberechtliche Regelungen über Ladenschlusszeiten und sog. Wandergaststätten lassen sich grundsätzlich nicht unter die in Art. 74 Abs. 1 Nr. 11 GG aufgeführten Ausnahmen fassen, weil Geschäftstätigkeiten im Umherziehen aufgrund ihres begriffsnotwendig fluktuierenden Moments keine regionalen Besonderheiten aufweisen.[619] Dem Betrieb einer Spielhalle sind hingegen solche regionalen Besonderheiten immanent, gerade soweit man die unterschiedlichen Gegebenheiten in Flächen- und Stadtstaaten vergleicht, so dass die Länder Vorschriften über deren Betrieb und Zulassung erlassen dürfen und insoweit gerade nicht auf den Regelungsbereich des § 33i GewO[620] beschränkt sind[621].

Hält man den besonderen Regionalbezug der in Art. 74 Abs. 1 Nr. 11 GG den Ländern **315** überantworteten Kompetenzbereiche für maßgeblich, so lässt sich zugleich der Vorwurf entkräften, dass letztlich das gesamte Gewerbe- und Handwerksrecht in Länderzuständigkeit hätte überführt werden müssen, weil der örtliche Bezug des Ladenlokals nach den Vorstellungen des verfassungsändernden Gesetzgebers gerade nicht genügen sollte, um die Ausnahmen in Art. 74 Abs. 1 Nr. 11 GG anzusprechen. Stattdessen fordern die dortigen Exemptionen vielmehr, dass das auf deren Basis zu schaffende Landesrecht auf **regionale Besonderheiten** reagieren soll. Daher ist die Existenz überregional agierender Systemgastronomen denn auch kein Argument gegen die Subsumtion von Wandergaststätten unter das Recht der Wirtschaft,[622] weil sie zwar ebenfalls bundesweit aktiv werden können, aber nicht durch ständigen Ortswechsel, sondern vielmehr jeweils über stationäre Lokale.[623]

Fasst man die obigen Ausführungen zusammen, so stärkt die Föderalismusreform von **316** 2006 gerade in ihren Auswirkungen auf Art. 74 Abs. 1 Nr. 11 GG die Gestaltungsmöglichkeiten der Bundesländer auf dem Gebiet der lokalen Wirtschaft, soweit regionale Besonderheiten bestehen. Gleichzeitig führt diese Reform jenseits einer teilweise erfolgten Deregulierung[624] aber auch zu einer weiteren **Zersplitterung des Gewerberechts**. Sie muss allerdings nicht unbedingt im Lichte unionsrechtlicher Vorgaben vor allem in Form der Grundfreiheiten kontraproduktiv sein[625] oder einen Rückfall in die

---

617   Maunz/Dürig/Uhle, GG, Art. 125a Rn. 19 ff.
618   BVerfGE 145, 20, 45.
619   *Korte*, in: Korte/Repkewitz/Schulze-Werner (Hg.), GewO, 305. EL. 2017, § 55e Rn. 19 ff.
620   So aber *Degenhart*, DVBl. 2014, 416, 421 f.; *Schneider*, GewArch. 2009, 265, 270.
621   *Schönleiter*, GewArch. 2006, 371 f.
622   So aber Schmidt/Wollenschläger/*Klement*, Kompendium, § 11 Rn. 9.
623   Dazu ausf. *Korte*, in: Korte/Repkewitz/Schulze-Werner (Hg.), GewO, 237. EL 2009, vor Titel III, Rn. 154 ff.
624   *Glaser*, GewArch 2013, 1 ff.
625   *Schliesky*, 60 Jahre Grundgesetz, 2009, S. 26.

wirtschaftliche Kleinstaaterei[626] bedeuten, solange man den maßgeblichen Bezugspunkt des neuen Landesrechts in Form bestehender regionaler Spezifika nicht aus den Blick verliert. Denn dann reichen die zugehörigen Vorschriften nur so weit, wie es den Gegebenheiten vor Ort entspricht, und sind im Falle ihrer Unionsrechtskonformität Ausdruck eines Europas der Regionen.[627]

317 **b) Das Hausgut der Länder.** Zu den in Art. 74 Abs. 1 Nr. 11 GG den Ländern überlassenen Sachgebieten treten wirtschaftsrechtliche Kompetenzen hinzu, die ihnen seit jeher überantwortet sind und deshalb aufgrund von **Art. 70 Abs. 1 GG** zu deren „Hausgut" [628] zählen. Den Gebrauch dieser Zuständigkeiten stimmen die Länder bisweilen untereinander ab, z. B. indem Staatsverträge abgeschlossen werden *(s. o. Rn. 307)*. In Länderhand befinden sich namentlich das auch für die Wirtschaftsüberwachung relevante Ordnungsrecht, das Planungs-, Finanz- und Organisationsrecht, das für Genehmigungen wichtige Verwaltungsverfahrensrecht einschließlich des Gebührenrechts[629] sowie die Befugnis zur Regelung der regionalen Infrastruktur und Subventionierung. Daneben besitzen die Länder weitere eigenständige wirtschaftsverwaltungsrechtliche Regelungskompetenzen.

Beispiele: Mittelstandsförderungsgesetz; Architektengesetz; Ingenieurgesetz; Spielbankgesetz[630]; Privatrundfunkgesetz; Pressegesetz: Sparkassengesetz; Landwirtschaftskammergesetz; Fischereigesetz; Glücksspielgesetz; Heimgesetz (s. Art. 74 Abs. 1 Nr. 7 GG); Business Improvement District-Gesetz; Nichtrauchergesetz; Weiterbildungsförderungsgesetz; Gesundheits- und Verbraucherschutzgesetz; Gemeindeordnung bzw. Kommunalverfassungsgesetz, soweit es um Regeln zur wirtschaftlichen Betätigung der Kommunen geht[631]; Haushaltsgesetze als Rechtsgrundlage für die Gewährung von Subventionen *(s. o. Rn. 168)*.

318 Ferner nehmen die Bundesländer über solche Gesetze Einfluss auf das Wirtschaftsgeschehen, die primär anderen als marktbezogenen Zielsetzungen dienen – so etwa über ihr Sonn- und Feiertagsrecht oder über ihr Abfall- bzw. Kreislaufwirtschaftsrecht *(s. o. Rn. 43)*[632]. Zudem sind **landesrechtliche Steuergesetze** mit wirtschaftsregelnder Tendenz möglich, soweit sie den Anforderungen des Art. 105 Abs. 2a GG über örtliche Verbrauchs- und Aufwandsteuern entsprechen und bundesrechtlichen Steuern nicht gleichartig sind.[633] Der Anwendungsbereich dieser Verfassungsnorm hält sich in deutlichen Grenzen, weil der Bund seine Steuerkompetenzen in der Vergangenheit in umfassenden Maße ausgeschöpft hat, so dass den Ländern kaum noch Befugnisse auf diesem Gebiet bleiben.[634]

Beispiel: Die Länder besitzen die Kompetenz für die Spielvergnügungssteuer[635].

319 **c) Übergreifende Grundsätze.** Ganz allgemein gilt, dass sowohl die eher marktbezogenen, als auch die anderen Landesregelungen im Lichte des Art. 70 Abs. 1 GG nur insoweit Bestand haben können, als der Bund über keine ausschließliche Zuständigkeit verfügt (Art. 73 Abs. 1 GG), von einer ihm zustehenden konkurrierenden Kern- bzw. Erforderlichkeitskompetenz keinen Gebrauch gemacht (Art. 72 Abs. 1 GG) hat oder der Sonderfall einer Abweichungszuständigkeit gegeben ist *(s. o. Rn. 205)*. Im Übrigen gelten für die Anwendung der Länderkompetenzen die obigen Ausführungen zumin-

---

626   *Kluth* (Hg.) Föderalismusreformgesetz 2007, Art. 74 GG Rn. 39.
627   *Korte*, Standortfaktor Öffentliches Recht, 2016, S. 391 f.
628   S. zu diesem Begriff BVerfGE 87, 181.
629   BVerwG, NVwZ 2001, 330.
630   BVerwGE 96, 302, 306; BGH, NJW 1994, 1240.
631   SächsVerfGH, NVwZ 2005, 1057 f.
632   BVerwG, NVwZ 1991, 1079.
633   *Korte*, Standortfaktor Öffentliches Recht, 2016, S. 389 f.
634   *Waldhoff*, Verw 2006, 155, 169;
635   BFH, NVwZ 1990, 903; BFH, NVwZ-RR 1997, 312.

dest strukturell entsprechend, gerade was ungeschriebene Zuständigkeiten und die Zulässigkeit von Sonderabgaben angeht.

Beispiele: Die in Art. 74 Abs. 1 Nr. 11 a. E. GG angelegte Länderzuständigkeit für das Recht des Ladenschlusses erstreckt sich auf Vorschriften über den Rahmen der täglichen Verkaufszeit in Einzelhandelsgeschäften, nicht aber über die Bedingungen der Beschäftigung. Insoweit besteht auch keine Länderkompetenz kraft Sachzusammenhangs *(s. o. Rn. 308)*, weil ein Übergreifen in diese Materie ggf. zweckmäßig sein kann, aber nicht unerlässlich ist, um sinnvolle Regeln zur Ladenöffnung zu erlassen[636]; der sog. Wasserpfennig, der in manchen Bundesländern für das Entnehmen, Zutagefördern, Zutageleiten und Ableiten von Grundwasser erhoben wird, wird den verfassungsrechtlichen Vorgaben gerecht, weil er als Gegenleistung des Begünstigten für die Nutzung der knappen Ressource Wasser einzuordnen ist, daher einen Sondervorteil zugunsten einzelner Nutznießer abschöpft und damit auf einem besonderen über die Einnahmeerzielung hinausgehenden Rechtfertigungsgrund basiert *(s. o. Rn. 309)*[637].

4. Welthandelsrechtliche Ebene

Weitere wirtschaftsrechtlich relevante Vorschriften können sich aus internationalen Vereinbarungen wie dem GATT/WTO-Übereinkommen ergeben, das zahlreiche marktrelevante Materien verbindlich regelt *(s. o. § 2 VII 4 und u. § 16 VII)*. Diese Bestimmungen sind aber nicht unmittelbar anwendbar, sondern zu **transformieren**. Der dafür zuständige Hoheitsträger wird anhand der Kompetenzordnungen auf unionaler und nationaler Ebene bestimmt *(s. o. Rn. 293 ff.)*. Aus diesem Grunde lassen sich wirtschaftsvölkerrechtliche Verträge nicht per se der Zuständigkeit der Union, des Bundes oder der Länder zuordnen. **320**

5. Vollzugsebene

a) Rechtsverordnungen. Bund und Länder erlassen viele Gesetze mit wirtschaftsverwaltungsrechtlichem Inhalt, die einer **Ausfüllung** oder **Ergänzung** durch Rechtsverordnungen bedürfen. Ermächtigungen zum Erlass von Rechtsverordnungen in Bundesgesetzen (vgl. Art. 80 GG) oder in Landesgesetzen (vgl. z. B. Art. 41 NV) erleichtern und beschleunigen die Anpassung an veränderte Wirtschaftsbedingungen und Schutzbedürfnisse bestimmter Personenkreise. Sie ermöglichen so eine rasche Reaktion auf spontan auftretende Gefahren für den Wirtschaftsverkehr. Zudem ist die Möglichkeit zum Erlass von Rechtsverordnungen darauf angelegt, den Gesetzgeber von weniger wichtigen Detailregelungen zu entlasten. **321**

Zum Erlass von Rechtsverordnungen können die **Bundesregierung, Bundesminister oder die Landesregierungen** ermächtigt sein. Auf diese Weise kann regionalen und lokalen Bedürfnissen Rechnung getragen werden[638]. Aus Transparenzgründen ist teilweise die Öffentlichkeit zu beteiligen (s. etwa § 71 LFGB). Weitere Voraussetzungen insbesondere über die Bestimmtheit der zugehörigen Regelungen folgen aus Art. 80 GG *(s. o. Rn. 180)*. Unter den Voraussetzungen des Abs. 1 S. 4 ist auch eine sog. Subdelegation auf andere Stellen und ggf. auch auf eine juristische Person des öffentlichen Rechts möglich.[639] Vergleichbare Vorschriften finden sich in den Landesverfassungen. **322**

b) Satzungen. Falls Bund und Länder durch Gesetz Selbstverwaltungsträger gründen, ihnen wirtschaftsbezogene Aufgaben zuweisen und zu deren Verwirklichung hoheitliche Befugnisse verleihen, ist davon auch die Kompetenz zur Regelung eigener Angelegenheiten durch den Erlass von Satzungen umfasst. Anders als in Rechtsverordnungen sind darin Regelungen normiert, die der Satzungsgeber für seinen **eigenen Wirkungskreis** erlässt. Dadurch wird der Gesetzgeber von der Pflicht zur Berücksichtigung wirt- **323**

---

636 Vgl. BVerfGE 138, 261, 274.
637 BVerfGE 93, 319, 342 ff.
638 BVerfGE 42, 191, 203.
639 Vgl. dazu näher *Mann*, in: Sachs (Hg.), GG, 8. Aufl. 2018, Art. 80 Rn. 33 f.

schaftsspezifischer Gegebenheiten entlastet. Er kann sich stattdessen die Fachkunde des Selbstverwaltungsträgers zunutze machen und entsprechend dem Subsidiaritätsgedanken Wirtschaftsnähe schaffen, indem er die ökonomischen Kräfte zur eigenverantwortlichen Regelung ihrer Angelegenheiten aktiviert.

324 Der Satzungsgeber ist auf die Regelung seines eigenen Wirkungskreises beschränkt und muss neben den Vorgaben der Kompetenzordnung insbesondere die **Grenzen** des Gesetzesvorbehalts, des Bestimmtheitsgrundsatzes und des Wesentlichkeitsgrundsatzes einhalten. Daher bedürfen grundrechtsbeeinträchtigende Maßnahmen einer parlamentsgesetzlichen Rechtsgrundlage, können also nicht per Satzung erlassen werden. Zudem müssen die Kernfragen der betroffenen Tätigkeit durch Gesetzgebung beantworten werden; sie darf die Legislative nicht dem Satzungsgeber überantworten. Der Gesetzgeber darf sich seiner Rechtsetzungsbefugnis also nicht völlig entäußern.

Beispiel: Eine Ärztekammer ist nicht befugt, die Vorgaben für die Qualifikation zum Facharzt zu regeln, weil es sich um eine für das berufliche Fortkommen des Arztes wesentliche Frage handelt[640].

325 Auch die Kommunen sind im Rahmen ihres in Art. 28 Abs. 2 GG gewährleisteten Rechts zur **Regelung der örtlichen Angelegenheiten** befugt, durch Satzung Öffentliches Wirtschaftsrecht zu setzen *(s. o. Rn. 199 und u. Rn. 1200)*. Die darin niedergelegten Anforderungen dürfen freilich ebenfalls nur auf die Regelung eigener Angelegenheiten bezogen sein, nämlich solche der örtlichen Gemeinschaft. Im Übrigen gelten die soeben gemachten Ausführungen entsprechend, so dass auch im Falle des Erlasses kommunaler Satzungen insbesondere die Vorgaben des Gesetzesvorbehalts einzuhalten sind.

Beispiel: Gemeinden dürfen eine Zweitwohnungssteuer, weil sie die Rechtsstellung des Schuldners beeinträchtigt, aufgrund des Gesetzesvorbehalts nur dann erheben, wenn das einschlägige Landeskommunalabgabengesetz eine hinreichend bestimmte Rechtsgrundlage bietet[641].

326 c) **Verwaltungsvorschriften.** Im Unterschied zu den bisher behandelten Rechtsakten richten sich Verwaltungsvorschriften, wie schon ihr Name zeigt, primär an die Exekutive und binden diese. Sie sind namentlich im Subventions-, Technik und Finanzmarktrecht von besonderer Bedeutung und erlauben es der vorgesetzten Behörde, beim Vollzug von Wirtschaftsrecht auf ein einheitliches Verfahren oder eine einheitliche Gesetzesanwendung der untergeordneten Behörden hinzuwirken, weil sie auf dem Hierarchieprinzip basieren.[642] In der Regel entfalten Verwaltungsvorschriften, die dem Gesetzesvorrang genügen müssen *(s. o. Rn. 155)*, lediglich **Binnenwirkung** (sog. **Innenrecht**), so z. B. als Organisationsakte über Behördenstrukturen und -verfahren sowie als (norminterpretierende) Verwaltungsvorschriften, die die Auslegung von Rechtsnormen erleichtern sollen.

Beispiele: Die vom schleswig-holsteinischen Ministerium für Wissenschaft, Wirtschaft und Verkehr erlassenen allgemeinen Verwaltungsvorschriften für den Vollzug des Titels III der Gewerbeordnung (ReisegewVwV) binden die nachgeordneten Behörden als Dienstanweisung und ermöglichen so einen einheitlichen Vollzug der §§ 55 ff. GewO im Bundesland[643].

327 Ausnahmsweise können (ermessenslenkende bzw. gesetzesvertretende) Verwaltungsvorschriften **mittelbare Außenwirkung** entfalten – so wenn Grundrechte insbesondere in Form des allgemeinen Gleichheitssatzes aus Art. 3 Abs. 1 GG eine ggf. sogar antizipierte, d. h. also schon vor dem ersten Anwendungsfall bestehende Selbstbindung der Verwaltung gebieten. Die Verwaltung ist auch insoweit an den Gesetzesvorrang gebun-

---

640 BVerfGE 33, 125, 157 f.
641 S. dazu *OVG Lüneburg*, Az. 13 K 3132/96 v. 14.11.1997, Rn. 6 ff. (zitiert nach juris); vgl. auch *Kirchhof*, in: Isensee/Kirchhof, HdbStR V, 3. Aufl. 2007, § 118 Rn. 80, 90.
642 BVerfG, DVBl. 2009, 1237 ff.
643 Vgl. Amtsbl. SH 2009, 988 ff.

den, woraus zugleich folgt, dass ein rechtsfehlerhaftes Verhalten keinen Anspruch Dritter auf Gleichbehandlung begründet (keine Gleichheit im Unrecht). Genügen die Verwaltungsvorschriften dem geltenden Recht, darf entsprechend der Vorgaben des Art. 3 Abs. 1 GG *(s.u. Rn. 749 ff.)* von den darin normierten Anforderungen nur in atypischen Fällen aus sachlichen Gründen abgewichen werden. Die zugehörigen Rechtsprobleme sind vielfältig[644], bilden aber kein Spezifikum des Öffentlichen Wirtschafts-, sondern des Verwaltungsverfahrensrechts.

Beispiele: Verwaltungsvorschriften zum Straßengesetz bestimmen die Ermessenshandhabung bei gewerblichen Sondernutzungen[645] (Ermessensrichtlinien). Verwaltungsvorschriften legen die Verteilungsmaßstäbe für Subventionen fest (gesetzesvertretende Richtlinien)[646]; Verwaltungsvorschriften zur Handhabung von unbestimmten Rechtsbegriffen mit Beurteilungsspielraum (Beurteilungsrichtlinien)[647].

In seltenen Fällen können Verwaltungsvorschriften **unmittelbare Außenwirkung** entfalten. Sie konkretisieren dann ebenfalls unbestimmte Rechtsbegriffe wie den der „schädlichen Umwelteinwirkung" und füllen Beurteilungsspielräume, haben aber die Besonderheit, dass sie auf fachlicher Expertise basieren und auf Basis eines formalisierten Verfahrens zustande kommen, so dass ihnen eine erhöhte Richtigkeitsgewähr immanent ist. Diese (normkonkretisierenden) Verwaltungsvorschriften binden deshalb in den Grenzen des Gesetzesvorrangs umfassend, erlauben der Verwaltung also insbesondere keine Abweichung in atypischen Fällen. Dazu müssen sie aber veröffentlicht werden, dem Stand der Wissenschaft bzw. Technik entsprechen und auf Basis eines Beteiligungsverfahrens ergehen, das auf die Generierung des erforderlichen Fachwissens abzielt. Die näheren Einzelheiten sind auch hier eine Frage des allgemeinen Verwaltungsverfahrensrechts.[648] **328**

Beispiele: Verwaltungsvorschriften über Immissions- und Emissionswerte (normkonkretisierende Richtlinien[649]); Verwaltungsvorschriften über sozialrechtliche Pauschalierungen (anspruchsbegründende Richtlinien[650]).

6. Gesetzgebung und Gesetznehmung

Die Auflistung der diversen Rechtsetzungszuständigkeiten lässt erahnen, mit welcher Fülle und Dichte von Rechts- und Verwaltungsvorschriften der Wirtschaftsbürger rechnen und arbeiten muss. Die Vervielfältigung der Gesetzgeber und die zunehmende Verrechtlichung des Wirtschaftslebens wirken als **Rechtsetzungsfalle**, welche auch die Akzeptanz und Befolgung von Öffentlichem Wirtschaftsrecht gefährdet. Denn unübersichtliche und unverständliche Normenkomplexe verursachen unnötige Kosten und Zeitaufwand. Sie bremsen Kreativität, führen zu Hindernissen für die Erschließung neuer Märkte und schaffen Anreize zur Gesetzesumgehung. **329**

Abhilfe ist nur über Maßnahmen der **Deregulierung**, eine kooperative Rechtsetzung unter Einbeziehung der Unternehmer und Verbraucher, eine Selbstregulierung durch private Standards[651] und Code of Conducts *(s.u. Rn. 917 ff.)* oder eine **Gesetznehmung** möglich. Der damit verbundene Verzicht auf Gesetzgebung ggf. im Verbund mit deren Ersetzung durch Aktivierung privaten Sachverstands ist allerdings begrenzt durch die Gemeinwohlverantwortung hoheitlicher Entitäten. Sie darf einer Entbüro- **329a**

---

644   S. näher *Wolff/Bachof/Stober/Kluth*, VerwR I, § 24 III, IV.
645   BVerwG, NVwZ-RR 2013, 465 ff.
646   BVerwGE 58, 45; 104, 220, 222; BVerwG, NVwZ 2003, 1384 und BVerwG, DÖV 2004, 75 ff.
647   *Di Fabio*, DVBl. 1992, 1338.
648   Vgl. *Wolff/Bachof/Stober/Kluth*, VerwR I, § 24 IV.
649   Vgl. BVerwGE 55, 250; BVerwGE 107, 338, 341; BVerwG DVBl. 2007, 1564.
650   Vgl. BVerwG, DÖV 2005, 605, 606; *Saurer*, DÖV 2005, 587.
651   *Bumke/Röthel* (Hg.), Privates Recht, 2012.

kratisierung *(s. o. Rn. 90)* nicht einseitig geopfert werden, verlören die Hoheitsträger doch anderenfalls weite Teile ihrer Daseinsberechtigung.

II. Rechtsprechungszuständigkeiten

330 In einer rechtsstaatlich ausgerichteten und marktwirtschaftlichen Rechtsordnung müssen private Wirtschaftssubjekte gerichtlich gegen Verwaltungsmaßnahmen und in gewissen Grenzen[652] auch gegen Gesetzgebungsakte vorgehen können. Die prozessuale Geltendmachung subjektiv-öffentlicher Wirtschaftsrechte *(s. u. Rn. 561)* ist die **Krönung des Rechtsstaates** und die Nagelprobe für die Leistungs- und Funktionsfähigkeit des Öffentlichen Wirtschaftsrechts. Die Entscheidung über die Existenz solcher Rechtspositionen ist Aufgabe der Rechtsprechung. Sie hat das Öffentliche Wirtschaftsrecht auszulegen, anzuwenden und gegebenenfalls fortzubilden[653]. Dieser Auftrag verpflichtet dazu, die wirtschaftsrelevanten Einzelmaßnahmen auf ihre Vereinbarkeit mit den jeweils maßgeblichen Rechtsnormen und etwa einschlägigen höheren Recht (Art. 19 Abs. 1 EUV, 20 Abs. 3 GG) zu überprüfen und effektiven Rechtsschutz (Art. 41 EU GR Charta, Art. 19 Abs. 4 GG) zu gewähren[654].

331 Für die Umsetzung dieser Vorgaben sind auf internationaler Ebene neben den im Welthandelsrecht vorgesehenen Streitschlichtungsorganen[655] vor allem die Unions- und Konventionsgerichtsbarkeit sowie auf nationaler Ebene die Verfassungs- und Verwaltungsgerichtsbarkeit zuständig. Deren **Verantwortungsbereiche** hängen vom jeweils einschlägigen Rechtssystem ab. Während die Unionsgerichtsbarkeit auf die Wahrung des Primär und Sekundärrechts *(s. o. Rn. 47)* sowie des daraus abgeleiteten Tertiärrechts verpflichtet ist, ist die Verfassungsgerichtsbarkeit immer dann aktiv, wenn es um Verletzungen des Grundgesetzes geht und der einfachgerichtliche Rechtsschutz versagt (hat). Die Verwaltungsgerichte handeln demgegenüber aufgrund von § 40 Abs. 1 VwGO im Falle öffentlich-rechtlicher Streitigkeiten nicht verfassungsrechtlicher Art. Hinzu tritt der *EGMR*, soweit es um eine Verletzung der Rechte aus der EMRK geht und der nationale Rechtsweg erschöpft ist.

332 Zwischen den verschiedenen Gerichtsebenen existieren **Verbindungslinien,** die der einheitlichen Auslegung der jeweiligen Rechtsordnung dienen sollen: So ermöglicht das Vorabentscheidungsverfahren aus Art. 267 AEUV eine Vorlage nationaler Rechtsstreitigkeiten, soweit deren Ausgang vom Einfluss des Unionsrechts abhängt, weil dessen Auslegung oder die Vereinbarkeit von Sekundärrecht mit dem Primärrecht fraglich ist. Auf nationaler Ebene können die Gerichte das *BVerfG* im Rahmen der konkreten Normenkontrolle (Art. 100 GG) die Verfassungskonformität des einfachen Rechts überprüfen lassen, soweit sie von dessen Verfassungswidrigkeit überzeugt sind und das in Streit stehende Problem entscheidungserheblich ist. Sind innerstaatliche Rechtsbehelfe erschöpft, kann schließlich eine Verletzung der EMRK vor dem *EGMR* gerügt werden. Alle drei Gerichte haben damit in ihrem Verantwortungsbereich die Deutungshoheit über ihre Rechtsordnung.[656]

333 Hinzuweisen ist noch darauf, dass ein effektiver Rechtsschutz im Hauptsacheverfahren ggf. zu spät kommen kann, insbesondere weil bis zur endgültigen Entscheidung ggf. über mehrere Instanzen Erledigung droht. Daher bestehen sowohl auf Unionsebene

---

652 Vgl. dazu z. B. *Meyer* LKV 1997, 16 ff.
653 BVerfG, NJW 2010, 3422, 3424.
654 BVerfGE 96, 27, 39; BVerfG, NJW 2001, 214; BGH, NJW 2008, 667; BVerfG NVwZ 2013, 1481, 1484.
655 *Reinisch*, in: Tietje (Hg.), Internationales Wirtschaftsrecht, § 16.
656 Ausf. zum Ganzen *Voßkuhle* NVwZ 2010, 1 ff.

(vgl. Art. 279 AEUV) als auch auf nationaler Ebene (vgl. §§ 80 Abs. 5, 123 VwGO) sowie auf Ebene der EMRK (vgl. Art. 39 VerfO EGMR) Möglichkeiten für **einstweilige Anordnungen**. Sie hängen in der Regel von einer Abwägung der widerstreitenden Interessen im Lichte der Folgen der möglichen Entscheidungen für die Betroffenen ab und gelten bis zur endgültigen Klärung der Rechtssache. Die Vorläufigkeit der einstweiligen Anordnungen beeinflusst die Möglichkeiten und Grenzen der Beteiligung der Unions- und Verfassungsgerichte im Rahmen etwaiger Vorlageverfahren.[657]

Beispiel: Aus der Berufsfreiheit *(s. u. Rn. 607)* ergibt sich für abgelehnte Marktstandbewerber ein Anspruch auf Eilrechtsschutz, weil sie andernfalls auf nachträgliche Fortsetzungsfeststellungsklagen oder die Geltendmachung von Schadensersatzansprüchen angewiesen sind und ihr Hauptziel der Marktzulassung aufgrund von Erledigung nicht mehr erreichen können[658].

Vierter Abschnitt: Das Recht der Binnen- und Außenwirtschaft

Die Erörterung wirtschaftsrechtlich relevanter Verfassungsprinzipien und -zuständig- **334** keiten hat nur ansatzweise Auskunft über den **räumlichen bzw. geografischen Geltungsbereich** des Öffentlichen Wirtschaftsrechts gegeben, obwohl dessen Erlass und Vollzug Ausdruck von Hoheitsgewalt sind, deren Wirkung traditionell auf das jeweilige Staats- bzw. Hoheitsgebiet beschränkt ist.[659] Um diese Lücke zu schließen, lassen sich mit dem Binnen- und Außenwirtschaftsrecht zwei Bereiche des Öffentlichen Wirtschaftsrechts in Abhängigkeit danach differenzieren, ob sich die von einer Vorschrift erfassten Wirtschaftsbeziehungen auf das Inland beschränken oder darüber hinausgehen und auch grenzüberschreitende Sachverhalte erfassen. Dass auch solche Regeln Teil des Öffentlichen Wirtschaftsrechts sind, folgt aus der im Grundgesetz angelegten Grundentscheidung für eine offene Wirtschaftsverfassung *(s. o. Rn. 118 ff.)* und einen offenen Handelsstaat *(s. o. Rn. 68)*. Das damit zugleich verbundene Bekenntnis zur individuellen Wirtschaftsfreiheit darf allerdings nicht das öffentliche Interesse an einer gemeinwohldienlichen Steuerung der Wirtschaft nach innen und außen unbeachtet lassen. Den daraus resultierenden Herausforderungen widmen sich das Binnenmarkt- und das Welthandelsrecht, deren Regelungen erhebliche Folgen für ökonomische Grundentscheidungen (z. B. Aufbau von ausländischen Niederlassungen und von Geschäftsbeziehungen mit ausländischen Wirtschaftsakteuren) im Bereich des internationalen Wirtschaftsverkehrs haben *(s. o. Rn. 76, 79)*, zumal sich insbesondere multinational verflochtene und agierende Unternehmen der rechtlichen Zuordnung zu einem bestimmten Staat entziehen können *(s. o. Rn. 69)*.

§ 14 Räumliche Reichweite und Einflussbereiche der Rechtsebenen

Um die Reichweite des Öffentlichen Wirtschaftsrechts zu ergründen, ist zwischen dem **335** räumlichen Geltungsbereich des Rechts der Binnenwirtschaft und der Außenwirtschaft zu differenzieren. Da gerade die Regeln über den internationalen Wirtschaftsverkehr auf völkerrechtlichen Vereinbarungen beruhen, lohnt sich insoweit auch eine Erörte-

---

657   Vgl. dazu *Epiney*, in: Bieber/Epiney/Haag/Kotzur, Die Europäische Union, 12. Aufl. 2016, § 8 Rn. 26.
658   BVerfG, DVBl. 2003, 257 ff.
659   *Wolff/Bachof/Stober/Kluth*, VerwR I, § 27 Rn. 17.

rung der Frage, wer für deren Abschluss zuständig ist und welche wirtschaftsvölkerrechtlichen Verträge derzeit überhaupt existieren.

I. Binnenwirtschaft

336 Binnenstaatlich orientiert sich die Reichweite des Wirtschaftsgebiets zunächst am Bundesstaatsprinzip, das aber weder über den Begriff des Staats- noch des Wirtschaftsgebiets Auskunft gibt. Daher ist auf allgemeine Verfassungs- und Völkerrechtsgrundsätze
sowie auf zwischenstaatliche Vereinbarungen zurückzugreifen. Auf deren Basis kann
man die maßgeblichen Grenzen des bundesdeutschen Wirtschaftsgebiets anhand natürlicher Bezugspunkte, hoheitlicher Festlegungen oder zwischenstaatlicher Vereinbarungen bestimmen.[660]

Beispiel: Die äußerste Grenze einer Hoheitszone bestimmt sich dann, wenn sie sich mit den
Hoheitszonen anderer Staaten überlagert, nicht nach abstrakten Vorgaben, sondern muss im
Wege einer bi- bzw. multilateralen Vereinbarung der betroffenen Staaten anhand des Maßstabs
der Billigkeit festgelegt werden.[661]

1. Natürliches Wirtschaftsgebiet

337 Das natürliche Wirtschaftsgebiet wird, soweit es um die Ausübung von Hoheitsbefugnissen geht, in mehrere Zonen eingeteilt, die infolgedessen auch für den Anwendungsbereich des Öffentlichen Wirtschaftsrechts maßgeblich sind. Die relevanten Rechtsvorschriften finden sich insbesondere im UN-Seerechtsübereinkommen[662] (UN-
Convention on the Law of the Seas – SRÜ) sowie im Binnenmarktrecht (z. B. Zollkodex), ergeben sich in Teilen aber ggf. auch aus der jüngeren Staatenpraxis.

338 a) Staatsgebiet. Zum Staatsgebiet gehören das **Festland einschließlich der Binnenge-
wässer bis zur Küstenlinie**, die entlang der durchschnittlichen Niedrigwasserlinie (sog.
normale Basislinie) verläuft (Art. 5 SRÜ, § 1 Abs. 1 Nr. 1a WHG, Art. 3 Abs. 3 Zollkodex)[663]. Darüber hinaus ist das Küstenmeer innerhalb der auch von der Bundesrepublik beanspruchten sog. Dreimeilenzone Bestandteil des Staatsgebietes. In dieser
Zone besitzt der Staat auch nach Völkergewohnheitsrecht[664] uneingeschränkte Hoheitsbefugnisse gegenüber jedem Wirtschaftsteilnehmer. Nach Art. 3 SRÜ können Küstenstaaten ihre Küstengewässer auf zwölf Seemeilen ausdehnen. Davon hat die Bundesrepublik Gebrauch gemacht[665].

339 b) Wirtschaftsgebiet. Darüber hinaus ist die sog. Angrenzerzone (**Anschlusszone**), die
nach Art. 33 Abs. 2 SRÜ vom Küstenstaat bis zu 24 Seemeilen ausgedehnt werden
kann und nicht mehr zum Staatsgebiet zählt, Teil des Wirtschaftsgebiets des Küstenstaats. Innerhalb dieser Zone darf der Küstenstaat nach Maßgabe insbesondere der
Art. 33, 111, SRÜ, des § 1 Nr. 3 ff. SeeAufgG und des Art. 8 VO Nr. 656/2014 bestimmte Hoheitsrechte wahrnehmen, die primär der Gefahrenabwehr auf den Gebieten des Zoll-, Umwelt-, Fischerei-, Einwanderungs- und Gesundheitsrechts dienen.
Diese Befugnisse kann der Küstenstaat dann auch im Wege der Nacheile durchsetzen.[666]

---

660   *Schorkopf*, Staatsrecht der Internationalen Beziehungen, 2017, § 2 Rn. 34, 31.
661   IGH v. 20.2.1969, I.C.J. Reports 1969, S. 3 ff.
662   BGBl. II, S. 1798 ff. und VO v. 4.10.1994, BGBl. II, S. 2565; s. näher *Häußler*, JA 2002, 817 f.
663   S. zur Bestimmung der Basislinie BVerfG, NVwZ-RR 1992, 521; *Gloria*, in: Ipsen, Völkerrecht,
      5. Aufl., § 52 III.
664   EuGH, NVwZ 2012, 226 Rn. 103 ff.
665   Beschluss v. 18.11.1984, BGBl. I, S. 1366 u. v. 11.11.1994, BGBl. I, S. 3428; s. näher *Trümpler*, Gren-
      zen und Abgrenzungen des Küstenmeeres, 2007.
666   *Schorkopf*, Staatsrecht der Internationalen Beziehungen, 2017, § 2 Rn. 31.

Teil des Wirtschaftsgebiets des Küstenstaats ist auch die daran anschließende sog. **340** ausschließliche Wirtschaftszone (Außenwirtschaftszone), die sich nach Art. 57 SRÜ bis zu 200 Seemeilen von den Basislinien erstrecken kann und ebenfalls nicht mehr zum Staatsgebiet zählt. Gleichwohl hat der Küstenstaat dort u. a. souveräne Rechte zur Ausbeutung und Bewirtschaftung der Ressourcen einschließlich des Meeresbodens sowie bestimmte, in Art. 56 und 60 SRÜ näher beschriebene Hoheitsbefugnisse[667]. Ihn treffen aber zugleich auch Pflichten – so etwa solche zum Schutz der Meeresumwelt, so dass er Fangquoten festlegen muss. Zudem darf er anderen Staaten weder die Durchfahrt von Schiffen noch die Verlegung von Seekabeln oder Rohrleitungen dem Grunde nach versagen; etwaige Genehmigungspflichten gelten, soweit sie Ausdruck der bestehenden Souveränitätsrechte sind, allerdings auch insoweit.[668]

Beispiele: Festlegung von Raumordnungszielen[669]; Errichtung von Offshore-Windenergieanlagen[670].

Hinzu kommt schließlich der sog. **Festlandsockel**, der nach Art. 76 f. SRÜ die seewär- **341** tige Fortsetzung der Landmasse des Küstenstaates bildet. Er erstreckt sich bis zur äußeren Kante des Festlandrandes oder bis zu 200 Meilen seewärts, wenn der Meeresboden als natürliche Verlängerung des Landgebiets einzustufen ist, und kann je nach dessen geologischer Beschaffenheit auf bis zu 350 Seemeilen ausgedehnt werden und reicht dann über die Außenwirtschaftszone hinaus. In diesem Gebiet besteht ein ausschließliches Recht auf die Erforschung und Ausbeutung der natürlichen Ressourcen namentlich in Form von Mineralien. Ihm stehen aber auch die soeben beschriebenen Verpflichtungen gegenüber.[671]

c) Staatsfreies Gebiet. Im Übrigen, d. h. also im Bereich der sog. **Hohen See,** besitzt der **342** einzelne Staat grundsätzlich keine eigenständigen wirtschaftsverwaltungsrechtlichen Befugnisse mehr. Hier gilt nach Art. 87 SRÜ sowie nach Völkergewohnheitsrecht[672] der Grundsatz der Freiheit der Meere.

Beispiele: Freiheit der Fischerei, der Meeresverkabelung und -verrohrung sowie Freiheit der Schifffahrt.

Diese Freiheit steht im Konflikt mit umweltrechtlichen Anforderungen[673] und dem **343** Nutzungsprinzip des „**Common heritage of mankind**", das nach Art. 136 f. SRÜ für den Tiefseeboden gilt[674]. Dementsprechend wurde das Gesetz über das Verbot zur Einbringung von Abfällen und anderen Stoffen und Gegenständen in die Hohe See erlassen[675].

d) Schiffe. Schiffe, die unter der Flagge der Bundesrepublik fahren, werden nach § 3 **344** Flaggenrechtsgesetz in das Schiffsregister eingetragen, das bei den Amtsgerichten geführt wird[676]. Sie besitzen auf Grund der durch diese Registrierung erlangten **Flaggenhoheit** deutsche Staatsangehörigkeit, so dass an Bord wegen Art. 91 SRÜ und Art. 27 GG die jeweils einschlägigen Vorschriften des Öffentlichen Wirtschaftsrechts gelten.

---

667 *Czybulka,* NuR 2001, 367 ff.; *Lagoni,* NuR 2002, 121 ff.
668 *Schorkopf,* Staatsrecht der Internationalen Beziehungen, 2017, § 2 Rn. 31.
669 VO v. 10.12.2009, BGBl. I, S. 3861; Seefischereigesetz v. 22.12.2011, BGBl. I, S. 3069 ff.
670 *Dannecker/Kerth,* DVBl. 2009, 748 ff.
671 *Schorkopf,* Staatsrecht der Internationalen Beziehungen, 2017, § 2 Rn. 31.
672 EuGH, NVwZ 2012, 226 Rn. 103 ff.
673 S. *Randelzhofer,* Jura 1992, 1 ff.
674 S. näher *D. König,* Jura 1995, 127 ff.
675 Hohe-See-Einbringungsgesetz v. 25.8.1998, BGBl. I, S. 2455; s. auch BGBl. II 1998, S. 1346 ff.
676 Gesetz i. d. F. v. 26.10.1994, BGBl. I, S. 3140 ff.; Schiffsregisterordnung i. d. F. v. 26.5.1994, BGBl. I, S. 1133 ff.

Diese Schiffe unterliegen folglich auf Hoher See nach Art. 94 SRÜ der ausschließlichen Hoheitsgewalt der Bundesrepublik Deutschland als Flaggenstaat.

Beispiel: Der Betrieb einer Spielhalle auf einem unter deutscher Flagge fahrenden Schiff unterliegt der Genehmigungspflicht des § 33i GewO[677] bzw. den diese Norm ersetzenden Vorschriften des Landesrechts (vgl. Art. 74 Abs. 1 Nr. 11 a. E. GG).

345 Im Übrigen genießen die Schiffe anderer Staaten in den Hoheitszonen I und II ein Recht auf **freie Durchfahrt** (vgl. Art. 17 ff. SRÜ).[678] Gleichwohl muss ein Küstenstaat nicht tatenlos zusehen, wenn namentlich in der ausschließlichen Wirtschaftszone Rechtsverletzungen drohen. Er darf im Gegenteil einschreiten, wenn der drohende Rechtsverstoß einen unmittelbaren Seeschifffahrtsbezug aufweist, d. h. also wenn die Störung oder Gefährdung von einem Schiff aus erfolgt oder die Sicherheit von Seefahrzeugen anspricht und die übrigen Vorgaben der behördlicherseits heranzuziehenden Rechtsgrundlage vorliegen.

Beispiel: Werden von einem Schiff, das unter fremder Flagge fährt, Steine abgeworfen, um dafür zu sorgen, dass am Ort des Abwurfs kein Sand- und Kiesabbau sowie keine Schleppnetzfischerei mehr betrieben werden kann, können ggf. Maßnahmen ergriffen werden, um zu verhindern, dass sich dort Fischer an den Steinen verfangen und kentern[679].

346 Neben dem bei den Amtsgerichten geführten Schiffsregister besteht ein **Internationales Seeschifffahrtsregister** (sog. Zweites Schiffsregister), das vom Bundesminister für Verkehr geführt wird. Dieses Register will, nachdem das seevölkerrechtliche Erfordernis eines „genuine link" zwischen Schiff und Flaggenstaat kaum Besserungen brachte,[680] den Anreiz zum „Ausflaggen" aus Kostengründen verhindern, indem Arbeitsverhältnisse von Besatzungsmitgliedern nicht schon auf Grund der Tatsache, dass das Schiff die Bundesflagge führt, deutschem Recht unterliegen[681]. Dazu knüpft es an Änderungen des Seearbeitsrechts an, die für einfache Matrosen ein Abweichen vom deutschen Tarifrecht gestatten.[682]

347 e) **Luftfahrzeuge.** Der Luftraum über dem Landgebiet und dem Küstenmeer, nicht aber über dem Wirtschaftsgebiet ist nach Art. 3 Abs. 3 Zollkodex sowie Völkergewohnheitsrecht[683] Bestandteil des Staatsgebietes bis zur Grenze der technischen Beherrschbarkeit. Diese sog. **Lufthoheit**[684] wird entweder durch den von konventionellen Flugzeugen erreichbaren Flughöhe bestimmt (dann 83 km) oder pauschal an die niedrigste stabile Erdumlaufbahn von Satelliten (dann 100 km) geknüpft.[685] Insoweit hat der Staat das in § 1c LuftVG konkretisierte Recht, über die infrastrukturelle sowie gewerbliche Nutzung des Luftraumes einschließlich der Überflugberechtigung zu bestimmen. Außerhalb des kontrollierten Luftraumes besteht das Recht zum freien Überflug[686].

348 Flugzeuge besitzen nach § 2 Abs. 5 i. V. m. § 3 LuftVG die Staatsangehörigkeit, die durch Eintragung in die nach § 3 und § 64 LuftVG vorgesehene und als Register ausgestaltete deutsche **Luftfahrzeugrolle** erlangt wird. Aus diesem Grunde gilt an Bord der dort eingetragenen Flugzeuge ähnlich wie auf in das Schiffsregister eingetragenen

---

677 OVG Hamburg, GewArch. 1992, 424.
678 *Schorkopf*, Staatsrecht der Internationalen Beziehungen, 2017, § 2 Rn. 114.
679 BVerwG, NVwZ-RR 2011, 815; s. allgemein dazu *Schladebach/Esau*, DVBl. 2012, 475 ff.
680 *Schorkopf*, Staatsrecht der Internationalen Beziehungen, 2017, § 2 Rn. 119.
681 BVerfG, NJW 1995, 233 ff. und dazu *Lagoni*, JZ 1995, 499 ff.
682 *Schorkopf*, Staatsrecht der Internationalen Beziehungen, 2017, § 2 Rn. 120.
683 EuGH, NVwZ 2012, 226 Rn. 103 ff.
684 Vgl. *Schladebach*, Lufthoheit, 2014, S. 179 ff.
685 *Schorkopf*, Staatsrecht der Internationalen Beziehungen, 2017, § 2 Rn. 39.
686 *Maleev*, Internationales Luftrecht, 1990, S. 47 ff.; *Lübben*, Recht auf freie Benutzung des Luftraumes, 1993.

Schiffen das Öffentliche Wirtschaftsrecht. Diesem Gedanken entspricht § 1a Abs. 1 LuftVG, wonach deutsches Luftverkehrsrecht prinzipiell auch außerhalb des deutschen Hoheitsgebietes anzuwenden ist. Gleichwohl hat der Heimatstaat eines Flugzeugs anders als im Falle eines Schiffs nicht die exklusive Hoheitsgewalt inne, so dass sich die Gebietshoheit eines Staates in Anknüpfung an den Gedanken der Lufthoheit auch auf die Flugzeuge erstrecken kann, die sein Territorium überfliegen.[687]

Beispiel: Der Flugkapitän hat das Recht, nach § 12 Abs. 1 LuftSiG geeignete Maßnahmen zur Aufrechterhaltung der Sicherheit und Ordnung an Bord zu treffen *(s. u. Rn. 1186)*. Nach § 1a Abs. 2 LuftVG gilt ausländisches Recht im deutschen Luftraum nur, soweit es deutschem Recht nicht entgegensteht.

Die so beschriebenen Grundsätze beruhen auf internationalen Vereinbarungen: So regelt das **Chicagoer Abkommen** über die internationale Zivilluftfahrt[688] die Ausübung von Hoheitsrechten in fremdem Luftraum, indem durch die Regeln zur territorialen Souveränität am Boden auf den Luftraum übertragen werden. Deshalb bedarf es grundsätzlich einer Erlaubnis zum Überflug ohne Landung, die über eine völkerrechtliche Transitvereinbarung erteilt wird. Zudem finden sich in diesem Abkommen weitere Bedingungen des internationalen Flugverkehrs; Notlanderechte treten hinzu[689]. **349**

Demgegenüber befasst sich das **Montrealer Übereinkommen** mit der Vereinheitlichung der Vorschriften über die Haftung im Falle einer Beförderung im internationalen Luftverkehr[690]. Konkret geht es darin um die Ersatzpflichten des Luftfrachtführers für Schäden, die an Personen, an deren Gepäck oder an Frachtgütern entstehen. Dadurch leistet dieses Abkommen einen Beitrag zur geordneten Entwicklung des internationalen Luftverkehrs sowie zur reibungslosen Beförderung von Reisenden und damit auch zum Verbraucherschutz. **350**

f) Weltraum. Angesichts der fortschreitenden Raumfahrttechnik gerät auch die ökonomische Nutzung des Weltraumes in den Blick[691]. Der Weltraum **beginnt** dort, wo der Luftraum endet und damit entweder bei der maximalen Flughöhe eines konventionellen Luftfahrzeugs oder bei der frühestmöglichen Flughöhe eines Satelliten *(s. o. Rn. 347)*. Denkbar ist es auch, die niedrigere Grenze anzuerkennen und darüber eine Zwischenzone bis zur frühestmöglichen Satellitenflughöhe zu etablieren, in der die staatlichen Befugnisse denen in der seerechtlichen Anschlusszone *(s. o. Rn. 339)* entsprechen könnten.[692] **351**

Innerhalb des Weltraums bestehen staatliche Hoheitsrechte grundsätzlich nicht. Dessen friedliche Nutzung gehört stattdessen vielmehr zum gemeinsamen Erbe der Menschheit. Die rechtlichen Grundlagen für die Nutzung des Weltraums finden sich im sog. **Weltraumvertrag** vom 27.1.1967. Sie werden sicherlich umso relevanter, je weiter die Raumfahrttechnik und die Entwicklung anderer Techniken voranschreiten.[693] **352**

Beispiele: Rundfunk- und Telekommunikationssatelliten, Erdfernerkundung[694].

g) Virtueller Raum. Auch im virtuellen Raum, in dem letztlich weltweit digitalisiert kommuniziert werden kann, gelten die obigen Ansätze entsprechend. Aus diesem **353**

---

687 Vgl. dazu *Schorkopf*, Staatsrecht der Internationalen Beziehungen, 2017, § 2 Rn. 121.
688 Abk. v. 7.12.1944, BGBl. II 1956, S. 411 ff.
689 S. näher *Häußler*, JA 2002, 817, 820 ff.
690 S. Gesetz zu dem Montrealer Übereinkommen v. 6.4.2004, BGBl. II, S. 458 ff.
691 S. *von Kries/Schmidt-Tedd/Schrogl*, Grundzüge des Raumfahrtrechts, 2002; *Häußler*, JA 2002, 817, 822 ff.
692 Ausf. dazu *Schladebach*, Lufthoheit, 2014, 155 ff.
693 *Schorkopf*, Staatsrecht der Internationalen Beziehungen, 2017, § 2 Rn. 121.
694 Ausf. dazu *Schladebach*, Lufthoheit, 2014, S. 280 f.

Grunde kommt es in einem ersten Zugriff auf den Standort der **maßgeblichen Netzinfrastruktur** (Server o. ä.) an, um zu ergründen, ob das Öffentliche Wirtschaftsrecht anwendbar ist oder nicht. Befindet sie sich nicht auf bundesdeutschem Hoheitsgebiet lassen sich die hiesigen Gemeinwohlinteressen nur durchsetzen, indem an die Auswirkungen der jeweiligen Tätigkeit angeknüpft wird.[695]

2. Wirtschaftsgebiet kraft Vereinbarung oder Gesetz

354 Neben dem natürlichen steht das Wirtschaftsgebiet kraft Vereinbarung und kraft Gesetzes, bei dem politische und wirtschaftliche Grenzen auseinanderfallen. Man denke nur an Regelungen des Zoll-, Steuer- (§ 1 Abs. 2 UmsatzsteuerG) und des Seerechts, die für den Außenhandel bestimmte **Freizonen** und **Freilager** festlegen. Dabei handelt es sich nach Art. 166 Zollkodex um Teile des Zollgebietes oder um in einem Zollgebiet gelegene Räumlichkeiten (Freilager), die vom übrigen Zollgebiet getrennt sind (s. auch § 2 Abs. 11 AWG).

354a Nach Art. 243 Abs. 1 Zollkodex ist nicht die Union, sondern sind die Mitgliedstaaten für ihr Hoheitsgebiet befugt, bestimmte Bereiche zu Freizonen zu erklären bzw. als Freilager zu bewilligen. Soweit Waren aus Drittstaaten in eines dieser Gebiete eingeführt werden, werden sie so behandelt, als befänden sie sich im Hinblick auf die Erhebung von Einfuhrabgaben und die Anwendung handelspolitischer Maßnahmen **nicht im Zollgebiet**. Durch die damit verbundenen Befreiungen können Waren gelagert, weiterverarbeitet oder veredelt werden, ohne dass zusätzliche Kosten anfallen.

II. Außenwirtschaft

355 Das Gegenstück zum Binnen- bildet das Außenwirtschaftsrecht. Es regelt Umfang und Grenzen des Wirtschaftsverkehrs mit fremden Wirtschaftsgebieten, bildet also den maßgeblichen Ordnungsrahmen für den **Wirtschaftsverkehr mit dem Ausland** und bezieht sich damit auf sämtliche Normen und Maßnahmen, die Regelungen über den grenzüberschreitenden Güter- und Dienstleistungs-, Personen- und Kapitalverkehr treffen *(s. o. Rn. 79)*. Wegen der prinzipiellen Offenheit des Grundgesetzes für den Wirtschaftsverkehr mit anderen Staaten, ist Deutschland in verschiedener Form welt- und europaweit eingebunden.

1. Die Formen internationaler Integration und ihre verfassungsrechtliche Basis

356 Aus einer **ökonomischen Perspektive** lassen sich mehrere zwischenstaatliche Integrationsstadien differenzieren. Sie beginnen mit der internationalen Kooperation, die Handelsschranken auf bi- bzw. multilateraler Ebene abbauen will und entwickeln sich dann in Form einer Integration im engeren Sinne von einer Freihandelszone, die solche Schranken beseitigen soll, über eine Zollunion mit einer übergreifenden Außenhandelspolitik auf einen Gemeinsamen Markt, der nicht nur den freien Waren-, sondern auch den freien Dienstleistungs-, Arbeitskräfte- und Kapitalverkehr ermöglicht. Daran schließt dann die durch eine Vergemeinschaftung bestimmter Politikbereiche geprägte Wirtschaftsunion an, die schließlich unter der Voraussetzung zur Vollunion wird, dass alle wirtschaftspolitischen Entscheidungen zentral getroffen werden.[696]

357 Die **Teilnahme Deutschlands** an den so beschriebenen wirtschaftspolitischen Integrationsprojekten beruht, soweit es um die Mitwirkung im Rahmen der EU geht, auf Art. 23 GG als insoweit maßgebliche Kompetenzgrundlage auch für die Übertragung

---

695 Siehe dazu *Schorkopf*, Staatsrecht der Internationalen Beziehungen, 2017, § 2 Rn. 122 ff.
696 *Wagener/Eger*, Europ. Integration, 3. Aufl. 2014, S. 259 ff.; *Korte*, Standortfaktor Öffentliches Recht, S. 134 f.

von Hoheitsrechten *(s. o. Rn. 68)*.[697] Im Übrigen kann Deutschland, soweit es seine Außenkompetenzen nicht auf die EU übertragen hat, nach Maßgabe der Art. 24, 32, 59 GG wirtschaftsvölkerrechtliche Vereinbarungen treffen. Sie bedürfen dann aber der Transformation in nationales Recht, damit sie zugunsten der darin adressierten Wirtschaftsakteure unmittelbare Rechtswirkungen erzeugen, und stehen im Rang auf der Ebene des Umsetzungsgesetzes *(s. o. Rn. 77)*.[698] Verletzen solche Abkommen das Verfassungsrecht, sind sie gleichwohl nach außen wirksam (vgl. Art. 27, 46 Abs. 2 WVK).[699]

2. Integration auf europäischer Ebene

Der Integrationsstand auf europäischer Ebene ist im internationalen Vergleich besonders hoch; ihn prägt ein vielfältiges Geflecht aus Vereinbarungen auf zwischenstaatlicher Ebene.   **358**

a) Der EU-Binnenmarkt. An dessen Spitze steht die Verwirklichung des Binnenmarktes durch die EU.   **359**

aa) Wirtschaftsgebiet der EU. Die räumliche Komponente des EU-Wirtschaftsgebietes kommt in Art. 26 Abs. 2 AEUV zum Ausdruck. Danach umfasst der **Binnenmarkt einen Raum ohne Binnengrenzen.** Er erstreckt sich auf das Hoheitsgebiet sämtlicher Mitgliedstaaten, die in Art. 52 EUV aufgeführt sind, und wird in Art. 355 AEUV für bestimmte Gebiete ggf. modifiziert. Innerhalb dieses Raums unterliegt wirtschaftliches Handeln den Vorgaben des Unionsrechts, was die Kosten eines grenzüberschreitenden Engagements verringert und es planbarer macht. Der räumliche Geltungsbereich der Verträge ist nicht für alle Zeit festgeschrieben, sondern Kürzungen – so durch den BREXIT (vgl. Art. 50 Abs. 3 EUV)[700] – und Weitungen durch (antragsgebundene) Neuaufnahmen zugänglich, sofern die Vorgaben des Art. 49 EUV (europäischer Staat, Einhaltung der in Art. 2 EUV normierten Werte, marktwirtschaftlich orientierte Rechtsordnung, Übernahme des sog. acquis[701]) eingehalten werden. Betrachtet man die an der EU beteiligten Mitgliedstaaten aus einer übergreifenden Perspektive, entsteht eine gemeinsame Außengrenze, die grundsätzlich über den jeweils zuständigen Mitgliedstaat verwaltet wird, insoweit aber auch für unionsrechtliche Einflüsse offen ist.   **360**

Beispiel: Die Europäische Agentur für die Grenz- und Küstenwache (FRONTEX) koordiniert die Kontrolle der Außengrenzen durch die Mitgliedstaaten und unterstützt sie dabei, auch um Wirtschaftsflüchtlinge möglichst früh identifizieren zu können.

Eine weitere Konsequenz des Binnenmarktes ist eine **einheitliche Zollunion nach innen und außen** (Art. 30 ff. AEUV). Daher entfallen zum einen etwaige Zollschranken zwischen den Vollmitgliedern der EU. Hinzu kommen zum anderen aber auch gemeinsame Regeln nach außen für die zollrechtliche Abwicklung des Warenverkehrs zwischen der Union und Drittländern (s. zu diesem Begriff Art. 2 Abs. 8 AWG). Die zugehörigen Einzelheiten sind im Gemeinsamen Zolltarif, der Art und Höhe der Zölle regelt (Art. 31 AEUV), sowie im sog. Zollkodex niedergelegt. Er enthält die zollverwaltungsbezogenen Vorschriften über die Art und Weise der Zollerhebung, das Zollschuldrecht, das Zollverfahren, den Rechtsschutz und die Zusammenarbeit der nationalen Zollverwaltungen. Seit 2016 gilt der Modernisierte Unionszollkodex, der die   **361**

---

697 *Jarass,* in: Jarass/Pieroth (Hg.), GG, 14. Aufl. 2016, Art. 23 Rn. 21 ff.
698 *Kunig,* in: Vitzthum/Proelß (Hg.), Völkerrecht, 6. Aufl. 2013, S. 61.
699 *von Heinegg,* in: Ipsen (Hg.), Völkerrecht, 6. Aufl. 2014, § 16 Rn. 19 f.
700 Zu den damit verbundenen Problemen *Kotzur/Waßmuth,* JZ 2017, 489 ff.
701 Ausf. zum Ganzen *Pechstein,* in: Streinz (Hg.), EUV/AEUV, 2. Aufl. 2012, Art. 49 EUV Rn. 2 ff.

Übersichtlichkeit der Rechtslage steigern sowie der Verfahrensvereinfachung und -beschleunigung dienen soll.[702]

362   Vom Kreis der beteiligten Mitgliedstaaten ist auch die **Reichweite des hoheitlichen Einflusses** der EU **auf die Bewirtschaftung des Luftraums**[703] **und der Meere** abhängig. Entsprechende Regelungsmöglichkeiten besitzt die EU auf Basis des Art. 100 Abs. 2 AEUV (Seeschifffahrt und Luftfahrt) sowie auf Basis der Art. 41, 38 Abs. 2 S. 3 AEUV (Fischerei). Daran anknüpfend wurde zur Nutzung der Küstenmeere eine Fischereigrenze von 200 Seemeilen errichtet[704], in der der Fischfang den Fischern aus der EU vorbehalten ist. Zusätzlich wurde im Interesse einer rationalen und dauerhaften Bewirtschaftung der Fischressourcen auf der Grundlage des Art. 38 AEUV ein internes Fischereiregime mit verbindlichen Fangquoten geschaffen[705]. Es legt die Gesamtfangmengen für bestimmte Fischbestände fest, teilt sie auf die Mitgliedstaaten auf und regelt die Befischungsbedingungen[706].

363   Eine deutliche **Erweiterung** hat das Wirtschaftsgebiet der EU im Zuge der politischen und ökonomischen Öffnung der ehemaligen **europäischen Ostblockländer** erfahren. Sie waren seit 1959 sozusagen als dritter Wirtschaftsblock neben EG und EFTA im Rat für gegenseitige Wirtschaftshilfe (RGW) – auch COMECON genannt – organisiert. Nachdem sich der RGW im Jahre 1991 auflöste, bestand die Notwendigkeit, die osteuropäischen Staaten bei dem Übergang von der Plan- in die Marktwirtschaft (*s. o. Rn. 93*) zu unterstützen[707]. Das ist mittlerweile für zahlreiche Staaten gelungen, die zum 1.5.2004 Mitglieder der EU wurden. Zum 1.7.2013 ist Kroatien der EU beigetreten; für dessen Mitgliedschaft gelten derzeit noch Übergangsregeln, nach denen die anderen Mitgliedstaaten für von dort stammende Wirtschaftsakteure in den Grenzen unionaler Vorgaben Sonderregeln festlegen dürfen.[708] Sie bestehen in Deutschland seit dem 1.7.2015 für kroatische Staatsbürger nicht mehr.[709]

364   **bb) Außenwirtschaft der EU.** Binnenmarkt und Zollunion werden durch die Befugnis der EU zur Regelung der außenwirtschaftlichen Verhältnisse flankiert. Insoweit besteht wegen Art. 3 Abs. 2 AEUV eine **ausschließliche Aushandlungs- und Abschlusskompetenz der Union** für den Abschluss internationaler Übereinkünfte. Die genaue Reichweite dieser Kompetenz folgt gemäß Art. 2 Abs. 6 AEUV aus Art. 216 Abs. 1 AEUV. Diese Norm erlaubt der Union den Abschluss wirtschaftsvölkerrechtlicher Vereinbarungen, wenn ihr die EU-Verträge eine entsprechende Befugnis zuweisen. Zu dieser expliziten Vertragsschlusskompetenz treten implizite hinzu. Sie sind angesprochen, wenn eine internationale Übereinkunft zur Realisierung von Unionszielen erforderlich ist oder wenn ein Sekundärrechtsakt die Union dazu ermächtigt. Hinzu kommt der im Wortlaut des Art. 216 Abs. 1 AEUV etwas verklausulierte Fall, dass ein Vorgehen der Mitgliedstaaten die Wirksamkeit des Unionsrechts beeinträchtigen könnte, in dem die letzte Variante dieser Vertragsvorschrift (Änderung des Anwendungsbereichs des

---

702   Ausf. dazu *Epiney*, in: Bieber/Epiney/Haag/Kotzur, Die Europäische Union, 12. Aufl. 2016, § 11 Rn. 11 ff.
703   VO v. 10.3.2004, ABl. EG Nr. L 96, 1 ff.; *J. Scherer*, in: FS für Zuleeg, 2005, 456 ff.; ders., EuZW 2005, 268 ff.
704   BGBl. 1976 II, S. 1999.
705   S. *H. Schneider*, Die gemeinsame Fischereipolitik der Europäischen Gemeinschaften, 1988 und VO Nr. 3074/95 v. 22.12.1995, ABl. Nr. L 330 v. 30.12.1995; Seefischereigesetz BGBl. I 1998, S. 1791 ff.
706   Seefischereigesetz v. 22.12.2011, BGBGl. I, S. 3069 ff.
707   BT-Ds. 12/1618, S. 216.
708   Vgl. dazu allg. *Cornelius*, Kompass/KBS 2014, Nr. 3/4, 12 ff. oder *Seifert*, DStZ 2014, 837 ff.
709   S.   www.bundesregierung/Content/DE/Artikel/2015/06/2015-06-17-arbeitnehmerfreizügigkeit-kroatien.html (03/2018).

Unionsrechts) aufgeht.[710] Soweit eine dieser Voraussetzungen vorliegt, folgen die Außen- letztlich den Innenkompetenzen der EU.

Die damit umfassend ansetzende EU-Außenzuständigkeit geht zurück auf die sog. **365** **AETR-Rechtsprechung des EuGH**[711], die er durch verschiedene Folgejudikate weiter verfeinert hat[712]. Diese Spruchpraxis ist in Art. 3 Abs. 2 AEUV zu geltendem Recht erstarkt und dient im Zweifel als Auslegungsleitlinie für diese Vertragsvorschrift[713]. Sie basiert maßgeblich auf dem Gedanken, dass die Mitgliedstaaten nicht die Wirksamkeit des Unionsrechts durch eigene völkerrechtliche Vereinbarungen beeinträchtigen können sollen. Diese Gefahr besteht nach der Unionsgerichtsbarkeit immer dann, wenn sich der avisierte völkerrechtliche Vertrag auf Bereiche bezieht, die bereits weitgehend unionsrechtlich normiert sind oder für die eine solche Überformung konkret absehbar ist, was vor allem von Umfang und Inhalt des bestehenden bzw. avisierten Rechts abhängt.[714] Ein solcher (konkret absehbarer) Sekundärrechtsakt ist nur verzichtbar, wenn sich die Unionsziele nicht durch ein Vorgehen auf Unionsebene verwirklichen lassen, insbesondere weil der Kreis der Betroffenen über den der Mitgliedstaaten hinausgeht. Diese Konstellation ist in Art. 216 Abs. 1 AEUV (Erforderlichkeit im Lichte von Unionszielen) eigens aufgeführt.

Vergleicht man **Art. 3 Abs. 2 und Art. 216 Abs. 1 AEUV**, fallen **Wortlautunterschiede** **366** auf, so dass für die Reichweite der Außenkompetenzen der Union wegen Art. 2 Abs. 6 AEUV die Zuständigkeitsnorm des Art. 216 Abs. 1 AEUV relevant ist, während die Frage nach der Ausschließlichkeit dieser Kompetenz anhand des Art. 3 Abs. 2 AEUV bestimmt werden muss. Soweit Außenzuständigkeiten der Union (anderswo) in den Verträgen vorgesehen sind, sind sie also ihrerseits den in den Art. 3 ff. AEUV normierten Sachbereichen zuzuordnen. Für die gemeinsame Handelspolitik – dahinter verbergen sich nach Art. 207 Abs. 1 AEUV Abkommen zur Änderung von Zollsätzen, zum Handel mit Waren und Dienstleistungen, zu Handelsaspekten des geistigen Eigentums, zu ausländischen Direktinvestitionen, zu Liberalisierungsmaßnahmen, zur Ausfuhrpolitik und zu handelspolitischen Schutzmaßnahmen (z. B. im Falle von Dumping und Subventionen) – ist diese Konsequenz unschädlich, weil sie nach Art. 3 Abs. 1 lit. e) AEUV ebenfalls ausschließlich der EU obliegt. Da die EU auch Assoziierungs- und Nachbarschaftsabkommen ihrer Natur nach nur selbst abschließen kann, soll es sich ebenfalls um einen Fall einer ausschließlichen Kompetenz handeln, obwohl diese Bereiche in Art. 3 AEUV nicht aufgeführt sind.[715]

Im Übrigen, d. h. also insbesondere jenseits der Art. 3 Abs. 1 lit. e) und Abs. 2 AEUV sind **367** die **Außenkompetenzen** entweder zwischen der EU und den Mitgliedstaaten **geteilt** (vgl. z. B. Art. 4 Abs. 2 lit. j, 79 Abs. 3 AEUV für Abkommen über die Rückführung der dort näher beschriebenen Drittstaatsangehörigen, in abgeschwächtem, da keine Sperrwirkung begründenden Sinne[716] auch Art. 4 Abs. 3, 180 lit. b, 186 AEUV für Forschungs- und Entwicklungsabkommen) oder sie bestehen **parallel** (vgl. z. B. Art. 6 S. 2 lit. a), 166 Abs. 3 AEUV für Abkommen über die Zusammenarbeit im Bereich berufliche Bildung). Insoweit können die Mitgliedstaaten also ggf. noch eigene wirtschaftsvölkerrechtliche Verträge mit Drittstaaten schließen, wobei die Union gerade im Bereich ihrer noch nicht ausgeübten geteilten Zuständigkeiten die nationalen Abschlusskompetenzen an sich ziehen kann, so

---

710 Vgl. dazu Calliess/Ruffert/*Schmalenbach*, EUV/AEUV, Art. 216 Rn. 14, 16, 20.
711 EuGH, Rs. 22/70, Slg. 1971, 263 Rn. 20/22 – AETR.
712 Vgl. den Überblick bei Calliess/Ruffert/*Schmalenbach*, EUV/AEUV, Art. 216 Rn. 10.
713 EuGH, Rs. C-114/12, ECLI:EU:C:2014:2151 Rn. 64 ff. – Kommission/Rat.
714 *Haag*, in: Bieber/Epiney/Haag/Kotzur, Die Europäische Union, 12. Aufl. 2016, § 33 Rn. 18 f.
715 *Streinz*, in: Streinz (Hg.), EUV/AEUV, Art. 3 AEUV Rn. 19.
716 *Korte*, Standortfaktor Öffentliches Recht, 2016, S. 249.

dass die Mitgliedstaaten nach der unionsgerichtlichen Spruchpraxis in diesen Bereichen aus Gründen der Unionstreue (Art. 4 Abs. 3 EUV) mit der Kommission Rücksprache halten müssen und einen etwaigen Beitritt der Union zu einem Abkommen keine Hindernisse in den Weg stellen dürfen.[717]

368   Soweit die Union nur über eine partielle Abschlusskompetenz verfügt, werden wirtschaftsvölkerrechtliche Verträge als **gemischte Abkommen von Union und Mitgliedstaaten** mit den jeweiligen Drittstaaten oder Internationalen Organisationen geschlossen, und sei der Zuständigkeitsanteil der Mitgliedstaaten auch noch so klein. Wird dieser Anforderung nicht genügt und der Vertrag trotzdem ratifiziert, ist das Abkommen zwar im Innenverhältnis zwischen Union und Mitgliedstaaten unwirksam, tritt im Außenverhältnis gegenüber dem Vertragspartner aber gleichwohl in Kraft. Solche Abkommen sind also wirtschaftsvölkerrechtlich verbindlich; die Union muss sie aber, soweit sich im Innenverhältnis kein Konsens herstellen lässt, versuchen zu ändern und ggf. kündigen. Da schon der kleinste Zuständigkeitsmangel der EU zur Notwendigkeit des Abschlusses eines gemischten Abkommens führt, ist die Handlungsfähigkeit der Union nach außen insoweit erheblich eingeschränkt, auch wenn die Art. 207, 216 AEUV im Verbund eine durchaus erhebliche Reichweite entfalten.

Beispiel: Die Kompetenz zum Abschluss des TTIP kommt nicht allein der Union, sondern auch den Mitgliedstaaten zu, vor allem da die Zuständigkeit der EU für die Gemeinsame Handelspolitik nicht die Sachbereiche der Portfolioinvestitionen und des Investitionsschutzes vollständig abdeckt und weitere Lücken im Bereich der Einführung von Schiedsgerichten bestehen[718].

369   Die von der EU geschlossenen Abkommen binden nach Art. 216 Abs. 2 AEUV die Union, aber auch die Mitgliedstaaten – insoweit jedoch nur im Verhältnis zur Union und nicht zu deren Vertragspartner(n), weil das Abkommen sonst zulasten Dritter ginge.[719]. Die in Art. 216 Abs. 2 AEUV normierte Rechtsgeltung ist ab Inkrafttreten des Abkommens unmittelbar, ohne dass ein Transformationsakt nötig wäre, weil solche **Vereinbarungen integraler Bestandteil der Unionsrechtsordnung**[720] sind. Gleichwohl entfalten sie nur insoweit unmittelbare Wirkung zugunsten natürlicher oder juristischer Personen (und zugunsten der Mitgliedstaaten bzw. der Unionsorgane[721]), als deren Bestimmungen hinreichend klar und unbedingt formuliert sind und sich der Einzelne nach dem Willen der Vertragsparteien darauf berufen können soll, was anhand der Rechtsnatur, der Systematik, der Art und der Struktur des Abkommens[722] zu ermitteln ist. Im Übrigen (und damit auch in Bezug auf das WTO-Recht *(s. o. Rn. 48)*) besteht eine Pflicht zur völkerrechtskonformen Auslegung des Unionsrechts im Lichte des jeweiligen Abkommens.[723] Dem Rang nach stehen solche Verträge zwischen Primär- und Sekundärrecht, wie Art. 48 EUV (keine Befugnis der Union zur Vertragsänderung) und Art. 216 Abs. 2 AEUV (Bindung der Unionsorgane) zeigen.

Beispiel: Das Seerechtsübereinkommen dient dazu, die Interessen der Staaten als Küsten- und als Flaggenstaaten auszugleichen und will daher nicht dem einzelnen Unternehmer Rechtspositionen einräumen. Es ist daher nicht unmittelbar anwendbar[724].

370   Die Komplexität des Zusammenspiels von völker- und unionalsrechtlicher Ebene im Öffentlichen Wirtschaftsrecht zeigt sich auch im Zuge der Terrorismusbekämpfung

---

717   EuGH, Rs. C-266/03, Slg. 2006, I-4805 Rn. 60 f. – Kommission Luxemburg; ausf. zum Ganzen Calliess/Ruffert/*Schmalenbach*, EUV/AEUV, Art. 216 Rn. 22.
718   Vgl. *Schladebach/Carnap*, DVBl. 2017, 653, 653; siehe auch *Weiß*, DÖV 2016, 537, 537 ff.
719   Ausf. zum Ganzen Calliess/Ruffert/*Schmalenbach*, EUV/AEUV, Art. 216 Rn. 25 ff.
720   EuGH, Rs. C-360/93, Slg. 1996, I-1195 Rn. 35 – Parlament/Rat.
721   EuGH, Rs. C-280/93, Slg. 1994, I-4973, Rn 105 f. – Bundesrepublik Deutschland/Rat.
722   EuGH, Rs. C-363/12, Rn. 85 – Behindertenrechtskonvention
723   Ausf. zum Ganzen Calliess/Ruffert/*Schmalenbach*, EUV/AEUV, Art. 216 Rn. 28 f., 33.
724   EuGH, Rs. C-308/06, Rn. 58 f., 64. – Intertanko

und dort insbesondere im Falle von **Sanktionen des UN-Sicherheitsrates.** Sie verpflichten die Mitglieder der UN unter bestimmten Voraussetzungen Zwangsmaßnahmen zulasten einzelner Personen oder Organisationen zu erlassen, so z. B. indem deren Vermögen eingefroren wird, damit es nicht zur Finanzierung terroristischer Aktivitäten genutzt werden kann. Die EU setzt derartige Verpflichtungen ihrer Mitgliedstaaten um (und gewährleistet den Individualrechtsschutz der Betroffenen[725]), indem sie entsprechende Sekundärrechtsakte erlässt. Als Rechtsgrundlage stehen ihr dafür die Art. 75, 215 AEUV zur Verfügung. Sie überschneiden sich insoweit, als individualgerichtete Beschränkungen von Finanzströmen angesprochen sind, machen aber je unterschiedliche Verfahrensvorgaben, soweit es um die Beteiligung des Parlaments geht. Daher dürfen sich beide Kompetenzgrundlagen nicht überschneiden, sondern werden in ihrem Anwendungsbereich danach abgegrenzt, ob der avisierte Sekundärrechtsakt in Umsetzung einer GASP-Maßnahme ergehen muss und daher einen entsprechenden Beschluss erfordert (dann Art. 215 AEUV) oder nicht (dann Art. 75 AEUV).

Soweit ein wirtschaftsvölkerrechtliches Abkommen die Außenkompetenzen der Union **371** und der Mitgliedstaaten berührt und infolgedessen gemischt ist, wird es nur insoweit zu einem integralen Bestandteil der Unionsrechtsordnung, als die EU für dessen Abschluss zuständig ist. Aus diesem Grund können solche Vereinbarungen nach weit überwiegender, gleichwohl aber umstrittener Auffassung nur insoweit unmittelbare Geltung erlangen und in der Folge unmittelbar wirksam werden, d. h. also ggf. Rechtspositionen zugunsten des Einzelnen begründen. Der Grund dafür liegt darin, dass die im AEUV festgeschriebenen Kompetenzen auch im Falle gemischter Abkommen nicht zur Disposition der Union stehen; ansonsten umginge man die in Art. 48 EUV gestellten Anforderungen an das Verfahren zur Vertragsänderung. Daher hängt die Geltungskraft des wirtschaftsvölkerrechtlichen Vertrages in den Gebieten, auf die sich die **Außenkompetenzen der EU nicht** erstrecken, vom **mitgliedstaatlichen Recht** ab. Für den bundesdeutschen Rechtsraum ist infolgedessen also ein Transformationsgesetz nötig, damit dieses Abkommen unmittelbar wirksam wird *(s. o. Rn. 48)*.[726]

b) Der Europäische Wirtschaftsraum. Neben den EU-Binnenmarkt tritt der Europä- **372** ische Wirtschaftsraum (EWR)[727], in dem u. a. die Geltungskraft der Verkehrsfreiheiten auf die beteiligten Mitglieder ausgedehnt wird. Dem EWR gehören außer der **EU** die sog. EFTA-Staaten (Mitglieder der Europäischen Freihandelsassoziation, European Free Trade Association) an, die nicht Mitglied der EU sind (Island, Liechtenstein, Norwegen)[728]. Die **EFTA** wurde als Antwort auf die damalige EG im Jahre 1960 gegründet, um bestimmte staatspolitische Neutralitätsvorstellungen aufrechterhalten zu können.

c) Die Einbindung der Schweiz. Unbeschadet der zentralen geografischen Lage in der **373** Mitte Europas ist die Schweiz **nur Mitglied der EFTA** und weder Mitglied der EU noch (nach Scheitern der Volksabstimmung im Jahre 1992) des EWR. Es bestehen aber zahlreiche Abkommen zwischen der EU und der Schweiz, die im Ergebnis eine weitgehende Integration der schweizerischen Volkswirtschaft in die EU bewirken[729] und wie § 9 Abs. 1 HwO exemplarisch zeigt, auch Teil des deutschen Öffentlichen Wirtschaftsrechts sind.

---

725 *Röben,* in: Grabitz/Hilf/Nettesheim (Hg.), EUV/AEUV II, 64. EL 2018, Art. 75 Rn. 42 ff. mwN.
726 Vgl. dazu Calliess/Ruffert/*Schmalenbach,* EUV/AEUV, Art. 216 Rn. 43; EuGH, verb. Rs. C-300/98 u. C-392/98, Slg. 2000, I-11307 Rn. 48 – Parfums Christian Dior SA.
727 *Streit,* NJW 1994, 555 ff.; *Breuss,* WiSt. 1994, 2 ff.; *Friedrich,* DB 1994, 313 ff.
728 *Mech,* EWR und europäische Integration, 2007.
729 S. näher *Vallender/Hettich/Lehne,* Wirtschaftsfreiheit und begrenzte Staatsverantwortung, 4. Aufl., § 3 III B; *Cottier/Thomas* (Hg.), Rezeption des EU-Rechts in der Schweiz, 2012.

Beispiele: Freihandelsabkommen über Industrieprodukte; Abkommen über bestimmte Aspekte des öffentlichen Beschaffungswesens; Abkommen über den Handel mit landwirtschaftlichen Erzeugnissen und verarbeiteten Landwirtschaftsprodukten; Abkommen über die gegenseitige Anerkennung von Konformitätsbewertungen zum Abbau technischer Handelshemmnisse; Abkommen über den Luft-, Güter- und Personenverkehr; Abkommen über die Freizügigkeit zur Erleichterung des freien Personenverkehrs und der Dienstleistungsfreiheit, das durch die 2014 per Volksabstimmung beschlossene Begrenzung von Einwanderung einen Rückschlag erlitten hat; Beitritt zum Schengen-Abkommen.

374   **d) Weitere Abkommen.** Aufgrund des Zusammenbruchs der sog. Ostblockstaaten und des Wegfalls des Ost-West-Konfliktes bestehen ferner verschiedene Abkommen mit den ehemals zu diesem Bündnis gehörenden Staaten, die ihnen im Einzelnen entweder eine **Beitrittsperspektive** eröffnen sollen (vgl. Art. 217 AEUV) **oder** Ausdruck der **Nachbarschaftspolitik** der Union sind (vgl. Art. 8 EUV). Diese Optionen bestehen auch im Verhältnis zu anderen Staaten. Insgesamt bleiben die daraus resultierenden Garantien hinter denen einer EU-Mitgliedschaft zurück und reichen je nach Vertragspartner unterschiedlich weit.

375   **e) Die künftige Rolle Großbritanniens.** Welchen Weg Großbritannien nach dem Austritt aus der EU gehen wird, ist derzeit noch offen und aufgrund der spezifisch britischen Forderungen nach einer von europäischer Rechtsetzung und Rechtsprechung unabhängigen Stellung schwierig zu beantworten. Denn infolgedessen stößt einerseits eine Anbindung Großbritanniens an den Binnenmarkt ohne Geltung des abgeleiteten Rechts auf Probleme, andererseits aber auch eine Mitgliedschaft im EWR, da er materiell-rechtlich, aber auch im Falle von Rechtsstreitigkeiten in weiten Teilen an das Unionsrecht angepasst ist. Vieles spricht deshalb auch dafür, dass Großbritannien ähnlich **wie die Schweiz** individuelle Abkommen mit der EU aushandeln wird, will es nicht in den Bereich der Assoziierungs- bzw. Nachbarschaftspolitik zurückgedrängt werden. Deren Zustandekommen wird Zeit beanspruchen.

376   **f) Europa der unterschiedlichen Geschwindigkeiten.** Zusammengefasst zeigen die verschiedenen Räume in Europa, dass die Entwicklung des europäischen Einigungsprozesses keinesfalls einheitlich verläuft, sondern vielschichtig ist. Aus diesem Grunde kann man nicht nur auf Unionsebene (vgl. Art. 20 EUV, Art. 326 ff. AEUV), sondern auch im Übrigen von einem Europa der unterschiedlichen Geschwindigkeiten sprechen, dessen Ausprägungen in unterschiedlichen ökonomisch relevanten Rechtsräumen zum Vorschein kommen.

–   Der **Europäische Währungsraum** erfasst nach Art. 127 ff. AEUV nur die Mitgliedstaaten, die der Währungsunion beigetreten sind *(s. o. Rn. 230 ff.).*

–   Der **Euro-Zahlungsverkehrsraum** (Single Euro Payments Area – SEPA) erfasst Zahlungen von Firmen und Privatkunden innerhalb der EU, des EWR und der Schweiz *(s. o. Rn. 373).* Entgegen der irreführenden Bezeichnung beschränkt sich dieser Verkehrsraum nicht auf die Staaten, die den Euro eingeführt haben, weil er eine Standardisierung von Überweisungen jenseits des Binnenmarktes bezweckt. Dazu werden eine internationale Kontonummer (IBAN) sowie eine internationale Bankleitzahl (BIC) benötigt.

–   Der **Europäische Reiseraum (Schengen-Raum)** erfasst nach Art. 26 und 77 AEUV und Art. 3 Abs. 2 EUV die Mitgliedstaaten, die dem Schengen-Abkommen beigetreten sind, das die Grenzkontrollen innerhalb der EU im Interesse des freien Personenverkehrs gemäß dem Schengener Grenzkodex (VO EG/562/2006) abschafft. Das Abkommen gilt nicht in Großbritannien, Irland, Rumänien, Bulgarien und Zypern, aber in der Schweiz.

–   Der **Europäische Beitrittsraum** erfasst nach Art. 49 EUV sämtliche Staaten, die gegenwärtig noch nicht Mitglied der EU nach Art. 52 EUV sind, aber die Option zur Mitgliedschaft im Rahmen von Erweiterungen besitzen.

3.   Integration auf internationaler Ebene

Auf internationaler Ebene finden sich Integrationsabkommen mit und ohne Beteili-   **377**
gung Deutschlands bzw. der EU.

a) Kooperationen mit Beteiligung Deutschlands bzw. der EU. Aufgrund ihrer immen-   **378**
sen Wirtschaftskraft gibt es eine Vielzahl wirtschaftsvölkerrechtlicher Vereinbarungen,
an denen die EU bzw. Deutschland beteiligt sind.

aa) Weltwirtschaftsbezogene Abkommen. Eine dominante Position nimmt insoweit das   **379**
WTO-Übereinkommen ein. Es bildet einen institutionellen Rahmen zur Koordinierung
der internationalen Handelsbeziehungen auf globaler Ebene, um die Lebensstandards zu
erhöhen und die wirtschaftlichen Rahmenbedingungen zu verbessern.[730] Unter dem Dach
der WTO werden verschiedenste konkretisierende Abkommen zusammengefasst. Insoweit sind multilaterale Vereinbarungen, die den Rang von Einheitsabkommen besitzen
und für alle Vertragsstaaten vollständig gelten (Art. II Abs. 2 WTO-Übereinkommen –
single package), sowie plurilaterale Vereinbarungen, die nur für die Signatarstaaten verbindlich sind (Art. II Abs. 3 WTO-Übereinkommen – sog. à la carte System)[731], zu differenzieren. Die Durchsetzung dieser Abkommen wird im Falle ihrer Multilateralität generell und im Übrigen bei besonderer Vereinbarung durch gemeinsame Regeln und
Verfahren zur Beilegung von Streitigkeiten (DSU) vereinfacht.[732]

(1) Multilaterale Abkommen.   **380**
–   Multilaterales Zoll- und Handelsübereinkommen[733]
    Das Abkommen bildet den Nukleus des Welthandelsrechts ab und ist bereits seit
    1947, d. h. also vor Gründung der WTO, existent. Es ist auf den Warenhandel
    bezogen und trifft vor allem Aussagen über den Abbau von Ein- und Ausfuhrzöllen
    und über die Beseitigung nicht tarifärer Handelshemmnisse *(s. u. Rn. 453).*[734]

–   Multilaterales Übereinkommen über Ursprungsregeln[735]   **381**
    Das Abkommen wurzelt in der Erkenntnis, dass eine globalisierte Wirtschaft zur
    Erleichterung der internationalen Handelsströme klarer, transparenter und vorher-
    sehbarer Normen bedarf, die auf eine allgemeine Gleichbehandlung von Waren
    abzielen. Ursprungsauskünfte und Ursprungszeugnisse für Ausfuhrsendungen aus
    der EU erteilen die Industrie- und Handelskammern.

–   Multilaterales Übereinkommen über technische Handelshemmnisse[736]   **382**
    Das Abkommen beruht auf der Erfahrung, dass unterschiedliche technische Normen
    den internationalen Handel erschweren, zusätzliche Kosten verursachen und als han-
    delspolitische Begünstigung wirken. Die Vereinbarung trägt der weltweiten Zunahme
    technischer Regeln Rechnung und verpflichtet grundsätzlich zur Verwendung interna-
    tional vorhandener technischer Normen[737]. Bei Fehlen müssen die WTO-Mitglied-
    staaten besondere Notifikations- und Rechtfertigungspflichten beachten.

–   Multilaterales Übereinkommen über den Handel mit Dienstleistungen   **383**
    Das Abkommen trägt der zunehmenden Bedeutung des Dienstleistungssektors
    Rechnung und zielt insoweit auf eine fortschreitende Liberalisierung der zugehöri-

---

730   Schmidt/Wollenschläger/*Terhechte*, Kompendium, § 3 Rn. 23.
731   *Oppermann*, RIW 1995, 919, 922.
732   Schmidt/Wollenschläger/*Terhechte,* Kompendium, § 3 Rn. 24.
733   General Agreement on Tariffs and Trade, BGBl. II 1951, S. 200 ff.
734   Schmidt/Wollenschläger/*Terhechte*, Kompendium, § 3 Rn. 69 ff.
735   *Streinz*, in: Hilf/Oeter (Hg.), WTO-Recht, 2005, § 17.
736   Agreement on Technical Barriers to Trade; *Tietje*, in: Prieß/Berrisch (Hg.), WTO-Handbuch, 2003, S. 273 ff.
737   *Ludl*, RIW 1996, 193 ff.; *Wiemer*, Produktsicherheit und freier Warenverkehr im GATT/WTO, 2001,
       S. 185 ff.

gen Wirtschaftsbranchen ab, will aber zugleich auch der Sensibilität dieser Bereiche, die in enger Verbindung zur Personenfreizügigkeit stehen, Rechnung tragen. Aus diesem Grunde sind verschiedene Bereiche aus dem GATS von vornherein ausgeklammert. Zudem ist die Liberalisierung jedenfalls weniger weit reichend und vorsichtiger als im GATT *(s. u. Rn. 517).*

384 – **Multilaterales Übereinkommen über handelsbezogene Aspekte der Rechte des geistigen Eigentums**[738]
Dieses Abkommen beruht auf der Unzufriedenheit mit den bisherigen internationalen Rahmenbedingungen zum Schutze des geistigen Eigentums. Es dient der Förderung der Investitions- und Innovationsbereitschaft im internationalen Handelsverkehr sowie dem Schutz vor geistigem Diebstahl und Markenpiraterie. Im Interesse einer effektiven Rechtsdurchsetzung sind die staatlichen Stellen verpflichtet, das geistige Eigentum durch geeignete Maßnahmen zu schützen[739].

Beispiel: Beschlagnahme und Vernichtung von gefälschter Markenware an der Grenze auf Basis der Art. 51 f. TRIPS[740].

385 – **Multilaterales Übereinkommen über Handelserleichterungen**[741]
Dieses Abkommen zielt auf den Abbau von Bürokratie und auf die Steigerung von Transparenz durch Veröffentlichung von Vorschriften und Entscheidungen. Es knüpft in einigen seiner Inhalte an bestehende Rechtsvorschriften insbesondere aus dem GATT an, fasst sie aber klarer[742].

386 – **Multilaterales Übereinkommen über handelsbezogene Investitionsmaßnahmen**[743]
Das Abkommen bezweckt die Erleichterung internationaler Direktinvestitionen und die Beseitigung von nationalem Protektionismus[744]. Es beschränkt sich jedoch, wie der Name bereits aussagt, auf handelsbezogene Maßnahmen und gestattet nach wie vor Enteignungen.

Beispiel: Verbot, Investoren zum Kauf inländischer Ware zu verpflichten[745].

387 – **Multilaterales Abkommen über Subventionen und Ausgleichsmaßnahmen**[746]
Das Abkommen berücksichtigt die Tatsache, dass staatliche Subventionen den Wettbewerb verfälschen und den internationalen Handelsverkehr stören können[747]. Es definiert den Subventionsbegriff und differenziert nach verbotenen, anfechtbaren und erlaubten Subventionen (sog. Ampelmodell),[748] wobei die letztgenannte Stufe in praxi ohne Bedeutung ist *(s. u. Rn. 1004).*

388 – **Multilaterales Antidumping-Abkommen**
Das Abkommen enthält neue und ausführliche Regeln hinsichtlich der Behandlung von Dumping-Maßnahmen. Dumping ist der Import von Waren zu einem Preis, der unter dem Normalwert liegt. Das Abkommen besteht aus Normen, insbesondere für die Berechnung des Dumpings, die Verfahren für die Einleitung und die

---

738 BGBl. II, 1994, S. 1730; s. näher *Michaelis/Bender,* in: Hilf/Oeter (Hg.), WTO-Recht, 2005, § 24; *Busche/Stoll,* TRIPs, Internationales und europäisches Recht des geistigen Eigentums, 2007.
739 S. näher *Oppermann,* RIW 1995, 919, 923; *Bork,* NJW 1997, 1665 ff.
740 *Ahrens,* RIW 1996, 727; *Stober,* ZRP 2002, 298 ff.
741 Trade Facilitation Agreement – TFA.
742 Ausf. dazu *Zeugner,* in: Tietje/Kraft (Hg.), Beiträge zum Transnationalen Wirtschaftsrecht, Heft 131.
743 Agreement on Trade Related Investment Maesures; s. näher *Weiß/Herrmann,* Welthandelsrecht, 2003, § 17; *Stoll,* in: Prieß/Berrisch (Hg.), WTO-Handbuch, 2003, S. 327 ff.
744 S. auch BT-Ds. 12/7655, S. 335, 351; *Michaelis,* in: Hilf/Oeter (Hg.), WTO-Recht, 2005, § 14.
745 Local content requirement; s. näher *Stoll,* ZaöRV 54 (1994), 241, 304 ff.
746 ASCM; s. näher *C. Pitschas,* in: Prieß/Berrisch (Hg.), WTO-Handbuch, 2003, S. 429 ff.; *Bender,* in: Hilf/Oeter (Hg.), WTO-Recht, 2005, § 12.
747 *Oppermann,* RIW 1995, 919, 923.
748 *Stober/Eisenmenger,* Besonderes Wirtschaftsverwaltungsrecht, 16. Aufl. 2016, § 56 VIII

darauf folgende Untersuchung, die Einführung vorläufiger Maßnahmen, die Einführung und Vereinnahmung von Antidumpingzöllen, die Geltungsdauer und die Überprüfung von Antidumpingmaßnahmen *(s. u. Rn. 522)*.

(2) Plurilaterale Abkommen.   **389**
– **Plurilaterales Abkommen über das öffentliche Beschaffungswesen**[749]
Das Abkommen bezweckt eine weltweite Öffnung des sog. zweiten Marktes im Sinne eines „Go Public" und will eine Diskriminierung ausländischer Anbieter auf dem Gebiet des öffentlichen Beschaffungswesens verhindern. Es schließt nach Art. 1 Abs. 2 des Abkommens auch den Dienstleistungssektor ein.

– **Plurilaterales Abkommen über den Handel mit Zivilluftfahrzeugen**[750]   **390**
Das Abkommen will Zölle und Handelshemmnisse beim Handel mit Zivilluftfahrzeugen und den zugehörigen Ersatzteilen abbauen und die Wahlfreiheit potenzieller Käufer stärken. Dadurch sollen der Bedeutung dieses Sektors für die nationale Industrie Rechnung getragen und der technologische Fortschritt gestärkt werden.

bb) Regionenbezogene Abkommen. Neben (potenziell) weltweit gültigen gibt es regio- **391**
nale Integrationsabkommen. Hierher gehört z. B. der Abschluss des interregionalen Rahmenabkommens über die Zusammenarbeit zwischen der EU und dem MERCOSUR. In diesem Falle haben nicht Staaten, sondern **Wirtschaftsgemeinschaften** eine interregionale Assoziation gegründet und räumen den Mitgliedern gegenseitig Rechte ein *(s. o. Rn. 134)*.

Ähnliche interregionale Abkommen schließt die EU aber nicht nur mit anderen Wirt- **392**
schaftsorganisationen, sondern auch mit anderen **Staaten**, so in jüngerer Zeit etwa mit Kanada *(s. u. Rn. 544)* oder Mexiko. Hingegen ist das Schicksal des Freihandelsabkommen zwischen der EU und den USA *(s. u. Rn. 545)* derzeit unklar.

cc) Wirtschaftsgipfel. Hinzu treten verschiedene Wirtschaftsgipfel, die eine **informelle** **393**
Kooperation ihrer Mitglieder und insoweit auch eine Abstimmung der jeweils vertretenen Interessen ermöglichen. Hierher gehören:
– **G-7 Wirtschaftsgipfel** (Deutschland, Frankreich, Großbritannien, Italien, Japan, Kanada, USA). Das 1998 aufgenommene Russland wurde im März 2014 wegen der Annexion der Krim ausgeschlossen, was zur Folge hatte, dass das G-8 wieder zum G-7 Treffen geworden ist. Die Europäische Kommission hat einen Beobachterstatus inne und nimmt daher ebenfalls an den Treffen teil, ohne allerdings zu einem vollwertigen Mitglied zu werden.
– **G-20 Wirtschaftsgipfel** (G-7 Staaten inklusive Russland sowie Argentinien, Australien, Brasilien, China, Indien, Indonesien, Mexico, Saudi-Arabien, Südafrika, Südkorea, Türkei und die EU).
  Beispiel: Beschlussfassung über Basel III.
– **ASEM-Wirtschaftsgipfel** (Europäische und asiatische Staaten einschließlich Australien, Neuseeland und Russland sowie der EU).

b) Kooperationen ohne Beteiligung Deutschlands bzw. der EU. Neben den Integrati- **394**
onsprojekten auf internationaler Ebene, an denen Deutschland bzw. die EU beteiligt sind, gibt es auch **Zusammenschlüsse** anderer Staaten und/oder Wirtschaftsorganisationen ohne deren Beteiligung. Die wichtigsten sind im Folgenden aufgeführt:

---

749 GPA; abgedruckt in ABl. EG Nr. C 256 v. 3.9.1996, S. 1 ff.; s. näher *Prieß*, in: Prieß/Berrisch (Hg.), WTO-Handbuch, 2003, S. 621 ff.; *Göttsche*, in: Hilf/Oeter (Hg.), WTO-Recht, 2005, § 25.
750 S. näher *Hesse*, ZfZ 1983, 283 ff.

- **Nordamerika** (NAFTA – North American Free Trade Agreement): USA, Kanada, Mexiko[751] mit dem Ziel der Gründung der FTAA (Free Trade Area of the Americas);
- **Zentralamerika** (CAFTA – Central American Free Trade Agreement): USA, Dominikanische Republik, El Salvador, Guatemala, Honduras, Nicaragua, Costa Rica);
- **Südostasien** (ASEAN – Association of South East Asian Nations): VR China, Indonesien, Thailand, Philippinen, Malaysia, Kambodscha, Singapur, Vietnam, Brunei, Laos und Myanmar; später sollen Japan und Südkorea hinzukommen[752];
- **Südamerika** (MERCOSUR – Mercado Común del Sur): Argentinien, Brasilien, Paraguay, Uruguay und Venezuela; assoziiert sind Bolivien und Chile[753];
- **Lateinamerika/Karibik** (CELAC – Communidad de Estados Latinoamericanos y Caribenos): Mexico, Brasilien, Chile, Kolumbien, Peru und weitere Staaten;
- **Ostasien/Amerika/Ozeanien** (APEC – Asia-Pacific Econimc Cooperation): insb. Australien, Kanada, Neuseeland, Japan, Südkorea, IndonesienThailand, Vereinigte Staaten, China, Mexiko, Chile, Russland;
- **das Südliche Afrika** (SADC – Southern African Development Community): u. a. Madagaskar, Kongo, Südafrika, Lesotho, Simbabwe, Namibia und Mauritius;
- **das Südliche Asien** (SAARC – Südasiatische Vereinigung für regionale Zusammenarbeit): Indien, Bangladesch, Nepal, Bhutan, Pakistan, Sri Lanka, Malediven mit dem Ziel der Gründung einer Freihandelszone (SAFTA);
- **die Golfstaaten** (GCC): Saudi-Arabien, Kuweit, Bahrein, Katar, Vereinigte Arabische Emirate, Oman, die nach der Errichtung einer Freihandelszone und einer Zollunion einen Binnenmarkt geschaffen haben und eine Währungsunion anstreben;
- **Eurasien** (Russland, Kasachstan, Weißrussland)[754].

395 Zu diesen regional orientierten Zusammenschlüssen treten **Wirtschaftsgipfel** hinzu, die informelle Kooperationen von Staaten mit identischen Wirtschaftsinteressen ermöglichen. Erinnert sei an folgende Formate, mit denen wirtschaftskoordinierende Ziele verfolgt werden, ohne dass die EU oder ihre Mitgliedstaaten beteiligt wären:
- **APEC-Wirtschaftsgipfel** (21 Mitgliedstaaten des asiatisch-pazifischen Wirtschaftsraumes (APEC));
- **Ostasien-Wirtschaftsgipfel** (ASEAN-Staaten, China, Japan, Indien, Südkorea, Australien, Neuseeland).

§ 15 Binnenmarktrecht

396 Sind somit die räumliche Reichweite des Binnen- und Außenwirtschaftsrechts mitsamt der Außenkompetenzen vermessen und die maßgeblichen internationalen Vereinbarungen dargestellt, fragt sich, welche materiell-rechtlichen Vorgaben für grenzüberschreitende Wirtschaftstätigkeit zu machen sind. Von besonderer Bedeutung ist in diesem Kontext das Binnenmarktrecht der EU, das im Falle seiner hinreichenden Bestimmtheit und Unbedingtheit unmittelbar anwendbar ist und als Primär-, Sekundär- oder Tertiärrecht Anwendungsvorrang gegenüber nationalem Recht jeder Rangstufe genießt *(s. o. Rn. 47)*. Es besteht zum einen aus den Wettbewerbsregeln in Form des an anderer Stelle behandelten Beihilfenrechts im Sinne der Art. 107 ff. AEUV *(s. u. Rn. 977)* sowie aus den Vorschriften über Unternehmen in den Art. 101 ff. AEUV, die

---

751   S. näher *Meub*, EuZW 1993, 532 ff.; *Terhechte*, JuS 2004, 959, 965 f.
752   *K. W. Chang*, Die Vergemeinschaftung des deutschen Wirtschaftsverwaltungsrechts, 2005, 28 ff.
753   *Schmidt*, EuZW 2005, 139; *Fuders*, Die Wirtschaftsverfassung des Mercosur, 2008.
754   *Schröder*, DÖV 2011, 272 ff.

aufgrund entsprechender Rechtswegzuweisungen trotz öffentlich-rechtlicher Wurzeln seit jeher als Domäne des Zivilrechts begriffen[755] und hier daher nicht weiter vertieft werden. Zum anderen, wenn nicht vor allem speist sich das Binnenmarktrecht aus den Mechanismen der negativen Integration durch die Grundfreiheiten sowie der positiven Integration durch Sekundärrechtsetzung *(s. o. Rn. 358)*. Auf diese beiden Facetten beschränken sich die folgenden Ausführungen, die nach allgemeinen Lehren des Binnenmarktrechts und produkt- bzw. produktionsfaktorbezogenen Besonderheiten differenzieren.

I. Allgemeine Lehren

Die allgemeinen Lehren des Binnenmarktrechts verlangen zunächst nach einer Darstellung der wesentlichen Voraussetzungen und Bezugspunkte des Binnenmarktes, um von dort aus die Funktionsweise der negativen und positiven Integration sowie deren Verhältnis zueinander zu erörtern.   **397**

1. Die Binnenmarktverwirklichung als Richtgröße

Die Basis des Binnenmarktrechts bildet Art. 26 AEUV. Nach dessen Absatz 1 soll in Fortschreibung des in Art. 3 Abs. 3 S. 1 EUV formulierten Ziels der Binnenmarkterrichtung die Union die erforderlichen Maßnahmen erlassen, um nach Maßgabe der einschlägigen Bestimmungen der Verträge den Binnenmarkt zu verwirklichen bzw. dessen Funktionieren zu gewährleisten. Die für sich auslegungsoffene Zielgröße „Binnenmarkt" wird in **Art. 26 Abs. 2 AEUV** als Raum ohne Binnengrenzen, in dem der freie Verkehr von Waren, Personen, Dienstleistungen und Kapital gemäß der Verträge gewährleistet ist, legal definiert.   **398**

a) Voraussetzungen. Art. 26 AEUV stellt verschiedene **kumulativ erforderliche** Voraussetzungen für die Anwendung des Binnenmarktrechts auf und lässt sich daher gewissermaßen als dessen Eingangstor begreifen.   **399**

aa) Taugliche Bezugsgrößen. Zunächst bezieht sich der Binnenmarkt auf die Fluktuation von **Produktionsfaktoren** (Kapital und Personen im Sinne von Arbeitskräften und Niederlassungen) **und Produkten** (Waren, Dienstleistungen). Sind diese Bezugspunkte nicht angesprochen, greift das Binnenmarktrecht nicht. Stattdessen ist jenseits des Art. 26 Abs. 2 AEUV die politische Kraft des Unionsrechts auf den Plan gerufen. Insoweit bietet ggf. das allgemeine Diskriminierungsverbot (vgl. Art. 18 AEUV) ggf. in Verbindung mit der Unionsbürgerschaft (vgl. Art. 20 AEUV) bzw. dem allgemeinen Freizügigkeitsrecht (Art. 21 AEUV) einen freilich auf nationalitätsbezogene Ungleichbehandlungen fokussierten Schutz[756], der ggf. wirtschaftsrelevant sein kann.   **400**

Beispiel: Regeln zum Medizinstudium, die in engem, vorbereitenden Zusammenhang zu einer späteren Tätigkeit als Arzt stehen, müssen den Anforderungen der Art. 18, 21 AEUV entsprechen, so dass eine Beschränkung der Zahl der im Inland nicht ansässigen Studierenden bei der Einschreibung zum Medizinstudium unzulässig ist, solange nicht nachgewiesen wird, dass sie aus Gründen des Gesundheitsschutzes erforderlich ist – so weil Studierende aus dem Ausland nach dem Studium das Studienland wieder verlassen und dort der ärztliche Nachwuchs wegzubrechen droht[757].

bb) Marktmäßige Aktivität. Das in Art. 26 Abs. 1 AEUV umschriebene Binnenmarktziel[758] verlangt, soweit sich eine Tätigkeit auf eine taugliche Bezugsgröße erstreckt,   **401**

---

755   *Korte*, in: Kirchhof/Korte/Magen, Öff. Wettbewerbsrecht, 2014, § 3 Rn. 35.
756   Calliess/Ruffert/*Epiney*, EUV/AEUV, Art. 18 AEUV Rn. 3 ff.
757   *Bieber/Epiney/Haag/Kotzur*, Die Europäische Union, 12. Aufl. 2016, § 10 Rn. 8.
758   Ausf. dazu Calliess/Ruffert/*Korte*, EUV/AEUV, Art. 26 AEUV Rn. 18 ff.

als weitere Voraussetzung nach einer wirtschaftlichen bzw. marktmäßigen Ausrichtung dieser Aktivität. Darunter fallen wie bereits erwähnt grundsätzlich alle Maßnahmen zur planvollen Deckung des menschlichen Bedarfs durch Erzeugung, Herstellung und Verteilung knapper Güter (sog. Drei-Sektoren-Lehre). Ob es sich um materielle oder immaterielle Erzeugnisse handelt, ist genauso unerheblich wie deren Art, so dass Dienstleistungen und Waren als Endprodukte, aber auch Zwischenprodukte oder Maschinen erfasst sind. Zudem gehört die Investition von Produktionsfaktoren zu den marktmäßigen Aktivitäten, wie sich schon aus der Definition des Art. 26 Abs. 2 AEUV ergibt. Die Anforderungen an marktmäßige Tätigkeiten werden gemeinhin weit ausgelegt. Sie liegen allerdings namentlich dann nicht vor, wenn kein marktgängiges Produkt bereitgestellt wird – so bei **rein sportlicher, sozialer oder karitativ motivierter Tätigkeit**.[759] Werden solche Leistungen allerdings am Markt erbracht, ist eine wirtschaftliche Aktivität gegeben.[760]

Beispiele: Ein Profi-Fußballspieler kann sich auf das Binnenmarktrecht berufen, ein Hobby-Fußballspieler jedoch nicht.[761] Etwas anderes gilt wiederum ggf. für den Veranstalter von Hobby-Sportveranstaltungen, wenn er für die Teilnahme ein Startgeld oder vom Zuschauer ein Eintrittsgeld verlangt[762]. In diesen Fällen kann daher eine marktmäßige Aktivität vorliegen.

402   Darüber hinaus kann es ggf. an der Handelbarkeit fehlen, wenn **Waren- oder Leistungsangebote** für **moralisch bzw. sittlich verwerflich** gehalten werden. Solche Einschätzungen sind zwar nach der unionsgerichtlichen Spruchpraxis solange unerheblich, wie sie – sei es auf nationaler oder sei es auf unionaler Ebene – auf gesellschaftspolitischen oder institutionellen Beurteilungen fußen, ohne in ein gesetzliches Verbot überführt worden zu sein. Liegt eine solche Regelung jedoch vor, ist deren Bedeutung im Einzelnen umstritten. Um nicht Minderheiten zu majorisieren oder aber die unionsweit einheitliche Geltung des Binnenmarktrechts zu gefährden, dürfte sie nur im Falle eines Mitgliedstaaten übergreifenden Generalkonsens Relevanz entfalten. Dafür spricht namentlich die Unionstreue aus Art. 4 Abs. 3 EUV, die die Unionsorgane zur Rücksichtnahme auf die elementaren Interessen der Mitgliedstaaten zwingt, weil nur im Falle eines solchen Generalkonsenses eine durch Absprache oder Parallelverhalten induzierte, jedenfalls aber ausnahmslose Einigkeit im Moralischen besteht, die dann auf Unionsebene zu respektieren ist. Freilich folgt daraus auch, dass einzelne Mitgliedstaaten einen bestehenden Generalkonsens durch Legalisierung der Tätigkeit aufkündigen und so das Binnenmarktrecht aufleben lassen können, wenn sie wollen.[763]

Beispiele: Wenn der Handel mit Cannabis in allen Mitgliedstaaten (noch dazu auf Basis entsprechender völkerrechtlicher Vorgaben) gesetzlich untersagt ist, liegt ein binnenmarktweiter Generalkonsens vor, der das Binnenmarktrecht sperrt. Insoweit kommt es nicht darauf an, ob dieses Verbot tatsächlich überall gleichermaßen vollzogen wird oder ob einzelne Mitgliedstaaten eine Politik der Toleranz verfolgen. Relevant ist wegen ihrer erhöhten Änderungsfestigkeit allein die positive Gesetzeslage[764].

403   **cc) Grenzüberschreitender Bezug.** Neben einer marktmäßigen Tätigkeit, die auf den Handel mit Produkten oder die Investition von Produktionsfaktoren bezogen ist, verlangt Art. 26 AEUV einen grenzüberschreitenden Bezug dieser Aktivitäten. Diese Voraussetzung kommt darin zum Ausdruck, dass der Binnenmarkt „… einen Raum ohne Binnengrenzen …" voraussetzt, denn die mit Hilfe des Binnenmarktrechts zu überwindenden Binnengrenzen werden nur dann relevant, wenn eine wirtschaftliche **Tätigkeit**

---

759   *Calliess/Korte*, Dienstleistungsrecht in der EU, § 3 Rn. 8.
760   EuGH, Rs. 36/74, Slg. 1974, 1405, Rn. 4, 10. – Walrave.
761   EuGH, Rs. C-352/06, ECLI:EU:C:2008:290 – Bosman.
762   *Tiedje*, in: von der Groeben/Schwarze/Hatje (Hg.), EU-Recht, 7. Aufl. 2015, Art. 49 AEUV Rn. 64.
763   Ausf. zum Streitstand *Calliess/Korte*, Dienstleistungsrecht in der EU, § 3 Rn. 14 ff.
764   EuGH, Rs. C-137/09, ECLI:EU:C:2010:774 Rn. 83 f. – Josemans.

über das Gebiet eines Mitgliedstaats hinausreicht und zugleich auch das eines anderen berührt. Fehlt es daran, ist Art. 26 AEUV nicht einschlägig und das Binnenmarktrecht nicht anwendbar.[765]

Das Erfordernis eines grenzüberschreitenden Bezugs versteht die Unionsgerichtsbarkeit seit jeher (zu[766]) weit. Neben den klassischen Fällen, in denen das Produkt oder der Produktionsfaktor in einen anderen Mitgliedstaat überführt oder von dort abgeführt wird, soll sogar die **Möglichkeit**[767] genügen, dass eine wirtschaftliche Aktivität über das Gebiet eines Mitgliedstaats hinausweist. Insoweit kommt es noch nicht einmal auf die Rechtsstellung des Betroffenen an, jedenfalls soweit Dritte eine vergleichbare Tätigkeit avisieren und sie transnational angelegt ist.[768] **404**

Beispiele: Auf eine nationale Regelung, die einen Mindestabstand zwischen Apotheken vorsieht, sind die Grundfreiheiten auch dann anwendbar, wenn ein Inländer deren Verletzung rügt, weil es nicht ausgeschlossen ist, dass dadurch auch ein Apotheker beeinträchtigt wird, der Staatsangehöriger eines anderen Mitgliedstaats ist und beabsichtigt, sich in dem Mitgliedstaat niederzulassen, der die Abstandsregelung getroffen hat[769].

Damit fehlt es an einem grenzüberschreitenden Bezug nur dann, wenn der Sachverhalt noch nicht einmal das Potenzial hat, über die Grenzen eines Mitgliedstaats hinauszuweisen. Liegt diese Voraussetzung vor, findet das Binnenmarktrecht keine Anwendung. Im Übrigen, d. h. also im Falle eines grenzüberschreitenden Sachverhalts droht hingegen eine **Inländerdiskriminierung**, weil der nationale gegenüber dem grenzüberschreitenden Sachverhalt mangels binnenmarktrechtlicher Privilegierung schlechter behandelt wird. Deren Zulässigkeit ist dann nach nationalem Recht und in Deutschland insbesondere anhand des Art. 12 Abs. 1 GG, d. h. also nicht anhand des Art. 3 Abs. 1 GG, zu beurteilen. Denn der grenzüberschreitende und der innerstaatliche Sachverhalt sind nicht vergleichbar, da sie ja gerade unterschiedlichen Regelungen unterliegen. [770] **405**

Beispiel: Während sich ein deutscher Staatsangehöriger in Deutschland nur nach Ablegung einer Meisterprüfung oder als Geselle aufgrund einer Ausübungsberechtigung als Frisör niederlassen darf, kann von einem Frisör aus einem anderen Mitgliedstaates der EU wegen der EU-Niederlassungsfreiheit und der sie konkretisierenden Berufsanerkennungsrichtlinie keine Meisterprüfung, aber eventuell der erfolgreiche Abschluss von Anpassungslehrgängen (Art. 14 BQRL) verlangt werden[771]. Im Falle einer vorübergehenden Tätigkeit entfällt eine Vorabkontrolle ggf. (vgl. Art. 5 BQRL) sogar ganz. In solchen Fällen liegt dann eine Inländerdiskriminierung vor, deren Zulässigkeit davon abhängt, wie eingriffsintensiv die Pflicht zur Ablegung einer Meisterprüfung im Lichte der Berufsfreiheit des strengeren Regeln unterliegenden inländischen Frisörs ist.[772]

b) Gefährdungslagen. Art. 26 AEUV basiert auf der Erkenntnis *Ricardos*, dass sich der Außenhandel auch für die Volkswirtschaften lohnt, die in der Güterproduktion Kostennachteile haben, wenn sie sich auf Erzeugnisse spezialisieren, die sie selbst am günstigsten produzieren, und die übrigen benötigten Güter im Austausch beziehen. Denn jede Volkswirtschaft generiert durch dieses Vorgehen komparative Kostenvorteile. Dieser Effekt verstärkt sich nach den Erkenntnissen *Rybczynskis*, wenn nicht nur die Produkte, sondern auch die Produktionsfaktoren beweglich sind. Daher können alle Maßnahmen, die die Faktor- oder Produktmobilität behindern, etwaige **komparative Kostenvorteile** abschmelzen und so den transnationalen Handel behindern. Solche **406**

---

765 Vgl. z. B. *Calliess/Korte*, Dienstleistungsrecht in der EU, § 3 Rn. 21 ff.
766 *Klenk*, Die Grenzen der Grundfreiheiten, i. E. für 2019, S. 129 ff.
767 EuGH, verb. Rs. C-159/12 bis 161/12, ECLI:EU:C:2013:791 Rn. 25 – Venturini u. a.
768 *Korte*, Standortfaktor Öffentliches Recht, 2016, S. 215 ff.
769 EuGH, Rs. C-159/12 Rn. 35 – Venturini
770 *Korte*, Standortfaktor Öffentliches Recht 2016, S. 321 f.
771 EuGH, GewArch. 1995, 195 und dazu BVerwG, GewArch. 1999, 108; EuGH, GewArch. 2004, 62; *Pechstein/Kubicki*, EuZW 2004, 167 ff.; *Schönleiter*, GewArch. 2009, 384 ff.
772 Vgl. dazu BVerwGE 140, 267, 270 ff.

Zusatzkosten entstehen als Markterschließungskosten dadurch, dass sich ein Unternehmer auf die in einem anderen Land geltenden Umstände einstellen und seine Produktion umstellen muss. Ggf. knüpfen sie aber auch an die Marktnutzung als Transaktionskosten an, z. B. weil Informationen über Produkt oder Vertragspartner eingeholt oder Regeln eingehalten werden müssen, die sich auf den grenzüberschreitenden Produktaustausch beziehen.[773]

407 Diese ökonomischen Vorgaben beziehen sich primär auf marktzugangsbezogene Kosten unabhängig von deren Verursacher, soweit sie außenhandelsbezogen sind und an ein grenzüberschreitendes Moment anknüpfen. Daher drängt das Recht des Binnenmarktes zumindest dem Grunde nach auf die Beseitigung aller **Marktzugangshürden**, unabhängig davon, ob sie im Ziel- oder Herkunftsland entstehen und unabhängig davon, ob sie auf privat oder hoheitlich initiiertes Handeln zurückzuführen sind, um so umfassend Hemmnisse für den grenzüberschreitenden Wirtschaftsverkehr auszuräumen. Möglich ist indes eine unterschiedlich intensive Bindung aufgrund der jeweils divergierenden Grundregeln privaten und hoheitlichen Handelns, die sich mit den Schlagworten der Privatautonomie bzw. der Freiheitsberechtigung einerseits und der Existenz eines Über-Unterordnungs-Verhältnisses bzw. der Freiheitsverpflichtung andererseits kennzeichnen lassen. Denn diese Grundsätze führen dazu, dass privat initiierte Marktzugangshürden, weil sie auf Gleichordnungsebene entstehen und auf Parteivereinbarung basieren, tendenziell eher hinzunehmen sind als solche Hindernisse, die die Hoheitsgewalt geschaffen hat.

408 Neben den so beschriebenen Marktzugangshürden können **nationalitätsbezogene Diskriminierungen** den Binnenmarkt gefährden, weil sie ebenfalls Zusatzkosten verursachen, die sich in spezifischer Weise auf grenzüberschreitende Aktivitäten beziehen. Der Grund dafür liegt darin, dass solche Ungleichbehandlungen an die Staatsangehörigkeit des Wirtschaftsakteurs anknüpfen, ihn dadurch schlechter stellen und seine Tätigkeit im Vergleich zu der der Einheimischen kostenintensiver werden lassen. Trotz ähnlicher Überlegungen ist der Kreis der nationalitätsbezogenen Diskriminierungen nicht mit dem der Marktzugangshürden deckungsgleich. So führen z. B. Verbote, wenn sich kein Vergleichspaar bilden lässt, nicht zu einer Ungleichbehandlung, ggf. aber zu einem Marktzugangshindernis, während sich umgekehrt Diskriminierungen aus Gründen der Staatsangehörigkeit ggf. nur auf das Marktverhalten auswirken. Diese Fälle tauglicher Binnenmarktbeeinträchtigungen überlagen sich also nur im Sinne einer (wenn auch erheblichen) gemeinsamen Schnittmenge.

409 c) **Ausnahmen.** Gerade weil der so in seinen Voraussetzungen und Gefährdungslagen umschriebene Binnenmarkt im Sinne des Art. 26 AEUV in seiner Reichweite umfassend ansetzt, finden sich in den **Vertragsvorschriften** verschiedene Ausnahmen, die die Mitgliedstaaten vereinbart haben, um ihre elementaren Interessen vor dem Zugriff des Unionsrechts zu bewahren. Sie setzen teilweise umfassend an wie in Art. 345 AEUV, der die nationalen Eigentumsordnungen schützt *(s. u. Rn. 771)*, betreffen in Teilen aber auch nur einzelne Bereiche wie die Ausnahme für den Fall der Ausübung von Hoheitsgewalt (Art. 45 Abs. 4, 51 (ggf. in Verbindung mit Art. 62) AEUV *(s. u. Rn. 493)*. Hinzu tritt Art. 106 Abs. 2 S. 1 a. E. AEUV, der Vertragsverletzungen in bestimmten Fällen für unbeachtlich erklärt *(s. u. Rn. 790)*.

410 Abgesehen von diesen im Primärrecht enthaltenen Ausnahmen können auch etwaige **Sekundärrechtsakte** Exemtionen enthalten. Sie folgen entweder aus deren Anwendungsbereich oder Inhalt, ggf. aber auch aus Beschränkungen des Kreises der Adressaten. Eine solche Option bietet Art. 27 AEUV, wonach die Rechtsetzungsvorschläge auf

---

773 *Korte*, Standortfaktor Öffentliches Recht, 2016, S. 36 ff.

die Wirtschaftsschwäche von Volkswirtschaften Rücksicht nehmen müssen und ggf. vorübergehende Ausnahmeregeln enthalten können.[774] Hinzu tritt die Möglichkeit der verstärkten Zusammenarbeit mehrerer (d. h. nicht aller) Mitgliedstaaten, um unterschiedlichen Integrationsgeschwindigkeiten Rechnung zu tragen. Diese Option bieten die Art. 20 EUV, 326 AEUV.

Beispiel: Eine verstärkte Zusammenarbeit zur Schaffung eines einheitlichen Patentschutzes im Hoheitsgebiet der teilnehmenden Staaten, der auch die Einführung zentraler Zulassungs-, Koordinierungs- und Kontrollregelungen sowie einheitliche Sprachregelungen (vgl. den Einstimmigkeitsvorbehalt in Art. 118 Abs. 2 AEUV) umfasst, hat der *EuGH* für mit den Art. 20 EUV, 326 AEUV vereinbar erklärt, wenn sich erweist und durch Beschluss festgestellt ist, dass die EU als Gesamtheit dieses Ziel nicht in vertretbarer Zeit erreichen kann, und die übrigen Vorgaben dieser Normen gewahrt sind[775].

2. Positive Integration durch Sekundärrechtsetzung

Die Verwirklichung des Binnenmarktes mittels Rechtsvorschriften basiert zunächst auf dem Mechanismus der positiven Integration. Sie will eine unionsweit homogene Regelungsstruktur durch Sekundärrecht schaffen. **411**

a) Kompetenzielle Vorgaben. Dazu kann sich die Union der ihr in den Verträgen zugewiesenen Rechtsetzungszuständigkeiten bedienen *(s. o. Rn. 293)*. **412**

aa) Grundsatz der begrenzten Einzelermächtigung. Die erste in diesem Kontext relevante Anforderung ergibt sich aus dem Grundsatz der begrenzten Einzelermächtigung. Er ist in Art. 5 Abs. 2 EUV normiert und verlangt, dass die Union ihr Handeln auf eine ihr von den Mitgliedstaaten in den Verträgen niedergelegte Zuständigkeitsnorm, d. h. also auf eine Berechtigung zum Handeln (eine sog. **Kompetenz**), stützen kann. Anders als der Bund durch Änderung des Grundgesetzes kann sich die Union also nicht durch Vertragsänderung ihre Zuständigkeiten selbst verschaffen. Ihr fehlt die sog. Kompetenz-Kompetenz. Die Mitgliedstaaten haben also als Herren der Verträge[776] in Anlehnung an den eingangs geschilderten Subsidiaritätsgedanken die Kompetenzen durch deren Formulierung verteilt[777] und dadurch darüber entschieden, in welchen Bereichen ein Handeln der Union in Betracht kommt. **413**

Will ein Unionsorgan tätig werden, muss es somit für jede beabsichtigte Maßnahme einen einschlägigen Kompetenztitel nachweisen, um zu begründen, ob es überhaupt dem Grunde nach handeln kann (sog. **Kann-Frage**).[778] Dieser Titel findet sich jedenfalls nicht in den Art. 2 ff. AEUV, weil sich nach Art. 2 Abs. 6 AEUV der Umfang der Unionszuständigkeiten aus den Bestimmungen zu den einzelnen Bereichen ergeben soll. Die Art. 2 ff. AEUV dürfen daher nicht als Kompetenzkatalog missverstanden werden, wie man ihn beispielsweise in den Art. 70 ff. GG vorfindet. Eine Kompetenzgrundlage bildet zudem auch nicht Art. 26 Abs. 1 AEUV, weil diese Norm ähnlich wie Art. 2 Abs. 6 AEUV den Erlass von Maßnahmen zur Verwirklichung des Binnenmarktes nur „nach Maßgabe der einschlägigen Bestimmungen der Verträge" zulässt. **414**

Um einen **Kompetenztitel** zu **ermitteln**, der die Union zum Handeln berechtigt, sind daran anknüpfend namentlich die einzelnen im AEUV normierten Politiken ggf. anhand der Inhaltsübersicht auf Sachzusammenhänge zur avisierten Regelung zu durchforsten. Sind die einschlägigen Politikbereiche gefunden, sind darin Vorschriften zu suchen, die die beabsichtigte Unionsmaßnahme tragen können. Art. 288 AEUV führt **415**

---

774   Ausf. dazu Calliess/Ruffert/*Korte*, EUV/AEUV, Art. 27 Rn. 6 ff.
775   Vgl. verb. EuGH, Rs. C-274/11 u C-295/11, ECLI:EU:C:2013:240 – Spanien und Italien/Rat.
776   BVerfGE 89, 155, 189 ff.
777   *Albin*, NVwZ 2006, 629 ff.
778   Vgl. dazu *Calliess/Korte* Dienstleistungsrecht in der EU, 2011, § 4 Rn. 2 ff.

die maßgeblichen Varianten auf. Wegen ihrer Rechtsverbindlichkeit sind vor allem die unmittelbar geltende Verordnung und die einen Umsetzungsakt erfordernde Richtlinie von Bedeutung. Hinzu tritt der ebenfalls verbindliche Beschluss, der ähnlich dem Verwaltungsakt *(s. u. Rn. 1053)* bestimmte Adressaten kennt *(s. o. Rn. 180)*.

416 Ist eine Kompetenzgrundlage z. B. in Form des Art. 114 AEUV ermittelt, ist daran anschließend sorgsam unter deren **Voraussetzungen** zu subsumieren. Nur wenn das Rechtsetzungsvorhaben den darin normierten Anforderungen im Einzelnen gerecht wird, darf es auf diesen Kompetenztitel gestützt werden. Ermächtigen mehrere Zuständigkeitsnormen die Union zum Handeln, sind sie voneinander abzugrenzen *(s. o. Rn. 250)*. Je nach Ausgestaltung der Zuständigkeitsnorm können sich darin Regeln finden, die die Union im Falle der Binnenmarktverwirklichung auf ein hohes Schutzniveau verpflichtet oder den Mitgliedstaaten unter bestimmten eng geschnittenen Voraussetzungen residuelle Kompetenzen zuweisen.

Beispiele: Ein auf Unionsebene in einer Richtlinie normiertes Tabakwerbeverbot lässt sich nur auf Art. 114 Abs. 1 AEUV stützen, wenn dessen Voraussetzungen eingehalten sind und insbesondere ein solches Verbot zur Binnenmarktverwirklichung beiträgt.[779] Greift diese Norm, ist die Union nach Art. 114 Abs. 3 AEUV auf ein hohes Schutzniveau zugunsten des Verbrauchers verpflichtet, soweit diese Richtlinie Ausnahmen vom Tabakwerbeverbot zulässt. Etwaige Alleingänge wären den Mitgliedstaaten in ihrem Anwendungsbereich nur auf Basis der (selten einschlägigen) Art. 114 Abs. 4 ff. AEUV möglich[780].

417 **bb) Subsidiaritätsprinzip.** Ist ein einschlägiger Kompetenztitel gefunden, ist zu erörtern, wie weit die dadurch dem Grunde nach eröffnete Zuständigkeit der Union zur Regelung einer Sachfrage genau reicht. Eine der insoweit relevanten Kompetenzausübungsregeln[781] bildet das sog. Subsidiaritätsprinzip ab. Es fragt danach, ob die Union handeln darf (sog. „**Ob-Frage**"), und verlangt nach Art. 5 Abs. 3 EUV, dass die Union nur dann tätig wird, wenn die Mitgliedstaaten selbst deren Ziele nicht ausreichend verwirklichen können (sog. Negativ-Kriterium) und sie stattdessen wegen ihres Umfangs oder ihrer Wirkungen auf Unionsebene besser verwirklicht werden können (sog. Positiv-Kriterium).[782]

418 Trotz dieser beiden kumulativ erforderlichen Bedingungen ist das Subsidiaritätsprinzip vergleichsweise unbestimmt formuliert. Dessen Handhabung wird daher im Protokoll über die Anwendung der Grundsätze der Subsidiarität und der Verhältnismäßigkeit **operationalisiert**[783]. Es verlangt namentlich subsidiaritätsbezogene Anhörungen vor Erlass von Gesetzgebungsakten sowie die Begründung von Gesetzesentwürfen auch gegenüber den Mitgliedsstaaten. Ferner ist die EU-Kommission zur jährlichen Vorlage eines Subsidiaritätsberichtes verpflichtet.

419 Materiell-rechtliche Kriterien zur Konkretisierung des auslegungsoffenen Subsidiaritätsprinzips finden sich in diesem Protokoll im Gegensatz zur Vorgängerregelung, die noch Leitlinien zur Detaillierung der in Art. 5 Abs. 2 EUV normierten Kriterien „nicht ausreichend" und „besser" enthielt, nicht mehr. Diese Abkehr wird teilweise dahin gedeutet, dass das Subsidiaritätsprinzip nunmehr nur noch als prozedurale Vorgabe und nicht mehr als **materiell-rechtlicher Gradmesser** fungiere,[784] während andere

---

779 Vgl. dazu *EuGH*, Rs. C-376/98, Slg. 2000, I-8419 Rn. 87 ff. – Deutschland/Parlament und Rat sowie *Calliess/Korte*, Dienstleistungsrecht in der EU, 2011, § 4 Rn. 4 ff. (zum strukturverwandten Art. 53 AEUV).
780 Calliess/Ruffert/*Korte*, EUV/AEUV, Art. 114 AEUV, Rn. 68 ff.
781 *Albin*, NVwZ 2006, 629 ff.; BVerfGE 89, 155, 210 f.
782 Ausf. dazu *Calliess*, Subsidiaritätsprinzip und Solidaritätsprinzip in der EU, 1999.
783 Abgedruckt in ABl. EU Nr. C 306 v. 17.12.2007, S. 150.
784 *Ludwigs*, ZEuS 2004, 211, 220.

Stimmen die früher geltenden materiell-rechtlichen Kriterien, die wegen Art. 51 EUV Primärrechtsqualität besaßen, künftig jedenfalls als Orientierungsgrößen heranziehen wollen[785].

cc) **Verhältnismäßigkeitsprinzip.** Als weitere Kompetenzausübungsregel findet sich in **420** Art. 5 Abs. 4 EUV der sog. Verhältnismäßigkeitsgrundsatz. Er fragt danach, wie die Union handeln darf (sog. „**Wie-Frage**") und bezieht sich infolgedessen auf die Wahl der Form und der Mittel. Die Grundstruktur dieses Prinzips basiert entsprechend der obigen Vorgaben auf einer Prüfung der Eignung, Erforderlichkeit und Angemessenheit der Maßnahme *(s. o. Rn. 192 f.)*. Anknüpfungspunkt der damit insbesondere einhergehenden Suche nach abgewogeneren Alternativen ist allerdings nicht die Freiheitssphäre des betroffenen Wirtschaftsbürgers, sondern die Regelungsautonomie der Mitgliedstaaten, weil sie durch die avisierte Unionsmaßnahme reduziert wird. Im Lichte des Subsidiaritätsgedankens *(s. o. Rn. 199)* beschränkt der Verhältnismäßigkeitsgrundsatz das Aktionsfeld der Union als den Mitgliedstaaten binnenmarktrechtlich übergeordnete Ebene auf ein formal und inhaltlich angemessenes Tätigwerden.

b) Die Rolle der Unionsgrundrechte[786] Da diese zuständigkeitsbezogenen Grenzen die **421** Belange der Unionsbürger außen vor lassen, ist anerkannt, dass es auch individualschützender Gewährleistungen bedarf, die die Sekundärrechtsetzung auf den Prüfstand stellen. Diese Funktion übernehmen mittlerweile die Unionsgrundrechte. Grund für deren Existenz ist namentlich die verfassungsgerichtliche Spruchpraxis. Denn es war insbesondere das *BVerfG*, das eine Lücke im unionalen Grundrechtsschutz identifizierte und dem *EuGH* mit der Anwendung der nationalen Grundrechte drohte, solange die unionsgerichtliche Spruchpraxis keinen vergleichbaren grundrechtlichen Schutzstandard wie das Grundgesetz gewährleistet. Diese Drohung hätte für die damalige EWG als Rechtsgemeinschaft schädliche Folgen gehabt, weil dann das abgeleitete Unionsrecht an nationalen Parametern gemessen worden wäre, was eine Zersplitterung der Prüfungsmaßstäbe bewirkt hätte. Diese Gefahr wendete der *EuGH* durch sukzessive, weil fallorientierte Generierung eines Katalogs von Unionsgrundrechten ab, der im Anschluss daran in der Europäischen Grundrechte-Charta kodifiziert wurde und nun wegen Art. 6 Abs. 1 EUV **Primärrechtsqualität** besitzt.

Die in der Charta aufgeführten **Gewährleistungen** entsprechen in weiten Teilen dem **422** aus dem nationalen Verfassungsrecht bekannten Grundrechtskatalog, indem dort die Menschenwürde, Freiheits- und Gleichheitsrechte (Titel I-III) niedergelegt sind, modernisieren ihn teilweise aber in erheblicher Weise – so beispielsweise in Bezug auf die in Art. 3 Abs. 2 EU GR Charta normierten Verbote des Organhandels bzw. eugenischer Praktiken. Abgesehen davon bieten die in der Charta niedergelegten Garantien aber auch dem Grundgesetz unbekannte „Grundrechte" wie Titel IV über die Solidarität zeigt. Die dortigen Gewährleistungen knüpfen an französische Verfassungstraditionen an, etwa indem sie vordergründig weit reichende, letztlich jedoch in der Regel an die einzelstaatlichen Rechtsvorschriften zurückgebundene Arbeitsschutzregeln enthalten, gehen aber in Teilen auch weiter, wenn die Unionsgesetzgebung dort an ein hohes Gesundheits-, Umwelt- und Verbraucherschutzniveau gebunden wird (Titel IV). Hinzu treten Bürger- und Justizgrundrechte, die ebenfalls in Teilen den aus dem bundesdeutschen Verfassungsrecht bekannten Standard spiegeln, teilweise aber auch mehr – so ein Recht auf gute Verwaltung – fordern.

Der **Prüfungsaufbau** jedenfalls der in ihrer Wichtigkeit wohl dominierenden Freiheits- **422a** und Gleichheitsrechte ist wiederum an den der deutschen Grundrechte angelehnt. Es

---

785 Calliess/Ruffert/*Calliess*, EUV/AEUV, Art. 5 EUV Rn. 32.
786 Ausf. zum Ganzen *Mächtle*, JuS 2015, 28 ff.; vgl. auch *Ludwigs/Sikora*, JuS 2017, 385 ff.

werden daher dreistufig eine persönliche und sachliche Schutzbereichs-, eine in Art. 51 Abs. 1 EU GR Charta auf Unionsrechtsakte und mitgliedstaatliche Durchführungs-maßnahmen beschränkte Eingriffs- und eine Rechtfertigungsebene unterschieden *(s. u. Rn. 561)*. Deren Anforderungen folgen aus Art. 52 Abs. 1 EU GR Charta, der einen Gesetzesvorbehalt für Einschränkungen fordert, eine Wesensgehaltsgarantie aufrichtet und einen für die Einbeziehung der EMRK-Rechte wegen der Art. 52 f. EU GR Charta offenen, dem Grunde nach dem deutschen Vorbild entsprechenden *(s. o. Rn. 187)* Ver-hältnismäßigkeitsvorbehalt aufstellt. Dieser Vorbehalt hat freilich in der unionsge-richtlichen Spruchpraxis (noch) nicht die Durchschlagskraft entfaltet, die ihm das *BVerfG* in der Grundrechtsprüfung zuweist *(s. u. Rn. 596)*, wohl auch um die fragilen Mehrheiten in den unionalen Rechtsetzungsorganen nicht mit Hilfe einer zu hohen Kontrolldichte nachträglich zu konterkarieren. Ob sich, wie gelegentlich zu lesen ist, diese Zurückhaltung derzeit legt, ist noch nicht ausgemacht.

Beispiele: Die Einführung einer gemeinsamen Marktorganisation für den Handel mit Bananen, die innergemeinschaftliche Erzeugnisse privilegiert, verletzt nach Ansicht des *EuGH* nicht die Berufsfreiheit etwaiger dadurch schlechter gestellter Importeure, weil sie Ausdruck eines Kom-promisses zwischen den widerstreitenden Interessen der produzierenden (sicherer Absatz) sowie der nachfragenden Mitgliedstaaten (niedriger Preis) ist und in einem komplexen politischen Um-feld stattfindet, so dass dem Unionsgesetzgeber ein hoher Gestaltungsspielraum zusteht, dessen Rahmen nur bei offensichtlich fehlsamen Prognosen über die Entwicklung der künftigen Verhält-nisse überschritten ist.[787] Eine strengere Prüfung nahm der *EuGH* in Bezug auf die unionsrechtli-chen Grundlagen eines Registers vor, in dem persönliche Informationen über die Empfänger von Agrarbeihilfen der EU veröffentlicht werden sollten. Diese Regeln seien im Lichte des (auch konventionsrechtlich (vgl. Art. 8 EMRK) abgesicherten) Rechts auf informationelle Selbstbestim-mung unionsgrundrechtswidrig ausgestaltet, wenn der Umfang der darin enthaltenen Angaben nicht nach Kriterien wie Zeiträumen, Häufigkeit, Art oder Umfang der Hilfen differenziere. Ein Spielraum wurde insoweit nicht zugebilligt; vom Erfordernis politisch komplexer Erwägungen war nicht die Rede[788].

423   **c) Die Rolle der sog. Querschnittsklauseln.** Neben die Unionsgrundrechte treten die sog. Querschnittsklauseln, die teilweise den Art. 35 ff. EU GR Charta entsprechen, allerdings oftmals auch sachgegenständlich anders gelagert sind, wie die in den Art. 8 ff. AEUV und hier und da bei den Einzelpolitiken normierten Regelungen (vgl. z. B. Art. 167 Abs. 4 AEUV für die Wahrung kultureller Interessen) zeigen. Sie haben gemeinsam, dass sie ebenfalls der **Sekundärrechtsetzung Grenzen** setzen, die allerdings unterschiedlich intensiv sind und in der Regel nicht mehr als ein Rechnungtragen fordern. Im Bereich Umweltschutz gehen die Anforderungen freilich darüber deutlich hinaus, weil dieser Belang zwingend in die Binnenmarktpolitik einbezogen werden muss *(s. o. Rn. 251)*.

3. Negative Integration durch Grundfreiheiten

424   Neben die positive tritt die negative Integration über die Grundfreiheiten. Sie wollen binnenmarktwidrige Vorschriften im nationalen Recht beseitigen und schaffen so in-terföderale Gefährdungslagen, die grenzüberschreitende Wirtschaftsströme *(s. o. Rn. 69)* erschweren, aus der Welt. Die Grundfreiheiten sind daher **transnationale In-tegrationsnormen** und wirken anders als die positive Integration nicht über den Weg der Sekundärrechtserzeugung. In ihrer Struktur ähneln die Grundfreiheiten den Uni-onsgrundrechten, da auch sie eine dreistufige Prüfung fordern, unterscheiden sich von diesen aber in ihrer Funktion, weil sie nicht auf die Kanalisierung bzw. Legitimation der Ausübung unionaler Hoheitsgewalt gerichtet sind.[789]

---

787   EuGH, Rs. C-280/93, Slg. 1994, I-04973, Rn. 90 – Deutschland/Rat.
788   EuGH, verb. Rs. C-92/09, C-93/09, Slg. 2010, I-11063 – Volker und Markus Schecke und Eifert.
789   Calliess/Ruffert/*Kingreen*, EUV/AEUV, Art. 34-36 AEUV Rn. 6 ff.

a) Schutzbereich. Auf Schutzbereichsebene ist, soweit kein abschließendes Sekundär- **425** recht vorliegt, das die Anwendung der Grundfreiheiten sperrt *(s. u. Rn. 445)*,[790] zunächst deren **sachliche Dimension** auszuloten. Die insoweit maßgeblichen Bezugspunkte für die marktmäßige Tätigkeit *(s. o. Rn. 401)* bilden die Investition von Produktionsfaktoren durch die Gründung einer Niederlassung oder die Einbringung von Kapital bzw. Arbeitskraft und der Handel mit Produkten in Form von Waren bzw. Diensten. Damit lässt sich im Lichte dieses den gesamten Wirtschaftsverkehr erfassenden Ansatzes von fünf verschiedenen Grundfreiheitsdimensionen sprechen, die durch die Freiheit des Zahlungsverkehrs als eine sechste, auf die Gegenleistung der ökonomischen Aktivität bezogene Dimension flankiert werden. Zudem fordern die Grundfreiheiten als ein wesentlicher Teilausschnitt des Rechts des Binnenmarktes einen grenzüberschreitenden Bezug *(s. o. Rn. 403)*.[791]

Auf Ebene des **persönlichen Schutzbereichs** ist zu differenzieren: Während grenzüber- **426** schreitende Waren- und Kapitalströme rein sachbezogen ansetzen, so dass die Grundfreiheiten der Warenverkehrs- und Kapitalverkehrsfreiheit keine Anforderungen an den persönlichen Schutzbereich stellen, ist die Arbeitnehmerfreizügigkeit typischerweise personenbezogen. Dasselbe gilt für die Dienstleistungs- und Niederlassungsfreiheit, weil dort individualbezogene Aspekte hinzutreten, so z. B. wenn persönliche Dienste wie Reparaturen erbracht werden oder weil die Niederlassungsgründung eine Investitionsentscheidung des jeweiligen Unternehmers erfordert. Daher beziehen sich diese Grundfreiheiten auf Unionsbürger oder auf Unternehmen mit Sitz im Unionsgebiet (vgl. Art. 54 (62) AEUV).[792]

Zumindest für die Grundfreiheiten, die nicht rein sach-, sondern auch personenbezo- **427** gen ansetzen, finden sich in den Art. 45 Abs. 4 und Art. 51 (62) AEUV **Bereichsausnahmen**, die der Geltungskraft dieser Freiverkehrsregeln entgegenstehen. Sie sind trotz unterschiedlicher Formulierungen inhaltsverwandt, weil sie darauf angelegt sind, die Ausübung öffentlicher Gewalt den eigenen Staatsangehörigen vorzubehalten. Dadurch soll ein besonderes Näheverhältnis zwischen der Hoheitsmacht ausübenden Person und dem eigentlichen Inhaber der Staatsgewalt gewährleistet und so Interessenkonflikten vorgebeugt werden. Denn Nationalitätserfordernisse bauen auf von Geburt an gewachsene Loyalitäten und haben deshalb die Vermutung für sich, dass sich der öffentliche Gewalt ausübende Unternehmer bzw. die derart tätige Arbeitskraft im Sinne des dahinterstehenden Mitgliedstaats verhalten, was wiederum das Vertrauen der Bevölkerung in hoheitsnahe Aktivitäten stärkt.[793]

Beispiele: Das im deutschen Recht konkretisierte Tätigkeitsspektrum eines Notars hält die Unionsgerichtsbarkeit nicht für mit der Ausübung öffentlicher Gewalt verbunden, insbesondere weil dessen Aufgabe der Erstellung von Urkunden auf parteilicher Absprache beruhe, weil deren Beweiskraft die Gerichtsbarkeit nicht uneingeschränkt binde und weil die beratende Tätigkeit von Notaren etwa bei Immobiliengeschäften oder Eheschließungen nur unterstützender Natur sei[794].

b) Beeinträchtigung. Die Grundfreiheiten richten sich ihrer auf die Beseitigung interfö- **428** deraler Gefährdungslagen bezogenen Schutzrichtung entsprechend zunächst gegen mitgliedstaatliches Handeln. Zudem **adressieren** sie (anders als die Grundrechte) privates Handeln, soweit es verbandsmächtig (sog. intermediäre Gewalt) ist und eine ähnli-

---

790 *Furrer*, Die Sperrwirkung des sekundären Gemeinschaftsrechts, 1994, S. 15 ff.

791 Vgl. allg. *Sauer*, JuS 2017, 310, 312.

792 Vgl. *Calliess/Ruffert/Kingreen*, EUV/AEUV, Art. 34-36 Rn. 32 ff.

793 *Calliess/Korte*, Dienstleistungsrecht in der EU, 2011, § 3 Rn. 63; vgl. dazu auch *Schill*, NJW 2007, 2014, 2017.

794 EuGH, Rs. C-54/08, ECLI:EU:C:2011:339 – Kommission/Deutschland; krit. *Korte/Steiger*, NVwZ 2011, 1243.

che Bindungswirkung (nach innen oder nach außen) entfaltet wie hoheitliches Handeln.[795] Ob sich die Grundfreiheiten auch auf Unionshandeln erstrecken, ist umstritten[796]. Die unionsgerichtliche Rechtsprechung bejaht dies.[797] Richtigerweise ist dies allerdings wegen der Zielrichtung der Grundfreiheiten *(s. o. Rn. 424)* und der insoweit hinreichenden Unionsgrundrechte eher zu verneinen.[798]

Beispiel: Die Normungstätigkeit des DIN, eine privatrechtliche Organisation, muss den Grundfreiheiten entsprechen, wenn das nationale Recht vorsieht, dass die Einhaltung der anerkannten Regeln der Technik im Falle der Konformität der eigenen Produkte mit den Normen des DIN vermutet wird und etwaige Alternativwege zwar bestehen, aber zu erheblichen Zusatzkosten führen, die die Konkurrenzfähigkeit der Produkte schmälern. Die Hoheit(sähn)lichkeit ergibt sich dann aus der Einbeziehung der DIN-Norm in das nationale Recht sowie daraus, dass deren Einhaltung kosteneffizienter ist.[799] Die Regeln von Sportverbänden sind, obgleich privatrechtlich organisiert, hoheitsähnlich, weil sie die Mitglieder aufgrund ihrer Verbandsmacht wie staatliche Vorschriften binden, so dass auch solche Vereinigungen Grundfreiheitsverpflichtete sind[800].

429 Taugliche **Eingriffsformen** sind in Orientierung an binnenmarktspezifische Gefährdungslagen grundfreiheitsübergreifend[801] einerseits nationalitätsbezogene Diskriminierungen, die unmittelbar im Wortlaut oder mittelbar in ihrer typischen Wirkung an die Staatsangehörigkeit anknüpfen können, und andererseits die sog. Marktzugangsregeln. Denn beide Formen der Beeinträchtigung prägt, dass sie die Transaktions- bzw. Markterschließungskosten verursachen, die grenzüberschreitende Wirtschaftsströme auf dem Binnenmarkt erschweren bzw. unattraktiv oder unmöglich machen[802] können. Diskutiert wird im Bereich der Marktzugangsregeln, ob sie einen Marginalitätsvorbehalt kennen, der die Annahme einer Beeinträchtigung hindert.[803] Zudem ist derzeit noch unklar, wie der relevante Markt für die Zugangsregel zu bestimmen ist.[804]

Beispiele: Ein Verbot reisegewerblicher Tätigkeit für Ausländer, wie es früher in § 55d GewO enthalten war, ist als unmittelbare Diskriminierung aus Gründen der Staatsangehörigkeit einzuordnen. Beschränkt eine Regelung wie § 3 Bewach-VO den Kreis derjenigen, die eine bestimmte Tätigkeit als Bewacher ausüben dürfen, auf Personen, die der deutschen Sprache mächtig sind, so liegt eine mittelbar nationalitätsbezogene Diskriminierung vor. Wird eine reisegewerbliche Tätigkeit wie in § 56 GewO verboten, liegt eine Marktzugangsbeschränkung nur dann vor, wenn dieser Vertriebsweg vor dem Hintergrund der übrigen Distributionskanäle und im Lichte der adressierten Dienste bzw. Waren hinreichend gewichtig ist, was selten der Fall ist[805].

430 Derzeit umstritten ist, ob auch **Marktwegzugsbeschränkungen** und/oder nationalitätsbezogene Diskriminierungen im heimischen Recht an den Grundfreiheiten zu messen sind. Die unionsgerichtliche Spruchpraxis ist namentlich im Bereich der Warenverkehrsfreiheit zurückhaltend und will nur „spezifische", weil nationalitätsbezogen diskriminierend wirkende Beeinträchtigungen erfassen.[806] Dieser Ansatz wird oft mit dem Argument angegriffen, dass er die auf transnationale Integration drängende Wirkung der Grundfreiheiten verkenne, weil deshalb gute Gründe für die Gleichstellung

---

795   *Ludwigs/Weidmann*, JURA 2014, S. 152 ff.
796   Ausf. dazu *Zazoff*, Der Unionsgesetzgeber als Adressat der Grundfreiheiten, 2010.
797   EuGH v. 12.7.2005, C-154/04, C-155/04, Slg. 2005, I-6451 – *Alliance for Natural Health u. a.*, Rn. 47.
798   *Calliess/Korte*, Dienstleistungsrecht in der EU, 2011, § 3 Rn. 97 ff.
799   EuGH, Rs. C-171/11, ECLI:EU:C:2012:453 – Fra.bo und dazu *Ludwigs/Weidermann*
800   EuGH, Rs. C-352/06, ECLI:EU:C:2008:290 – Bosman; s. dazu *Gramlich*, DÖV 1996, 801 ff.
801   Vgl. dazu *Korte*, Standortfaktor Öffentliches Recht, 2016, S. 223 ff.
802   S. z. B. EuGH, Rs. C-49/16, ECLI:EU:C:2017:491, LS 1 – Unibet.
803   *Klenk*, Die Grenzen der Grundfreiheiten, i. E. für 2019, S. 56 ff.
804   *Streinz/Dietz*, EuR 2015, 50 ff.
805   Vgl. dazu *Korte*, in: Korte/Repkewitz/Schulze-Werner (Hg.), GewO, 257. EL 2011, § 56 Rn. 27.
806   EuGH, Rs. C-81/87, Slg. 1998, 5483 – Daily Mail; EuGH, Rs. 15/79, Slg. 1979, 3409, Rn. 12. – Groenvald

von Zugangs- und Wegzugsbeschränkungen sprechen.[807] Die weiteren Entwicklungen in dieser Frage bleiben abzuwarten.

Beispiele: Wenn das nationale Recht im Fernabsatz tätigen Unternehmen untersagt, vom Kunden vor Ablauf der siebentägigen Widerrufsfrist Zahlung oder die Daten der Kreditkarte zu verlangen, dann gilt dieses Verbot zwar zunächst unterschiedslos, soll aber nach der unionsgerichtlichen Spruchpraxis den grenzüberschreitenden Handel stärker als den inländischen belasten, weil eine etwaige Vollstreckung offener Forderungen in anderen Mitgliedstaaten schwieriger ist als im Inland, so dass die Ausfuhrfreiheit beeinträchtigt wird.[808] Ob sich diese in späteren Entscheidungen bestätigte[809] Spruchpraxis in Richtung einer Wegzugsbeschränkung verdichtet, ist offen[810].

c) Rechtfertigung. Auf Rechtfertigungsebene stellt sich die Frage, inwieweit nationale **431** Maßnahmen trotz der ihnen immanenten grundfreiheitsbeeinträchtigenden Wirkung zulässig sind. Dieser Prüfungspunkt zeigt, dass das Binnenmarktrecht weniger neoliberal, als vielmehr auf einen **Ausgleich etwa widerstreitender Freiverkehrs- und Gemeinwohlinteressen** ausgerichtet ist.[811] Er verlangt, dass die in Streit stehende Maßnahme in Umsetzung eines tauglichen Gemeinwohlgrundes ergangen ist und diesen im Lichte der Grundfreiheiten in verhältnismäßiger Weise umsetzt.

aa) Tauglicher Allgemeinwohlgrund. Der Kreis der heranziehbaren Gemeinwohlbe- **432** lange hängt nach der (uneinheitlichen[812]) Rechtsprechung des Gerichtshofs von der Beeinträchtigungsintensität ab. Im Falle unmittelbar nationalitätsbezogener Diskriminierungen dürfen insoweit nur die geschriebenen Allgemeininteressen – das sind die Grundfreiheitsvorbehalte (z. B. Art. 36, 53 AEUV) aber auch andere Primärrechtsnormen wie die Charta-Grundrechte oder ggf. manche bzw. die Querschnittsklauseln[813] – herangezogen werden, während im Falle von Marktzugangsbeschränkungen auch ungeschriebene Gemeinwohlbelange als Rechtfertigungsgründe taugen.[814] Rein **wirtschaftliche bzw. protektionistische Gründe** genügen den Grundfreiheiten allerdings generell **nicht**.[815]

Beispiel: Ein staatliches Glücksspielmonopol darf nicht primär der Erzielung von Einnahmen dienen, um den Staatshaushalt zu sanieren, sondern muss mit anderen Gründen gerechtfertigt werden, so z. B. weil es einem weit verstandenen Verbraucherschutz dient, indem es die Gesundheit des Spielers vor den Gefahren einer Spielsucht und dessen Vermögen vor etwaigen Betrügereien infolge von Manipulationen z. B. an den Spielgeräten bewahrt[816].

Unklar ist der Umgang mit **mittelbaren Diskriminierungen,** weil sie zwischen diesen **433** beiden Extrempositionen stehen. Daher gibt es Ansätze, die sie den direkten Ungleichbehandlungen gleichstellen,[817] und solche, die sie wie Beeinträchtigungen des Marktzugangs behandeln wollen.[818] Da die Eingriffsintensität typischerweise für die Verhältnismäßigkeitsprüfung relevant ist und sich die indirekten Diskriminierungen im Zweifel nur schwer von den Marktzugangsbeschränkungen abgrenzen lassen, sprechen die besseren Gründe für den letztgenannten Ansatz.[819]

---

807   *Korte,* Standortfaktor Öffentliches Recht, 2016, S. 227 ff. m. w. N.
808   EuGH, Rs. C-205/07, ECLI:EU:C:2008:730 Rn. 41 ff. – Gysbrechts und Santurel Inter.
809   EuGH, Rs. C-15/15, ECLI:EU:C:2016:464 Rn. 36 – New Valmar.
810   Vgl. dazu *Reyes y Ráfales,* Die Warenausfuhrfreiheit: ein Beschränkungsverbot, 2017, S. 117 f.
811   Ausf. dazu Calliess/Ruffert/*Korte,* EUV/AEUV, Art. 26 Rn. 13.
812   EuGH, Rs. C-388/01, Slg. 2003 I-721 Rn. 18 ff. – Kommission/Italien.
813   EuGH, Rs. C-379/98, Slg. 2001 I-2159 Rn. 73 f. – Preussen Elektra.
814   *Schweitzer/Hummer/Obwexer,* Europarecht, 2007, S. 344.
815   *Tiedje,* in: von der Groeben/Schwarze/Hatje (Hg.), EU-Recht, 7. Aufl. 2015, Art. 49 AEUV, Rn. 96., EuGH Rs. C-203/96, Slg. 1998, I-4075 Rn. 44 – Dusseldorp, Rn. 44.
816   EuGH, Rs. C-67/98, Slg. 1999, I-7289 – Zenatti; vgl. dazu ausf. *Korte,* Das staatliche Glücksspielwesen, 2004.
817   *Calliess/Korte,* Dienstleistungsrecht in der EU, 2011, § 3 Rn. 128.
818   Vgl. dazu *Müller-Graff,* in: Streinz (Hg.), EUV/AEUV, Art. 49 AEUV.
819   Calliess/Ruffert/*Korte,* AEUV/EUV, Art. 49 AEUV Rn. 49.

434   **bb) Verhältnismäßigkeitsprüfung.** Ist ein tauglicher Allgemeinwohlgrund gefunden, bleibt schließlich zu prüfen, ob die mitgliedstaatliche Maßnahme im Lichte der Grundfreiheiten verhältnismäßig ist. Die zugehörigen Erwägungen ähneln den bereits erörterten (s. o. Rn. 187). Es sind aber vor allem in vier Richtungen **Spezifika** zu beachten, die zu deutlichen Unterschieden gegenüber dem nationalen Recht führen.

435   **(1) Kohärenzprüfung.** Von besonderer Bedeutung ist zunächst, dass die unionsgerichtliche Spruchpraxis auf Eignungsebene **allgemeine Gleichheitserwägungen** in die grundfreiheitliche Verhältnismäßigkeitsprüfung einspeist und nach der Kohärenz der nationalen Maßnahme fragt. Unterscheiden lassen sich drei, im Glücksspielrecht entwickelte Perspektiven[820]: So ist erstens eine tatsächliche[821], die Verwaltungspraxis mit dem gesetzlichen Schutzkonzept vergleichende Dimension identifizierbar. Hinzu tritt zweitens ein sachlich-tatbestandlicher[822], die Gefahrneigung der verschiedenen Tätigkeiten zum gesetzlichen Schutzkonzept ins Verhältnis setzender Ansatz. Und schließlich drittens findet sich zumindest in föderal organisierten Mitgliedstaaten eine räumliche Dimension[823], die vertikal die Schutzkonzepte des Bundes mit denen der Länder oder horizontal die Schutzkonzepte der Länder untereinander vergleicht.[824]

436   **(2) Verbot von Doppelkontrollen.** Ferner geht die unionsgerichtliche Spruchpraxis davon aus, dass etwaige im Herkunftsland erfüllte Anforderungen – seien sie nun fertigkeits- oder unternehmensbezogener Natur – im Zielstaat nicht noch einmal gefordert werden dürfen, weil es ein milderes, gleich geeignetes Mittel gegenüber einer sog. Doppelkontrolle ist, auf die in der Heimat erfüllte Vorgabe zu vertrauen. Blindes Vertrauen ist insoweit allerdings nicht geschuldet, weil dieser **Grundsatz gegenseitiger Anerkennung** unter dem Vorbehalt der ggf. sekundärrechtlich vorgeformten Gleichwertigkeit der Anforderungen im Ziel-und Herkunftsstaat steht. Insoweit haben die Behörden des Bestimmungslandes also weiterhin Kontrollmöglichkeiten. Im Einzelnen sind sie im Falle einer teilweisen Erfüllung der heimischen Voraussetzungen zu Teilanerkennungen verpflichtet. Damit korrespondiert eine Berechtigung des zugangswilligen Unternehmers, eine Nachprüfung hinsichtlich des fehlenden Rests zu absolvieren.[825]

Beispiel: Wenn sich die Ausbildungsgänge in den Mitgliedstaaten für die Tätigkeit eines Wasserbauingenieurs sowie eines Wege-, Kanal- und Hafenbauingenieurs so basal unterscheiden, dass eine Ausgleichs- oder Anpassungsmaßnahme nicht in Betracht kommt, dann ist zu ergründen, ob die angestrebte Tätigkeit, für die die Qualifikation besteht, von den übrigen Tätigkeitssegmenten abgetrennt werden kann, was die Existenz eines separaten Ausbildungsgangs im Herkunftsstaat zwar indiziert, letztlich aber von den Behörden des Zielstaats anhand der konkreten Umstände zu prüfen ist[826].

437   Der so beschriebene Grundsatz gegenseitiger Anerkennung, der nicht erforderliche Doppelkontrollen verbietet, darf nicht mit dem sog. **Herkunftslandprinzip** gleichgesetzt werden. Denn es ist per definitionem darauf angelegt, dem Zielstaat jeglichen Einfluss auf ein eingeführtes Produkt zu nehmen, indem ein einmal im Binnenmarkt hergestelltes Erzeugnis als verkehrsfähig gilt, solange es den am Produktionsstandort bestehenden Anforderungen genügt. Dieser Gedanke ist auf Dienstleistungen, aber auch auf die Investition von Produktionsfaktoren im Zielstaat übertragbar und führt im Unterschied zum Grundsatz gegenseitiger Anerkennung dazu, dass dem Bestim-

---

820   *Lippert* EuR 2007, 631 ff.
821   EuGH, Rs. C-243/01, Slg. 2003, I-13031, Rn. 62,67 f. – Gambelli u. a.
822   EuGH, Rs. C- 316/07, Slg. 2010, I-08069, Rn. 100. – Stoß u. a.
823   EuGH, Rs. C-156/13, Rn. 35 – Digibet und Albers.
824   Zum Ganzen Calliess/Ruffert/*Korte*, EUV/AEUV,Art. 49 Rn. 67.
825   *Calliess/Korte*, Dienstleistungsrecht in der EU, 2011, § 3 Rn. 137.
826   EuGH, C-330/06, ECLI:EU:C:2007:256 Rn. 18, 23 f. 34 f – Kommission/Irland.

mungsland von vornherein jegliche Kontrollmöglichkeiten abgeschnitten sind mit der Folge einer Pflicht zu blindem Vertrauen in die Regelungen des Herkunftsstaats. Insbesondere weil eine solche Konzeption die Gemeinwohlverantwortung des Zielstaats für sein Hoheitsgebiet vollständig ausblendet und gewissermaßen auf den Heimatstaat auslagert, ist das Herkunftslandprinzip keine Forderung der Grundfreiheiten.[827]

(3) Informationsmodell. Abgesehen davon ist den Grundfreiheiten ein sog. Informationsmodell immanent, das auf der Prämisse des mündigen Verbrauchers basiert, der sich **aus allgemein zugänglichen Quellen informieren**, die so erlangten Kenntnisse verarbeiten und daran seine Entscheidung ausrichten kann. Aufgrund dieses Primats der Selbsthilfe sind Kennzeichnungspflichten ein milderes gleich geeignetes Mittel im Vergleich zu hoheitlichen Markteingriffen durch Kontrollen bis hin zu Verboten, wenn und weil sie den Konsumenten in gleichem Umfang schützen.[828]   **438**

Beispiel: Wenn eine Organisation als Gesellschaft englischen und nicht dänischen Rechts firmiert, ist für den Geschäftsverkehr hinreichend klar erkennbar, dass sie nicht dem dänischen Recht über Gesellschaften mit beschränkter Haftung unterliegt[829].

Dieser Grundsatz stößt dort auf Grenzen, wo die erforderlichen Informationen eine Komplexität erreichen, die der Bürger nicht mehr aufnehmen kann, weil dann **Informationsasymmetrien** zulasten des Verbrauchers drohen. Diese Voraussetzung ist in der Regel im Falle besonders sensibler Geschäfte oder solcher, die hohe Folgerisiken für den Verbraucher bergen (so z. B. im Banken- oder Versicherungsbereich), gegeben. Liegt diese Vorgabe vor, ist eine Kennzeichnung kein probates Mittel, um gemeinwohlkonforme Zustände zu erlangen; es bedarf stattdessen einer verhältnismäßigen Marktsteuerung.[830]   **439**

Beispiel: Der Finanzmarkt hat für die Wirtschaftsteilnehmer namentlich im Bereich der Kapitalüberlassung eine sehr hohe Bedeutung. Zudem ist die Komplexität der dort getätigten Geschäfte sehr hoch, so dass dessen Funktionsfähigkeit in hohem Maße vom Vertrauen der Kapitalanleger in die Marktakteure abhängt. Aus diesem Grunde sind die Mitgliedstaaten befugt, mit Hilfe von Berufsregeln deren Zuverlässigkeit und Sachkunde sicherzustellen, so dass sie gerade wegen der Komplexität der Geschäfte nicht darauf verwiesen werden dürfen, dass Regeln, die eine umfassende Information des Kunden realisieren, im Vergleich zu anderen Kontrollmechanismen ein im Lichte der Grundfreiheiten milderes, gleich geeignetes Mittel sind[831].

(4) Beurteilungsspielräume. Ferner bestehen bei der Untersuchung der Grundfreiheitskonformität nationaler Maßnahmen insoweit Besonderheiten als es um die Freiheiten der mitgliedstaatlichen Gesetzgeber geht. Während im Rahmen der Prüfung der Unionsgrundrechte der Legislative eine im Zweifel weite Prärogative vor allem aus Respekt vor dem hohen Grad ihrer demokratischen Legitimation zugebilligt wird *(s. o. Rn. 189)*, geht die Spruchpraxis des Gerichtshofs im Falle der Grundfreiheiten offenbar den umgekehrten Weg und nimmt eine **hohe Kontrolldichte** zum **Ausgangspunkt**, von der aus dann in bestimmten Fällen Abstriche gemacht werden.   **440**

Beispiele: Ein Genehmigungsvorbehalt für das Inverkehrbringen von Lebensmitteln, denen Vitamine zugesetzt sind, ist nur solange gerechtfertigt, wie der Vitaminzusatz keinem „echten" Versorgungsbedürfnis der Bevölkerung etwa im Hinblick auf Technologie oder Ernährung entspricht.[832] Ein Genehmigungsvorbehalt für die Erbringung „einfacher" Dienste, die keine besonderen Kenntnisse oder Fertigkeiten verlangen, sondern sich in der Information über dem-

---

827   *Korte*, Standortfaktor Öffentliches Recht, 2016, S. 229 f., 232.
828   *Calliess/Korte*, Dienstleistungsrecht in der EU, 2011, § 3 Rn. 141.
829   EuGH, Rs. C-212/97, ECLI:EU:C:1999:126 Rn. 36 – Centros.
830   *Calliess/Korte*, Dienstleistungsrecht in der EU, 2011, § 3 Rn. 142.
831   EuGH, Rs. 279/80, ECLI:EU:C:1981:314 Rn. 18 f. – Webb.
832   EuGH, Rs. 174/82, ECLI:EU:C:1983:213 Rnb. 19 f. – Sandoz.

nächst fällige Zahlungen von Schutzrechtsgebühren und deren Vorstreckung erschöpfen, falls das Schutzrecht erhalten bleiben soll, ist unverhältnismäßig[833].

441   In welchen Konstellationen eine zurückhaltende Überprüfung des nationalen Rechts im Lichte der Grundfreiheiten nach der unionsgerichtlichen Spruchpraxis geboten ist, ist derzeit noch nicht abschließend vermessen, so dass sich **verschiedene Ansätze** gegenüberstehen: So wird teilweise auf den Gefährdungs- bzw. Diskriminierungsgrad abgestellt, während andere Stimmen davon ausgehen, dass es auf die Sensibilität bzw. auf den Personen- bzw. Nationalitätsbezug der Maßnahme ankomme. Diese Begründungswege scheinen indes allesamt recht unbestimmt.[834]

442   Zielführender scheint es deshalb, auf die **Logik des Binnenmarktrechts** in Form der Mechanismen der positiven und der negativen Integration abzustellen *(s. u. Rn. 444)* und dann eine zurückhaltende Kontrolle zu fordern, wenn die Union keine oder nur eine beschränkte Möglichkeit hat, das im Falle der Feststellung der Grundfreiheitswidrigkeit nationaler Maßnahmen entstehende Gemeinwohlvakuum durch Erlass von Sekundärrecht zu schließen. Denn in diesen Bereichen hat die Union den Schutz ihrer Bürger nicht oder nur eingeschränkt in der Hand, so dass sie sich in stärkerem Maße auf die Mitgliedstaaten verlassen und ihnen deshalb mehr Freiräume zugestehen muss.[835]

Beispiele: Wenn der Union keine Kompetenz zusteht (vgl. z. B. Art. 345 AEUV), ein Harmonisierungsverbot besteht (vgl. z. B. Art. 167 Abs. 5 Sp. 1 AEUV) oder eine einstimmige Beschlussfassung für die Verabschiedung von Sekundärrecht nötig ist (vgl. z. B. Art. 115 AEUV), dann sollte sich die Überprüfungsdichte der Unionsgerichtsbarkeit auf eine Willkürkontrolle beschränken, so dass nur offensichtlich fehlsame Maßnahmen grundfreiheitswidrig sein dürfen[836].

443   **cc) Privat initiierte Beeinträchtigungen.** Soweit es nicht um staatlich, sondern privat initiierte Grundfreiheitsbeeinträchtigungen geht, ist zu beachten, dass die Gemeinwohlbindung weniger stark ausgeprägt ist. Stattdessen gewinnt der Gedanke der Privat- bzw. Verbandsautonomie als Direktive an Bedeutung. Aus diesem Grunde wird man **auf Rechtfertigungsebene großzügiger** verfahren müssen; inwieweit, ist bisher allerdings noch unklar. Die unionsgerichtliche Spruchpraxis lässt bisweilen sachliche Gründe genügen und scheint privaten Grundfreiheitsadressaten einen gewissen Spielraum zuzubilligen,[837] der auch wirtschaftlich motivierte Maßnahmen nicht von Vornherein für grundfreiheitswidrig erklärt.[838] Die weiteren Entwicklungen bleiben insoweit abzuwarten.

Beispiele: Wird der Nachweis von Sprachkenntnissen für eine bestimmte Tätigkeit an einen konkreten Betätigungsnachweis geknüpft, den typischerweise nur Inländer erlangen, dann kann diese mittelbare Diskriminierung nicht damit begründet werden, dass Sprachkenntnisse Voraussetzung für die Tätigkeit sind, weil diese Anforderung, obgleich ggf. für sich auf einem sachlichen Grund basierend, auch durch andere Dokumente nachgewiesen werden kann.[839] Eine in einer Verbandssatzung niedergelegte Pflicht des aufnehmenden Vereins zur Zahlung einer Ausbildungsentschädigung im Falle eines Spielerwechsels in den Profibereich kann nicht mit dem Ziel der Herstellung von Chancengleichheit zwischen kleineren und größeren Vereinen gerechtfertigt werden, weil die Entschädigung nichts daran ändert, dass die reicheren Vereine die besseren Spieler verpflichten. Zudem ist sie im Lichte des Ziels, kleineren Vereinen Anreize für die Suche nach und die Ausbildung von Talenten zu geben, unverhältnismäßig, weil nicht alle Talente in den Profibe-

---

833   EuGH, Rs. C-76/90, ECLI:EU:C:1991:331 Rn. 18 ff. – Säger/Dennemeyer.
834   Vgl. *Ehlers*, in: Ehlers (Hg.), Europäische Grundrechte und Grundfreiheiten, 4. Aufl. 2015, § 7 Rn. 132.
835   *Korte*, Standortfaktor Öffentliches Recht, 2016, S. 341; *Krieger*, JZ 2005, 1021, 1027.
836   Calliess/Ruffert/*Korte*, EUV/AEUV, Art. 49 AEUV Rn. 69 ff.
837   EuGH, Rs. C-352/06, ECLI:EU:C:2008:290 – Bosman.
838   *Schwarze*, DVBl. 2014, 537 ff.; *Gramlich*, DÖV 1996, 801 ff.
839   EuGH, Rs. C-281/98, ECLI:EU:C:2000:296 Rn. 43 f. – Angonese.

reich wechseln und die Kosten der Vereine im Rahmen der Spielerausbildung deutlich über die (potenzielle) Entschädigungssumme für einen konkreten Spieler hinausgehen[840].

4. Verhältnis von positiver und negativer Integration

Versteht man positive und negative Integration im so beschriebenen Sinne, dann offen- **444** baren sich grundlegende Zusammenhänge. So kann die positive Integration durch Sekundärrecht etwaige Schutzlücken im nationalen Recht schließen, die sich aus der Anwendung der Grundfreiheiten ergeben. Sie kann darüber hinaus aber auch dort ansetzen, wo sich die im nationalen Recht bestehenden Marktzugangshürden mit den Vorgaben der Grundfreiheiten (noch) vereinbaren lassen, setzen die binnenmarktbezogenen Kompetenztitel doch in der Regel nicht mehr voraus als einen positiven Binnenmarkteffekt. Unabhängig davon, welcher dieser beiden Fälle vorliegt, treten dann, wenn sich die für den Erlass des avisierten Sekundärrechtsakts nötigen Mehrheiten auf Unionsebene generieren lassen, die **unionalen an die Stelle der nationalen Gemeinwohlvorstellungen.** Die damit verbundene Hochzonung der Aufgabenwahrnehmung dürfte dem die Mitgliedstaaten übergreifenden Binnenmarktziel, das Freiverkehr und soziale Belange auszugleichen versucht, jedenfalls eher entsprechen als nationale Marktzugangshürden oder ein Gemeinwohlvakuum aufgrund außer Kraft gesetzten nationalen Rechts.

Kommt solch ein Sekundärrechtsakt zustande, der ggf. die deregulierende Wirkung **445** der Grundfreiheiten im Sinne einer Reregulierung auf übergreifender Ebene beseitigt, geben die Unionsorgane zugleich zu erkennen, in welchem Verhältnis Freiverkehr und Gemeinwohlverwirklichung zueinander stehen sollen. Soweit die damit verbundenen Aussagen abschließend sind, kommt daneben dann aber keine nationale Regelung mehr in Betracht. Ansonsten wären binnenmarktweit unterschiedliche Anforderungen an wirtschaftliche Aktivitäten die Folge, was den Gedanken der einheitlichen Geltung des Unionsrechts als eine wesentliche Vorgabe für die Funktionsfähigkeit der Union als Rechtsgemeinschaft gefährden würde. Die praktische Folge dieser binnenmarktrechtlichen Erkenntnis ist, dass dort, wo eine Auslegung des Sekundärrechts ergibt, das es abschließend sein soll, keine negative Integration über die Grundfreiheiten mehr möglich ist, obwohl sie im Primärrecht niedergelegt sind. Mit dieser sog. **Sperrwirkung** wird trotzdem nicht die Normenhierarchie umgekehrt, sondern die Konsequenz daraus gezogen, dass die Verwirklichung des Binnenmarktes aufgrund des bestehenden Sekundärrechts in der von der Union gewollten Weise abgeschlossen ist, so dass nationales Recht kompetenzwidrig erlassen wäre und kein Bedarf mehr für die Grundfreiheiten besteht.[841]

Beispiel: Art. 16 DLR verbietet für den Fall der vorübergehenden grenzüberschreitenden Erbringung von Dienstleistungen nationalitätsbezogene Diskriminierungen jeder Form generell und erlaubt sonstige Beeinträchtigungen nur, wenn sie aus Gründen der öffentlichen Sicherheit, Gesundheit oder Ordnung bzw. des Umweltschutzes erfolgen. Andere Rechtfertigungsgründe lässt Art. 16 DLR nicht zu, weil man sonst dessen (enge) Vorgaben umginge. Ein Rückgriff auf die Dienstleistungsfreiheit, die z. B. auch nationale Regeln aus Erwägungen des Verbraucherschutzes ermöglicht, ist demnach unzulässig. Ihm steht die Sperrwirkung der Dienstleistungsrichtlinie gegenüber Art. 56 f. AEUV entgegen[842].

Abgesehen davon nehmen die grundfreiheitlichen Strukturen aber auch in gewisser **446** Weise Einfluss auf die Ausgestaltung des Sekundärrechts, so dass die Mechanismen der negativen und positiven Integration in Summe wechselseitig miteinander interagieren und in gewisser Weise kommunizieren. Dieser Effekt lässt sich anhand der sog.

---

840   EuGHRs. C-352/06, ECLI:EU:C:2008:290 – Bosman.
841   Allg. dazu *Furrer*, Die Sperrwirkung des sekundären Gemeinschaftsrechts, 1994.
842   *Calliess/Korte*, Dienstleistungsrecht in der EU, 2011, § 6 Rn. 52 ff., 61 ff.

Neuen Konzeption (**New Approach**) nachvollziehen, mit der die Kommission seit etwa 1985 die Binnenmarktverwirklichung vorantreibt. Denn sie basiert auf den Leitgedanken, nur noch die grundlegenden Anforderungen unionsweit festzulegen (sog. Kernharmonisierung an Stelle der Vollharmonisierung) sowie die Details privaten Normungsorganisationen zu überantworten[843] und/oder im Übrigen auf unterschiedlichste Facetten des Anerkennungsgrundsatzes zurückzugreifen. Bisweilen geht das Sekundärrecht allerdings auch darüber hinaus, indem es auf das Herkunftslandprinzip abstellt. Dieses Vorgehen ist im Falle abgeleiteten Rechts anders als innerhalb der Grundfreiheiten durchaus zulässig. Es muss allerdings der gemeinwohlorientierten Dimension des Binnenmarktes entsprechen und daher flankierende Schutzregeln enthalten, die etwa in Form von Informations- und Klagerechten auf den informierten Verbraucher setzen und ihn zur Selbsthilfe animieren oder auf andere Weise den Vertragspartner schützen.

Beispiele: Die E-Commerce-Richtlinie etabliert in Art. 3 Abs. 2 ein grundsätzliches Herkunftslandprinzip für bestimmte Dienste der Informationsgesellschaft. Es wird in den Art. 5 ff. EC-RL durch eine Vielzahl an Informationspflichten flankiert.

II. Besondere Ausprägungen

447   Im Lichte der allgemeinen Grundlagen des Binnenmarktrechts, dessen Durchsetzung in hohem Maße davon abhängt, dass sich die dadurch begünstigten Unternehmer auf ihre Garantien vor den nationalen Gerichten berufen, die dann im Zweifel die Unionsgerichtsbarkeit *(s. o. Rn. 331)* einschalten (sog. **funktionale Subjektivierung des Unionsbürgers**[844]), ist zu erörtern, welche spezifischen Ausprägungen das Binnenmarktrecht für einzelne Produkte und Produktionsfaktoren erfahren hat.

1. Freier Warenverkehr

448   Die Gewährleistung des freien Warenverkehrs obliegt daran anknüpfend in erster Linie den Art. 28 ff. AEUV, deren **ökonomisches Ziel** es ist, die mitgliedstaatlichen Beschränkungen des Warenwettbewerbs zu beseitigen (Konditionen, Qualität, Preisbildung, Werbung, Service) und die Produkte frei verfügbar zu machen.

449   a) **Warenbegriff als Ausgangspunkt.** Die Art. 28 ff. AEUV adressieren finanzielle Belastungen und mengenmäßige Beschränkungen, die den Warenverkehr behindern. Waren sind **körperliche Gegenstände**, die **Geldwert haben** und daher Gegenstand von Handelsgeschäften sein können. Grundvoraussetzung ist insoweit, dass die Ware aus einem Mitgliedstaat stammt oder sich im Unionsgebiet in freiem Verkehr befindet (vgl. Art. 28 Abs. 2 AEUV), da sie dann die Vorgaben des Art. 29 AEUV erfüllt (sog. Unionsware). Ausgenommen von den Art. 28 ff. AEUV sind landwirtschaftliche Produkte, Kriegsmaterial, Kohle und Stahlprodukte (Art. 38, 346 AEUV).

Beispiel: Ein deutscher Importeur, der aus den Niederlanden südkoreanische Waren einführt, kann sich auf die Art. 28 ff. AEUV berufen, wenn die Einfuhrförmlichkeiten erfüllt und die vorgeschriebenen Zölle bzw. Abgaben entrichtet worden sind.

450   b) **Beseitigung tarifärer Handelshemmnisse.** Liegt eine Ware im soeben beschriebenen Sinne vor, verbietet Art. 30 AEUV den Mitgliedstaaten (nicht aber der Union) die Erhebung von Ein-, Ausfuhr- und Finanzzöllen. Darunter fallen finanzielle Belastungen in Form von Abgaben, die aufgrund der Ein- und Ausfuhr zwischen den Mitgliedstaaten erhoben werden. Das Unionsrecht verbietet solche tarifären Handelshemmnisse, indem es eine Zollunion festschreibt (Art. 30 ff. AEUV). Aus diesem Grunde gilt das in **Art. 30 AEUV** enthaltene **Verbot**, wie ein Umkehrschluss zu Art. 36 AEUV

---

843   *Schucht*, DVBl. 2013, 760 ff.; *Klindt*, NVwZ 2012, 719 ff.; *Klindt/Schucht*, in: Ehlers, § 36.
844   Ausf. dazu *Masing*, Die Mobilisierung des Bürgers für die Durchsetzung des Rechts, 1997.

zeigt, der Art. 30 AEUV nicht aufführt, **absolut**, kennt also keine Ausnahmen. Diese Primärrechtsnorm erstreckt sich neben Zöllen auch auf Abgaben gleicher Wirkung, um den Mitgliedstaaten Umgehungsmöglichkeiten zu nehmen und erfasst dann alle preiserhöhenden und wettbewerbsverfälschenden Grenzabgaben, was gegenleistungsbezogene Gebühren ausklammert, soweit sie der Höhe nach angemessen sind.[845]

Beispiel: Soweit ein Mitgliedstaat Gebühren von Importeuren in der zur Kostendeckung erforderlichen Höhe für die Gewährung eines individuell messbaren Vorteils erhebt, greift Art. 30 AEUV nicht[846].

Die näheren Konkretisierungen des Zollrechts sind im Gemeinsamen Zolltarif (GZT)   **451**
und im Unionszollkodex (UZK) niedergelegt. Über die bereits beschriebenen Inhalte dieser Normenkomplexe *(s. o. Rn. 361)* hinaus, ist aus wirtschaftsverwaltungsrechtlicher Sicht die Figur des „**zugelassenen Wirtschaftsbeteiligten**" interessant (Art. 38 ff. UZK). Dieser Status kann durch Antrag beim zuständigen nationalen Hauptzollamt erreicht werden, wenn die Bewilligungsvoraussetzungen erfüllt werden (insbesondere Rechtstreue, Befähigung und bisher zufriedenstellende Buchführung). Er führt zu einer besonderen Vertrauensstellung[847] und bewirkt durch Einschaltung verlässlicher Wirtschaftsakteure in die Zollabfertigung, dass die EU besser vor terroristischen Anschlägen geschützt wird. Der Vorteil der Rechtsstellung als zugelassener Wirtschaftsakteur besteht z. B. in Erleichterungen bei sicherheitsrelevanten Vorgängen, so dass Zollkontrollen bevorzugt, weniger intensiv und beschleunigt erfolgen.

Art. 30 AEUV weist enge Bezüge zu **Art. 110 AEUV** auf, der es den Mitgliedstaaten   **452**
verbietet, auf Waren aus anderen Mitgliedstaaten höhere Abgaben als auf inländische gleichartige Waren zu erheben. Diese Vorschrift ist einschlägig, wenn ein inländisches Abgabensystem auf dem Prüfstand steht, das auf Basis objektiver Kriterien operiert, auch wenn eine inländische Produktion nicht vorliegt. Kommen die aus dem Abgabensystem generierten Einnahmen indes allein der inländischen Produktion zugute, liegt wiederum ein Fall des Art. 30 AEUV vor. Führt die Verwendung hingegen nur zu einer Teilkompensation wird Art. 110 AEUV angewendet. Die genaue Grenzziehung kann im konkreten Einzelfall Probleme bereiten. Als Faustformel gilt: Während Art. 30 AEUV Abgaben wegen des Grenzübertritts (Grenzkausalität) erfasst, geht es im Falle des Art. 110 AEUV um Abgaben, die lediglich anlässlich des Grenzübertritts erhoben werden.[848]

Beispiele: In Tschechien hergestellte Fahrzeuge dürfen, wenn sie in einem griechischen Hafen zwischengelagert und dann in einen anderen Mitgliedstaat zum Zwecke des Verkaufs weitertransportiert werden ohne auf dem griechischen Markt je angeboten worden zu sein, nicht mit einer Zulassungssteuer belegt werden, weil sie dann aufgrund des Grenzübertritts erhoben werden würde und als Abgabe zollgleicher Wirkung unter Art. 30 AEUV fiele. Würden die im EU-Ausland hergestellten Fahrzeuge in einem griechischen Hafen zwischengelagert, um sie dann auf dem griechischen Markt anzubieten, wäre die Zulassungssteuer Teil des griechischen Abgabensystems und an Art. 110 AEUV zu messen. Dann käme es darauf an, ob dadurch gleichartige inländische (Abs. 1) oder zu den Fahrzeugen in einem Wettbewerbsverhältnis stehende Waren (Abs. 2) einen Vorteil erlangen[849].

c) Beseitigung nicht-tarifärer Handelshemmnisse. Der Umgang mit nicht tarifären   **453**
Handelshemmnissen auf mitgliedstaatlicher Ebene ist in den Art. 34 ff. AEUV niedergelegt.

---

845   Calliess/Ruffert/*Waldhoff*, EUV/AEUV,Art. 30 AEUV Rn. 8 ff.
846   EuGH, NVwZ 1995, 573 für systematische Grenzkontrollen.
847   *Wolffgang/Natzel*, EuZW 2008, 39 ff; *Harings/Classen*, EuZW 2008, 295 ff.
848   Calliess/Ruffert/*Waldhoff*, EUV/AEUV, Art. 30 AEUV Rn. 11.
849   EuGH, Rs. C-402/04, ECLI:EU:C:2005:585 – Kommission/Frankreich.

454   **aa) Beeinträchtigungsebene.** Mengenmäßige Beschränkungen sind dadurch gekennzeichnet, dass der Warenverkehr nur auf Grund von bestimmten Kontingenten oder Quoten erfolgen darf. Dabei handelt es sich um sog. nichttarifäre Handelshemmnisse, die aber
in der Praxis keine Rolle mehr spielen. Art. 34 AEUV verbietet ferner Maßnahmen gleicher Wirkung zwischen den Mitgliedstaaten, weil sie zusätzliche Kosten verursachen und
damit die Binnenmarktverwirklichung erschweren. Dieses Abgrenzungskriterium ist nach
der Zielsetzung des Vertrages und einer Zusammenschau der einschlägigen Normen dahin zu interpretieren, dass solche nationalen Bestimmungen und Verwaltungspraktiken
verboten sind, welche die Ein-, Aus- und Durchfuhr ganz oder teilweise erschweren oder
unmöglich machen. Das sind nach der ständigen Rechtsprechung des *EuGH* Handelsbe-
schränkungen, die geeignet sind, den innergemeinschaftlichen Handel zwischen den Mitgliedstaaten unmittelbar oder mittelbar, tatsächlich oder potenziell zu behindern – sog.
Dassonville-Formel[850].

Beispiele: Ein an Einzelhandelsgeschäfte gerichtetes Sonntagsverkaufsverbot kann negative Folgen für das Verkaufsvolumen in diesen Geschäften haben und ist daher geeignet, den innergemeinschaftlichen Handel zu behindern.[851] Ein Verbot des Weiterverkaufs von Waren zum Verlustpreis nimmt den Unternehmen ein Mittel der Förderung ihres Absatzes und ist daher
geeignet, den innergemeinschaftlichen Handel zu behindern.[852] Ein im nationalen Recht enthaltenes Verbot der Einfuhr von Waren, die mit einer Ursprungsbezeichnung versehen sind, ohne
dass eine vom Exportland ausgestellte amtliche Urkunde über die Befugnis zur Verwendung
dieser Ursprungsbezeichnung vorliegt, untersagt den Verkauf solcher Waren im Zielstaat und ist
daher geeignet, den innergemeinschaftlichen Handel zu behindern.[853] Eine Bindung von Backwaren, die im sog. Bake-Off-Verfahren (schnelles Auftauen und anschließendes Aufwärmen tiefge-
frorener Backwaren) produziert werden, an die Bedingungen, die für die Produktion herkömmli-
cher Backwaren gelten, beeinträchtigt deren Verkehrsfähigkeit und kann daher den
innergemeinschaftlichen Handel behindern, wenn dadurch erhebliche zusätzliche Aufwendungen, die dem Wesen eines vorgefertigten Produkts widersprechen, entstehen – so solche für einen
nach nationalem Recht nötigen Knetraum.[854]

455   Diese Rechtsprechungslinie hatte zur Folge, dass praktisch jede Handelsregelung als Maßnahme gleicher Wirkung angegriffen werden konnte. Deshalb wurde diese extensive Auslegung mit der sog. **Keck-Entscheidung** eingegrenzt. Die in dieser Rechtssache entwickelte
Formel zur Reduzierung des Anwendungsbereichs der Dassonville-Rechtsprechung (sog.
Rückausnahme) bezieht sich zunächst nicht auf Produktmodalitäten und auf nationalitätsbezogene Diskriminierungen jeder Form *(s. o. Rn. 408)*. Im Übrigen sollen solche ver-
triebsbezogenen Maßnahmen bzw. Verkaufsmodalitäten nicht zu einer Beeinträchtigung
der Warenverkehrsfreiheit führen, die für alle betroffenen Wirtschaftsteilnehmer gelten
und sich in rechtlicher und tatsächlicher Weise auf alle Waren unabhängig von ihrer Herkunft beziehen[855]. Mit anderen Worten schuldet die streitige Maßnahme also personelle
und sachliche Homogenität, damit die Warenverkehrsfreiheit nicht greift. Abgesehen davon, dass diese Anforderungen an etwaige Rückausnahmen stark diskriminierungsbezo-
gen sind und insoweit zu Dopplungen führen, schwören sie Abgrenzungsschwierigkeiten
geradezu herauf und sind daher der Rechtssicherheit eher unzuträglich.

Beispiele: Ein an Einzelhandelsgeschäfte gerichtetes Sonntagsverkaufsverbot bezieht sich auf den
Produktvertrieb und berührt den Absatz inländischer genauso wie den Absatz ausländischer Produkte. Zudem differenziert es nicht nach der Herkunft des Unternehmers, so dass es die Keck-Formel
erfüllt und daher die Warenverkehrsfreiheit nicht beeinträchtigt.[856] Ein Verbot des Weiterverkaufs

---

850   EuGH, NJW 1998, 1391 f.
851   EuGH, Rs. C-169/91, Slg. 1992, I-6635 Rn. 10 – Council oft he city of Stoke-on-Trent.
852   EuGH, Rs. C-267/91, ECLI:EU:C:1993:905 – Keck und Mithouard.
853   EuGH, Rs. C-8/74, ECLI:EU:C:1974:82 – Dassonville.
854   EuGH, Rs. C-158/04, 159/04, ECLI:EU:C:2006:562 – Vassilopoulos.
855   S. näher zur Entwicklung *Novak*, DVBl. 2012, 793 ff.
856   EuGH, Rs. C-145/88, Slg. 1989, 3851 Rn. 13 f. – B und Q PLC.

von Waren zum Verlustpreis bezieht sich auf Verkaufsmodalitäten und betrifft die Waren unabhängig von ihrer Herkunft und unabhängig von der Herkunft des Verkäufers. Es erfüllt daher die Keck-Formel und beeinträchtigt die Warenverkehrsfreiheit nicht.[857] Ein im nationalen Recht enthaltenes Verbot der Einfuhr von Waren, die mit einer Ursprungsbezeichnung versehen sind, ohne dass eine vom Exportland ausgestellte amtliche Urkunde über die Befugnis zur Verwendung dieser Ursprungsbezeichnung vorliegt, bezieht sich zwar auf den Vertrieb, adressiert aber naturgemäß nur Waren die aus anderen Mitgliedstaaten eingeführt werden, wird daher nicht der Keck-Formel gerecht und beeinträchtigt die Warenverkehrsfreiheit.[858] Die Bindung von Bake-Off-Backwaren an die Bedingungen, die für konventionelle Backware gelten, setzen produktbezogen an, erfüllen daher nicht die Keck-Formel und beeinträchtigen die Warenverkehrsfreiheit[859].

Im Lichte der Keck-Formel verursachen insbesondere sog. Verwendungsbeschränkungen Probleme, weil sie, wenn man auf die Handelbarkeit der betroffenen Ware abstellt, vertriebsbezogen sind, jedoch dann, wenn man die damit einhergehenden Nutzungsgrenzen betont, produktbezogen ansetzen. Auch deshalb wendet die unionsgerichtliche Spruchpraxis mittlerweile in der Regel[860] nicht mehr die Keck-Entscheidung an, sondern stellt seit der Anhänger- bzw. Wassermotorrad-Entscheidung auf den **Marktzugangsbezug der jeweiligen nationalen Regelung** ab. Dieses bisher als Begründung für die Keck-Formel herangezogene, weil die Binnenmarktrelevanz einer Regelung abbildende Kriterium[861] wird nun also zum Gradmesser und bildet in der unionsgerichtlichen Spruchpraxis den Endpunkt einer dreistufigen Prüfung, die erstens un(mittelbare) Diskriminierungen, zweitens Zusatzanforderungen an in anderen Mitgliedstaaten rechtmäßig hergestellte und in den Verkehr gebrachte Waren (sog. Produktvorschriften im Sinne von Keck) sowie drittens marktzugangsbezogene Regeln als Beeinträchtigungen der Warenverkehrsfreiheit auffasst.[862] Die eingangs beschriebenen Probleme in Bezug auf die Marktdefinition und das Erfordernis einer Mindestbelastungsintensität *(s. o. Rn. 398 ff.)* sind damit freilich nicht behoben. **456**

Beispiele: Ein im nationalen Recht enthaltenes Verbot für die Fahrer von Kradfahrzeugen, mit diesen Gefährten Anhänger zu ziehen, versperrt den Zugang zum Markt jedenfalls für die Produzenten solcher Anhänger, die nur von Kradfahrzeugen gezogen werden können.[863] Ein an die Fahrer von Wassermotorrädern gerichtetes Verbot, außerhalb öffentlicher Wasserstraßen oder gekennzeichneter Wasserflächen solche Fahrzeuge zu nutzen, kann deren Gebrauchsmöglichkeit derart weit einschränken, dass der Verbraucher Wassermotorräder nicht mehr nachfragt, und so den Marktzugang behindern.[864]

bb) Rechtfertigungsebene. Liegt danach eine Beeinträchtigung der Warenverkehrsfreiheit vor, stellt sich die Frage nach deren Rechtfertigung. Sie entspricht strukturell den bereits erarbeiteten Grundsätzen *(s. o. Rn. 431)*, wobei sich ein spezifisch warenbezogener Kanon geschriebener Rechtfertigungsgründe in Art. 36 AEUV findet. Zu den dort normierten **Allgemeinwohlgründen** treten im Anwendungsbereich der Warenverkehrsfreiheit genauso wie bei anderen Grundfreiheiten solche Rechtfertigungsgründe, die sich aus dem Primärrecht insbesondere in Form der Grundrechte ergeben, und ungeschriebene Interessen hinzu. **457**

Beispiele: Ein Werbeverbot für im Inland nicht zugelassene Arzneimittel[865] und für alkoholische Getränke[866] kann aus Gründen des Gesundheitsschutzes gerechtfertigt sein (Art. 36 AEUV). Eine

---

857 EuGH, Rs. C-267/91, C-268/91, ECLI:EU:C:1993:905 – Keck und Mithouard.
858 EuGH, Rs. C-8/74, ECLI:EU:C:1974:82 – Dassonville.
859 So implizit EuGH, verb Rs. C-158/04, 159/04, ECLI:EU:C:2006:562 Rn. 19 – Bake Off („... berücksichtigt nicht die Besonderheit dieser Erzeugnisse ..."); krit. dazu *Kingreen*, EWS 2006, 488 ff.
860 Vgl. zur Uneinheitlichkeit der Judikatur *Klenk*, Die Grenzen der Grundfreiheiten, i. E. für 2019, S. 32 ff.
861 S. dazu näher *Parnhagen*, JZ 2012, 742 f.
862 *Klenk*, , Die Grenzen der Grundfreiheiten, i. E. für 2019, S. 31 f.
863 EuGH, Rs. C-110/05, ECLI:EU:C:2009:66 – Kommission/Italien.
864 EuGH, Rs. C-142/05, ECLI:EU:C:2009:336 – Mickelsson und Roos.
865 EuGH, EuZW 1995, 86.
866 EuGH, EuZW 2001, 251 ff.; s. aber auch EuGH, EuZW 2007, 401.

unterlassene Untersagung einer Versammlung in Form einer Blockade der Brenner-Autobahn kann aus Gründen der Versammlungsfreiheit der Demonstranten gerechtfertigt sein[867].

458 Ist ein tauglicher Rechtfertigungsgrund gefunden, bedarf es zudem einer **Verhältnismä-ßigkeitsprüfung**, in deren Rahmen das Vertragsziel der Binnenmarktverwirklichung im Bereich Warenverkehr und die berechtigten Schutzinteressen der Mitgliedstaaten einander gegenüberzustellen sind. Insoweit gelten die allgemeinen *(s. o. Rn. 434)* Grundsätze weitgehend entsprechend, so dass vor allem die Eignung und Erforderlichkeit der nationalen Maßnahme relevant werden.

Beispiele: Eine nationalen Regel, die es Einzelhändlern verbietet, Tabakerzeugnisse aus anderen Mitgliedstaaten einzuführen und sie so dazu zwingt, ihren Tabakbedarf bei den heimatlichen Großhändlern zu decken, so dass sie auf deren Sortiment beschränkt sind, lässt sich nicht mit verbraucherschützenden Erwägungen rechtfertigen, weil es mildere, gleich geeignete Mittel z. B. in Form von Mindestvorratspflichten gibt und der Verbraucher ggf. sogar von zusätzlichen Angeboten profitiert[868].

459 **d) Sekundärrechtliche Ausformung im Produktsicherheitsrecht.** Die sekundärrechtlichen Konkretisierungen der Bedingungen des freien Warenverkehrs werden in der Regel auf Art. 114 AEUV als Kompetenzgrundlage gestützt und müssen zunächst den formellen Anforderungen genügen. Neben den Voraussetzungen des Art. 5 EUV *(s. o. Rn. 201)* bzw. als deren Teil spielen insbesondere die aus dem Wortlaut des **Art. 114 Abs. 1 AEUV** als Ermächtigungsgrundlage ableitbaren Tatbestandsmerkmale eine Rolle, so dass diese Primärrechtsnorm trotz ihrer final auf die Realisierung des Binnenmarktes gerichteten Struktur keinen Freibrief für den Erlass von Unionsrecht mit sich bringt *(s. o. Rn. 295)*.[869] Hinzu kommen die materiell-rechtlichen Anforderungen namentlich in Form der Unionsgrundrechte *(s. o. Rn. 421 ff.)*. Die auf Basis des Art. 114 AEUV erlassenen Rechtsakte dienen genauso wie die Warenverkehrsfreiheit der Beseitigung grenzüberschreitender Hemmnisse für den Handel, setzen insoweit aber positiv integrierend an, indem sie einen unionsweit gültigen Rechtsrahmen schaffen und einen positiven Binnenmarkteffekt bewirken.

460 Einen prominenten Anwendungsfall für die Harmonisierung des freien Warenverkehrs bietet das Produktsicherheitsrecht. Dessen Basis bildet die Erkenntnis, dass den grenzüberschreitenden Handel viele in den Mitgliedstaaten unterschiedlich ausgestaltete technische Regeln erschweren, die sich u. a. mit der Sicherheit, Qualität, Kontrolle und Verpackung von Produkten befassen. Da sich eine Vollharmonisierung dieser speziellen nichttarifären Handelshemmnisse, als zu schwerfällig und angesichts der rasanten technischen Entwicklung als zu zeitintensiv erwiesen hat, wird im Rahmen der Neuen Konzeption nun eine **Kernharmonisierung durch rahmenartiges Sekundärrecht**[870] favorisiert, an das die technischen Regeln privater Normungsorganisationen anschließen, um Waren binnenmarktweit verkehrsfähig zu machen.

461 Das so skizzierte Produktsicherheitsrecht will Doppelprüfungen beseitigen und den Marktzugang durch Vereinheitlichung der produktbezogenen Vorgaben erleichtern. Dazu bedient es sich der Regeln **privater europäischer Normungsorganisationen** (Comité Européen de Normalisation (CEN), Comité Européen de Normalisation Electrotechnique (CENELEC)). Sie werden im Rahmen eines Systems der Ko- bzw. Selbstregulierung erlassen[871], soweit internationale Normen, die etwa die Internationale

---

867 EuGH, Rs. C-112/00, ECLI:EU:C:2003:333 – Schmidberger
868 EuGH, JZ 2012, 740 ff.
869 Zu den Vorgaben des Art. 114 AEUV Calliess/Ruffert/*Korte*, EUV/AEUV, Art. 114 Rn. 20 ff.
870 BGH, NJW 2009, 143 f.; *Ensthaler/Gesmann-Nuissl/S. Müller*, Technikrecht 2012, S. 206 ff.
871 ABl. C Nr. 136 v. 4.6.1985, S. 12 und näher *Krieger*, EuZW 2002, 133 ff; *Kapoor/Klindt*, EuZW 2008, 649 f.

Standardisierungs-Organisation (ISO) aufstellt, fehlen, und auf nationaler Ebene durch die dortigen Normungsorganisationen (z. B. das DIN) konkretisiert. All diese Normen sind für sich rechtlich unverbindlich, erlangen aber in der Regel durch Einbeziehung in das geltende Recht z. B. in Form von Vermutungsregeln faktische Relevanz. Dem liegt die Erwägung zugrunde, dass die Normen allgemein akzeptiert sind und ihnen ein Empfehlungscharakter zukommt.[872]

Beispiele: Produktsicherheits-Richtlinie und § 2 Nr. 13 ProdSG zur Legaldefinition harmonisierter Normen *(s. Bd. II § 55).*

Betrachtet man das Produktsicherheitsrecht der EU im Detail, so findet sich dort zunächst eine **Richtlinie über die allgemeine Produktsicherheit**[873], die warenübergreifende Anforderungen enthält und Regeln zum Inverkehrbringen, zur Überwachung und zur Meldung von etwaigen Rechtsverletzungen aufstellt. Im Grundsatz gilt die sog. Herstellerverantwortung. Sie verpflichtet den Produzenten, die Vereinbarkeit seines Produkts mit den rechtlichen Vorgaben zu gewährleisten. Deren Einhaltung kann er durch Anbringen eines sog. CE-Kennzeichens nach außen dokumentieren, das dann wie ein technischer Reisepass für den gesamten Binnenmarkt wirkt und zur (vordergründigen *(s. u. Rn. 933)*) Werbung eingesetzt werden kann[874]. Eine entsprechende Pflicht besteht genauso wenig wie eine behördliche Vorabkontrolle, die hoheitliche Marktüberwachung ist stattdessen begleitend. Die Einhaltung der allgemeinen Standards wird in der Regel vermutet, wenn das Produkt den nicht bindenden nationalen Normen entspricht (Art. 3 Abs. 2), die wiederum ggf. europäische Normen umsetzen, die die Kommission etwa bei der CEN und der CENELEC in Auftrag gegeben und auf die sie durch Veröffentlichung verwiesen hat. **462**

An diese allgemeinen Vorgaben knüpfen spezielle Sekundärrechtsakte in Form von Richtlinien oder Verordnungen an, die **spezifischen Gefahrenlagen** Rechnung tragen (so von Spielzeugen[875] oder Bauprodukten[876]). Sie regeln erneut nur die Grundzüge der Anforderungen, die durch harmonisierte Normen der CEN bzw. der CENELEC konkretisiert werden. Diese technischen Regeln müssen ebenfalls durch Kommissionsveröffentlichung und -verweis relevant werden und führen im Falle ihrer Einhaltung zur Verkehrsfähigkeit der gefahrträchtigen Ware (vgl. Art. 13 der Spielzeug-Richtlinie). Für die Überprüfung der Vereinbarkeit dieses Produkts mit diesen Normen ist dessen Hersteller verantwortlich. Er muss eine Konformitätsbewertung durch eine unabhängige Prüfstelle (sog. GS-Stelle) durchführen lassen *(s. u. Rn. 921)* und hat zudem das CE-Kennzeichen am angebotenen Produkt anzubringen, um dessen Konformität mit den geltenden Vorgaben zu dokumentieren; insoweit besteht eine Pflicht. Für die Marktüberwachung gelten weitgehend die allgemeinen Grundsätze. **463**

Im Einzelnen erfolgt die **Konformitätsbewertung** anhand von Baumustern in Form von Fertigungs- und Systemkontrollen. Dieses Verfahren ist darauf gerichtet, eine Entscheidung darüber zu treffen, ob festgelegte Qualitätsansprüche und Standards erfüllt werden (EG VO 765/2008, Erwägungsgrund Nr. 9 und Art. 2 Nr. 10). Ist es erfolgreich durchgeführt, wird ein sog. GS-Zeichen vergeben (§ 20 Abs. 1 i. V. m. § 2 Nr. 13 ProdSG). Es hat daher die Bedeutung einer Zertifizierung, die als Bestätigung der Konformität des Produkts mit den bestehenden Anforderungen durch einen externen und unabhängigen Dritten verstanden wird[877], und trifft insoweit tatsächlich eine Aus- **464**

---

872 *Di Fabio*, Produktharmonisierung durch Normung und Selbstüberwachung, 1996, S. 6 ff.
873 ABl. EG Nr. L 11/4 v. 15.1.2002.
874 S. näher m. w. N. zur alten Rechtslage BGH, NVwZ-RR 2011, 556 f.
875 ABl. EU Nr. L 170/1 v. 30.6.2009.
876 ABl. EU Nr. L 88/5 v. 4.4.2011.
877 *Bieback*, Zertifizierung und Akkreditierung, 2008, S. 33; s. aber auch *Schucht*, DVBl. 2013, 760, 763.

sage, die zu Werbezwecken dienen kann. Der Hersteller darf das GS-Zeichen verwenden, solange seine Produkte die Standards erfüllen und muss selbst für deren fortwährende Einhaltung sorgen (§ 21 f. ProdSG). Wegen der somit hohen Bedeutung der GS-Prüfung unterliegen die GS-Stellen bestimmten Mindestanforderungen, die sich aus den Anhängen der jeweils relevanten Richtlinie ergeben.

2. Unternehmensbezogene Grundfreiheiten

465 Neben der Warenverkehrsfreiheit prägen das Binnenmarktrecht auch solche Grundfreiheiten, die sich weniger auf den sachbezogenen Austausch von Erzeugnissen erstrecken, sondern vielmehr jedenfalls auch auf unternehmerisches Verhalten bezogen sind. Hierher gehören die Niederlassungs- und die Dienstleistungsfreiheit aus den Art. 49 ff. bzw. *56 ff.* AEUV.

466 a) **Niederlassungsfreiheit.** Die Art. 49 ff. AEUV sind auf die Freiheit der Investition von Produktionsfaktoren bezogen. Sie wollen gewährleisten, dass die Wirtschaftsakteure frei darüber entscheiden können, ihre Tätigkeit an dem Ort auszuüben, wo die Angebots-, Nachfrage- und/oder Kostensituation für sie am günstigsten ist. Aus diesem Grunde erfasst die Niederlassungsfreiheit Standortentscheidungen, indem sie sich auf **feste Einrichtungen** am Ort der Nachfrage des Kunden nach bestimmten Leistungen bezieht **und** zudem verlangt, dass diese Einrichtung das Element der **Dauerhaftigkeit** prägt, wie ein Umkehrschluss aus Art. 57 Abs. 3 AEUV zeigt. Insoweit bedarf es einer kontinuierlichen und stabilen Teilnahme am Wirtschaftsleben in einer fremden Volkswirtschaft, durch die der Unternehmer zeigt, dass er sich in den Zielstaat integrieren und dort nicht nur eine betriebsnotwendige Infrastruktur für die Abwicklung von Geschäften unterhalten will[878]. Liegen diese beiden kumulativen Bedingungen einer Niederlassung im Sinne des Art. 49 AEUV vor, muss die (avisierte) Tätigkeit zudem auf die grenzüberschreitende *(s. o. Rn. 403)* Aufnahme und Ausübung selbstständiger Erwerbstätigkeiten *(s. o. Rn. 21)* gerichtet sein.

Beispiele: Selbständige Ausübung der Prostitution[879] und Veranstaltung von Glücksspielen[880] von einer Niederlassung aus. Eine Pflicht zur Unterhaltung einer Geschäftsstelle in Städten mit mehr als 35.000 Einwohnern für den Verkauf der sog. SZEP-Freizeitkarte ist auf die Gründung einer Niederlassung gerichtet, weil es sich nicht nur um betriebsnotwendige Infrastruktur zur Abwicklung von bestehenden Geschäften handelt, sondern um ein in erster Linie der Akquise dienendes Ladenlokal[881].

467 Die Niederlassungsfreiheit gilt umfassend, soweit keine Bereichsausnahme im Sinne des Art. 51 AEUV *(s. o. Rn. 427)* vorliegt. Sie schützt nach Art. 49 AEUV die Gründung und Leitung von Unternehmen und Gesellschaften nach den Bestimmungen des Aufnahmestaates für seine Angehörigen und schließt nach Art. 49 Abs. 1 Satz 2 AEUV die Gründung von Agenturen, Zweigniederlassungen oder Tochterunternehmen ein[882]. Daran anknüpfend lassen sich zusammengefasst **Primär- und Sekundärniederlassungen** differenzieren. Sie genießen gleichermaßen den Schutz der Niederlassungsfreiheit, es bestehen aber Unterschiede im Hinblick auf den privilegierten Personenkreis, weil die sekundäre Niederlassungsfreiheit anders als die primäre (auch) die Ansässigkeit des Grundfreiheitsberechtigten im Unionsgebiet verlangt.[883] Art. 49 AEUV bezieht sich im Übrigen nicht nur auf natürliche Personen, sondern entspre-

---

878   EuGH, NJW 1996, 579 und GewArch. 2004, 62 ff.
879   EuGH, EuZW 2002, 120 ff.
880   EuGH, GewArch. 2002, 26 ff.
881   EuGH, Rs. C-179/14, ECLI:EU:C:2016:108 Rn. 104 ff. – Kommission/Ungarn.
882   EuGH, EuZW 1999, 216 ff.; EuGH, NJW 2003, 3331 ff.
883   Ausf. dazu Calliess/Ruffert/*Korte*, EUV/AEUV,Art. 49 AEUV Rn. 29 ff.

chend seiner Bedeutung für das Wirtschaftsleben auch auf Gesellschaften, soweit sie den Vorgaben der Gleichstellungsvorschrift des Art. 54 AEUV[884] entsprechen.

Im Einzelnen ist in dieser Bestimmung festgelegt, dass Gesellschaften den natürlichen **468** Personen gleich stehen, die Angehörige der Mitgliedstaaten sind, sofern sie erstens nach den Rechtsvorschriften eines Mitgliedstaates gegründet sind und zweitens ihren satzungsmäßigen Sitz, ihre Hauptverwaltung oder ihre Hauptniederlassung innerhalb der Union haben. Als Gesellschaften gelten nach der **Legaldefinition des Art. 54 Abs. 2 AEUV** die des bürgerlichen Rechts und des Handelsrechts einschließlich der Genossenschaften und die sonstigen in einem untechnischen, weil nicht auf rechtsfähige Organisationen beschränkten Sinne „juristischen" Personen auch des öffentlichen Rechts, soweit sie einen Erwerbszweck verfolgen. Diese großzügige Betrachtungsweise hängt mit den Zielen der Grundfreiheiten zusammen, die auf transnationale Integration drängen *(s. o. Rn. 424)* und für die es deshalb unerheblich ist, wer welche Anteile am jeweiligen Unternehmen hält, solange das jeweilige Unternehmen nur eine wirtschaftliche Tätigkeit ausübt. Das sog. Konfusionsargument, nach dem ein Hoheitsträger nicht zugleich grundfreiheitsberechtigt und -verpflichtet sein darf *(s. u. Rn. 573)*, spielt insoweit also keine Rolle.[885]

Da eine Vereinheitlichung des mitgliedstaatlichen Gesellschaftsrechts (Art. 50 Abs. 2 **469** lit. g AEUV) derzeit aussteht, ist unklar, ob und inwieweit die Mitgliedstaaten nationale gesellschaftsrechtliche Besonderheiten aufrechterhalten können. Hierzu finden sich in der unionsgerichtlichen Praxis viele wegweisende Entscheidungen. Um sie zu verstehen, ist die Struktur des Art. 54 AEUV in den Blick zu nehmen, der Vorschriften über das „Ob" (Gründung und Erlöschen) aus dem Binnenmarktprogramm ausnimmt, weil er eine „nach den Rechtsvorschriften eines Mitgliedstaats gegründet(e)" Gesellschaft verlangt. Zwar wird diese Lesart des Art. 54 AEUV als **Rechtsgrundverweis** oftmals kritisiert.[886] Sie liegt aber durchaus in der Logik der Niederlassungsfreiheit, weil das „Ob" der Gesellschaft normalerweise eine besondere Standortrelevanz entfaltet, so dass die zugehörigen Regeln im Falle einer dauerhaften Integration hinzunehmen sind. Im Übrigen sind die Vorschriften des Ziel- und des Herkunftsstaats zu unterscheiden, weil gerade Wegzugsregeln elementaren Gläubiger- und Arbeitnehmerschutzinteressen dienen, so dass sie zumindest in der Regel eher den Anforderungen der Niederlassungsfreiheit entsprechen.[887]

Beispiel: Eine Vorschrift, die es einer nach nationalem Recht gegründeten Gesellschaft verwehrt, unter Beibehaltung der heimischen Rechtsform ihren Sitz in einen anderen Mitgliedstaat zu verlegen, ist nicht an den Art. 49, 54 AEUV zu messen.[888]

Auf **Beeinträchtigungsebene** ist im Ausgangspunkt unstreitig, dass Art. 49 AEUV das **470** Diskriminierungsverbot des Art. 18 AEUV spezialgesetzlich fortschreibt. Dieses Verbot entspricht dem Gebot der Inländergleichbehandlung mit der Folge, dass die Staatsangehörigkeit bei der Niederlassungsgründung keine Rolle spielen darf.[889] Die jüngere Rechtsprechung setzt darüber hinaus entsprechend der allgemeinen Dogmatik der Grundfreiheiten umfassender an und nimmt eine Beeinträchtigung auch dann an, wenn eine Maßnahme geeignet ist, den Berufszugang bzw. die grenzüberschreitende wirtschaftliche Mobilität zu behindern, indem sie Anforderungen an die Niederlassung

---

884 S. dazu z. B. *Stiegler* ZGR 2017, 312 ff.
885 Ausf. dazu Calliess/Ruffert/*Korte*, EUV/AEUV, Art. 54 Rn. 23 ff.
886 Vgl. *Braun*, Die Wegzugsfreiheit als Teil der Niederlassungsfreiheit, 2010.
887 Ausf. dazu Calliess/Ruffert/*Korte*, EUV/AEUV, Art. 54 AEUV Rn. 23 ff.
888 EuGH, Rs. C-210/06, ECLI:EU:C:2008:723 – Cartesio.
889 EuGHE 1974, 1405, 1419 und EuZW 1996, 5 ff.; OVG Koblenz, DVBl. 1996, 1205.

im Zielstaat stellt[890]. Deshalb wird zutreffend davon ausgegangen, der *EuGH* habe die Niederlassungsfreiheit zu einem generell wirkenden Beschränkungsverbot ausgebaut, das neben Diskriminierungen auch marktzugangsbezogene Maßnahmen der Mitgliedstaaten auf den Prüfstand stellt.[891]

Beispiele: Eine im nationalen Recht enthaltene Regelung, nach der es Augenoptikern untersagt ist, eine Sehschwäche ihres Kunden mit Hilfe einer von ihnen durchgeführten Untersuchung festzustellen, weil diese Aufgabe approbierten Augenärzten vorbehalten ist, behandelt zwar alle Augenoptiker gleich, erschwert aber ausländischen Anbietern die Markterschließung und ist als marktzugangsbezogene Beschränkung einzustufen.[892] Setzt das Recht des Zielstaats Gebührenhöchstsätze fest, dann liegt darin jedenfalls dann keine Marktzugangsbeeinträchtigung und in der Folge auch keine Beschränkung des Art. 49 AEUV, wenn diese Höchstsätze hinreichend flexibel anwendbar sind und deshalb marktzugangswilligen Unternehmern genug Raum lassen, um sich den Markt des Zielstaats über eine attraktive Entgeltgestaltung zu erschließen.[893] Ein Verbot des Betriebs einer Apotheke durch einen Nichtapotheker versperrt den Marktzugang zu dessen Lasten und beeinträchtigt so Art. 49 AEUV[894].

471   Die Niederlassungsfreiheit darf gemäß Art. 52 AEUV durch nationale Regelungen eingeschränkt werden, die aus Gründen der öffentlichen Ordnung, Sicherheit oder Gesundheit **gerechtfertigt** sind. Diese Schranke entspricht einem Teilausschnitt des Art. 36 AEUV *(s. o. Rn. 457)* und gestattet direkt nationalitätsbezogene Diskriminierungen. Von besonderer Bedeutung ist, dass diese Begriffe im Lichte des Ziels der Binnenmarktverwirklichung eng ausgelegt werden müssen und daher nur die Maßnahmen erfassen, die Schutz davor bieten, dass ein Grundinteresse der Gesellschaft in qualifizierter Weise (d. h. tatsächlich und schwerwiegend) gefährdet wird.[895] Zudem kann die Aufnahme und Ausübung einer selbstständigen Tätigkeit durch nationales Recht bei Einhaltung der üblichen Voraussetzungen *(s. o. Rn. 457)* von der Beachtung bestimmter durch das Allgemeininteresse gerechtfertigter Vorschriften etwa über die Organisation, Qualifikation, Kontrolle und Haftung abhängig gemacht werden[896]. Insoweit gelten die allgemeinen Grundsätze entsprechend *(s. o. Rn. 434)*.

Beispiele: Ein im nationalen Recht vorgesehener Vorbehalt zugunsten von approbierten Augenärzten für die Feststellung einer Sehschwäche lässt sich auf den Aspekt des Schutzes der Gesundheit der Bevölkerung stützen, weil die Anwendung der insoweit erforderlichen Untersuchungen ein hohes Maß an Fachkenntnis voraussetzt[897]. Ein Verbot des Betriebs einer Apotheke durch einen Nichtapotheker dient ebenfalls dem Schutz der Gesundheit der Bevölkerung, aber auch dem finanziellen Gleichgewicht der Sozialversicherungssysteme, insbesondere weil die Beratung des fachkundigen Apothekers der Verschwendung und einer Fehleinnahme von Arzneimitteln vorbeugt[898].

472   Liegt ein tauglicher Rechtfertigungsgrund nach alledem vor, kommt es auf die dann entsprechend der allgemeinen Grundsätze *(s. o. Rn. 434)* anzustellende Prüfung der **Verhältnismäßigkeit** an. Dazu ist neben den konkreten Umständen des jeweiligen Einzelfalls ggf. auf sekundärrechtliche Orientierungspunkte z. B. in Form von Anerkennungs- und Harmonisierungsregeln zurückzugreifen. Bisweilen bestehen aber auch Beurteilungsspielräume der Mitgliedstaaten *(s. o. Rn. 440)*. Im Übrigen sind die Mitgliedstaaten gerade im Anwendungsbereich der Niederlassungsfreiheit verpflich-

---

890   EuGH, NJW 1996, 505 (Bosman-Urteil) und dazu *Nettesheim*, NVwZ 1996, 342 ff.
891   Ausf. dazu *Forsthoff*, in: Grabitz/Hilf/Nettesheim (Hg.), AEUV, 63. EL 2017, Art. 49 AEUV Rn 74 ff.
892   EuGH, Rs. C-108/96, ECLI:EU:C:2001:67 Rn. 38 – Mac Quen.
893   EuGH, Rs. C-565/08, ECLI:EU:C:2011:188 Rn. 45 ff. – Kommission/Italien.
894   EuGH, Rs. C-171/07, ECLI:EU:C:2009:311 u. 316 – Apothekerkammer Saarland.
895   Calliess/Ruffert/*Korte*, EUV/AEUV, Art. 52 Rn. 8.
896   EuGH, NJW 1996, 579; EuGH, EuZW 1996, 571; BGH, NJW 1997, 867.
897   EuGH, Rs. C-108/96, ECLI:EU:C:2001:67 Rn. 36 – Mac Quen.
898   EuGH, Rs. C-171/07, ECLI:EU:C:2009:311 u. 316 – Apothekerkammer Saarland.

tet, Befähigungsnachweise bei Gleichwertigkeit anzuerkennen[899]. Sie sind ferner an Bescheinigungen sowie Auskünfte der Herkunftsstaaten gebunden[900]. Die Anerkennung betrifft nur Abschlüsse, nicht aber während des Studiums erbrachte Leistungen. Sie müssen wegen Art. 165 AEUV nicht harmonisiert werden, obwohl die berufliche Mobilität über Unionsprogramme gefördert wird.

Beispiele: Ein im nationalen Recht vorgesehener Vorbehalt zugunsten von approbierten Augenärzten für die Feststellung einer Sehschwäche kann dem Schutz der Gesundheit der Bevölkerung in verhältnismäßiger Weise dienen, wenn nicht eine Veränderung der Umweltbedingungen z. B. in Form technischen Fortschritts die Ausbildungsunterschiede von Augenärzten und -optikern im Falle solcher Untersuchungen unerheblich werden lässt – etwa weil es nur noch um die Bedienung von Maschinen geht[901]. Ein Verbot des Betriebs einer Apotheke durch einen Nichtapotheker ist gerechtfertigt, weil Apotheker anders als etwa rein erwerbswirtschaftlich orientierte Unternehmen über eine besondere Erfahrung, Ausbildung und Verantwortung für ihre Kunden verfügen und Nichtapothekern daher insoweit in der Regel überlegen sind[902].

b) Dienstleistungsfreiheit. Neben der Niederlassungsfreiheit schützt auch die Dienstleistungsfreiheit (in weiten Teilen) unternehmerisches Verhalten. Sie wird in den Art. 56 ff. AEUV umschrieben, auf Unionsbürger sowie Gesellschaften bezogen (vgl. Art. 62, 54 AEUV) und spielt in einer arbeitsteilig organisierten und sich zunehmend zur Dienstleistungswirtschaft entwickelnden Gesellschaft eine ökonomisch herausragende Rolle[903]. Dienstleistungen sind nach der **Legaldefinition des Art. 57 AEUV** gegen Entgelt erbrachte Leistungen, die insbesondere auf gewerblichen, kaufmännischen, handwerklichen und freiberuflichen Tätigkeiten beruhen. Dazu zählen nach Art. 58 AEUV auch Bank- und Versicherungsleistungen sowie Teledienste (E-Services) im Sinne des § 2 TMG, während für Dienstleistungen auf dem Gebiete des Verkehrs die Art. 90 ff. AEUV gelten. **473**

Die grenzüberschreitende Dienstleistungsfreiheit wird, soweit nicht die Art. 62, 51 AEUV als Bereichsausnahme greifen, in **drei Richtungen** garantiert[904]: Der Dienstleistungserbringer kann erstens die Leistung in dem Mitgliedstaat des Dienstleistungsempfängers erbringen (aktive Dienstleistungsfreiheit – s. zu diesem Begriff Art. 4 DLR). Es kann auch zweitens der Dienstleistungsempfänger die Leistung in dem Mitgliedstaat des Dienstleistungserbringers empfangen (passive Dienstleistungsfreiheit). Schließlich ist es gerade im Falle der Nutzung neuer Medien denkbar, dass die Dienstleistung von einem zum anderen Mitgliedstaat wechselt, ohne dass eine der Vertragsparteien unmittelbar am Leistungsaustausch durch Übergabe oder Inempfangnahme beteiligt ist (korrespondierende Dienstleistungsfreiheit). **474**

Beispiele: Ein italienischer Maschinenbauer begibt sich aktiv nach Deutschland, um den Aufbau einer von einem anderen Unternehmer gelieferten Maschine zu überwachen. Ein Deutscher begibt sich zur ärztlichen Behandlung nach Frankreich. Ein Niederländer versichert sich bei einer britischen Gesellschaft und schließt die erforderlichen Verträge im Postwege ab.

Die so umschriebene Dienstleistungsfreiheit findet im Verhältnis zu anderen Grundfreiheiten nur nachrangig Anwendung, wie Art. 57 Abs. 1 AEUV zeigt. Aus dieser Art Subsidiaritätsgrundsatz[905] ergeben sich regelmäßig Abgrenzungsprobleme. So lassen sich Dienstleistungen und **Waren** zwar dem Grunde nach klar aufgrund ihrer Körperlichkeit differenzieren. Im Zweifel können sich allerdings gleichwohl Schwierigkeiten **475**

---

899 EuGH, EuZW 1996, 279 f. und EuGH, DVBl. 2000, 1763; EuGH, EuZW 2004, 61, 63.
900 EuGH, GewArch. 1999, 107.
901 EuGH, Rs. C-108/96, ECLI:EU:C:2001:67 Rn. 38 f. – Mac Quen.
902 EuGH, Rs. C-171/07, ECLI:EU:C:2009:316, Rs. C-172/07, ECLI:EU:C:2007:311 – Apothekerkammer Saarland.
903 S. näher *Calliess/Korte*, Dienstleistungsrecht in der EU, 2011, S. 43 ff.
904 EuGH, NJW 1999, 2355.
905 EuGH, NJW 1996, 579.

in der Unterscheidung ergeben, die dann ggf. auf die weitere Prüfung ausstrahlen. Bestehen solche Probleme, ist zunächst nach der Trennbarkeit des konkreten Lebenssachverhalts in mehrere Teile zu fragen. Fehlt es daran, muss nach dem Schwerpunkt der jeweiligen Tätigkeit abgegrenzt werden. Ist der Warenstrom danach nur Mittel zum Zweck der Leistungserbringung, greifen die Art. 56 ff. AEUV.

Beispiel: Wenn in Deutschland Laserdrome-Spiele auf Basis eines Vertrages mit einem niederländischen Unternehmen, das die Rechte am Spielsystem innehat und die Spielutensilien liefert, veranstaltet werden, dann ist ein Verbot dieser Spielform am Maßstab der Dienstleistungs- und nicht der Warenverkehrsfreiheit zu messen, weil die gelieferten Spielutensilien nur Mittel zum Zweck des Spielangebots sind und die Überlassung der Rechte im Vordergrund steht[906].

476   Die Dienstleistungsfreiheit beschränkt sich – wie aus der Formulierung des Art. 57 AEUV zu entnehmen ist – auf eine vorübergehende Tätigkeit, während die dauerhafte Tätigkeit Gegenstand der **Niederlassungsfreiheit** ist. Ob eine Tätigkeit vorübergehend ist, richtet sich mangels ausdrücklicher Regelung nach der Dauer, Häufigkeit, regelmäßigen Wiederkehr und der Kontinuität (s. auch Art. 5 Abs. 2 Satz 2 BQRL)[907]. Nach der unionsgerichtlichen Spruchpraxis schließt der vorübergehende Charakter einer Tätigkeit nicht die Möglichkeit aus, sich im Zielstaat mit einer bestimmten Infrastruktur auszustatten (Büro, Praxis, Kanzlei), soweit sie für die Leistungserbringung erforderlich ist und nicht der dauerhaften Integration dient, beispielsweise weil von dort Kundenakquise betrieben wird *(s. o. Rn. 466)*.[908]

Beispiele: Etwaige Beschränkungen der Erbringung von Dienstleistungen im Rahmen eines mehrjährigen Großbauprojekts sind an Art. 56 AEUV zu messen, weil die Leistungserbringung mit Fertigstellung des Projekts endet und von Anfang an daran gebunden ist.[909] Denn infolgedessen fehlt es an einem dauerhaften Integrationswillen im Zielstaat.

477   Ist der Schutzbereich der Dienstleistungsfreiheit eröffnet, können sich Beeinträchtigungen nach mittlerweile gefestigter unionsgerichtlicher Spruchpraxis aus nationalitätsbezogenen Beschränkungen sowie aus Marktzugangsbeeinträchtigungen ergeben. Auf **Rechtfertigungsebene** folgt die Dogmatik der Dienstleistungsfreiheit ebenfalls allgemeinen Grundsätzen *(s. o. Rn. 434)* und steht in enger Verbindung zur Niederlassungsfreiheit, wie der Verweis in Art. 62 AEUV auch auf Art. 52 AEUV zeigt. Auch insoweit gelten also die soeben erarbeiteten Grundsätze entsprechend. Dieser Gleichlauf setzt sich auf Ebene der Verhältnismäßigkeit fort. Zu beachten ist allerdings, dass die Vorgaben der Dienstleistungsfreiheit strenger sind, weil sie nicht auf die dauerhafte Integration bezogen ist, so dass Beeinträchtigungen jede konkrete Leistungserbringung verteuern und nicht im Sinne eines Standortfaktors[910] über die Häufigkeit der Geschäftsbeziehungen nivelliert werden.

Beispiele: Grundfreiheitswidrig ist das Erfordernis der Errichtung einer Niederlassung für einen Bauunternehmer in dem Mitgliedstaat, in dem er einzelne Baudienstleistungen erbringen will[911]. Unzulässig ist das Erfordernis einer Eintragung in die Handwerksrolle des Aufnahmestaates, wenn sie nicht nur pro erfolgt, sondern mit einer Beitragspflicht verbunden ist[912]. Dasselbe gilt für ein Nationalitätserfordernis als Voraussetzung für eine Bewachungstätigkeit in einem anderen Staat[913].

---

906   EuGH, Rs. C-36/02, Slg. 2004, I-9641 Rn. 24 ff. – Omega.
907   EuGH, NJW 1996, 579 und EuGH, EuZW 2000, 763.
908   *Korte*, VerwArch 102 (2011), 51 ff.
909   EuGH, Rs. C-215/01, ECLI:EU:C:2003:662 Rn. 30 – Schnitzer.
910   *Korte*, Standortfaktor Öffentliches Recht, 2016, S. 219 f.
911   EuGH, GewArch. 2002, 64.
912   EuGH, EuZW 2000, 763 mit Anm. *Früh*; EuGH, GewArch. 2004, 62 f.; s. ferner *Basedow*, EuZW 2001, 97 ff.
913   EuGH, EuZW 2001, 603; s. auch EuGH, EuZW 2000, 344.

c) Sekundärrechtliche Ausformung in ausgewählten Rahmenrichtlinien. Die so be- **478**
schriebenen Grundsätze des freien Niederlassungs- und Dienstleistungsverkehrs erfahren Konkretisierungen auf Basis diverser Sekundärrechtsakte. Sie werden nach Maßgabe des **Art. 53 (ggf. in Verbindung mit Art. 62) AEUV** erlassen und müssen ähnliche
Anforderungen erfüllen wie die aufgrund von Art. 114 AEUV getroffenen Maßnahmen *(s. o. Rn. 416)*.[914] Wegen ihrer hohen Bedeutung für grenzüberschreitende Leis-
tungsbeziehungen seien in diesem Kontext die Dienstleistungs- und die Berufsqualifikationsanerkennungs-Richtlinie als überaus relevante Formen sog. Rahmenrichtlinien
beleuchtet.

aa) Die Berufsqualifikationsanerkennungsrichtlinie. Die RL 2005/36/EG über die Aner- **479**
kennung von Berufsqualifikationen (BQRL), die in Teilen durch die RL 2013/55/EU modifiziert worden ist, fasst auf der Grundlage von 53 und 62 AEUV in einer Rechtsquelle die
früheren Generalrichtlinien zur gegenseitigen Anerkennung der Diplome, Prüfungszeug-
nisse und sonstiger Befähigungsnachweise im Interesse einer Rechtsvereinheitlichung zusammen. Sie gilt für **reglementierte Berufe**, also für Tätigkeiten, deren Aufnahme und Ausübung zumindest indirekt an bestimmte Berufsqualifikationen gebunden sind (Art. 3
Abs. 1 lit. a BQRL). Die Richtlinie gibt ausweislich des Erwägungsgrundes Nr. 3 Personen,
die ihre Berufsqualifikation in einem Mitgliedstaat erworben haben, Garantien hinsichtlich des Zugangs zu demselben Beruf und seiner Ausübung in einem anderen Mitgliedstaat
unter denselben Voraussetzungen wie für Inländer und richtet dazu Anerkennungspflichten auf, deren nähere Bedingungen in Umsetzung des sekundärrechtlich Vorgezeichneten
im Berufsqualifikationsfeststellungsgesetz[915] geregelt sind (Anerkennungsprinzip – Art. 4
BQRL)[916]. Dazu differenzieren die Bestimmungen dieses Sekundärrechtsakts im Sinne einer straffenden und vereinheitlichenden Neuordnung des Berufszugangs- und -ausübungs-
rechts Niederlassungs- und Dienstleistungsfreiheit.[917]

Ist eine **dauerhafte Tätigkeit im Zielstaat** avisiert, gelten für den Marktzugang nach **480**
Titel III der Richtlinie drei verschiedene Anerkennungskategorien. Die erste in den
Art. 21 BQRL normierte Fallgruppe bezieht sich auf die früher in Spezialrechtsakten
normierten Berufsgruppen wie etwa Ärzte, Architekten oder Hebammen. Zudem
knüpft die Richtlinie zweitens in den Art. 16 ff. BQRL an die Berufserfahrung an,
indem sie geforderte Kenntnisse ersetzen kann, wenn sie von hinreichendem Ausmaß
ist. Dazu differenziert die Richtlinie drei Stufen in Form von Verzeichnissen, in denen
der Umfang der geforderten Erfahrung je nach Komplexität der dort aufgeführten
Tätigkeiten unterschiedlich groß ist und sukzessive abnimmt.[918]. Hinzu kommt drittens die Anerkennung von Befähigungsnachweisen, die nach Niveaustufen unterschieden werden (Art. 11 BQRL) und im Zielstaat unter bestimmten Voraussetzungen zur
Aufnahme der Tätigkeit berechtigen. Eine Tätigkeitsuntersagung ist dem Zielstaat nur
noch möglich, wenn er die höchste Qualifikationsstufe fordert und der Zugangswillige
nur das niedrigste Niveau mit sich bringt (Art. 13 Abs. 3 f. BQRL). Im Übrigen darf
er lediglich noch Anerkennungslehrgänge und Eignungsprüfungen verlangen (Art. 14
BQRL). Für das Marktverhalten gilt das sog. Bestimmungslandprinzip[919], d. h. es gilt
das am Ort der Berufstätigkeit anwendbare Recht.

Falls nur ein **vorübergehendes Engagement im Zielstaat** avisiert ist, wird Titel II der **481**
Richtlinie relevant. So folgt aus Art. 5 Abs. 1 BQRL, dass der Aufnahmestaat dem

---

914   Vgl. auch *Calliess/Korte*, Dienstleistungsrecht in der EU, 2011, § 4 Rn. 3 ff.
915   BQFG v. 6.12.2011, BGBl. I, S. 2515 ff.
916   *Stork*, WiVerw 2006, 152 ff.; *Frenz*, GewArch. 2007, 27 f.; *Maier/Rupprecht*, WiVerw 2012, 62 ff.
917   Vgl. dazu *Kluth/Rieger*, EuZW 2005, 486, 487.
918   *Asemissen*, Berufsanerkennung und Dienstleistungen im europäischen Binnenmarkt 2014, S. 185.
919   *Ruppert*, DStR 2016, 1133, 1134; BT-18/6616, S. 151.

Dienstleistungserbringer, der in einem anderen Mitgliedstaat rechtmäßig niedergelassen ist und dort die im Zielstaat angestrebte Tätigkeit mindestens ein Jahr lang in den letzten zehn Jahren ausgeübt hat, keine Berufsqualifikationen beim Marktzugang abverlangen darf. Ist der Beruf im Heimatland reglementiert, reicht in Abweichung dazu sogar schon die dort rechtmäßige Niederlassung aus, um frei von (weiteren) qualifikationsbezogenen Anforderungen im Zielstaat tätig werden zu dürfen. Denn dann bietet die Einhaltung der heimatlichen Vorgaben hinreichende Gewähr für die Qualifikation.[920] Der Zielstaat darf lediglich eine Anmeldung vor der erstmaligen Tätigkeitsaufnahme verlangen, die ggf. jährlich zu erneuern ist und durch den Europäischen Berufsausweis ersetzt werden kann.[921] Für das Marktverhalten gilt im Grundsatz ebenfalls das Bestimmungslandprinzip, das Art. 5 Abs. 3 BQRL allerdings auf die in unmittelbarem Zusammenhang mit der Berufsqualifikation stehenden Regeln beschränkt.[922] Hinzu tritt Art. 6 lit. a BQRL, wonach Pflichtmitgliedschaften in Berufsorganisationen grundsätzlich verboten und nur pro forma möglich sind.[923]

482   **bb) Dienstleistungsrichtlinie.** Während die Berufsqualifikationsanerkennungs-Richtlinie auf reglementierte Berufe anwendbar ist, schafft die RL 2006/123/EG über Dienstleistungen im Binnenmarkt (DLR) einen **allgemeinen Rechtsrahmen,** der einem breiten Spektrum von Dienstleistungen zugutekommen und gleichzeitig den Spezifika einzelner Tätigkeiten und Berufe Rechnung tragen soll[924].

483   **(1) Zielsetzungen.** Diesem Sekundärrechtsakt liegt ein **dynamischer und selektiver Ansatz** zugrunde, der die Niederlassungsfreiheit der Dienstleistungserbringer sowie den Dienstleistungsverkehr vereinfachen bzw. erleichtern soll (Art. 1 DLR) und vorrangig auf die Beseitigung von Beschränkungen gerichtet ist. Darüber hinaus leitet die Richtlinie einen Prozess der Evaluierung, Konsultation und ergänzender Harmonisierung bei besonderen Fragen ein, um so schrittweise und koordiniert eine Modernisierung der nationalen Regelungen der Dienstleistungstätigkeiten zu erreichen. Mit Hilfe dieser Zielsetzungen, die sämtliche Phasen unternehmerischer Tätigkeiten von der Gründung bis zur Betriebsaufgabe erfassen[925], will die EU das beachtliche Potential des Dienstleistungssektors für Wachstum und Beschäftigung besser ausschöpfen.

484   Im Einzelnen wird eine **kombinierte Strategie** verfolgt, die aus gezielter Harmonisierung, Verwaltungszusammenarbeit, Bestimmungen über die Dienstleistungsfreiheit und aus der Förderung der Erarbeitung von Verhaltenskodizes für bestimmte Bereiche besteht. Insoweit ergänzt die Dienstleistungs- die Berufsqualifikationsanerkennungs-Richtlinie, weil sie zu Aspekten Stellung nimmt, die nicht zu deren Gegenstand zählen (Berufshaftpflichtversicherung, kommerzielle Kommunikation, multidisziplinäre Tätigkeiten). Im Übrigen folgt aus Erwägungsgrund Nr. 31, dass die Berufsqualifikationsanerkennungs- von der Dienstleistungsrichtlinie unberührt bleibt, weil sie andere Fragen behandelt. Ihr Spezialitätscharakter folgt aus dem spezifischen Regelungsgegenstand, der die Anerkennung von beruflichen Qualifikationen betrifft *(s. o. Rn. 479).*[926]

485   **(2) Anwendungsbereich.** Die Dienstleistungsrichtlinie ist wegen ihres zwar horizontalen, aber selektiven Ansatzes auf mehrere wirtschaftsverwaltungsrelevante Tätigkeiten nicht anwendbar. Insoweit lassen sich zunächst allgemeine Ausnahmen ausmachen,

---

920   *Kluth/Rieger,* EuZW 2005, 486, 487.
921   *Stork* GewArch. 2013, 338, 343 f.
922   Siehe dazu *Calliess/Korte,* Dienstleistungsrecht in der EU, 2011, § 5 Rn. 178.
923   Vgl. EuGH v. 03. Oktober 2000, Slg. 2000, I-7917, Rn. 46 ff. – Corsten.
924   S. allgemein *Calliess/Korte,* Dienstleistungsrecht in der EU, 2011, S. 316 ff.; *Shirvani,* DVBl. 2012, 1338 ff.
925   S. auch *Korte,* NVwZ 2007, 501, 503; *Stober,* WiVerw 2008, 139 ff.
926   Ausf. zu den damit zusammenhängenden Problemen *Korte,* VerwArch. 102 (2011), 51 ff.

die in den **Art. 1 f. DLR** niedergelegt sind und unabhängig davon greifen, ob eine dauerhafte oder eine vorübergehende Tätigkeit im Zielstaat avisiert ist. Im Einzelnen handelt es sich um Fragen der Liberalisierung, der Monopolbildung, des Straf- und Arbeitsrechts (vgl. Art. 1 DLR). Hinzu treten naturgemäß *(s. o. Rn. 135)* nicht wirtschaftliche Dienste von allgemeinem Interesse und zudem etwa Finanz-, Kommunikations-, Leiharbeits-, Gesundheits-, Sozial-, Sicherheits-, Glücksspiel- und audiovisuelle Dienste sowie solche von Notaren oder Gerichtsvollziehern (siehe Art. 2 DLR).[927]

Für den Bereich der vorübergehenden Dienstleistungserbringung im Zielstaat treten **486** weitere Exemtionen hinzu, die allerdings allein diesen Bereich und nicht das Niederlassungsrecht berühren. Sie sind in **Art. 17 DLR** niedergelegt und reagieren darauf, dass das Liberalisierungspotenzial der Dienstleistungsfreiheit deutlich größer ist als das der Niederlassungsfreiheit, weil dann die Kosten der jeweiligen mitgliedstaatlichen Maßnahme unmittelbar auf den konkreten Leistungsaustausch durchschlagen und so deren Eingriffsintensität erhöhen *(s. o. Rn. 193)*.[928] Im Einzelnen erfassen die dort niedergelegten Exemtionen Dienstleistungen von allgemeinem wirtschaftlichem Interesse in den Bereichen Post, Gas, Wasser, Abwasser, Abfall und Elektrizität, Datenverarbeitungssowie Rechtsanwaltsdienste und solche, die unter Titel II der BQRL fallen oder Angehörigen eines bestimmten Berufs vorbehalten sind. Hinzukommen weitere in Art. 17 DLR genannte Ausnahmen für den Fall einer vorübergehenden Tätigkeit im Zielstaat.

Schließlich greifen die Vorschriften der Dienstleistungsrichtlinie nach deren **Art. 3** **487** **Abs. 1** nicht, wenn deren Anwendung einer Bestimmung eines anderen Sekundärrechtsakts widerspricht, der spezifische Aspekte der Aufnahme oder Ausübung einer Dienstleistungstätigkeit in bestimmten Bereichen oder Berufen regelt. Dazu muss die andere Unionsmaßnahme in einem bestimmten Teilausschnitt dienstleistungsspezifische Tätigkeiten adressieren. Zudem bedarf es eines Widerspruchs im Sinne einer Konfliktlage zwischen dieser Bestimmung und der der Dienstleistungs-Richtlinie, was anhand einer Auslegung der konkret kollidierenden Rechtsnormen im Lichte der den jeweiligen Rechtsakten zugrunde liegenden Ermächtigungsnormen und der Dienstleistungsfreiheit festzustellen ist.[929] Aufgrund der in der Summe zahlreichen Ausnahmen von der Dienstleistungsrichtlinie ist deren horizontaler Ansatz nur noch dem Grunde nach erhalten.[930]

(3) **Inhalte.** Betrachtet man die konkreten Inhalte, lassen sich verfahrens- und quali- **488** tätsbezogene Vorgaben sowie Anforderungen an die dauerhafte und die vorübergehende Leistungserbringung unterscheiden. Aus einer **verfahrensbezogenen Perspektive** dominiert die Pflicht zur Schaffung eines einheitlichen Ansprechpartners, über den alle Verwaltungsformalitäten (Art. 6 DL-RL) abgewickelt werden sollen. Diese Bestimmung findet sich mittlerweile in den §§ 71a ff. VwVfG und wird im daran anschließenden Fachrecht umgesetzt *(s. u. Rn. 850)*. Abgesehen davon macht die Richtlinie Vorgaben für die elektronische Abwicklung der Formalitäten (vgl. Art. 8 DL-RL) sowie für die Vereinfachung des Verwaltungsverfahrens (Art. 5 DL-RL), u. a. durch die Verwendung von Formblättern.

Für die **dauerhafte Leistungserbringung** im Zielstaat finden sich Anforderungen in den **489** Art. 9 ff. DL-RL. Sie stellen einerseits die bestehenden Genehmigungsvorbehalte als solche sowie deren einzelne Anforderungen unter den Vorbehalt der Verhältnismäßig-

---

927 Ausf. zum Katalog *Calliess/Korte*, Dienstleistungsrecht in der EU, 2011, § 5 Rn. 8 ff.
928 Calliess/Ruffert/*Kluth*, EUV/AEUV, Art. 56, 57 AEUV Rn. 15.
929 *Leible*, in: Schlachter/Ohler (Hg.), Dienstleistungsrichtlinie, 2008, Art. 3 Rn. 9.
930 *Calliess/Korte*, Dienstleistungsrecht in der EU, 2011, § 5 Rn. 9.

keit.[931] Hinzu kommen ein grundsätzliches Verbot von Doppelprüfungen (Art. 10 Abs. 3 DL-RL) sowie bestimmte verfahrensrechtliche Anforderungen namentlich in Form einer Genehmigungsfiktion für den Fall eines fruchtlosen Ablaufs von Verfahrensfristen (§ 6a GewO). Abgesehen davon finden sich schließlich in den Art. 14 f. DLR verbotene (z. B. wirtschaftliche Bedarfsprüfungen) und im Lichte der Grundsätze der Diskriminierungsfreiheit und Verhältnismäßigkeit zu überprüfende (z. B. Rechtsformpflichten) Anforderungen.

490 Im Falle einer **vorübergehenden Leistungserbringung** sind die Anforderungen entsprechend der allgemeinen Grundsätze *(s. o. Rn. 483)* deutlich strenger ausgestaltet als im Falle der dauerhaften. So verbietet Art. 16 DLR jedwede Diskriminierung aus Gründen der Staatsangehörigkeit im nationalen Recht und richtet im Übrigen einen strengen Verhältnismäßigkeitsvorbehalt auf, dem das nationale Recht nur genügt, wenn es aus Gründen der öffentlichen Ordnung, Sicherheit, Gesundheit oder aus Gründen des Umweltschutzes gerechtfertigt ist. Weitere Gemeinwohlgründe und insbesondere der Verbraucherschutz können insoweit nicht herangezogen werden (Art. 16 Abs. 1 DLR). Hinzu treten absolute Verbote in Form einer schwarzen Liste (Art. 16 Abs. 2 DLR), die etwa Niederlassungs-, Genehmigungs- oder Ausweispflichten betreffen.[932]

Beispiel: Im Rahmen der Umsetzung der DLR sind zahlreiche gewerberechtliche Verpflichtungen entfallen (s. § 4 GewO).

491 Da die Vorgaben der Dienstleistungsrichtlinie gerade für den Fall der vorübergehenden Leistungserbringung im Zielstaat sehr weit reichen und sich dort, wo künftig keine Rechtfertigung nationalen Rechts mehr möglich ist, dem Herkunftslandprinzip annähern, bedarf es **flankierender Vorschriften**, die den Verbraucher schützen, um die Verhältnismäßigkeit dieser Sekundärrechtsnormen sicherzustellen.[933] Dazu dienen namentlich die dem Konsumenten einzuräumenden Informationsrechte (Art. 7 und 21 DLR) sowie die hoheitliche Pflicht zur Förderung der Dienstleistungsqualität durch freiwillige Zertifizierung und Qualitätssicherungssysteme (Art. 26 ff. DLR) und zur Unterstützung der Ausarbeitung unionsweiter Verhaltenskodizes (Codes of Conduct) durch die betroffenen Wirtschaftsakteure und Berufsverbände (Art. 37 DLR).[934]

492 **cc) Verwaltungszusammenarbeit.** Es leuchtet ein, dass die beschriebenen Verbesserungen der Niederlassungs- und Dienstleistungsfreiheit im Bereich der Qualifikationsanerkennung und der grenzüberschreitenden Leistungserbringung eine intensive Verwaltungszusammenarbeit *(s. u. Rn. 890)* zwischen dem Herkunftsmitgliedstaat und dem Aufnahmemitgliedstaat voraussetzen. Sie erfolgt nach den Art. 8, 56 ff. BQRL und den Art. 28 ff. DLR vornehmlich im Wege der Amtshilfe, des Informationsaustausches (s. etwa § 11b GewO) und der Aufteilung der Verantwortung für die Überwachung zwischen Ziel- und Herkunftsstaat. Die dazu erforderlichen Mechanismen stellen eine der größten Herausforderungen bei der Umsetzung der Gewährleistungen der Berufsqualifikationsanerkennungs- sowie der Dienstleistungs-Richtlinie dar.

Beispiel: Das Binnenmarktinformationssystem IMI ermöglicht den Informationsaustausch mit einer oder mehreren Behörde(n) in anderen Mitgliedstaaten oder den Zugriff auf im System gespeicherte Informationen und erleichtert so die Überwachung grenzüberschreitender wirtschaftlicher Tätigkeiten auf dem Binnenmarkt[935].

---

931   S. näher *Ziekow*, GewArch. 2007, 179 ff. und 217 ff.
932   *Heidfeld*, NVwZ 2009, 1471 ff.
933   *Möstl*, DÖV 2006, 281 ff.
934   *Calliess/Korte*, Dienstleistungsrecht in der EU, 2011, § 6 Rn. 126 ff.
935   Vgl. dazu *Brand-Vogel* Die Dienstleistungsrichtlinie 2006/123/EG, 2015, S. 253 f.

3. Arbeitnehmerfreizügigkeit

Die Arbeitnehmerfreizügigkeit, die in den Art. 45 ff. AEUV niedergelegt ist, schützt **493** die Befugnis des **Arbeitnehmers**, über den Produktionsfaktor Arbeitskraft auf dem Binnenmarkt frei zu verfügen (Art. 26, 45 ff. AEUV)[936]. Sie erfasst in persönlicher Hinsicht jeden, der während einer bestimmten Zeit für einen anderen weisungsgebundene Leistungen erbringt und hierfür eine Gegenleistung erhält. Dafür genügen auch Tätigkeiten, die lediglich von kurzer Dauer und befristet sind, solange sie dem Umfang nach nicht völlig unwesentlich sind. Die Person des Arbeitgebers ist für die Subsumtion unter Art. 45 AEUV ebenfalls unerheblich, so dass sowohl privat- als auch öffentlich-rechtliche Arbeitsverhältnisse erfasst sind. Eine Grenze ergibt sich nur aus Art. 45 Abs. 4 AEUV für Beschäftigte in der öffentlichen Verwaltung, wenn sie Hoheitsgewalt *(s. o. Rn. 409)* ausüben.

Beispiel: Ein Rechtsreferendar ist Arbeitnehmer, weil er zwar zeitlich befristet, aber für diesen Zeitraum dauerhaft (in der Regel) in einem öffentlich-rechtlichen Ausbildungsverhältnis angestellt ist. Er erhält zudem eine Entlohnung, auf deren Höhe kommt es insoweit nicht an, so dass auch eine sog. Unterhaltsbeihilfe genügt, solange sie eine Gegenleistung für eine tatsächlich erbrachte Leistung des Referendars ist. Ferner übt ein Rechtsreferendar keine öffentliche Gewalt aus, selbst wenn er den Staatsanwalt in einer Sitzung vertritt, weil er weisungsgebunden gegenüber seinem Ausbilder agiert[937].

In inhaltlicher Hinsicht drängt die Arbeitnehmerfreizügigkeit im Falle grenzüberschrei- **494** tender Tätigkeit *(s. o. Rn. 69)* auf **Beeinträchtigungsebene** ausweislich des Art. 45 Abs. 2 AEUV zum einen auf die Abschaffung jeder auf der Staatsangehörigkeit beruhenden unterschiedlichen Behandlung der Arbeitnehmer hinsichtlich sämtlicher Arbeitsbedingungen. Sie ist daher als spezielles Diskriminierungsverbot vorrangig vor Art. 18 AEUV[938]. Zum anderen beeinträchtigen die Arbeitnehmerfreizügigkeit aber auch Beschränkungen des Zugangs zum Arbeitsmarkt. Diese zusätzliche Schutzdimension lässt sich aus dem in der Formulierung weiter reichenden Art. 45 Abs. 3 AEUV ableiten.

Beispiel: Eine Regelung, die dem Rechtsreferendar im Falle einer Auslandsstation nur die Reisekosten bis zur Bundesgrenze erstattet, beschränkt ihn in seiner Arbeitnehmerfreizügigkeit, weil sie eine Tätigkeit im Ausland gegenüber der im Inland, für die er vollständig seine Reisekosten erstattet erhält, unattraktiver macht[939].

Abweichungen von der allgemeinen Grundfreiheitsdogmatik hält die Arbeitnehmer- **495** freizügigkeit nach der unionsgerichtlichen Spruchpraxis[940] und Teilen der Literatur[941] insoweit bereit, als sie auch **private Arbeitnehmer binden** soll, jedenfalls soweit deren Maßnahmen zu nationalitätsbezogenen Diskriminierungen führen. Dieser Ansatz wird darauf zurückgeführt, dass weite Teile des Arbeitslebens privatrechtlicher Natur seien, so dass die in Art. 45 Abs. 3 AEUV normierten Teilausschnitte der Arbeitnehmerfreizügigkeit zumindest teilweise leer liefen, wenn nur Hoheitsträger und intermediäre Gewalten gebunden wären. Die Gegenauffassung geht demgegenüber nach wie vor davon aus, dass es ausreiche, wenn man die Wertungen des Art. 45 AEUV in die Auslegung des nationalen Arbeitsrechts einfließen lasse, soweit dessen Formulierung hinreichend offen ist. Dieser Weg erinnert an die aus dem deutschen Verfassungsrecht bekannte Figur der mittelbaren Drittwirkung.[942]

---

936 VO 492/2011 v. 5.4.2011, ABl. EU Nr. L 141, S. 1 ff.; EuGH, NJW 1996, 505.
937 EuGH, Rs. C-109/04, ECLI:EU:C:2005:187 Rn. 18 – Kranemann.
938 EuGH, NJW 2008, 569.
939 EuGH, Rs. C-109/04, ECLI:EU:C:2005:187 Rn. 29 – Kranemann.
940 Vgl. EuGH, Rs. C-281/98, ECLI:EU:C:2000:296 (Angonese); EuGH, Rs. C-172/11, ECLI:EU:C:2012:399 (Erny).
941 *Gramlich*, DÖV 1996, 801, 810 f.; *Ganten*, Drittwirkung von Grundfreiheiten, 2000, S. 94 ff.
942 *Burgi*, EWS 1999, 327, 330 f.; Calliess/Ruffert/*Kingreen*, EUV/AEUV, Art. 34-36 AEUV Rn. 57 ff.

Beispiele: Die Max-Planck-Gesellschaft soll, obwohl als privatrechtlicher Verein organisiert, an die Arbeitnehmerfreizügigkeit gebunden sein.[943] Dasselbe soll für eine Bank im Rahmen eines Verfahrens zur Besetzung einer Stelle gelten.[944]

496   Ist die Arbeitnehmerfreizügigkeit beeinträchtigt, bedarf es eines tauglichen **Rechtfertigungsgrundes**, der nach allgemeinen Grundsätze zu ermitteln ist *(s. o. Rn. 431 ff.)*. Trotz seiner missverständlichen Stellung, gilt der in Art. 45 Abs. 3 AEUV normierte Vorbehalt daher auch für Art. 45 Abs. 2 AEUV. Anderenfalls wären unmittelbar nationalitätsbezogene Maßnahmen jenseits des Art. 45 Abs. 3 AEUV nur über andere geschriebene Gründe rechtfertigbar, was jedoch deshalb nicht überzeugt, weil Staatsangehörigkeitsvorbehalte gerade dort, wo Grundinteressen der Gesellschaft im Bereich Sicherheit, Ordnung oder Gesundheit berührt sind *(s. o. Rn. 457)*, sinnvoll sein können.[945] Hinzu kommt, dass sich etwaige Unterschiede in den Anwendungsbereichen der Art. 52, 45 Abs. 3 AEUV aufgrund deren vergleichbarer Struktur kaum erklären ließen. Liegt ein sachlicher Grund vor, gilt für die Verhältnismäßigkeit das bereits Gesagte *(s. o. Rn. 434)*.

Beispiele: Eine Regelung, die dem Rechtsreferendar im Falle einer Auslandsstation nur die Reisekosten bis zur Bundesgrenze erstattet, lässt sich nicht mit haushalterischen Erwägungen rechtfertigen, weil sie in der Nähe rein wirtschaftlicher, protektionistischer Überlegungen stehen und weil es Konstellationen gibt, in denen die Reisekosten zu einer Station im Ausland niedriger sind als zu einer Station im Inland.[946] Soweit nur die Kosten für die Reise bis zur Grenze des jeweiligen Ausbildungsbezirks erstattet werden, sollen sich Begrenzungen in der Höhe der Reisekosten allerdings rechtfertigen lassen.[947]

4.   Kapitalverkehrsfreiheit

497   Ebenfalls produktionsfaktorbezogen ist die in Art. 63 Abs. 1 AEUV normierte Kapitalverkehrsfreiheit. Sie schützt transnationale Ströme von Geld- und Sachkapital, die zu Anlagezwecken und in Form einseitiger Wertübertragungen erfolgen und in der sog. Kapitalverkehrs-Richtlinie näher konkretisiert werden. Art. 63 Abs. 1 AEUV ist wie die Warenverkehrsfreiheit nicht in persönlicher Hinsicht beschränkt. Hinzu kommen Weiterungen in räumlicher Hinsicht, weil die Kapitalverkehrsfreiheit nicht nur binnenmarktweit Wertübertragungen schützt, sondern darüber hinaus auch den Kapitalverkehr mit Drittstaaten erfasst. Insoweit geht Art. 63 AEUV deutlich über den **Schutzbereich** der anderen Grundfreiheiten hinaus.

498   Deshalb ist das **Verhältnis** der Kapitalverkehrsfreiheit **zu anderen Grundfreiheiten** vor allem in Form der Dienstleistungs- und Niederlassungsfreiheit stark umstritten. Insoweit gilt im Grundsatz, dass diese Freiheiten aufgrund des Erfordernisses einer selbstständigen Tätigkeit nur im Falle eines Kontrollerwerbs anwendbar sind. Liegt eine solche Direkt- und nicht nur eine sog. Portfolioinvestition vor, können Art. 63 Abs. 1 AEUV und Art. 49 bzw. Art. 56 AEUV daher nach der unionsgerichtlichen Spruchpraxis nebeneinander Geltungskraft beanspruchen, wenn deren Regelungsgegenstände gleichermaßen angesprochen sind. Die Einzelheiten sind indes insbesondere wegen der Schutzwirkung zugunsten von Drittstaatlern streitig.[948]

Beispiele: Eine Regelung, wonach der Erwerb des Stimmrechts in einem Ausmaß von mehr als 20 % des Gesellschaftskapitals bestimmter „strategischer Aktiengesellschaften" der vorherigen Genehmigung bedarf, ist allein an der Niederlassungsfreiheit zu messen, weil der Aktionär dadurch einen hinreichend großen Einfluss auf das Unternehmen ausüben kann.[949]

---

943   Vgl. EuGH, Rs. C-94/07, ECLI:EU:C:2008:425 – Raccanelli.
944   EuGH, Rs. C-281/98, ECLI:EU:2000:296 Rn. 45 – Angonese.
945   Im Ergebnis ebenso Calliess/Ruffert/*Brechmann*, EUV/AEUV, Art. 45 AEUV Rn. 99.
946   Vgl. EuGH, Rs. C-109/04, ECLI:EU:C:2005:187 Rn. 31 ff. – Kranemann.
947   Bay VGH, Beschluss v. 10.1.2013, Az. 3 ZB 08.359 Rn. 7 f. (zit. nach juris, Stand 7/18)
948   Calliess/Ruffert/*Korte*, EUV/AEUV, Art. 49 Rn. 35 m. w. N.
949   Vgl. EuGH, Rs. C-244/11, ECLI:EU:C:2012:694 Rn. 22 ff. – Kommission/Griechenland.

Taugliche **Beeinträchtigungen** der Kapitalverkehrsfreiheit können erneut entsprechend **499**
der allgemeinen Grundsätze aus nationalitätsbezogenen Diskriminierungen und
marktzugangsbezogenen Beschränkungen resultieren. Liegen sie vor, ergeben sich geschriebene Rechtfertigungsgründe insbesondere aus Art. 65 AEUV. Hinzu treten dort,
wo keine direkten Diskriminierungen aus Gründen der Staatsangehörigkeit vorliegen,
ungeschriebene Gemeinwohlinteressen. Ist ein sachlicher Grund gefunden, der die nationale Maßnahme trägt, bedarf es einer einzelfallorientierten Verhältnismäßigkeitsprüfung.

Beispiele: Sog. „Goldene Aktien", die dem Staat Sonderbefugnisse etwa in Form von speziellen
Mitsprache- oder Vetorechten einräumen, die über die gewöhnlichen Befugnisse eines Aktionärs
hinausgehen, beschränken die Kapitalverkehrsfreiheit, weil das Unternehmen nicht mehr nur den
Marktgesetzen unterworfen ist, was seine wirtschaftliche Effizienz und so die Attraktivität eines
Erwerbs seiner Anteile schmälert. Solche Eingriffe können nur mit Hilfe von Gemeinwohlinteressen gerechtfertigt werden, die ihre Basis im Unternehmensgegenstand haben, so z.B. in Form
der Energieversorgung. Etwaige Ziele der Arbeitsplatzsicherung reichen hingegen grundsätzlich
nicht. Liegt ein tauglicher Gemeinwohlbelang vor, ist die Zulässigkeit der Goldenen Aktien eine
Frage der Verhältnismäßigkeit. Deren Grenzen sind z.B. überschritten, wenn die Sonderrechte zu
generell ansetzen und nicht auf den spezifischen Gemeinwohlbelang z.B. der Energieversorgung
bezogen sind[950].

5. Zahlungsverkehrsfreiheit

Hinzu kommt schließlich die Zahlungsverkehrsfreiheit. Sie ist in Art. 63 Abs. 2 AEUV **500**
normiert und schützt den grenzüberschreitenden Fluss der Gegenleistung für die Erbringung von Waren und Dienstleistungen. Es handelt sich letztlich um eine **Annexfrei-
heit** zu den Art. 34 ff., 56 AEUV, ohne die marktmäßige Angebote sinnlos wären.[951]
Da Art. 63 Abs. 2 AEUV deutliche Parallelen in der Formulierung zu Absatz 1 aufweist, lassen sich die soeben erarbeiteten Grundsätze zur Prüfung der Beeinträchtigung
und zur Eingriffsrechtfertigung übertragen.

Beispiel: Wird den am Zahlungsverkehr Beteiligten, insbesondere den Kredit- und Finanzdienst-
leistungsinstituten, auf Basis des § 9 Abs. 1 S. 3 GlüStV umsetzenden Landesrechts nach vorheriger Bekanntgabe unerlaubter Glücksspielangebote die Mitwirkung an damit verbundenen Ein-
und Auszahlungen untersagt, liegt darin aus der Perspektive der Spieler ggf. eine Beschränkung
der Zahlungsverkehrsfreiheit[952].

Auch die Freiheit des Zahlungsverkehrs erfährt **sekundärrechtliche Konkretisierungen.** **501**
So wurde zu dessen Optimierung mit der RL 2007/64 EG eine „Single EURO Payment
Area" (SEPA) geschaffen[953]. Der damit verbundene Einheitliche Euro-Zahlungsverkehrsraum ermöglicht es, bargeldlose Zahlungen in der Eurozone ebenso rasch, sicher
und problemlos wie im eigenen Land vorzunehmen, weil Euro-Zahlungen wie Inlands-
zahlungen behandelt werden *(s. o. Rn. 376)*. Die Einzelheiten sind im SEPA-Begleitge-
setz normiert[954].

Betrachtet man die **Zahlungs- und die Kapitalverkehrsfreiheit im Verbund,** so drängen **502**
beide Grundfreiheiten auf die Schaffung eines homogenen Kapitalmarktes zwischen
den Mitgliedstaaten. Er ist deshalb eine zentrale Voraussetzung für einen funktionierenden Binnenmarkt, weil auch das Ergebnis der wirtschaftlichen Betätigung geschützt
werden muss, um den freien Transfer von Entgelten und Erträgen zu gewährleisten.

---

950 S. dazu EuGH, Rs. C-503/99, Slg. 2002, I-4809 – Kommission/Belgien.
951 Ausf. dazu *J. C. W. Müller*, Kapitalverkehrsfreiheit in der EU, 2000.
952 *Brugger*, Abbruch der Zahlungsströme als Mittel zur Bekämpfung unerlaubter Glücksspiele, 2013,
     S. 224 ff.
953 RL 2007/64/EG v. 13.11.2007, ABl. EU Nr. L 319, S. 1 ff. und dazu *Manger-Nestler*, EuZW 2008,
     332 ff.
954 G. v. 3.4.2013, BGBl. I, S. 610 ff.

§ 16 Welthandelsrecht

503 Neben das Binnenmarktrecht der EU treten die Vorgaben des Wirtschaftsvölkerrechts, die ebenfalls erhebliche Bedeutung für den grenzüberschreitenden Wirtschaftsverkehr entfalten. Aufgrund der Vielzahl der bestehenden Vertragswerke mit Auswirkungen auf den Binnenmarkt und damit auch auf das deutsche Wirtschaftsgebiet *(s. o. Rn. 67 ff.)* beschränken sich die folgenden Ausführungen auf einige wenige WTO-Abkommen, das Seerechtsübereinkommen und aktuelle Entwicklungen.

I. Internationale Abkommen auf WTO-Ebene

504 Auf internationaler Ebene spielt das Rechtsregime der WTO eine dominierende Rolle *(s. o. Rn. 77)*. Es ist im ÜWTO sowie verschiedenen weiteren Abkommen niedergelegt und über die Art. 207, 216 Abs. 2 AEUV auch für das Unionsrecht relevant.[955] Diese völkerrechtlichen Vereinbarungen sind auf die Entwicklung eines integrierten, funktionsfähigen und dauerhaften multilateralen Handelssystems gerichtet[956] und ein Quantensprung hin zu einer Weltwirtschaftsrahmenordnung bzw. zu einer Welthandelsverfassung. Denn sie bieten die Chance, ein universal akzeptiertes Weltwirtschaftssystem aufzubauen[957]. Inhaltlich basieren die WTO-Abkommen – freilich in je unterschiedlicher Weise und Ausgestaltung – auf dem Gedanken der Reziprozität, wonach Handelszugeständnisse unter Nutzung eines rechtlich fixierten Rahmens nicht ein-, sondern gegenseitig gewährt werden, so dass sie in wechselseitigem Verhältnis stehen, um Marktöffnungen in einem Bereich mit Exportchancen in einem anderen verknüpfen und politisch besser durchsetzen zu können.[958]

1. Abkommen über den Warenhandel

505 Die Regeln über den Warenhandel bestehen aus einer Fülle relevanter Abkommen, deren Darstellung den Rahmen sprengen würde.[959] In deren Mittelpunkt steht das GATT. Es hat neben dem Abbau von Zöllen, deren Maximalsätze je WTO-Mitglied in Listen eingetragen werden (sog. Positivlistenansatz) und die bisher auf durchschnittlich 4 % reduziert werden konnten und in Verhandlungsrunden weiter reduziert werden sollen (sog. Reziprozität), die Reduzierung von Handelsschranken zum Ziel.

506 **a) Rechtsgrundsätze.** Die insoweit avisierte Liberalisierung erfolgt mit Hilfe verschiedener Rechtsgrundsätze. Hinzu tritt die Gewährleistung von Transitfreiheit, um Beschränkungen über zusätzliche Zölle, nicht aber aufwandsbezogene Gebühren bei der Durchfuhr von Waren durch das Hoheitsgebiet anderer WTO-Mitglieder zu verhindern[960].

507 **aa) Meistbegünstigungsgrundsatz.** An erster Stelle findet sich das Prinzip der Meistbegünstigung (Art. I:1 GATT). Es ist auf **Gleichheit nach außen** gerichtet und will für alle WTO-Mitglieder die gleichen Ausgangsbedingungen schaffen, indem es Diskriminierungen zwischen gleichartigen importierten Produkten verbietet. Mit dem Meistbe-

---

955 *Hilpold*, Die EU im GATT/WTO-System, 2009.
956 S. Gesetz zu dem Übereinkommen v. 15.4.1994 zur Errichtung der Welthandelsorganisation, BGBl. II, S. 1438, 1625; *Jansen*, EuZW 1994, 65 und 87 ff.; *K. Ipsen/Haltern*, RIW 1994, 717 ff.
957 *Oppermann*, RIW 1995, 919 f.; *Epping*, Außenwirtschaftsfreiheit, 1998, S. 600; skeptisch *Hilf/Oeter*, in: dies. (Hg.), WTO-Recht, 2005, § 37.
958 *Herdegen*, Internationales Wirtschaftsrecht, 11. Aufl. 2017, § 10 Rn. 35; *Langer*, Grundlagen einer internationalen Wirtschaftsverfassung, 1995, S. 85 f., *Brösskamp*, Meistbegünstigung und Gegenseitigkeit im GATT, 1990.
959 Ausf. dazu *Tietje*, in: Tietje (Hg.), Internationales Wirtschaftsrecht, 2. Aufl. 2015, S. 179 ff.
960 *Weiß*, in: Herrmann/Ohler/Weiß, Welthandelsrecht, 2. Aufl. 2007, § 11 Rn. 502 f.

günstigungsgrundsatz selbst geht somit noch keine Handelsliberalisierung einher. Sie entsteht erst, wenn einzelne WTO-Mitglieder von Belastungen (gleich welcher Art) befreit werden, die im Zusammenhang mit der Ein- oder Ausfuhr von Produkten stehen, weil dieses Prinzip dann darauf drängt, dass diese Vergünstigungen auch den anderen WTO-Mitgliedern zugutekommen.[961]

Damit der Meistbegünstigungsgrundsatz greift, muss erstens ein WTO-Mitglied die **508** Ein- bzw. Ausfuhr von Produkten, die aus dem Gebiet eines anderen WTO-Mitglieds stammen, durch Grenz- oder innerstaatliche Maßnahmen privilegieren. Ist dieses Prinzip danach anwendbar, schließt sich zweitens eine inhaltliche Prüfung an, deren **Struktur gleichheitsrechtliche Züge** aufweist, indem danach gefragt wird, ob gleichartige Produkte aus dem Gebiet anderer (dritter) WTO-Mitglieder (Bildung von Vergleichspaaren) unterschiedlich behandelt werden (Ungleichbehandlung).[962]

Weichenstellend für die Reichweite des Meistbegünstigungsgrundsatzes ist damit ei- **509** nerseits, ob die Waren **gleichartig** sind. Dieses Merkmal ist aus Sicht des Verbrauchers zu bestimmen und fragt danach, ob Erzeugnisse aufgrund ihrer Eigenschaften und Qualität im Wettbewerb stehen, d. h. also austauschbar (substituierbar) sind. Andererseits ist erörterungsbedürftig, welche Ungleichbehandlungen angesprochen sind. Wegen des Wortlauts des Art. I:1 GATT („aller Art") wird man umfassend ansetzen und damit auch solche Diskriminierungen erfassen müssen, die in ihrer Wirkung bestimmte Produkte privilegieren. Indizien können sich aus den tatsächlichen Marktverhältnissen oder der Rechtsgrundlage der Privilegierung ergeben.[963]

Insbesondere[964] vom Grundsatz der Meistbegünstigung gibt es verschiedene spezifi- **510** sche **Ausnahmen**. Sie beziehen sich namentlich zum einen auf Entwicklungsländer, denen die WTO-Mitglieder Sonderregeln einräumen können (aber nicht müssen), um ihren Import zu privilegieren, ohne den aus anderen Staaten gleichstellen zu müssen. Hinzu treten Ausnahmen für regionale Integrationsabkommen[965] (Art. XXIV Abs. 4 ff. GATT), deren Mitglieder untereinander stärker verflochten sind als mit anderen Volkswirtschaften, so dass insoweit der Meistbegünstigungsgrundsatz nicht greifen kann. Denn anderenfalls müssten letztlich allen WTO-Mitgliedern diese Vorteile eingeräumt werden.

bb) Inländerbehandlung. Der Grundsatz der Inländerbehandlung ist auf **Gleichheit** **511** **nach innen** gerichtet. Er verbietet eine unterschiedliche Behandlung von Produkten, die aus dem Gebiet eines WTO-Mitglieds stammen, und solchen Produkten, die im Inland produziert werden, durch Abgaben und beschränkungsbezogene Regeln. Davon sind Zölle und Importregeln nicht erfasst, beziehen sie sich doch gerade nicht auf inländische Waren. Vielmehr will dieses Prinzip sicherstellen, dass das inländische Recht nicht zu protektionistischen Zwecken missbraucht wird. Dieser allgemeine, in Art. III:1 GATT kodifizierte Grundsatz erfährt in den Absätzen 2 und 4 Spezifizierungen. So bezieht sich Art. III:2 S. 1 GATT auf fiskalische Maßnahmen, die zu einer (und sei es auch nur marginal) höheren Abgabenlast gleichartiger ausländischer im Vergleich zu inländischen Waren führen. Satz 2 dieser Norm geht weiter und erfasst spürbar höhere Abgaben ausländischer im Vergleich zu inländischen Waren, wenn sie miteinander konkurrieren und die Belastung protektionistische Zwecke verfolgt. Art. III:4 GATT bezieht sich schließlich auf nicht-fiskalische Maßnahmen, die gleichartige

---

961   *Tietje*, in: Tietje (Hg.), Internationales Wirtschaftsrecht, 2. Aufl. 2015, S. 190 f.
962   *Krajewski*, Internationales Wirtschaftsrecht, 4. Aufl. 2017, Rn. 320 ff.
963   *Tietje*, in: Tietje (Hg.), Internationales Wirtschaftsrecht, 2. Aufl. 2015, S. 192 f.
964   Vgl. im Übrigen *Weiß*, in: Herrmann/Ohler/Weiß, Welthandelsrecht, 2. Aufl. 2007, § 20 Rn. 992 ff.
965   Ausf. zu deren Voraussetzungen *Schladebach*, DVBl. 2017, 653, 654.

in- und ausländische Produkte zum Vorteil der heimischen unterschiedlich behandeln. In der Struktur orientieren sich die in Art. III GATT enthaltenen Facetten der Inländerbehandlung ebenfalls am Gleichheitssatz, so dass nach einer Ungleichbehandlung vergleichbarer Sachverhalte zu fragen ist.[966]

512   **Unterschiede** bestehen im Anwendungsbereich (Art. III:2 GATT fiskalische, Art. III:4 GATT nicht fiskalische Maßnahmen) und in der Qualität der Diskriminierung (Art. III:2 S. 1 GATT erfasst jede unterschiedliche Abgabe, Art. III:2 S. 2 GATT jede spürbare unterschiedliche Belastung zu protektionistischen Zwecken und Art. III:4 GATT schließlich jede (formale und faktische) Diskriminierung). Zudem divergieren die einzelnen Gewährleistungen des Art. III GATT nach den Anforderungen an die Vergleichbarkeit. Während Abs. 2 S. 1 dieser Norm Gleichartigkeit fordert und insoweit auf die Verbrauchergewohnheiten bzw. die Beschaffenheit der Waren abstellt, verlangt Art. III:2 S. 2 GATT lediglich ein Konkurrenzverhältnis. Dessen Feststellung hängt nicht nur von der Austauschbarkeit von Waren, sondern auch davon ab, inwieweit Konsumenten bei Preisänderungen auf andere Produkte umsteigen (sog. Kreuzpreiselastizität der Nachfrage). Infolgedessen reicht S. 2 weiter als S. 1 und greift daher im Sinne einer Auffangnorm nur, wenn Gleichartigkeit im Sinne des S. 1 nicht vorliegt, macht dann aber auch strengere Vorgaben für die Ungleichbehandlung (Spürbarkeit, protektionistische Zwecke). Art. III:4 GATT bezieht sich schließlich zwar auf gleichartige Waren, dieser Begriff ist aber nicht mit dem aus Abs. 2 S. 1 identisch, sondern geht darüber hinaus und bietet daher die Möglichkeit, auch Unterschiede im Gefahrenpotenzial einzubeziehen, soweit sie sich in der physischen Beschaffenheit des Produkts niederschlagen.[967]

Beispiel: Ausländische Importe z. B. von Rindfleisch dürfen aufgrund von Art. III:4 GATT nicht in den Vertriebswegen gegenüber inländischem Rindfleisch beschränkt werden, solange sich beide Produkte nicht unterscheiden[968].

513   **cc) Verbot mengenmäßiger Beschränkungen.** Hinzu tritt schließlich das Verbot mengenmäßiger Beschränkungen aus Art. XI GATT. Es bezieht sich nicht nur auf Kontingente, sondern aufgrund seiner weiten Formulierung („…andere(n) Maßnahmen …“) auf alle **nicht fiskalischen Maßnahmen** und damit auf grundsätzlich alle Beeinträchtigungen der Marktein- und -ausfuhr, solange sie (im weitesten Sinne) hoheitlich initiiert sind. Die strenge Regelung des Art. XI GATT ist darauf zurückzuführen, dass die von dieser Norm erfassten Beschränkungen weit weniger transparent sind als Zölle und damit (anders als sie) grundsätzlich verboten sind.[969]

514   Versteht man Art. XI GATT in diesem Sinne, so ergeben sich **Abgrenzungsschwierigkeiten** zu Art. III:4 GATT, der sich ebenfalls auf nicht fiskalische staatliche Maßnahmen bezieht. Nimmt man den Wortlaut beider Normen zum Ausgangspunkt, dann erfasst Art. III:4 GATT eher produkt- bzw. vermarktungs- oder verwendungsbezogene Regeln, während Art. XI GATT die ein- bzw. ausfuhrbezogenen Vorschriften erfasst, insoweit also einen spezifischen Marktzugangsbezug erfordert, der auch dann gegeben ist, wenn eine Norm an den Herstellungsprozess anknüpft, ohne dass sich deren Inhalt im Endprodukt niederschlägt; die Einzelheiten sind in Rechtsprechung und Literatur überaus umstritten.[970]

---

966   Ausf. zum Ganzen *Krajewski*, Wirtschaftsvölkerrecht, 4. Aufl. 2017, § 2 Rn. 320 ff.
967   Ausf. zum Ganzen *Herrmann*, in: Herrmann/Weiß/Ohler, Welthandelsrecht, 2. Aufl. 2007, § 12 Rn. 512 ff.
968   Appellate Body, *Korea – Various Measures on Beef*, WT/DS 161/AB/R, WT/DS 169/AB/R, S. 5.,
969   *Krajewski*, Wirtschaftsvölkerrecht, 4. Aufl. 2017, § 2 Rn. 320 f.
970   S. zum Ganzen *Weiß*, in: Herrmann/Weiß/Ohler, Welthandelsrecht, 2. Aufl. 2007, § 11 Rn. 470 ff.

b) Ausnahmen. Die soeben beschriebenen Grundsätze gelten nicht generell, sondern **515**
kennen je für sich spezifische Einschränkungen. Hinzu treten weitere Ausnahmen, die
übergreifend für alle soeben beschriebenen Vergünstigungen relevant sind. Sie finden
sich vor allem in Art. XX GATT. Diese Vorschrift nimmt Anleihen am aus dem bundesdeutschen und unionalen Recht bekannten Grundsatz der Verhältnismäßigkeit, indem sie die Notwendigkeit der Maßnahme aus einem der dort genannten Gründe
(z. B. Schutz von Kulturgütern, Gesundheitsschutz …) fordert und verlangt, dass keine
willkürliche bzw. ungerechtfertigte Diskriminierung oder verschleierte Handelsbe-
schränkung (sog. „chapeau") vorliegt.[971]

Dieser sog. Zweistufentest erreicht in der bisherigen Streitschlichtungspraxis nicht die **516**
Durchdringungstiefe, die man dem Grundsatz der Verhältnismäßigkeit sowohl auf nationaler als auch auf unionaler Ebene in der Regel zusprechen kann. Während der
sog. „chapeau" vor allem dazu dient, ein bewusstes Vorschieben bestimmter Zielsetzungen zu verhindern, verlangt die Prüfung der Notwendigkeit zwar eine Gegenüber-
stellung der widerstreitenden Interessen, ohne aber bereits derart stringent ausbuchsta-
biert zu sein wie der Verhältnismäßigkeitsgrundsatz. Daher gibt es multilaterale
Vereinbarungen wie das SPS oder das TBT, die diese Vorgaben konkretisieren und die
Schlagkraft des WTO-Rechts erhöhen.[972]

2. Abkommen über den Handel mit Dienstleistungen

Neben das GATT tritt das GATS als WTO-Abkommen über den **Handel mit Dienst-** **517**
leistungen, ohne den Begriff der Dienstleistung ausdrücklich zu normieren, so dass in
praxi auf die Produktklassifizierung der UN zurückgegriffen wird. Immerhin enthält
das GATS klare Vorgaben dafür, wann eine Form des Handels bzw. der Erbringung
vorliegt. Vier Varianten werden insoweit differenziert, nämlich zunächst solche Formen, die der aktiven, der passiven oder der korrespondierenden Dienstleistungsfreiheit
(s. o. Rn. 474) vergleichbar sind und zudem eine weitere Facette, die an eine im Zielstaat bestehende Präsenz anknüpft.[973] Probleme bereiten diese Erbringungsformen vor
allem, weil Dienstleistungen meist personengebunden erbracht werden, so dass sie
ausländerrechtliche Fragestellungen und damit staatliches Hausgut berühren.[974]

Aus diesem Grunde ist konsentiert, dass der **Anwendungsbereich des GATS** auf den **518**
temporären, lediglich vorübergehenden Aufenthalt des Leistungserbringers im Zielstaat beschränkt ist. Weitere Einschränkungen folgen daraus, dass hoheitlich erbrachte
Dienstleistungen – das sind nach Art. I:3 GATS solche, die weder zu kommerziellen
Zwecken noch im Wettbewerb erbracht werden – genauso wenig unter das GATS
fallen wie Luftverkehrsdienstleistungen. Demgegenüber erstreckt sich dessen Anwendungsbereich aber auf alle Maßnahmen, die den freien Handel mit Dienstleistungen
berühren, so dass namentlich Transport- oder Verkaufsaktivitäten am GATS zu messen sind. Daraus folgen vielfältige Überschneidungen mit dem GATT, so dass beide
Vertragswerke nicht über jeweils exklusive Anwendungsbereiche verfügen.[975]

Beispiele: Nicht unter das GATS fallen z. B. Bildungsangebote an staatlichen Universitäten oder
Schulen[976]; Dasselbe gilt für Glücksspiele, wenn sie – anders als gewerbliche Spielhallen – auf
Basis eines Staatsmonopols betrieben werden[977].

---

971 S. näher *Voland*, EuZW 2008, 70 ff.
972 Vgl. dazu allg. *Rauber*, ZaöRV 75 (2015), S. 259 ff.
973 *Krajewski*, Wirtschaftsvölkerrecht, 4. Aufl. 2017, § 2 Rn. 435.
974 *Ohler*, in: Herrmann/Weiß/Ohler, Welthandelsrecht, 2. Aufl. 2007, § 18 Rn. 845.
975 Ausf dazu *Krajewski*, Wirtschaftsvölkerrecht, 4. Aufl. 2017, § 2 Rn. 436 ff.
976 *Ohler*, in: Herrmann/Weiß/Ohler, Welthandelsrecht, 2. Aufl. 2007, § 18 Rn. 839 ff.
977 *Hüskens*, GewArch. 2010, 49, 52.

519 Die **Gewährleistungen des GATS entsprechen weitgehend denen des GATT.** Auch dort finden sich die Grundsätze der Meistbegünstigung (insbesondere begleitet von Sonderregeln für regionale Integrationsformen wie die EU), des Marktzugangs und der Inländergleichbehandlung; insoweit, aber auch in Bezug auf etwaige Ausnahmen sind die soeben erarbeiteten Erkenntnisse also weitgehend übertragbar. Deshalb stellen sich vor allem Herausforderungen, soweit es um die Beurteilung der Gleichartigkeit von Dienstleistungen oder um die Behandlung faktischer Diskriminierungen geht. Gerade die Anforderungen an die Regeln der Mitglieder über den Marktzugang sind indes sehr stark konkretisiert, weil in Art. XVI GATS die unzulässigen Ausgestaltungen in quantitativer (z. B. zahlenmäßige Grenzen) und qualitativer Hinsicht (z. B. Bedürfnisprüfungen) detailliert und weitgehend abschließend aufgeführt sind.[978]

Beispiele: Wenn sich ein Land im Bereich der Unterhaltungsindustrie dazu verpflichtet, einen bedingungslosen Marktzugang zu gewähren, dann sind Glücksspielmonopole ausdrücklich (vgl. Art. XVI:2 (a) GATS verboten und können nur noch über die Ausnahme des Schutzes der Gesundheit des Spielers gerechtfertigt werden[979].

520 Trotz dieser grundsätzlichen Parallelen besteht indes ein grundlegender **Unterschied** zwischen den Anforderungen des GATT und denen des GATS. Er folgt daraus, dass für den Handel mit Dienstleistungen nur der Meistbegünstigungsgrundsatz als allgemeine Verpflichtung gilt, während die übrigen Prinzipien lediglich Anwendung finden, wenn sich das jeweilige WTO-Mitglied in einer Liste über spezifische Zugeständnisse dazu verpflichtet hat, den Grundsatz der Inländergleichbehandlung anzuwenden bzw. Marktzugang zu gewähren. Dort werden infolgedessen verschiedene Dienstleistungsbereiche in Form von Sektoren bzw. Untersektoren in Verbindung mit dem jeweils zugestandenen Grad an Inländergleichbehandlung und Marktzugang sowie etwaigen Ausnahmen aufgeführt,[980] was Umfang und Schlagkraft des GATS schwächt[981].

3. Handelspolitische Schutzinstrumente

521 Neben den WTO-Regeln über den Waren- und Dienstleistungshandel treten die wirtschaftsvölkerrechtlichen Vorschriften über handelspolitische Schutzinstrumente. Sie zielen darauf ab, die internationalen Handelsbeziehungen (und weniger die Maßnahmen der WTO-Mitglieder) übergreifenden Grundsätzen in Form von Antidumping- und Subventionskontrollen *(s. u. Rn. 522, 1004 ff.)* sowie außergewöhnlichen Schutzmaßnahmen zu unterwerfen. Diese drei Mechanismen finden ihre Grundlagen im GATT und sind die Antwort auf den welthandelsrechtlichen Dualismus zwischen der Bekämpfung unfairer Handelspraktiken einerseits und dem Streben der WTO-Mitglieder nach dem Schutz ihrer Wirtschaft durch Protektionismus andererseits.[982]

522 **a) Antidumping-Übereinkommen.** Das Art. VI GATT konkretisierende **Antidumping-Abkommen** reagiert auf den Verkauf von Waren unter dem Marktwert. Da dieses in der Regel kurzfristige Vorgehen Bestandteil einer fairen Preispolitik sein kann, z. B. um sich Käuferschichten zu erschließen, zugleich aber auch gezielt dafür genutzt werden kann, einen Konkurrenten vom Markt zu drängen, legt diese Übereinkunft strenge materielle und verfahrensbezogene Anforderungen fest, um zu überprüfen, ob ein Warenangebot tatsächlich auf Dumping beruht und lässt dann auf Rechtsfolgenebene ggf. die Erhebung von Ausgleichszöllen zu.[983]

---

978 *Ohler*, in: Herrmann/Weiß/Ohler, Welthandelsrecht, 2. Aufl. 2007, § 18 Rn. 843.
979 *Rose*, in: Gebhardt/Korte (Hg.), Glücksspiel, 2. Aufl. 2018, § 39 Rn. 121 ff.
980 *Krajewski*, Wirtschaftsvölkerrecht, 4. Aufl. 2017, § 2 Rn. 463 ff.
981 S. auch *Stoll*, ZaöRV 54 [1994], 241, 321; *Terhechte*, JuS 2004, 1055 ff.
982 *Krajewski*, Wirtschaftsvölkerrecht, 4. Aufl. 2017, § 2 Rn. 395 ff.
983 *Baule*, in: Krenzler/Herrmann/Niestedt, EU-Außenwirtschaftsrecht, 11. EL 2018, VO (EG) 1225/2009, Rn. 77.

Die Ermittlung von **Dumping** knüpft an den Normalwert der Waren an. Das ist der **523** Wert, zu dem entweder vergleichbare Produkte auf dem Herkunftsmarkt angeboten werden oder falls dort kein Markt besteht oder die streitigen Produkte dort nicht angeboten werden, der Wert, zu dem das Produkt auf dem Markt eines mit dem Ausfuhrstaat vergleichbaren Drittstaats angeboten wird. Fehlt auch er, ist auf die Produktionskosten (einschließlich Gewinn) abzustellen.[984]

Wird durch das so festgestellte Dumping ein heimischer Wirtschaftszweig geschädigt **524** (Kausalitätserfordernis), müssen bestimmte **formale Vorgaben** gewahrt sein, damit Maßnahmen ergriffen werden dürfen. Sie reichen von einem Antrag des bzw. der Betroffenen über ein ordnungsgemäßes Verfahren, das bestimmten rechtsstaatlichen Anforderungen (namentlich Anhörungs-, Transparenz- und Vertraulichkeitspflichten) genügen muss, auf die öffentliche Bekanntmachung des Ergebnisses, das einer externen Kontrolle unterliegen muss; die Einzelheiten sind in der Antidumping-Verordnung der EU[985] umgesetzt.

Sind diese Voraussetzungen eingehalten, darf der Zielstaat **Schutzmaßnahmen** ergrei- **525** fen und Antidumping-Zölle erheben. Sie dürfen der Höhe nach die Differenz zwischen Normalwert und Ausfuhrpreis (Antidumping-Spanne) nicht übersteigen. Darin kommt der Ausgleichscharakter des Antidumping-Rechts zum Ausdruck; eine sanktionierende Wirkung ist ihm demgegenüber fremd. Deshalb dürfen die Zölle nur während des Dumpings und maximal fünf Jahre lang erhoben werden.[986]

b) Übereinkommen über Schutzmaßnahmen. Das Übereinkommen über Schutzmaß- **526** nahmen **konkretisiert Art. XIX GATT.** Es erfasst anders als andere handelspolitische Schutzinstrumente nicht wettbewerbswidrige Maßnahmen in Form unfairer Handelspraktiken, sondern will die nationale Wirtschaft vor den nachteiligen Folgen eines plötzlichen Importanstiegs schützen. An dieses Abkommen knüpfen ebenfalls verschiedene, den wirtschaftsvölkerrechtlichen Rahmen konkretisierende Sekundärrechtsakte der Union an. Da der Schutz vor Importen in erheblicher Weise mit den handelspolitischen Grundsätzen des GATT kontrastiert, die auf Handelsliberalisierung und nicht auf Protektionismus ausgerichtet sind, sind die Vorgaben des Übereikommens über Schutzmaßnahmen streng.

Inhaltlich ist zunächst erforderlich, dass sich die Importmenge eines Produkts derart **527** erhöht, das einem inländischen Zweig der Wirtschaft, der gleichartige bzw. konkurrierende Produkte herstellt, eine ernsthafte Schädigung zugefügt wird. Diese Anforderung ist nicht nur zu behaupten, sondern aus objektiv-rechtlicher Perspektive zu belegen, wobei das zugehörige Untersuchungsverfahren bestimmten Mindeststandards unterliegt. Die insoweit dem Antidumping-Übereinkommen ähnelnden Vorgaben erfahren auf Rechtsfolgenebene Modifikationen, weil das Übereinkommen über Schutzmaßnahmen Zölle und mengenmäßige Beschränkungen gestattet. Werden diese Vorkehrungen getroffen, müssen sie verhältnismäßig sein und auf alle Importeure ungeachtet ihrer Herkunft angewendet werden; sie dürfen nur bis zu acht Jahre andauern.[987]

4. Das Streitschlichtungssystem der WTO

Das so beschriebene Welthandelsrecht bliebe ein zahnloser Tiger, wenn es nicht über **528** Mechanismen zur Durchsetzung der darin enthaltenen Gewährleistungen verfügte. Sie

---

984 *Krajewski*, Wirtschaftsvölkerrecht, 4. Aufl. 2017, § 2 Rn. 401.
985 ABl. EU Nr. L 343/51 v. 22.12.2009.
986 Vgl. *Herrmann*, in: Herrmann/Weiß/Ohler, Welthandelsrecht, 2. Aufl. 2007, Rn. 673 f.
987 Siehe näher *Krajewski*, Wirtschaftsvölkerrecht, 4. Aufl. 2017, Rn. 424 ff.

folgen aus dem sog. Streitbeilegungsverfahren der WTO (DSU-Verfahren (dispute settlement understanding)), das den WTO-Mitgliedern – d. h. also nicht den betroffenen Unternehmen (sie können nur mittelbar über ihre Regierungen Einfluss auf das Verfahren nehmen) – die Möglichkeit bietet, etwaige Gewährleistungen einzufordern bzw. das Verhalten anderer Mitglieder zu überprüfen. Das DSU-Verfahren setzt seiner Struktur nach primär auf Einigung der Streitparteien in Form einer mit dem Welthandelsrecht zu vereinbarenden Lösung, so dass erst dann, wenn diese Option gescheitert ist, die streitbefangene Maßnahme zurückzunehmen ist oder andere Maßnahmen ergriffen werden dürfen. Um den Streitbeilegungsmechanismus zu verstehen, sind zunächst die wesentlichen beteiligten Organe vorzustellen, um dann dessen Verfahrensablauf und Durchsetzungsmechanismen zu erörtern.

529 a) **Beteiligte Organe**[988] Gewissermaßen den organisatorischen Ausgangspunkt bilden die sog. „panels". Sie bestehen aus drei Schiedsrichtern, werden je Streitfall ad hoc festgesetzt und ähneln in Aufbau und Funktionsweise den aus dem internationalen Investitionsschutzrecht bekannten Schiedsgerichten. Die Aufgabe eines **„panels"** ist es, eine objektive Beurteilung der Sach- und Rechtslage über den anhängigen Streit abzugeben. Dieser Bericht bildet dann die Basis des weiteren Verfahrens.

530 Neben die sog. „panels" tritt der **„appellate body"**. Die Mitglieder dieses dauerhaft bestehenden Organs werden auf vier Jahre gewählt. Dessen Aufgabe ist es, den vom „panel" aufbereiteten Streitstand rechtlich (d. h. nicht tatsächlich) zu würdigen. Damit werden sog. Kammern betraut, die ebenfalls Berichte abgeben und aus drei Mitgliedern bestehen. Sie müssen die erforderliche Fachkompetenz besitzen und können ggf. anonymisierte Sondervoten verfassen.

531 Hinzu tritt der **„dispute settlement body"**. Dieses Organ fungiert anders als die soeben genannten Organe nicht als Gericht, sondern eher als eine politische Leitstelle. Es setzt sich zusammen aus Vertretern aller WTO-Mitglieder, ist verantwortlich für die Einsetzung der „panels" und nimmt deren Entscheidungen sowie die des „appellate body" formal an, die daher de iure auch nur Empfehlungen aussprechen. Zudem ist der „dispute settlement body" für den Entscheidungsvollzug verantwortlich.

532 b) **Verfahrensablauf**[989] Das Verfahren der WTO-Streitschlichtung kennt **fünf aufeinander folgende Stufen**. Es baut zunächst auf Konsultationen zwischen den betroffenen Mitgliedern. Scheitern sie, kommt es zur Einsetzung eines „panels" und im Anschluss daran, falls sich die unterlegene Partei gegen den Bericht des „panels" zur Wehr setzt, zur Entscheidung des „appellate body". Wird eine dieser Entscheidungen vom „dispute settlement body" angenommen, überwacht er deren Transformation und setzt, falls sie scheitert, die erforderlichen Durchsetzungsmechanismen fest. Da die WTO-Schlichtung das Primat der einvernehmlichen Streitbeilegung kennt, müssen nicht alle fünf Stadien durchlaufen werden, wenn sich die Parteien vorher einigen.

533 Aus einer verfahrensrechtlichen Perspektive ist ein wesentliches Kennzeichen dieses Streitschlichtungsmechanismus dessen Beschleunigung, da für alle Verfahrensschritte enge Fristen gelten. Zudem liegt den maßgeblichen Entscheidungen des „dispute settlement body" ein **negatives Konsensprinzip** zugrunde, nach dem sie nur dann nicht zustande kommen, wenn sich alle Mitglieder (und damit auch der den Rechtsbehelf führende Staat) im „dispute settlement body" gegen deren Annahme entscheiden. Dieser Modus führt zu einem Primat der vom „panel" und/oder vom „appellate body"

---

988   Ausf. dazu *Weiß*, in: Herrmann/Weiß/Ohler, Welthandelsrecht, 2. Aufl. 2007, Rn. 265 ff.
989   Vgl. dazu z. B. *Schroeder/Schonard*, RIW 2001, 658 ff.; *Jürgensen*, RIW 2000, 577 ff.

gefundenen und dann vom „dispute settlement body" formal festgestellten WTO-Rechtslage und erhöht die Schlagkraft der Streitschlichtung.

In materieller Hinsicht werden die Entscheidungen auf Basis der einschlägigen WTO-Abkommen getroffen, wobei sich das DSU-Verfahren nicht auf alle Vereinbarungen bezieht, sondern nur auf bestimmte und insoweit insbesondere auf das GATT und das GATS sowie auf das Antidumping-Übereinkommen. Hinzu treten die prozessualen Bestimmungen des DSU-Rechts, die in ihrem Anwendungsbereich abschließend sind (sog. self contained regime). Die Auslegung all dieser Regelungen folgt grundsätzlich den allgemeinen Prinzipien *(s. o. Rn. 52 ff.)*, kennt aber auch Sonderheiten wie die nachrangige Bedeutung der historischen Interpretation oder die Möglichkeiten einer souveränitätsschonenden oder evolutiven Auslegung.[990] **534**

c) Umsetzungs- bzw. Durchsetzungsmechanismen[991] Kommt der „dispute settlement body" auf Basis der Empfehlungen des „panel" bzw. des „appellate body" zu der Entscheidung, dass eine Verletzung von Welthandelsrecht vorliegt, ist der im Bericht festgestellte **Verstoß zu beseitigen.** Verweigert die unterlegene Partei die Umsetzung dieser Entscheidung ist die obsiegende Partei befugt, zwischen den Parteien vereinbarte Entschädigungszahlungen einzufordern. Sie können sinnvoll sein, wenn die unterlegene Partei aus innenpolitischen Gründen nicht in der Lage ist, die wirtschaftsvölkerrechtswidrige Maßnahme sofort zurückzunehmen. **535**

Kommt eine solche Einigung nicht zustande, **können Zugeständnisse,** die die obsiegende Partei dem Verfahrensgegner bis dato eingeräumt hat, **ausgesetzt werden.** Inhalt und Umfang werden auf deren Antrag vom „dispute settlement body" erneut auf Basis eines negativen Konsens festgelegt. Entschädigung und Aussetzung sind nach der Logik des DSU-Verfahrens nur vorübergehender Natur, haben also Beugecharakter und ersetzen nicht die Einhaltung des Welthandelsrechts. **536**

Beispiel: Ein WTO-Mitglied nimmt die Aussetzung von Zugeständnissen bzw. vereinbarte Entschädigungsleistungen vorübergehend hin, weil es vermutet, dass die Beseitigung des wirtschaftsvölkerrechtswidrigen Zustands in der Bevölkerung derzeit auf erheblichen Widerstand stoßen würde bzw. weil derzeit nicht die nötigen Mehrheiten generierbar sind[992].

Etwaige Streitigkeiten darüber, ob ein Bericht des „panel" bzw. des „appellate body" hinreichend umgesetzt worden ist, können ebenfalls im Rahmen des Streitschlichtungsverfahrens ausgetragen werden (**compliance panel**). Für die Überprüfung der Rechtmäßigkeit der Aussetzung von Zugeständnissen steht demgegenüber nur ein Verfahren vor einem „panel" (entweder das ursprünglich betraute oder ein Schiedsrichter) zur Verfügung. Der „appellate body" wird nicht befasst. Daher ist das Verhältnis zwischen Umsetzungs- und Durchsetzungskontrolle im Einzelnen streitig.[993] **537**

5. Entwicklungsperspektiven

Zusammengefasst prägen die WTO-Abkommen neben dem wie schon erwähnt *(s. o. Rn. 504)* übergreifend anzutreffenden Verhandlungsmodus der Reziprozität und dem Gedanken der Transparenz, der namentlich zur vorherigen Veröffentlichung der welthandelsrechtlich relevanten Vorschriften zwingt,[994] weitere **Gemeinsamkeiten.** Trotz bestehender Unterschiede im Detail finden sich vor allem im GATS und GATT Parallelen insbesondere in Bezug auf den auf Gleichheit nach außen gerichteten Grundsatz der Meistbegünstigung, in Bezug auf den auf Gleichheit nach innen gerichteten Grund- **538**

---

990 Ausf. dazu *Krajewski*, Wirtschaftsvölkerrecht, 4. Aufl. 2017, Rn. 284 ff.
991 *Weiß*, in: Herrmann/Weiß/Ohler, Welthandelsrecht, 2. Aufl. 2007, Rn. 312 ff.
992 Appellate Body, *EC – Hormones*, WT/DS 26/AB/R, WT/DS 48/AB/R, S. 135 ff.
993 *Krajewski*, Wirtschaftsvölkerrecht, 4. Aufl. 2017, Rn. 276, 280,
994 *Weiß*, in: Herrmann/Ohler/Weiß, Welthandelsrecht, 2. Aufl. 2007, § 11 Rn. 499 ff.

satz der Inländerbehandlung und in Bezug auf die Gewährleistung von Marktzugang. Diese übergreifenden Prinzipien sind zudem darauf angelegt, etwa widerstreitende Gemeinwohlbelange zu wahren und über ein schlagkräftiges Streitschlichtungssystem durchsetzbar. Diese Struktur hat, versteht man sie in Richtung einer gemeinwohlverpflichteten Welthandelsfreiheit, Vorbildfunktion für andere Abkommen auf WTO-Ebene[995] und kann daher Pate für die Entwicklung in bisher weniger liberalisierten Bereichen stehen.

539 Obwohl das WTO-Übereinkommen vordergründig nur den Einstieg der Staatengemeinschaft in ein alle Wirtschaftssektoren umfassendes Weltwirtschaftsrecht bildet, gerät dessen Entstehen derzeit mehr und mehr ins **Stocken**. Die Gründe dafür sind vielfältig: Einerseits führen die großen Mitgliederzahlen in der WTO und die divergierenden politischen Vorstellungen zu nur schleppenden Fortschritten in den Verhandlungsrunden, so dass vermehrt regionale oder bilaterale Abkommen geschlossen werden. Sie bestehen namentlich im Bereich der Gewährleistung der Freiheit des Kapitalverkehrs, die sich trotz der großen Relevanz von Direktinvestitionen für die Entfaltung der Wirtschaft und als ergänzendes Pendant zum Warenhandel bislang nur regional und bilateral etablieren konnte[996]. Andererseits ist eine Öffnung der Freizügigkeitsrechte eine wesentliche Achillesferse des Weltwirtschaftsverkehrs, weil in diesem Bereich erhebliche Souveränitätsvorbehalte der WTO-Mitglieder bestehen. Die Bemühungen um eine Weiterentwicklung der WTO werden schließlich dadurch erschwert, dass zahlreiche WTO-Mitglieder bestimmte Märkte – wie etwa Agrarmärkte – nicht öffnen wollen. Zudem müssen bei den Welthandelsrunden verstärkt Umwelt- und Sozialaspekte mit den Liberalisierungs- und Deregulierungszielen der WTO ausgeglichen werden[997].

Beispiel: Ausnahmsweise dürfen Entwicklungsländer den TRIPS-Patentschutz auf teure Originalarzneimittel brechen, um im Kampf gegen Aids oder andere Epidemien selbst Arzneimittel zu produzieren oder zu kaufen[998].

540 Ein weiteres bislang weitgehend ungelöstes und auch im EU-Primärrecht kaum angesprochenes Problem besteht jenseits der Eigenverantwortung der Unternehmen im Bereich der **Versorgung mit Rohstoffen**[999]. Dessen Lösung ist deshalb von immensem Interesse, weil hochtechnologisierte Volkswirtschaften und die zugehörigen Unternehmen auf derartige Lieferungen zwingend angewiesen sind, wenn diese Materialien mangels entsprechender Vorkommen im eigenen Hoheitsgebiet nicht abgebaut bzw. erworben werden können und auch über die Recyclingwirtschaft (*s. o. Rn. 43*) nicht in hinreichendem Umfang gewinnbar sind. Namentlich Deutschland und die anderen EU-Mitgliedstaaten hängen insoweit daher weitgehend von Importen ab. Um den damit verbundenen Unwägbarkeiten für die Produktion abzuhelfen, wird gelegentlich vorgeschlagen, dass die WTO den Zugang zu Rohstoffmärkten sichern und entsprechende Mindeststandards festlegen soll. Dieser Forderung ist sie bisher aber nicht nachgekommen, so dass nationale und unionsweite[1000] Rohstoffpartnerschaften an Bedeutung gewinnen, die einen rechtlichen Rahmen abstecken sollen, in dem sich Unternehmen sicher bewegen können.

---

995 Vgl. dazu *Krajewski*, Wirtschaftsvölkerrecht, 4. Aufl. 2017, Rn. 304, 307.

996 S. *Karl*, RIW 1994, 809 ff. und zum Schutz deutscher Kapitalanlagen im Ausland *Häde*, AVR 1997, 181 ff.

997 *Kotzur*, JZ 2008, 265, 270 ff.

998 Declaration on the TRIPS Agreement and Public Health v. 14.11.2001; *Ohlhoff*, EuZW 2002, 549, 558.

999 S. *Ehlers/Wolffgang/Herrmann/Schröder* (Hg.), Rechtsfragen des Internationalen Rohstoffhandels, 2012.

1000 S. dazu *M. Paschke*, in: FS für Säcker, 2011, 893 ff.

Beispiel: Für die Versorgung mit sog. seltenen Erden, die für die Erzeugung von High-Tech-Produkten benötigt werden, existiert ein Abkommen mit der VR China, da sie derzeit hauptsächlich dort gewonnen werden[1001].

II. Globales Rechtsregime für die Nutzung des Meeresgebietes

Weitere Abkommen zur Verbesserung der ökonomischen Effizienz unternehmerischen Handelns, die zum WTO-Recht hinzutreten, existieren für den Meeresraum und die Ozeane als Wirtschaftsgebiete, die immerhin zwei Drittel der Erdoberfläche umfassen und für die das **UN-Seerechtsübereinkommen** (auch sog. Seerechtsordnung) gilt. Es will ausweislich der Präambel einen Beitrag zur Verwirklichung einer gerechten und ausgewogenen internationalen Wirtschaftsordnung leisten,[1002] wird teilweise als Verfassung der Meere bezeichnet und dient der Erleichterung des internationalen Verkehrs, der ausgewogenen und wirkungsvollen Ressourcennutzung sowie der Bewahrung der Meeresumwelt. **541**

Das UN-Seerechtsübereinkommen beruht auf dem in seinem Art. 136 verankerten Grundsatz, dass das Meeresgebiet und seine Ressourcen jenseits des Einflussbereichs nationaler Hoheitsbefugnisse das gemeinsame Erbe der Menschheit sind (Common heritage of mankind; Patrimoine commun de l'humanité). Das Übereinkommen regelt im Einzelnen die Hoheitsbefugnisse der Küstenstaaten *(s. o. Rn. 338)*, die **Rechte** sowie die Freiheiten anderer Staaten, die Rechtslage innerhalb des Wirtschaftsgebiets, die Durchfahrt von Handelsschiffen sowie die Ressourcenbewirtschaftung im Meer und auf dem Meeresboden. Angesichts dieser somit umfassend ansetzenden Kodifikation ist es gerechtfertigt, von einem weltweit anerkannten Rechtsprinzip einer gerechten Seebewirtschaftung zu sprechen. **542**

Mit dem Inkrafttreten des Seerechtsübereinkommens geht die Gründung mehrerer **Institutionen** einher: So obliegt der Internationalen Meeresbodenbehörde in Kingston/Jamaica die Verwaltung der Bodenschätze, die sich jenseits des hoheitlichen Einflussbereichs der Nationalstaaten in der Tiefsee befinden. Zudem gibt es die Kommission zur Begrenzung des Festlandsockels mit Sitz in New York/USA, die Empfehlungen für die Festlegung seiner äußersten Grenzen ausspricht. Hinzu kommt der Internationale Seegerichtshof mit Sitz in Hamburg/Deutschland, der zur Entscheidung von Streitigkeiten über die Auslegung und Anwendung des Seerechtsübereinkommens berufen ist. In bestimmten Bereichen konkurriert dessen Zuständigkeit mit der anderer Institutionen und insbesondere mit der des Internationalen Gerichtshofs.[1003] **543**

III. TTIP und CETA

Hinzu treten wirtschaftsvölkerrechtliche Vereinbarungen, die räumlich nur begrenzte Wirkung entfalten und als regionale Integrationsabkommen den insoweit geltenden Vorgaben des WTO-Rechts entsprechen müssen. Vorläufig in Kraft getreten ist mittlerweile das **CETA-Abkommen zwischen Kanada und der EU**, das umfassende Erleichterungen in den Bereichen Zoll und Handel mit sich bringt, weil die Zollsätze abgesenkt, die Anerkennungspflichten gestärkt und die Möglichkeiten des Zugangs zu öffentlichen Ausschreibungen sowie die Ausfuhr von Agrarprodukten verbessert werden. Hinzu tritt eine Stärkung der Sicherungsmechanismen im Bereich des geisti- **544**

1001 Vgl. http://wwwoeko.de/fileadmin/pdfs/oekodoc/1110/2011-001-de.pdf (Stand 04.2018).
1002 S. näher *Sack*, EuZW 1994, 673; *Behrens*, in: Hilf/Oeter (Hg.), WTO-Recht, 2005, § 6.
1003 Vgl. dazu *Berger*, JuS 2017, 828 ff.;

gen Eigentums. Die zwischenzeitlich diskutierte Einführung von Schiedsgerichten, die für Streitigkeiten über Investitionsschutzmaßnahmen zuständig sein sollten, wurde zugunsten eines ständigen internationalen Investitionsgerichtshofs mit von den Vertragspartnern ernannten Richtern aufgegeben.[1004]

545   Das derzeit zwischen den **USA und der EU stockende Verfahren zum Abschluss des TTIP** sieht mit CETA vergleichbare Regeln zur Liberalisierung des Freiverkehrs vor, weicht in Teilen aber auch davon ab. In den Verhandlungen geht es vornehmlich um den Abbau nicht tarifärer Beschränkungen in den Bereichen Handel und Dienstleistungen, wobei die Vorstellungen der USA und der EU in Teilen erheblich voneinander abweichen, ohne dass eine der Parteien als generell liberalisierungsfreundlicher oder -feindlicher eingestuft werden könnte. Im Einzelnen geht es insbesondere um die Öffnung des Zugangs zu öffentlichen Aufträgen, den die USA verweigert, um die Angleichung von Lebensmittelstandards beispielsweise bei gentechnisch veränderten Erzeugnissen, wo die USA deutlich liberaler eingestellt ist, und um Fragen der im US-Recht teilweise recht strengen Regulierung der Finanzmärkte. Hinzu treten unterschiedliche Vorstellungen zum Investitionsschutz – namentlich soweit es um den Umgang mit Streitfällen und etwaige Rechtsbehelfe geht.[1005]

546   Die bestehenden Streitigkeiten im Kontext von CETA und TTIP betreffen zunächst die Abschlusskompetenz, sind im Übrigen vielfältiger Natur und lassen sich auf unterschiedliche Rechtstraditionen in Kontinentaleuropa und im amerikanischen Raum zurückführen. Paradigmatisch dafür sind die Konflikte um die Investitionsschiedsgerichtsbarkeit, die nach amerikanischen Vorstellungen eher schiedsrichterlich ad hoc ausgestaltet sein sollte, während auf Unionsebene dauerhafte Gerichte mit legitimierter Richterschaft, klaren Entscheidungsstrukturen und mehreren Instanzen bevorzugt werden, um die Entscheidungen transparenter, erwartungssicherer und überprüfbarer zu machen.[1006] Weitere **Kritikpunkte** ergeben sich daraus, dass die europäische Öffentlichkeit nicht hinreichend in die Verhandlungen einbezogen werde und die Gestaltung von TTIP eher eine Art Lobby-Projekt sei. Hinzu komme die Gefahr des Abbaus von Gemeinwohlstandards – sowohl entgegen amerikanischer Vorstellungen (Finanzmärkte) als auch zulasten derer der Union (Lebensmittel).[1007]

Fünfter Abschnitt: Nationaler Grundrechtsschutz privater Wirtschaftstätigkeit

Neben die welthandelsrechtlichen und die binnenmarktrelevanten Gewährleistungen insbesondere in Form der Unionsgrundrechte und Grundfreiheiten treten als wirtschaftlich relevante Individuarechtspositionen die Grundrechte nationaler Prägung. Sie sind auf Bundesebene in den Art. 1 ff. GG normiert und finden sich ggf. in den Landesverfassungen, sind dann aber wegen der Art. 31, 142 GG von untergeordneter Relevanz.[1008]

1004   S. dazu allg. *Bautze*, KJ 2017, 404 ff.
1005   Vgl. dazu *Klodt*, SchlHA 2015, 289 ff.
1006   Ausf. dazu *Tamm/Tonner*, EWS 2016, 198 ff.
1007   Vgl. *Scholz*NDV 2014, 385 ff.
1008   *Möstl*, AöR 2005, 350 ff.

§ 17 (Ökonomische) Bedeutung, Funktionen, Strukturen

Die Bedeutung der in den Art. 1 ff. GG niedergelegten Grundrechtsgarantien für das Wirtschaftsgeschehen ist immens.

I. Ausdruck marktwirtschaftlich orientierter Rechtsordnungen

Weil diese Gewährleistungen hoheitliches Handeln in einem umfassenden Sinne an **549** freiheits- bzw. gleichheitsbezogene Standards binden (vgl. Art. 1 Abs. 3 GG), dadurch in geordnete Bahnen lenken und so letztlich auch die staatliche Tätigkeit legitimieren, unterstreichen sie die Staatsverantwortung und die den Wirtschaftsakteuren **dienende Funktion der Wirtschaftsverwaltung**. Insoweit ist die genaue Festlegung der Reichweite grundrechtlicher Gewährleistungen umso wichtiger, je offener die Wirtschaftsverfassung ist *(s. o. Rn. 121 ff.)* und je allgemeiner die wirtschaftsrelevanten Aussagen des Staats- und Verwaltungsrechts sind. Die Ausprägungen und Garantien der ökonomisch relevanten Grundrechte bilden damit die eigentliche Basis der Wirtschaftsverfassung und sind Beleg für ihre Leistungsfähigkeit als ein wesentlicher Bestandteil jeder marktwirtschaftlich orientierten Ordnung.

Diesen rechtswissenschaftlichen Zusammenhang bekräftigt die wirtschaftswissen- **550** schaftliche Analyse, die Grundrechte als Positionen begreift, die staatlichen Steuerungsansprüchen gegenüberstehen[1009]. Ökonomische Grundrechte entscheiden infolgedessen über das Ob und das Ausmaß **wirtschaftlicher Eigenverantwortung** und insbesondere darüber, ob und inwieweit das wirtschaftliche Geschehen den selbststeuernden Kräften von Markt und Wettbewerb überlassen werden kann oder wirtschaftsrechtlicher Vorgaben bedarf. Sie werden so zu einem Gradmesser für die Möglichkeiten und Grenzen der Arbeitsteilung zwischen den Hoheitsträgern und privaten Wirtschaftsteilnehmern *(s. o. Rn. 19)*[1010]. Denn dort, wo die Grundrechte keinen Schutz vor hoheitlichem Handeln bieten, ist die Aufrichtung sozialer, ökologischer, gesamtwirtschaftlicher *(s. o. Rn. 141 ff.)* und anderer Schranken gestattet, insbesondere um Marktmissbrauch und Marktversagen zu verhindern[1011].

Auch wenn die Bedeutung der Grundrechte in marktwirtschaftlich orientierten Rechts- **551** ordnungen somit sehr groß ist, bleibt sie doch hinter den Gewährleistungen der Grundfreiheiten bzw. des sie umsetzenden Sekundärrechts ein Stück weit zurück, weil die Grundrechte nicht im Sinne transnationaler Integrationsnormen auf einen Raum ohne Binnengrenzen drängen *(s. o. Rn. 424)*,[1012] sondern als hoheitliche Legitimationsnormen auf persönliche Freiheit und Gleichheit. Infolgedessen üben sie einen deutlich geringeren Druck auf das Landeswirtschaftsrecht aus als die Grundfreiheiten auf das mitgliedstaatliche Wirtschaftsrecht. Dieser Effekt wird durch das verfassungsrechtlich in Art. 20 Abs. 1 GG geschützte **Bundesstaatsprinzip** weiter verstärkt, weil föderale Vielfalt deshalb stärker geschützt ist als im Anwendungsbereich der Grundfreiheiten.[1013] Bei sonstigen, nicht allein ökonomischen Beeinträchtigungen, so z. B. bei der Beachtung demokratischer Standards, können die Grundrechte nationales Recht freilich stärker unter Druck setzen als die allein wirtschaftlich ausgerichteten Grundfreiheiten.

1009 S. auch *W.B. Schünemann*, in: FS Stober, S. 147, 162; *Erlei/Leschke/Sauerland*, Neue Institutionenökonomik, 2. Aufl. 2007, S 458.

1010 Zustimmend *H. M. Meyer*, Vorrang der privaten Wirtschafts- und Sozialgestaltung, 2006, S. 119.

1011 BVerfG, NJW 1994, 2749.

1012 In diese Richtung aber *Möstl*, FS Stober, S. 163, 175 ff.

1013 Ausf. dazu *Korte*, Standortfaktor Öffentliches Recht, 2016, S. 375 ff.

Beispiel: Aus Art. 12 Abs. 1 GG folgt kein Anspruch auf Zugang zum staatlichen Vorbereitungsdienst zum Lehrer in einem Bundesland, wenn der Universitätsabschluss in einem anderen Bundesland erlangt wurde, aber dessen Inhalte nur in Teilen den Inhalten des Zielbundeslandes
entsprechen[1014]. Die Vorgaben der Berufsqualifikationsanerkennungs-Richtlinie *(s. o. Rn. 479)*,
wären insoweit wohl großzügiger, weil sie alle Universitätsabschlüsse grundsätzlich gleichstellen.

II. Die Funktionen der Grundrechte innerhalb des Wirtschaftsgeschehens

552 Ihrem Steuerungsanspruch werden die Grundrechte gerecht, indem sie den Wirtschaftsakteuren individuelle Rechtspositionen zur Verfügung stellen, die vor den einfachen Gerichten geltend gemacht werden können und von der Judikative zu beachten
sind, insbesondere indem sie der Interpretation etwa relevanter Vorschriften zugrunde
gelegt werden (sog. grundrechtskonforme Auslegung *(s. o. Rn. 53)*). Soweit der
Rechtsweg erschöpft ist (ggf. aber auch schon vorher[1015]), kommt eine **Verfassungsbe-
schwerde** vor dem *BVerfG* in Betracht. Sie ist auf die Rüge einer spezifischen Verletzung von Grundrechten beschränkt, um die Verfassungsgerichtsbarkeit nicht zur Su-
perrevisionsinstanz werden zu lassen.[1016]

1. Grundrechte als Abwehrrechte

553 In ihrer Schutzrichtung fungieren Grundrechte zunächst und hauptsächlich als Ab-
wehrrechte auch von Unternehmern und Verbrauchern gegenüber staatlichem Handeln. Insoweit beschränken sie die dem Hoheitsträger zur Verfügung stehenden Optionen und lenken sie in grundrechtlich geordnete Bahnen, so dass sich auch von
negativen Kompetenznormen sprechen lässt, weil sie der staatlichen Zuständigkeit aus
den Art. 70 ff., 83 ff. GG Grenzen setzen. Diesem Abwehrcharakter der Grundrechte
korrespondiert **in der Regel** eine **staatliche Unterlassungspflicht**, ggf. ist aber auch ein
hoheitliches Tun geschuldet, so insbesondere wenn eine wirtschaftliche Tätigkeit unter
dem Vorbehalt einer Genehmigung steht und ohne deren Erteilung unzulässig wäre,
die Versagung der Erlaubnis aber einer Grundrechtsverletzung gleichkäme.[1017]

Beispiel: Eine gewerberechtliche Erlaubnis ist zu erteilen, wenn deren Versagung zu einer unverhältnismäßigen Beeinträchtigung der Berufsfreiheit führt. Insoweit besteht also ein Anspruch.

2. Grundrechte als Schutzpflichten

554 Hinzu tritt die Schutzfunktion der Grundrechte.[1018] Sie bezieht sich auf Konstellationen, in denen kein hoheitliches Unterlassen, sondern ein **hoheitliches Tun gewollt** ist
und wird, soweit nicht ausdrücklich geregelt (vgl. insbesondere Art. 1 Abs. 1 Hs. 2
GG) daraus abgeleitet, dass die Grundrechte objektive Wertentscheidungen der Verfassung spiegeln, so dass der Staat sie aktiv schützen und fördern muss. Insoweit lassen
sich zwei Szenarien in Abhängigkeit danach differenzieren, ob die öffentliche Hand
an dem fraglichen Sachverhalt beteiligt ist, etwa weil sie Dritten beeinträchtigende
Rechtspositionen eingeräumt hat (unechte Schutzpflicht), oder nicht beteiligt ist, weil
Schutz vor faktischen Grundrechtseingriffen durch Privatrechtssubjekte oder Naturge-
walten begehrt wird (echte Schutzpflicht).[1019]

Beispiel: Aufgrund der staatlichen Schutzpflicht für das ungeborene Leben aus Art. 2 Abs. 2,
1 Abs. 1 GG dürfen Ärzte nur ausnahmsweise Schwangerschaftsabbrüche durchführen. Solche
Geschäftsmodelle sind daher grundsätzlich verboten[1020].

1014   Vgl. BVerwGE 64, 142, 144.
1015   Ausf. dazu Schmidt-Bleibtreu/Hofmann/Henneke/*Hopfauf*, GG, Art. 93 Rn. 509 ff.
1016   Allg. dazu z. B. *Papier*, DVBl. 2009, 473 ff.
1017   *Kingreen/Poscher*, Grundrechte, Staatsrecht II, 33. Aufl. 2017, Rn. 118 ff.
1018   Allg. dazu *Calliess*, JZ 2006, 321 ff.
1019   *Kingreen/Poscher*, Grundrechte, Staatsrecht II, 33. Aufl. 2017, Rn. 134 ff.
1020   BVerfGE 88, 203 ff.

In Ihrem Umfang sind die Schutzpflichten auf ein Mindestmaß an Schutz angelegt, **555** das nicht unterschritten werden darf (sog. **Untermaßverbot**). Diese Grenze ist dann überschritten, wenn die öffentliche Gewalt Schutzvorkehrungen entweder gar nicht oder in gänzlich ungeeigneter bzw. völlig unzulänglicher Art und Weise getroffen hat. Zudem darf der Schutzzweck der Schutzpflichten nicht verfehlt werden und die ergriffene Maßnahme nicht erheblich hinter den avisierten Schutzzielen zurückbleiben[1021]. Diese eher grobschlächtigen Anforderungen grundrechtlicher Schutzpflichten machen deutlich, dass der öffentlichen Hand bei deren Erfüllung ein weiter Einschätzungs-, Wertungs- und Gestaltungsspielraum zukommt, zumal in der Regel mehrere Optionen bestehen werden, um einer Schutzpflicht zu entsprechen.[1022]

Beispiel: Die unbeschränkte Freigabe der Nachtarbeit würde wegen ihrer nachgewiesenen Schädlichkeit für die menschliche Gesundheit gegen die Schutzpflicht des Staates aus Art. 2 Abs. 2 GG verstoßen. Aus diesem Grunde bedarf es entsprechender Verbotsnormen, um dem daraus resultierenden Regelungsauftrag zu entsprechen[1023].

Ein Unterfall der Schutzpflichten sind die **Gewährleistungsschutzpflichten.** Sie sollen **556** ein Mindestmaß an Grundversorgung bzw. Infrastruktur sichern, sind daher Ausdruck staatlicher Gewährleistungsverantwortung und gewinnen wegen der voranschreitenden Privatisierung öffentlicher Dienstleistungen, der damit verbundenen wettbewerblichen Strukturierung und der zunehmenden Kooperation von Hoheitsträgern mit Privaten an Bedeutung. Denn durch diese Phänomene tritt der klassische Grundrechtsschutz in den Hintergrund, weil sie die staatliche Erfüllungsverantwortung ersetzen und den Staat als Adressaten grundrechtlich vermittelter Ansprüche entfallen lassen[1024]. Als Kompensation verlangt das Institut der Gewährleistungspflicht daher Regulierungen etwa in Form von ggf. entgeltabhängigen Nutzungs- oder Zugangsrechten[1025]. Infolgedessen wird der Erlass von Privatisierungsfolgenrecht[1026] notwendig, das die marktmäßige Erbringung vormals hoheitlich erfüllter Aufgaben gemeinwohlverträglich und insbesondere aus Verbrauchersicht akzeptabel werden lässt.

Beispiele: Recht auf diskriminierungsfreien Zugang nach § 20 EnWG, Grundversorgungspflichten nach § 36 EnWG, zunächst freiwillige Erbringung sog. Universaldienste nach den §§ 78 ff. TKG[1027], Pflicht der Flughafenbetreiber zur Ermöglichung von Bodenabfertigungsdiensten durch die Flugunternehmen nach § 19c LuftVG, Versicherungspflichten nach § 14 AEG[1028].

3. Grundrechte als Leistungsrechte

Grundrechte können zudem Leistungsrechte begründen. Sie sind einerseits bereits aus **557** deren Abwehr- oder Schutzfunktion ableitbar und beziehen sich dann darauf, grundrechtskonforme Zustände herzustellen, die entweder zur Vermeidung unzulässiger Eingriffe oder unter dem Aspekt des Schutzes geboten sind. Abgesehen davon kommt den Grundrechten aber andererseits ggf. auch eine **Leistungsfunktion** zu, die neben deren Abwehr- bzw. Schutzfunktion tritt und die Frage aufwirft, ob den Staat Handlungspflichten treffen, die über die Eingriffsabwehr oder staatlich gebotenen Schutz hinausgehen.

Denkbar ist es zunächst, dass die Grundrechte die Hoheitsgewalt verpflichten, be- **558** stimmte Leistungen anzubieten, wenn sie für die Grundrechtsausübung zwingend er-

---

1021 BVerfGE 89, 276, 286; BVerfG, NJW 1998, 2961 und NJW 1998, 3264; NVwZ 2010, 702.
1022 *Calliess*, JZ 2006, 321 ff.
1023 BVerfGE 85, 191, 213.
1024 *Groß*, JZ 1999, 326 ff.; *Hadamek*, Art. 10 GG und die Privatisierung der Deutschen Bundespost, 2002.
1025 *Rifkin*, The Age of Access, 2000; *Kube*, JZ 2001, 944 ff.; *U. Jürgens*, Marktzutrittsregelung elektronischer Informations- und Kommunikationsdienste, 2005.
1026 *Hoffmann/Riem*, DVBl. 1999, 657, 663; *Kämmerer*, Privatisierung, 2001, S. 449 ff.
1027 Ausf. dazu *Korte*, in: Kirchhof/Korte/Magen (Hg.), Öff. Wettbewerbsrecht, 2014, § 14.
1028 S. näher *Bechtold/Uhlig*, NJW 1999, 3526, 3531.

forderlich sind. In solchen Fällen besteht dann ein eigenständiger Anspruch des Bürgers gegen den Staat. Er steht allerdings unter dem Ausgestaltungsvorbehalt des Gesetzgebers und unter dem sog. Vorbehalt des Möglichen im Sinne dessen, was der Einzelne vernünftigerweise von der Gesellschaft beanspruchen kann. Um die Budgethoheit des Parlaments nicht zu umgehen, sind solche **originären Leistungsrechte** spärlich gesät.[1029]

Beispiele: Die Rechtsprechung leitet aus der Gewährleistung des Rechts auf Errichtung privater Schulen aus Art. 7 Abs. 4 GG einen Anspruch auf finanzielle staatliche Hilfe ab[1030], weil sonst das dort vorausgesetzte Privatschulwesen wegen seiner erheblichen Kosten nicht lebensfähig wäre. Aus den Art. 1, 20 GG folgt ein Anspruch auf staatliche Leistungen zur Sicherung des Existenzminimums *(s. o. Rn. 145).*[1031] Aus Art. 5 Abs. 3 GG lässt sich kein Anspruch auf hoheitliche Förderung von Theatern oder Ausstellungen ableiten, weil sich Kunst über verschiedene Wege an die Öffentlichkeit bringen lässt[1032].

559 Deutlich verbreiteter als die originären sind die sog. **derivativen Leistungsrechte.** Sie knüpfen an bestehende staatliche Einrichtungen an und sind auf Teilhabe des Einzelnen daran gerichtet. Da in diesen Fällen regelmäßig Knappheit vorliegt, sind derivative Leistungsrechte in der Regel ein Gebot des Gleichheitssatzes *(s. u. Rn. 749 ff.).* Er ist insoweit auf Chancengleichheit in der Nutzung bzw. Förderung vorhandener Einrichtungen gerichtet. Dieser Zielsetzung wird normalerweise durch die Einräumung von Verfahrensrechten entsprochen.[1033] Hinzu treten Bezüge zu den Freiheitsgrundrechten *(s. u. Rn. 679 ff.).*

Beispiel: Die Auswahlkriterien für die Vergabe von Studienplätzen für den zulassungsbeschränkten Studiengang Humanmedizin müssen vom Gesetzgeber festgelegt werden und sind an der Eignung für das Studienfach und die sich anschließende berufliche Tätigkeit zu orientieren. Fließen Gesprächsergebnisse ein, dann bedarf es auch insoweit verfahrensbezogener Vorkehrungen, die die Objektivität der darauf basierenden Entscheidungsfindung sicherstellen.[1034]

4. Grundrechte als Verfahrensrechte

560 Die insoweit anklingende Verfahrensdimension der Grundrechte ist nicht nur Ausdruck der Leistungs-, sondern auch der Abwehr und der Schutzdimension, weil grundrechtliche Gefährdungslagen durch organisatorische und verfahrensbezogene Vorkehrungen beseitigt, jedenfalls aber erträglich gemacht werden können. Die Existenz und Wahrung wirtschaftsverwaltungsrechtlicher Verfahren wird damit zur **Zwillingsschwester ökonomischer Freiheit,** aber auch rechtlicher Gleichheit. Deshalb ist wirtschaftlicher Grundrechtsschutz auch durch die Gestaltung von Verfahren zu bewirken. Verfahrensrechte sind Voraussetzung für die Verfolgung und Durchsetzung wirtschaftlicher Grundrechte.

Beispiele: Verfahrensgestaltung bei berufsbezogenen Prüfungen[1035]; zügiger Ablauf von Verfahren zur Genehmigung wirtschaftlicher Tätigkeit; Informationsansprüche im Vorfeld eines wirtschaftsbezogenen Verwaltungsverfahrens[1036]; Beurteilung der Güte von Weinen durch plural besetzte Gremien;[1037] Festlegung immissionsschutzrechtlicher Grenzwerte[1038].

1029 Schmidt-Bleibtreu/Hofmann/Henneke/*Müller-Franken*, GG, Vorb. v. Art. 1 Rn. 18; BVerfGE 33, 303, 333; s. auch BVerfG, NVwZ 2011, 1272 f.
1030 BVerwGE 27, 360; 52, 344.
1031 BVerfGE 125, 175, 222 ff.
1032 BVerfG, NJW 2005, 2843; BVerwG, NJW 1980, 718.
1033 Vgl. dazu *Malaviya*, Verteilungsentscheidungen und Verteilungsverfahren, 2009, S. 209 ff.
1034 BVerfG, NJW 2018, 361, 368 f.
1035 BVerfGE 84, 34, 45.
1036 BVerwG, GewArch. 2003, 373.
1037 BVerwGE 129, 27 ff.
1038 Vgl. BVerwGE 72, 300 ff.

III. Grundstrukturen der Grundrechtsprüfung

Die Grundstruktur der Grundrechtsprüfung besteht für den Hauptfall einer Beein- **561**
trächtigung der Abwehrfunktion von Freiheitsgrundrechten aus dem Dreiklang der
Diskussion des Schutzbereichs, der Beeinträchtigung und der Rechtfertigung.

1. Schutzbereichsebene, insbesondere Art. 19 Abs. 3 GG

Der Schutzbereich der Grundrechte kennt zunächst eine sachliche Dimension. Sie um- **562**
schreibt die im jeweiligen Grundrecht gespeicherten Optionen des Freiheitsgebrauchs
und divergiert daher je nach betroffenem Grundrecht (*s. u. Rn. 713 ff.*). Durch übergreifende Strukturen geprägt ist demgegenüber der persönliche Schutzbereich, der sich
zunächst auf alle natürlichen Personen bezieht, ggf. aber auch je nach Wortlaut des
Grundrechts auf deutsche Staatsangehörige im Sinne des Art. 116 GG beschränkt sein
kann. Im Übrigen geht das Grundgesetz davon aus, dass auch das (wirtschaftliche)
Handeln von Personengemeinschaften nach Maßgabe des Art. 19 Abs. 3 GG schutzwürdig ist.

a) Juristische Person. Art. 19 Abs. 3 GG kennt verschiedene Voraussetzungen und ver- **563**
langt insbesondere, dass es sich um eine juristische Person handelt, die Schutz vor
hoheitlicher Grundrechtsbeeinträchtigung verlangt. Dieser Begriff ist schon aus Gründen der Normenhierarchie nicht mit dem einfachgesetzlichen Begriff der juristischen
Person gleichzusetzen, sondern erfasst stattdessen jede Organisation, die eine **hinreichend verfestigte Binnenstruktur** aufweist **und zur Bildung eines einheitlichen Willens**
fähig ist, weil sie dann ähnlich einer natürlichen Person in der Außenwelt in Erschei-
nung tritt und daher auch jedenfalls dem Grunde nach ähnlich schutzwürdig erscheint.[1039]

Beispiele: AG und GmbH sind genauso juristische Personen im Sinne des Art. 19 Abs. 3 GG wie
eine oHG oder eine KG. Hingegen fällt die fluktuierende Belegschaft eines Unternehmens nicht
unter diese Norm[1040].

b) Inlandsbezug. Der in Art. 19 Abs. 3 GG geforderte Inlandsbezug der juristischen **564**
Person wird überwiegend nach dem effektiven Sitz bestimmt. Es kommt insoweit
darauf an, ob der tatsächliche Mittelpunkt der geschäftlichen Tätigkeit in Deutschland liegt, entscheidend ist also der **Ort des tatsächlichen Aktionszentrums**.[1041] Liegt
er im Inland, spielt die Staatsangehörigkeit der Gesellschafter keine Rolle, so dass
sich auch eine von Ausländern beherrschte juristische Person auf Grundrechte berufen kann.[1042]

Darüber hinaus erweitert das *BVerfG* den Anwendungsbereich des Art. 19 Abs. 3 GG **565**
auf die Grundrechtsberechtigung von Rechtssubjekten aus anderen EU-Mitgliedsstaa-
ten, um Diskriminierungen im Sinne der Grundfreiheiten und jedenfalls im Sinne des
Art. 18 AEUV zu vermeiden.[1043] Diese häufig sog. Anwendungserstreckung des
Art. 19 Abs. 3 GG ist letztlich darauf zurückzuführen, dass das Merkmal „inlän-
disch(e)" in dieser Vorschrift dem Anwendungsvorrang (*s. o. Rn. 49*) zum Opfer fällt.

Beispiel: Ein italienischer Hersteller von Polstermöbeln kann sich auch dann auf die Unternehmergrundrechte berufen, wenn er nicht über einen Firmensitz in Deutschland verfügt.

1039 Ausf. dazu *Dreier*, in: ders. (Hg.), GG I, 3. Aufl. 2013, Art. 19 Abs. 3 Rn. 44 ff.
1040 *Von Mutius*, in: Kahl/Waldhoff/Walter (Hg.), BK-GG VII, 68. EL 1978, Art. 19 Abs. 3 Rn. 73.
1041 Maunz/Dürig/*Remmert*, Art. 19 Abs. 3 Rn. 78 f.
1042 *Enders*, in: Epping/Hillgruber, 2. Aufl. 2016, Art. 19 Rn. 38; BVerfG, NVwZ 2008, 670, 671.
1043 BVerfGE 129, 78 ff. und dazu *Ludwigs*, JZ 2013, 434 ff.; BVerfG, JZ 2011, 1112 ff. mit Anm. *Hill-
        gruber*.

567   Auf **andere ausländische juristische Personen** findet Art. 19 Abs. 3 GG in Fortschreibung dessen jedenfalls insoweit Anwendung, als die Waren- oder Kapitalverkehrsfreiheit greift, weil deren persönliche Geltungskraft nicht auf Unionsbürger bzw. auf Unternehmen mit Sitz im Unionsgebiet beschränkt ist, so dass in solchen Fällen ebenfalls eine sog. Anwendungserstreckung geboten ist. Dasselbe gilt, soweit eine Verletzung von Verfahrensgrundrechten im Raum steht, weil sie übergreifende Prinzipien spiegeln, die unabhängig von der Herkunft des Betroffenen bestehen. [1044]

Beispiel: Ein Unternehmen aus den USA kann sich, wenn es Unionswaren *(s. o. Rn. 449)* in Deutschland vertreiben will und daran hoheitlich gehindert wird, auch dann auf die Grundrechte berufen, wenn es über keinen deutschen Firmensitz verfügt.

568   **c) Wesensgemäße Anwendbarkeit.** Abgesehen davon, wenn nicht vor allem verlangt Art. 19 Abs. 3 GG, dass das Grundrecht seinem Wesen nach auf die juristische Person, die sich darauf berufen will, anwendbar ist. Dahinter verbergen sich letztlich zwei Anforderungen.

569   **aa) Kollektive Betätigung.** Auf der einen Seite muss das Grundrecht kollektiv betätigt werden können. Damit ist gemeint, dass dessen Freiheitsgehalt nicht rein individualbezogen ist und an originär menschliche Qualitäten anknüpft, die juristischen Personen als Konstrukte des Rechts fehlen. Das als betroffen gerügte Grundrecht muss also einen generalisierbaren überindividuellen Bezug aufweisen, der gerade nicht das menschliche Individuum ausmacht, sondern darüber hinausgeht. [1045]

Beispiel: Die Kontenabfrage durch Strafverfolgungsbehörden verletzt nicht das aus den Art. 2 Abs. 1 GG, 1 Abs. 1 GG ableitbare Recht auf informationelle Selbstbestimmung eines Unternehmens über seine Daten, weil es an personenbezogene Eigenschaften anknüpft (Art. 1 Abs. 1 GG) und daher nicht über Art. 19 Abs. 3 GG einer juristischen Person als Zweckgebilde des Rechts zustehen kann. [1046] Insoweit kommen aber ggf. Art. 12 Abs. 1 GG bzw. Art. 2 Abs. 1 GG in Betracht.

570   **bb) Maßgebliche Beurteilungsperspektive.** Weist das als betroffen gerügte Grundrecht einen solchen überindividuellen Bezug dem Grunde nach auf, stellt sich auf der anderen Seite die Anschlussfrage, auf wen abzustellen ist, um dessen wesensgemäße Anwendbarkeit zu begründen. Während die verfassungsgerichtliche Spruchpraxis insoweit die hinter der juristischen Person stehenden Menschen in den Mittelpunkt stellt und im Sinne einer Lehre vom **personalen Substrat** danach fragt, ob aus deren Perspektive ein Grundrechtsschutz ihrer Organisation geboten ist, geht die Literatur einen anderen Weg. Sie erörtert, ob die juristische Person selbst wie eine natürliche Person einer **grundrechtstypischen Gefährdungslage** ausgesetzt ist, die nach Schutz verlangt. [1047]

571   Ob und inwieweit juristische Personen Grundrechtsschutz genießen, hängt danach auch von der Eigenart des beanspruchten Grundrechts ab [1048]. Teilweise kennt die Verfassung sog. **Kollektivgrundrechte**, die wie Art. 9 Abs. 3 GG schon aufgrund ihrer Schutzrichtung zumindest auch in Gemeinschaft ausgeübt werden können müssen. Im Übrigen spiegeln die Grundrechte zwar in erster Linie Individualpositionen. Daraus folgt allerdings nicht, dass sie nicht auch über Art. 19 Abs. 3 GG juristischen Personen zugutekommen können, solange das personale Element nicht bedeutungslos ist, sondern erkennbar bleibt [1049].

1044   S. dazu *Ludwigs*, JZ 2013, 434 ff.
1045   Vgl. *Enders*, in: Epping/Hillgruber (Hg.), GG, 2. Aufl. 2016, Art. 19 Rn. 39 f.
1046   BVerfGE 118, 168, 203 f.
1047   Vgl. *Kulick*, JöR 65 (2017), 57 ff.
1048   BVerfG, NJW 1997, 386; *Tettinger*, in: HdBGR, § 51.
1049   BVerfGE 50, 290, 341, 347 ff.

Diese Schutzrichtung ist namentlich für die sog. **Unternehmergrundrechte** aus Art. 12   **572**
Abs. 1, 14 Abs. 1 GG anerkannt, weil unter den Bedingungen der Wirtschaft seit der
Industrialisierung eine unternehmerische Betätigung ohne die überindividuelle Kapital-
ansammlung genauso wenig möglich ist[1050] wie ohne die grundrechtlich geschützte
Möglichkeit, sich erwerbswirtschaftlich zu betätigen. Zu Recht stellt das *BVerfG*[1051]
fest, Großunternehmen und Konzerne seien wesentliche Elemente einer hoch entwickelten und leistungsfähigen Volkswirtschaft. Das gilt erst recht für eine interregional
und global ausgerichtete Wirtschaft, die von multinationalen Unternehmen geprägt
ist.

d) Grundrechtsberechtigung von Hoheitsträgern. Für juristische Personen des öffentli-   **573**
chen Rechts wie Gemeinden, aber auch (andere) daseinsvorsorgend bzw. (in anderen
Bereichen) erwerbswirtschaftlich tätige Unternehmen in hoheitlicher Trägerschaft geht
die Spruchpraxis seit jeher dahin, dass hinter ihrer wirtschaftlichen Tätigkeit der Staat
stehe, so dass deren Grundrechtsschutz nicht geboten sei. Denn der jeweilige Hoheitsträger agiere aufgrund von Art. 1 Abs. 3 GG grundrechtsgebunden und könne, weil
die verschiedenen hoheitlichen Funktionsträger besondere Erscheinungsformen der als
Einheit zu begreifenden Staatsgewalt seien, nicht zugleich auch grundrechtsberechtigt
sein (sog. **Konfusionsargument**). Stattdessen seien Konflikte zwischen verschiedenen
Hoheitsträgern über die Kompetenzordnung zu lösen; sie ermögliche eine Abgrenzung
kollidierender Zuständigkeiten.[1052]

Beispiel: Eine Wohnungsbaugesellschaft, die als GmbH organisiert ist und für die Bereitstellung
von Wohnraum zu wirtschaftlich vertretbaren Bedingungen sowie für die Schaffung und Erhaltung von preisgünstigem Wohnraum für finanziell schwächer gestellte Bevölkerungskreise sorgen
soll, kann sich nicht auf Grundrechte berufen, um sich gegen die Heranziehung zu Schmutzwas-
seranschlussbeiträgen auf Basis des Landeskommunalabgabenrechts zu wehren, wenn die Gesellschafter der GmbH ausschließlich Städte und Gemeinden sind, weil sie typische öffentliche Aufgaben der Daseinsvorsorge *(s. u. Rn. 763)* in Form der Förderung des (sozialen) Wohnungsbaus
wahrnimmt[1053].

Etwas anderes gilt nach der verfassungsgerichtlichen Spruchpraxis, wenn juristische   **574**
Personen des öffentlichen Rechts nötig sind, damit Grundrechte ausgeübt werden können. Zwar steht dann aus einer formalen Perspektive ebenfalls der Staat hinter solchen
Organisationen. Soweit sie aber erforderlich sind, damit der Einzelne von den ihm
zustehenden Grundrechten wirksam Gebrauch machen kann, wird die an sich hoheitliche Einrichtung zu dessen Sachwalter bei der Wahrnehmung der Grundrechte und
muss sich daher ebenfalls auf sie berufen können. Begründen lässt sich diese **grundrechtsdienende Funktion** im Lichte der Lehre vom personalen Substrat damit, dass aus
einer materiellen Perspektive letztlich der Einzelne hinter solchen juristischen Personen
des öffentlichen Rechts steht – vor allem, wenn sie in gewisser Unabhängigkeit vom
Staat agieren.[1054]

Beispiel: Öffentlich-rechtlich organisierte Rundfunkanstalten sind ihrem Aufgabenfeld nach dem
grundrechtlich geschützten Lebensbereich der Rundfunkfreiheit zugeordnet, so dass sie sich auf
Art. 5 Abs. 1 S. 2 GG berufen können, weil ihre Tätigkeit der Gewährleistung freier, individueller
und öffentlicher Meinungsbildung dient und sie insoweit eine grundrechtsdienende Funktion
wahrnehmen, kann doch der einzelne Grundrechtsträger insbesondere aufgrund der hohen Kosten und der technischen Schwierigkeiten die ihm zustehende Rundfunkfreiheit nur unter er-
schwerten Bedingungen ausüben. Diese Funktion endet indes jenseits des Schutzbereichs des

1050   S. auch BVerfGE 21, 266; BVerwGE 75, 109, 114.
1051   BVerfGE 50, 290, 364; HessStGH, DVBl. 2001, 802 für GmbH.
1052   S. dazu *Wißmann*, JöR 65 (2017), 41 ff.
1053   BVerfG, NVwZ-RR 2016, 242 f.; vgl. dazu *Weidemann*, DVP 2017, 35 f.
1054   Ausf. *Hummel*, DVBl. 2008, 1215 ff.

Art. 5 Abs. 1 S. 2 GG, so dass sich öffentlich-rechtlich organisierte Rundfunkanstalten beispielsweise nicht auf Art. 14 oder Art. 3 GG berufen können[1055].

575 Handelt es sich nicht um eine deutscher, sondern **ausländischer Hoheitsgewalt unterliegende juristische Person des öffentlichen Rechts** kann das Konfusionsargument von Vornherein nicht gelten, weil solche Organisationen auf deutschem Boden keine Hoheitsgewalt ausüben können und deshalb auch nicht über Art. 1 Abs. 3 GG an die Grundrechte gebunden sind. Stattdessen gilt in solchen Fällen, dass die im Unionsrecht vorgesehenen und insbesondere aus den (auf staatlich beherrschte Unternehmen anwendbaren (s.o. Rn. 468)) Grundfreiheiten fließenden Diskriminierungsverbote eine Versagung des Grundrechtsschutzes zulasten solcher Einrichtungen nicht gestatten. Diese Grundsätze müssen entsprechend der obigen Ausführungen auch für staatliche Unternehmen gelten, die keinen Sitz im Unionsgebiet haben, sich aber auf die Warenverkehrs- bzw. Kapitalverkehrsfreiheit berufen können.[1056] Ob für hoheitliche Unternehmen aus Nicht-EU-Staaten auch in anderen Fällen die Grundrechte über Art. 19 Abs. 3 GG gelten, scheint indes fraglich, weil dann keine Privatpersonen geschützt werden, obwohl das das Ansinnen der Grundrechte ist, und keine unionsrechtlichen Privilegierungen bestehen.[1057]

Beispiel: Ein schwedisches Energieversorgungsunternehmen kann sich in Bezug auf die mit der 13. Novelle des Atomgesetzes einhergehenden Belastungen (Beschleunigung des Atomausstiegs) auf die Eigentumsfreiheit berufen, weil anderenfalls dessen Freiheiten aus Art. 49 AEUV *(s. o. Rn. 466)* ohne sachlichen Grund eingeschränkt wären, stünden ihm doch insbesondere keine hinreichenden Rechtsschutzmöglichkeiten zur Verfügung[1058].

576 Die Grundrechtsberechtigung **gemischt-wirtschaftlicher Organisationen**, an denen staatliche und private Anteilseigner gleichermaßen beteiligt sind, hängt im Lichte des Art. 19 Abs. 3 GG davon ab, wer diese Einrichtungen dominiert. Handelt es sich um öffentliche, weil staatlich z. B. über Unternehmensanteile oder Sonderrechte im Gesellschaftsstatut beherrschte Institutionen, können sie sich nicht auf Grundrechte berufen, weil dann letztlich die Hoheitsgewalt hinter der Organisation steht.[1059] Die private Minderheit kann sich dann auf die ihr als (natürliche) Person zustehenden Grundrechte z. B. aus der Eigentumsfreiheit aufgrund von Aktienanteilen berufen und steht insoweit nicht schutzlos.

Beispiele: Die Betreiberin des Frankfurter Flughafens, die Fraport AG, ist nicht grundrechtsberechtigt, da sie von der öffentlichen Hand beherrscht wird.[1060] Die Deutsche Telekom AG kann sich auf Grundrechte berufen, da der Bund zwar Anteile an diesem Unternehmen hält, sie ihm aber keinen beherrschenden Einfluss einräumen[1061].

2. Beeinträchtigungsebene

577 Fällt die Freiheitsbetätigung eines Wirtschaftsakteurs unter den persönlichen und sachlichen Schutzbereich eines Grundrechts, stellt sich auf Eingriffsebene die Anschlussfrage, ob sie durch hoheitliches Handeln beeinträchtigt wird. Deren Beantwortung verlangt nach Ausführungen zur Hoheitlichkeit und zur Beschränkungsintensität des staatlichen Verhaltens.

578 a) **Hoheitliches Handeln.** Aufgrund von Art. 1 Abs. 3 GG ist die gesamte Hoheitsgewalt an die Grundrechte gebunden. Daher können Maßnahmen der Exekutive, der Legislative und der Judikative zu rechtfertigungsbedürftigen Eingriffen führen.

1055 BVerfGE 78, 101, 103.
1056 Vgl. *Ludwigs/Friedmann* NVwZ 2018, 22 ff.
1057 Vgl.allg. BVerfGE 143, 246 ff. sowie *Knaier/Wolff*, EWS 2017, 207 ff.
1058 Vgl. BVerfGE 143, 246 ff.
1059 S. dazu *Wißmann*, JöR 65 (2017), 41 ff.
1060 BVerfGE 128, 226, 245 f., 247; 45, 63, 79 f.; 68, 193, 212 f.
1061 BVerfGE 115, 205, 227.

aa) Exekutive. Behördliches Handeln bildet regelmäßig einen **Hauptanwendungsfall** **579** **hoheitlicher Eingriffe** ab. Insoweit wird ganz allgemein eine Grundrechtsbindung im Falle öffentlich-rechtlichen Handelns einer Regierung, der nachgeordneten Verwaltung oder der mittelbaren Staatsverwaltung auf Bundes- und Landesebene angenommen, ohne dass es (an dieser Stelle) darauf ankommt, ob die hoheitliche Tätigkeit eingreifender oder leistender Natur ist. Eine Grundrechtsbindung besteht überdies auch dann, wenn Private in staatlicher Funktion tätig werden, weil ihnen gesetzlich Entscheidungskompetenzen im Bereich der Wirtschaftsverwaltung übertragen wurden und sie insoweit Zwangsgewalt ausüben oder in anderer Weise hoheitlich tätig werden.[1062] Die Grundrechtsbindung geht in solchen Fällen der sog. Beleihung allerdings nicht über die gesetzliche Aufgabenübertragung hinaus, so dass der Beliehene jenseits dieses Bereichs als natürliche Person handelt und nicht grundrechtsverpflichtet, sondern -berechtigt ist.

Beispiele: Notare übernehmen hoheitliche Tätigkeiten auf gesetzlicher Basis insbesondere im Rahmen der Beurkundung und sind insoweit an die Grundrechte gebunden. Der privatrechtlich organisierte TÜV e.V. wird genauso wie die Dekra AG im Rahmen der Prüfung der Verkehrssicherheit von Fahrzeugen auf gesetzlicher Basis hoheitlich tätig und ist insoweit grundrechtsgebunden. Jenseits der gesetzlich übertragenen Befugnisse sind diese Organisationen grundrechtsberechtigt.

Befinden sich juristische Personen des Privatrechts entweder vollständig im Eigentum **580** eines Hoheitsträgers oder werden sie als öffentliche Unternehmen staatlich beherrscht[1063], stellt sich ebenfalls die Frage nach deren Grundrechtsbindung – so vor allem, wenn sie, soweit man dieses Vorgehen für prinzipiell zulässig hält *(s. u. Rn. 773)*, marktmäßig im Bereich der Daseinsvorsorge tätig werden und sich statt öffentlich-rechtlicher privatrechtlicher Mittel bedienen (sog. **Verwaltungsprivatrecht**). Insoweit gilt, dass die Nutzung zivilrechtlicher Organisationsformen die staatliche Gewalt aufgrund von Art. 1 Abs. 3 GG nicht von ihrer Bindung an die Grundrechte befreit. Eine sog. Flucht (vor den Grundrechten) in das Privatrecht[1064] ist der öffentlichen Hand also nicht möglich. In der Folge ist nicht nur der hinter einer juristischen Person stehende Hoheitsträger, sondern auch die juristische Person selbst an die Grundrechte gebunden, um eine effektive Grundrechtsgeltung für betroffene Wirtschaftssubjekte sicherzustellen.[1065]

Beispiel: Die Betreiberin des Frankfurter Flughafens, die Fraport AG, wird von der öffentlichen Hand beherrscht. Daher ist nicht nur der dahinterstehende Hoheitsträger, sondern auch das Unternehmen selbst an die Grundrechte gebunden[1066].

Wird die öffentliche Hand hingegen im Rahmen der sog. **Fiskalverwaltung** als Auftrag- **581** geber oder Verbraucher marktmäßig tätig, ist deren Grundrechtsbindung umstritten, vor allem weil die dann nötige Auswahl eines bestimmten Vertragspartners Gleichbehandlungsansprüche der übergangenen Konkurrenz auslösen können soll. Hinzu komme, dass die Fiskalverwaltung entgegen dem Wortlaut des Art. 1 Abs. 3 GG mangels Einsatzes hoheitlicher Mittel kein Vollzugselement präge.[1067] Dagegen spricht jedoch, dass diese Verfassungsnorm auf eine umfassende Grundrechtsbindung hoheitlichen Handelns abzielt und es auch im Bereich der Fiskalverwaltung eine Flucht vor den Grundrechten ins Privatrecht zu verhindern gilt, hinge doch sonst der Umfang des

---

1062   Zu den Voraussetzungen der Beleihung *Wolff/Bachof/Stober/Kluth*, VerwR I, § 90.
1063   für Juristische Personen des öffentlichen Rechts und Mischunternehmen allgemein *Schnapp* und *Selmer*, HdBGR, § 52 f und BVerfG, NVwZ 2009, 1282.; BVerfG, DVBl. 2011, 416 ff.
1064   Vgl. *Fleiner*, Institutionen des Verwaltungsrechts, 8. Aufl. 1928, S. 326.
1065   *Pfahl*, Staatliche Wirtschaftsteilnahme und Art. 30 GG, 2016, S. 101 f.; BVerfGE 128, 226, 245 f., 247.
1066   BVerfGE 45, 63, 79 f.; 68, 193, 212 f.
1067   BGH, NJW 1962, 196, 197.

Grundrechtsschutzes von der Organisationsform hoheitlichen Handelns ab.[1068] Auch die daraus resultierende Bindung an Art. 3 Abs. 1 GG verursacht keine Probleme, solange das hoheitliche Handeln rational gesteuert und daher von sachlichen Gründen getragen ist. [1069]

Beispiele: Erledigung von Subventionsaufgaben *(s. u. Rn. 946 ff.)* durch eine Kapitalgesellschaft der öffentlichen Hand[1070]. Kreditversorgung der lokalen Wirtschaft durch öffentlich-rechtliche Sparkassen[1071].

582 Der verfassungsrechtliche Streit um die Grundrechtsbindung der öffentlichen Hand im Bereich der Fiskalverwaltung ist mittlerweile insbesondere durch **vergaberechtliche Vorgaben** des Unionsrechts sowie durch spezialgesetzliche Normierungen in den §§ 97 ff. GWB und in der Vergabeverordnung *(s. u. Rn. 824)* entschärft. Diese Vorschriften verlangen die Beachtung des Gleichheitssatzes bei der Auftragsvergabe, sorgen für transparente Vergabebedingungen und bieten etwa übergangenen Bewerbern Rechtsschutz.[1072] Sie finden jedoch keine Anwendung, soweit bestimmte Schwellenwerte nicht erreicht werden *(s. u. Rn. 844)* oder das Vergaberecht aus anderen Gründen nicht greift, insbesondere weil dessen sachlicher Anwendungsbereich nicht eröffnet ist. In solchen Fällen kommt es dann neben den Grundregeln des Unionsrechts insbesondere in Form der Grundfreiheiten auf die Bindungsklausel des Art. 1 Abs. 3 GG an. Geht man davon aus, dass sie nicht nach Handlungsformen der Verwaltung unterscheidet,[1073] sprechen im Lichte der obigen Argumentation die besseren Gründe für die Grundrechtsbindung der Fiskalverwaltung.

583 **bb) Legislative.** Die Gesetzgebung ist bei der Verabschiedung des Wirtschaftsrechts ausweislich des Art. 1 Abs. 3 GG ebenfalls an die Grundrechte gebunden. Deren Rechtsvorschriften bilden die Basis für eine **grundrechtskonforme Auslegung**, die zugunsten der Wirtschaftssubjekte erfolgt, wenn der Wortlaut der jeweiligen Norm hinreichend weit ist und dem Gesetzgeber durch die Interpretation seines Rechts nichts aufgezwungen wird, was im Normtext keine Basis findet.

Beispiel: Der Straßenverkauf von Zeitungen genießt den Schutz der Pressefreiheit aus Art. 5 Abs. 1 S. 2 GG. Dieses Grundrecht strahlt auf das Erfordernis einer Sondernutzungserlaubnis für derartige Tätigkeiten in dem Sinne aus, dass es im Rahmen des Verfahrens zur Erteilung der Erlaubnis mit den widerstreitenden Interessen an einer geordneten Nutzung von Straßen und Wegen in Ausgleich zu bringen ist. Infolgedessen ist das Erfordernis einer solchen Erlaubnis als solches nicht zu beanstanden. In der Regel drängt Art. 5 Abs. 1 S. 2 GG aber auf einen Anspruch auf Erlaubniserteilung. Zudem kann sich dieses Grundrecht im Rahmen der Erhebung der Sondernutzungserlaubnisgebühr auswirken und deren Höhe mindern[1074].

584 Werden **private Organisationen** etwa in Umsetzung ihrer Verbandsautonomie oder anderweitig gesetzgeberisch tätig, liegt kein Akt der Gesetzgebung vor, der über Art. 1 Abs. 3 GG an die Grundrechte gebunden wäre. Allerdings wirken auf die Einbettung dieser privaten Rechtsetzung in eine hoheitliche Vorschrift oder in die Normanwendung durch die Exekutive die Grundrechte ein, weil jedenfalls diese Maßnahmen im Einklang mit den Grundrechten stehen müssen.[1075]

1068 OGV Münster, NVwZ 2003, 1520, 1522; *H. Dreier*, in: ders. (Hg.), GG II, , 3. Aufl. 2012, Art. 1 Abs. 3 Rn. 68.

1069 *P. M. Huber*, JZ 2000, 877; *Pünder*, VerwArch. 95 (2004), 38 ff.; BGH, NJW 2004, 1031.

1070 BGH, EuZW 2003, 444, 446 und BGH, NJW 2003, 2451.

1071 BGH, DVBl. 2003, 942.

1072 *H. H. Klein*, in: HdBGR, § 6 Rn. 48; *O. Dörr*, DÖV 2001, 1014 ff.; BVerfG, DÖV 2007, 248.

1073 BVerwGE 113, 208, 211; *Puhl*, VVDStRL 60 [2001], 456, 477.

1074 BVerfG, NVwZ 2007, 1306 ff.

1075 *Höfling*, in: Sachs (Hg.), GG, 8. Aufl. 2018, Art. 1 Rn. 93 ff.

Beispiel: Das DIN ist als privatrechtliche Organisation nicht an die Grundrechte gebunden, wenn sie Normen festlegt. Stattdessen muss der Gesetzgeber dann, wenn er auf eine DIN-Norm Bezug nimmt, die Ausstrahlungswirkung der Grundrechte beachten. Dasselbe gilt für die Rechtsanwendung[1076].

cc) Judikative. Im Bereich der Judikative findet Art. 1 Abs. 3 GG ebenfalls Anwendung. Probleme bestehen insoweit allerdings gerade mit Blick auf **Entscheidungen der Zivilgerichtsbarkeit**, weil deren Spruchpraxis, soweit sie Grundrechtspositionen einbezieht, im Ergebnis zu einer Bindung privater Wirtschaftsakteure führen kann. Diese Konsequenz wird teilweise gezogen, weil die unmittelbare Drittwirkung der Grundrechte in Art. 9 Abs. 3 S. 2 GG Ausdruck eines allgemeinen Rechtsgedankens sei. Die Norm lässt sich aber im Lichte des auf hoheitliches Handeln bezogenen Art. 1 Abs. 3 GG auch als Ausnahme verstehen.   **585**

Die verfassungsgerichtliche Rechtsprechung und die überwiegende Literatur üben nicht zuletzt deshalb Zurückhaltung und erkennen nur eine **mittelbare Drittwirkung der Grundrechte** an, wenn im einschlägigen Zivilrecht unbestimmte Rechtsbegriffe und Generalklauseln vorhanden sind, auf die die Grundrechte ausstrahlen können.[1077] Begründet wird diese Sicht der Dinge mit der dem Grundrechtskatalog immanenten objektiven Werteordnung, weil sie darauf dränge, dass die Grundrechte auch für Privatrechtsverhältnisse und damit auch für den privaten Wirtschaftsverkehr relevant werden müssen.   **586**

Fraglich bleibt indes, welchen **Prüfungsmaßstab** man in solchen Fällen anwenden soll. In Betracht kommt einerseits die Abwehrfunktion der Grundrechte mit der Folge einer stärkeren, weil auf Unterlassen des Eingriffs gerichteten Position und andererseits deren Schutzfunktion mit einer für den Grundrechtsträger schwächeren Position, weil nur das Untermaßverbot gilt, so dass eine nicht gänzlich ungeeignete bzw. nicht völlig unzulängliche Maßnahme geschuldet ist. Wann welcher Maßstab gilt, ist derzeit noch nicht abschließend vermessen. Differenziert wird (noch dazu mit teilweise unterschiedlichem Ergebnis) nach dem Anspruchsziel bzw. danach, ob es um Duldungspflichten geht oder ob ein Fall einer gestörten Vertragsparität vorliegt.[1078]   **587**

Beispiele: Trägt eine Verkäuferin ein „islamisches Kopftuch", dann sind die betroffenen Grundrechte zwischen Arbeitnehmerin und Arbeitgeber im Lichte der strukturell höheren Machtfülle des Arbeitgebers auszugleichen[1079].

Die Rechtsfigur der mittelbaren Drittwirkung hat durch den Rückzug des Staates, die Privatisierung staatlicher und kommunaler Leistungsverwaltung *(s. o. Rn. 89)* und das Fortschreiten der Informations- und Kommunikationstechnik eine **neue Dimension** erhalten, weil sich Zugangsrechte und Schutzgewährleistungen verstärkt gegen Private richten *(s. o. Rn. 556)* und der schlanke Staat schon wegen seiner Gewährleistungsfunktion nicht zu einer Aushöhlung der Grundrechte führen darf. Aus diesem Grunde stellt sich das Problem der mittelbaren Drittwirkung immer häufiger nicht nur im konventionellen privaten Wirtschaftsverkehr.   **588**

Stattdessen wird diese Rechtsfigur auch zunehmend dort relevant, wo ehemals hoheitlich erfüllte Aufgaben in den Markt entlassen worden sind und jetzt von **materiell privatisierten** *(s. u. Rn. 1198)* **Nachfolgeunternehmen** wahrgenommen werden. In die-   **589**

1076 Vgl. dazu ausf. *Kirchhof*, Private Rechtsetzung, 1987.
1077 Ausf. *Augsberg/Viellechner* JuS 2008, 406 ff.
1078 Vgl. zum Ganzen *Kingreen/Poscher*, Grundrechte, Staatsrecht II, 33. Aufl. 2017, Rn. 128 ff., 136 ff.; siehe zum Schutz des Schwächeren als Aufgabe des Gesetzgebers und nicht des Richters *Müller-Franken*, in: Detterbeck/Rozek/Coellin (Hg.), Recht als Medium der Staatlichkeit, 2009, S. 243
1079 BAG, NJW 2003, 1685; BVerfG, NJW 2003, 2815.

sem Falle verlaufen nun dort, wo staatliches Verhalten nach früherer Rechtslage grundrechtsbeschränkend wirkte, die Grenzen zum hoheitlichen Schutzauftrag,[1080] so dass dann, wenn die Gesetzgebung diesem Schutzauftrag durch Vorschriften mit unbestimmten Rechtsbegriffen genügt, Raum für die mittelbare Drittwirkung der Grundrechte ist.

Beispiele: Beachtung des Fernmeldegeheimnisses aus Art. 10 GG im Rahmen der gesetzlichen Ausgestaltung der §§ 88 ff. TKG und bei deren Anwendung durch die Zivilgerichtsbarkeit über § 44 TKG[1081].

590   **b) Hinreichende Eingriffsintensität.** Liegt eine hoheitliche Maßnahme vor, stellt sich die Anschlussfrage, ob die für eine Grundrechtsbeschränkung erforderliche Eingriffsintensität gegeben ist. Sie hängt davon ab, wie umfangreich das staatliche Verhalten die im Wirtschaftsgrundrecht gespeicherten Handlungsoptionen zulasten von Unternehmer oder Verbraucher beschneidet, und liegt jedenfalls im Falle sog. **klassischer Eingriffe** vor. Sie prägt, dass der Staat dem Wirtschaftsakteur final (d. h. also zielgerichtet), unmittelbar (d. h. also ohne Zwischenschritte), rechtlich (d. h. also rechtsfolgerichtet) und mit Befehl und Zwang (d. h. also durchsetzbar) grundrechtlich geschützte Handlungsmöglichkeiten nimmt. All diese Kriterien sind allerdings sehr formal und lassen die vielfältigen Verbindungen staatlichen und privaten Handelns, wie sie moderne Gesellschaften prägen, außer Acht.[1082]

Beispiele: Gewerbeuntersagung, Verbot des Betriebs eines Laserdromes aus polizei-[1083] oder ordnungsrechtlichen Gründen[1084].

591   Infolgedessen wird überwiegend ein **modernes Verständnis vom Kreis der möglichen Grundrechtsbeeinträchtigungen** vertreten, das letztlich von jedem der vier Kriterien des klassischen Eingriffs Abstriche ermöglicht. Stattdessen kommt es vielmehr darauf an, ob das hoheitliche Verhalten in seinen Auswirkungen einem klassischen Eingriff gleichkommt, d. h. also nicht bloß belästigend, aber noch sozialadäquat ist, sondern den Gebrauch der im Grundrecht gespeicherten Handlungsoptionen unmöglich macht oder erschwert, etwa weil eine dem Staat zurechenbare Maßnahme eine erhebliche Belastungsintensität auslöst. Ob eine solche Gleichstellung im Einzelfall möglich ist, kann im Zweifel eine Frage der Argumentation sein und von Grundrecht zu Grundrecht ggf. divergieren, so dass die Umstände des konkreten Einzelfalls relevant werden.[1085]

Beispiele: Die Rechtschreibreform soll die Grundrechte von Verlagen oder Presseunternehmen aus den Art. 12 Abs. 1, 2 Abs. 1 GG nicht beeinträchtigen. Zwar verlangt sie ihnen unternehmerische Entscheidungen ab, etwa weil darüber befunden werden muss, wann man die neuen Regeln beachtet und nur noch daran ausgerichtete Werke druckt. Diese Auswirkungen sollen jedoch lediglich eine (vorweggenommene) Folge der sukzessiven Ausrichtung auf die neuen Schreibregeln sein und die wirtschaftliche Entscheidungsfreiheit der Verlage nicht beschränken, sondern nur zu neuen Rahmenbedingungen führen[1086].

3.   Rechtfertigungsebene

592   Auf Rechtfertigungsebene wird danach gefragt, ob bzw. inwieweit die hoheitliche Grundrechtsbeeinträchtigung zulässig ist. Dazu ist zunächst der Kreis der tauglichen Grundrechtsbegrenzungen auszuloten, um dann bzw. in diesem Rahmen nach etwai-

---

1080   Schmidt-Bleibtreu/Hofmann/Henneke/*Guckelberger*, GG, Art. 10 Rn. 12.
1081   *Eckhardt*, in: Spindler/Schuster (Hg.), Recht der elektronischen Medien, 3. Aufl. 2015, § 88 TKG Rn. 4 f.
1082   *Hufen*, Staatsrecht II, 6. Aufl. 2017, § 8 Rn. 5 ff.
1083   BVerwGE 115, 189, 199.
1084   Vgl. zu dieser Option *Korte/Dittrich*, JA 2017, 332, 334 f.
1085   Schmidt/Wollenschläger/*Wollenschläger*, Kompendium, § 2 Rn. 44.
1086   BVerfGE 98, 218, 259.

gen Gegenrechten zu suchen, die den Eingriff tragen. Liegt ein solcher Gemeinwohlgrund vor, sind insbesondere die widerstreitenden Interessen mit Hilfe des Verhältnismäßigkeitsgrundsatzes *(s. o. Rn. 187)* in Ausgleich zu bringen.

a) Grundrechtsschranken. Begrenzungen der Grundrechte sind daran anknüpfend auf **593** Basis sog. **Gesetzesvorbehalte** möglich. Sie sind oftmals in den einzelnen Grundrechtsgarantien ausdrücklich angesprochen und unterscheiden sich vom aus Art. 20 Abs. 3 GG ableitbaren Vorbehalt des Gesetzes *(s. o. Rn. 157 ff.)* dadurch, dass sie hoheitliches Handeln legitimieren, ihm also gerade keine Grenzen setzen. Der Kreis der vom Vorbehalt angesprochenen Gesetze ist im Grunde auf alle abstrakt-generellen Regelungen mit Außenwirkung bezogen, unabhängig davon, ob sie von der Exekutive oder von der Legislative erlassen sind. Auch die von Grundrecht zu Grundrecht abweichende Formulierung bringt insoweit keine Einschränkungen mit sich; etwas anderes gilt indes, wenn dem Gesetzgeber wie in Art. 12a Abs. 3 S. 2 GG die Regelung des Näheren erlaubt wird, weil er dann nur Konkretisierungen, nicht aber Grundrechtsbegrenzungen zulässt.[1087]

Unterscheidet man die in den Art. 1 ff. GG normierten Grundrechte nach dem Kreis **594** der ihrem Wortlaut nach zulässigen Beeinträchtigungen, so lassen sich **einfache, qualifizierte und fehlende Gesetzesvorbehalte** differenzieren. Während im ersten Fall keine weiteren Anforderungen an den begrenzenden Rechtsakt gestellt werden, finden sich in der zweiten Konstellation einschränkende Vorgaben, so in Art. 5 Abs. 2 GG das Erfordernis eines allgemeinen Gesetzes. Ist kein Gesetzesvorbehalt normiert, spricht man von schrankenlos gewährleisteten Grundrechten. Für sie werden nicht die Vorbehalte aus anderen Grundrechten übertragen, sondern einzig verfassungsimmanente Schranken herangezogen. Infolgedessen können Eingriffe in solchen Fällen gerechtfertigt werden, wenn sie auf Gesetzen basieren, die ihrerseits Ausdruck einer verfassungsrechtlichen, insbesondere grundrechtlichen Wertung sind; Kompetenznormen genügen nicht, weil sie lediglich Aussagen darüber treffen, wer eine Aufgabe wahrnehmen muss und nicht darüber, wie sie wahrzunehmen ist.[1088]

Beispiel: Die in Art. 5 Abs. 3 S. 1 Var. 2 GG garantierte Wissenschaftsfreiheit reicht lediglich so weit, wie ihr Grundrechte Dritter und insbesondere die Menschenwürde nicht entgegenstehen. Daher kann die entgeltliche Ausstellung von Plastinaten („Körperwelten"), soweit man darin eine wissenschaftliche Veranstaltung erblicken will, auf die Grenzen der auch nach dem Tod noch bestehenden Menschenwürde der ausgestellten Toten treffen, was insbesondere gesetzliche Vorschriften rechtfertigen kann, nach denen tote Körper nur in wissenschaftlichen Einrichtungen ausgestellt werden dürfen[1089].

b) Schranken der Grundrechtsschranke. Sind die Vorgaben des Gesetzesvorbehalts ge- **595** wahrt, ist danach zu fragen, ob die Grundrechtsbeeinträchtigung ihrer Konzeption und ihrem Inhalt nach den Vorgaben des Grundgesetzes entsprechend ausgestaltet ist. Dazu hält das Verfassungsrecht verschiedene Schranken für Grundrechtsschranken (sog. Schranken-Schranken) bereit. Sie folgen vor allem, aber nicht nur aus der Kompetenzordnung *(s. o. Rn. 120)*, aus dem Wesentlichkeits- bzw. Bestimmtheitsgrundsatz, aber auch aus Art. 19 Abs. 1 f. GG. Letztlich fordert somit jeder Grundrechtseingriff ein **verfassungskonformes Gesetz** als Basis, wie die Art. 1 Abs. 3, 20 Abs. 3 GG (Bindung auch des Gesetzgebers an die Grundrechte und die verfassungsmäßige Ordnung) zeigen.[1090]

Vor allem ist in diesem Kontext der **Verhältnismäßigkeitsgrundsatz** relevant, weil er **596** zu abgewogenen Eingriffen in das Wirtschaftsgeschehen zwingt. Dessen Prüfung ver-

---

1087 *Sachs*, in: Sachs (Hg.), GG, 8. Aufl. 2018, Vorbemerkung zu Art. 1 Rn. 101 f., 107.
1088 *Kunig*, in: von Münch/Kunig (Hg.), GG II, 6. Aufl. 2012, Art. 70 Rn. 4.
1089 Bay VGH, BayVBl. 2003, 339, 341 f.
1090 *Hufen*, Staatsrecht II, 6. Aufl. 2017, § 9 Rn. 12; BVerfGE 6, 32, 36.

langt im Bereich der Schranken-Schranken nach einer abstrakten Perspektive, weil dann ein Gesetz untersucht wird. Für die einzelnen Bestandteile und den Prüfungsmaß-stab dieses Prinzips gelten die zum Rechtsstaat gemachten Ausführungen entsprechend *(s. o. Rn. 151 ff.)*. Soweit es um die Generierung eines legitimen Zwecks geht, kann ggf. auf die Ausführungen zu den Grundrechtsschranken verwiesen werden, jedenfalls wenn Grundrechte betroffen sind, die verfassungsimmanente Schranken fordern oder einen qualifizierten Gesetzesvorbehalt aufstellen.

597 Im Rahmen der Verhältnismäßigkeitsprüfung berücksichtigen Literatur und Recht-sprechung auch die **Wertungen der EMRK.** Um deren Verletzung zu vermeiden, lenken nicht nur die dort normierten Grundrechte, sondern auch die Spruchpraxis des *EGMR* die Abwägung in eine völkerrechtskonforme Richtung, auch wenn die EMRK an sich nur den Status einfachen Rechts (vgl. Art. 59 Abs. 2 GG) besitzt. Soweit die Konven-tion oder die darauf basierenden Judikate unbestimmte Rechtsbegriffe enthalten, hat das *BVerfG* allerdings seinerseits die Möglichkeit, die verfassungsrechtlichen Wertun-gen in die Auslegung dieser offenen Formulierungen einfließen zu lassen. Es kommt in diesem Falle zu einem sog. Dialog der Gerichtsbarkeiten.

598 **c) Verfassungskonforme Anschlussmaßnahme.** Entspricht die Grundrechtsschranke den Schranken des Verfassungsrechts, ist im Anschluss ggf. noch zu prüfen, ob ein auf Basis dieser Maßnahme ergangener Rechtsakt seinerseits die Anforderungen des Grundgesetzes und der EMRK *(s. o. Rn. 595)* einhält. Insoweit kann es sich ggf. um Rechtsverordnungen oder Satzungen und/oder (in der Regel) um einen **Einzelakt** han-deln, der dann vor allem in seinen konkreten Wirkungen verhältnismäßig sein muss. Gerade im Bereich der Selbstverwaltung der Wirtschaft kann sich die Prüfung der Eingriffsrechtfertigung somit über mehrere Ebenen erstrecken.

Beispiel: Die für Ärzte geltenden Grenzen zulässiger Berufsbezeichnungen sind in der Berufsord-nung für Ärzte niedergelegt, die als Satzung von der Ärztekammer auf Basis eines formellen Gesetzes erlassen wurde. Werden die dort normierten Grenzen überschritten und ergeht darauf-hin eine Verbotsverfügung, dann sind je für sich die Verfassungskonformität des Gesetzes, der Berufsordnung und der darauf basierenden Verfügung im Lichte des Art. 12 Abs. 1 GG der (betroffenen) Ärzte zu prüfen. Erweist sich das Gesetz als verfassungswidrig, sind auch die Be-rufsordnung und die Verfügung verfassungswidrig, weil sie dann auf einer verfassungswidrigen Rechtsgrundlage basieren (vgl. Art. 20 Abs. 3 GG)[1091].

IV. Zur Wirtschaftsrelevanz der einzelnen Grundrechte

599 Die bisherigen Ausführung zur Bedeutung, zu den Funktionen und zur Prüfung der Grundrechte weisen zwar darauf hin, dass sie einen erheblichen Einfluss auf die recht-liche Gestaltung des Wirtschaftslebens haben, lassen aber noch offen, welche Grund-rechte im Einzelnen und inwieweit auf das marktmäßige Verhalten von Unternehmer und Verbraucher ausstrahlen. Insoweit gilt im Ausgangspunkt, dass prinzipiell jedes Grundrecht potenziell wirtschaftsrelevant ist.

1. Leben und körperliche Unversehrtheit

600 Daran anknüpfend entfalten die Grundrechte nicht nur eine unternehmer-, sondern auch eine **verbraucherbezogene Schutzrichtung.** In diesem Kontext ist neben Art. 2 Abs. 1 GG, der eine eigenständige Würdigung erfährt *(s. u. Rn. 713 ff.)*, vor allem Art. 2 Abs. 2 GG relevant, der das Recht auf Leben und körperliche Unversehrtheit gewährleistet. Es wird im Zuge eines gestärkten Verbraucher- und Umweltbewusst-seins zunehmend gegen die Entfaltung bestimmter privatwirtschaftlicher Betätigungen

---

1091   Vgl. BVerwG, NJW 2001, 3425 f.; siehe dazu *Korte*, JuS, 2003, 444 ff.

ins Feld geführt. In diesem Zusammenhang kommt der Auslegung des Begriffs „körperliche Unversehrtheit" und der Abwägung mit anderen Grundrechtsgarantien eine Schlüsselrolle zu. Der Staat kann einen Zustand des völligen Wohlbefindens weder rechtlich noch faktisch garantieren. Deshalb ist körperliche Unversehrtheit als Gesundheit im biologisch-physiologischen Sinne bzw. als Freiheit von Schmerz und Gebrechen zu verstehen[1092]. Kleinere Belästigungen sind hinzunehmen, wenn der Staat im Übrigen seinen grundrechtlichen Schutzpflichten *(s. o. Rn. 554 ff.)* nachkommt.

Beispiel: Körperliche Durchsuchung anlässlich von Flugsicherheitskontrollen im Interesse der Gefahrenabwehr[1093].

Bezieht man die Gewährleistungen des Art. 2 Abs. 2 GG auf das **Marktgeschehen**, **601** folgt aus diesem Grundrecht somit vor allem eine staatliche Verantwortung[1094], sich schützend und fördernd vor die dort genannten Rechtsgüter zu stellen und sie insbesondere vor lebens- und gesundheitsbedrohenden Eingriffen durch die private Wirtschaft zu bewahren. Diese staatliche Schutzpflicht kann die wirtschaftliche Betätigung beschränken, soweit dadurch die wissenschaftliche Forschungstätigkeit nicht über Gebühr beeinträchtigt wird.[1095] Denn Art. 2 Abs. 2 GG bietet keinen absoluten Schutz vor Lebens- bzw. Gesundheitsgefahren und will nicht schlechthin jedes lebensgefährdende Risiko aus dem menschlichen Zusammenleben hinwegfingieren. Es gibt weder ein Grundrecht auf risikofreies Leben noch einen Schutz gegen hypothetische Gefahren[1096], sondern nur einen Anspruch auf Risikominimierung[1097]. Ein nach Maßstäben praktischer Vernunft nicht mehr in Rechnung zu stellendes Restrisiko ist mit Art. 2 Abs. 2 Satz 1 GG somit zu vereinbaren.[1098] Allerdings sind die zugrunde liegenden Annahmen auch regelmäßig zu überprüfen; ggf. treffen den Gesetzgeber Nachbesserungspflichten.[1099]

Beispiele: Der Schutz der Gesundheit von Geldtransporteuren kann gebieten, dass sie mit Geldfahrzeugen auch Fußgängerzonen befahren dürfen[1100]; CERN-Versuchsreihen sind hinzunehmen[1101].

2. Die ökonomische Dimension der Menschenwürde

Neben Art. 2 Abs. 2 GG spielt auch das in Art. 1 Abs. 1 GG verankerte Grundrecht **602** der Menschenwürde eine erhebliche Rolle für die freiheitlich konzipierte Wirtschaftsordnung Deutschlands. Diese Bedeutung kommt namentlich auch in Art. 151 Abs. 1 BayLV zum Ausdruck, wonach angelehnt an Art. 151 Abs. 1 WRV die gesamte wirtschaftliche Tätigkeit „insbesondere der Gewährleistung eines menschenwürdigen Daseins für alle" dienen soll. Da die übrigen Grundrechte Art. 1 Abs. 1 GG konkretisieren, ist zunächst deren Verletzung zu überprüfen; insoweit kommt diesem Grundrecht eine Art **Auffangfunktion** zu, die aber nicht im Sinne einer subsidiären Nachrangigkeit der Menschenwürde missverstanden werden darf.[1102]

In inhaltlicher Hinsicht fällt eine positive Umschreibung dessen, was die Würde des **603** Menschen ausmacht, schwer, weil sie regelmäßig unvollständig bleibt. Aus diesem

---

1092 BVerfGE 56, 54, 73.
1093 BVerwGE 95, 188, 196.
1094 S. näher *Murswiek*, Die staatliche Verantwortung für die Risiken der Technik, 1985.
1095 BVerfG, NVwZ 2010, 702 f.
1096 BVerfG, NJW 2002, 1638.
1097 *D. Lorenz*, HdbStR VI, § 128; BVerfGE 49, 89, 143; BVerwGE 72, 300, 321 f.; BVerwGE 106, 115, 120 f.
1098 BVerfG, NVwZ 2010, 114 f.
1099 Vgl. dazu allg. *Gusy*, Der Staat 47 (2008), 511 ff.
1100 VGH Kassel, GewArch. 1992, 398; OVG Münster, NWVBl. 2001, 140.
1101 BVerfG, NVwZ 2010, 114 f.
1102 BVerfGE 51, 97, 105; Schmidt-Bleibtreu/Hofmann/Henneke/*Hofmann*, GG, Art. 1 Rn. 82.

Grunde wird der Schutzumfang des Art. 1 Abs. 1 GG in praxi vom Eingriff her mit Hilfe der sog. **Objektformel** definiert. Danach darf der Mensch nicht zum Objekt, d. h. zur vertretbaren Größe herabgewürdigt werden. Diese Formel wird oftmals dahingehend konkretisiert bzw. **modifiziert,** dass man dem Menschen nicht den Wert absprechen darf, der ihm aufgrund seiner Eigenschaft als Person zukommt, weil damit eine Verachtung seiner Würde einhergeht.[1103] Liegt eine solche verächtliche Behandlung vor, verletzt sie Art. 1 Abs. 1 GG. Einer Rechtfertigung ist ein solches Verhalten schon wegen des Wortlauts der Norm nicht zugänglich.

Beispiele: Verbot des Menschenhandels; Verbot des Verkaufs menschlicher Organe; Schutz des Menschen vor kommerzieller Verwertung[1104]; Verbot der Patentierbarkeit des menschlichen Körpers[1105]; Schutz vor erniedrigender Werbung[1106].

604 Bildet man daran anknüpfend **Fallgruppen,** so lassen sich drei Facetten der Menschenwürde ausmachen. Sie schützt die körperliche und seelische Identität und Integrität, die rechtliche Gleichheit aller Menschen und die grundsätzliche Möglichkeit des Einzelnen, seine eigenen Bedürfnisse befriedigen zu können, indem ihm ein Existenzminimum gewährt wird.[1107] Diese Würdedimensionen kommen dem Einzelnen und dem Menschen als Gattungswesen zu. Sie sind einerseits vor hoheitlichen Beeinträchtigungen zu bewahren („achten"), verlangen andererseits aber auch, dass sich der Staat im Falle privater Eingriffe schützend vor die betroffene Würde des Einzelnen stellt, was gerade für neue Geschäftsideen von erheblicher Bedeutung sein kann – vor allem, wenn sich die Würdevorstellungen im Zeitablauf ändern.[1108]

Beispiel: Die Veranstaltung von Laserdrome- bzw. Paintballspielen hat die verwaltungsgerichtliche Spruchpraxis vor einiger Zeit als Verletzung der Menschenwürde eingestuft, weil sie Gewalt gegen andere Personen sowie kriegerisches Verhalten bagatellisiere und dadurch dem Menschen als Gattungswesen seine Würde abspreche.[1109] Mittlerweile findet insoweit ein Umdenken statt, als solche Spiele dann, wenn sie nach Regeln ablaufen und ihrer Aufmachung nach an ein Sportgeschehen erinnern, keiner Bagatellisierung von Gewalt, sondern eher einem „Cowboy und Indianer"-Spiel gleichkommen[1110].

3. Grundrechtsschutz zugunsten der Unternehmer

605 Abgesehen davon lassen sich eine Vielzahl weiterer und gegenüber Art. 1 Abs. 1 GG konkretisierender Fallgestaltungen mit Grundrechtsbezug finden. Die Verfassungs-, Rechtsprechungs- und Wirtschaftspraxis bekräftigen diese Aussage und damit den Befund, dass das Grundgesetz ein **lückenloses System (auch) wirtschaftsrelevanter Gewährleistungen** bereithält[1111]. Mittlerweile liegen wirtschaftsrechtliche Entscheidungen zu fast allen Grundrechten vor, so etwa zur
- Religionsfreiheit und Wirtschaftstätigkeit[1112] sowie religiöse Wirtschaftswerbung[1113],

---

1103 BVerfGE 87, 209 ff.; 30, 1, 25 ff.; 115, 118, 153.
1104 S. zum Zwergenweitwurf VG Neustadt, NVwZ 1993, 98.
1105 EuGH, EuZW 2001, 691, 695; s. auch G v. 21.1.2005, BGBl. I, S. 146.
1106 BVerfGE 107, 275 ff. (Benetton-Werbung II).
1107 *Kingreen/Poscher,* Grundrechte Staatsrecht II, 33. Aufl. 2017, Rn. 417, 426.
1108 Allg. *Koschmieder,* Grundrechtliche Dynamisierungsprozesse, 2016, S. 68 ff., 186 ff.
1109 BVerwGE 115, 189, 199; vgl. dazu *Gröpl/Brandt,* VerwArch. 95 (2004), 223, 234.
1110 *OVG Nds.,* GewArch. 2010, 499, 501 f.; *bay. VGH,* GewArch. 2013, 218, 218; *Korte/Dietrich,* JA 2017, 339 ff.
1111 S. auch *Durner,* in: Ehlers, § 11 Rn. 37 f.
1112 BVerwGE 90, 112 zur Bhagwan-Sekte; BVerfGE 104, 337 ff. und BVerwGE 127, 183 ff; zum Verbot des Schächtens; BVerwG, NVwZ 1995, 473 zur Scientology Church; BVerwG, NJW 1998, 1166; BAG, NJW 2003, 1685 und BVerfG, NJW 2003, 2815 zur Verkäuferin mit Kopftuch; VGH Kassel, NVwZ 2004, 893 zum Fleischverkauf an Sonntagen an Muslime; BVerfG, GewArch. 2010, 29 ff. zur Ladenöffnung an Adventssonntagen.
1113 BVerwG, NJW 1999, 805 und BVerfG, NJW 2000, 1326.

- Kunstfreiheit und Veranstaltung von kommerziellen Musicals[1114] oder Showtänzen[1115] oder
- Versammlungsfreiheit und Veranstaltung kommerzieller Love Parades[1116] oder Demonstrationen in Flughäfen[1117].

Im Lichte dieser Erkenntnis würde eine umfassende Darstellung der Schutzwirkung, **606** die die Grundrechte im Einzelfall zugunsten der Unternehmer ausüben, den Rahmen sprengen. Daher beschränken sich die folgenden Ausführungen auf die für das Marktverhalten bedeutsamsten Gewährleistungen; das sind die, die wirtschaftliche Aktivitäten nicht nur anlässlich einer primär anderen Zielen folgenden Freiheitsentfaltung schützen, sondern zumindest teilweise eine **eigene wirtschaftsbezogene Schutzrichtung** entfalten. Neben den Art. 12-14 GG sind das die Art. 9 Abs. 1, 5 Abs. 1, 2 Abs. 1 und Art. 3 Abs. 1 GG.

§ 18 Berufsfreiheit

Die Berufsfreiheit aus Art. 12 Abs. 1 GG ist auf den Schutz des Erwerbs gerichtet und **607** daher ein maßgeblicher Eckpfeiler jeder freiheitlich verfassten Wirtschaftsordnung. Sie bildet ein wesentliches Standbein der Unternehmergrundrechte ab und schützt die Freiheit des Einzelnen in einem für die moderne arbeitsteilige Gesellschaft besonders wichtigen Bereich. Wegen der Bedeutung des **Berufs als Lebensaufgabe und Existenzgrundlage**[1118] sowie als Beitrag zur gesellschaftlichen Gesamtleistung ist ein hoher Beschäftigungsstand eines der in Art. 109 Abs. 2 GG i. V. m. § 1 StabG und in Art. 3 Abs. 3 EUV, 145 ff. AEUV niedergelegten Hauptziele der Wirtschaftspolitik. Auf Unionsebene findet sich eine zu Art. 12 Abs. 1 GG ähnliche Garantie in Art. 15 EU GR Charta, die Vorgaben für das Sekundärrecht macht *(s. o. Rn. 421)*[1119]. Betrachtet man den Binnenmarkt, lassen sich trotz dogmatischer Unterschiede zu den Grundrechten die Arbeitnehmerfreizügigkeit, die Niederlassungs- und die Dienstleistungsfreiheit zu einer grenzüberschreitenden Berufsfreiheit[1120] verdichten.

I.   Schutzbereich

Auf Schutzbereichsebene unterscheidet auch Art. 12 Abs. 1 GG nach einer persönlichen und einer sachlichen Dimension. **608**

1.   Persönliche Dimension

Die Bestimmung hat protektionistischen Charakter, weil sie ihrem Wortlaut nach nur **609** für „Deutsche" i. S. d. Art. 116 GG gilt. Eine Erstreckung auf Ausländer widerspricht daher dem Wortlaut der Verfassungsnorm. Einzig denkbar wäre eine Anwendungserstreckung auf EU-Ausländer im Lichte der Grundfreiheiten ähnlich wie im Falle des Art. 19 Abs. 3 GG *(s. o. Rn. 562)*. Jedoch ist dieser Weg nur gangbar, wenn es keine die Geltungskraft der Grundrechte schonendere Alternative gibt. Sie könnte das Auffanggrundrecht aus Art. 2 Abs. 1 GG *(s. u. Rn. 727)* bieten, weil es die Handlungsfrei-

---

1114 BVerwG, NJW 1994, 1975.
1115 VGH Mannheim, GewArch. 2001, 46.
1116 BVerfG, NJW 2001, 2459 f.; OVG Berlin, NJW 2001, 1740; *Wiefelspütz*, NJW 2002, 274 ff.; *Tschentscher*, NVwZ 2001, 1243 ff.; s. zur sog. Fuck-Parade BVerwG, NVwZ 2007, 1431 ff.
1117 BVerfG, DVBl. 2011, 416 ff.
1118 BVerfGE 97, 169, 177.
1119 *Frenz*, GewArch. 2008, 465 ff.
1120 EuGH, EuZW 1991, 313; *Hilf/Hörmann*, NJW 2003, 1, 5.

heit im Allgemeinen und damit auch die berufliche Betätigungsfreiheit schützt, ohne dass dessen persönlicher Schutzbereich beschränkt wäre.[1121]

610   Für **juristische Personen** aus einem anderen Mitgliedstaat der EU ist demgegenüber fraglich, ob das Merkmal „deutsch" in Art. 12 Abs. 1 GG gleichbedeutend mit dem Erfordernis eines Inlandssitzes in Art. 19 Abs. 3 GG ist[1122] oder darüber hinausgeht und sich auf die Staatsangehörigkeit der die Gesellschaft beherrschenden natürlichen Personen bezieht.[1123] Die verfassungsgerichtliche Spruchpraxis scheint in solchen Fällen nicht auf Art. 12 Abs. 1 GG abzustellen, sondern Schutz über Art. 2 Abs. 1 GG *(s. u. Rn. 715)* zu gewähren.[1124] Dagegen spricht jedoch die Funktion des Art. 19 Abs. 3 GG, der juristische Personen den natürlichen in puncto Grundrechtsschutz gleichstellen und dazu eigenen Voraussetzungen unterwerfen will, weil diese Vorschrift deshalb zusätzlichen Filtern wie der deutschen Staatsangehörigkeit entgegensteht.[1125]

Beispiel: Eine Aktiengesellschaft mit Sitz in den Niederlanden kann sich nur auf Basis des Art. 12 Abs. 1 GG gegen sie treffende Preisbindungen wehren, wenn man sie aufgrund von Art. 19 Abs. 3 GG als „deutsch" einstuft. Wäre man insoweit anderer Auffassung, könnte sie sich jedenfalls über Art. 19 Abs. 3 GG auf Art. 2 Abs. 1 GG berufen. Ihr müsste dann aber im Lichte des unionsrechtlichen Diskriminierungsverbots der in Art. 12 GG angelegte Schutzumfang zugesprochen werden[1126].

2.   Sachliche Dimension

611   Der sachliche Schutzbereich des Art. 12 Abs. 1 GG bezieht sich dem Wortlaut nach auf die Wahl von Beruf, Arbeitsplatz und Ausbildungsstätte sowie auf die Berufsausübung. Gewährleistet wird dem Grundrechtsträger damit der Entschluss, eine konkrete Beschäftigungsmöglichkeit zu ergreifen, die ergriffene Tätigkeit beizubehalten und sie ggf. wieder aufzugeben. Maßgeblicher Bezugspunkt dieser Formen der Freiheitsentfaltung ist der des Berufs.

612   a) **Beruf als Bezugspunkt.** Die Verfassung definiert diesen **Begriff** allerdings nicht. Dessen inhaltliche Erläuterung hat sich sowohl an der beschriebenen elementaren Bedeutung des Berufes für den einzelnen Menschen als auch an bestimmten Grundanforderungen der Rechtsgemeinschaft zu orientieren. Folglich ist der Terminus „Beruf" weit zu fassen. Andernfalls würden bestimmte Tätigkeiten aus dem Schutzbereich des Art. 12 Abs. 1 GG herausfallen mit der Folge, dass der Anwendungsbereich dieses Freiheitsrechtes erheblich verkürzt würde. Es gilt folglich für alle denkbaren beruflichen Tätigkeiten, sofern nicht die unternehmerische Aktivität Spezialvorschriften unterfällt. So schützt das Grundgesetz die spezifische Berufsfreiheit
– des Verlegers sowie des Rundfunk- und Fernsehveranstalters in Art. 5 Abs. 1 GG,
– des Privatschulunternehmers in Art. 7 Abs. 4 GG,
– des Wissenschaftlers und Künstlers in Art. 5 Abs. 3 GG,
– des Religionsunternehmers in Art. 4 Abs. 1 und 2 GG.

613   Art. 12 Abs. 1 GG gestattet die **Selbstqualifikation** einer Tätigkeit **als Beruf**, die Spezialisierung auf eine Nische sowie die Erfindung neuer Berufe[1127]. Berufsfreiheitsschutz genießt deshalb jede auf Grund einer persönlichen „Berufung" ausgewählte Aktivität[1128]. Insoweit lässt sich von einem offenen Berufsbegriff sprechen, der auch atypi-

---

1121 *Ruffert*, in: Epping/Hillgruber (Hg.), GG, 2. Aufl. 2016, Art. 12 Rn. 35 ff.
1122 *Sachs*, in: Sachs (Hg.), GG, 8. Aufl. 2018, Art. 19 Rn. 56.
1123 *Huber*, in: von Mangoldt/Klein/Starck, GG, 7. Aufl. 2018, Art. 19 Rn. 301.
1124 Jedenfalls in diese Richtung tendierend BVerfG, NJW 2016, 1436 f.
1125 *Enders*, in: Epping/Hillgruber (Hg.), GG, 2. Aufl. 2016, Art. 19 Rn. 38.
1126 In diese Richtung BVerfG, NJW 2016, 1436 f.
1127 BVerfGE 97, 12, 32; OVG Münster, NWVBl. 1992, 363; *Gusy*, JA 1992, 257, 261.
1128 BVerfGE 97, 228, 253.

sche Tätigkeiten umfassen kann. Die Definitionsmacht hinsichtlich der Umschreibung des Berufes fällt damit zunächst in die Kompetenz des Grundrechtsträgers[1129]. Trotzdem ist der Gesetzgeber nicht gehindert, berufliche Aktivitäten mit Hilfe von Berufsbildern wie etwa in den §§ 45 ff. HwO zu typisieren[1130] und Berufe zu vereinheitlichen[1131], um die Ausbildungsgänge, die Qualifikationsanforderungen oder sonstige Vorgaben an den Grundrechtsträger zu harmonisieren und so den Verbraucher vor etwaigen Gefahren zu schützen.

Beispiele: Heiratsvermittler, Erbensucher, Prostituierte, Callboy bzw. -girl, Verkauf loser Milch.

Trotz der Offenheit des Berufsbegriffs prägen ihn bestimmte **Mindestelemente**, die ihn von sporadischen oder von für die wirtschaftliche Existenzsicherung *(s.o. Rn. 607)* nicht weiter relevanten Aktivitäten abgrenzen sollen. [1132]. Beruf ist deshalb jede auf Dauer berechnete Betätigung zur Schaffung und Erhaltung der Lebensgrundlage[1133]. Wegen der Erwerbsbezogenheit des Art. 12 Abs. 1 GG muss die Tätigkeit allerdings nicht bereits in der Vergangenheit erfolgt sein; es genügt, wenn sie auf Dauer angelegt ist, darf also nicht nur einmalig oder gelegentlich erfolgen[1134]. Dient die Tätigkeit der Existenzsicherung, ist es zudem unerheblich, ob sie selbständig[1135] bzw. mit Gewinnerzielungsabsicht[1136] durchgeführt wird. Zudem kommt es wegen der Offenheit des Berufsbegriffs *(s.o. Rn. 613)* nicht darauf an, ob etwas wirtschaftlich Sinnvolles getan wird. **614**

In Rechtsprechung und Schrifttum wird teilweise versucht, den Schutzbereich des Art. 12 Abs. 1 GG durch das **Erfordernis der Erlaubtheit bzw. Sozialnützlichkeit** der Betätigung einzuengen[1137]. Gegen diese verfassungsrechtliche Interpretation bestehen Bedenken, einerseits weil diese Kriterien keinen Wiederhall im Wortlaut des Art. 12 Abs. 1 GG finden, andererseits, weil sie ggf. einen Rückgriff auf einfachgesetzliche Wertungen fordern und deshalb der Normenhierarchie widersprechen[1138] sowie schließlich, weil sie in Teilen auf individuellen Beurteilungen wie der der Gemeinschädlichkeit fußen und deshalb entgegen der Offenheit des Berufsbegriffs Raum für Bevormundung lassen.[1139] Daher ist es einzig möglich, Art. 12 Abs. 1 GG mit Hilfe zwingender verfassungsrechtlicher Wertungen wie denen aus Art. 1 Abs. 1 GG einzuschränken[1140]. **615**

Beispiele: Die Veranstaltung von nach § 284 StGB verbotenen Glücksspielen fällt in den Schutzbereich des Art. 12 Abs. 1 GG[1141]. Ärzte, die Schwangerschaftsabbrüche vornehmen, fallen trotz der staatlichen Pflicht zum Schutz des werdenden Lebens in den Schutzbereich der Berufsfreiheit, weil deren Tätigkeit ein (wenn auch nur unter bestimmten Voraussetzungen aktivierbarer) Bestandteil des hoheitlichen Schutzkonzepts ist[1142].

b) Berufliche Entfaltung als geschütztes Verhalten. Dem Berufsbegriff wohnt angesichts der vielfältigen technischen und wirtschaftlichen Veränderungen unterliegenden **616**

1129 S. näher *Höfling*, DÖV 1989, 110 ff.; *Hufen*, NJW 1994, 2913, 2915.
1130 BVerfG, NJW 2000, 1779 und NJW 2002, 3460.
1131 BVerfG, NJW 2007, 2537.
1132 BVerfGE 97, 228, 253, 263.
1133 BVerfGE 97, 228, 252 und 105, 252, 265.
1134 Vgl. *Ruffert*, in: Epping/Hillgruber (Hg.), GG, 2. Aufl. 2016, Art. 12 Rn. 42.
1135 BVerfGE 98, 365, 395.
1136 BVerwGE 95, 15.
1137 BVerwGE 87, 37, 41; BVerwGE 95, 15, 20; krit. *Gassner*, GewArch. 1993, 230 ff., Wesel, NJW 1999, 2865.
1138 BVerfGE 115, 276, Leitsatz 2a; *H. P.Schneider*, HdBGR Band V, § 113 Rn. 56.
1139 BVerwGE 96, 292, 296 und 96, 302, 307 f. und dazu *Voßkuhle*, VerwArch. 87 (1996), 395, 407 ff.
1140 *Mann*, in: Sachs (Hg.), GG, 8. Aufl. 2018, Art. 12 Rn. 54.
1141 BVerwGE 114, 92, 97 f.; BVerfGE 115, 276, 300 ff. (Oddset).
1142 BVerfGE 98, 265, 297.

modernen Industrie-, Dienstleistungs- und Informationsgesellschaft eine **dynamische Komponente** inne. Das Grundrecht ist in hohem Maße „zukunftsgerichtet"[1143] und breit angelegt, wie die Anforderung einer auf bestimmte Umstände „gerichteten" Tätigkeit zeigt. Es erfasst infolgedessen Anstellungsverhältnisse jeder Form sowie die sog. freien Berufe*(s. Bd. II, § 45 VIII 4)*[1144], gewerbliche Tätigkeiten[1145] und andere unternehmerische Aktivitäten[1146] sowie die Wahrnehmung mehrerer Berufe und Gewerbe[1147]. Zur Berufsfreiheit gehört ferner die eigenverantwortliche Bestimmung über den Umfang der beruflichen Tätigkeit (z. B. Geschäftserweiterung, Errichtung von Zweigstellen) sowie die Entscheidung über die Haupt- oder Nebenberuflichkeit der Betätigung und deren Änderung.

617   Die Weite der von Art. 12 Abs. 1 GG erfassten beruflichen Tätigkeiten findet ihre Fortsetzung im **Kreis der geschützten Verhaltensweisen**. Sie können sich auf Beginn sowie Beendigung der Aktivität beziehen und in Form einer sog. negativen Berufsfreiheit auch die Verweigerung beruflicher Tätigkeit erfassen, insbesondere weil der Grundrechtsträger von seinem Vermögen leben will.[1148] Darüber hinaus wird auch die Ausübung der beruflichen Tätigkeit in einem umfassenden Sinne gewährleistet. Die dem Grundrechtsträger zustehenden Freiheiten beziehen sich insoweit auf Art, Ort, Inhalt, Umfang und Dauer seiner Aktivität. Für den Unternehmer ergibt sich daraus, dass er sich etwa mit Blick auf die Organisation seines Betriebs, die Herstellung und den Vertrieb seiner Produkte oder die Außendarstellung z. B. durch Werbung[1149] auf Art. 12 Abs. 1 GG berufen kann. Damit schützt die Berufsfreiheit dem Grunde nach auch die Teilnahme am Wettbewerb *(s. u. Rn. 624)*.[1150]

Beispiele: Art. 12 Abs. 1 GG soll den Schutz von Betriebs- und Geschäftsgeheimnissen gewährleisten *(s. u. Rn. 657)*[1151], soweit es sich nicht um personenbezogene Daten (dann Art. 2 Abs. 1 GG ggf. i. V. m. Art. 1 Abs. 1 GG, soweit nicht ein Fall des Art. 19 Abs. 3 GG vorliegt) oder geistiges Eigentum (dann Art. 14 Abs. 1 GG)[1152] handelt. Die Berufsfreiheit garantiert die Freiheit, das Entgelt für berufliche Leistungen auszuhandeln[1153].

618   **c) Kein Recht auf Arbeit.** Art. 12 Abs. 1 GG schließt vor diesem Hintergrund auch das **Recht zu arbeiten** ein. Die Ausschöpfung der aufgezeigten Berufswahlmöglichkeiten und insbesondere der Freiheit der individuellen Erwerbstätigkeit[1154] setzt infolgedessen voraus, dass hinreichend viele Arbeits- und Ausbildungsplätze zur Verfügung stehen. Art. 12 Abs. 1 GG läuft demnach leer, wenn Berufsaufnahme und -ausübung tatsächlich nicht möglich sind. Die Hoheitsgewalt ist infolgedessen gehalten, das Recht des Einzelnen zu arbeiten nicht sachfremd zu verhindern, weil sie sonst in Konflikt mit dem Gebot der Förderung der Vollbeschäftigung gerät[1155]. Der Staat kann dazu mittelbar auf den Arbeitsmarkt Einfluss nehmen[1156].

619   Ein **Recht** im Sinne einer vom Staat einforderbaren Garantie **auf Arbeit** beinhaltet Art. 12 Abs. 1 GG hingegen genauso wenig wie das Grundgesetz im Übrigen. Es würde

---

1143 BVerfGE 30, 292, 334.
1144 Vgl. BVerfGE 16, 286, 294; *Stober*, NJW 1981, 1529 ff.; *Möstl*, WiVerw. 2002, 213 ff.
1145 BVerfGE 7, 377, 399; 50, 290, 362 f.
1146 BVerwGE 71, 183, 188; 89, 281, 283; *Badura*, in: HdBGR II, § 29 C.
1147 BVerfGE 21, 173, 179; 87, 287; BGH, NJW 2004, 212.
1148 BVerfGE58, 358, 364.
1149 *Lerche*, Werbung und Verfassung, 1967, S. 72 ff.; BVerfGE 11, 234, 238; BVerwG, DVBl. 1955, 61.
1150 Ausf. zum Ganzen *Achatz*, Grundrechtliche Freiheit im Wettbewerb, 2011.
1151 BVerfGE 115, 205, 229.
1152 *Hufen*, Staatsrecht II, 6. Aufl. 2017, § 35 Rn. 13 f.
1153 BVerfGE 117, 163, 181.
1154 S. auch BVerfGE 85, 360, 372 f.
1155 Calliess/Ruffert/*ders.*, EUV/AEUV, Art. 15 GRCh Rn. 6.
1156 S. näher *Wieland*, VVDStRL 59 [2000], 13 ff.

letztlich auch damit konfligieren, dass sich die Verfügungsbefugnis über den Produktionsfaktor Arbeit in einer auf Wirtschaftsfreiheit angelegten Rechtsordnung in den Händen der Unternehmer befindet, die eigenverantwortlich über die Arbeitsplätze disponieren und die Freiheit besitzen, die Arbeitsbedingungen mit den Arbeitnehmern auszuhandeln. Dementsprechend schützt Art. 12 Abs. 1 GG das Interesse des Arbeitgebers, in seinem Unternehmen nur Mitarbeiter zu beschäftigen, die seinen Vorstellungen entsprechen, und ihre Zahl auf das von ihm bestimmte Maß zu beschränken[1157].

Um der Gefahr negativer Entwicklungen vorzubeugen, ist der Staat daran anknüpfend gehalten, seiner **Schutz- und Fürsorgepflicht**[1158] sowie seiner Berufs- und Arbeitsmarktverantwortung nachzukommen und diejenigen zu ermutigen und zu fördern, die Produktivität erzeugen, Arbeitsplätze schaffen und damit die Berufswahlfreiheit garantieren[1159]. Das sind die Unternehmer und insbesondere die Existenzgründer[1160]. Wenn Art. 12 Abs. 1 GG die freie unternehmerische Betätigung schützt[1161], dann müssen die Hoheitsträger das wirtschaftliche Umfeld so gestalten, dass kein potentieller Unternehmer von der Aufnahme einer selbstständigen Tätigkeit abgeschreckt wird[1162].	**620**

II. Beeinträchtigung

Ist der Schutzbereich des Art. 12 Abs. 1 GG eröffnet, stellt sich auf Eingriffsebene die Frage danach, ob er durch hoheitliches Verhalten in hinreichend intensiver Weise beeinträchtigt worden ist.	**621**

1. Klassische Beeinträchtigungsformen

Deren Beantwortung gestaltet sich vergleichsweise einfach, wenn sich eine staatliche Maßnahme rechtlich, final, unmittelbar und durchsetzbar *(s. o. Rn. 590)* auf eine berufliche Tätigkeit bezieht, etwa weil sie deren Aufnahme von bestimmten Anforderungen abhängig macht oder weil sie dem Grundrechtsträger bestimmte Pflichten auferlegt, da dann in der Regel die Vorgaben des klassischen Eingriffs gewahrt sind und infolgedessen eine Beeinträchtigung der Berufsfreiheit zu bejahen ist.	**622**

Beispiele: Gewerberechtliche Zulassungsregeln; hoheitliche Preisfestsetzungen.

2. Moderne Beeinträchtigungsformen

Sind diese Voraussetzungen nicht gegeben, ist mit dem modernen Eingriffsbegriff danach zu fragen, ob ein der Hoheitsgewalt zurechenbares Verhalten eine hinreichende Beeinträchtigungsintensität aufweist. Voraussetzung für eine Beschränkung ist dann, dass die staatlich verantwortete Maßnahme spürbare tatsächliche Auswirkungen auf die berufliche Freiheitsentfaltung hat.[1163] Liegt diese Voraussetzung vor, muss sie die berufliche Betätigung nicht unmittelbar adressieren. Um ein Ausufern des Grundrechtsschutzes zu verhindern, bedarf es allerdings eines hinreichend engen Zusammenhangs zur beruflichen Tätigkeit in dem Sinne, dass nicht nur die allgemeinen Rahmenbedingungen der Aktivität angesprochen sind, sondern der hoheitlichen Maßnahme	**623**

1157	BVerfG, NJW 2003, 2815; *Meyer*, Vorrang der privaten Wirtschafts- und Sozialgestaltung, 2006, S. 183.
1158	S. dazu BVerfGE 97, 169, 175.
1159	BVerfG, NJW 2007, 51, 54.
1160	BVerfGE 93, 165, 170, 175; *Geisendörfer*, GewArch. 1995, 41 ff.
1161	BVerwGE 89, 281, 283.
1162	Zustimmend *Mann*, in: Sachs (Hg.), GG, 8. Aufl. 2018, Art. 12, Rn. 13.
1163	BVerfGE 61, 291, 308; 71, 183, 191; VGH Mannheim, NJW 2003, 983, 986; s. *Albers*, DVBl. 1996, 233, 239 ff.

eine **objektiv berufsregelnde Tendenz** immanent ist[1164]. Sie verlangt, dass das staatliche Verhalten zwar keine (subjektive) berufsbezogene, sondern eine (objektive) berufsneutrale Zielsetzung aufweist, stattdessen aber die konkreten Rahmenbedingungen der Tätigkeit derart verändert, dass die berufliche Freiheitsentfaltung hinreichend stark beschränkt wird, und infolgedessen berufsregelnde Tendenz entfaltet.[1165] Ob diese Voraussetzung vorliegt, kann ebenfalls oftmals mit Hilfe der bereits erwähnten Kriterien der Intensität, Finalität und Unmittelbarkeit ermittelt werden.

Beispiele: Informelles Verwaltungshandeln etwa in Gestalt von Warnungen *(s. u. Rn. 1123 ff.)* oder publizierter Warentests kann auf Grund einer rufschädigenden Wirkung die Berufsfreiheit beeinträchtigen[1166]. Soll die Vergabestelle die Auftragserteilung von einer Erklärung des Unternehmens zur Tariftreue abhängig machen, wird dadurch die Berufsfreiheit des Beauftragten beeinträchtigt, weil diese Regelung zwar die Vergabestelle formal adressiert, im Ergebnis aber nur ihn rechtlich bindet[1167].

624 Anknüpfend an diese dogmatischen Grundsätze stellt sich die Frage, inwieweit Art. 12 Abs. 1 GG im Falle hoheitlicher Zugriffe auf private Wettbewerbsverhältnisse betroffen sein kann. Insoweit gilt im Grundsatz, dass dieses Grundrecht **keinen Schutz vor Konkurrenz**[1168] bietet, weil Wettbewerb die Folge des summierten Gebrauchs der in der Berufsfreiheit gespeicherten Handlungsmöglichkeiten und damit gerade Ausdruck des Art. 12 Abs. 1 GG ist.[1169]. Deshalb hat dieses Grundrecht aber auch die Aufgabe, die Teilnahme am Wettbewerb zu sichern und nicht den Geschäftsumfang oder weitere Erwerbsmöglichkeiten zu schützen[1170]. Aus diesem Grunde ist es unzureichend, wenn der Berufsfreiheit insoweit eine Art normativer Schutzbereich zugewiesen wird und sie die Teilnahme am Wettbewerb nur nach Maßgabe seiner Funktionsbedingungen schützen soll.[1171] Denn abgesehen davon, dass der Kreis dieser Bedingungen keinesfalls in Stein gemeißelt, sondern vielmehr Ausdruck politischer Einflüsse auf das Wirtschaftsleben ist, werden dadurch, dass die wettbewerbsbestimmenden Faktoren zum berufsfreiheitlichen Proprium erklärt und dem Zugriff des Art. 12 Abs. 1 GG entzogen werden, die einzelnen Stationen der Grundrechtsprüfung vermengt und die Intensität der Belastung des betroffenen Unternehmers ausgeblendet.[1172] Somit scheint es zielführender, hoheitliche Zugriffe auf Wettbewerbsprozesse anhand ihrer spezifischen Bedingungen auf ihre objektiv berufsregelnde Tendenz zu untersuchen.

Beispiele: Die Vergabe eines unterschwelligen Auftrags an einen Mitbewerber soll grundsätzlich nicht die Berufsfreiheit des übergangenen Anbieters beeinträchtigen, weil sich der Staat in diesem Falle wie ein Anbieter am Markt verhält und sich durch die Ausschreibung die Bedingungen des Wettbewerbs zunutze macht, ohne in dessen Ablauf einzugreifen. Etwas anderes soll nach der verfassungsgerichtlichen Spruchpraxis nur gelten, wenn eine Auftragsvergabe nach Ziel und Wirkung Ersatz für eine staatliche Maßnahme sein soll, die als Grundrechtseingriff zu qualifizieren wäre.[1173] Wendet man einen großzügigeren Maßstab an, wären in die Überlegungen ggf. auch Umstände wie die Parameter und Strukturen des Marktes, das Volumen des Auftrags und dessen Bedeutung für die übergangenen Bewerber einzubeziehen[1174].

1164 BVerfGE 55, 7; 82, 209, 223 f.; 97, 228, 254 f.
1165 Schmidt/Wollenschläger/*Wollenschläger*, Kompendium, § 2 Rn. 47; BVerfG, NVwZ 2012, 1535, 1536.
1166 BVerwG, GewArch. 1996, 465 ff.; *Murswiek*, DVBl. 1997, 1021 ff.; *Ossenbühl*, NVwZ 2011, 1357, 1359.
1167 BVerfG, NJW 2007, 51, 54 f.
1168 Vgl. dazu BVerfGE 55, 261 ff.; 94, 372, 395, 399; BVerfG, NJW 2003, 3472 f.
1169 BVerfG, NJW 2007, 51, 54; OVG Saarlouis, NVwZ 2008, 95 (Doc Morris).
1170 BVerfGE 115, 205, 229; BVerfG, NJW 2007, 2537 f.
1171 So aber BVerfGE 105, 262, 268; *Bäcker*, Wettbewerbsfreiheit als normgeprägtes Grundrecht, 2007.
1172 *Kirchhof/Korte/Magen u. a.*, in: Kirchhof/Korte/Magen (Hg.), Öff. Wettbewerbsrecht, 2014, § 4 Rn. 36.
1173 BVerfGE 116, 135, 151.
1174 Dahin *Wollenschläger*, DVBl. 2007, 589, 595 f., aber in Entsprechung zur Entscheidung des *BVerfG*.

Konkurrenz droht der privaten Wirtschaft ggf. auch durch die öffentliche Hand, wenn **625** sie sich am Wirtschaftsgeschehen durch den Betrieb gewinngerichteter öffentlicher Unternehmen beteiligt *(s. u. § 24)*. Geht ein Hoheitsträger derart vor, ist oft zu lesen, Art. 12 Abs. 1 GG richte sich schon auf Schutzbereichsebene nicht gegen **öffentliche Konkurrenz**[1175], solange dadurch die private Konkurrenz nicht unmöglich gemacht oder unzumutbar bzw. in unerträglichem Maße eingeschränkt würde oder ein Auszehrungs- bzw. Verdrängungswettbewerb vorliege[1176]. Dagegen spricht jedoch, dass diese Kriterien ihrer Struktur nach typischerweise rechtfertigungsrelevant sind, so dass die Gegenposition jede konkurrenzwirtschaftliche Tätigkeit der öffentlichen Hand für grundrechtsrelevant und rechtfertigungsbedürftig hält[1177]. Stellt man indes entsprechend der allgemeinen dogmatischen Grundausrichtung des Art. 12 Abs. 1 GG das Erfordernis einer objektiv berufsregelnden Tendenz in den Mittelpunkt, wird man die Wirkungen auf die Privatwirtschaft für ausschlaggebend halten[1178] und davon ausgehen müssen, dass es darauf ankommt, ob die öffentliche Hand Sonderrechte in Anspruch nimmt, die die Marktbedingungen fühlbar[1179] beeinflussen. Denn dann werden die konkreten Rahmenbedingungen des Wettbewerbers verändert, so dass ein Eingriff durch Konkurrenz bejaht werden kann, weil der Umfang der Privilegierung von Konkurrenten in Eingriffsqualität umschlägt[1180]. Diese grundrechtsfreundlichere Betrachtungsweise ist nicht zuletzt im Lichte der zunehmenden Privatisierungstendenzen geboten[1181], zumal sie noch nichts zur Rechtfertigungsfähigkeit erwerbswirtschaftlicher Tätigkeit von Hoheitsträgern sagt.

III. Rechtfertigung

Liegt eine Grundrechtsbeeinträchtigung vor, ist auf Rechtfertigungsebene zu erörtern, **626** ob die Anforderungen an die in Art. 12 Abs. 1 GG normierten Grundrechtsbegrenzungen bzw. -vorbehalte eingehalten sind. Zudem fragt sich, ob das in Streit stehende hoheitliche Verhalten dem Grundsatz der Verhältnismäßigkeit entspricht.

1. Gesetzesvorbehalt

Da Art. 12 Abs. 1 GG Grundlage für die Aufnahme und die Ausübung eines Berufes **627** und eines Gewerbes ist, ist von Bedeutung, unter welchen Voraussetzungen und in welchem Umfang der Gesetzgeber das Recht der Berufswahl und der Berufsausübung beschneiden darf. Voraussetzung für die **Berufsausübung** ist daran anknüpfend ausweislich des Art. 12 Abs. 1 S. 2 GG eine Beschränkung durch ein Gesetz oder auf Grund eines Gesetzes *(s. o. Rn. 157 ff.)*; der dort normierte Regelungsvorbehalt ist als Gesetzesvorbehalt im herkömmlichen Sinne einzuordnen[1182]. Er verlangt allerdings, dass etwaige Beeinträchtigungen der Berufsausübungsfreiheit in fachspezifischen Gesetzen normiert sind, die nach Möglichkeit entsprechend den Belangen des jeweils betroffenen Lebensgebiets zwischen den Betroffenen Rechtspositionen vermitteln und sie dadurch in Ausgleich bringen. Diese Anforderung wird namentlich im Falle neuer

---

1175 BVerfGE 24, 236, 251; BVerwG, DÖV 1978, 851 f. und BVerwG, DVBl. 1996, 153.
1176 BVerwGE 39, 329; BVerwG, DÖV 1996, 250; RPVerfGH, GewArch. 2000, 325 ff.; BVerwG, JZ 2012, 621 ff.
1177 S. zum Streitstand *Möstl*, WiVerw 2011, 231 ff.
1178 *Von Arnim*, Rechtsfragen der Privatisierung, 1995, S. 55 ff.; *Hösch*, DÖV 2000, 399 ff.
1179 *T. Franz*, Gewinnerzielung durch kommunale Daseinsvorsorge, 2005, 102 ff.; *Scharpf*, GewArch. 2005, 1 ff.
1180 So auch Schmidt/Wollenschläger/*Knauff*, Kompendium, § 6 Rn. 24; *Wollenschläger*, in: Kirchhof/Korte/Magen (Hg.), Öff. Wettbewerbsrecht, 2014, § 6 Rn. 75.
1181 S. näher *Stober/Vogel* (Hg.), Wirtschaftliche Betätigung der öffentlichen Hand, 2000; *Stober*, NJW 2002, 2357 ff.; *Schmidt-Aßmann*, in: FS für Ulmer 2003, S. 1015, 1020.
1182 Vgl. dazu BVerfGE 80, 257; BVerfGE 99, 202, 211.

Erscheinungsformen der Berufsausübung gestellt. Liegen sie vor, darf der Gesetzgeber die Verantwortung nicht an die Exekutive abgeben, sondern muss, nachdem er hinreichende Erfahrungen gesammelt hat, selbst regelnd tätig werden[1183].

Beispiele: Für den Betrieb eines Laserdromes mit simulierten Tötungshandlungen gestand die bundesverwaltungsgerichtliche Spruchpraxis der Legislative im Jahre 2002 noch das (auch auf die Berufsausübung bezogene) Recht zu, zunächst Erfahrungen mit dieser neuen Erscheinungsform unternehmerischer Tätigkeit zu sammeln[1184].

628   Für die **Berufswahl** folgt aus Art. 12 Abs. 1 S. 1 GG an sich kein Vorbehalt, so dass man jedenfalls nach dem Wortlaut der Norm davon ausgehen muss, dass insoweit nur verfassungsimmanente Schranken *(s. o. Rn. 594)* herangezogen werden dürfen, um einen Grundrechtseingriff rechtfertigen zu können[1185]. Lehre und Rechtsprechung gehen jedoch seit jeher davon aus, dass der in Art. 12 Abs. 1 Satz 2 GG normierte Vorbehalt auch auf hoheitliche Beeinträchtigungen der Berufswahlfreiheit anwendbar ist. Begründet wird dieses Vorgehen regelmäßig damit, dass sich Berufswahl und -ausübung nicht immer klar trennen lassen, weil jede Berufsausübung die ursprüngliche Wahl der Aktivität aufs Neue bestätigt, und weil eine Differenzierung beider Tätigkeitsformen zu Abgrenzungsschwierigkeiten führt – so im Falle der Aufnahme weiterer Geschäftstätigkeiten durch Ausdehnung der bisherigen Berufsausübung[1186]. Aus diesen Gründen geht man derzeit allgemein davon aus, dass Art. 12 Abs. 1 GG ein einheitliches, in sich geschlossenes Grundrecht abbildet[1187] und der in Satz 2 enthaltene Regelungsvorbehalt Berufsausübung und -wahl gleichermaßen erfasst.

2. Verhältnismäßigkeit

629   Sind die danach eher kryptischen Vorgaben für den Gesetzesvorbehalt erfüllt, verlagert sich die Prüfung auch im Anwendungsbereich der Berufsfreiheit auf den Grundsatz der Verhältnismäßigkeit.

630   a) **Drei-Stufen-Lehre als Grobfilter.** In dessen Rahmen wird zumindest implizit zunächst danach gefragt, ob die Anforderungen der sog. Drei-Stufen-Lehre gewahrt sind. Sie wird bisweilen auch auf Eingriffsebene diskutiert und enthält ein gestaffeltes System in der Stärke wachsender Eingriffsformen, denen zunehmende Rechtfertigungshürden korrespondieren. Im Einzelnen lassen sich drei Stufen differenzieren:

631   aa) **Überblick über die Stufen.** Vorschriften über die **Berufswahl** betreffen daran anknüpfend die Frage, ob und unter welchen Voraussetzungen eine Tätigkeit aufgenommen bzw. fortgeführt werden kann. Es geht insoweit also mit anderen Worten um Tatbestände, die den Zugang zum Beruf betreffen, wobei sich subjektive, d. h. also in der Person des Grundrechtsträgers sowie objektive, d. h. also von den Eigenschaften des Grundrechtsträgers unabhängige Kriterien unterscheiden lassen.

Beispiele: Ausbildungs- und Zuverlässigkeitsprüfungen sind subjektive Wahlregeln; Bedürfnisprüfungen sind objektive Wahlregeln; Altersgrenzen sind subjektive Wahlregeln, auch wenn sich der Alterungsprozess nicht aufhalten lässt[1188].

632   Regelungen der **Berufsausübung** betreffen die Frage, wie und in welcher Weise eine Tätigkeit nach Berufsbeginn ausgeübt werden kann, ohne auf die Freiheit der Berufswahl zurückzuwirken. Es geht insoweit also um Tatbestandsmerkmale, die die Modali-

---

1183   Schmidt/Wollenschläger/*Korte*, Kompendium, § 9 Rn. 39; *Ruthig/Storr*, Öff. WiR, Rn. 320; BVerwGE 10, 164.
1184   BVerwGE 115, 189, 192; vgl. dazu auch BVerfG, DVBl. 2013, 169 ff.
1185   *Hufen*, NJW 1994, 2913, 2917.
1186   BVerwGE 51, 235 ff.; BGH, NJW 1997, 2422.
1187   BVerfGE 7, 377, 402; *Mann*, in: Sachs (Hg.), GG, 8. Aufl. 2018, Art. 12 Rn. 14.
1188   BVerfG, GewArch. 2005, 243; BVerfG, GewArch. 2007, 149 (Verkehrspilot).

täten der beruflichen Tätigkeit betreffen, indem sie Aussagen darüber treffen, in welcher Art und Weise der Grundrechtsträger seine berufliche Tätigkeit gestalten muss.

Beispiele: Ladenöffnungszeiten[1189], Gaststättensperrzeiten, Beachtung des Jugendschutzgesetzes, Pflicht zum Aufdruck von Warnhinweisen auf der Verpackung von Tabakerzeugnissen[1190], Pflicht zur Beschäftigung Schwerbehinderter[1191].

Nicht alle Einschränkungen der Berufsfreiheit lassen sich eindeutig in die schematischen Kategorien Berufswahl oder Berufsausübung **einordnen** *(s. o. Rn. 611)*. Insbesondere bei der erwähnten Änderung bzw. Erweiterung der Berufstätigkeit oder bei Zweitberufen ist zweifelhaft, ob es sich lediglich um eine Frage der Berufsausübung oder der Berufswahl handelt. Die Klärung ist wichtig, weil die Berufsausübung nach anderen Maßstäben eingeschränkt werden kann als die Berufswahl, so dass die konkrete Reichweite eines bestimmten Berufs über die Intensität der Rechtfertigungsanforderungen entscheidet, die die Hoheitsgewalt nach der Drei-Stufen-Lehre bei der Schaffung berufsbezogener Regelungen treffen.

633

Um den daraus resultierenden Schwierigkeiten Herr zu werden, wird in der Regel die sog. **Berufsbildlehre** herangezogen, nach der ein abgrenzbares Berufsbild anhand seines äußeren Erscheinungsbildes, seiner Qualifikationsanforderungen, und seines sozialen Gewichts unter Zuhilfenahme der allgemeinen Verkehrsauffassung und der Einschätzung sachverständiger Gremien festgelegt wird. Probleme ergeben sich allerdings, soweit in diesem Kontext auf gesetzliche Wertungen Bezug genommen wird, weil dann die Gefahr besteht, dass die Legislative die aus der Drei-Stufen-Lehre resultierenden Bindungen durch Zusammenführung und Typisierung von Berufsbildern klein hält[1192]. Aus diesem Grunde bildet die Gesetzeslage nur ein erstes Indiz, das mit Hilfe der soeben dargelegten Kriterien auf Basis einer objektiven Perspektive entkräftet werden kann.

634

bb) Rechtfertigungsanforderungen. Insbesondere weil die Wortlautunterschiede in Art. 12 Abs. 1 GG darauf hindeuten, dass die Regelungsbefugnis des Gesetzgebers in erster Linie um der Berufsausübung willen gegeben ist, gehen Rechtsprechung und Literatur davon aus, dass die Eingriffsbefugnisse des Staates umso geringer sind, je mehr eine (unbeeinflussbare) Berufswahlregelung vorliegt[1193]. Aus diesem Grunde variieren die Anforderungen an Eingriffe in die Berufsfreiheit danach, welche **Facette der Drei-Stufen-Lehre** betroffen ist. Im Einzelnen genügen dort, wo die Berufsausübungsfreiheit beschränkt wird, bereits vernünftige Erwägungen des Gemeinwohls. Subjektive Berufswahlregeln lassen sich demgegenüber nur auf Basis besonders wichtiger Gemeinschaftsgüter rechtfertigen. Die strengsten Anforderungen bestehen schließlich aufgrund ihrer Unbeeinflussbarkeit dann, wenn eine objektive Berufswahlregelung gegeben ist, weil sie der Abwehr nachweisbarer bzw. höchstwahrscheinlicher Gefahren für ein überragend wichtiges Rechtsgut dienen müssen[1194].

635

Die Subsumtion unter diese recht offenen und in ihrer Abgrenzung schwierigen Vorgaben bereitet in praxi erhebliche Probleme. Im Sinne einer Faustformel wird man gleichwohl als überragend wichtige Güter die in der Verfassung selbst genannten einordnen können, während besonders wichtige Gründe solche sind, die jedenfalls aus der Verfassung ableitbar sind und dann auch vom Gesetzgeber festgelegt werden dürfen. Der Kreis der vernünftigen Gründe geht schließlich über diese Kategorien noch hinaus und

636

1189 BVerfG NJW 2002, 666 ff. und BVerfG, NJW 2004, 2363, 2365.
1190 BVerfGE 95, 173, 181 ff. mit Anm. *Di Fabio*, NJW 1997, 2863 f.
1191 BVerfG, NJW 2005, 737.
1192 Vgl. *Mann*, in: Sachs (Hg.), GG, 8. Aufl. 2018, Art. 12 Rn. 68 ff.
1193 BVerfG, DVBl. 1992, 276 ff.
1194 S. dazu z. B. *Kaiser*, JURA 2008, 844 ff.

umfasst letztlich jeden Allgemeinwohlbelang und sogar Zweckmäßigkeitsaspekte[1195], ohne dass es darauf ankäme, ob sie einen Niederschlag im Grundgesetz gefunden haben. Erforderlich ist nur, dass sich diese vernünftigen Gründe nicht auf individualbezogene Aspekte reduzieren lassen, wie die des Schutzes eines bestimmten Konkurrenten.[1196]

Beispiele: Im Falle einer Beeinträchtigung der Berufsfreiheit auf erster Stufe genügen irgendwelche Gemeinwohlbelange. Sie können namentlich in allgemein effizienzgeleiteten Erwägungen bestehen. Eingriffe auf zweiter Stufe können z. B. mit Hilfe verbraucherschützender Erwägungen gerechtfertigt werden[1197], weil sie sich aus den Art. 1, 20 GG ableiten lassen. Beschränkungen der Berufsfreiheit auf dritter Stufe lassen sich schließlich mit Hilfe von nachhaltigen Gefahren für Rechtsgüter legitimieren, die in der Verfassung normiert sind – so wegen Art. 2 Abs. 2 S. 1 GG die Individual- oder Volksgesundheit[1198].

637   **cc) Aufweichungen.** Da die Drei-Stufen-Lehre ihrerseits Ausdruck des Verhältnismäßigkeitsgrundsatzes ist, ist stets zu prüfen, ob Eingriffe auf einer niedrigeren Stufe gleich geeignet zur Bekämpfung der bestehenden Gefahren sind. Im Übrigen darf die Drei-Stufen-Lehre allerdings **nicht im Sinne einer statischen Anforderung** missverstanden werden. Ihre Rückführbarkeit auf das Prinzip der Verhältnismäßigkeit gebietet vielmehr eine Anwendung mit Augenmaß. Deshalb kann es sein, dass Eingriffe, die für sich eigentlich nur als Ausübungsregel einzustufen sind, aufgrund ihrer hohen Eingriffsintensität den Vorgaben für Berufswahlregeln gerecht werden müssen. Zudem kann es sein, dass objektive nur an den Anforderungen subjektiver Berufswahlregeln gemessen werden, wenn es die Eigentümlichkeit der jeweiligen Tätigkeit gebietet oder ein Staatsmonopol auf dem Prüfstand steht, obwohl es in seinen Wirkungen eigentlich einer Berufssperre gleichkommt[1199].

Beispiel: Da der Betrieb einer Spielbank eine an sich unerwünschte Tätigkeit ist, die nur durchgeführt wird, um den natürlichen Spieltrieb des Einzelnen in geordnete, staatlich überwachte Bahnen zu lenken und vor Ausnutzung durch Ausbeutung zu schützen, lässt sich eine Monopolisierung in diesem Bereich bereits mit wichtigen Gemeinwohlbelangen – vorliegend eine effektive Abwehr von Gesundheits- und Betrugsgefahren – rechtfertigen, obwohl dadurch private Unternehmen vollständig vom Markt ausgeschlossen werden und daher eine objektive Berufszulassungssperre vorliegt.

638   **b) Verhältnismäßigkeit im Übrigen.** Diese Aufweichungen haben der Drei-Stufen-Lehre immense Kritik[1200] eingetragen. Sie zeigen letztlich aber nur, dass es für die Verfassungskonformität einer Maßnahme auch im Lichte des Art. 12 Abs. 1 GG entscheidend vor allem darauf ankommt, ob sie einen legitimen Zweck verfolgt, geeignet, erforderlich und angemessen ist. Während die erstgenannte Anforderung schon den Vorgaben der Drei-Stufen-Lehre immanent ist, lassen die anderen Voraussetzungen Raum für Argumentation auf Basis der konkreten Umstände des jeweiligen Einzelfalls[1201]. Zurückhaltung ist indes bei Maßnahmen des Gesetzgebers geboten, da die verfassungsgerichtliche Spruchpraxis ihm weit reichende **Beurteilungs- und Einschätzungsspielräume** aufgrund der Zukunftsgerichtetheit seines Tuns und der Komplexität wirtschaftlicher Zusammenhänge als maßgebliche Regelungsmaterien im Anwendungsbereich des Art. 12 Abs. 1 GG zuweist. Der genaue Umfang dieser Prärogative

---

1195   BVerfGE 77, 308, 332.
1196   Siehe dazu BVerfGE 93, 362, 370; allg. dazu *Mann*, in: Sachs (Hg.), GG, 8. Aufl. 2018, Art. 12 Rn. 125 ff.
1197   BVerfG, GewArch. 1998, 333 und BVerfGE 105, 252, 272.
1198   BVerfGE 107, 186, 196.
1199   *Mann*, in: Sachs (Hg.), GG, 8. Aufl. 2018, Art. 12 Rn. 140 f.
1200   Vgl. exemplarisch *Lücke*, Die Berufsfreiheit, 1994; *Hufen*, NJW 1994, 2913, 2917.
1201   S. etwa BVerfG, NJW 1998, 2811 und DVBl. 2000, 1765; BVerfGE 102, 197 ff.; BGH, NJW 2001, 3707, 3709; ausf. zum Ganzen *Mann*, in: Sachs (Hg.), GG, 8. Aufl. 2018, Art. 12 Rn. 142 ff.

hängt dann von der Intensität des Eingriffs ab. Zudem bestehen Verfahrensvorgaben und Korrekturpflichten im Falle fehlerhafter Prognosen[1202].

Beispiel: Der Gesetzgeber hat nach Ablauf einer gewissen Zeitspanne zu prüfen, ob die Veranstaltung von Sportwetten in staatlicher Monopolregie wirklich geeignet ist, die mit dem Glücksspiel verbundenen Gefahren einzudämmen[1203].

Der Grundsatz der Verhältnismäßigkeit ist namentlich offen dafür, die Kompetenz des **639** Gesetzgebers zur Regelung der Funktionsbedingungen des Wettbewerbs zu berücksichtigen, indem der Schutz der Berufsfreiheit im Wettbewerb umso weniger weit reicht, je mehr ein unternehmerisches Verhalten diesen Faktoren zuwider läuft[1204]. Zudem kann dieses Prinzip, soweit keine Sonderregeln wie z. B. Art. 143b Abs. 2 GG greifen[1205], die Spezifika von beruflichen Tätigkeiten im öffentlichen Dienst in Ansehung der Art. 28 Abs. 3, 33 GG[1206] oder in Konkurrenz zu Hoheitsträgern einbeziehen, z. B. soweit deren Tätigkeit daseinsvorsorgend ist[1207]. Der Verhältnismäßigkeitsgrundsatz kann ferner zwischen (insbesondere unionsrechtlich induzierten) Privatisierungstendenzen und gemeinwohldienlicher Marktteilnahme vermitteln, indem er auf duale Formen der Aufgabenerledigung drängt und Raum für eine parallele privatwirtschaftliche Tätigkeit lässt *(s. o. § 3 III und u. § 26 II)*[1208]. Zusammengefasst ermöglicht es dieses Prinzip im Anwendungsbereich des Art. 12 Abs. 1 GG somit, die ökonomischen Interessen von Unternehmen und Arbeitskräften mit hoheitlichen Gemeinwohlzielen in **Ausgleich** zu bringen.

Beispiel: Ein staatliches Monopol für Sportwetten ist im Lichte der Zielsetzung des Schutzes vor Spielsucht mit Art. 12 Abs. 1 GG nur vereinbar, wenn es konsequent am Ziel der Bekämpfung von Suchtgefahren ausgerichtet ist[1209] und sich die Werbung für das staatliche Monopolangebot auf sachliche Informationen beschränkt, d. h. also nicht zur Spielteilnahme anheizt[1210].

IV. Berufsfreiheit als Teilhaberecht

Für den Zugang zu staatlichen Einrichtungen, insbesondere im auch von Art. 12 **640** Abs. 1 GG erfassten Bereich der Ausbildung, kommt der Berufsfreiheit ebenfalls erhebliche Bedeutung zu – nämlich soweit einem Bewerber die Aufnahme dem Grunde nach verweigert wird, z. B. weil er die gestellten Anforderungen nicht erfüllt. Insoweit ergeben sich letztlich keine Unterschiede zur Abwehrfunktion der Grundrechte, weil es darum geht, die hoheitlich festgelegten Voraussetzungen und deren Anwendung im Einzelfall im Lichte der Berufsfreiheit zu würdigen. Liegt die Ursache hingegen darin, dass von den dem Grunde nach zulassungsfähigen Bewerbern aus Kapazitätsgründen nur eine vorher festgelegte Anzahl ausgewählt werden kann, ist Art. 3 Abs. 1 GG in seiner Funktion als **derivatives Teilhaberecht** angesprochen *(s. u. Rn. 759)*[1211]. Beide Grundrechte sind somit bei der Geltendmachung von Zugangsansprüchen eng verbun-

---

1202 Zum Ganzen Schmidt/Wollenschläger/*Wollenschläger*, Kompendium, § 2 Rn. 56; BVerfGE 123, 186, 242.

1203 BVerwGE 114, 92 ff.; BGH, NJW 2001, 1569; s. auch VGH Kassel, GewArch. 2004, 153 ff.; OVG Lüneburg, GewArch. 2005, 282, 284; BayVGH, GewArch. 2005, 78, 82; BVerfGE 115, 276, 300; BVerfG, NVwZ 2008, 301 f.

1204 *Kirchhof/Korte/Magen u. a.*, in: Kirchhof/Korte/Magen (Hg.), Öff. Wettbewerbsrecht, 2014, § 4 Rn. 37.

1205 VGH Mannheim, GewArch. 2002, 376; BVerfG, GewArch. 2004, 68 f.; BGH, NJW 2006, 362.

1206 BVerfGE 73, 280, 292 f.; 96, 158, 163; So BVerwGE 91, 24, 30; 96, 302, 307; *Badura*, in: HdBGR II, § 29 C.

1207 So BayVerfGH, DVBl. 2005, 436, 438 zum Aufbahren von Leichen bei Bestattungsunternehmen.

1208 S. näher *Stober*, Rückzug des Staates im Wirtschaftsverwaltungsrecht, 1997; *ders.*, NJW 1997, 889 ff.

1209 BVerfGE 115, 276, 311 ff.

1210 BVerwG, GewArch. 2011, 316 ff.

1211 *Mann*, in: Sachs (Hg.), GG, 8. Aufl. 2018, Art. 12, Rn. 168.

den, so dass die verfassungsgerichtliche Spruchpraxis in der Regel Art. 12 Abs. 1 GG und Art. 3 Abs. 1 GG gemeinsam heranzieht, um etwaige Ansprüche zu begründen[1212].

Beispiel: Absolute Zulassungsbeschränkungen für Studienanfänger einer bestimmten Fachrichtung wie dem Medizinstudium halten Art. 12 Abs. 1 GG nur Stand, wenn sie in den Grenzen des unbedingt Erforderlichen unter erschöpfender Nutzung der vorhandenen Ausbildungskapazitäten angeordnet werden[1213].

641   Ein **originäres Teilhaberecht** beispielsweise auf eine Ausbildungsförderung[1214], auf die Bereitstellung zwingend nötiger Ausbildungsutensilien[1215], aber auch im Sinne einer Erweiterung von begrenzten Kapazitäten über die vorher festgelegten Zahlen hinaus lässt sich aus der Berufsfreiheit demgegenüber nicht ableiten, weil der Vorbehalt des Möglichen *(s. o. Rn. 558)* den Staat dazu zwingt, die vorhandenen Mittel nicht einseitig zu verwenden, sondern auch die anderen ihn treffenden Gemeinwohlaufgaben zu erfüllen. Jedoch lässt sich Art. 12 Abs. 1 GG dahin aktivieren, dass die Festlegung der Kapazitäten daraufhin überprüft werden kann, ob sie im Lichte der widerstreitenden Interessen zielführend erfolgt ist. Zweifel können in solchen Fällen bestehen, wenn die Zahlen nicht am Bedarf, sondern an hoheitlichen Wünschen orientiert sind. Liegt eine solche Konstellation vor, bietet die Berufsfreiheit ggf. Schutz[1216].

Beispiel: Den Zugang zum Studium der Humanmedizin darf der Gesetzgeber nicht den Hochschulen überlassen. Stattdessen muss er auch im Lichte des Art. 12 Abs. 1 GG insbesondere die Auswahlkriterien vorgeben und die Auswahlverfahren standardisieren; Spielräume zugunsten der Hochschulen sind nur jenseits wesentlicher Fragen möglich[1217].

§ 19 Eigentumsfreiheit und Vergesellschaftung

642   Neben der Berufsfreiheit bildet die Eigentumsfreiheit ein wesentliches Standbein der Unternehmergrundrechte. Während das Welthandelsrecht vornehmlich Mechanismen zum Schutz des geistigen Eigentums in Form des TRIPS bereithält und damit dessen Bedeutung für den technologischen Fortschritt entspricht[1218], werden dort körperliche Gegenstände aufgrund der unterschiedlichen Wirtschaftssysteme der WTO-Partner nicht in vergleichbarer Weise geschützt[1219]. Sie können, solange keine Investitionsschutzabkommen greifen[1220], im Gegenteil insoweit an sich autonom handeln, z. B. was Enteignungen angeht[1221]. Im Unionsrecht, das trotz Art. 345 AEUV in weiten Teilen für eigentumsrechtliche Maßnahmen gilt *(s. o. Rn. 409)*, finden sich wegen dessen binnenmarktgerichteter Ziele[1222] deutlich weitergehende Garantien. Sie zeigen sich im Sekundärrecht und vor allem in Art. 17 EU GR Charta, der körperliches und geistiges (vgl. dessen Abs. 2)[1223] Eigentum vor unverhältnismäßigen Maßnahmen der Unionsgewalt und der Mitgliedstaaten bei der Durchführung von Unionsrecht (vgl.

1212   Vgl. dazu *Muckel*, JA 2018, 233 ff.
1213   BVerfGE 33, 301 332.
1214   BVerwGE 81, 242, 251.
1215   BVerwG, NJW 1997, 2465, 2466.
1216   *Mann*, in: Sachs (Hg.), GG, 8. Aufl. 2018, Art. 12, Rn. 169 f.
1217   BVerfG, NJW 2018, 361 ff.
1218   *Elfring*, Geistiges Eigentum in der Welthandelsordnung, 2007; *Haedicke*, in: Ehlers, § 7 Rn. 12, 25 ff.
1219   BVerfGE 112, 1, 34; *Ohler*, JZ 2006, 875 ff.
1220   *Haltern*, in: Ipsen, Völkerrecht, 6. Aufl. 2014, § 34 Rn. 41 ff.
1221   *Herdegen*, Internationales Wirtschaftsrecht, 10. Aufl., § 20 Rn. 2.
1222   Calliess/Ruffert/*Calliess*, EUV/AEUV, Art. 17 GRCh Rn. 1.
1223   *Durner*, HdBGR VI/1 § 162 G.

Art. 51 Abs. 1 S. 1 EU GR Charta) schützt und der im ersten Zusatzprotokoll zur EMRK verankerten Eigentumsgarantie[1224] ähnelt.

I. Schutzbereich

Die in Art. 14 GG normierte Eigentumsfreiheit ist diesen Gewährleistungen ebenfalls **643** vergleichbar. Sie bildet die (zunächst) maßgebliche Schutznorm für eigentumsrelevante Maßnahmen durch die deutsche Hoheitsgewalt, indem sie das Recht auf Eigentum gewährleistet und Wertersatz bei Enteignungen garantiert. Die Erbrechtsgarantie ergänzt die Eigentumsgarantie und bildet zusammen mit dieser die verfassungsrechtliche Basis privater Vermögenszuordnung[1225]. Sie kommt in der die individuelle Selbstbestimmung verwirklichenden Testierfreiheit und in dem gesetzlich vielfach verankerten Recht auf Fortführung des Gewerbebetriebes durch Erben zum Ausdruck[1226] (s. etwa § 8 GüKG). Art. 14 GG zielt darauf ab, Freiräume im vermögensrechtlichen Bereich zu sichern, um dem Einzelnen eine eigenverantwortliche Gestaltung des Lebens zu ermöglichen; gegenständliche und persönliche Entfaltung weisen insoweit enge Bezüge auf.[1227]

1. In persönlicher Hinsicht

Der personale Geltungsbereich des Art. 14 Abs. 1 GG ist **umfassend**. Auf dieses **644** Grundrecht können sich neben natürlichen Wirtschaftssubjekten aus Deutschland auch ausländische Unternehmer berufen. Zudem gilt die Eigentumsfreiheit für juristische Personen wie z. B. offene Handelsgesellschaften[1228], soweit die Voraussetzungen des Art. 19 Abs. 3 GG vorliegen. Juristische Personen des öffentlichen Rechts genießen nach der verfassungsgerichtlichen Spruchpraxis nicht den Schutz der Eigentumsfreiheit, da dieses Grundrecht nicht jedes Privateigentum, sondern nur das Eigentum Privater schützt und daher seinem Wesen nach nicht auf sie anwendbar ist. Stattdessen wird vielmehr davon ausgegangen, dass die diesen Institutionen zustehenden Kompetenzen hinreichend vor hoheitlicher Beeinträchtigung etwaiger Rechtspositionen schützen *(s. o. Rn. 573 f.)*[1229].

Beispiel: Eine Gemeinde kann sich (auch außerhalb der Wahrnehmung ihrer öffentlichen Kernaufgaben) nicht auf die Eigentumsfreiheit berufen. Aus diesem Grunde greift der Schutz des Art. 14 Abs. 1 GG im Falle einer Beeinträchtigung des Gemeindegebiets etwa durch den Bau einer industriellen Anlage mit hohen Mengen an Schadstoffausstoß nicht[1230].

2. In sachlicher Hinsicht

Der sachliche Schutzbereich bezieht sich auf den Umgang mit Eigentum. Die darunter- **645** fallenden Positionen werden in hohem Maße durch das geltende Recht geformt, wie § 903 BGB zeigt, so dass oftmals von einer **Normprägung der Eigentumsfreiheit** die Rede ist. Daran anknüpfend werden unter den Begriff des Eigentums alle durch Leistung erworbenen Vermögenswerte gefasst, die (ggf.) anteilig in der alleinigen Verfügungsmacht ihres Inhabers stehen und ihm derart rechtlich zugewiesen sind, dass er die damit verbundenen Befugnisse nach eigenverantwortlicher Entscheidung zu seinem privaten Nutzen ausüben und andere davon ausschließen darf[1231] (sog. Ausschluss-

---

1224 S. näher EGMR, NJW 2003, 2221 ff.; BVerwGE 124, 47, 58.
1225 BVerfGE 93, 165, 174.
1226 BVerfGE 99, 341, 350 f.
1227 *Kingreen/Poscher,* Staatsrecht II, 3. Aufl. 2017, § 23 Rn. 1030; BVerfGE 102, 1, 15.
1228 BVerfGE 4, 7 ff.
1229 Kritisch insbesondere soweit es um Gemeinden geht, *Hufen,* Staatsrecht II, 6. Aufl. 2017, § 38 Rn. 18.
1230 Vgl. BVerfGE 61, 82, 100.
1231 BVerfGE 83, 201, 208; 89, 1, 6.

und Nutzungsfunktion des Eigentums). Von Art. 14 Abs. 1 GG geschützt werden allerdings nur konkrete vermögenswerte Rechte, nicht aber das Vermögen als solches, das den Inbegriff aller geldwerten Güter einer Person darstellt[1232].

646 a) **Schutz des beruflich Erworbenen.** Im Lichte dieser Arbeitsdefinition kommt Art. 14 GG im Gefüge der Grundrechte die Aufgabe zu, einen Freiheitsraum im vermögensrechtlichen Bereich zu sichern und dem Grundrechtsträger durch Zubilligung und Sicherung von Herrschafts-, Nutzungs- und Verfügungsrechten eine autonome Gestaltung seines Lebens zu ermöglichen[1233]. Die **Eigentumsfreiheit ergänzt** damit **Art. 12 Abs. 1 GG** um den Schutz der Produktionsfaktoren bzw. Produktionsmittel Boden und Kapital, ohne sich hierauf zu beschränken, und trägt den Gedanken Rechnung, dass die Staatsbürger die wirtschaftliche Grundlage ihrer Existenz und ihrer Freiheiten vornehmlich durch den Arbeitsertrag sichern[1234] und dass das Erwerben nur Sinn macht, wenn das Erworbene behalten werden darf. Die Eigentumsfreiheit beantwortet infolgedessen die wirtschaftssystementscheidende Schlüsselfrage nach dem Eigentumsschutz dahin, dass sie den durch eigene Arbeit und Leistung erworbenen Bestand an vermögenswerten Gütern anerkennt.

647 Der Berechtigte hat einen Anspruch darauf, dass ihm die Privatnützigkeit des Erworbenen und die Verfügungsbefugnis über geschaffene vermögenswerte Rechtspositionen jedenfalls im Kern zustehen[1235]. Während **Art. 12 GG den Erwerb**, die Betätigung als solche schützt, sichert **Art. 14 GG das Erworbene**, das Ergebnis der wirtschaftlichen Betätigung und damit die privat verfügbare ökonomische Grundlage individueller Freiheit. Greift die öffentliche Gewalt in die Freiheit der individuellen Erwerbs- und Leistungstätigkeit ein, dann findet Art. 12 GG Anwendung. Begrenzt die öffentliche Gewalt mehr das Innehaben und die Verwendung vorhandener Vermögensgüter, dann ist Art. 14 GG berührt[1236]. Dieses Grundrecht steht damit in einem unauflöslichen Kontext zur Berufsfreiheit, die insofern mindestens mittelbar das Eigentumsrecht gewährleistet[1237]. Oftmals berühren hoheitliche Maßnahmen deshalb Art. 12 GG und Art. 14 GG gleichermaßen.[1238]

Beispiele: Ein Gesetz, dass auf eine Beschleunigung des Atomausstiegs abzielt, macht einerseits die Nutzung bestehender Atomkraftwerke nach Ablauf des Abschalttermins unmöglich und weist so Bezüge zu Art. 14 GG auf, beendet andererseits aber auch die berufliche Betätigung als Atomkraftwerkbetreiber und beschränkt dadurch Art. 12 GG. In der Regel geht die Schutzwirkung der Berufsfreiheit in solchen Fällen aber nicht über die des Eigentumsgrundrechts hinaus[1239].

648 Aus den soeben beschriebenen Linien der Abgrenzung zwischen Berufs- und Eigentumsfreiheit folgt wegen des insoweit maßgeblichen Rückgriffs auf das Erworbene, dass Art. 14 Abs. 1 GG nur Rechtspositionen schützt, die einem Rechtssubjekt bereits zustehen. Es ist folglich allein der vorhandene konkrete Bestand an Rechten und Gütern, der Bestandsschutz verdient. Hingegen werden weder Vermarktungs-, Umsatz- oder Gewinnchancen oder tatsächliche Gegebenheiten noch in der Zukunft liegende Verdienstmöglichkeiten garantiert, weil die Eigentumsfreiheit nicht darauf ausgerich-

---

1232 BVerfGE 91, 207, 220; BVerfG, NJW 1997, 1975; a. M. *Leisner*, NJW 1995, 2591, 2594.
1233 BVerfGE 24, 367, 389; 31, 229, 239.
1234 BVerfGE 97, 350, 371 und 105, 252, 277.
1235 BVerfGE 93, 121, 135.
1236 BVerfGE 30, 292; 84, 133, 157; BVerfG, NVwZ 2010, 1212, 1214; BGHZ 111, 349; BGH, NJW 1996, 2422 f.
1237 *Badura*, in: HdBGR II, § 29 D.
1238 Schmidt-Bleibtreu/Hofmann/Henneke/*Hofmann*, GG, Art. 12 Rn. 107.
1239 BVerfGE 143, 246, 300.

tete ist, den Absatz von Produkten oder Dienstleistungen zu gewährleisten[1240]. Art. 14 Abs. 1 GG gewährt folglich keinen Erwerbsschutz und ist **primär vergangenheits- und gegenwartsbezogen**, jedenfalls aber bestandsbezogen, weil sich dieses Grundrecht wie eingangs erwähnt auf erworbene Vermögenswerte bezieht.

Beispiele: Der Eigentümer eines an einer vielbefahrenen innerstädtischen Bundesstraße gelegenen Tankstellengrundstücks hat keinen Anspruch auf Geldentschädigung, wenn infolge Untertunnelung der Bundesstraße der an der geänderten oberirdischen Straßenverbindung vorbeifließende Verkehr drastisch abnimmt, weil die aus dem Tankstellenbetrieb bzw. der Grundstücksnutzung resultierenden Verdienstmöglichkeiten eigentumsrechtlich nur als Erwerbschancen einzuordnen sind[1241]. Art. 14 Abs. 1 GG schützt nur die rechtliche Befugnis, eine Sache zum Verkauf anzubieten, weil es sich um einen Teil des wirtschaftlichen Bestands handelt, nicht aber die tatsächlichen Absatzmöglichkeiten, weil sie kein Teil des bereits Erworbenen sind, sondern zum Erwerb zählen. Deshalb ist die hoheitliche Veröffentlichung marktbezogener Informationen (im Fall eine Liste, in der darauf hingewiesen wird, dass in bestimmten Weinen Glykol festgestellt wurde) an Art. 12 GG zu messen[1242].

Da sich der Eigentumsschutz nicht auf Erwerbschancen bezieht, der Erfolg im Wettbewerb aber notwendigerweise einen Blick in die Zukunft verlangt und damit nicht feststeht, vermittelt Art. 14 GG ähnlich wie die Berufsfreiheit **keinen Schutz vor möglicher Konkurrenz**. Daher sind etwaige Marktöffnungen nicht an der Eigentumsfreiheit zu messen, zumal davor ggf. bestehende Ausschließlichkeitsrechte ein Geschenk der Rechtsordnung und keine durch eigene Leistung erworbenen Vermögenswerte abbilden[1243]. Zudem greift Art. 14 GG grundsätzlich nicht, wenn die öffentliche Hand in den Wettbewerb eintritt, insbesondere indem sie selbst marktmäßig aktiv wird[1244], weil es auch dann primär um rückläufige Erwerbschancen geht, so dass in erster Linie Art. 12 GG angesprochen ist. Etwas anderes ist lediglich dann denkbar, wenn dieses Vorgehen Rückwirkungen auf den Bestand hat, z.B. weil es die Nutzung angeschaffter Investitionen unmöglich macht. Insoweit gelten dann aber die zur Berufsfreiheit entwickelten Beeinträchtigungskriterien entsprechend *(s.o. Rn. 621)*. **649**

b) Schutz von Wirtschaftsflächen. Für den Unternehmer ist das Eigentumsgrundrecht unter dem Aspekt der kommerziellen Nutzung von Betriebsgrundstücken, Produktionsanlagen, Lagerhallen, Geschäftslokalen usw. relevant – einerseits in Form des Gebrauchs der dortigen Gebäude zu wirtschaftlichen Zwecken, andererseits (und dem vorgelagert) in Form des Baus bzw. ihrer Veränderung. Insoweit stellt sich die Frage nach dem Eigentumsschutz der **Baufreiheit**. Das Eigentumsrecht bezweckt die Sicherung des durch Eigentumsausübung Geschaffenen. Aus dieser Perspektive erfasst Art. 14 Abs. 1 Satz 1 GG das Recht, ein insbesondere im Einklang mit dem bei der Errichtung geltenden öffentlichen Baurecht ausgeführtes Vorhaben funktionsgerecht zu nutzen. Die Baufreiheit ist daher ein Teilausschnitt der deshalb auf das Baurecht ausstrahlenden Eigentumsfreiheit und wird in der Regel über die Erteilung einer Baugenehmigung legalisiert (sog. **Legalisierungswirkung**). Art. 14 GG steht aber nicht nur dem Unternehmer als Bauherrn zu, sondern auch seinem Nachbarn. Er kann sich daher ebenfalls auf die Eigentumsfreiheit berufen, jedoch wegen deren Normprägung nicht direkt, sondern nur über das Baurecht, soweit es (auch ihm) als Teil eines abgrenzbaren Personenkreises dienen soll (Schutznormgedanke *(s.u. Rn. 1134)*).[1245] **650**

1240 BGHZ 78, 41; 111, 349; BGH, NJW 1996, 2422 f.; BVerwGE 95, 341, 348 f.; 96, 292, 301; BVerwG, GewArch. 1998, 64; BGH, NVwZ-RR 2000, 744; BVerfG, GewArch. 2002, 372; BVerfG, DVBl. 2005, 106, 109.

1241 S. auch BVerfG, NVwZ 1991, 358; s. auch VGH Mannheim, BayVBl. 2003, 719 f.

1242 BVerfGE 105, 252, 278.

1243 BVerfG, GewArch. 2002, 372.

1244 So aber *Wendt*, in: Sachs (Hg.), GG, 8. Aufl. 2018, Art. 14 Rn. 51.

1245 BVerwG, NVwZ 1999, 523 ff.; *Axer*, in: Epping/Hillgruber (Hg.), GG, 2. Aufl. 2016, Art. 14 Rn. 46.

651   Ob sich aus der Eigentumsfreiheit auch ein über die Baufreiheit hinausgehender verfassungsunmittelbarer Bestandsschutz für Wirtschaftsbauten ableiten lässt, ist umstritten. Grundsätzlich sind zwei Formen zu differenzieren: einerseits der passive **Bestandsschutz,** der auf Erhaltung eines ursprünglich rechtmäßigen und nun rechtswidrigen Bauvorhabens und die Fortsetzung der bestehenden Nutzung drängt, sowie andererseits der aktive Bestandsschutz zur Sicherung der funktionsgerechten Nutzung (Folgeinvestitionen, Modernisierungs- und Wiederherstellungsarbeiten). In der Vergangenheit wurden Ansprüche auf Genehmigungen im Rahmen des passiven und aktiven Bestandsschutzes im Lichte der Eigentumsfreiheit bejaht[1246]. In jüngerer Zeit setzt sich jedoch die Ansicht durch, dass es angesichts der Normgeprägtheit des Art. 14 Abs. 1 Satz 2 GG außerhalb der gesetzlichen Regelungen keinen verfassungsunmittelbaren Anspruch auf Zulassung eines Vorhabens aus Bestandsschutz geben kann[1247]. Das gilt insbesondere für die bedeutsamen Bestands- und Funktionsänderungen in Gestalt von Betriebserweiterungen und Nutzungsänderungen[1248]. Die Eigentumsfreiheit bietet hingegen jedoch Schutz davor, dass der Staat Grundstücksnutzungen, die umfangreiche Investitionen erforderten, abrupt beendet und damit quasi den Kapitaleinsatz von heute auf morgen entwertet.[1249]

Beispiele: Die Umwandlung eines Kinos und einer Spielothek in eine Großspielhalle genießt keinen Bestandsschutz, auch wenn die beiden Ausgangsvorhaben aufgrund einer immer noch gültigen Baugenehmigung errichtet worden sind und sich alle drei Nutzungen unter dem Oberbegriff der Vergnügungsstätte zusammenfassen lassen.[1250] Soll eine bestehende Kirche in einem Industriegebiet um die Krypta erweitert werden, muss dieses Vorhaben mit den Interessen der dort ansässigen Unternehmen in Ausgleich gebracht werden und darf sie nicht mit der Folge der Entwertung bestehender Investitionen übergehen[1251].

652   Die Nutzbarkeit von Wirtschaftsflächen hängt auch von deren Zugänglichkeit ab, die Art. 14 Abs. 1 GG daher ebenfalls schützt.[1252] Erfasst ist insoweit insbesondere der sog. **Anliegergebrauch** verstanden als gesteigerter Gemeingebrauch an einer Straße als notwendiger „Kontakt nach außen"[1253]. Die konkrete Reichweite dieser Gewährleistung folgt indes ähnlich wie im Falle der Baufreiheit nicht aus Art. 14 GG, sondern aus dem Straßenrecht[1254], so dass die Rechtsposition des Gewerbetreibenden auf die Durchführung eines angemessenen Interessenausgleichs reduziert ist. Daher ist Anliegergebrauch zu gewähren, wenn ein wirtschaftlich zwingendes Bedürfnis des Gewerbetreibenden an der Kommunikation und damit an der gesteigerten Benutzung anerkannt wird[1255]. Dementsprechend müssen vor allem das Interesse am Zugang zur Straße und die Zugänglichkeit des Grundstücks von der Straße her berücksichtigt werden. Werbeanlagen (Werbeausleger) von Erwerbsbetrieben werden deshalb nicht als Teilausschnitt des verfassungsrechtlich geschützten Anliegergebrauchs eingeordnet, sondern als erlaubnis- und regelmäßig kostenpflichtige Sondernutzung der Straße[1256], selbst wenn der Gewerbetreibende auf den Gebrauch der öffentlichen Straße angewiesen ist, um auf seinen Geschäftsbetrieb aufmerksam zu machen[1257].

1246 *Sieckmann*, NVwZ 1997, 853 ff.; *Gehrke/Brehsan*, NVwZ 1999, 932 ff.; *Hösch*, GewArch. 2002, 305 ff.
1247 BVerwGE 106, 228 ff.; *Aichele/Herr*, NVwZ 2003, 415 ff.
1248 BVerwGE 84, 322, 334; 85, 155; 95, 349; 98, 235 ff.; BVerfGE 58, 300, 352; BVerfG, BayVBl. 1996, 240.
1249 *Axer*, in: Epping/Hillgruber (Hg.), GG, 2. Aufl. 2016, Art. 14 Rn. 46; BVerfGE 58, 300, 349.
1250 VGH Mannheim, NVwZ-RR 2012, 919 ff.
1251 BVerfG, NVwZ 2016, 1804, 1808; vgl. dazu *Sachs*, JuS 2016, 952 ff..
1252 *Hufen*, Staatsrecht II, 6. Aufl. 2018, § 38 Rn. 9; BVerfGE 70, 35, 57.
1253 VGH Mannheim, NJW 1972, 837; OVG Koblenz, NVwZ-RR 2006, 251 f.; *Hobe*, DÖV 1997, 323 ff.
1254 BVerwG, DVBl. 1999, 1513 ff.; VGH München, BayVBl. 2003, 719.
1255 BGHZ 60, 365; NJW 1978, 373; BVerwG, NJW 1975, 357; BVerwGE 94, 136.
1256 BGH, NJW 1978, 2201.
1257 OVG Koblenz, NJW 1982, 1828; OVG Lüneburg, NVwZ 1984, 252.

c) **Produkte und Produktionsfaktoren.** Abgesehen von Wirtschaftsflächen schützt **653**
Art. 14 Abs. 1 GG auch, wenn nicht vor allem das Eigentum an Produkten bzw. an
Produktionsfaktoren. In diesem Bereich lag in der vorindustriellen Gesellschaft der
Schwerpunkt, um das **Sacheigentum** der Bauern, Grundherrn und Gewerbetreibenden
zu gewährleisten. Heutzutage bildet diese klassische Dimension des Art. 14 GG immer
noch einen wichtigen Teilausschnitt des Art. 14 Abs. 1 GG ab. Sie findet ihre einfachgesetzliche Basis in § 903 BGB.

d) **Vermögenswerte Rechte.** Der verfassungsrechtliche Eigentumsbegriff ist vielgestalti-   **654**
ger und reicht weiter als es dessen zivilrechtliche Grundlage in § 903 BGB andeutet.
Das hängt damit zusammmen, dass Art. 14 GG keinen eigenständigen Eigentumsbegriff
kennt und folglich nicht in eine bestimmte Richtung vorbestimmt ist. Zudem muss
der Eigentumsbegriff entwicklungsoffen gehalten werden und er muss einem Bedeu-
tungswandel zugänglich sein. Diese **dynamische Komponente** folgt aus der historischen Erfahrung und den Anforderungen, welche die Wirtschaft an die Leistungsfähigkeit des Rechtsinstituts „Eigentum" stellt. Denn in der modernen arbeitsteiligen
Industrie-, Dienstleistungs- und Informationsgesellschaft ist es zur wirtschaftlichen Sicherung der Lebensgestaltung notwendig, neben dem klassisch geschützten dinglichen
Privateigentum auch andere Vermögenspositionen einzubeziehen, sofern sie die wirtschaftliche Lebensgrundlage bilden und die wirtschaftliche Entfaltung erst ermöglichen. Für vermögenswerte Rechte gilt daran anknüpfend im Allgemeinen, dass sie den
Schutz des Art. 14 Abs. 1 GG genießen, wenn sie dem Berechtigten ebenso ausschließlich wie das Sacheigentum zur eigenen Nutzung zugeordnet sind[1258].

Beispiele: Anspruch aus einem Kaufvertrag[1259]; Vorkaufsrecht[1260]; Hypothek; Dienstbarkeit; Ur-
heber- und Erfinderrecht[1261].

Erklärt man diese Anforderung für maßgeblich, dann ist es angebracht, im Zusam-   **654a**
menhang mit Art. 14 Abs. 1 GG nicht so sehr von einer Sachgarantie als vielmehr von
einer **Rechtsträgergarantie** zu sprechen, Die damit verbundene Stärkung der Inhaber
vermögenswerter Rechte ist gerade in einer kapitalintensiven und investiv angelegten
Marktordnung von erheblicher Bedeutung. Sie bezieht sich namentlich auf das gesell-
schaftsrechtlich geprägte Anteilseigentum, das gerade im Verbund mit dem Schutz
juristischer Personen und Gesellschaften im Sinne des Art. 9 Abs. 1 GG *(s. u.
Rn. 709 ff.)* im Wirtschaftsverkehr eine herausragende Stellung einnimmt, und deshalb
eines besonderen Schutzes durch die Eigentumsgarantie bedarf[1262]. Er erstreckt sich
auf die mitgliedschaftsrechtliche und vermögensrechtliche Ausgestaltung, nicht aber
auf wertbildende Faktoren[1263] und erfasst damit beispielsweise auch das Aktieneigen-
tum. Das Besitzrecht des Mieters ist, da es zur Befriedigung seiner elementaren Lebens-
bedürfnisse dient und ihm ebenso ausschließlich zur privaten Nutzung und zur eigenen
Verfügung zugeordnet ist wie Sacheigentum, ebenfalls über Art. 14 Abs. 1 GG geschützt, auch wenn das Zivilrecht sorgsam zwischen Besitz und Eigentum differenziert[1264].

Beispiel: Internetdomains werden von Art. 14 Abs. 1 GG geschützt, allerdings nicht als Eigentumsposition an der Domain selbst, sondern als Nutzungsrecht, das durch Zahlung einer Vergü-

---

1258   *Hufen*, Staatsrecht II, 6. Aufl. 2018, § 38 Rn. 11; BVerfGE 50, 290, 340 f.
1259   BVerfGE 45, 142, 179.
1260   BVerfGE 83, 201.
1261   BVerfGE 81, 12, 16 und 208; *Peter*, ZRP 1981, 49.
1262   *Badura*, in: HdBGR II, § 29 D.
1263   BVerfG, NJW 2012, 3081 Rn. 50.
1264   *Kingreen/Poscher*, Staatsrecht II, 33. Aufl. 2017, § 23 Rn. 1037; BVerfGE 89, 1, 6 f.; abw. beispiels-
       weise *Hufen*, Staatsrecht II, 6. Aufl. 2017, § 38 Rn. 12.

tung erworben wird und dem Inhaber der Domain dann genauso ausschließlich zugewiesen ist wie das Eigentum an einer Sache[1265].

655 Eine wesentliche vermögensrechtliche Freiheitsgarantie des Eigentums liegt darin, dass Sachgüter und **Geld** frei gegeneinander tauschbar sind (Geld als geprägte Freiheit)[1266], so dass auch der konkreten Geldsumme nicht etwa der Schutz des Art. 14 Abs. 1 GG versagt werden darf[1267], sondern aufgrund des darin verbrieften Anspruchs gegen die Notenbank von diesem Grundrecht erfasst sein muss, um die geldwerte Substanz des Erworbenen zu erhalten.[1268] Bisweilen wird aus der Eigentumsgarantie darüber hinaus auch eine Geldwertgarantie im Sinne eines Tauschwert- bzw. Inflationsschutzes abgeleitet[1269]. Das ist aber schon deshalb abzulehnen[1270], weil der Geldwert nicht durch staatliche Gold- oder Devisenreserven gedeckt ist (ungedecktes Vertrauensgeld) und die in Art. 109 Abs. 2 GG sowie in Art. 127 AEUV angelegte Verpflichtung zur Sicherung der Geldstabilität keine subjektiven Ansprüche im Sinne eines Rechts auf Preisstabilität begründet[1271]. Denn der Geldwert ist in besonderem Maße von der Funktionsfähigkeit der Währungsunion abhängig; zudem ist die Wahrung seiner Stabilität bestimmten Institutionen anvertraut[1272]. Ferner ist der Wertschutz nicht mit einem Bestandsschutz identisch, der Voraussetzung für eine Anerkennung nach Art. 14 Abs. 1 GG ist[1273].

Beispiel: Die Garantie der Bundesregierung v. 5.10.2008 für sämtliche Einlagen in Deutschland war mangels gesetzlicher Verfestigung ausschließlich politischer Natur[1274].

656 Stellt man auf die Ausschluss- und Nutzungsfunktion vermögenswerter Rechte ab, muss Eigentum – wie Art. 17 Abs. 2 EU-GR-Charta ausdrücklich festhält – auch als **geistiges Eigentum** verstanden und als einheitliches Recht begriffen werden[1275], das auch den Bedingungen der New Economy Rechnung trägt[1276]. So ist ein wirksamer Schutz von Patenten und Computerprogrammen[1277] eine Grundbedingung für die Investitions-, Forschungs- und Entwicklungsbereitschaft der Wirtschaft und für deren Wettbewerbsfähigkeit. Gerade der Schutz des geistigen Eigentums stellt die Hoheitsgewalt vor immense Herausforderungen. Ihnen entsprach zunächst die Unionsebene, die auch in Umsetzung der Vorgaben des TRIPS verschiedene Rechtsakte verabschiedet hat, so insbesondere die EU-RL 2004/48/EG zur Durchsetzung des Rechts des geistigen Eigentums. Sie soll einen gleichwertigen Schutz des geistigen Eigentums in den Mitgliedstaaten herstellen und den Kampf gegen die Produktpiraterie verbessern, indem dafür die erforderlichen zivilrechtlichen Mittel geschaffen werden. Der Bundesgesetzgeber hat diesen Sekundärrechtsakt verspätet umgesetzt, indem er die jeweils einschlägigen Fachgesetze ergänzt hat, ohne übergreifende Verfahrensregeln in einen separaten Rechtsakt zu implementieren[1278].

1265   BVerfG, NJW 2005, 589.
1266   BVerfGE 97, 350, 371.
1267   So offenbar *Lepsius*, JZ 2002, 313 ff..
1268   BVerfGE 105, 17, 30; s. dazu auch *Ohler*, JZ 2008, 317.
1269   S. näher *Weikart*, Geldwert und Eigentumsgarantie, 1993; *Lepsius*, JZ 2002, 313 ff.
1270   S. auch BVerfGE 97, 350, 371; 105, 17, 30.
1271   Ebenso *Ruffert*, NJW 2009, 2093 f.; *Elicker/Heintz*, DVBl. 2012, 141 ff.; a.M. *Köhler*, JZ 2013, 957 ff.
1272   BVerfGE 97, 350, 371.
1273   *Lepsius*, JZ 2002, 313 ff.
1274   *Ruffert*, NJW 2009, 2093 f.
1275   *Fechner*, Geistiges Eigentum und Verfassung, 1999.
1276   Zweifelnd *J. Rifkin*, Access, Das Verschwinden des Eigentums, 2000.
1277   *Stober*, ZRP 2002, 298 ff.; *Bartmann*, Grenzen der Monopolisierung durch Urheberrechte am Beispiel von Datenbanken und Computerprogrammen, 2005, 19 ff.; EuGH, DVBl. 2012, 830.
1278   G. v. 26.10.2007, BGBl. I, S. 2513; G. zur Durchsetzung von Rechten des geistigen Eigentums v. 7.7. 2008, BGBl. I, S. 1191 und dazu *Kitz*, NJW 2008, 2374 ff.

Beispiele: Schutz von Urheberrechten (vgl. § 69a UrhG, Art. 9 ff. TRIPS), Patente einschließlich biotechnologischer Erfindungen[1279], gewerblichen Mustern, geografischen Bezeichnungen einschließlich Herkunftsbezeichnungen, Dienstleistungsmarken und Topografien integrierter Schaltkreise (Layout-Designs); Beschlagnahme bei offensichtlicher Patentverletzung, Vernichtung widerrechtlich gekennzeichneter Markenware (§ 142a PatentG, § 18 MarkenG).

Umstritten ist, ob **Betriebs- und Geschäftsgeheimnisse** ein selbstständiges vermögens- **657** wertes Recht i. S. v. Art. 14 Abs. 1 GG bilden[1280]. Darunter werden alle auf ein Unternehmen bezogenen Tatsachen, Umstände und Vorgänge (technisches und kaufmännisches Wissen, unternehmerische Kalkulation und Preisgestaltung) verstanden, die nicht offenkundig, sondern nur einem begrenzten Personenkreis zugänglich sind und an deren Nichtverbreitung der Rechtsträger ein berechtigtes Interesse hat[1281]. Einerseits wird argumentiert, Betriebs- und Geschäftsgeheimnisse stellten einen „gewonnenen" Vermögenswert dar und stünden funktional gewerblichen Schutzrechten gleich[1282]. Andererseits wird betont, die rechtliche Zuordnung beschränke sich darauf, die Berechtigten vor einer „Ausspähung" zu schützen, während ihnen der Informationsschutz nur tatsächlich zugeordnet sei[1283]. Diese Begründung verkennt jedoch den funktional zu begreifenden Eigentumsbegriff, der die Basis unternehmerischen Erfolgs und die Sicherung wirtschaftlicher Positionen infolge exklusiven Wissens gegenüber Wettbewerbern nicht schutzlos stellen darf *(s. o. Rn. 624)*[1284]. Sollen insoweit keine Lücken entstehen, müssen diese Positionen daher jedenfalls über Art. 12 Abs. 1 GG, geschützt werden[1285]. Unabhängig davon können Betriebs- und Geschäftsgeheimnisse auch eine Ausprägung des geistigen Eigentums sein[1286].

e) Der eingerichtete und ausgeübte Erwerbsbetrieb. Eine enge Verbindung zum Schutz **658** der Betriebs- und Geschäftsgeheimnisse weist die Frage nach der Eigentumsqualität des Rechts am eingerichteten und ausgeübten Erwerbsbetrieb auf, das zivilrechtlich jedenfalls als „sonstiges Recht" nach § 823 Abs. 1 BGB anerkannt ist[1287]. Es bezieht sich auch auf die eingerichtete und ausgeübte freiberufliche Praxis[1288] oder den landwirtschaftlichen Betrieb[1289], ist also nicht auf bestimmte Tätigkeiten beschränkt[1290] und wird definiert als die organisatorische Zusammenfassung von persönlichen und sachlichen Mitteln zu einer auf Erwerb gerichteten Organisation[1291]. Diskutiert wird, ob solche Unternehmen nicht nur in ihrem eigentlichen Bestand, sondern grundsätzlich auch in ihren einzelnen Erscheinungsformen den Schutz der Eigentumsfreiheit genießen. Dazu wäre dann der **gesamte gewerbliche Tätigkeitskreis** zu rechnen, der den Betrieb zum Wirken in der Wirtschaft befähigt und den wirtschaftlichen Wert des Betriebs ausmacht[1292]. Das so umschriebene Recht am eingerichteten und ausgeübten Erwerbsbetrieb zeigt deutlich die Zusammenhänge zwischen Art. 12 Abs. 1 und

---

1279 G v. 21.1.2005, BGBl. I, S. 146; BT-Ds. 15/1709 und 15/4417; s. näher *Haedicke*, in: Schulze/Zuleeg (Hg.), Europarecht, 2006, § 21 E–G; ders., in: *Ehlers*, § 7; s. aber auch EuGH, JZ 2012, 142 ff.
1280 *Brammsen*, DÖV 2007, 10 ff.
1281 BVerfGE 115, 205, 230; s. zur Konkretisierung *Kloepfer/Greve*, NVwZ 2011, 577, 580.
1282 *M. Schröder*, UPR 1985, 396; *Breuer*, NVwZ 1986, 171, 174.
1283 So *H. A. Wolff*, NJW 1997, 98 ff.
1284 S. zum Streitstand auch *Berg*, GewArch. 1996, 177 ff.
1285 BVerfGE 115, 205, 229, 248.
1286 *Depenheuer*, in: FS Schenke 2011, 97, 103 ff.
1287 Vgl. *Löwisch*, JuS 1982, 237; *Kellenberger*, Der verfassungsrechtliche Schutz des eingerichteten und ausgeübten Gewerbebetriebs, 1999.
1288 BGH, NJW 1981, 2000; BGH, NJW 1996, 2422; BVerwG, NJW 1983, 1810; BGH, NJW 2012, 2579.
1289 BGH, NVwZ-RR 2000, 744; OLG Nürnberg, NVwZ-RR 1997, 270; s. auch *Engel*, AöR 118 [1993], 169, 208.
1290 *Hagen*, GewArch. 2005, 402 ff.
1291 BGHZ 45, 150, 154; 48, 65, 66.
1292 *Kraft*, WuV 1978, 194 f.; s. näher *Engel*, AöR 118 [1993], 169, 176 ff.

Art. 14 Abs. 1 GG auf: Denn wenn die Verfassung die Gewerbefreiheit garantiert, muss sie an sich auch das Ergebnis der wirtschaftlichen Betätigung, den Erwerbsbetrieb vermögensrechtlich in seinem Kernbestand schützen.

Beispiele: Betriebsgrundstücke und -räume, Maschinen und sonstige Einrichtungsgegenstände, Warenvorräte, Kundenstamm, Geschäftsverbindungen, Außenstände, Unternehmensruf und gewerbliche Schutzrechte[1293] einschließlich Designschutz[1294], Geschäftsfirmenwert, good will[1295] als ideeller Betriebswert (Mitarbeiter- und Kundenstamm, Standort, Konkurrenzsituation), Geschäftsgeheimnisse[1296], Franchising-Konzepte. Hingegen sind Aufträge zum Angebot von Wohnräumen noch keine eigentumsfähige Position, sondern lediglich eine künftige Erwerbschance[1297].

659   Während der *BGH*[1298], das *BVerwG*[1299] und die überwiegende Literatur[1300] auch im Lichte dieser Argumentation davon ausgehen, dass das Unternehmen mehr ist als die Summe seiner Teile und es infolgedessen auch vor solchen Maßnahmen schützen wollen, die **auf die Substanz des Betriebs bezogen** sind, wenn der Inhaber auf den Fortbestand seines Unternehmens vertrauen darf[1301], greift das *BVerfG* die Fragen auf, ob der Erwerbsbetrieb als solcher die konstituierenden Merkmale des verfassungsrechtlichen Eigentums erfüllt und ob ein verfassungsrechtlicher Schutz des Erwerbsbetriebes geboten ist[1302]. Das Gericht gibt zu bedenken, dass eigentumsrechtlich gesehen das Unternehmen die tatsächliche, nicht aber die rechtliche Zusammenfassung der zu seinem Vermögen gehörenden und an sich schon als solche vor verfassungswidrigen Eingriffen geschützten[1303] Sachen und Rechte ist[1304]. Deshalb gehe der Schutz aus dem eingerichteten und ausgeübten Erwerbsbetrieb nicht weiter als der Schutz, den seine wirtschaftlichen Grundlagen genießen, wonach nur der konkrete Bestand an Rechten und Gütern erfasst wird[1305], zumal sonst das Vermögen als solches[1306] unter Art. 14 Abs. 1 GG subsumiert werde.

660   Vor diesem Hintergrund ist zu fragen, ob ein zusätzlicher verfassungsrechtlicher Schutz für den Erwerbsbetrieb als solchem zwingend geboten ist. Das ist zu bejahen, weil dessen vermögensrechtlicher Stellenwert als funktionierender Gesamtorganismus bei gebotener wirtschaftlicher Betrachtungsweise (etwa nach den §§ 1 ff. BewG) auf Grund von Synergieeffekten und der Nutzung endogener Potenziale ersichtlich ein anderer als die Summe seiner einzelnen Sachen und Rechte ist[1307]. Denn der konkrete Betrieb besteht aus dieser Perspektive nicht nur aus seinen Teilbestandteilen, sondern bildet im Sinne eines **Überbaus einen Gesamtverbund**, der ein Ergebnis eigener Leistung[1308] in Form einer geronnenen Eigentumsposition ist, die den Wert des Betriebs verkörpert[1309]. Deshalb betont der *BGH*, dass die Sachen und Rechte erst in ihrer

---

1293   BGHZ 23, 157, 162; 29, 65 ff.; BGH, NJW 1983, 1662.
1294   G. v. 24.2.2014, BGBl. I, S. 122 ff.
1295   BVerfGE 81, 40; BGH, NJW 2011, 2572, 2574.
1296   *Kloepfer*/Greve, NVwZ 2011, 577 ff.; BVerwG, NJW 2004, 105, 107; a. M. H. A. *Wolff*, NJW 1997, 98 ff.
1297   BVerfG, DVBl 2016, 1251, 1255.
1298   BGH 23, 157, 162; BGH, NJW 1967, 1857, 1857.
1299   S. BVerwG, GewArch. 1993, 195 f.
1300   Vgl. allg. *Engel*, AöR 118 [1993], 169 ff.; offen gelassen von BVerwGE 95, 341, 348.
1301   BVerfGE 105, 252, 279.
1302   BVerfGE 51, 191, 221; BVerfG, GewArch. 1992, 21; BVerfG, NJW 1993, 1969, 1971; BVerfGE 105, 252, 279.
1303   Vgl. schon BVerfGE 1, 277; BVerfG, GewArch. 2002, 372.
1304   BVerfG, NJW 2010, 3501 ff.; BVerfG, DVBl 2017, 116.
1305   BVerfG, NVwZ 2009, 1426, 1428 und BVerfG, NJW 2010, 3501 ff.; BVerfG, DVBl 2017, 113, 116.
1306   *Kingreen/Poscher*, Staatsrecht II, 33. Aufl. 2017, § 23 Rn. 1040.
1307   *Fehling/Faust/Rönnau*, JuS 2006, 18 f.; W. *Leisner*, in HdBStR VIII, § 173 C IV 2.
1308   *Depenheuer*, HdBGR V, § 111 Rn. 63.
1309   Leisner, in: HdbStR VIII, § 173 Rn. 199 f.

„Gesamtheit den wirtschaftlichen Wert eines Betriebes" ausmachen[1310]. Auch das *BVerfG* anerkennt in jüngerer Zeit die Rolle des Betriebes „als wirtschaftlich zusammengehörige Funktionseinheit"[1311], lässt aber gleichwohl die Schutzwürdigkeit des Rechts am eingerichteten Erwerbsbetrieb als solchem[1312] im Lichte der Eigentumsfreiheit weiterhin offen[1313].

f) Abgabenpflicht und Eigentumsschutz. Der Schutzbereich des Art. 14 Abs. 1 GG soll **661** nach ständiger Rechtsprechung durch die Auferlegung von Abgaben bzw. Geldleistungspflichten *(s. o. Rn. 297 und u. Rn. 1261)* prinzipiell nicht, sondern nur bei erdrosselnder Wirkung berührt sein[1314]. Zur Begründung wird angeführt, die Eigentumsgarantie schütze nicht das Vermögen als solches. Diese Ansicht ist schon deshalb verfehlt, weil Art. 14 Abs. 1 GG die Vermögenssubstanz sichern muss. Wenn man ferner davon ausgeht, dass die Entscheidung für den Abgabenstaat die Finanzierung durch staatliche Erwerbswirtschaft verbietet *(s. u. Rn. 762)* und die Teilhabe am privatnützigen Eigentum voraussetzt[1315], heißt das gleichzeitig, dass **die Eigentumsfreiheit einschlägig** sein muss, zumal jede Abgabenforderung mit konkreten Eigentumsobjekten zu begleichen ist und Art. 14 Abs. 1 GG die ökonomische Basis der Freiheitsbetätigung sichern will *(s. o. Rn. 607)*[1316]. Hinzu kommt, dass Abgabenpflichten eine Folge der Nutzung der von der Rechtsgemeinschaft eröffneten Märkte[1317] sowie erworbener Rechtspositionen und Ausdruck der Sozialbindung des geschützten Eigentums sind und daher deutliche Bezüge zum Eigentumsbestand aufweisen.

Dieser Ansicht scheint neuerdings auch der zweite Senat des *BVerfG* zuzuneigen, der **662** mindestens für die Einkommens- und Gewerbesteuer einen Eingriff in den Schutzbereich des Art. 14 Abs. 1 GG mit dem Argument bejaht, diese Steuerpflichten seien die Folge eines Hinzuerwerbs von Eigentum und damit des im Steuerzeitraum erworbenen Bestandes[1318]. Die damit einhergehende Differenzierung zwischen erwerbsbezogenen und sonstigen Steuern kann indes nicht darüber hinwegtäuschen, dass es systemfremd ist, bei anderen Abgabenlasten nur dann eine Beeinträchtigung der Eigentumsfreiheit anzunehmen, wenn sie (ggf. kumulativ mit anderen[1319]) erdrosselnd wirken, weil damit Fragen der Belastungsintensität aufgeworfen sind, die nach allgemeinen Grundsätzen an sich nur auf Eingriffs- oder Rechtfertigungsebene *(s. o. Rn. 577, 592)* relevant werden. Hinzu kommt, dass ein grundlegender Schutz gegen Abgaben auch deshalb geboten erscheint, weil sich der Abgabenstaat gewandelt hat. Er steuert immer mehr, immer intensiver und immer umfassender über die Auferlegung von Geldlasten *(s. auch u. Rn. 1261)*[1320].

Beispiele: Allein im Jahre 2010 wurden die Luftverkehrssteuer und die Kernbrennstoffsteuer eingeführt.

g) Öffentlich-rechtliche Eigentumspositionen. Da die Eigentumsgarantie lange Zeit nur **663** den Schutz des Privateigentums im Auge hatte, ist umstritten, ob, welche und inwie-

---

1310 BGHZ 23, 157, 162 ff.; BGHZ 76, 387.
1311 BVerfGE 93, 165, 175; s. auch *Leisner*, NJW 1996, 1511, 1515.
1312 *Hufen*, Staatsrecht II, 3. Aufl. 2011, § 38 Rn. 14.
1313 Vgl. BVerfG, NJW 2010, 3501, 3501 f.
1314 BVerfGE 78, 214, 230; 93, 121, 137, BVerfG, NVwZ 2007, 1168; *Mußgnug*, JZ 1991, 993 ff.; *Leisner*, NJW 1991, 2591 ff.; *Vogel*, in: Geis/Lorenz (Hg.), FS für Maurer, 2001, S. 297 ff.; *P. Kirchhof*, AöR 128 [2003], 1 ff.
1315 *P. Kirchhof*, HdbStR IV, § 88 Rn. 93; BVerfGE 93, 121, 134.
1316 *F. Kirchhof*, in: Merten/Papier (Hg.), Grundsatzfragen der Grundrechtsdogmatik, 2007, 35, 45 f.
1317 BVerfGE 99, 88, 95.
1318 BVerfGE 115, 97, 110 f. und dazu *Wernsmann*, NJW 2006, 1169 ff. und BVerfG, NVwZ 2007, 1168 f.
1319 Ausf. dazu *G. Kirchhof*, NJW 2006, 732 ff.
1320 Ebenso *F. Kirchhof*, in: HdBGR III, § 59 B IV und F I 2.

weit öffentlich-rechtliche Vermögenspositionen unter die Garantie des Art. 14 Abs. 1 GG fallen. So führte das *BVerfG* mehrfach aus, Art. 14 GG wolle das Eigentum so schützen, wie es das bürgerliche Recht und die gesellschaftlichen Anschauungen geformt hätten[1321]. Indes ist die begriffliche Trennung nach privaten und öffentlich-rechtlichen Positionen[1322] zu formal. Sie erlaubt keine zwingende oder sichere Abgrenzung im Sinne des materiell und umfassend zu verstehenden Art. 14 GG. Zu Recht hat sich deshalb in Rechtsprechung und Literatur die Ansicht durchgesetzt, für die Anerkennung des Eigentumsschutzes sei entscheidend, ob die Rechtsposition auf eigener Arbeit oder auf Kapitaleinsatz beruht, so dass Unterschiede zum privatrechtlich begründeten Eigentum insoweit bestehen, als öffentlich-rechtliche Positionen durch Eigenleistung erworben sein müssen.[1323] Für hoheitliche Erlaubnisse, die als Basis wirtschaftlicher Betätigung dienen, gilt daher, dass sie grundsätzlich kein geschütztes Eigentum i. S. d. Art. 14 GG sind, jedenfalls[1324] soweit es an eigener Leistung bezogen auf die Genehmigungserteilung fehlt[1325]. Solche Zulassungen können sich aber zu Eigentumspositionen verfestigen, wenn das gestattete Vorhaben durch Einsatz von Kapital oder Arbeit „ins Werk" gesetzt ist[1326].

Beispiele: Das Vorliegen dieser Voraussetzungen wird z. B. für Gebührenansprüche der mit der Wahrnehmung öffentlich-rechtlicher Befugnisse beauftragten Beliehenen (TÜV, Notar, Bezirksschornsteinfegermeister[1327]) sowie für ersteigerte Mobilfunkfrequenzrechte bejaht[1328], hingegen in Bezug auf die Aufrechterhaltung wirtschaftlicher Vorteile durch ein ehemals staatlich angeordnetes faktisches Monopol (TÜV)[1329] verneint. Die auf der Grundlage einer immissionsschutzrechtlichen Genehmigung errichtete und in Betrieb genommene Anlage ist eine von Art. 14 Abs. 1 GG geschützte Rechtposition[1330]. Die atomrechtliche Genehmigung genießt keinen eigentumsrechtlichen Schutz[1331], weil die Investitionen des Betreibers nicht zulassungs-, sondern kraftwerksbezogen sind. Das Atomkraftwerk selbst ist hingegen Teil des Eigentums, wobei die Genehmigung dessen Schutzumfang konkretisiert[1332].

664 Hinsichtlich des Eigentumsschutzes von Subventionsansprüchen ist zu differenzieren[1333]. Auch hier stellt sich zunächst die Frage, ob eine Eigentumsposition i. S. d. Art. 14 Abs. 1 GG vorliegt, die dem Grundrechtsträger nach Art eines Ausschließlichkeitsrechtes zugeordnet ist[1334]. Das verneint die Rechtsprechung für Subventionen, die ausschließlich auf einseitiger staatlicher Gewährleistung und nicht auf einer Eigenleistung des Subventionsempfängers beruhen. Insoweit weist das *BVerfG*[1335] darauf hin, staatliche Zuwendungen aus Haushaltsmitteln würden von den Begünstigten nicht dadurch erworben, dass sie die Förderungsvoraussetzungen erfüllten, zu denen regelmäßig bestimmte Eigenleistungen gehörten. Die Subvention werde nicht durch eigene Leistung erlangt, sondern ersetze sie. Hinzu komme, dass die Rechtsgrundlagen solcher Förderungen zwar ggf. zu Ansprüchen führen können *(s. o. Rn. 161 ff.)*, jedenfalls aber fragil und daher nicht hinreichend verfestigt sind, insbesondere weil sie von zu-

---

1321 BVerfGE 1, 264, 278; 2, 380, 402; 45, 272 ff.
1322 *Dürig*, JZ 1958, 22; *Rupp v. Brünneck*, BVerfGE 32, 111, 142; so aber BGHZ 6, 270, 278.
1323 *Pieroth/Schlink*, Staatsrecht II, 33. Aufl. 2017, § 23 Rn. 1038.
1324 Weitergehend, da generell abl. *Kingreen/Poscher*, Staatsrecht II, 33. Aufl. 2017, § 23 Rn. 1038.
1325 Vgl. *Axer*, in: Epping/Hillgruber (Hg.), GG, 2. Aufl. 2016, Art. 14 Rn. 42; BVerfG, NVwZ 2009, 1426, 1428; BVerfG, DVBl 2017, 113 ff.
1326 BGHZ 15, 17, 20; BSGE 5, 40, 42; BGH, DÖV 1997, 420 ff.; BVerfGE 81, 40 ff.
1327 BGH, UPR 2002, 67; BGHZ 25, 266 ff.; BVerfGE 1, 264, 276; 18, 397.
1328 BVerwG, NVwZ 2012, 168.
1329 BVerfG, GewArch. 2002, 372 f.
1330 BVerfG, NVwZ 2010, 771.
1331 So aber *Schwarz*, DVBl. 2013, 133, 135.
1332 BVerfGE 143, 246 ff.; *Mann/Sieven*, VerwArch. 106 (2015), 184, 196 f.
1333 S. näher *Stücke*, Eigentum an Wirtschaftssubventionen, 1991; *Koenig/Braun*, NVwZ 1999, 1056.
1334 BVerwG, DÖV 2006, 867, 871.
1335 BVerfGE 88, 384, 401 f.; 97, 67, 83; BVerfG, NVwZ 2002, 197 f.; OVG Berlin, JZ 2005, 672, 675.

künftigen Entwicklungen abhängen und unter dem Vorbehalt des Möglichen stehen können. Aus diesen Gründen werden auch Dispositionen im Vertrauen darauf, dass eine Subvention erteilt wird oder fortbesteht[1336], nicht von der Eigentumsfreiheit geschützt.[1337] Etwas anderes gilt für Sachgüter, die mit Hilfe von Subventionen oder Steuererleichterungen erworben werden.

II. Kreis der eigentumsrelevanten Maßnahmen

Auf Eingriffsebene ergeben sich insoweit Besonderheiten, als der Eigentumsbegriff wie bereits einleitend dargestellt in hohem Maße rechtlich vorgeformt ist. Dem entspricht die Formulierung des Art. 14 Abs. 1 S. 2 GG, wonach auch der Inhalt (und nicht nur die Beschränkungen) des Eigentums in den Gesetzen festzulegen ist. Infolgedessen wird im Allgemeinen davon ausgegangen, dass der Schutzbereich der Eigentumsfreiheit ein **normgeprägter** ist[1338]. Diese Einordnung hat terminologische Konsequenzen, weil in der Regel auf der Ebene des normalerweise *(s. o. Rn. 577)* sog. Eingriffs nicht von Beschränkung oder Beeinträchtigung, sondern vom Kreis der eigentumsrelevanten Maßnahmen gesprochen wird. **665**

Als danach eigentumsrelevante Maßnahmen ergeben sich aus dem Wortlaut des Art. 14 GG **zwei Varianten**, einerseits Enteignungen i. S. d. Abs. 3, andererseits Inhalts- und Schrankenbestimmungen i. S. d. Abs. 1 S. 2. Deren Abgrenzung ist erforderlich, weil jeweils unterschiedliche Anforderungen gelten. Während Enteignungen den besonderen Vorgaben des Art. 14 Abs. 3 GG genügen müssen, haben Inhalts- und Schrankenbestimmungen dem Gesetzesvorbehalt zu entsprechen und zudem verhältnismäßig zu sein; darüber darf die Normprägung nicht hinwegtäuschen[1339]. **666**

Während früher diese beiden Maßnahmearten graduell nach der Schwere, dem Sonderopfer, der Zumutbarkeit oder ähnlichen Schwellentheorien abgegrenzt wurden[1340], differenziert das *BVerfG* aufgrund der besonderen Voraussetzungen des Art. 14 Abs. 3 GG und aus Gründen der Rechtssicherheit nunmehr trennscharf anhand der sog. Trennungstheorie. Danach liegt eine **Enteignung** vor, wenn gezielt von Art. 14 GG Abs. 1 GG geschützte, dem Grundrechtsträger konkret individuell zugewiesene Rechtspositionen vollständig oder teilweise entzogen werden, um dadurch Güter für die Erfüllung öffentlicher Aufgaben zu beschaffen[1341]. Damit prägen letztlich vier Vorgaben (konkret, individuell, Entzug, Güterbeschaffung) die Enteignung[1342]. **667**

Beispiele: Die Inanspruchnahme privater Grundstücke für die Verlegung von Kabeln im Sinne des § 76 TKG enthält eine die Sozialpflichtigkeit konkretisierende Duldungspflicht in Form einer Inhalts- und Schrankenbestimmung und entzieht das Eigentum an dem in Anspruch genommenen Grundstücksteil nicht[1343]. Feste Abschalttermine für Kernkraftwerke entziehen dem Betreiber lediglich Nutzungsmöglichkeiten und beinhalten keine Güterbeschaffung, so dass sie aus diesen beiden Gründen als Inhalts- und Schrankenbestimmungen einzuordnen sind[1344].

Inhalts- und Schrankenbestimmungen liegen danach somit immer dann vor, wenn eine dieser vier Voraussetzungen fehlt. Das ist namentlich dann der Fall, wenn die Maßnahme nicht gezielt an den Grundrechtsträger gerichtet ist, sondern über einen Dritten **668**

1336 BVerfGE 78, 249 ff.; BVerwGE 126, 33 ff.
1337 So aber *Wild*, DÖV 2004, 366, 370 f.
1338 Vgl. *Jochum/Durner*, JuS 2005, 220 ff.
1339 Schmidt/Wollenschläger/*Wollenschläger*, Kompendium, § 2 Rn. 76.
1340 S. näher *Lege*, JZ 1994, 431 ff.
1341 BVerfGE 79, 174, 191; BVerfG, NJW 1998, 367; BVerfG, DÖV 2014, 242, 244.
1342 *Kingreen/Poscher*, Staatsrecht II, 33. Aufl. 2017, § 23 Rn. 1058; BVerfGE 58, 300, 330 ff.
1343 BVerfG, NJW 2003, 196.
1344 BVerfG, DVBl 2017, 113, 117.

(mittelbar) oder in anderer Weise (faktisch) dessen Eigentumsposition in hinreichend intensiver Weise beeinträchtigt *(s. o. Rn. 590)*. Wird diese Belastungsgrenze hingegen nicht überschritten, dann ist die Regelung lediglich eine Belästigung und infolgedessen im Lichte des Art. 14 Abs. 1 GG nicht eigentumsrelevant[1345].

III. Rechtfertigung

669 Die Anforderungen an die Rechtfertigung von eigentumsrelevanten Maßnahmen divergieren im Lichte des Art. 14 Abs. 3 GG danach, ob eine Enteignung oder eine Inhalts- und Schrankenbestimmung vorliegt.

1. Inhalts- und Schrankenbestimmungen

670 Die konkrete Reichweite der Eigentumsgarantie ergibt sich aus der Bestimmung von Inhalt und Schranken des Eigentums, die nach Art. 14 Abs. 1 Satz 2 GG Sache des Gesetzgebers ist. Er ist insoweit verpflichtet, privatnützige Bestandsgarantie und fremdnützige Sozialpflichtigkeit (Art. 14 Abs. 2 GG) in Ausgleich zu bringen, wobei diese Antipoden in einem unauflösbaren Zusammenhang stehen, wie auch Art. 17 Abs. 1 EU-GR-Charta belegt. Daher darf keines dieser beiden Parameter über Gebühr verkürzt werden. Vielmehr müssen die **Privatnützigkeit und Sozialpflichtigkeit** der Eigentumsnutzung in einem angemessenen Verhältnis stehen[1346]. Insbesondere folgt daraus eine Absage an eine Eigentumsordnung, in der das Individualinteresse unbedingten Vorrang vor den Interessen der Gemeinschaft hat[1347]. Zudem gilt, dass die Gestaltungsbefugnis des Gesetzgebers umso größer ist, je mehr er den sozialen Bezug des Art. 14 Abs. 1 GG regelt, und umso geringer, je mehr die avisierte Norm die persönliche Existenzsicherung des Grundrechtsträgers betrifft[1348].

Beispiele: Duldung von Ausbesserungsarbeiten an Straßen und von wirtschaftlichen Nachteilen durch staatliche Planungen[1349]. Einschränkung des Patentschutzes nach § 24 PatG, Geräteabgabepflicht nach § 54a UrhG[1350]; Duldungspflicht des Eigentümers nach § 76 TKG[1351]. Einschränkungen von Frequenznutzungsrechten durch Versorgungspflichten[1352]; keine Emissionsbefugnis für genehmigte Anlagen, weil Luft nicht privatnützig zugeordnet ist[1353]. Keine entschädigungslose Inanspruchnahme gewerblich errichteter Antennenanlagen für Rettungsdienste[1354].

671 Abgesehen von der klassischen Sozialbindung bestimmen **zahlreiche andere Gemeinwohlanforderungen** über die Reichweite der Eigentumsnutzung. Insofern kann man etwa von der Ökologiepflichtigkeit[1355], der Demokratie- und Kulturpflichtigkeit sowie der Informationspflichtigkeit des Eigentums sprechen[1356]. Insbesondere diese fünf Zielsetzungen stellen erhebliche Anforderungen an den Gesetzgeber, der im Lichte der Offenheit von Inhalts- und Abwägungsprogrammen gerade im Anwendungsbereich des Art. 14 Abs. 1 GG gelegentlich auch mit Verfahrensrechten operiert[1357], um diesen in Widerstreit zur Eigentumsfreiheit tretenden Allgemeinwohlinteressen Herr zu wer-

---

1345 *Wendt*, in: Sachs (Hg.), GG, 8. Aufl. 2018, Art. 14 Rn. 52 f.
1346 BVerfGE 50, 290, 340.
1347 BVerfG, DÖV 2014, 242, 245.
1348 BVerfGE 50, 290, 340; *Hufen*, Staatsrecht II, 6. Aufl. 2017, § 38 Rn. 42.
1349 BVerwG, NJW 1997, 142 f; OVG Greifswald, NVwZ-RR 2011, 976 ff.
1350 S. auch *Herdegen*, in: Geis/Lorenz (Hg.), FS für Maurer, 2001, S. 137, 142 und BVerfG, NJW 2011, 288 ff.
1351 BVerfG, NJW 2000, 798.
1352 BVerwG, NVwZ 2012, 168 ff.
1353 BVerwG, GewArch. 2005, 417 ff.
1354 BVerwG, NVwZ 2014, 243.
1355 *Czybulka*, in: H. Bauer u. a. (Hg.), Umwelt, Wirtschaft und Recht, 2002, S. 89 ff.
1356 BVerwG, NVwZ 1985, 41 f.
1357 Vgl. *Hufen*, Staatsrecht II, 6. Aufl. 2017, § 38 Rn. 43, 46.

den. Die dazu erforderliche Ausbalancierung ist nicht trivial und entwickelt sich deshalb immer mehr zu einer Zentralfrage des Öffentlichen Wirtschaftsrechts[1358].

Beispiele: Die Demokratiepflichtigkeit kommt in Mitbestimmungsregelungen, die Kulturpflichtigkeit in der Abgabe eines Belegexemplars bei Druckwerken an die Deutsche Nationalbibliothek[1359], die Informationspflichtigkeit in der kostenlosen Bereitstellung von Notrufsystemen nach § 108 TKG und die Umweltpflichtigkeit in Auflagen zur Nachrüstung von Anlagen zur Herstellung des Standes der Technik[1360] oder in Duldungspflichten (§ 19 KrWG) zum Ausdruck.

Im Rahmen der Verhältnismäßigkeitsprüfung ist zudem von Bedeutung, dass Art. 14 **672** Abs. 1 GG für die vermögenswerten Güter **Vertrauensschutz** dahin gewährt, dass man auf die Verlässlichkeit und Berechenbarkeit der geschaffenen Rechtsordnung und der auf ihrer Grundlage erworbenen Rechte vertrauen darf. Die verfassungsgerichtliche Spruchpraxis ähnelt in diesem Kontext derjenigen, die aus dem Rechtsstaatsprinzip bekannt ist, auch soweit es um die Rückwirkungsproblematik *(s. o. Rn. 173 ff.)* geht. Gerade im Falle der Neuordnung eines Rechtsgebiets können ggf. Übergangs- und Härtefallregeln in Form von Ausnahmen und Befreiungen nötig sein, um die im konkreten Falle widerstreitenden Belange in Ausgleich zu bringen.

Beispiel: Wenn eine hoheitliche Entscheidung die Produktion von Strom für einen bestimmten Zeitraum mit Hilfe von Atomkraftwerken gestattet, diese Erlaubnis aber wenig später aufgrund einer Reaktorkatastrophe im Ausland rückgängig gemacht wird, dann genießt der Betreiber eines Atomkraftwerks Vertrauensschutz während des Zwischenzeitraums[1361].

Kommen solche Maßnahmen nicht in Betracht, um die Inhalts- und Schrankenbestim- **673** mung verhältnismäßig werden zu lassen, können in besonderen Härtefällen unter bestimmten Voraussetzungen **finanzielle Ausgleichsleistungen** möglich sein. Diese Umwandlung des Art. 14 Abs. 1 GG von einer Bestands- in eine Wertgarantie bildet die ultima ratio, weil sie nach der Logik des Art. 14 Abs. 3 GG an sich nur im Falle von Enteignungen möglich sein soll, und setzt daher eine besondere Schwere bzw. Intensität der getroffenen Regelung voraus, die für den Eigentümer unzumutbar ist und ihm ein Sonderopfer auferlegt. Letztlich handelt es sich um die Kriterien, die früher herangezogen wurden, um die Enteignung von einer Inhalts- und Schrankenbestimmung abzugrenzen[1362]. Erforderlich für einen solchen finanziellen Ausgleich ist jedenfalls, dass dessen Bedingungen gemeinsam mit der eigentumsrelevanten Maßnahme in einer gesetzlichen Regelung festgelegt werden. Die Höhe des Ausgleichs muss sich an dem Ausmaß der Belastung orientieren. Für Klagen wegen ausgleichspflichtiger Inhalts-und Schrankenbestimmungen muss ferner der Verwaltungsweg eröffnet sein.[1363]

Beispiel: Eine Regelung, die den Abriss eines denkmalgeschützten, aber für sich nicht mehr nutzbaren Hauses nur dann zulässt, wenn die öffentlichen Interessen überwiegen, ignoriert die Privatnützigkeit und kann nur dann gerechtfertigt werden, wenn eine Entschädigung möglich ist und sie die soeben genannten Kriterien erfüllt[1364].

2. Enteignungen

Enteignungen sind nur unter den Voraussetzungen des **Art. 14 Abs. 3 GG** zulässig. **674** Diese Vorschrift verlangt zunächst einmal ein Gesetz; im Lichte der Wesentlichkeitslehre stehen Enteignungen insoweit unter einem Parlamentsvorbehalt. Da sie zum Ver-

---

1358 *Leisner*, BB 1992, 73 ff.

1359 BVerfGE 58, 137 ff.; s. BVerwG, NJW 1993, 3280; PflichtablieferungsVO v. 17.10.2008, BGBl. I, S. 2013 ff.

1360 BVerwG, DÖV 1989, 400; s. auch BVerfG, NVwZ 2010, 771.

1361 BVerfGE 143, 246 ff.

1362 *Kingreen/Poscher*, Staatsrecht II, 33. Aufl. 2017, § 23 Rn. 1084.

1363 Ausf. *Axer*, in: Epping/Hillgruber (Hg.), GG, 2. Aufl. 2016, Art. 14 Rn. 104 ff.; BVerfGE 100, 226, 246 f.

1364 S. dazu *Hoops*, NVwZ 2017, 1496 ff.

lust des Bestands führen, müssen Enteignungen zudem die ultima ratio sein; deren Zulässigkeit unterliegt daher einer strengen Verhältnismäßigkeitskontrolle, die nach dem Wortlaut der Verfassungsnorm am Wohle der Allgemeinheit ausgerichtet sein muss. Ausgeschlossen sind infolgedessen Enteignungen zugunsten rein fiskalischer Belange oder ausschließlich im Interesse Privater[1365]. Dienen sie aber zugleich der Verbesserung der regionalen Wirtschaftsstruktur oder der Bekämpfung von Arbeitslosigkeit, sind solche Enteignungen zugunsten Privater möglich, wenn sich der Gesetzgeber auf diese Gemeinwohlaspekte stützt und sicherstellt, dass der Private sie auch realisiert und deren Realisierung dauerhaft fördert[1366].

Beispiel: Privatnützige Enteignungen zur Schaffung von Rohrleitungsanlagen, die die Versorgung der chemischen Industrie mit bestimmten Stoffen verbessern und so die Region wirtschaftlich stärken und Arbeitsplätze schaffen sollen, genügen den Anforderungen an einen hinreichend konkreten Zweck und daher auch Art. 14 Abs. 3 GG, sofern z. B. durch Beschränkung der Nutzungsmöglichkeiten sichergestellt ist, dass die Anlage zugunsten der chemischen Industrie genutzt wird[1367].

675   Das enteignende Gesetz muss nach Art. 14 Abs. 3 GG zudem **Art und Ausmaß der Entschädigung** regeln. Dadurch verwandelt sich die der Eigentumsfreiheit eigentlich innewohnende Bestandsgarantie in eine Wertgarantie[1368]. Die Höhe der Entschädigung ist an den betroffenen Interessen auszurichten. Diese sog. Junktimklausel, die zur Verbindung von Enteignung und Entschädigung in einer Rechtsgrundlage zwingt, soll den Gesetzgeber vor den finanziellen Folgen von Enteignungen für den Staatshaushalt warnen. Sie steht deshalb in enger Verbindung zur strikten, formalen Abgrenzung von Inhalts- und Schrankenbestimmungen sowie Enteignungen. Letztlich lässt sich in dieser Warnfunktion auch der Grund dafür finden, dass sehr eingriffsintensive Inhalts- und Schrankenbestimmungen nur durch Entschädigungspflichten „gerettet" werden dürfen, wenn sie gleichzeitig in der Rechtsgrundlage niedergelegt sind *(s. o. Rn. 157)*[1369].

Beispiel: Die enteignende Rettungsübernahme von systemrelevanten Banken wird im Gesetz zur Rettung von Unternehmen zur Stabilisierung des Finanzmarktes (RettungsG) in § 4 mit einer Entschädigungsregel verknüpft[1370].

3.   Vergesellschaftung

676   Der bisher noch nicht angewendete Art. 15 GG[1371] erlaubt Eigentumsbeeinträchtigungen, um Grund und Boden, Naturschätze und Produktionsmittel (z. B. Gebäude, Anlagen, Halbfabrikate, Patente) zum Zwecke der Vergesellschaftung in Gemeineigentum oder andere Formen der Gemeinwirtschaft zu überführen. Dazu genügt es nicht, wenn bestimmte Güter verstaatlicht werden, d. h. also hoheitliches Eigentum begründet wird, sondern es muss **Gemeineigentum** (durch Entziehung von Eigentum) oder **Gemeinwirtschaft** (z. B. durch Kreation hoheitlicher Einflussnahmerechte) geschaffen und zum Zwecke der gesellschaftlichen Bedarfsdeckung und nicht der individuellen Gewinnerzielungsabsicht bewirtschaftet werden[1372].

677   Art. 15 GG bezieht sich infolgedessen anders als Art. 14 Abs. 3 GG auf eine **Umgestaltung des produktiven Eigentums** zum Zwecke der gemeinwirtschaftlichen Verwen-

---

1365   BVerfG, DÖV 2014, 242, 245.
1366   *Kingreen/Poscher*, Staatsrecht II, 33. Aufl. 2017, § 23 Rn. 1068 ff.; BVerfGE 74, 264, 287 ff.; 66, 248, 257.
1367   BVerfG, NVwZ 2017, 399, 401 ff.
1368   BVerfG, DÖV 2014, 242, 245.
1369   *Hufen*, Staatsrecht II, 6. Aufl. 2017, § 38 Rn. 34.
1370   Vgl. dazu *Zuck*, DÖV 2009, 558 ff.; *Wolfers/Rau*, NJW 2009, 1297 ff.; *T. Böckenförde*, NJW 2009, 2484 ff.
1371   BVerfGE 12, 354, 363; s. näher *Hummel*, JuS 2008, 1065 ff.
1372   *Axer*, in: Epping/Hillgruber (Hg.), GG, 2. Aufl. 2016, Art. 15 Rn. 12.

dung. Es handelt sich daher nicht um einen Spezialfall der Enteignung, zumal die Norm ja auch die Variante erfasst, dass dem ursprünglichen Eigentümer sein Eigentum verbleibt, es aber in Gemeinwirtschaft überführt wird. Art. 15 GG kann sich auf bestimmte Wirtschaftsbranchen oder einzelne Unternehmen beziehen; das Verbot des Einzelfallgesetzes soll dann nicht gelten[1373]. In Bezug auf die Entschädigung gilt Art. 14 Abs. 3 S. 3 f. GG entsprechend. Ob die Vergesellschaftung unter einem Verhältnismäßigkeitsvorbehalt steht, ist derzeit noch nicht ausgemacht.[1374]

Die in Gemeinwirtschaft überführbaren Güter führt Art. 15 GG abschließend auf.   **678** Auslegungsprobleme bringt insoweit vor allem der Passus „Produktionsmittel" mit sich. Er wird überwiegend in dem Sinne verstanden, dass damit nicht alle Unternehmen, sondern nur diejenigen gemeint sind, deren Tätigkeitsfeld im Bereich der industriellen Fertigung liegt. Dafür sollen die Entstehungsgeschichte der Norm und der Sachzusammenhang zu den anderen in Art. 15 GG genannten Gegenständen sprechen, weil sie darauf hindeuten, dass es um die Vergesellschaftung von Produktionsfaktoren geht[1375].

Beispiel: Dienstleistungsbetriebe wie Banken oder andere Finanzunternehmen unterfallen nicht Art. 15 GG[1376].

§ 20 Wirtschaftsinformations- und Wirtschaftskommunikationsfreiheit

Im Zeitalter der Informationswirtschaft und der Internetökonomie werden Mediengrundrechte für die Kommunikation immer unentbehrlicher, weil sie es gestatten, Information und Kommunikation im Rahmen des Medienwirtschaftsrechts als neuen Produktionsfaktor einzusetzen[1377]. Da diese Wirtschaftsbranche schon auf Grund der technischen Gegebenheiten nicht vor Staatsgrenzen Halt macht, findet sich ein Gutteil der relevanten Vorschriften auch im inter- und supranationalen Recht. Neben dem GATS, das zwar dem Telekommunikationsrecht eine eigene Bestimmung mitsamt einer Anlage widmet, die für diesen Bereich bestimmte Basisleistungen vorschreibt, ohne aber eigenständige, über etwaige Listenvereinbarungen *(s. o. Rn. 518)* hinausgehenden Marktöffnungspflichten zu statuieren[1378], spielt insoweit vor allem das Unionsrecht eine Rolle. Im Einzelnen drängen die dort normierten Grundfreiheiten insbesondere in Form der Dienstleistungsfreiheit genauso auf einen Medienwirtschaftsraum ohne Binnengrenzen wie das zugehörige Sekundärrecht. Es muss allerdings den Unionsgrundrechten und insbesondere Art. 11 EU GR Charta sowie über Art. 52 f. EU GR Charta auch Art. 10 EMRK[1379] entsprechen, der ebenfalls auf das im Bundesgebiet geltende Medienrecht Anwendung findet[1380]. Insgesamt lässt sich auf europäischer Ebene, weil dort Meinungs-, Informations- und Medienfreiheit normiert sind, von einem umfassenden System bestehender Kommunikationsgrundrechte sprechen[1381].

1373   *Wieland*, in: Dreier (Hg.), GG I, 3. Aufl. 2013, Art. 15 Rn. 18 f.
1374   Siehe zum Streitstand Maunz/Dürig/*Durner*, GG, Art. 15, Rn. 85.
1375   So *Schliesky*, in: Bonner Kommentar, 154. Lieferung, Art. 15 Rn. 335; *Peters*, DÖV 2012, 64, 66.
1376   *H. Hofmann*, NVwZ 2009, 673 ff; *Hummel*, JuS 2008, 1065, 1068 f.
1377   BVerfGE 56, 54, 79.
1378   *Simon*, Liberalisierung von Dienstleistungen der Daseinsvorsorge im WTO- und EU-Recht, 2009, S. 102 ff.
1379   Vgl. dazu z. B. EGMR, NJW 1991, 6155, 616 ff.; *Dörr/Zorn*, NJW 2003, 3021, 3023.
1380   Ausf. zum Ganzen *Kühling*, Die Kommunikationsfreiheit als europäisches Gemeinschaftsgrundrecht, 1999.
1381   S. *Kühling*, Die Kommunikationsfreiheit als europ. Gemeinschaftsgrundrecht, 1999.

Es findet auf nationaler Ebene seine Entsprechung in Art. 5 Abs. 1 GG und erfährt – soweit noch anwendbar – ggf. durch die Berufsfreiheit aus Art. 12 Abs. 1 GG weiteren Flankenschutz.

I. Gewährleistungen des Art. 5 Abs. 1 S. 1 GG

680 Um den verschiedenen Gewährleistungen des Art. 5 Abs. 1 GG gerecht zu werden, bedarf es einer Differenzierung nach den in dessen beiden Sätzen enthaltenen Garantien.

1. Schutzbereich

681 Daran anknüpfend sei zunächst die Bedeutung der Meinungs- und Informationsfreiheit im Geschäftsverkehr entfaltet.

682 a) **Meinungsäußerungsfreiheit im Geschäftsverkehr.** Die in Art. 5 Abs. 1 S. 1 Var. 1 GG enthaltene Meinungsäußerungsfreiheit ist basal für jedes plural und demokratisch verfasste Gemeinwesen. Sie schützt die freie Kundgabe und Verbreitung der Meinung des Einzelnen in Wort, Schrift und Bild unabhängig von deren Inhalt oder Niveau. Erfasst sind neben **wertenden Stellungnahmen** auch dem Beweis zugängliche Tatsachenäußerungen, weil der Schutzzweck dieses Grundrechts auf einen offenen Kommunikations- und Meinungsbildungsprozess ohne Rücksicht auf den Wertgehalt oder die Gestalt der Äußerungen drängt und Tatsachen in der Regel die Basis von Wertungen bilden, so dass sich beide Kategorien nicht trennen lassen. Einzig die bewusste Kundgabe unwahrer Tatsachen ist nicht geschützt, weil sie nichts zur Meinungsbildung beitragen[1382].

683 Projiziert man diese Grundsätze auf den Geschäftsverkehr, zeigt sich, dass auch ökonomisch inspirierte Stellungnahmen unter die Meinungsfreiheit fallen. Hierher gehören namentlich kritische **Äußerungen zum Verhalten oder zum Produktportfolio bestimmter Unternehmen** als Gewerbekritik bis hin zu Boykottaufrufen sowie die Veröffentlichung von Rankinglisten, die Angebote bestimmter Wirtschaftsbranchen anhand von bestimmten Kriterien reihen.[1383] Hingegen genießen amtliche Verlautbarungen mit Marktbezug genauso wenig den Schutz des Art. 5 Abs. 1 S. 1 Var. 1 GG wie hoheitliche Warnhinweise auf Produkten. Insoweit greift zumindest[1384] nach der verfassungsgerichtlichen Spruchpraxis die Berufs- und nicht die (negative) Meinungsfreiheit, jedenfalls solange der Staat als Initiator der Aussage erkennbar ist[1385].

684 Probleme in der Subsumtion bereitet **kommerzielle Wirtschaftswerbung.** Sie fällt nach Ansicht des *BVerfG* jedenfalls dann unter die Meinungsfreiheit, wenn sie einen „wertenden, meinungsbildenden Inhalt hat oder Angaben enthält, die der Meinungsbildung dienen."[1386] Im Übrigen gelte der Schutz des Art. 12 Abs. 1 GG.[1387] Die Literatur geht hingegen überwiegend davon aus, dass jede werbende Meinungsäußerung unter Art. 5 Abs. 1 GG zu subsumieren ist.[1388]. Dieser Ansicht ist zuzustimmen, da jeder Werbung zumindest insoweit eine Wertung immanent ist, als sie das beworbene Produkt als vorzugswürdig gegenüber den konkurrierenden anpreist. Folglich spricht an

---

1382 Vgl. *Frenz*, JURA 2012, 198, 199.
1383 Vgl. zum Streitstand *Wendt*, in: v. Münch/Kunig (Hg.), GG, Band 1, 6. Aufl. 2012, Art. 5, Rn. 11; BGH, JZ 2002, 663; BVerfG, NJW 2003, 277; *Fechner*, Medienrecht, 18. Aufl. 2017,§ 3 Rn. 48 ff.
1384 Ausf. dazu *Hardach/Ludwigs*, DÖV 2007, 291 ff.
1385 Vgl. BVerfGE 95, 173, 182.
1386 BVerfGE 71, 162, 175.
1387 BVerfG, NJW 2001, 1926.
1388 Maunz/Dürig/*Grabenwarter*, GG, Art. 5, Rn. 64 m. w. N.

sich nichts dagegen, auf Art. 5 Abs. 1 S. 1 Var. 1 GG zurückzugreifen[1389], zumal sich der werbende Charakter kommerzieller Wirtschaftswerbung im Zweifel nicht wirklich von etwaigen anderen Wertungen, die mit der jeweiligen Werbebotschaft verbunden sind, wird trennen lassen[1390].

Beispiele: Die Bezeichnung von Milchprodukten als „Gen-Milch" durch Greenpeace ist von Art. 5 Abs. 1 GG gedeckt[1391]. Die sog. Benetton-Schockwerbung genießt aufgrund der darin enthaltenen politischen Wertung den Schutz der Meinungsfreiheit[1392]. Rechtsanwälte können sich mit Blick auf Einschränkungen in ihren Werbepraktiken durch das berufsrechtliche Gebot der Sachlichkeit zumindest dem Grunde nach auf den Schutz der Meinungsfreiheit berufen[1393].

b) Informationsfreiheit im Geschäftsverkehr. Die individuelle Meinungsäußerungsfreiheit wird im Allgemeinen und auch im Geschäftsverkehr ergänzt um die Informationsfreiheit[1394] aus Art. 5 Abs. 1 Satz 1 Var. 2 GG. Dieses Grundrecht setzt passiv an und schützt die ungehinderte Information aus allgemein zugänglichen Quellen. Der Begriff der **Informationsquelle** ist nach seinem Wortlaut weit zu verstehen und umfasst jeden denkbaren Träger von Inhalten, wobei deren tatsächliche Eignung genügt. Diese Interpretation erklärt sich auch aus der Funktion dieses Grundrechts, das letztlich dazu da ist, dem Einzelnen diejenigen Informationen zur Verfügung zu stellen, die nötig sind, um durch wertende Äußerungen am Meinungsbildungsprozess teilzunehmen. **685**

Für die **Allgemeinheit der Zugänglichkeit** kommt es darauf an, ob die Quelle technisch geeignet und dazu bestimmt ist, einem unbestimmten Personenkreis Informationen zu verschaffen. Hoheitliche Zugangshürden wie Nutzungsgebühren sind insoweit unerheblich[1395]. Entscheidend ist nur, dass der Verfügungsberechtigte die Quelle für die Allgemeinheit widmet; Zugangsbedingungen sind insoweit möglich. Unter Art. 5 Abs. 1 Satz 1 Var. 2 GG fallen daran anknüpfend die klassischen Massenkommunikationsmedien Presse, Rundfunk[1396] und Film sowie deren konkrete Ausprägungen (Flugblätter, Handzettel, Fernsehen). Hinzu tritt das Internet, soweit dessen Seiten für einen unbestimmten Personenkreis abrufbar sind[1397]. **686**

Beispiel: Die Redaktion eines privaten Verlags ist keine allgemein zugängliche Quelle[1398].

Viele wirtschaftsrelevante Daten stehen in **hoheitlicher Verfügungsgewalt** und sind damit zwar de facto, aber nicht de iure verfügbar. In solchen Fällen ist fraglich, ob bzw. inwieweit trotzdem allgemeine Zugänglichkeit besteht. Teilweise wird diese Eigenschaft auch dann bejaht, weil sie von der tatsächlichen bzw. technischen und nicht von der rechtlichen Seite abhänge, zumal der Staat sonst einseitig über die Reichweite des Art. 5 Abs. 1 S. 1 Var. 2 GG disponieren könnte.[1399] Die verfassungsgerichtliche Spruchpraxis knüpft demgegenüber die Zugänglichkeit an gesetzliche Regeln, weil es um Informationen gehe, die sich in hoheitlicher Verfügungsgewalt befänden, so dass die Vorschriften, die festlegen, dass bestimmte Informationen nicht der Allgemeinheit zugänglich sind, die Informationsfreiheit nicht beeinträchtigen[1400]. **687**

1389 *Korte*, GewArch. 2002, 453, 454.
1390 BVerfGE, 71, 162, 175 und 85, 1, 14 f.
1391 BGH, NJW 2008, 2110.
1392 BVerfGE 102, 347, 365 ff.
1393 BVerfG, GRUR 2015, 507 ff.
1394 *Kugelmann*, DÖV 2005, 851 ff.
1395 BVerfGE 27, 71, 84.
1396 Vgl. BVerfGE 90, 27.
1397 Ausf. *Kube*, in: HdbStR IV, § 91; *Grzeszick*, AöR 123 (1998), 174 ff.
1398 BVerfGE 66, 116, 137.
1399 Vgl. *Wegmer*, Die staatshaftungsrechtliche Relevanz behördlicher Informationstätigkeit, 2016, S. 53 ff.
1400 BVerwG, NJW 2014, 1126, 1127; BVerfG, NVwZ 2017, 1618 ff.

Beispiel: Gerichtsverhandlungen sind Informationsquellen, über deren Zugänglichkeit der Gesetzgeber entscheidet, so dass das Verbot von Ton- und Bildaufnahmen aus § 169 Abs. 1 S. 2 GVG Art. 5 Abs. 1 S. 1 Var. 2 GG nicht berührt[1401].

688   Mittlerweile hat sich die Sprengkraft dieser Streitfrage ein Stück weit entschärft, weil es eine **Fülle einfacher Rechtsregeln** gibt, die Informationsansprüche zulasten von Hoheitsträgern begründen. Neben die seit jeher gegenüber Landesbehörden, aber auch ggf. gegenüber Bundesbehörden[1402] bestehenden Auskunftsansprüche zugunsten der Presse treten seit der Jahrtausendwende zunehmend Rechtsgrundlagen verbraucher- oder umweltbezogener bzw. allgemeiner Natur, die natürlichen oder juristischen Personen gegenüber Hoheitsträgern Informationsrechte einräumen und über deren Voraussetzungen und Grenzen bestimmen *(s. u. Rn. 863)*. Hinzu sollen in besonderen Fällen verfassungsunmittelbare Ansprüche treten[1403].

2.   Rechtfertigung von Beeinträchtigungen

689   Soweit die Meinungs- oder die Informationsfreiheit im Geschäftsverkehr beeinträchtigt *(s. o. Rn. 682, 685)* wird, sind auf der Ebene der Rechtfertigung die qualifizierten Anforderungen an den **Gesetzesvorbehalt aus Art. 5 Abs. 2 GG** zu beachten. Neben Vorschriften zum Schutz der Jugend und der persönlichen Ehre sind es vor allem sog. allgemeine Gesetze, die Eingriffe in die in Art. 5 Abs. 1 S. 1 GG normierten Grundrechte tragen können. Darunter fallen solche Regelungen, die sich weder gegen die Meinungsfreiheit an sich noch gegen eine bestimmte Meinung richten, sondern dem Schutz eines schlechthin, ohne Rücksicht auf eine bestimmte Meinung zu schützenden‚ Rechtsguts dienen[1404]. Dort, wo diese letztlich auf Meinungsneutralität des Inhalts, nicht aber der Form von Meinungen gerichtete Formel[1405] nicht genügt, können ggf. sog. verfassungsimmanente Schranken *(s. o. Rn. 594)* hinzutreten und Beeinträchtigungen rechtfertigen[1406].

Beispiel: (Wohl) kein allgemeines Gesetz liegt vor, wenn es ausschließlich den öffentlich-rechtlichen Rundfunkanbietern untersagt wird, bestimmte Kommunikationsdienste (im entschiedenen Fall die damals gerade erst entwickelten Kabelnetze und Drahtlosfrequenzen) zu nutzen[1407].

690   Im Rahmen der **Verhältnismäßigkeitsprüfung** ist im Lichte der sog. Wechselwirkungslehre die wegen ihrer Relevanz für den Meinungsbildungsprozess auch in Wirtschaftsfragen schlichtweg konstituierende Bedeutung des Art. 5 Abs. 1 S. 1 GG für die freiheitlich demokratische Grundordnung mit den konkret widerstreitenden Interessen auszugleichen. Dieser Maßstab entspricht dem der Abwägung[1408], die zugehörige Rechtsprechung ist auch in ihren Bezügen zum Wirtschaftsverkehr vielfältig. Von besonderer Relevanz ist, dass gewaltsame oder mit Zwang verbundene Boykottaufrufe unzulässig sind. Zudem ist anerkannt, dass die Auseinandersetzung mit konkurrierenden Produkten dort das im Lichte der Meinungsfreiheit zulässige Maß überschreitet, wo der Bereich der Schmähkritik erreicht ist, weil keine Auseinandersetzung mit der Sache selbst mehr vorliegt[1409].

Beispiel: Die Grenze zur Schmähkritik war noch nicht überschritten, als ein Finanzdienstleister im sog. Gerlachreport als Vermögensvernichter bezeichnet wurde, weil es sich um eine nach eigenen Angaben dem Verbraucherschutz zu dienen bestimmte Quelle handelte, die keine Neu-

---

1401   BVerfGE, 103, 44, 60.
1402   Vgl. dazu *Germelmann*, DöV 2013, 667 ff.
1403   Vgl. BVerfG, NVwZ 2017, 1618 ff.
1404   BVerfGE 7, 198, 209; BVerfGE 97, 125, 146.
1405   *Kingreen/Poscher*, Staatsrecht II, 33. Aufl. 2017, Rn. 695, 702.
1406   *Hufen*, Staatsrecht II, 6. Aufl. 2017, § 25 Rn. 19.
1407   BVerfGE 74, 297, 336 f.
1408   Vgl. *Hufen*, Staatsrecht II, 6. Aufl. 2017, § 25 Rn. 23.
1409   BGH, JZ 2002, 663 ff.

tralität für sich beanspruchte und keinem überhöhten Sachlichkeitsgebot unterlag, sondern in überspitzter Weise über fragwürdige Geschäfte und Anlagepraktiken informieren wollte[1410].

II. Gewährleistungen des Art. 5 Abs. 1 S. 2 GG

In Art. 5 Abs. 1 S. 2 GG sind diverse, trotz gradueller Unterschiede oft unter dem Rubrum der medialen Konvergenz zu einem einheitlichen Grundrecht zusammengeführte Facetten der Medienfreiheit[1411] normiert[1412]. Sie richten sich an viele Adressaten und unterscheiden sich von der Meinungsfreiheit durch ihren nicht individual-, sondern massenkommunikativen Inhalt. **691**

1. Pressefreiheit

Die in Variante 1 dieser Verfassungsnorm geschützte Pressefreiheit bezieht sich auf zur Verbreitung bestimmte Druckwerke einschließlich Ton- und Bildträger unabhängig von der Häufigkeit ihres Erscheinens. Der **Schutzumfang** reicht von der Beschaffung der Information, weshalb sich aus Art. 5 Abs. 1 S. 2 Var. 1 GG auch Auskunftsansprüche ergeben können, über deren Aufbereitung im Druckwerk auf dessen Erscheinen. Träger dieses Grundrechts sind infolgedessen alle im Pressewesen tätigen Personen, d. h. neben dem Journalisten und dem Verleger auch der Herausgeber und der Redakteur sowie der Grossist, der als Großhändler für die Verbreitung von Druckerzeugnissen in der Fläche zuständig ist[1413]. **692**

Da sich die Pressefreiheit auf die Beschaffung, Aufbereitung und Verbreitung von Inhalten bezieht, geht sie im **Verhältnis zu anderen Grundrechten** zunächst über die Informationsfreiheit hinaus, weil sie nicht nur Recherchen aus allgemein zugänglichen Quellen schützt, bleibt aber hinter der Meinungsfreiheit insoweit zurück, als der Urheber einer Äußerung, soweit es um deren inhaltliche Zulässigkeit geht, unabhängig vom Verbreitungsmedium anhand des Art. 5 Abs. 1 S. 1 Var. 1 GG geschützt wird[1414]. Die Veröffentlichung selbst genießt dann allerdings den Schutz der Pressefreiheit. Insoweit kommt es auf deren konkreten Inhalt nicht an, so dass auch der für die Finanzierung der Presse besonders wichtige Anzeigenteil erfasst ist[1415]. Für nicht medienspezifisch ansetzende Maßnahmen kommt demgegenüber ein Rückgriff auf die Berufsfreiheit in Betracht[1416]. **693**

Für **Eingriffe** in die Pressefreiheit gelten die allgemeinen Grundsätze entsprechend. Daher können sog. Pressesubventionen zu mittelbaren Beeinträchtigungen *(s. o. Rn. 164)* erstarken, wenn sie hinreichend intensiv sind, z. B. weil sie die Staatsferne des geförderten Mediums gefährden oder den publizistischen Wettbewerb nachteilig beeinflussen[1417]. Liegt ein Eingriff vor, bedürfen solche Subventionen einer gesetzlichen Grundlage *(s. o. Rn. 165 ff.).* Zudem finden sich Anwendungsfälle für die mittelbare Drittwirkung der Grundrechte namentlich im Bereich der sog. inneren Pressefreiheit, die sich mit dem Problem beschäftigt, inwieweit die Hierarchien im Presseunternehmen vom Verleger über den Redakteur auf den Journalisten Weisungen zur Ausrichtung des Druckwerks oder zu den behandelten Themen erlauben[1418]. **694**

1410 BVerfG, DVBl. 2005, 106, 108.
1411 *Bullinger*, in: HdbStR VI, § 142, Rn. 180; *Stober*, in: FS für Roellecke, 1997, S. 345, 373.
1412 Vgl. zum Streit um das Für und Wider eines einheitlichen Mediengrundrechts *Korte*, AöR 139 (2014), 384 ff.
1413 *Gersdorf*, AfP 2012, 336 ff.
1414 BVerfGE 86, 122, 128; krit. dazu *Bethge*, in: Sachs (Hg.), GG, 8. Aufl. 2018, Art. 5 Rn. 86.
1415 BVerfGE 64, 108, 114; *Hufen*, Staatsrecht II, 6. Aufl. 2017, § 27 Rn. 4.
1416 Schmidt-Bleibtreu/Hofmann/Henneke/*Hofmann*, GG, Art. 12 Rn. 104.
1417 BVerfGE 80, 124, 133 f.
1418 *Gersdorf*, AfP 2016, 1 ff.

695 Auf **Rechtfertigungsebene** ist zunächst der qualifizierte Gesetzesvorbehalt aus Art. 5 Abs. 2 GG zu beachten. Insoweit gilt das zur Meinungsfreiheit Gesagte genauso entsprechend wie für die daran anschließende Verhältnismäßigkeitsprüfung. Von besonderer Relevanz im Bereich der Pressefreiheit ist überdies das Recht zum Schutz der persönlichen Ehre, gerade soweit es um die Berichterstattung über Personen der Zeitgeschichte geht. Insoweit sind etwaige Informationsbelange der Öffentlichkeit mit dem Interesse eines Prominenten an einer unbehelligten persönlichen und privaten Lebensgestaltung in Ausgleich zu bringen. Entscheidungsleitend können etwa Einwilligungen des Betroffenen, dessen Bekanntheitsgrad, dessen Vorverhalten oder eine ausstrahlende Wirkung zulasten unbeteiligter oder schutzwürdiger Dritter sein[1419].

2. Rundfunkfreiheit

696 In seiner zweiten Variante schützt Art. 5 Abs. 1 Satz 2 GG die Rundfunkfreiheit. Sie ist im Gegensatz zur Filmfreiheit aus Variante 3, die sich auf die Verbreitung von Informationen über belichtetes Material bezieht, auf die Berichterstattung über Rundfunk gerichtet. Der Verfassungswortlaut verlangt insoweit Dreierlei – nämlich eine redaktionelle Aufbereitung von Inhalten, deren Verbreitung über physikalische Wellen und die Adressierung einer unbestimmten Vielzahl von Personen. Sind diese Vorgaben gewahrt, schützt die Rundfunk- ähnlich der Pressefreiheit alle mit der Sendung verbundenen Tätigkeiten – namentlich die der Vorbereitung durch Informationsbeschaffung, der Produktion und der Verbreitung. Da die Inhalte den **Schutzbereich** des Art. 5 Abs. 1 S. 2 GG nicht determinieren, werden auch Werbesendungen erfasst. Weitere Teilbereiche der Rundfunkfreiheit sind die Programmfreiheit sowie die programmbezogene Organisations- und Finanzierungsfreiheit[1420].

697 Besondere Bedeutung hat die Rundfunkfreiheit seit jeher deshalb, weil ihr Gebrauch einen hohen finanziellen Aufwand erfordert und weil die ausgestrahlten Sendungen eine erhebliche Breitenwirkung, Suggestivkraft und Aktualität aufweisen, so dass der Rundfunk ein wesentliches Forum individueller und öffentlicher Meinungsbildung ist und wie kein anderes Medium die Kraft der gesellschaftlichen Beeinflussung in sich trägt. Dieses Spezifikum führte zur Herausbildung einer **dualen Rundfunkordnung**. Sie setzt einerseits auf eine Vielzahl privater Rundfunkanbieter, die werbefinanziert tätig werden und Meinungsvielfalt außenplural gewährleisten, indem sie miteinander konkurrieren; zudem können organisatorische bzw. inhaltliche Anforderungen gestellt werden, ohne dass eine hoheitliche Verpflichtung bestünde. Hinzu kommt andererseits der öffentlich-rechtliche Rundfunk, der gebührenfinanziert tätig wird und Meinungsvielfalt durch binnenplural, weil aus allen relevanten Bereichen des gesellschaftlichen Lebens zusammengesetzte Beiräte gewährleistet[1421].

698 Das Ziel dieser dualen Rundfunkordnung ist die Gewährleistung von Meinungsvielfalt, wobei den öffentlich-rechtlichen Anstalten ein **informationsbezogener Grundversorgungsauftrag** zukommt, der durch deren Staatsferne sichergestellt wird und der die ebenfalls staatsfern über eine unabhängige Kommission (KEF) festgelegten Rundfunkgebühren rechtfertigt. Dieser Auftrag bildet wie die Staatsferne der öffentlich-rechtlichen Rundfunkanstalten[1422] die Basis für deren grundrechtsdienende Funktion, weil sie dadurch zur Schaffung einer Informationsgrundlage des Einzelnen beitragen und ihm so die Teilnahme am öffentlichen Willensbildungsprozess ermöglichen[1423]. Diese Funktion hat zudem Folgen für etwaige Beeinträchtigungen des Schutzbereichs des

---

1419 *Söder*, ZUM 2008, 89 ff.
1420 Vgl. Schmidt-Bleibtreu/Hofmann/Henneke/*von der Decken*, GG, Art. 5 Rn. 25 ff.
1421 *Kingreen/Poscher*, Staatsrecht II, 33. Aufl. 2017, § 13 Rn. 680; BVerfGE 83, 238, 316.
1422 BVerfGE 83, 238, 322.
1423 S. dazu Schmidt-Bleibtreu/Hofmann/Henneke/*von der Decken*, GG, Art. 5 Rn. 28

Art. 5 Abs. 1 S. 2 GG, weil ein Eingriff gegenüber der Rundfunkanstalt dann nicht vorliegt, wenn eine hoheitliche Maßnahme dazu dient, die materiellen, organisatorischen oder verfahrensbezogenen Voraussetzungen dafür zu schaffen, dass die Vielfalt der bestehenden Meinungen im Rundfunk einen umfassenden Ausdruck findet[1424].

Der Kreis dieser pluralitätssichernden Maßnahmen, die mangels Grundrechtsbeein- **699** trächtigung keine subjektiv öffentlichen Rechte auf den Plan rufen, ist im Einzelfall freilich schwer zu ziehen, gerade soweit unter dem Deckmantel der Verbesserung der Meinungsvielfalt die hoheitlichen Einflussmöglichkeiten erhöht werden. Ohnehin sollte aus deren fehlender Eingriffsqualität nicht folgen, dass sie nicht den allgemeinen rechtsstaatlichen Anforderungen an einen Rechtsakt *(s. o. Rn. 151 ff.)* entsprechen müssen[1425]. Insoweit stellt sich also genauso wie im Übrigen insbesondere die Frage nach der **Verhältnismäßigkeit.** Von besonderer Bedeutung sind in diesem Kontext namentlich solche TV-Formate, die auf eine Entblößung der Persönlichkeitssphäre der Teilnehmer für den Zuschauer setzen und dadurch in der Nähe einer Verletzung des Art. 1 Abs. 1 GG stehen[1426]. Abgesehen davon sind aber auch die Grundlagen des öffentlich-rechtlichen Rundfunks und insbesondere die Beitragserhebung nicht unumstritten[1427].

Wegen der seit der Jahrtausendwende stark zunehmenden Relevanz des **Internets** als **700** Kommunikationsmittel und -forum stellt sich die Frage, ob auch die dortigen Angebote den Schutz der Rundfunkfreiheit genießen. Sie ist zu bejahen, soweit es um Inhalte geht, die anders als E-Mail-Korrespondenz für die Öffentlichkeit bestimmt sind und die anders als unkoordiniert von den Usern bereit gestellte Inhalte redaktionell aufbereitet sind. Teilt man diese Einschätzung, prägen auch die damit angesprochenen Internet-Angebote eine erhebliche Aktualität sowie Suggestivkraft und wenn nicht eine Breiten-, so wegen der zeitlich endlosen Verfügbarkeit jedenfalls eine immense Tiefenwirkung. Infolgedessen können von Online-Diensten vergleichbare Gefahren für die Meinungsvielfalt ausgehen wie vom konventionellen Rundfunk, so dass sie zu regulieren sind. Dazu können sich ggf. Parallelen zu den einfachgesetzlichen Grundlagen der dualen Rundfunkordnung anbieten[1428].

Beispiel: Wegen der atomistischen Struktur des Internet-Informationsmarktes ist dort der Grundversorgungsauftrag der öffentlich-rechtlichen Rundfunkanstalten nicht angesprochen, so dass die sog. Tagesschau-App nur insoweit zulässig ist, als sie einen Annex zum konventionellen Programm der Tagesschau darstellt[1429].

§ 21 Weitere spezielle Freiheitsgewährleistungen mit Wirtschaftsbezug

Zur Berufs-, Eigentums- und Kommunikationsfreiheit treten weitere Grundrechte **701** hinzu, die anders als die eingangs genannten *(s. o. Rn. 548)* die wirtschaftliche Entfaltung nicht nur als Mittel zum Zweck einer anders gelagerten Freiheitsentfaltung instrumentalisieren, sondern zumindest in Teilen originär dem Schutz ökonomischer Aktivität verpflichtet sind.

1424 *Kingreen/Poscher*, Staatsrecht II, 33. Aufl. 2017, § 13 Rn. 679.
1425 *Eifert*, JURA 2015, 356 ff.; *Korte*, AöR 139 (2014), 384 ff.
1426 Vgl. dazu *Schladebach*, ZUM 2017, 908 ff. und *Korte*, Der Strafbefreiungsgrund der Zustimmung im Falle von Beeinträchtigungen der Intimsphäre, 2013,
1427 S. dazu *Hornickel*, NVwZ 2017, 118 ff.
1428 *Korte*, AöR 139 (2014), 384 ff.; abw. *Paulus*, in: v. Mangoldt/Klein/Starck (Hg.), GG, Art. 5.
1429 Vgl. dazu BGH, WRP 2017, 426 ff.

I. Schutz der Geschäftsräume, Art. 13 GG

702 In diese Kategorie fällt zunächst Art. 13 Abs. 1 GG, auf den sich nicht nur natürliche, sondern trotz der jedenfalls diskussionsbedürftigen wesensgemäßen Anwendbarkeit im Sinne des Art. 19 Abs. 3 GG *(s. o. Rn. 562)* nach umstrittener Auffassung auch juristische Personen berufen können, soweit es um den Schutz ihrer Räumlichkeiten geht[1430].

1. Schutzbereich

703 Zwar wird in dieser Norm einzig der Begriff „Wohnung" verwendet, der sich auf das befriedete Besitztum des Einzelnen in Form seines elementaren Lebensraums bezieht und ihm damit einen räumlichen Rückzugsbereich bietet, in dem er das Recht hat vor hoheitlichen Zugriffen verschont und dort in Ruhe gelassen zu werden[1431]. Gleichwohl werden aber auch Arbeits-, Betriebs- und Geschäftsräume[1432] dem Grunde nach unter Art. 13 Abs. 1 GG (ähnlich wie nunmehr auch auf Unionsebene unter Art. 7 EU GR Charta[1433]) subsumiert, zumindest[1434] wenn sie dem unkontrollierten Zugang der Öffentlichkeit per se (z. B. Arbeitsplatz in der Wohnung) oder nach Geschäftsschluss (z. B. überdachtes Einkaufszentrum mit Haupteingängen) entzogen sind[1435]. Insoweit geht es dann nicht um eine Fortsetzung der Privatsphäre in anderen Lebenskontext[1436], sondern um den eigenständigen **Schutz der Geschäftssphäre**.

704 Für die **Richtigkeit dieses Ansatzes** spricht schon die systematische Stellung des Art. 13 Abs. 1 GG zwischen der Berufs- und der Eigentumsfreiheit und damit zwischen den maßgeblichen Unternehmergrundrechten, die dem Wohnungsgrundrecht eine zumindest auch ökonomische Dimension zuweist. Sie spiegelt sich in der Persönlichkeitsrelevanz beruflicher Tätigkeit, die im Übrigen unabhängig davon besteht, ob die Räume allgemein zugänglich sind oder nicht, so dass infolgedessen jedenfalls auf Schutzbereichsebene ein weites „Wohnungsverständnis" angezeigt ist. Es ist umso mehr geboten, als der umfassende Schutz beruflicher Tätigkeit *(s. o. Rn. 607 ff.)* gefährdet wäre, wenn die Räume, in denen die zugehörigen Aktivitäten (sei es während oder sei es außerhalb der Geschäftszeiten) stattfinden, keinen eigenständigen Grundrechtsschutz genössen.

2. Eingriff

705 Verkürzungen der im Wohnungsgrundrecht gespeicherten Freiheitsoptionen sind als Eindringen oder Verweilen hoheitlicher Funktionsträger gegen den Willen des Betroffenen denkbar. Auch (heimliche) Observationen von Betriebs- Geschäfts- oder Arbeitsräumen sind möglich. Den Hauptanwendungsfall bildet indes die Durchsuchung dieser Örtlichkeiten ab, wobei allerdings die **Online-Durchsuchung** Art. 13 GG nicht berührt, weil die Schutzrichtung dieses Grundrechts raumbezogen ist und die Online-Durchsuchung unabhängig vom Standort des Computers erfolgen kann. Insoweit hilft auch Art. 10 GG nicht weiter, weil er sich nur auf Kommunikationsprozesse bezieht, aber den Schutz vorhandener Daten ausklammert. Daher hat das *BVerfG* für diesen Fall das unbenannte Freiheitsgrundrecht auf Vertraulichkeit und Integrität informati-

---

1430 *Kluckert/Fink*, in: Epping/Hillgruber (Hg.), GG, 2. Aufl. 2016, Art. 13 Rn. 5.

1431 *Fink*, in: Epping/Hillgruber (Hg.), GG, 2. Aufl. 2016, Art. 13 Rn. 2; BVerfGE 109, 279 ff.

1432 BVerfGE 32, 54, 68; 76, 83, 88; BVerfG, NJW 1997, 2165; *Battis*, JuS 1973, 25.

1433 Vgl. dazu Calliess/Ruffert/*Kingreen*, EUV/AEUV, Art. 7 GrCh Rn. 9.

1434 Weitergehend BVerwGE 121, 345, 348 (auch „… Betriebsräume, die der Hausrechtsinhaber durch eigenen Entschluss der Öffentlichkeit zugänglich gemacht hat…") sowie BVerfG, MMR 1998, 202, 209; im Ergebnis ebenso Schmidt/Wollenschläger/*Wollenschläger*, Kompendium, § 2 Rn. 86.

1435 *Kingreen/Poscher*, Staatsrecht II, Grundrechte, 33. Aufl. 2017, § 22 Rn. 1009 im Anschluss an BVerfG, NJW 2003, 2669, 2669, das sich allerdings zur abweichenden vorherigen Rechtsprechung nicht äußert.

1436 So aber zu eng *Voßkuhle*, DVBl. 1994, 611 ff.

onstechnischer Systeme aus den Art. 2 Abs. 1, 1 Abs. 1 GG hergeleitet[1437]. Für den Schutz von Geschäftsgeheimnissen und geistigem Eigentum können insoweit allerdings ggf. die Art. 12, 14 GG vorgehen *(s. o. Rn. 624, 657)*.

Betretungs- und Nachschaurechte, die im Öffentlichen Wirtschaftsrecht oft anzutreffen[1438] sind und gewissermaßen zu dessen Standardmaßnahmen zählen, sollen Art. 13 Abs. 1 GG ebenfalls nicht beeinträchtigen[1439]. Eine Durchsuchung im Sinne des Art. 13 Abs. 2 GG soll in solchen Fällen insbesondere deshalb nicht vorliegen, weil sie nach zielgerichteten Handlungen (Öffnen von Schränken) verlangt[1440], um etwas zu ermitteln, was der Betroffene geheim halten möchte. Denn daran fehle es, wenn sich der Eingriff auf das Betreten und Besichtigen offenliegender Gegenstände beschränkt. Aber auch ein Eingriff bzw. eine Beschränkung im Sinne des Art. 13 Abs. 7 GG ist nach der verfassungsgerichtlichen Spruchpraxis in solchen Fällen nicht gegeben. Gleichwohl verlangt das *BVerfG* eine spezielle Rechtsnorm, die das Betreten und Besichtigen von Räumen nur im Falle seiner Erforderlichkeit für die Verwirklichung eines bestimmten Zwecks gestattet und den Umfang dieser Maßnahmen erkennen lässt. Zudem müssen solche Besichtigungen auf die Zeiten der üblichen Raumnutzung beschränkt sein[1441]. Daran leuchtet nicht ein, wie ein Grundrechtseingriff abgelehnt werden kann, im gleichen Atemzug aber Rechtfertigungsvorgaben aufgerichtet werden dürfen; überzeugender wäre ein Vorgehen auf Rechtfertigungsebene über Art. 13 Abs. 7 GG[1442].

706

Beispiele: Umsetzung der verfassungsgerichtlichen Vorgaben beispielsweise in den §§ 17 Abs. 2 HwO; 42 Abs. 2 LFGB; 29 Abs. 2 GewO; 11 und 28 ProdSG.

3. Rechtfertigung

Ist eine hoheitliche Maßnahme als Beeinträchtigung der Unverletzlichkeit der Arbeits-, Geschäfts- oder Betriebsräume zu werten, greift an sich der qualifizierte Gesetzesvorbehalt aus Art. 13 Abs. 7 GG. Liegen dessen Voraussetzungen vor, kommt es auf eine **Abwägung der widerstreitenden Interessen** an. Sie hat dann auch zu berücksichtigen, ob und wenn ja inwieweit der zu wirtschaftlichen Zwecken genutzte Raum der Öffentlichkeit zugänglich ist, weil davon auch die Eingriffsintensität der hoheitlichen Maßnahme abhängen dürfte[1443].

707

II. Wirtschaftliche Vereinigungsfreiheit (Art. 9 Abs. 1 GG)

Neben Art. 13 Abs. 1 GG enthält auch Art. 9 GG in Teilausschnitten auf ökonomische Aktivitäten ausgerichtete Grundrechtsgarantien, auf die sich über Art. 19 Abs. 3 GG auch juristische Personen berufen können. Ähnlich wie Art. 12 EU-GR-Charta garantiert diese Verfassungsnorm zwei Freiheitsrechte mit unterschiedlichem persönlichem Geltungsbereich: das Recht zur Bildung von Vereinen und Gesellschaften (nur) für Deutsche (Abs. 1) und das hier wegen seines arbeitsrechtlichen Gepräges nicht zu vertiefende Recht zur Bildung von Vereinigungen zur Wahrung und Förderung der Arbeits- und Wirtschaftsbedingungen für jedermann (Abs. 3)[1444].

708

1437 BVerfGE 120, 274, 309 f.
1438 S. näher *Figgener,* Behördliche Betretungsrechte und Nachschaubefugnisse, 2000, S. 13.
1439 BVerfGE 32, 54, 73 ff.; BVerwG, NVwZ 1986, 831; BVerwG, GewArch. 1988, 121 f.
1440 BVerfGE 51, 97, 106 ff.; OVG Hamburg, DÖV 1997, 384 f. m. w. N.; BVerwG, NJW 2005, 454.
1441 BVerfG, NVwZ 2007, 1049, 1050; BVerfGE 32, 54, 72 ff.; kritisch *Wolff,* GewArch 2007, 231, 232 f.
1442 *Hufen,* Staatsrecht II, 6. Aufl. 2017, § 15 Rn. 27.
1443 *Kluckert/Fink,* in: Epping/Hillgruber (Hg.), GG, 2. Aufl. 2016, Art. 13 Rn. 24 ff.
1444 BVerfG, NJW 2007, 51 ff.

1. Schutzbereichsbeeinträchtigung

709 Art. 9 Abs. 1 GG ist ein **Eckpfeiler der Sozial- und Wirtschaftsverfassung des Grundgesetzes.** Er schützt das Prinzip freier sozialer Gruppenbildung[1445] und gewährleistet als Kollektivgrundrecht Assoziationsfreiheit. Wenn die Verfassung die wirtschaftliche Entfaltungsfreiheit des Einzelnen schützt, dann besteht auch ein Bedürfnis, die wirtschaftliche Freiheit von Gruppen etwa in Gestalt von Personen- oder Kapitalgesellschaften zu sichern. Art. 19 Abs. 3 GG bekräftigt diese Interpretation. Insofern ist die Vereinigungsfreiheit Basis selbstbestimmter unternehmerischer Entfaltung.

710 Art. 9 Abs. 1 GG bezieht sich auf Schutzbereichsebene auf die Bildung von Vereinen und Gesellschaften. Die Verfassung setzt die Inhalte dieser Begriffe als bekannt voraus. Aus den parlamentarischen Beratungen zum Grundgesetz ergibt sich, dass an der herkömmlichen Terminologie festgehalten werden soll[1446]. Erforderlich für eine **Vereinigung** (Oberbegriff (vgl. Abs. 2)) i. S. d. Art. 9 Abs. 1 GG ist somit ein freiwilliger Zusammenschluss mehrerer Personen, der auf Dauer gerichtet ist, einen gemeinsamen Zweck verfolgt und zur organisierten Willensbildung fähig ist[1447].

711 In **verhaltensbezogener Hinsicht** erlaubt dieses Grundrecht privatrechtliche Vereinigungen zu gründen, ihnen beizutreten oder fernzubleiben (sog. positive und negative Vereinigungsfreiheit). Der Schutzbereich erstreckt sich auf die Selbstbestimmung der Organisation, das Verfahren der Willensbildung und die Geschäftsführung[1448]. Ferner wird das Recht auf Bestand gewährleistet, das auch die Möglichkeit einer wirkungsvollen Mitgliederwerbung einschließt[1449].

Beispiel: Art. 9 Abs. 1 GG erlaubt die Bildung von Sportverbänden, deren Mitglieder insbesondere Vereine, Spieler und Schiedsrichter sind, und die Etablierung einer eigenen Sportgerichtsbarkeit, die sich auch auf den Profisport erstrecken und im Rahmen ihres Zuständigkeitsbereichs endgültige Strafen, z. B. als Spielersperren verhängen kann. Soweit grundrechtsrelevante Entscheidungen z. B. in Form eines bundesweiten Stadionverbots für einen auffällig gewordenen Hooligan getroffen werden, die den Innenbereich des Vereins- bzw. Verbandslebens verlassen, sind jedoch die ordentlichen Gerichte zu befassen[1450].

2. Rechtfertigung von Beeinträchtigungen

712 Liegt eine Beeinträchtigung des Art. 9 Abs. 1 GG entsprechend der allgemeinen Grundsätze vor *(s. o. Rn. 577)*, ist auf Rechtfertigungsebene zunächst einmal der qualifizierte Schrankenvorbehalt aus Art. 9 Abs. 2 GG von Bedeutung. Darüber hinaus ist die Vereinigungsfreiheit mit gegenläufigen Gemeinwohlbelangen in **Ausgleich** zu bringen. Insoweit ist dieses Grundrecht in mehr oder minder großem Umfang auch von gesetzlichen Regelungen abhängig, die Vereinigungen in die allgemeine Rechtsordnung einfügen, den Rechtsverkehr sichern und widerstreitenden Gemeinwohlbelangen Rechnung tragen. Diese Ausgestaltungsbefugnis hat sich allerdings am Prinzip freier Gruppenbildung und Selbstbestimmung im Verein zu orientieren, gilt also ihrerseits ebenfalls nicht absolut, sondern ist einer Abwägung zugänglich[1451].

Beispiel: Die Zulässigkeit einer Fusion hängt aus verfassungsrechtlicher Perspektive von einer Abwägung zwischen der Vereinigungsfreiheit der sich zusammenschließenden Unternehmen und der Wettbewerbsfreiheit der Konkurrenten ab[1452].

1445 BVerfGE 38, 281, 302 f.; 50, 290, 353.
1446 JÖR NF Band 1, 117.
1447 Ausf. dazu *Cornils*, in: Epping/Hillgruber (Hg.), GG, 2. Aufl. 2016, Art. 9 Rn. 5 ff..
1448 BVerfGE 50, 290, 354.
1449 BVerfGE 84, 372, 378.
1450 Vgl. *Abel*, jM 2014, 476 ff.
1451 BVerfG, NJW 2001, 2617; *Höfling*, in: Sachs (Hg.), GG, 8. Aufl. 2018, Art. 9 Rn. 38 f.
1452 *Cornils*, in: Epping/Hillgruber (Hg.), GG, 2. Aufl. 2016, Art. 9 Rn. 31.

§ 22 Marktmäßige Entfaltungsfreiheit von Unternehmer und Verbraucher (Art. 2 Abs. 1 GG)

I. Schutzbereich

1. Sachliche Dimension

a) Art. 2 Abs. 1 GG zwischen Haupt- und Auffanggrundrecht. Nach Art. 2 Abs. 1 GG   **713**
hat jeder das Recht auf die freie Entfaltung seiner Persönlichkeit. Dieses Grundrecht
gewährleistet die Privatautonomie als Selbstbestimmung des Einzelnen im Rechts-
und Wirtschaftsleben und schützt insoweit dann die wirtschaftliche Entfaltungsfreiheit. Es greift allerdings nur ein, wenn eine wirtschaftliche Betätigung nicht durch
ein besonderes Freiheitsrecht – wie etwa die Berufsfreiheit – erfasst wird[1453] (sog.
Auffanggrundrecht[1454]). Diese Auffangfunktion gewinnt umso mehr Bedeutung, je
schneller die wissenschaftlich-technische Entwicklung voranschreitet und die staatlichen Überwachungsbedürfnisse wachsen und je weniger der Verfassungsgeber oder
die Verfassungsgerichtsbarkeit spezielle grundrechtliche Vorkehrungen gegen neuartige Grundrechtsgefährdungen schaffen[1455].

Im Übrigen geht es bei der Auffangproblematik um die Frage nach dem jeweiligen   **714**
Schutzbereich der Grundrechtsnorm, wobei es unter dem Stichwort Unternehmensfrei-
heit im Einzelfall zu Abgrenzungsproblemen kommen kann[1456]. Bei systematischer
und teleologischer Auslegung ergibt sich, dass die speziellen Wirtschaftsgrundrechte
und insbesondere die Berufsfreiheit aus Art. 12 Abs. 1 GG auch die damit verbundenen unternehmerischen Verhaltensweisen gewährleisten wollen. In solchen Fällen tritt
Art. 2 Abs. 1 GG dann als lex generalis zurück. Ein Rückgriff auf die wirtschaftliche
Entfaltungsfreiheit wird allerdings wieder möglich, wenn das **speziellere Freiheitsrecht
nicht beeinträchtigt** ist, so weil keine (subjektiv oder objektiv) berufsregelnde Tendenz
gegeben ist *(s. o. Rn. 623)*[1457].

Beispiele: Nach Ansicht des *BVerfG*[1458] wird die berufliche Werbung vom Schutzbereich der
Berufsfreiheit erfasst *(s. o. Rn. 607)*. Die berufsbezogene Entgeltgestaltung fällt unter Art. 12
Abs. 1 GG[1459]. Das Verhalten des Unternehmens im Wettbewerb ist Gegenstand des Art. 12
Abs. 1 GG *(s. o. Rn. 624)*[1460].

b) Verbleibender Anwendungsbereich. Im Lichte des so umrissenen Spezialitätsvorbe-   **715**
halts, dessen Grenzen oftmals nicht ganz eindeutig vermessen sind, weil die verfassungsgerichtliche Spruchpraxis gelegentlich trotz Beeinträchtigung des Art. 12 Abs. 1
GG zusätzlich noch Art. 2 Abs. 1 GG als die Argumentation stärkendes Hilfsargument
heranzieht[1461], bleibt für die **wirtschaftliche Entfaltungsfreiheit** vor allem (aber nicht
nur) dort Raum, wo es um die Rechtsstellung des Verbrauchers geht. Gleichwohl ist
es nicht angebracht, von einem inflationären Gebrauch des Art. 2 Abs. 1 GG oder von
Verwendungsexzessen zu sprechen[1462], weil der Umfang der aus Art. 2 Abs. 1 GG für
die Marktteilnehmer fließenden Gewährleistungen vergleichsweise übersichtlich ist.
Besonders bedeutsam sind daran anknüpfend:

1453 BVerfGE 21, 227; 68, 193, 223; 80, 137, 152 ff.
1454 *Kahl*, HdBGR V, § 124 Rn. 32 ff.
1455 S. etwa BVerfG, NJW 2008, 822 und NJW 2010, 3422 f.
1456 BVerfGE 50, 290, 366; BVerfGE 93, 352, 361.
1457 *Mann*, in: Sachs (Hg.), GG, 8. Aufl. 2018, Art. 12 Rn. 194 f.
1458 BVerfGE 85, 97, 104; 85, 248, 256; 94, 372, 389; BVerfG, NJW 2008, 838 f.; BGHZ 124, 343.
1459 BVerfGE 117, 163, 181; BVerfG, DÖV 2014, 391 ff.
1460 BVerwGE 87, 37, 39; 89, 281, 283; BVerfG, DVBl. 2005, 106 f.; abw. aber BVerfGE 32, 311.
1461 BVerfG, NJW 1993, 1969, 1971 f.; BVerfGE 87, 153, 169; 58, 257, 273 ff.
1462 So aber *Kahl*, HdBGR V, § 124 Rn. 70 und 93.

– Die Vertragsfreiheit[1463]: Darunter versteht man das Recht, Verträge über wirtschaftliche Güter und Dienstleistungen abzuschließen, inhaltlich zu gestalten und aufzuheben[1464]. Die **Vertragsfreiheit** ist der Schlüssel zur Selbstbestimmung und zum Ausgleich individueller Interessen, das maßgebliche Instrument zur Nutzung der privaten Verfügungsbefugnis an den Tauschobjekten[1465] und der wichtigste Teil der Privatautonomie. Das erklärt, weshalb die „Freedom of Contract" zu den Basisprinzipien des Internationalen Wirtschaftsrechts zählt. Insbesondere das UN-Übereinkommen über Verträge für den internationalen Handelskauf hat einem Teilaspekt der Vertragsfreiheit zu internationaler Anerkennung verholfen[1466].

– Die Konsumfreiheit: Darunter versteht man das Recht zum Erwerb, Gebrauch und Verbrauch wirtschaftlicher Güter und Dienstleistungen nach eigenem Belieben und unabhängig vom objektiven Bedarf. Die Konsumfreiheit schließt an die Vertragsfreiheit an und sichert sie gewissermaßen ab, indem die **Konsumfreiheit** den Einsatz der durch Vertragsschluss erworbenen Güter ermöglicht. Sie ist zudem von volkswirtschaftlich erheblicher Bedeutung, weil sie ein wesentlicher Teil der volkswirtschaftlichen Gesamtrechnung ist, nach der die Haushalte im Sinne eines Kreislaufs den Unternehmen Arbeitsleistung gegen Entgelt zur Verfügung stellen, mit Hilfe der dadurch generierten Mittel Produkte von den Unternehmen erwerben und so letztlich dafür sorgen, dass sie ihre Arbeitskraft weiter in den Produktionsprozess einbringen können.

– Die **unternehmerische Entfaltungsfreiheit**[1467]: Sie greift dort, wo es an einer berufsregelnden Tendenz hoheitlicher Maßnahmen und an hinreichend engen Bezügen zur Privatautonomie fehlt und gewährleistet die Ausübung unternehmerischer Initiative frei von hoheitlichem Zwang. Dadurch wird die Möglichkeit zu eigenverantwortlichem Handeln im Wirtschaftsverkehr grundrechtlich abgesichert. In enger Verbindung dazu steht die Wettbewerbsfreiheit, soweit die Bezüge zu spezielleren Grundrechten zu schwach ausgeprägt sind und insbesondere keine berufsregelnde Tendenz vorliegt. Während die Verfassungsgerichtsbarkeit[1468] insoweit oft auf Art. 12 Abs. 1 GG zurückgreift, zog die Verwaltungsgerichtsbarkeit früher[1469] Art. 2 Abs. 1 GG heran, scheint nun aber dem *BVerfG* zu folgen[1470].

– Die **Mobilitätsfreiheit** im Sinne von Bewegungsfreiheit[1471]. In dieser Ausprägung entspricht dieses Recht dem Schutzbereich des Art. 6 EU-GR-Charta, der sich in Anlehnung an Art. 5 EMRK ebenfalls auf die körperliche Bewegungsfreiheit beschränkt[1472]. Sie besteht auch im Falle der Ausreise z. B. zu konsumtiven oder unternehmerischen Zwecken, soweit kein spezielleres Grundrecht weniger in Form der Freizügigkeit aus Art. 11 Abs. 1 GG[1473], sondern in Form der Berufsfreiheit greift, und garantiert überdies den Gemeingebrauch an öffentlichen Sachen insbesondere in Form des Autofahrens auf öffentlichen Straßen zu wirtschaftlichen Zwecken[1474].

1463 BVerfGE 12, 347; 81, 242; BVerfG, NJW 1997, 1975 f.; *P. Kirchhof*, in: FS für P. Ulmer, 2003, S. 1211 ff.
1464 *Höfling*, Vertragsfreiheit, 1991; *Cornils*, NJW 2001, 3758 ff.
1465 *Canaris*, in: FS für Lerche 1993, S. 873 ff.; BVerfGE 114, 1, 34; BVerfG, NJW 2010, 3422 f.
1466 *Stober*, Globales Wirtschaftsverwaltungsrecht, 2001, S. 59 f.
1467 Instruktiv Maunz/Dürig/*Di Fabio*, GG , Art. 2 Rn. 116 ff.
1468 BVerfGE 32, 311, 317; 46, 120, 137.
1469 BVerwGE 65, 167, 174; 79, 326, 329.
1470 BVerwGE 89, 281, 283.
1471 *Merten*, in: Merten/Papier (Hg.), HdBGR IV, § 95, Rn. 22 ff.
1472 Calliess/Ruffert/*Calliess*, EUV/AEUV, Art. 6 GrCh Rn. 6 und 12.
1473 Vgl. dazu BVerfGE 6, 32, 41 f.
1474 Vgl. BVerwG, NJW 1988, 432, 432 f.; *Murswiek/Rixen*, in: Sachs (Hg.), GG, 8. Aufl. 2018, Art. 2 Rn. 54.

- Die **Schiedsgerichts- und Mediationsfreiheit** als alternative privatautonome Konfliktschlichtungsoption gegenüber staatlichen Gerichtsverfahren[1475]. Sie sichert die unternehmerische und konsumtive Entfaltungsfreiheit auf der Ebene der Durchsetzbarkeit etwaiger Rechtsansprüche ab, indem auf deren prozessuale Geltendmachung verzichtet wird und stattdessen Verhandlungen mit dem Vertragspartner unter Beteiligung unabhängiger Dritter geführt werden. Dieses System der Streitschlichtung hat mittlerweile weitreichende unionsrechtliche Grundlagen, gerade soweit es um das Verhältnis zwischen Unternehmer und Verbraucher geht. Sie sind mittlerweile in das deutsche Recht überführt worden, was vielerlei Auslegungsprobleme mit sich gebracht hat[1476].

Eigenständige Bedeutung hat Art. 2 Abs. 1 GG im Wirtschaftsverkehr darüber hinaus, **716** soweit die Vorschrift in Kombination mit Art. 1 Abs. 1 GG zum **allgemeinen Persönlichkeitsrecht** erstarkt. Dieses unbenannte Freiheitsrecht bezieht sich auf solche Lebenssachverhalte, die nicht von speziellen Freiheitsgrundrechten erfasst sind, für die aber der über das Auffanggrundrecht aus Art. 2 Abs. 1 GG vermittelte Schutz unzureichend erscheint, weil sie einen starken Persönlichkeitsbezug aufweisen, indem sie die Individualität, die Identität und die Integrität des Menschen betreffen[1477]. Im Einzelnen sind folgende Fallgruppen für das Wirtschaftsleben von besonderer Bedeutung:
- Die auch in Art. 8 EU GR Charta erwähnte und in Art. 8 Abs. 1 EMRK garantierte[1478] **Freiheit der informationellen Selbstbestimmung des Unternehmers** und des Verbrauchers über wirtschaftliche Daten[1479]: Darunter versteht man das im allgemeinen Persönlichkeitsrecht und in der Menschenwürde angelegte Recht des Einzelnen, grundsätzlich selbst über die Preisgabe und Verwendung seiner persönlichen und wirtschaftsbezogenen Daten zu bestimmen[1480]. Dazu zählen auch Geschäftsgeheimnisse (s. auch § 6 Satz 2 IFG), soweit ihr Schutz nicht schon durch andere Grundrechte wie Art. 12 Abs. 1 GG oder Art. 14 GG *(s. o. Rn. 617)* gewährleistet ist[1481].
- Die in Art. 7 EU GR Charta angesprochene Freiheit des Verbrauchers, nicht in seiner Privatsphäre belästigt zu werden[1482] insbesondere als Freiheit vor aufgezwungener Kommunikation im Rahmen des Kundenwettbewerbs (Customer Relationship Management)[1483] und Blockadefreiheit der Kommunikationsmittel (Right of Privacy)[1484], deren Verletzung zugleich ein Verstoß gegen Art. 8 EMRK ist[1485]. Der **Schutz der Privatsphäre** wurzelt im allgemeinen Persönlichkeitsrecht, das auch das Recht am eigenen Bild und am gesprochenen Wort einschließt[1486].
- Die vorbehaltlich speziellerer Grundrechte *(s. o. Rn. 705)* aus Art. 2 Abs. 1, 1 Abs. 1 GG ableitbare **Freiheit der Vertraulichkeit und Integrität informationstechnischer Systeme** als Schutz vor der Nutzung und Auswertung von auf Speichermedien (Personal Computer, Festplatten, Blackberrys, I-Phones und I-Pads) befindli-

---

1475 *Stober*, NJW 1979, 2001 ff.
1476 Vgl. dazu: *Schmidt-Kessel* (Hg.), Tagungsband Alternative Streitbeilegung, 2012; *Korte*, DVBl. 2015, 1157 ff.
1477 Vgl. dazu *Murswiek/Rixen*, in: Sachs (Hg.), GG, 8. Aufl. 2018, Art. 2 Rn. 59 ff.
1478 OVG Schleswig, NVwZ 2009, 1117 f.
1479 BVerfG, NJW 2005, 1917; BVerfG, DVBl. 2007, 1023 f.; kritisch *Weichert*, NJW 2001, 1463 ff.
1480 BVerwG, NJW 2008, 3080; BVerfGE 113, 29, 46; BVerfG, NJW 2012 Rn. 122.
1481 *Becker*, in: FS Stern 2012, 1233 ff.
1482 BVerfG, NJW 1991, 910; BVerfGE 101, 361, 382; BGH, NJW 2004, 1655 f. s. auch *Fikentscher/Möllers*, NJW 1998, 1337 ff.; *Hoeren*, NJW 2001, 2525 ff.; BVerwG, NJW 2006, 3367 ff.
1483 *Diggelmann*, VVDStRL 70 [2011], 50, 58 ff.
1484 *Kupfer*, Jura 2001, 169 ff.; *Rothley*, Persönlichkeitsverletzung durch unverlangte kommerzielle Kommunikation, 2003; *Stober*, DÖV 2004, 221 ff. (jeweils bejahend).
1485 BGH, NJW 2008, 3055 ff. und NJW 2011, 2657 ff.
1486 BVerfG, DVBl. 2003, 131, 133.

chen Daten[1487], um Rückschlüsse auf die Persönlichkeit des Nutzers und fremde Profilbildungen zu vermeiden (Computergrundrecht[1488]).

717 **c) Insbesondere: Pflichtmitgliedschaft in öffentlich-rechtlichen Kammern?** Im Gegensatz zu den bislang genannten Erscheinungsformen wirtschaftlicher Entfaltungsfreiheit ist die Frage nach der Pflichtmitgliedschaft in öffentlich-rechtlichen Wirtschaftsverbänden umstritten. Die Lösung auf verfassungsrechtlicher Ebene folgt deutlich anderen Grundsätzen als die des Unionsrechts und setzt zunächst eine Präzisierung des konkreten Freiheitsrechts voraus. Die Freiheit vor Pflichtmitgliedschaft ist das Recht, selbst darüber entscheiden zu können, ob man sich einem Verband anschließen will (als Recht zum Fernbleiben), bzw. der Schutz vor Inanspruchnahme durch unnötige Verbände[1489]. Gelegentlich wird geäußert, nicht die Pflichtmitgliedschaft als solche, die den Mitgliedern Mitwirkungsmöglichkeiten eröffne sowie die Inanspruchnahme von Kammerleistungen gestatte, sondern nur die Auferlegung der Beitragspflicht als Folge der Mitgliedschaft sei als Eingriff zu werten[1490]. Diese Ansicht verkennt, dass bereits die gesetzliche Anordnung der Pflichtmitgliedschaft den Eingriffstatbestand begründet, da sie über die allgemeine „Gewaltunterworfenheit" hinausgeht und trotz möglicher positiver Rechtsfolgen eine besondere Betroffenheit erzeugt[1491].

718 **aa) Einschlägiges Grundrecht.** Da es hier um einen Zusammenschluss mehrerer Personen und die wirtschaftliche Freiheit gegenüber einer Personenvereinigung geht, ist unklar, ob die Frage der Mitgliedschaft nicht zunächst an **Art. 12 Abs. 1 GG** zu messen ist[1492]. Dieses Grundrecht ist jedoch nur betroffen, wenn einer hoheitlichen Maßnahme eine objektiv berufsregelnde Tendenz zukommt, so dass dadurch die konkreten Rahmenbedingungen einer beruflichen Tätigkeit hinreichend intensiv berührt sein müssen. Pflichtmitgliedschaften, die anlässlich einer beruflichen Tätigkeit begründet werden, erfüllen diese Voraussetzung jedoch nicht, weil sie nur den allgemeinen beruflichen Rahmen abstecken, ohne sich auf die spezifischen Aktivitäten des einzelnen Pflichtmitglieds zu beziehen und dafür Vorgaben zu machen[1493].

719 Für die Anwendbarkeit des **Art. 9 GG** spricht demgegenüber zwar die Entstehungsgeschichte. Bei den parlamentarischen Beratungen wurde die Mitgliedschaft in öffentlich-rechtlichen Berufsverbänden im Zusammenhang mit der Erörterung des Art. 9 GG diskutiert[1494]. Gegen die Heranziehung dieses Grundrechts ist allerdings vorzubringen, dass Art. 9 Abs. 1 GG lediglich der Abwehr von Eingriffen in die Realisierung privater Freiheit[1495] im Rahmen einer privatrechtlichen Vereinigung dient und damit öffentlich-rechtliche Zusammenschlüsse nicht erfasst. Die Eingliederung in eine öffentliche-rechtliche Körperschaft beruht nämlich auf einer Entscheidung des Gesetzgebers, wonach bestimmte öffentliche Aufgaben auch unter kollektiver Mitwirkung privater Akteure erledigt werden sollen[1496]. Folglich ist die allgemeine Handlungsfreiheit aus **Art. 2 Abs. 1 GG** zur Abwehr unnötiger Pflichtmitgliedschaften einschlägig.

1487 BVerfG, NJW 2008, 822.
1488 *Murswiek/Rixen*, in: Sachs (Hg.), GG, 8. Aufl. 2018, Art. 2 Rn. 73b.
1489 BVerfGE 10, 89, 102; 78, 320, 329; BVerwGE 112, 169; BVerfG, NJW 2017, 2744, 2746.
1490 *Kluth*, Funktionale Selbstverwaltung, 1997, S. 275 ff., 306, 309 und 407.
1491 Ebenso BVerwGE 107, 169, 172 und 108, 169; *Schöbener*, VerwArch. 91 (2000), 375, 379 f.; *Meyer/ Diefenbach*, Handwerkskammern, andere Wirtschaftskammern und Berufskammern, 2005, S. 40.
1492 BVerwG, NJW 1997, 814 f.; *Gornig*, WuV 1998, 157 ff.; *Löwer*, GewArch. 2000, 89 ff.
1493 *Mann*, in: Sachs (Hg.), GG, 8. Aufl. 2018, Art. 12 Rn. 96; BVerfGE 10, 354, 363.
1494 *Löwer*, GewArch. 2000, 89 ff.; *Schöbener*, VerwArch. 92 (2001), 374 ff.; BVerfG, GewArch. 2002, 111 ff.
1495 BVerfG, GewArch. 2002, 111 ff.; VGH München, GewArch. 2012, 487.
1496 So zuletzt BVerfG, NJW 2017, 2744 ff.

bb) Rechtfertigung der Pflichtmitgliedschaft. Unabhängig davon, welcher Meinung **720** man sich anschließt, ist zu prüfen, ob die Pflichtmitgliedschaft der Erfüllung legitimer öffentlicher Aufgaben dient und der Grundsatz der Verhältnismäßigkeit *(s. o. Rn. 187)* gewahrt ist[1497]. Insoweit verlangt das *BVerfG* vom Gesetzgeber die gelegentliche **Überprüfung,** ob diese Voraussetzungen noch vorliegen[1498] oder ob sich die tatsächlichen Gegebenheiten geändert haben[1499], was in regelmäßigen Abständen einige Pflichtmitglieder insbesondere für die Tätigkeit der Industrie- und Handelskammern immer wieder vorbringen[1500]. Teilweise wird dazu vorgetragen, rechtserhebliche tatsächliche und rechtliche Veränderungen machten eine Pflichtmitgliedschaft obsolet[1501]. Diese Behauptung ist schon deshalb unzutreffend, weil den Industrie- und Handelskammern in jüngerer Zeit auf vielen Gebieten neuartige typische Verwaltungsaufgaben zur Erledigung übertragen werden, was für ihre verfassungsrechtliche Bewährung spricht *(s. u. Rn. 1203 ff.)*[1502]. Hintergrund des Streits ist ferner die Beitragspflicht[1503], die im Verhältnis zu den Leistungen der Kammern als nicht angemessen angesehen wird. Die Rechtsprechung ist diesem Einwand zutreffend nicht gefolgt, weil es bei der Abgabenerhebung durch Beiträge auf einen konkret messbaren Vorteil nicht ankommt[1504].

Es ist vielmehr festzuhalten, dass die Vertrauenswürdigkeit, Sachkunde und Objektivität **721** der Kammern auf der Pflichtmitgliedschaft beruhen, weil freiwillige Mitglieder die Berücksichtigung ihrer Sonderinteressen durch Fernbleiben oder Austritt erzwingen könnten[1505] und darunter die neutrale und abwägende **Vertretung des Gesamtinteresses** leiden würde. Allein diese Interessenbündelung gestattet eine vollständige Information, die ohne Pflichtmitgliedschaft nicht möglich wäre. Zu Recht hat das *BVerwG* festgestellt, dass die Kammern wegen ihrer die unterschiedlichen Interessen der Mitglieder sowie der verschiedenen Wirtschaftszweige „bündelnden" und „ausgleichenden" Tätigkeit in einer Art Mittlerrolle zwischen Staat und Wirtschaft stehen[1506]. Diese spezifische Stellung greift auch Erwägungsgrund Nr. 58 DLR mit den Worten auf, dass die Kammern „Mittler zwischen dem Dienstleistungserbringer und den unmittelbar zuständigen Behörden" sind. Aus diesen Gründen ist die Pflichtmitgliedschaft auch erforderlich, weil eine Körperschaft auf freiwilliger Basis mangels Gemeinwohlbindung kein gleich geeignetes Mittel ist, um das dargelegte Gesamtinteresse der gewerblichen Wirtschaft angemessen wahrzunehmen[1507]. Hinsichtlich der Erledigung von Verwaltungsaufgaben hat das *BVerfG* festgestellt, dass hier der Staat nicht selbst tätig werden muss. Vielmehr könne der Gesetzgeber auch die sachnäheren Kammern beauftragen[1508].

cc) Rechtfertigung während der Mitgliedschaftsphase. Das Erfordernis der legitimen **722** Aufgabenerfüllung gilt nicht nur für die Errichtungs-, sondern auch für die Betriebsphase, weil die Träger der wirtschaftlichen Selbstverwaltung **kein allgemeinpolitisches Mandat** besitzen *(s. u. Rn. 1222)*. Denn sie nehmen nicht – wie Staat und Kommunen –

1497 BVerwG, NJW 1997, 814; BVerwGE 107, 169, 173; BVerfG, GewArch. 2002, 111 ff.
1498 BVerfG, NJW 2017, 2744, ff.
1499 BVerfG, GewArch. 2002, 111 ff.; BVerfG, NJW 2017, 2744, 2746.
1500 S. BT-Ds. 13/6063, die auf eine Privatisierung der Kammern abzielt.
1501 *Kaltenhäuser,* Möglichkeiten und Perspektiven einer Reform der Organisation der Wirtschaftsverwaltung, 1998; s. dazu auch VGH München, GewArch. 2012, 487 ff.
1502 S. näher *Stober,* GewArch. 2001, 393 ff.
1503 S. dazu *Jahn,* GewArch. 1997, 177 ff.; *ders.,* GewArch. 1999, 449 ff.
1504 BVerwGE 107, 169, 176.
1505 S. näher zur Diskussion *Tettinger,* DÖV 1995, 169 ff.; *Stober,* GewArch. 2001, 393 ff.
1506 BVerwGE 107, 169, 174, 176; s. dazu schon *Stober,* Die Industrie- und Handelskammer als Mittler zwischen Staat und Wirtschaft, 1992.
1507 *Stober,* GewArch. 2001, 393 ff.; *Löwer,* GewArch. 2000, 89 ff.; BVerwGE 122, 345, 349; BVerfG, NJW 2017, 2744, 2747 ff. und dazu *Kirchberg,* NJW 2017, 2723 ff.; *Wiemers,* NJW 2017, 1290 ff.
1508 BVerfG, NJW 2017, 2744, 2747 ff.

allgemeine öffentliche Interessen wahr. Sie haben vielmehr den Auftrag, besondere öffentliche Interessen abzuwägen und auszugleichen, die sich aus dem regional und beruflich begrenzten speziellen gewerbepolitischen Mandat ergeben[1509] und einen wirtschaftsspezifischen Bezug aufweisen[1510].

Beispiele: Eine Kammer ist nicht befugt, in einer von ihr herausgegebenen Verbandszeitschrift Beiträge allgemeinpolitischen Inhalts zu veröffentlichen[1511]. Eine Kammer darf nicht die Errichtung einer Museumsstiftung durch einen Kredit als Vorausleistung auf Zustiftungen der Wirtschaft sicherstellen[1512], weil Museen dem Gemeinwohl und nicht den Interessen der gewerblichen Wirtschaft dienen. Eine Kammer darf Stellungnahmen (Limburger Erklärung) nur abgeben, wenn es um Themen geht, die sich nachvollziehbar auf die gewerbliche Wirtschaft auswirken und deren Behandlung die Vollversammlung genehmigt hat[1513]. Auch Spitzenverbände der Kammern dürfen die Kammerkompetenzen nicht überschreiten[1514].

723 Der notwendige gewerbepolitische Bezug geht indes nicht schon dadurch verloren, dass die Kammerorgane auch den weiteren gesellschaftlichen Zusammenhang in den Blick nehmen. Insoweit ist auch ein „Brückenschlag" zu allgemeinpolitischen Fragestellungen gestattet, soweit der **gewerbepolitische Zusammenhang** deutlich erkennbar bleibt[1515]. Äußerungen zu politischen Themen sind im Rahmen der Gesamtinteressenvertretung somit möglich, auch wenn dadurch gewerbliche Belange nur am Rande berührt werden. Überschritten ist diese Grenze jedoch, wenn dieser Bezug vollständig fehlt, z. B. weil eine Stellungnahme allein innenpolitische Fragestellungen betrifft[1516].

724 Die aus Art. 2 Abs. 1 GG resultierenden Bindungen der Kammern betreffen schließlich nicht nur den Inhalt, sondern auch die Form etwaiger Aussagen. Insoweit geht die Spruchpraxis dahin, eine sachliche, nicht überzeichnete Darstellung zu fordern, die auf die Sache selbst beschränkt ist und nicht in Richtung Agitation geht. Der Grund für diese auf das Verhalten der Kammervertreter bezogene Restriktion liegt darin, dass die Kammern als öffentlich-rechtliche Körperschaften verfasst sind, so dass auch deren Mitglieder dem **Sachlichkeits- bzw. Mäßigungsgebot** unterliegen. Diese Bindung ist freilich gerade dort, wo brisante gewerbepolitische Themen ggf. in hitziger Debatte diskutiert werden, nicht immer leicht einzuhalten[1517].

Beispiele: Wird einem anderen Staat eine „Bildungsmisere" attestiert und dessen Verwaltung als „Investitionshemmnis" bezeichnet, dann liegt darin ein Verstoß gegen das Sachlichkeitsgebot, weil diese Einschätzungen nicht auf Objektivität, sondern auf Polemik gründen und aus sich selbst heraus keine Begründung liefern. Dasselbe gilt für die Bezeichnung einer Linie der Steuerpolitik als „der reine Wahnsinn"[1518].

725 Bei einer Überschreitung des legitimen Zuständigkeits- bzw. Aufgabenbereiches steht den Verbandsmitgliedern nach ständiger Rechtsprechung aus Art. 2 Abs. 1 GG ein **Unterlassungsanspruch** zu, weil eine gesetzlich nicht legitimierte Grundrechtsbeeinträchtigung vorliegt[1519]. Überschreitet ein Dachverband, in dem mehrerer Kammern

---

1509 BVerwGE 112, 69 und dazu BVerfG, GewArch. 2004, 64.
1510 BVerwG, NVwZ 2017, 70 ff.
1511 BVerwGE 64, 298, 301 ff.
1512 OVG Münster, GewArch. 2003, 418.
1513 VGH Kassel, GewArch. 2009, 158 f.; BVerwG GewArch. 2010, 400 ff.
1514 BVerwG, NVwZ 2017, 70 ff.
1515 S. zu diesem Ansatz OVG Berlin, NVwZ-RR 2004, 348 f. zum hochschulpolitischen Mandat.
1516 Vgl. dazu und zu anderen Exzessen die Zusammenstellung in BVerwGE 154, 296 ff.
1517 *Eisenmenger,* in: ders./Kluth/Korte (Hg.), Stand und Perspektiven de Öffentlichen Wirtschaftsrechts, S. 85 ff.
1518 BVerwG, NVwZ 2017, 70, 75.
1519 BVerwGE 59, 231; 64, 198; 107, 169, 175; 112, 69; BVerfG, GewArch. 2002, 111, 113 u. GewArch. 2004, 64.

zusammengeschlossen sind, diese Grenze, so steht dem einzelnen Kammermitglied aus Art. 2 Abs. 1 GG ein Anspruch auf Austritt seiner Kammer aus dem Dachverband zu, sofern nicht lediglich für die Verbandspraxis untypische Einzelfälle gerügt werden.[1520]

2. Persönliche Dimension

Der persönliche Schutzbereich des Art. 2 Abs. 1 GG bezieht sich auf jedermann, d. h.   **726** also auf natürliche Personen und über Art. 19 Abs. 3 GG auch auf juristische Personen, soweit dessen Voraussetzungen vorliegen *(s. o. Rn. 562 ff.)*.

a) Berufsfreiheit für ausländische Staatsangehörige. Aus einem Textvergleich zwischen   **727** Art. 2 Abs. 1 und Art. 12 Abs. 1 GG folgt, dass die Berufsfreiheit für **Ausländer** nur durch Art. 2 Abs. 1 GG gewährleistet ist[1521]. Deshalb können im Rahmen der verfassungsmäßigen Ordnung auch ausländerrechtliche Beschränkungen der Berufsaufnahme und -ausübung erlassen werden. Eine Pflicht zur Schutzverstärkung besteht insoweit grundsätzlich nicht. Stattdessen ist die berufliche Tätigkeit grundsätzlich an den gegenüber Art. 12 Abs. 1 GG großzügigeren Rechtfertigungsanforderungen des Art. 2 Abs. 1 GG zu messen, soweit in der beruflichen Tätigkeit nicht zugleich auch Freiheitsentfaltungen zum Ausdruck kommen, die durch andere Spezialgrundrechte geschützt sind[1522].

Beispiel: Ein arabischer Staatsangehöriger beantragt als gläubiger muslimischer Metzger eine Erlaubnis zum Schächten. Er kann sich insoweit zwar nicht auf Art. 12 Abs. 1 GG sondern nur auf Art. 2 Abs. 1 GG berufen, der allerdings durch Art. 4 Abs. 1 GG in seiner Schutzwirkung verstärkt wird[1523].

Für Staatsangehörige aus einem **Mitgliedstaat der EU** gelten insoweit Besonderheiten,   **728** als sie aufgrund des Binnenmarktrechts deutschen Staatsangehörigen gleichgestellt werden müssen; anderenfalls läge eine unzulässige nationalitätsbezogene Diskriminierung vor *(s. o. Rn. 408)*. Diese Gleichstellung wird erreicht, indem zwar Art. 2 Abs. 1 GG angewendet wird, aber die freiheitserweiternden Schranken der Grundrechtsbegrenzungen des Art. 12 Abs. 1 GG *(s. o. Rn. 609)* in die Prüfung der Verhältnismäßigkeit einfließen. Eine solche Rechtsstellung kann auch aus anderen Staaten stammenden Ausländern eingeräumt werden, soweit zwischenstaatliche Abkommen bestehen, die ähnliche Gewährleistungen bereithalten[1524].

b) Ausländerrechtliche Berufsbeschränkungen. Die Erwerbstätigkeit von Ausländern   **729** im Bundesgebiet richtet sich auf einfachrechtlicher Ebene nach dem Aufenthaltsrecht. Es dient der **Steuerung des Zuzugs** von Ausländern und gestaltet die Zuwanderung unter Beachtung der wirtschaftlichen und arbeitsmarktpolitischen Interessen. Das Aufenthaltsgesetz erfasst nach § 2 Abs. 2 unter dem Oberbegriff Erwerbstätigkeit auch die selbständige Tätigkeit als Unternehmer. Es gilt wegen des ihm immanenten Ziels der Steuerung von Zuwanderung aber nicht für nur kurzfristige Tätigkeiten im Bundesgebiet und ist stattdessen auf einen längerfristigen Aufenthalt angelegt der über einen Zeitraum von drei Monaten hinausgeht[1525]. Gesteuert wird die Erwerbstätigkeit von Ausländern jenseits unionsrechtlicher Vorgaben über die Erteilung von Aufenthaltstiteln (vgl. § 6 Abs. 1 AufenthG). Soweit sich die Zulässigkeit solcher Aktivitäten nicht bereits aus dem Gesetz ergibt (vgl. §§ 18 ff. AufenthG), müssen diese Titel die Ausübung einer Erwerbstätigkeit ausdrücklich erlauben. Fehlt es daran, kommt ggf. eine behördliche Zulassung in Betracht (vgl. § 4 Abs. 2 AufenthG).

1520   BVerwGE 154, 296 ff.
1521   BVerfGE 78, 179, 196; *H. Bauer*, NVwZ 1990, 1152.
1522   BVerfGE 78, 179, 196 f.
1523   Vgl. BVerfG, NJW 2002, 663.
1524   S. *Lange*, GewArch. 1996, 359, 365; *Braun*, Niederlassungsrecht in Deutschland, 1999, S. 147 ff.
1525   *Eichenhofer*, in: Kluth/Heusch (Hg.), Aufenthaltsrecht, 2017, § 1 Rn. 17.

730   Von den gesetzlichen Regeln, die eine Erwerbstätigkeit erlauben, ist § 9 AufenthG die
wohl bedeutendste. Sie bezieht sich auf Niederlassungserlaubnisse. Das sind unbefris-
tete Aufenthaltstitel zur Ausübung einer räumlich und zeitlich unbeschränkten Erwerbstätigkeit. Die **Erlaubnis** zum „Daueraufenthalt-EU" ist der Niederlassungserlaubnis grundsätzlich gleichgestellt; die näheren Anforderungen an deren Erteilung
und deren Wirkung ergeben sich aus § 9a Abs. 1 AufenthaltG. Unter welchen Voraussetzungen demgegenüber die Möglichkeit zur Erwerbstätigkeit im Aufenthaltstitel ausdrücklich erlaubt werden darf, richtet sich nach den übrigen Regeln der §§ 18 ff. AufenthG.[1526] Dort sind namentlich besondere Normen für qualifizierte Fachkräfte
vorgesehen. Zudem kann auf Basis des § 21 AufenthaltG eine Aufenthaltserlaubnis
zur Ausübung einer selbstständigen Tätigkeit erteilt werden, wenn ein wirtschaftliches
Interesse oder ein regionales Bedürfnis besteht, die Tätigkeit positive Auswirkungen
auf die Wirtschaft erwarten lässt und die Finanzierung gesichert ist[1527]. Ferner ist
nach § 26 Abs. 3 AufenthG einem nachhaltig in Deutschland integrierten Ausländer
eine Niederlassungserlaubnis zu erteilen, insbesondere wenn der Lebensunterhalt gesichert ist und er über hinreichende Kenntnisse der deutschen Sprache verfügt[1528].

731   Wird ein Ausländer erwerbswirtschaftlich tätig und ist er dazu entweder von Anfang
an nicht oder nicht mehr berechtigt, insbesondere weil sein zwischenzeitlich bestehender Aufenthaltstitel aufgehoben worden ist, ist dieses Verhalten verboten (§ 4 Abs. 3
AufenthG) und es drohen ihm **Sanktionen.** Sie können bis zum Widerruf des Aufent-
haltstitels auf Basis des § 52 AufenthG reichen (vgl. Abs. 3 Nr. 1) oder aus Geldbußen
auf Basis der §§ 98 Abs. 3 Nr. 1, 404 Abs. 2 Nr. 4 SGB III bestehen; unter den Voraussetzungen des § 95 Abs. 1a SGB III oder des § 11 Abs. 1 Nr. 2 lit. b) SchwArbG
kommt auch eine Bestrafung des Ausländers in Betracht[1529]. Eine behördliche Untersagung gesetzlich z. B. über § 9 AufenthG gestatteter Erwerbstätigkeit ist demgegenüber nicht möglich[1530]. Abgesehen vom Ausländer können auch dessen Arbeitgeber
im Falle einer illegalen Beschäftigten Sanktionen treffen. Sie sind insbesondere in den
§§ 98a ff. AufenthG normiert, wonach der Arbeitgeber in solchen Konstellationen
nicht von der Entrichtung der Vergütung befreit wird, ggf. aber von der Vergabe von
Subventionen oder öffentlichen Aufträgen ausgeschlossen werden kann.

II. Eingriff

732   Ist der Schutzbereich der wirtschaftlichen Entfaltungsfreiheit eröffnet, gelten auf Eingriffsebene die **allgemeinen Grundsätze** *(s. o. Rn. 577).* Infolgedessen wirkt jedes Ge-
oder Verbot grundrechtsbeeinträchtigend, selbst wenn es sich nicht direkt an die Verbraucher oder Unternehmer als Grundrechtsträger wendet. Auszuschließen sind lediglich solche Maßnahmen, die an die Allgemeinheit gerichtet sind. Daher ist auch Zurückhaltung bei sog. faktischen Eingriffen geboten[1531].

III. Rechtfertigung

733   Die genannten wirtschaftlichen Freiheitsräume stehen unter einem in Art. 2 Abs. 1 GG
formulierten dreifachen Schrankenvorbehalt[1532], der insbesondere die sozialstaatliche,

---

1526 *Strahmann,* in: Hofmann (Hg.), Ausländerrecht, 2. Aufl. 2016, § 4 Rn. 50.
1527 S. näher *Kluth/Breidenbach,* in: Kluth/ Heusch(Hg), Ausländerrecht, 2017, § 21 Rn. 1 ff.
1528 Näher dazu *Harbou,* NVwZ 2016, 1193 ff.
1529 *Sußmann/Samel,* in: Bergmann/Dienelt (Hg.), Ausländerrecht, 12. Aufl. 2018, § 4 Rn. 63.
1530 *Maor,* in: Kluth/ Heusch(Hg), Ausländerrecht, 2017, § 4 Rn. 31.
1531 *Hufen,* Staatsrecht II, 6. Aufl. 2017, § 14 Rn. 17 ff.
1532 BVerfGE 25, 407; 50, 290, 366; *Paulus,* JuS 2001, 1 ff.

ökologische und gesamtwirtschaftliche Komponente verkörpert[1533]. Die Schranke der **verfassungsmäßigen Ordnung** (= Gesamtheit der Normen, die formell und materiell der Verfassung gemäß sind[1534]) engt die wirtschaftliche Betätigungsfreiheit am intensivsten ein. Der Gesetzgeber ist aufgrund dieses Vorbehalts im Interesse des Gemeinwohls nicht gehindert, die Ausübung der wirtschaftlichen Betätigung insbesondere durch Verbote und Gebote zu steuern, solange sich die ergriffenen Maßnahmen im grundgesetzlichen Rahmen halten und insbesondere abgewogen sind[1535]. Dieser Gesetzesvorbehalt gilt sowohl für Unternehmer als auch für Verbraucher.

Beispiele: Einschränkungen der informationellen Selbstbestimmung durch das Gebot, in Taxen einen Ausweis mit Namen und Bild anzubringen[1536]. Einschränkung der Handlungsfreiheit durch ein Verbot, Sonnenstudios zu nutzen[1537].

Die eigenständige Bedeutung des **Sittengesetzes** als Entfaltungsschranke ist vor allem **734** wegen der gleichzeitig erwähnten verfassungsmäßigen Ordnung umstritten, die das Sittengesetz auf Grund der Konkretisierung als Rechtsquelle etwa im Gewerberecht (s. *Bd. II § 45 VII 1*) oder im Verwaltungsverfahrensrecht (§ 44 Abs. 2 Nr. 6 VwVfG) einschließt. Bei dieser systematischen Auslegung kann das Sittengesetz i. S. d. Art. 2 Abs. 1 GG auch aus demokratisch-rechtsstaatlichen Gründen grundsätzlich keine zusätzliche Schranke zur Begrenzung der wirtschaftlichen Entfaltungsfreiheit sein[1538]. Diese Beurteilung gilt auch für die Wendung „**Rechte anderer**". Ihr kommt neben der verfassungsmäßigen Ordnung keine eigene Bedeutung zu, zumal sich die Rechte abschließend aus den Gesetzen ergeben.

§ 23 Wirtschaftlicher Gleichbehandlungsgrundsatz

Anders als die Freiheitsgrundrechte sind die wirtschaftlichen Gleichbehandlungsgebote **735** und Diskriminierungsverbote nicht auf freie Entfaltung im Wirtschaftsleben, sondern darauf ausgerichtet, dass gleiche Sachverhalte nicht ohne sachlichen Grund ungleich und ungleiche Sachverhalte nicht ohne sachlichen Grund gleich behandelt werden. Sie unterscheiden sich daher grundlegend in ihrem Aufbau von den Freiheitsgrundrechten, weil die Prüfung von Gleichheitssätzen zunächst eine Bildung von Vergleichspaaren fordert, die sich unter einen gemeinsamen Oberbegriff fassen (bzw. nicht fassen) lassen müssen, und zudem deren Ungleich- (bzw. Gleich-)behandlung verlangt. Liegen diese Voraussetzungen, die ihr freiheitsrechtliches Pendant im Grundrechtseingriff finden, vor, stellt sich die Anschlussfrage nach der Rechtfertigung dieses hoheitlichen Vorgehens[1539].

I. Erscheinungsformen

Die Verwirklichung individueller wirtschaftlicher Freiheiten setzt voraus, dass der **736** Staat die Wirtschaftssubjekte gleich behandelt. Gleichheitsgewährleistungen sichern die ökonomischen Freiheitsrechte vor staatlichen **Privilegierungen** und **Diskriminierungen**. Diese beiden Formen der Grundrechtsgewährleistung stehen in einem unauflösbaren Zusammenhang, einerseits weil privilegierte Freiheit individualfeindlich ist

---

1533 S. dazu BVerfGE 114, 1, 34 f.
1534 BVerfGE 6, 32; BVerfG, NJW 1997, 1975 f.; BVerfGE 103, 197, 215.
1535 BVerfGE 20, 150, 155.
1536 BVerwG, NJW 2008, 3080.
1537 BVerfG, NJW 2012, 1062.
1538 A. M. *Kahl*, in: FS Merten, 2007, 57 ff.
1539 Instruktiv *Sachs/Jasper*, JuS 2016, 769 ff.; *Hufen*, Staatsrecht II, 6. Aufl. 2017, § 39 Rn. 4, 12.

und die ökonomischen Chancen verzerrt und andererseits weil Gleichheit in wirtschaftlicher Unfreiheit Wettbewerbsprozesse *(s. o. Rn. 37)* erlahmen lässt.

737 Aus diesem Grunde finden sich Gleichbehandlungsgebote in letztlich allen Rechtsordnungen. Auf **Unionsebene** sind sie in besonderer Form ähnlich dem Art. 3 Abs. 3 GG in den Art. 21, 26 EU GR Charta sowie in Art. 157 AEUV niedergelegt. Hinzu treten allgemeine (vgl. Art. 20 f. EU GR Charta) sowie nationalitätsbezogene Diskriminierungsverbote (vgl. Art. 18 AEUV sowie die Grundfreiheiten *(s. o. Rn. 424 ff.)*)[1540]. Weitere Gleichheitsgewährleistungen ergeben sich aus der RL 2000/78/EG, deren Umsetzung das Allgemeine Gleichbehandlungsgesetz (AGG) dient.

Beispiele: Nach § 10 AGG ist eine unterschiedliche Behandlung wegen des Alters zulässig, wenn sie durch ein legitimes Ziel gerechtfertigt ist. Das ist nach der Rechtsprechung des *EuGH* nur bei sozialpolitischen Zielen der Fall (Beschäftigungspolitik, Arbeitsmarkt, Berufliche Bildung). Das bedeutet, dass Altersgrenzen zur Gewährleistung eines geordneten Rechtsverkehrs mangels sozialpolitischer Zielsetzung unzulässig sind[1541]. Die Flugsicherheit ist ebenfalls kein legitimes sozialpolitisches Ziel, weshalb tarifbedingte Altersgrenzen für Piloten europarechtswidrig sind[1542]. Eine unternehmensinterne Regel, die das sichtbare Tragen von Zeichen religiöser, philosophischer oder politischer Überzeugungen verbietet, enthält ein umfassendes Neutralitätsgebot und ist deshalb keine unmittelbar religionsbezogene Diskriminierung, kann aber eine mittelbare sein, wenn sie de facto bestimmte religiöse Überzeugungen benachteiligt. Sie ist gerechtfertigt, wenn sie auf das Notwendige beschränkt ist, so dass ein Angestellter auf einen Arbeitsplatz ohne Kundenkontakt umzusetzen ist, bevor er entlassen wird[1543]. Die Verweigerung eines Diskobesuchs wegen der Hautfarbe verstößt gegen das AGG und löst Entschädigungsansprüche aus[1544].

738 **Wirtschaftsvölkerrechtliche Abkommen** basieren ebenfalls auf dem Gedanken der Gleichbehandlung. Zu differenzieren sind insoweit der Grundsatz der Meistbegünstigung, der nach außen drängt und dem gebundenen Hoheitsträger eine unterschiedliche Behandlung von Wirtschaftsströmen aus zwei anderen Vertragsstaaten verbietet, sowie der Grundsatz der Inländergleichbehandlung, der den Vertragsstaat dazu zwingt, importierte Produkte genauso zu behandeln wie inländische. Beide Gewährleistungen prägen in mehr oder weniger weit reichendem Umfang beinahe jedes zwischenstaatliche Handelsabkommen, so dass es sich um allgemeine Grundsätze des Wirtschaftsvölkerrechts handelt *(s. o. Rn. 506 ff.)*.

739 Auf **verfassungsrechtlicher Ebene** richtet Art. 3 Abs. 1 GG als Generalsatz die Regel auf, dass alle Menschen vor dem Gesetz gleich sind. Gleichzeitig gebietet der Gleichheitssatz die Gleichbehandlung von Mann und Frau (Art. 3 Abs. 2 GG) und er verbietet bestimmte Diskriminierungen bzw. Privilegierungen (Art. 3 Abs. 3 GG) wegen persönlichkeitsbedingter Eigenheiten (z. B. Abstammung, Sprache, Herkunft). Hinzu treten spezielle Gleichheitsrechte, deren wirtschaftliche Bedeutung allerdings genauso eher niedrig ist wie die des Art. 3 Abs. 3 GG. Hierher gehört etwa Art. 33 Abs. 1 bis 3 GG, der für das berufliche Fortkommen und beamtenrechtliche Konkurrentenstreitigkeiten relevant sein kann.

Beispiel: Eine Verweigerung der Zulassung zum Markt gegenüber der Ehefrau mit dem Argument, der Ehemann dürfe dort einen Stand betreiben, ist wegen Art. 6 Abs. 1 GG unsachgemäß, weil dadurch selbstständig wirtschaftende Ehepartner gegenüber anderen Anbietern benachteiligt werden[1545]. Das *BVerwG* lässt die Subsumtion unter Art. 6 Abs. 1 GG offen und stellt stattdessen darauf ab, dass das Kriterium der ehelichen Verbindung nicht an die Eigenart des Marktge-

1540 *Mohn*, Der Gleichheitssatz im Gemeinschaftsrecht, 1990; *Störmer*, AöR 123 [1998], 541 ff.
1541 BVerwG, DVBl. 2012, 626 ff.
1542 EuGH, NJW 2011, 3209 ff. Rn. 81.
1543 EuGH, DVBl 2017, 630 ff.
1544 OLG Stuttgart, NJW 2012, 1085.
1545 VGH BW, GewArch. 1982, 229, 230; s. dazu *Schwarz*, GewArch. 2015, 289, 291.

schehens anknüpft, obwohl das für Auswahlentscheidungen, die auf Merkmale abstellen, die nicht jeder erfüllt, nötig ist[1546].

II. Grundrechtsbindung und -träger

Adressat der Gleichheitsgrundrechte ist entgegen dem Wortlaut des Art. 3 Abs. 1 GG **740** nicht nur der Gesetzgeber (Rechtsetzungsgleichheit). Stattdessen sind wegen Art. 1 Abs. 3 GG vielmehr **alle Träger staatlicher Gewalt** zur Gleichbehandlung verpflichtet (Rechtsanwendungsgleichheit). Zu beachten ist aber, dass die Ungleichbehandlung zumindest nach überwiegender Ansicht[1547] durch dieselbe Hoheitsgewalt erfolgen muss; anderenfalls drohen – so die Argumentation – Friktionen mit dem Bundesstaatsprinzip aus Art. 20 Abs. 1 GG[1548].

Beispiele: Die Anwendung des allgemeinen Gleichheitssatzes scheidet aus, wenn unterschiedliche Bundesländer den Zugang zum Sportwettmarkt unterschiedlich stark beschränken. Art. 3 Abs. 1 GG greift zudem dann nicht, wenn vergleichbare Spielformen wie die Pferdewette und die Sportwette auf Bundes- und Landesebene unterschiedlich stark reguliert werden, auch wenn der Normadressat dann im selben Hoheitsgebiet unterschiedlichen Normbefehlen ausgesetzt ist[1549].

Da Art. 3 GG als Menschenrecht ausgestaltet ist, können sich auch Ausländer und **741** ggf. **juristische Personen** *(s. o. Rn. 562 ff.)* auf dieses Grundrecht berufen; hoheitlichen Organisationen bietet indes wegen des Konfusionsarguments *(s. o. Rn. 573)* nicht das Gleichbehandlungsgebot, sondern der Grundsatz der Rechtsstaatlichkeit aus Art. 20 Abs. 3 GG Schutz, weil diese Norm auf hoheitliche Mäßigung drängt und deshalb auch staatlich initiierter Ungleichbehandlung zulasten von Hoheitsträgern Grenzen setzt[1550].

III. Besondere Differenzierungsverbote

Als besondere Differenzierungsverbote gehen Art. 3 Abs. 2 und 3 GG dem allgemei- **742** nen Gleichheitssatz vor. Dieser Vorrang ändert allerdings nichts am grundlegenden Prüfungsaufbau, da sich die in diesen Normen genannten Differenzierungsverbote vor allem auf Rechtfertigungsebene auswirken und dort strengere Anforderungen stellen.[1551]

1. Ungleichbehandlung von Mann und Frau, Art. 3 Abs. 2 GG

Nach Art. 3 Abs. 2 S. 1 GG[1552] sind Männer und Frauen wirtschaftsverwaltungsrecht- **743** lich gleichberechtigt. Das bedeutet, dass Gesetzgeber und Verwaltung vornehmlich bei berufsrechtlichen Regelungen eine Benachteiligung oder Bevorzugung vermeiden und gleiche Erwerbschancen einräumen müssen[1553]. Deshalb dürfen überkommene Rollenverteilungen nicht verfestigt werden und traditionelle Prägungen eines Lebenssachverhaltes reichen für die Ungleichbehandlung nicht aus[1554]. Stattdessen will Art. 3 Abs. 2 GG **spezifisch geschlechtsbezogene Hemmnisse beseitigen**, indem Frauen und Männer

---

1546 BVerwG, NVwZ 1984, 584, 585.
1547 Vgl. aber *Sachs/Jasper*, JuS 2016, 769, 772 .
1548 *Kingreen/Poscher*, Grundrechte Staatsrecht II, 33. Aufl. 2017, Rn. 518 mwN.
1549 *Korte*, Das staatliche Glücksspielwesen, 2004, S. 157 ff., 235 ff.
1550 *Enders*, in: Epping/Hillgruber (Hg.), GG, 2. Aufl. 2016, Art. 19 Rn. 45 f.
1551 *Hufen*, Staatsrecht II, 6. Aufl. 2017, § 39 Rn. 10; BVerfGE 99, 1, 8.
1552 S. Bericht der Gemeinsamen Verfassungskommission, BT-Ds. 12/6000, S. 49 ff.
1553 BVerfG, NJW 2004, 146, 149.
1554 BVerfGE 84, 9, 17; 85, 191, 207; 87, 234, 258; 89, 234, 258.

weder in einem tradierten Rollenverständnis festgehalten noch hinausgedrängt werden[1555].

744 Im Lichte seines Schutzzwecks ist Art. 3 Abs. 2 S. 1 GG weit zu verstehen und erfasst nicht (mehr) nur ausdrückliche oder bezweckte Ungleichbehandlungen aus Gründen des Geschlechts, sondern auch solche, die auf den Unterschied von Mann und Frau zurückzuführen sind. Damit wird Art. 3 Abs. 2 S. 1 GG zu einem **Anknüpfungsverbot** in dem Sinne, dass eine hoheitliche Maßnahme mit Zielsetzungen begründet werden muss, die nicht geschlechtsspezifisch sind. Gelingt dieses Vorhaben, ist es unerheblich, wenn diese Regelung Männer und Frauen rechtlich unterschiedlich behandelt, weil Art. 3 Abs. 2 S. 1 GG Differenzierungen aufgrund anderer als den dort genannten Kriterien nicht entgegensteht[1556].

Beispiel: Ein Verbot der Nachtarbeit nur für Arbeitnehmerinnen verstößt gegen Art. 3 Abs. 2 S. 1 GG, weil die mit der Nachtarbeit verbundenen Probleme nicht geschlechtsbezogen sind[1557].

745 Das Verbot der Differenzierung nach dem Vergleichspaar Mann – Frau ist dann nicht gegeben, wenn der **objektiv biologische Geschlechtsunterschied** den Lebenssachverhalt so entscheidend prägt, dass etwa vergleichbare Elemente daneben vollkommen zurücktreten. Diese Voraussetzung liegt vor, wenn die hoheitliche Maßnahme Probleme lösen soll, die ihrer Natur nach entweder nur bei Frauen oder nur bei Männern auftreten, und sie zudem dafür zwingend erforderlich ist[1558]. Insoweit bedarf es also einer strengen Verhältnismäßigkeitsprüfung, die namentlich Privilegierungen des einen Geschlechts nur insoweit zulässt, als das andere Geschlecht diese Aufgabe nicht ohne Abstriche in der Erfüllungswirkung übernehmen kann[1559].

Beispiel: Arbeitsschutzbestimmungen zum Schutze der Frau im Umfeld der Geburt[1560].

746 Hinzu kommt **Art. 3 Abs. 2 S. 2 GG**, der im Sinne eines Rechtfertigungsgrundes Diskriminierungen legitimieren kann, wenn sie die Gleichberechtigung von Mann und Frau fördern und auf die Beseitigung bestehender Nachteile hinwirken sollen[1561]. Die gewährten Vorteile müssen aber dazu in unmittelbaren Zusammenhang stehen und sich direkt auf eine vorhandene Belastung beziehen[1562]. Welche Maßnahmen ergriffen werden, ist nicht vorgezeichnet. Es besteht eine erhebliche Prärogative bei deren Auswahl, die die Hoheitsgewalt für den Abbau überkommener Rollenverständnisse, nach denen familiäre Aufgaben allein der Zuständigkeit des Mannes oder der Frau zugeordnet werden, nutzen kann[1563]. Eine unmittelbare Bindung der Privatwirtschaft an den in Art. 3 Abs. 2 S. 2 GG normierten Förderauftrag gibt es wegen dessen Wortlaut („Der Staat") nicht.

Beispiele: Art. 3 Abs. 2 Satz 2 GG rechtfertigt es, Frauen bei der Förderung von Betriebsgründungen im Handwerksbereich andere Bedingungen z. B. in Form großzügigerer Antragsfristen für eine sog. Meistergründungsprämie einzuräumen als Männern, um sie treffende Nachteile etwa aufgrund stärkerer familiärer Inanspruchnahme auszugleichen[1564]. Die im Gesetz für die gleichberechtigte Teilhabe von Frauen und Männern an Führungspositionen in der Privatwirtschaft und im Öffentlichen Dienst[1565] angelegten fixen (und geschlechtsneutral formulierten) Quoten

1555 Vgl. *Kingreen/Poscher*, Grundrechte Staatsrecht II, 33. Aufl. 2017, § 11 Rn. 541 mwN.
1556 BVerfGE 57, 335, 342 f.; 128, 138, 156 f.
1557 BVerfGE 85, 191, 207.
1558 BVerfGE 85, 191, 271; *Kingreen/Poscher*, Grundrechte Staatsrecht II,33. Aufl. 2017, § 11 Rn. 549.
1559 *Nußberger*, in: Sachs (Hg.), GG, 8. Aufl. 2018, Art. 3 Rn. 273 f.
1560 BVerfGE 6, 388, 422 f.; BVerfGE 84, 9, 17; s. näher *Sachs*, in: HdbStR V, § 126 Rn. 79 ff.
1561 *Nußberger*, in: Sachs (Hg.), GG, 8. Aufl. 2018, Art. 3 Rn. 265.
1562 *Kischel*, in: Epping/Hillgruber (Hg.), GG, 2. Aufl. 2016, Art. 3 Rn. 197.
1563 Schmidt-Bleibtreu/Hofmann/Hopfauf/*Krieger*, GG, Art. 3 Rn. 74; BVerfG, NJW 2012, 214, 216.
1564 BVerwG, NVwZ 2003, 92; vgl. *Wernsmann*, JuS 2002, 959 ff.
1565 BGBl. I v. 24.4.2015, S. 642 ff.

sind Ausdruck des in Art. 3 Abs. 2 S. 2 GG normierten Förderauftrags aufgrund tatsächlicher Unterrepräsentanz von Frauen in diesen Positionen[1566].

2. Diskriminierungsverbote aus Art. 3 Abs. 3 GG

Art. 3 Abs. 3 S. 1 GG verbietet es, die dort im Einzelnen aufgeführten Umstände als **747** Anknüpfungspunkte für eine Bevorzugung oder Benachteiligung heranzuziehen. Es handelt sich jedenfalls nach nunmehriger[1567] Lesart genauso wie im Falle des Art. 3 Abs. 2 GG um ein Anknüpfungs- bzw. Begründungsverbot, das trotz des einer engeren Interpretation zugänglichen Wortlauts („wegen") nicht nur zielgerichtete, sondern auch mittelbare Diskriminierungen erfasst. Darunter fallen solche Regeln, die zwar vordergründig neutral sind, aber gleichwohl überproportional bzw. typischerweise eine Gruppe erfassen, die von Art. 3 Abs. 3 S. 1 GG geschützt ist[1568]. Solche Ungleichbehandlungen unterliegen dann einer strengen Verhältnismäßigkeitskontrolle[1569].

Beispiele: Die Vergabe öffentlicher Aufträge nach parteipolitischen Erwägungen verletzt – wie sich auch aus § 97 Abs. 2 GWB ergibt – Art. 3 Abs. 3 S. 1 GG *(s. u. § 24 IV).*

Art. 3 Abs. 3 S. 2 GG enthält eine Sonderregelung für Ungleichbehandlungen wegen **748** einer **Behinderung**, verbietet insoweit aber nur Benachteiligungen und erlaubt damit im Umkehrschluss aus Satz 1 dieser Verfassungsnorm Bevorzugungen. Die Abgrenzung beider Kategorien kann sich allerdings schwierig gestalten, weil der Förderungscharakter einer Maßnahme umstritten sein kann. Liegt eine Benachteiligung vor, gelten auf Rechtfertigungsebene die zu Art. 3 Abs. 2, Abs. 3 S. 1 GG gemachten Ausführungen entsprechend. Zudem können sich aus Art. 3 Abs. 3 S. 2 GG Förderpflichten ergeben, die ähnlich wie die aus Art. 3 Abs. 2 S. 2 GG Grundrechtsbeeinträchtigungen rechtfertigen können.

Beispiele: Die Pflicht der Arbeitgeber zur Beschäftigung schwerbehinderter Menschen bzw. zur Zahlung einer Ausgleichsabgabe im Falle unbesetzter Pflichtarbeitsplätze beeinträchtigt zwar die Berufsfreiheit, ist aber als Ausübungsregel im Lichte des Art. 3 Abs. 3 S. 2 GG gerechtfertigt, solange überproportional viele schwerbehinderte Menschen arbeitslos sind und die Höhe der Beschäftigungsquote bzw. Pflichtabgabe nicht unzumutbar ist[1570].

IV. Allgemeiner Gleichheitssatz

Neben die speziellen Diskriminierungsverbote tritt der allgemeine Gleichheitssatz. **749**

1. Grundstrukturen

Nach Art. 3 Abs. 1 GG, der den Vorgaben des Art. 20 EU GR Charta ähnelt, hat jedes **750** hoheitliche Handeln die in dem allgemeinen Gleichheitssatz wurzelnden **Gerechtigkeitsvorstellungen** zu beachten, die stets dem Gemeinwohl verpflichtet sind[1571]. Deshalb ist es untersagt, gleichliegende Sachverhalte, die aus der Natur der Sache und unter dem Gesichtspunkt der Gerechtigkeit klar eine gleichartige Regelung erfordern, ungleich zu behandeln. Das ist der Fall, wenn eine Gruppe von Normadressaten anders behandelt wird, obwohl zwischen beiden Gruppen keine Unterschiede von solcher Art und solchem Gewicht bestehen, dass sie die Ungleichbehandlung rechtfertigen können[1572]. Dagegen ist wesentlich Ungleiches nach seiner Eigenart verschieden zu regeln.

1566 Ausf. dazu Maunz/Dürig/*Langenfeld*, Art. 3 Abs. 2 Rn. 104 ff., insb. 112 ff.
1567 BVerfGE 75, 40, 70; s. auch *Sachs*, in: HdbStR V, § 126 Rn. 38 f.
1568 Vgl. dazu BVerfGE 121, 241, 254 ff.
1569 Ausf. Schmidt-Bleibtreu/Hofmann/Henneke/*Krieger*, GG, Art. 3 Rn. 55 ff.
1570 Vgl. BVerfG, NJW 2005, 737, 738.
1571 BVerfGE 116, 135, 153.
1572 BVerfGE 99, 88, 139.

751 Die Frage, was wesentlich gleich bzw. ungleich ist, ist nicht ohne weiteres zu beantworten. Es handelt sich vielmehr um eine Wertung, bei der sich die Frage stellt, welche Maßstäbe anwendbar sein sollen. Die verfassungsgerichtliche Spruchpraxis bildet in diesem Kontext **Vergleichsgruppen**, indem sie ein übergeordnetes Kriterium als Bezugspunkt hinzunimmt und danach fragt, ob zwei Personen oder Situationen, die sich anhand eines Merkmals unterscheiden lassen, im Lichte dieses gemeinsamen Oberbegriffs ungleich behandelt werden. Geht es hingegen darum, dass wesentlich Ungleiches gleich behandelt wird, gelten diese Ausführungen entsprechend. Die zwischen Gleich- und Ungleichbehandlung bestehenden Grenzen sind gleichwohl keine kategorischen. Vielmehr verschwimmen sie je nach gewähltem Bezugspunkt[1573].

Beispiel: Wird die Höhe der sog. Spielgerätesteuer, die als Vergnügungssteuer den Nutzer der Geräte treffen soll und nur aus Gründen der Vereinfachung beim Automatenaufsteller erhoben wird, nach der Anzahl der aufgestellten Spielgeräte berechnet, so wird wesentlich Ungleiches gleich behandelt, weil unter dem Oberbegriff der erfassten Spielautomaten alle Geräte einer identischen Steuer unterliegen, obwohl sie aufgrund unterschiedlicher Nutzungsintensität nicht vergleichbar sind[1574]. Es lässt sich aber auch umgekehrt von einer Gleichbehandlung wesentlich ungleicher Sachverhalte sprechen, weil in ihrer Funktionsweise vergleichbare Automaten nicht in Abhängigkeit zur Nutzungsintensität, sondern pauschal besteuert werden.

752 Der Gleichheitssatz lässt Differenzierungen zu, die durch sachliche Erwägungen **gerechtfertigt** sind[1575]; der Staat kann nur rechtliche Startgleichheit zur Realisierung individueller wirtschaftlicher Freiheit geben. Hauptanliegen des allgemeinen Gleichheitssatzes war es daran anknüpfend ursprünglich, Entscheidungen zu verhindern, die schlechthin kein sachlicher Grund trägt. Diese Willkürformel beinhaltet allerdings nur eine Pflicht zur Begründung etwaiger Diskriminierungen und erlaubt keine Zweck-Mittel-Relation. Daher wird nunmehr oft auf eine sog. „Neue Formel" zurückgegriffen, wonach solche Maßnahmen unzulässig sind, die im Verhältnis zu der Situation, der sie Herr werden wollen, tatsächlich unangemessen sind[1576].

Beispiel: Die Anknüpfung der Spielgerätesteuer an die Stückzahl der aufgestellten Automaten ist anders als die Kenngrößen des Einsatzes oder Umsatzes je Gerät nicht geeignet, um das Vergnügen der Nutzer zu besteuern, weil die Geräte je nach Standort unterschiedlich intensiv genutzt werden und sich diese unterschiedlichen Nutzungsintensitäten mittlerweile auch über Zählvorrichtungen in den Automaten nachvollziehen lassen[1577].

753 Beide Formeln spiegeln letztlich unterschiedliche **Prüfungsmaßstäbe**, so dass deren Anwendungsbereiche auszuloten sind. Die verfassungsgerichtliche Spruchpraxis prüft daran anknüpfend die Vorgaben des Art. 3 Abs. 1 GG umso strenger, je mehr ein personenbezogenes Differenzierungskriterium den nach Art. 3 Abs. 3 GG verbotenen Merkmalen ähnelt und je mehr sich die Ungleichbehandlung auf verfassungsrechtlich gewährleistete Freiheiten auswirkt[1578], indem sie Grundrechte beeinträchtigt. Hinzu treten Kriterien wie die Beeinflussbarkeit der Maßnahme durch ihren Adressaten, aber auch deren Sach- bzw. Personalbezogenheit; je persönlichkeitsbezogener die Regelung, desto strenger der Maßstab[1579].

Beispiel: Die Auswahl der für die juristischen Staatsprüfungen zulässigen Hilfsmittel (in der Regel) durch den Präsidenten des jeweils zuständigen Landesjustizprüfungsamts soll nur der Willkürkontrolle unterliegen, weil diese Maßnahme trotz ihrer immensen Auswirkungen auf den

---

1573 Vgl. *Kingreen/Poscher*, Staatsrecht II, 33. Aufl. 2017, § 11 Rn. 520 ff.
1574 BVerfG, GewArch. 2009, 301, 304 f.
1575 BVerfG, NJW 1994, 1577, 1584.
1576 BVerfGE 89, 59, 63; BVerfG, DVBl. 1998, 1220.
1577 BVerfG, GewArch. 2009, 301, 304 f.
1578 BVerfG, NJW 1997, 1975, 1979 u. NJW 1998, 3109, 3111; *Sachs*, JuS 1997, 124 ff.; *Jarass*, NJW 1997, 2545 f.
1579 BVerfGE 88, 87, 96; vgl. dazu auch *Albers*, JuS 2008, 945 ff.

Absatz von Kommentaren bzw. Gesetzessammlungen, trotz des mit der Auswahl verbundenen werbewirksamen Effekts und trotz der daraus resultierenden Gewöhnung des Kunden an bestimmte Produkte nicht die Berufsfreiheit der übergangenen Verlage beeinträchtigen soll. Deshalb soll nur eine im Lichte der Wahrung eines ordnungsgemäßen Prüfungsablaufs vertretbare Entscheidung im Sinne irgendeines sachlichen Grundes geschuldet sein[1580].

2. Besondere Bindungsdimensionen

Aufgrund der hohen Bedeutung des Vergleichs von Sachverhalten für die Anwendung **754** des Art. 3 Abs. 1 GG unterliegen Gesetzgebung und Verwaltung wegen des unterschiedlichen Abstraktionsgrades ihres Tuns je unterschiedlichen Vorgaben.

a) Gleichheitssatz und Gesetzgeber. Da die Gleichheitsordnung zunächst dem **Gesetz-** **755** **geber** aufgegeben ist, hat er zu beurteilen, ob und unter welchen sachlichen Gesichtspunkten einerseits zwei Lebensbereiche einander so gleich sind, dass eine Gleichbehandlung zwingend geboten ist, und welche Sachverhaltselemente andererseits so wichtig sind, dass ihre Verschiedenheit eine Ungleichbehandlung rechtfertigt. Diese Interpretation eröffnet dem Gesetzgeber im Öffentlichen Wirtschaftsrecht einen großen **Beurteilungs- und Gestaltungsspielraum**[1581]. Insbesondere darf er bei der Ordnung von Massenerscheinungen typisieren[1582] und sich bei komplexen Sachverhalten im Anfangsstadium der Regelung mit groben Generalisierungen begnügen.

Beispiele: Der besondere Auftrag des Apothekers rechtfertigt Werbebeschränkungen gegenüber dem übrigen Einzelhandel und spezifische bauliche Anforderungen an die Räume[1583]. Es stellt hingegen einen gleichheitswidrigen Begünstigungsausschluss dar, wenn gesetzlich in Gaststätten zugelassene Raucherräume in Diskotheken untersagt sind[1584] oder wenn Raucherräume in Schankwirtschaften zugelassen sind und in Speisewirtschaften nicht[1585]. Es ist mit dem Gleichheitssatz vereinbar, dass die Einkünfte der freien Berufe und der Land- und Forstwirte nicht der Gewerbesteuer unterliegen[1586]. Höchstaltersgrenzen für Prüfsachverständige sind zulässig, da sie zur Gewährleistung der Sicherheit erforderlich sind[1587].

b) Gleichheitssatz und Verwaltung. Neben dem Gesetzgeber sind auch die Wirtschafts- **756** verwaltungsbehörden an den allgemeinen Gleichheitssatz gebunden. Die Beachtung des Art. 3 Abs. 1 GG wird besonders dann relevant, wenn der Exekutive **Ermessen** eingeräumt ist *(s. u. Rn. 1045 ff.),* weil hier die Gefahr des Ermessensmissbrauchs und der sachwidrigen, willkürlichen Behandlung der Wirtschaftsteilnehmer am größten ist. Art. 3 Abs. 1 GG verlangt, dass die Verwaltung ihr Ermessen gleichmäßig ausübt.

Richtet die Verwaltung ihre Entscheidungen daran anknüpfend an **Verwaltungsvor-** **757** **schriften** *(s. o. Rn. 326)* aus, so verstößt sie gegen den Gleichheitssatz, wenn sie nicht alle dem darin vorgesehenen Vergleichsmaßstab entsprechenden Einzelfälle gleichmäßig entscheidet (sog. Selbstbindung der Verwaltung). Auf diese Weise können eigentlich als verwaltungsintern gedachte Regelungen mittelbare Außenwirkung erlangen. Dem entspricht auf Seiten des Bürgers der Anspruch, dass auch in seinem Falle nicht ohne sachlichen Grund von der bisher geübten Ermessenshandhabung abgewichen wird *(s. o. Rn. 328).*

Der Gleichheitssatz steht jedoch einer generellen **Revision** der Verwaltungsvorschriften **758** bzw. der geübten Verwaltungspraxis nicht entgegen, falls sich diese etwa als unzweck-

---

1580 *OVG RP,* DVBl. 2012, 695 ff.; bestätigt in BVerwG, NVwZ 2012, 1416, 1418.
1581 BVerfGE 1, 14, 52; 39, 1 ff.
1582 BVerfGE 70, 1, 34; 81, 68, 72; BVerfG, DÖV 2009, 48, 50; BVerwG, NVwZ 2005, 332 f.
1583 BVerwGE 89, 30, 38; BVerwG, GewArch. 1995, 206 f.; BVerwGE 94, 372, 374.
1584 BVerfG, DÖV 2009, 73 ff.
1585 BVerfG, GewArch. 2012, 157 f.
1586 BVerfG, NVwZ 2008, 1102 ff.
1587 BVerwG, NVwZ 2015, 1294 ff.

mäßig herausstellt[1588]. Er gewährt überdies keinen Anspruch auf Wiederholung eines rechtswidrigen Verwaltungshandelns („Keine Gleichheit im Unrecht"), weil eine durch rechtswidrige Verwaltungsübung erzeugte Pflicht der Verwaltung zu weiterem rechtswidrigen Handeln dem Vorrang des Gesetzes (Egalität versus Legalität) zuwiderlaufen würde *(s. o. Rn. 151 f.)*[1589].

3. Gleichheitssatz als derivatives Teilhaberecht

759 Soweit die Hoheitsgewalt (im Umfang begrenzte) Leistungen oder öffentliche Einrichtungen bereitstellt, erstarkt Art. 3 Abs. 1 GG zu einem derivativen Teilhaberecht *(s.o. Rn. 559, 640)*. Das Grundrecht gebietet dann, dass allen potentiellen Bewerbern, die die gestellten Anforderungen erfüllen, die **gleichen Zugangs-, Nutzungs- oder Partizipationschancen** zur Verfügung stehen. Ob diese Position zu einem Anspruch erstarkt, hängt dann davon ab, welche Wege zur Verfügung stehen, um etwaigen Verletzungen des Gleichheitssatzes zu begegnen[1590]. In diesem Kontext spielen insbesondere die Kapazitätsgrenzen eine Rolle. Hinzu kommen Verfahrensanforderungen, die auf ein transparentes Verteilungsverfahren mit vorab festgelegten Auswahlkriterien und ggf. auf eine zeitlich beschränkte Nutzung des eingeräumten Vorteils drängen[1591].

Beispiele: **Subventionsvergabe** *(s. u. § 31):* Hier gebietet Art. 3 Abs. 1 GG, dass die Verwaltungsbehörden die Subventionen entsprechend den Vergaberichtlinien sachgerecht unter Beachtung des Grundsatzes der Selbstbindung der Verwaltung gewähren und bei Interventionen die Chancengleichheit nicht verletzen[1592]. **Auftragsvergabe** *(s. u. Rn. 806 ff.):* Der Staat ist nach §§ 97 ff. GWB aus Gründen der Wettbewerbsneutralität und Transparenz regelmäßig verpflichtet, seinen Bedarf an Lieferungen und Leistungen öffentlich auszuschreiben und alle potenziellen Anbieter an diesen Ausschreibungen zu beteiligen **Marktplatzvergabe: § 70 Abs. 3 GewO** gebietet es in Umsetzung des Art. 3 Abs. 1 GG, die Vergabe von Marktplätzen anhand objektiver, nicht diskriminierender und im Voraus bekannt gemachter Kriterien vorzunehmen, wenn nicht für alle Bewerber ein Platz zur Verfügung steht und eine Auswahl getroffen werden muss[1593].

4. Inländergleichbehandlung als Folge des Binnenmarktrechts?

760 Da das Binnenmarktrecht auf die Schaffung eines Raums ohne Binnengrenzen angelegt ist *(s. o. Rn. 396)*, ist umstritten, ob das EU-Recht eine Inländerungleichbehandlung (discrimination à rebours) gestattet und infolgedessen inländische Unternehmen strengeren wirtschaftsverwaltungsrechtlichen Anforderungen unterliegen dürfen als ausländische. Einerseits wird argumentiert, die Grundfreiheiten sowie die Existenz eines Binnenmarktes stünden einer Schlechterstellung der Inländer entgegen. Andererseits will das EU-Primärrecht verfassungssystematisch und teleologisch nur grenzüberschreitende Sachverhalte regeln.

760a Der Schlüssel für die Lösung des Problems der Inländergleichbehandlung liegt in der Struktur des Gleichheitssatzes. Er baut auf eine Vergleichspaarbildung auf. Wenn man aber das binnenmarktrechtlich geregelte, grenzüberschreitende und das rein inländische Verhalten unter dem Oberbegriff einer bestimmten unternehmerischen Tätigkeit vergleicht, dann fällt auf, dass beide Konstellationen aufgrund unterschiedlicher rechtlicher Rahmenbedingungen nicht vergleichbar sind, gilt doch nur im Falle eines transnationalen Engagements das Unionsrecht und im Übrigen nicht. Deshalb ist die Inlän-

---

1588 BVerwG, DÖV 1997, 732 f.; BVerwG, DÖV 2006, 867, 870.
1589 *Pauly*, JZ 1997, 647 ff.; *Kölbel*, Gleichheit „im Unrecht", 1998; BVerfGE 9, 213; BVerwGE 34, 278, 282.
1590 *Nußberger*, in: Sachs (Hg.), GG, 8. Aufl. 2018, Art. 3 Rn. 53 ff.; vgl. auch *Mann*, ebenda, Art. 12 Rn. 160 ff.
1591 *Wollenschläger*, Verteilungsverfahren, 2010, S. 34 ff.
1592 BVerwG, DVBl. 2004, 126 ff.
1593 S. dazu jüngst z. B.: OVG Münster, NVwZ-RR 2017, 690 ff.; vgl. allg. Schmidt/Wollenschläger/*Korte*, Kompendium, § 9 Rn. 113 f. sowie *Schwarz*, GewArch. 2015, 289 ff.

dergleichbehandlung trotz der insoweit missverständlichen Bezeichnung ein **Problem der Freiheits- und nicht der Gleichheitsgrundrechte**[1594].

Beispiel: Die grundsätzliche Anknüpfung der Befugnis zum selbstständigen Betrieb des Dachdeckerhandwerks an den sog. Meisterbrief verletzt nicht Art. 3 Abs. 1 GG, auch wenn Dachdecker aus anderen Mitgliedstaaten der EU ggf. geringeren Anforderungen unterliegen, wenn sie in Deutschland entsprechend tätig werden wollen. Sie genügt zudem den Vorgaben des Art. 12 Abs. 1 GG, weil es sich um ein gefahrgeneigtes Handwerk handelt und der Gesetzgeber neben der Meisterprüfung auch einen alternativen Weg (sechs Jahre Anstellung, davon vier leitend) zulässt, um selbstständig tätig werden zu dürfen[1595].

Sechster Abschnitt: Grund und Grenzen öffentlicher Wirtschaftstätigkeit

§ 24 Die öffentliche Hand als Wirtschaftsakteur

Neben Privatrechtssubjekten, deren wirtschaftliche Tätigkeit insbesondere grundrechtlich abgesichert ist *(s. o. Rn. 547 ff.)*, können auch Hoheitsträger ökonomisch aktiv werden und bewegen sich dann aus wirtschaftsverfassungsrechtlicher Sicht im Spannungsfeld zwischen staatlichem Gemeinwohlauftrag und marktbezogenem Optimierungsstreben[1596]. Daher lohnt sich eine Beantwortung der Fragen, ob bzw. inwieweit die öffentliche Hand als Wirtschaftsakteur tätig werden darf. Im Einzelnen lassen sich zwei Kategorien der marktmäßigen Aktivität von Hoheitsträgern in Form einer Tätigkeit als Unternehmer oder als Verbraucher differenzieren[1597]. Sie folgen unterschiedlichen Handlungsrationalitäten und sind daher getrennt zu würden. Soweit es in der Praxis zu Überschneidungen kommt[1598], wird der funktionale Schwerpunkt der Aktivität relevant[1599].   **761**

I. Die öffentliche Hand als Unternehmer

Unternehmerisches Verhalten von Hoheitsträgern ist ebenfalls in unterschiedlichen Facetten denkbar, so dass sie zunächst zu kategorisieren sind, um von keiner unsicheren Basis aus zu argumentieren.   **762**

1. Kategorisierungen

Betrachtet man die Erscheinungsformen der unternehmerischen Tätigkeit von Hoheitsträgern, drängt sich eine **Differenzierung nach dem Gegenstand der marktmäßigen Aktivität** auf. Insoweit wird oftmals einerseits die Kategorie einer sog. verwaltungsprivatrechtlichen Tätigkeit identifiziert. Sie umfasse insbesondere den Bereich der Daseinsvorsorge und beziehe sich daher auf die Versorgung der Bevölkerung mit Gütern und Dienstleistungen[1600], deren hoheitlich initiierte Bereitstellung für das menschliche Dasein notwendig ist (sog. Grundversorgung z. B. in Form von Verkehrs-, Wasser-, Elektrizitäts-, Müllbeseitigungs-, Bildungs- oder Gesundheitsdienstleistungen). Von   **763**

1594 Instruktiv *Albers*, JZ 2008, 708 ff.
1595 BVerwGE 140, 267, 274 f.
1596 *Burgi*, VerwArch. 93 (2002), 255 ff.; *Stober*, NJW 2002, 2357 ff.
1597 *Wolff/Bachof/Stober/Kluth*, VerwR I, § 23.
1598 Ebenso *Schulze-Fielitz*, in: Hoffmann-Riem u. a. (Hg.), Grundlage, § 12.
1599 Unklar *Breuer*, HdBStR VIII, § 171 C II.
1600 RPVerfGH, GewArch. 2000, 315 ff.; s. zum Begriff Daseinsvorsorge *Krajewski*, VerwArch. 2008 (99), 174 ff.

dieser Fallgruppe, die präge, dass sich die Hoheitsgewalt wie ein Verwaltungsträger verhalte, sei andererseits die „rein erwerbswirtschaftliche Tätigkeit" zu unterscheiden, in deren Rahmen der Hoheitsträger wie ein Unternehmen mit Gewinnerzielungsabsicht handele.

764 Diese Differenzierung[1601] betont zwar die Bedeutung der Daseinsvorsorge für das gesellschaftliche Zusammenleben, stößt allerdings **in Grenzfällen auf Abgrenzungsschwierigkeiten**, weil weder die Begriffe „Erwerb" bzw. „Gewinn" noch der Terminus „Daseinsvorsorge" klar vermessen sind. Hinzu kommt, dass daseinsvorsorgende Verwaltungsträger im Lichte des Wirtschaftlichkeitsgrundsatzes ebenfalls zumindest auch erwerbs- bzw. gewinngerichtet operieren müssen und erwerbsgerichtete Unternehmungen teilweise bedeutende Verwaltungsaufgaben wahrnehmen, mögen sie auch nicht der Daseinsvorsorge im engeren Sinne zugeordnet werden können[1602]. Nicht zuletzt deshalb nimmt das geltende Recht denn auch nicht die daseinsvorsorgende bzw. erwerbswirtschaftliche Tätigkeit in Bezug, sondern ist hinsichtlich des Gegenstands der Unternehmung entweder neutral (vgl. Art. 1 Abs. 3 GG) oder stellt auf den unternehmensträgerneutralen Begriff der Dienstleistung von allgemeinem wirtschaftlichem Interesse ab (vgl. Art. 14, 106 AEUV), der der Daseinsvorsorge ähnlich, aber nicht synonym ist[1603].

765 Im Ergebnis scheint es vor diesem Hintergrund sinnvoll, nicht auf das konkrete Feld der wirtschaftlichen Tätigkeit, sondern vielmehr darauf abzustellen, welchen **Einfluss der jeweilige Hoheitsträger auf den untersuchten Marktakteur** hat. Denn geht man derart vor, lässt sich in die Überlegungen zur Vereinbarkeit des wirtschaftlichen Handelns eines Hoheitsträgers mit dem geltenden Recht einbeziehen, inwieweit er mit Hilfe der jeweiligen Unternehmung einen spezifischen Gemeinwohlauftrag verfolgt bzw. verfolgen kann. Erklärt man den hoheitlichen Einfluss zur maßgeblichen Größe, dann lassen sich zwei Erscheinungsformen der Tätigkeit eines Hoheitsträgers als Unternehmer differenzieren: Einerseits kann die öffentliche Hand selbst über ein beherrschtes Unternehmen Produkte am Markt anbieten. Andererseits kann sie sich aber auch an privaten Unternehmen beteiligen und dann von deren marktmäßiger Aktivität in verschiedener Hinsicht profitieren.

2. Marktmäßige Tätigkeit durch öffentliche Unternehmen

766 Ein eigenverantwortliches Produktangebot durch einen Hoheitsträger setzt voraus, dass er beherrschenden Einfluss auf die am Markt tätige Unternehmung hat.

767 a) **Parameter öffentlicher Unternehmen.** Die Bund, Ländern, Kommunen und anderen Verwaltungsträgern insoweit zur Seite stehenden Organisationsformen sind **vielfältig.** Es kann sich um öffentlich-rechtliche Unternehmen wie im Falle von Sparkassen oder anderen Kommunalunternehmen[1604], um privatrechtlich organisierte öffentliche Unternehmen (Unternehmen in Privatrechtsform) wie ggf. im Falle der Verkehrsbetriebe oder um gemischtwirtschaftliche öffentliche Unternehmen unter Beteiligung von Privatunternehmen[1605] (Kooperationsmodelle, Public-Private-Partnerships) oder von Privatrechtssubjekten wie im Falle der Fraport AG handeln. Eine branchenspezifische Struktur lässt sich nicht ausmachen. Stattdessen sind die hinter dem öffentlichen Unternehmen stehenden Hoheitsträger bei der Wahl der Rechtsform weitgehend autonom. Gemeinsames Kennzeichen all dieser Organisationseinheiten ist, dass sie als öf-

---

1601 Vertreten von *Ehlers*, in: Erichsen/Ehlers (Hg.), Allgemeines Verwaltungsrecht, § 3 Rn. 35 ff.
1602 *Pfahl*, Staatliche Wirtschaftsteilnahme und Art. 30 GG, 2016, S. 91 ff.
1603 Calliess/Ruffert/*Jung*, EUV/AEUV, Art. 106 Rn. 36 ff.
1604 *Mann*, NVwZ 1996, 557 f.
1605 *Spannowsky*, ZHR 160 [1996], 563 ff.

fentliche Unternehmen bezeichnet werden. Dieser Begriff ist im Unionsrecht[1606] mittlerweile etabliert. Er liegt insbesondere der sog. Transparenz-Richtlinie[1607] zugrunde und beruht auf einem funktionalen Ansatz, der die Rolle der öffentlichen Hand in der Unternehmensverfassung aufgreift.

Öffentliche Unternehmen sind danach solche, auf die „die öffentliche Hand auf Grund **768** Eigentums, finanzieller Beteiligung, Satzung und sonstiger Bestimmungen, die die Tätigkeit des Unternehmens regeln, unmittelbar oder mittelbar einen beherrschenden Einfluss ausüben kann". Ein beherrschender Einfluss wird angenommen, wenn die öffentliche Hand die Kapitalmehrheit des Unternehmens besitzt, über die Mehrheit der Stimmrechte verfügt oder mehr als die Hälfte des Verwaltungs-, Leitungs- oder Aufsichtsorgans des Unternehmens bestellen kann. Sieht man die Vielzahl der öffentlichen Unternehmen von Bund, Ländern und anderen Unternehmensträgern im Verbund, kann man in Anlehnung an das private Wirtschaftsrecht von der Deutschland AG[1608], vom Unternehmen Staat, von staatlichen bzw. kommunalen Konzernen und Holdinggesellschaften sprechen, welche die Unternehmensaktivitäten steuern und koordinieren[1609]. Zusammengenommen stellen die öffentlichen Unternehmen einen beachtlichen Staatssektor[1610], der dem Privatsektor gegenübersteht.

b) Zulässigkeit der Tätigkeitsaufnahme. Wegen des somit erheblichen Umfangs der **769** wirtschaftlichen Aktivität öffentlicher Unternehmen lohnt sich eine Beantwortung der Frage, ob deren ökonomische Aktivität dem Grunde nach, d. h. also in Bezug auf die Tätigkeitsaufnahme in Form der Gründung, der Übernahme oder der wesentlichen Erweiterung des öffentlichen Unternehmens durch einen Hoheitsträger und in Form der (erstmaligen) marktmäßigen Aktivität („Ob" der Tätigkeit)[1611] den rechtlichen Vorgaben entspricht.

aa) Wirtschaftsvölkerrechtliche Vorgaben. Etwaige weltwirtschaftliche Regeln *(s. o* **770** *Rn. 503 ff.)* stehen einer wirtschaftlichen Betätigung der öffentlichen Hand über öffentliche Unternehmen zunächst einmal nicht entgegen. Insbesondere das WTO-Übereinkommen basiert auf der wirtschaftsvölkerrechtlich anerkannten Prämisse, dass jeder Staat auf Grund seiner **Gleichheit und Souveränität** sein Wirtschaftssystem selbst bestimmen und sämtliche Entscheidungen auf wirtschaftlichem Gebiet selbst treffen kann. Diese Freiheit schließt, wie Art. 2 Abs. 1 der Charta der wirtschaftlichen Rechte und Pflichten der Staaten betont, auch das Recht ein, sich im Wege der Produktion, des Handels und des Dienstleistungsverkehrs eigenwirtschaftlich zu betätigen und staatliche Unternehmen zu betreiben. Dementsprechend geht auch Art. XVII GATT von der Existenz staatlicher Handelsunternehmen (State Trading Enterprises) sowie der staatlichen Erzeugung kommerzieller Waren aus.

bb) Unionsrechtliche Vorgaben. Zudem hängt die Zulässigkeit hoheitlicher Wirt- **771** schaftsaktivitäten von den unionsrechtlichen Rahmenbedingungen ab. Sie folgen zunächst aus **Art. 345 AEUV.** Danach lassen die Verträge die Eigentumsordnung in den verschiedenen Mitgliedstaaten unberührt. Zwar ist der Aussagegehalt dieser Norm im Einzelnen umstritten[1612]. Führt man sie auf ihren historischen Ursprung im Lichte des Binnenmarktgedankens *(s. o. Rn. 398 ff.)* zurück, dürfte aber vieles dafür sprechen,

---

1606 Vgl. *Pfahl*, Staatliche Wirtschaftsteilnahme und Art. 30 GG, 2016, S. 47 f.
1607 ABl. Nr. L 390/38 vom 31.12.2004, zuletzt geändert per RL 2004/109/EG (ABl. Nr. L 294/13 vom 6.11.2013.
1608 *Ederer/Schuller*, Geschäftsbericht Deutschland AG, 1999.
1609 *Laux*, DÖV 1993, 523 f.; *Pagenkopf*, GewArch. 2000, 178 ff.
1610 *Storr*, Der Staat als Unternehmer, 2001, S. 11 ff.; *Stober*, NJW 2002, 2357 ff.
1611 *Pfahl*, Staatliche Wirtschaftsteilnahme und Art. 30 GG, 2016, S. 101 ff.; BVerfGE 128, 226.
1612 Ausf. dazu *Calliess/Korte*, Dienstleistungsrecht in der EU, § 5 Rn. 247 ff.

Eigentumsordnung im Sinne von Eigentumszuordnung zu begreifen, so dass Art. 345 AEUV nur die mitgliedstaatliche Entscheidung über die Privatisierung oder Verstaatlichung, nicht aber das Folgeverhalten des privatisierten oder verstaatlichten Unternehmens von den Vorgaben der Verträge befreien will. Versteht man die Norm in diesem Sinne, zeigt sie zugleich, dass die Verträge zumindest der Aufnahme einer wirtschaftlichen Tätigkeit durch öffentliche Unternehmen offen gegenüberstehen.

772 Eine ähnliche Aussage lässt sich den **Art. 14, 106 AEUV** entnehmen, die sich auf die Erbringung von Dienstleistungen von allgemeinem wirtschaftlichem Interesse beziehen und jedenfalls auch öffentliche Unternehmen ansprechen. Solche Dienste prägt, dass sie im Interesse der Bevölkerung oder eines Teils derselben unabhängig vom Ziel der Kostendeckung und losgelöst von Rentabilitätsgesichtspunkten allgemein zugänglich, flächendeckend, kontinuierlich und erschwinglich erbracht werden. Inhaltlich folgt aus Art. 14 AEUV, dass Union und Mitgliedstaaten im Rahmen ihrer Kompetenzen verpflichtet sind, die Grundsätze und Bedingungen so zu gestalten, dass die zugehörigen Unternehmen ihren Aufgaben nachkommen können. Ggf. sind auf Basis des Art. 106 Abs. 2 S. 1 a. E. AEUV sogar Ausnahmen vom Unionsrecht möglich. Damit sprechen auch diese Vorschriften dem Grunde nach für die Unionsrechtskonformität der ökonomischen Aktivität öffentlicher Unternehmen, zumal Art. 106 Abs. 1 AEUV sie erwähnt und damit deren Existenz letztlich voraussetzt.

773 cc) **Verfassungsrechtliche Vorgaben.** Damit verschiebt sich die Diskussion über die Zulässigkeit einer wirtschaftlichen Tätigkeit durch öffentliche Unternehmen in Richtung des nationalen Verfassungsrechts. Grundgesetz und Landesverfassungen treffen insoweit allerdings keine klare Aussage. Insbesondere existiert kein ausdrückliches Verbot. Aus der Verfassungsgeschichte lässt sich ebenfalls keine einheitliche, gleichmäßige, über längere Zeit andauernde und allgemein gebilligte Verfassungspraxis ableiten[1613]. Da die **Wirtschaftsverfassung des Grundgesetzes** offen ist, kann man auch aus diesem Befund nichts für oder gegen eine gewerbliche Betätigung der öffentlichen Hand herleiten *(s. o. Rn. 121 ff.)*. Ähnlich verhält es sich mit dem Aspekt der Subsidiarität *(s. o. Rn. 199)*[1614]. Immerhin indiziert aber die mehrfache Erwähnung von Unternehmen und Betrieben des Bundes und der Länder etwa in Art. 110 Abs. 1, 134 und 135 Abs. 6 GG eine verfassungsrechtliche Billigung staatlicher Unternehmen[1615]. Dem entspricht Art. 87f Abs. 1 GG, der ein Bekenntnis zur Privatisierung des Post- und Telekommunikationsbereichs enthält[1616] und daher zeigt, dass die erwerbswirtschaftliche Betätigung durch öffentliche Unternehmen im Übrigen möglich ist.

774 Daran anknüpfend wird für die wirtschaftliche Betätigung von **Kommunen** vertreten, dass Art. 28 Abs. 2 S. 3 GG auf deren umfassende finanzielle Eigenverantwortung drängt[1617]. Sie habe zur Folge, dass sich die Gemeinden wie Unternehmer verhalten dürften und ihre wirtschaftliche Aktivität weder sachlich noch räumlich beschränkt werden könne[1618], auch um den Gemeinden über gewinnorientierte Tätigkeit eine Sanierung ihrer Haushalte zu ermöglichen[1619]. Diese Ansicht ist jedoch nicht mit dem

---

1613 *Stober*, ZHR 145 [1981], S. 571 ff.
1614 *Hellermann*, Örtliche Daseinsvorsorge und gemeindliche Selbstverwaltung, 2000, 162 ff.; a. M. wohl *Gersdorf*, Öffentliche Unternehmen im Spannungsfeld, 2000, S. 493.
1615 Ebenso *Ziekow*, Öff. WiR, § 7 II 2 a; *Suerbaum*, in: Ehlers, § 13 Rn. 29; *A. M. Gusy*, JA 1995, 167 f.; *Storr*, Der Staat als Unternehmer, 2001, S. 92 ff.
1616 *Weiß*, Privatisierung und Staatsaufgaben, 2002, 250 f.; *Hecker*, Marktoptimierende Wirtschaftsaufsicht, 2007, S. 162 ff.; S. auch BT-Ds. 12/6717, S. 3 und 12/7269, S. 4 f.; BVerfGE 108, 169, 183.
1617 *Badura*, DÖV 1998, 818, 823; *Weiß*, Privatisierung und Staatsaufgaben, 2002, 229.
1618 So *Wieland*, in: Henneke (Hg.), Optimale Aufgabenerfüllung im Kreisgebiet, 1999, S. 193, 196; *Henneke*, NdsVBl. 1999, 1, 8 m. w. N.; *Hellermann*, Örtliche Daseinsvorsorge, 2000, 140 ff.
1619 *Otting*, DVBl. 1997, 1258 ff.; *Moraing*, WuV 1998, 233, 259.

Wortlaut, dem Verfassungssystem und dem Zweck des Art. 28 Abs. 2 GG vereinbar, der die Gemeinden auf die Erfüllung von Verwaltungsaufgaben beschränken und ihnen gerade kein unbedingtes Recht zur wirtschaftlichen Betätigung einräumen will, auch wenn sie (und ihre Bürger) vor Verlusten infolge erfolglosen Wirtschaftens zu schützen[1620]. Daher fungiert diese Verfassungsvorschrift als staatsgerichtete Organisations- bzw. Kompetenznorm und nicht als wirtschaftsorientierte Befugnisnorm[1621], weil sie die Aufgabenverteilung zwischen Bund, Ländern und Gemeinden festlegt und weder in die eine noch in die andere Richtung etwas Abschließendes über das Verhältnis von Kommunen und Wirtschaft aussagt[1622].

Die Frage nach der Zulässigkeit wirtschaftlicher Tätigkeiten der öffentlichen Hand beant-   **775** wortet sich somit weniger über eine Auslegung bzw. Generalisierung einzelner Verfassungsnormen, sondern anhand basaler verfassungsrechtlicher Wertungen. Sie finden sich in der Finanzverfassung, die auf dem Grundgedanken basiert, dass sich die öffentliche Hand vor allem aus der Einnahme von Abgaben, insbesondere durch steuerliche Teilhabe am Erfolg privaten Wirtschaftens und nicht durch die Selbstbewirtschaftung von Eigentum oder durch Gewerbebetriebe finanziert (**Prinzip des Steuer- und Abgabenstaates** – *s. auch u. Rn. 1261 ff.*)[1623]. In Fortschreibung dessen hat das Grundgesetz der öffentlichen Hand die Abgabenhoheit eingeräumt, weil die Möglichkeit der Erzielung von Einkünften für Bund, Länder und Kommunen im Übrigen beschränkt zu sein scheint. Die Aufrechterhaltung dieser Vorzugsstellung ist aber nur gerechtfertigt, soweit und solange der Staat und seine Untergliederungen nicht selbst wie Private wirtschaften. Unternehmerische Motivation muss dem Abgabenstaat daher fremd sein[1624]. Stattdessen hat er angemessene wirtschaftliche Rahmenbedingungen zu schaffen und die Wirtschaft zu fördern, damit die Staatseinnahmen aus Abgaben sprudeln[1625] und die Risiken einer erfolglosen hoheitlichen Eigenwirtschaft nicht zu seinen Lasten gehen.

Daran anknüpfend geht das *BVerfG* davon aus, dass ein öffentliches Unternehmen   **776** unmittelbar durch seine Leistung und nicht nur mittelbar durch seine Gewinne dem Gemeinwohl dienen muss[1626]. Verboten ist daher gemäß dem Grundsatz der Formenwahlfreiheit der Verwaltung zwar nicht jedwede wirtschaftliche Betätigung, immerhin aber diejenige, der entgegen dem Primat der hoheitlichen Einnahmeerzielung durch Abgaben kein weiterer Gemeinwohlbezug als die Erzielung von Einnahmen zugrunde liegt. Damit zeigt sich, dass die Wirtschaftsteilnahme als solche niemals hoheitliche Aufgabe sein kann, sondern nur ein **Mittel zur Erfüllung einer** solchen **Aufgabe** ist[1627]. In Fortschreibung dessen wird man daher die wirtschaftliche Betätigung öffentlicher Unternehmen nur für zulässig halten können, wenn sie auf Grund einer gesetzlichen Basis erfolgt[1628], der ein öffentlicher Zweck zugrunde liegt, der nicht nur aus der gemeinwohldienlichen Verwendung erzielter Gewinne bestehen darf[1629], weil anderen-

---

1620 Vgl. dazu *Löwer*, DVBl. 1991, 132, 140; *Henneke*, NdsVBl. 1999, 1, 12 m.w.N.
1621 *Otting*, DVBl. 1997, 1258 ff.; *Schliesky*, Öffentliches Wettbewerbsrecht, 1997, S. 136.
1622 *Burgi*, NVwZ 2001, 601 ff.; *Löwer*, VVDStRL 60 [2001], 416, 435 f.; *Schmidt-Aßmann*, in: FS für Ulmer, 2003, S. 1015, 1021; *Schink*, NVwZ 2002, 129, 133; *Rennert*, Verw. 35 (2002), 319, 348.
1623 Vgl. BVerfGE 93, 121, 134; 93, 319, 342 ff.; *Löwer*, VVDStRL 60 [2001], 416, 420 ff.; *Pieroth/ Hartmann*, DVBl. 2002, 421, 428; a.M. *Ziekow*, Öff. WiR, § 7 II 2.
1624 S. auch BVerfGE 61, 82, 100, 107; *Ress*, VVDStRL 48 [1990], 73; *Ehlers*, Gutachten E zum 64. DJT 2002, 72; *Sodan*, DÖV 2000, 361, 370; a.M. *Storr*, Der Staat als Unternehmer, 2001, S. 126.
1625 *P. Kirchhof*, HdbStR IV, § 88 Rn. 47 und 92; *F. Kirchhof*, Verw 21 [1998], S. 137 ff.; *Schmidt-Aßmann*, in: FS für Ulmer 2003, S. 1015, 1018 f.; *Jarass*, DÖV 2002, 489 ff.
1626 BVerfGE 61, 82, 100, 107; 93, 319, 342.
1627 *Pfahl*, Staatliche Wirtschaftsteilnahme und Art. 30 GG, 2016, S. 115 ff.
1628 *Ronellenfitsch*, in: HdbStR III, § 84 Rn. 42; *v. Arnim*, Rechtsfragen der Privatisierung, 1995, S. 55 ff.; *Hösch*, JZ 1997, 948, 950; *Ehlers*, DVBl. 1998, 497; *Pagenkopf*, GewArch. 2000, 177 ff.
1629 *Ehlers*, DVBl. 1998, 497, 498 f.; *Dreier*, in: ders. (Hg.), GG-Kommentar, Art. 28 Rn. 126.

falls das hoheitliche Gewinnstreben zum Selbstzweck würde[1630]. Diese Meinung entspricht auch dem Ansatz, dass die wirtschaftliche Betätigung der öffentlichen Hand im Interesse des Grundrechtsschutzes privater Wirtschaftstätigkeit legitimiert werden muss und ggf. dem Eingriffs- und Wesentlichkeitsvorbehalt unterfällt *(s. o. Rn. 151 ff.)*[1631].

777   **dd) Einfachgesetzliche Vorgaben.** Damit bleibt nur noch offen, welche Bindungen für das „Ob" von wirtschaftlichen Tätigkeiten durch öffentliche Unternehmen auf einfachgesetzlicher Ebene bestehen. Sie resultieren abgesehen von spezialgesetzlichen Vorgaben, die sich z. B. aus Aufgabenbegrenzungen von Verwaltungsträgern wie den Kammern *(s. u. Rn. 1205)* ergeben können, ggf. aus dem Lauterkeitsrecht und aus dem Kommunalrecht sowie aus dem jeweils einschlägigen Haushaltsrecht.

778   **(1) Lauterkeitsrecht.** Die Relevanz des Lauterkeitsrechts mag in diesem Kontext zunächst überraschen, ist es doch vornehmlich zivilrechtlich geprägt, weil es nach § 1 UWG darauf abzielt, die Mitbewerber, die Verbraucher und die sonstigen Marktteilnehmer vor unlauteren geschäftlichen Handlungen (vgl. die §§ 3 ff. UWG) zu schützen, und den Konkurrenten sowie Verbänden und Selbstverwaltungskörperschaften nach Maßgabe des § 8 UWG Unterlassungsansprüche einräumt[1632]. Die Anwendbarkeit des Lauterkeitsrechts auf Handlungen der öffentlichen Hand erschließt sich deshalb bei Durchsicht des Gesetzes auch nicht unmittelbar. Gleichwohl wurde bisweilen über die Rechtsfigur des Marktvorsprungs durch Rechtsbruch auch die Marktteilnahme bzw. Tätigkeitsaufnahme öffentlicher Unternehmen als wettbewerbswidrig eingestuft[1633].

779   Dieser Option steht jedoch (nunmehr) der Wortlaut des § 3a UWG entgegen, der ausdrücklich Rechtsverletzungen nur dann als unlauter einstuft, wenn es um Vorschriften geht, die zumindest auch das Marktverhalten im Interesse der Marktteilnehmer regeln sollen[1634]. Denn daraus folgt, dass das Lauterkeitsrecht nicht dazu dienen soll, etwaige Rechtsverletzungen in Bezug auf das „Ob" einer wirtschaftlichen Tätigkeit durch ein öffentliches Unternehmen zu sanktionieren, weil es dann nicht vor dessen Marktverhalten, sondern entgegen § 3a UWG vor dessen Marktzutritt schützen würde. Im Ergebnis greift damit die Schutzfunktion des Lauterkeitsrechts nicht im Falle öffentlich-rechtlicher Marktzutrittschranken[1635]; auf deren Einschlägigkeit im konkreten Einzelfall kommt es insoweit folglich nicht an.

Beispiel: Eine Verletzung kommunalwirtschaftlicher Vorschriften dadurch, dass eine Gemeinde auf dem Sektor der Altautoverwertung eine Tätigkeit aufnimmt, hat nicht zur Folge, dass der beanstandete Handel wettbewerbswidrig im Sinne des § 3a UWG ist[1636].

780   Aufgrund dieser Lücken wird wegen der nach wie vor wachsenden wirtschaftlichen Aktivitäten (auch) öffentlicher Unternehmen ergänzend ein **öffentlich-rechtlich motiviertes**

1630   BVerfGE 79, 127, 143, 146; RPVerfGH, GewArch. 2000, 325 f.; *Weiß*, Privatisierung und Staatsaufgaben 2002, 229; *Ziekow*, Öff. WiR, § 7 III 1 m. w. N.

1631   *Selmer*, in: Stober/Vogel (Hg.), Wirtschaftliche Betätigung der öffentlichen Hand, 2000, S. 84 ff.; *Pielow*, Grundstrukturen öffentlicher Versorgung, 2001, 489 ff., 516 ff., 704.

1632   BGH, GewArch. 1998, 389; OLG Hamm, JZ 1998, 576 ff. und dazu *Schliesky*, DVBl. 1999, 78 ff.

1633   S. auch OLG Düsseldorf, NJW-RR 1997, 1470 f. und DVBl. 2001, 1283; zustimmend W. *B.Schünemann*, WRP 2000, 1008; A. *Fuchs*, in: FS für Brohm, 2002, S. 275 ff.; OVG Münster, NVwZ 2003, 1520 f.

1634   S. zum Streitstand *Otto*, GewArch. 2001, 361 f.; *Diefenbach*, WiVerw. 2003, 99 ff.; *Ehlers*, Gutachten E zum 64. DJT 2002, S. 87 f.

1635   BGH, DÖV 2006, 175 ff.; s. auch *Antweiler*, NVwZ 2003, 1466 ff.

1636   BGH, NJW 2003, 586.

Wettbewerbsrecht gefordert[1637], das die wirtschaftliche Betätigung wirksam kontrollieren und in geregelte Bahnen lenken soll. Zudem lässt sich über eine stärkere Einbindung der Industrie- und Handels- sowie der Handwerkskammern als demokratisch legitimierte Interessenvertretungen der gewerblichen Wirtschaft *(s. u. Rn. 1203 ff.)* nachdenken, indem man ihnen eigenständige Kontroll- und Klagerechte einräumt[1638]. Dieser Ansatz ist (wie sich sogleich zeigt) derzeit nur in Ansätzen, nämlich in Form von Anhörungs- und Prüfungsrechten, verwirklicht.

(2) Kommunalrecht. In erster Linie finden sich derzeit auf kommunalrechtlicher Ebene **781** Aussagen zur Zulässigkeit der Tätigkeit öffentlicher Unternehmen, denen die (insoweit allerdings weniger strengen) Anforderungen des Haushaltsrechts des Bundes bzw. der Länder jedenfalls ähneln. Sie sind je Bundesland im Detail unterschiedlich ausgeprägt und divergieren zudem je nach Unternehmensgegenstand[1639] mit der Folge von Sonderregeln etwa für das Sparkassenwesen oder die Daseinsvorsorge. Im Übrigen gilt aber die sog. **kommunalrechtliche Schrankentrias**, die an die Errichtung, die Übernahme und die (wesentliche) Erweiterung kommunaler Unternehmen, nicht aber an deren Fortführung (das wäre letztlich auch ein Teil des „Wie") inhaltliche Anforderungen stellt und so Städte und Gemeinden angesichts wachsender kommunalwirtschaftlicher Betätigung vor einer Überforderung ihrer Haushalte schützen will[1640]. Hinzu treten bisweilen Verfahrensvorgaben, nach denen vorab die Folgen kommunalen Wirtschaftens für das örtliche Handwerk und die mittelständische Wirtschaft zu antizipieren (Marktanalyse- und Markterkundungspflicht) sowie die örtlichen Selbstverwaltungsorgane anzuhören (Branchendialog) sind[1641].

Führt man das unternehmensbezogene Kommunalrecht der Bundesländer auf dessen **782** inhaltlichen Kern zurück, bestehen in der Regel **drei materielle Anforderungen an erwerbswirtschaftliche Tätigkeiten.** Danach muss erstens in Entsprechung zu den verfassungsrechtlichen Vorgaben *(s. o. Rn. 213 ff.)* ein öffentlicher Unternehmenszweck im Sinne eines zwingenden Interesses für eine unternehmerische Tätigkeit (Frage des Gemeinwohls) vorliegen. Zweitens muss die avisierte Unternehmung im Lichte der Leistungsfähigkeit und des voraussichtlichen Bedarfs der Gemeinde angemessen sein (Frage der Überforderung) und schließlich drittens muss das kommunale Unternehmen im Hinblick auf die avisierte Aufgabe dem Subsidiaritätsgedanken *(s. o. Rn. 199)* entsprechen, so dass zu erörtern ist, ob sie nicht von der Privatwirtschaft hinreichend erfüllt werden kann (Frage des Verhältnisses der Kommune gegenüber Privatunternehmen). Angesichts der Unbestimmtheit der verwendeten Begriffe leuchtet ein, dass die genannten Voraussetzungen immer wieder einen Anlass für Streitigkeiten bilden.

Sie entzünden sich namentlich im Rahmen der Auslegung der Subsidiaritätsanforde- **783** rung, die in den Ländern unterschiedlich ausgestaltet ist. Teilweise dürfen die Kommunen dann nicht tätig werden, wenn der verfolgte Zweck nicht „besser und wirtschaftlicher" durch private Unternehmen erfüllt werden kann. Teilweise wird gefordert, dass bei dem konkreten Tätigwerden der Zweck nicht durch private Unternehmen „ebenso gut und wirtschaftlich" erreicht werden kann, die Gemeinde also besser und wirtschaftlicher handeln muss. Die zuletzt genannte Formulierung stellt klar, dass die wirt-

---

1637 S. dazu auch *Schliesky*, in: FS Stober 2008, 523 ff.; *Faßbender*, NJW 2004, 816 f.; BVerfGE 105, 252, 267 ff.

1638 *Stober*, NJW 2002, 2366; *T. Franz*, Gewinnerzielung durch kommunale Daseinsvorsorge, 2005, S. 803.

1639 Vgl. zu den unterschiedlichen Modellen *Schink*, NVwZ 2002, 129 ff.; *Burgi*, in: FS für Brohm, 2002, S. 35, 40.

1640 S. dazu *Wolff*, DÖV 2011, 721 f.; *Peters*, Die Dogmatik der Kommunalwirtschaft zwischen national- und europäisch-normativer Konzeption, 2012, S. 151 f.

1641 S. auch *Pegatzky/Sattler*, NVwZ 2005, 1376 zu Hessen.

schaftliche Betätigung der Kommunen gegenüber dem privaten Wirtschaften nachrangig sein soll (qualifizierte **Subsidiaritätsklausel**[1642]). Insoweit sind die Kommunen nachweispflichtig. Sie werden deshalb teilweise ausdrücklich verpflichtet, Angebote einzuholen und Vergleichsberechnungen vorzunehmen. Diese Vorgaben entsprechen inhaltlich einer Privatisierungsprüfpflicht[1643]*(s. u. Rn. 855 f.).* Maßgebliche Kriterien sind insoweit insbesondere der Preis, die Qualität und die Zuverlässigkeit der Leistungserbringung, wobei für die Kommunen ein Beurteilungsspielraum besteht[1644].

784 Die **Verletzung der kommunalrechtlichen Schrankentrias** kann zunächst über kommunalaufsichtliche Maßnahmen beanstandet und unterbunden werden, die aber in der Vergangenheit schon deshalb nur ausnahmsweise praktiziert wurden, weil sie im Ermessen der Aufsichtsbehörde stehen[1645] *(s. u. Rn. 1157 ff.).* Davon zu unterscheiden ist die Frage, ob sich auch konkurrierende Unternehmen auf eine Verletzung der Schrankentrias berufen können[1646]. Sie wird im Lichte der sog. Schutznormlehre *(s. u. Rn. 1134)* unterschiedlich beantwortet: Teilweise wird darauf abgestellt, ob eine einfache oder qualifizierte Subsidiaritätsklausel vorliegt, weil dadurch der behördliche Spielraum zugunsten etwaiger Konkurrenten unterschiedlich stark eingeschränkt wird[1647]. Andere Stimmen orientieren sich demgegenüber am Wortlaut der jeweiligen Norm und deren Umfeld, indem sie z. B. darauf abstellen, ob nur bestimmte Unternehmen in die Subsidiaritätsklausel einbezogen werden bzw. ob andere Anhaltspunkte dafür bestehen, dass in spezifischer Weise die örtliche Konkurrenz geschützt werden soll, etwa weil ein sog. Markterkundungsverfahren durchgeführt werden muss[1648]. Die Rechtsprechung ist in dieser Frage ambivalent[1649].

785 **c) Tätigkeitsausübung.** Damit verschiebt sich das Problem weg vom „Ob" hin zum „Wie" der wirtschaftlichen Tätigkeit durch öffentliche Unternehmen, was die Frage nach der rechtlichen Zulässigkeit ihres Marktverhaltens aufwirft. Die maßgebliche Basis bilden insoweit erneut einerseits das marktmäßige Handeln des öffentlichen Unternehmens, weil es aufgrund des beherrschenden Einflusses der öffentlichen Hand ebenfalls öffentlich-rechtlichen Bindungen unterliegt, und andererseits des Hoheitsträges selbst, der ggf. in rechtswidriger Weise auf das öffentliche Unternehmen Einfluss nehmen kann[1650].

786 **aa) Unionsrechtliche Vorgaben.** Da das Weltwirtschaftsrecht auch insoweit keine valide Aussage trifft, wird zunächst das Unionsrecht relevant.

787 **(1) Art. 106 Abs. 1 AEUV als Grundnorm.** Aus Art. 106 Abs. 1 AEUV ergibt sich daran anknüpfend die Grundaussage, dass die Mitgliedstaaten in Bezug auf öffentliche Unternehmen keine den Verträgen widersprechenden Maßnahmen ergreifen dürfen. Diese Verpflichtung zur **Wettbewerbsneutralität** trifft nach einhelliger Auffassung

---

1642   VGH Mannheim, NVwZ-RR 2013, 328 ff.; *Schulz/Tischer*, GewArch 2014, 1 ff.
1643   *Berg*, WuV 2000, 141 ff.
1644   Vgl. Schmidt/Wollenschläger/*Knauff*, Kompendium, § 6 Rn. 80.
1645   Kritisch auch *Brüning*, DÖV 2010, 553 ff.; *Schliesky*, Öffentliches Wirtschaftsrecht, 4. Aufl., S. 196.
1646   Bejahend *Pegatzky*, NVwZ 2005, 1376; *Grooterhorst/Törnis*, DÖV 2005, 685 ff.; kritisch *Antweiler*, NVwZ 2003, 1465 f.; *Suerbaum*, Verw. 40 (2007), 29 ff.; *Pünder*, NJW 2010, 267; *Mann*, NVwZ 2010, 857 ff.
1647   *Sonder*, NVwZ 2013, 202, 203.
1648   *Jungkamp*, NVwZ 2010, 546, 547 f.
1649   Vgl. einerseits OVG Koblenz, GewArch. 2006, 288 f.; VGH Mannheim, NVwZ-RR 2013, 328 ff.; BGH, NJW 2003, 586 f.; OVG Münster, NVwZ 2008, 1031 ff. sowie andererseits OVG Magdeburg, NVwZ-RR 2009, 347; offengelassen von OVG Lüneburg, DÖV 2008, 1008 ff. und dazu kritisch *Roling*, NVwZ 2009, 226 ff.
1650   *Pfahl*, Staatliche Wirtschaftsteilnahme und Art. 30 GG, 2016, S. 101 ff.; BVerfGE 128,226 ff.

auch die öffentlichen Unternehmen selbst[1651], so dass Hoheitsträger und wirtschaftende Einheit dem geltenden Unionsrecht entsprechen und z. B. die Vorgaben der Grundfreiheiten, aber auch die Wettbewerbsregeln und das Beihilfenaufsichtsrecht oder etwa einschlägiges Sekundärrecht[1652] einhalten müssen.

Beispiele: Anstaltslast (als Verpflichtung des öffentlich-rechtlichen Trägers zur angemessenen Ausstattung der Anstalt und zum internen Verlustausgleich) sowie Gewährträgerhaftung (als unbeschränkte Haftungszusage für Verbindlichkeiten) sind unzulässige Privilegien, die den Wettbewerb zwischen privaten und öffentlich-rechtlichen Unternehmen verfälschen[1653].

Umgekehrt können sich öffentliche Unternehmen aber ggf. auch auf die **unionsrechtlichen Garantien** berufen – so namentlich auf die Dienstleistungs- oder Niederlassungsfreiheit wegen des insoweit umfassend formulierten Art. 54 Abs. 2 AEUV. Diese Befugnis ist von einiger Brisanz, weil sie ggf. das Potenzial besitzt, die rechtlichen Bindungen, die der Hoheitsträger und/oder das nationale Recht aufgerichtet hat, zu umgehen. Daher wird man etwaige daraus resultierende Beeinträchtigungen jedenfalls für gerechtfertigt halten müssen, wenn bzw. weil der Hoheitsträger sonst seine Aufgaben nicht erfüllen kann[1654].   **788**

(2) Art. 37 AEUV als Handlungsauftrag. Hinzu tritt Art. 37 AEUV, wonach staatliche Handelsmonopole in Richtung Diskriminierungsfreiheit umzugestalten sind. Denn auch diese Vorschrift drängt auf **Wettbewerbsneutralität**[1655]. Der dieser Norm zugrunde liegende Handlungsauftrag reicht indes nicht allzu weit und ist im nationalen Recht weitgehend umgesetzt, so dass auch in Bezug auf das Marktverhalten öffentlicher Unternehmen und der dahinterstehenden Hoheitsträger die Vorgaben der Warenverkehrsfreiheit relevanter sind.   **789**

(3) Art. 106 Abs. 2 S. 1 a. E. AEUV als Ausnahme. In besonderen Fällen erlaubt freilich Art. 106 Abs. 2 S. 1 a. E. AEUV eine Ausnahme von der Anwendbarkeit der Verträge, um die **Funktionsfähigkeit der Unternehmen**, die Dienstleistungen von allgemeinem wirtschaftlichem Interesse erbringen, zu sichern. Sie ist nicht auf staatlich beherrschte Institutionen beschränkt, sondern erfasst auch private Wirtschaftsakteure[1656] und gilt ebenfalls für Anbieter von Waren[1657], soweit deren Lieferung im allgemeinen wirtschaftlichen Interesse liegt. Der umfassende Ansatz zeigt, dass die Versorgung der Bevölkerung mit solchen Produkten im Mittelpunkt des Unionsinteresses steht und zu einem Primärziel erstarkt, das allerdings keiner unbedingten Bestandsgarantie gleichkommt[1658] und unter Beachtung des Sekundärziels der Erhaltung möglichst fairer Wettbewerbsbedingungen zu verwirklichen ist[1659].   **790**

Art. 106 Abs. 2 S. 1 a. E. AEUV bezieht sich ebenfalls nicht nur auf das Verhalten der Unternehmen, sondern auch der Mitgliedstaaten[1660]. Die Norm setzt voraus, dass der Leistungserbringer mit einem Dienst betraut worden ist. Dieser hoheitliche Schalthebel legt die Entscheidung über die Anwendung des Art. 106 Abs. 2 AEUV in die Hände des jeweiligen nationalen Hoheitsträgers. Er erfordert einen sichtbaren Übertragungs-   **791**

1651 Vgl. *Kühling*, in: Streinz (Hg.), EUV/AEUV, 2. Aufl. 2012, Art. 106 Rn. 34 f.
1652 Calliess/Ruffert/*Jung*, EUV/AEUV, Art. 106 Rn. 26 ff.
1653 *Kämmerer*, Privatisierung, 2001, S. 129 ff.; *Ruge*, ZG 2004, 12 ff.
1654 Ausf. dazu Schmidt/Wollenschläger/*Knauff*, Kompendium, § 6 Rn. 34.
1655 Vgl. dazu Calliess/Ruffert/*Kingreen*, EUV/AEUV, Art 37 AEUV Rn. 1 ff.
1656 *Kühling*, in: Streinz (Hg.), EUV/AEUV, 2. Aufl. 2012, Art. 106 Rn. 45.
1657 Vgl. EuGH, Rs. C-159/94, Slg. 1997, I-5815 Rn. 49 – EDF/GDF.
1658 S. dazu *Pielow*, Grundstrukturen öffentlicher Versorgung, 2001, S. 96 ff.; *Badura*, in: Schwarze (Hg.), Daseinsvorsorge im Lichte des Wettbewerbs, 2001, S. 25, 30.
1659 *Calliess/Korte*, Dienstleistungsrecht in der EU, 2011, § 3 Rn. 162.
1660 *Kühling*, in: Streinz (Hg.), EUV/AEUV, 2. Aufl. 2012, Art. 106 Rn. 44.

akt, der Art, Inhalt, Umfang (insbesondere in räumlicher Hinsicht) sowie Dauer der Dienstleistung von allgemeinem wirtschaftlichem Interesse festlegt und in der Regel in Form eines Verwaltungsakts ergeht. Jedenfalls bedarf es einer hoheitlichen Vorzeichnung, um zu gewährleisten, dass sich der jeweilige Mitgliedstaat über die mit der **Betrauung** verbundenen, ggf. auch finanziellen Konsequenzen noch einmal vergewissern kann, so dass gleichordnungsgerichtete Mechanismen jedenfalls mit Vorsicht zu genießen sind – auch damit sichergestellt ist, dass die betrauten Unternehmen keinen Einfluss auf eigene Privilegierungen haben[1661].

792 Zudem muss (neben den Vorgaben des Art. 106 Abs. 2 S. 2 AEUV) die Erfüllung der **Aufgabe**, die dem öffentlichen Unternehmen übertragen worden ist, **rechtlich oder tatsächlich verhindert** werden, wenn das Unionsrecht angewendet würde. Festzustellen ist folglich also die Unzumutbarkeit einer Vertragsbindung. Sie verlangt nach einer Abwägung der widerstreitenden Interessen in Form des Ziels der Daseinsvorsorge und der Gewährleistung eines unionsweiten Wettbewerbs, in die z. B. die Kosten und Nutzen einer Marktöffnung sowie andere mögliche Alternativlösungen einzubeziehen sind. Zu beachten ist aber auch die hohe Bedeutung, die das Unionsrecht der Daseinsvorsorge im Lichte des Art. 14 AEUV zuspricht, ohne dadurch jedoch den Ausnahmecharakter des Art. 106 Abs. 2 S. 1 a. E. AEUV zu überspielen. Infolgedessen ist diese Primärrechtsnorm zurückhaltend anzuwenden und fordert namentlich eine Beschränkung der Suspendierung auf die Vertragsvorschriften, die die Erbringung der Dienstleistung von allgemeinem wirtschaftlichem Interesse hindern[1662].

793 Das Primärziel des Erhalts der Funktionsfähigkeit von (öffentlichen) Unternehmen, die mit der Erbringung von Dienstleistungen von allgemeinem wirtschaftlichem Interesse betraut sind, spiegelt sich nicht nur in der ggf. möglichen Suspendierung von Vertragsvorschriften, sondern ggf. auch im **Sekundärrecht.** So finden sich in der Dienstleistungs-Richtlinie weitreichende Ausnahmen von ihrem Anwendungsbereich für den Bereich der Daseinsvorsorge *(s. o. Rn. 486).* Im Erwägungsgrund Nr. 8 heißt es hierzu, die Richtlinie solle „nur insoweit Anwendung finden, als die betreffenden Tätigkeiten dem Wettbewerb offen stehen, so dass sie die Mitgliedstaaten weder verpflichten, Dienstleistungen von allgemeinem wirtschaftlichen Interesse zu liberalisieren, noch öffentliche Einrichtungen, die solche Dienstleistungen anbieten, zu privatisieren noch bestehende Monopole für andere Tätigkeiten oder bestimmte Vertriebsdienste abzuschaffen"[1663].

794 **bb) Verfassungsrechtliche Vorgaben.** Neben den unionsrechtlichen muss das Marktverhalten der öffentlichen Unternehmen und ggf. der dahinterstehenden Hoheitsträger auch den grundgesetzlichen Rahmenbedingungen entsprechen.

795 **(1) Grundrechtsbindung.** Eine Flucht in das Privatrecht, mit der sich die öffentliche Hand ihren verfassungsrechtlichen Bindungen entledigen könnte, kommt daran anknüpfend namentlich wegen Art. 1 Abs. 3 GG in Bezug auf grundrechtliche Bindungen *(s. o. Rn. 573)* nicht in Betracht. Letztlich steht das Marktverhalten öffentlicher Unternehmen infolgedessen unter einem umfassenden Vorbehalt der Verhältnismäßigkeit gerade im Lichte der Grundrechtspositionen etwaiger Konkurrenten *(s. o. Rn. 625)* um zu verhindern, dass eine überbordende Staatsökonomie die privatwirtschaftliche Konkurrenz ihres Tätigkeitsfeldes beraubt und so aushöhlt[1664]. Untersagt ist daher insbesondere eine gezielte Verdrängung privater Anbieter vom Markt[1665].

1661 Calliess/Ruffert/*Jung*, EUV/AEUV, Art. 106 Rn. 40 ff.
1662 *Kühling*, in: Streinz (Hg.), EUV/AEUV, 2. Aufl. 2012, Art. 106 Rn. 69 ff.
1663 Ausf. zu den Ausnahmen *Calliess/Korte*, Dienstleistungsrecht in der EU, 2011, § 5 Rn. 8 ff.
1664 Ebenso *Schmidt*, § 11 II 1; *Berg*, GewArch. 1990, 225, 233.
1665 Schmidt/Wollenschläger/Knauff, Kompendium, § 6 Rn. 29.

Beispiel: Hoheitliche Monopole auf dem Glücksspielmarkt wurden und werden mit der besseren Kontrolle staatlicher Unternehmen begründet[1666], weil deren Überwachung das Anliegen, den Spieltrieb aus Gründen der Suchtprävention und des Vermögensschutzes zu kanalisieren und in geordnete Bahnen zu lenken, besser umsetzen können soll als eine Kontrolle von Privatunternehmen, die ein hohes Interesse an der Steigerung ihrer Gewinne haben. Nimmt man dieses Ziel ernst, gab das Marktverhalten der öffentlichen Glücksspielunternehmen zu einiger Kritik Anlass, weil der Umgang der Hoheitsträger mit deren Angeboten und deren teilweise intensive Werbung dafür oftmals den Eindruck erweckte, es gehe darum, möglichst hohe Einnahmen für den Staatshaushalt zu generieren[1667]. Angesichts dieses Widerspruchs schien es im Hinblick auf den Schutz der Berufsfreiheit[1668] etwaiger Konkurrenten so mancher Stimme in Literatur[1669] und Rechtsprechung[1670] angemessen, auch privates Glücksspiel zuzulassen und die Wirtschaftsüberwachung dem glücksspielrechtlichen Schutzzweck entsprechend streng auszugestalten[1671]. Die öffentlichen Glücksspielunternehmen haben darauf nicht zuletzt im Lichte rechtlichen Drucks reagiert, indem sie ihre Politik der Glücksspielexpansion und ihre Werbeaktivitäten eingeschränkt haben.

(2) Bindungen aus den Art. 30, 83 ff. GG. Weitere Anforderungen an die wirtschaftliche Tätigkeit öffentlicher Unternehmen folgen aus den Art. 30, 83 ff. GG. Sie beziehen sich auf die Frage, ob Bund oder Länder tätig werden dürfen und ergeben sich teilweise aus dem Wortlaut dieser Vorschriften, müssen aber teilweise auch aus deren Interpretation gewonnen werden. Im Grundsatz gilt, dass Art. 30 GG die gesetzesfreie Verwaltung durch wirtschaftliche Aktivität adressiert, während die Art. 83 ff. GG die gesetzesakzessorische, d. h. also die in Bezug auf die zu erfüllende Aufgabe rechtlich determinierte Verwaltung durch ökonomische Tätigkeit meinen. Unabhängig von dieser Zuordnung gilt in beiden Fällen der **Grundsatz der Länderzuständigkeit.** Der Bund darf deshalb hier wie dort nur auf Basis der Art. 87 ff. GG marktmäßig aktiv werden[1672]. **796**

Beispiele: Art. 88 GG erlaubt dem Bund die Errichtung der Bundesbank. Art. 87e Abs. 3 GG erlaubt dem Bund Eisenbahnen als Wirtschaftsunternehmen zu führen. Art. 87 Abs. 3 S. 1 GG bietet dem Bund gewisse Ausweitungsmöglichkeiten, weil ihm die Norm ggf. erlaubt, durch einfaches Recht einen (auch wirtschaftlich aktiven) Verwaltungsunterbau zu schaffen.

(3) Räumliche Grenzen. Die wirtschaftliche Tätigkeit öffentlicher Unternehmen kann zudem auf räumliche Grenzen stoßen, wenn sie außerhalb des Kommunal- oder Staatsgebiets tätig werden und dort Wertschöpfungen erzielen wollen. Derartige Aktivitäten kann die Verantwortung des Hoheitsträgers für seine Bevölkerung an sich nicht legitimieren, auch um **Kompetenzkonflikte mit anderen Hoheitsträgern** zu vermeiden[1673]. Daher wird eine extraterritoriale Wirtschaftstätigkeit bisweilen für generell unzulässig erachtet[1674]. Andere gestatten sie demgegenüber nur bei ausdrücklicher gesetzlicher Bestimmung und einem Einverständnis des betroffenen Hoheitsträgers[1675]. Zudem wird darauf abgestellt, ob diese Aktivität einem öffentlichen Interesse des grenzüberschreitend tätigen Hoheitsträgers entspricht[1676]. **797**

Beispiele: Tochterunternehmen deutscher Messeunternehmen in Singapur und China; Beteiligung deutscher Stadtwerke an polnischen Fernwärmeunternehmen und dänischen Windparks[1677].

1666 BVerwG, GewArch. 2001, 334.
1667 S. näher *Korte*, Das staatliche Glücksspielwesen, 2004; BVerwG, GewArch. 2011, 316 ff.
1668 S. dazu BVerfGE 102, 197 ff. und näher *Thiel*, GewArch. 2001, 96 ff.; EuGH, GewArch. 2010, 442 ff. u. 444 ff.
1669 Vgl dazu *Korte*, Das staatliche Glücksspielwesen, 2004.
1670 BVerfGE 115, 276, 311 ff
1671 S. dazu auch *C. Koenig*, DÖV 2007, 313 ff.; *I. Krause*, GewArch. 2010, 428 ff.
1672 *Pfahl*, Staatliche Wirtschaftsteilnahme und Art. 30 GG, 2016, S. 166 ff.
1673 S. näher *J. Wolff*, DÖV 2011, 721 ff.
1674 Vgl. *Eisenblätter*, Die extraterritoriale Kommunalwirtschaft, 2007, S. 164 ff.
1675 So *Brosius-Gersdorf*, AöR 130 (2005), 393, 405 ff.
1676 In diese Richtung *Heintzen*, NVwZ 2000, 743, 745; *Oebbecke*, ZHR 164 (2000), 375, 386 ff.; ähnl. *Dreier*, in: ders. (Hg.), GG-Kommentar, Art. 28, Rn. 128; *F. Becker*, DÖV 2000, 1032 ff.
1677 *J. Wolff*, DÖV 2011, 721 f.

798 Unter Berücksichtigung dieser verfassungsrechtlichen Rahmenbedingungen ist es jedenfalls grenzwertig, wenn das **Landesrecht** den Kommunen etwa in Art. 87 Abs. 2 BayGO oder in § 107 Abs. 3 und 4 NWGO ein überörtliches und ausländisches wirtschaftliches Engagement erlaubt, sofern die berechtigten Interessen der davon betroffenen kommunalen Gebietskörperschaften jenseits vorhandener interkommunaler Vereinbarungen gewahrt bleiben[1678]. Denn diese Entfaltungsvariante ist zumindest innerhalb des Bundesgebiets verfassungsrechtlich problematisch, insbesondere weil sie vom Einvernehmen der betroffenen Kommune abstrahiert, indem sie mit deren berechtigtem Interesse einen übergreifenden, objektiven Bezugspunkt wählt, der ggf. nicht dem subjektiven Willen der betroffenen Kommune entspricht[1679].

799 cc) **Einfachgesetzliche Vorgaben.** Die einfachgesetzliche Ebene stellt schließlich ebenfalls Anforderungen an die wirtschaftliche Tätigkeit öffentlicher Unternehmen. Sie ergeben sich aus der Gesetzesbindung hoheitlichen Handelns aufgrund von Art. 20 Abs. 3 GG *(s. o. Rn. 154)* und lassen sich in Richtung eines Gebots gemeinwohlorientierten Handelns im Einklang mit dem Gesetz verdichten[1680]. Hinzu kommen neben lauterkeitsrechtlichen Bindungen *(s. o. Rn. 778)* organisationsrechtliche Vorgaben etwa für die Nutzung der Gestaltungsmöglichkeiten des Privatrechts, die ggf. auf haushaltsrechtliche Grenzen stoßen, oder verwaltungsökonomische Erwägungen, die bestimmten Rechtsformen entgegenstehen können.

Beispiele: Öffentliche Unternehmen dürfen nicht als OHG geführt werden, da das Haushaltsrecht des dahinterstehenden Hoheitsträgers dessen unbegrenzter Haftung entgegensteht. Die Organisation eines öffentlichen Unternehmens als GmbH kann gegenüber der Organisation als AG vorzugswürdig sein, wenn sich der dahinterstehende Hoheitsträger einen größeren Einfluss auf die Verwirklichung des (öffentlichen) Unternehmenszwecks sichern will. Öffentliche Unternehmen können sich in der Regel aufgrund ihrer Bindung an Art. 20 Abs. 3 GG nicht auf den Vertrauensschutz gewährenden § 48 Abs. 2 VwVfG berufen, ggf. aber den Gedanken der Rechtssicherheit für sich in Anspruch nehmen[1681].

800 dd) **Umgang mit Randnutzungen.** Abgrenzungsschwierigkeiten entstehen schließlich, wenn ein öffentliches Unternehmen jenseits eines an sich seine Tätigkeit legitimierenden öffentlichen Zwecks aus Gründen der Gewinnmitnahme durch Randnutzung[1682] tätig wird. Die Zulässigkeit eines solchen Vorgehens wird gelegentlich schon dem Grunde nach verneint[1683]. Dieser Ansatz vernachlässigt aber das **Gebot einer wirtschaftlichen bzw. sparsamen Staatshaushaltsführung** *(s. o. Rn. 248)* und nimmt den Hoheitsträgern per se die Möglichkeit der Nutzung brachliegenden Wirtschaftspotenzials. Daher scheint es zielführender darauf abzustellen, in welchem Maße sich die Randnutzung vom eigentlich der wirtschaftlichen Tätigkeit zugrunde liegenden Auftrag entfernt.

Beispiele: Werbung in öffentlichen Verkehrsmitteln, Werbenutzungsvertrag zwischen einem Plakatanschlagunternehmen und einer Gemeinde zur werbemäßigen Straßennutzung[1684]. Öffnung des ursprünglich für Rechtsinformationen von Bundesbehörden und -gerichten geschaffenen Portals juris in Richtung privater Kunden[1685].

1678 OVG Koblenz, GewArch. 2006, 288.
1679 S. näher *Knauff*, VR 2005, 145 ff.; *Scheps*, Das Örtlichkeitsprinzip im kommunalen Wirtschaftsrecht 2006.
1680 S. näher *Ehlers*, DVBl. 1998, 497 ff.; *Badura*, DÖV 1998, 818 ff.
1681 Ausf. dazu und zu den daraus folgenden Problemen *Wolff/Bachof/Stober/Kluth*, VerwR I, § 51 Rn. 23 ff.
1682 S. auch BVerwGE 82, 29 ff.; *Storr*, Der Staat als Unternehmer, 2001, S. 214 ff.; *Pieroth/Hartmann*, DVBl. 2002, 421, 428; *Schink*, NVwZ 2002, 129, 134 f.; *W. Meyer*, WiVerw. 2003, 57, 83 ff.
1683 *Pfahl*, Staatliche Wirtschaftsteilnahme und Art. 30 GG, 2016, S. S. 242 ff.
1684 VGH Mannheim, NVwZ 1993, 903.
1685 *Pfahl*, Staatliche Wirtschaftsteilnahme und Art. 30 GG, 2016, S. 245 ff.

Als taugliche Abgrenzungskriterien zwischen zulässiger Randnutzung und unzulässi- **801** ger, weil dem eigentlich zu verfolgenden Zweck widersprechender Wirtschaftstätigkeit kommen daran anknüpfend im Sinne eines **Straußes von Indizien** die Gesichtspunkte des Gepräges der Tätigkeit und der Wirtschaftlichkeit in Betracht. Bei der Bewertung des Gepräges sind die Unterordnung der Gewinnerzielung gegenüber der zu erledigenden Aufgabe und in Fortschreibung dessen die Erheblichkeit der Nutzung sowie deren Dauer entscheidend[1686]. Zudem ist einzubeziehen, wie groß der Aufwand ist, um das sonst brachliegende Wirtschaftspotenzial auszuschöpfen[1687]. Relevant ist ferner, ob ohne die Randnutzung ein kostendeckender Betrieb mögliche wäre und ob ohne sie die Nutzungsentgelte zulasten des Bürgers in unzumutbarer Weise anzuheben wären[1688].

Beispiel: Vermietung an ein Fitness-Studio, um ein Parkhaus auszulasten[1689].

Erreicht die Nebentätigkeit ein erhebliches Gewicht oder eine **rechtliche oder faktische** **802** **Eigenständigkeit,** dann rundet sie nicht mehr nur den Hauptbetrieb ab, sondern tritt als neue, unabhängige Aktivität daneben, so dass die Grenzen zulässiger Annextätigkeit überschritten sind. Das gilt vor allem bei von Vornherein erkannten Überkapazitäten, beim beabsichtigten Aufbau neuer Geschäftsfelder oder einer neuen Marktausrichtung mit dem Ziel, außerhalb des öffentlichen Unternehmenszwecks Gewinne zu erwirtschaften[1690]. Hier werden nämlich nicht mehr nur unausgelastete Kapazitäten genutzt, sondern neue wirtschaftliche Betätigungsfelder begründet, deren Erschließungs- bzw. Einrichtungsaufwand hoch und mit Risiken für den jeweiligen hoheitlichen Haushalt verbunden ist.

Beispiele: Partyservice durch städtische Kantinen[1691], Gebäudemanagement-Dienste durch kommunale Energieversorger[1692].

3. Hoheitliche Beteiligungsverwaltung

Ein Hoheitsträger kann nicht nur mit Hilfe öffentlicher Unternehmen marktmäßig **803** aktiv werden, sondern auch über die Beteiligung an privaten Wirtschaftsakteuren, ohne einen maßgeblichen Einfluss auf deren Handeln zu erlangen. Insoweit kann die öffentliche Hand **Minderheitsanteile** erwerben, halten oder veräußern. Da das Unternehmen dann von privaten Kräften geführt wird, ist in solchen Fällen die öffentliche Hand (jenseits der Anteilsveräußerung) nicht unmittelbar als Anbieter von Leistungen am Markt aktiv, sondern nur mittelbar über das Unternehmen, an dem sie beteiligt ist[1693]. Gleichwohl ist der Umfang solcher Beteiligungen erheblich, wie z. B. ein Blick in den Bundesbeteiligungsbericht zeigt[1694].

Beispiel: Kapitalbeteiligung an privaten Unternehmen (Kaufhäuser, Reiseveranstalter[1695], Deutsche Telekom).

Betrachtet man daran anknüpfend das „Ob" der hoheitlichen Beteiligungsverwaltung, **804** so wird man auf welthandels- und unionsrechtlicher Ebene in Entsprechung zu den obigen Ausführungen erneut keine Vorschriften identifizieren können, die solchen Aktivitäten entgegenstehen. Hält man auf verfassungsrechtlicher Ebene hingegen ein Ge-

---

1686 S. auch *Ehlers*, JZ 1990, 1089, 1091; *Schink*, NVwZ 2002, 129, 134; *Ruffert*, VerwArch. 92 (2001), 41 f.
1687 BVerwGE 82, 29 ff.; *Ehlers*, JZ 1990, 1089, 1091; *Scharpf*, DÖV 2006, 23 ff.
1688 Schmidt/Wollenschläger/*Knauff*, Kompendium, § 6 Rn. 78.
1689 OVG Münster, NVwZ 2003, 1520 und dazu *Antweiler*, NVwZ 2003, 1467 ff.
1690 *Ehlers*, DVBl. 1998, 497 ff.; *Enkler*, ZG 1998, 328, 333; *Köhler*, BayVBl. 2000, 1 ff.
1691 *Hennecke*, NdsVwBl. 1999, 1, 4 f.; *Hill*, BB 1997, 425, 430.
1692 OLG Düsseldorf, DÖV 2001, 912 ff.; vgl. auch *Schmidt-Aßmann*, in: FS für Ulmer, 2003, S. 1015, 1019.
1693 *Korte*, Verw. 51 (2018), Heft 2.
1694 *Pfahl*, Staatliche Wirtschaftsteilnahme und Art. 30 GG, 2016, S. 32 ff.
1695 *Löwer*, VVDStRL 60 [2001], 416 f.

setz für erforderlich, das den öffentlichen Zweck der Beteiligungsverwaltung spiegelt, dann können sich daraus ggf. erste Grenzen für solche wirtschaftlichen Aktivitäten ergeben. Sie resultieren aber ggf. auch aus dem einfachen Recht, wenn es hoheitliche Beteiligungen limitiert. Insoweit können ggf. haushaltsrechtliche Bindungen relevant werden.

Beispiele: Art. 87 Abs. 3 S. 1 GG erlaubt keine hoheitliche Beteiligungsverwaltung, weil sich diese Norm nur auf die Gründung öffentlicher Verwaltungträger bezieht[1696].

805   Was das „Wie" der Beteiligungsverwaltung angeht, wird man zunächst konstatieren müssen, dass auch dadurch die unionsrechtlichen Bindungen nicht etwa abgestreift werden können. Zudem wird sich der in Art. 106 Abs. 2 S. 1 a. E. AEUV enthaltene Ausnahmevorbehalt kaum aktivieren lassen können, weil mangels beherrschenden Einflusses des jeweiligen Hoheitsträgers auf das Unternehmen kaum einmal die Gefahr besteht, dass durch eine Bindung an das Unionsrecht die Funktionsunfähigkeit des Leistungserbringers droht. Auch auf nationaler Ebene gelten schließlich die obigen Anforderungen entsprechend, um auch insoweit einer Flucht vor den aus Art. 1 Abs. 3, 20 Abs. 3 GG resultierenden Bindungen vorzubeugen.

Beispiele: Den Bund treffen aufgrund von § 69a BHO Unterrichtungspflichten gegenüber dem Bundestag im Hinblick auf seine Beteiligungen an privaten Unternehmen sowie die Beteiligungsverwaltung.

II. Die öffentliche Hand als Verbraucher

806   Die öffentliche Hand wird nicht nur als Unternehmer, sondern auch **auf Nachfragerseite** wirtschaftlich aktiv. In diesem Falle vergibt sie öffentliche Aufträge zur Herstellung von Gütern und Dienstleistungen oder wird im Rahmen der Beschaffung von Gegenständen tätig, die sie zur Aufgabenerfüllung benötigt. In beiden Fällen verhält sich die öffentliche Hand wie ein Kunde[1697] oder Verbraucher und ist dazu auch verfassungsrechtlich grundsätzlich legitimiert, weil beide Nachfrageformen letztlich dazu dienen, öffentliche Aufgaben zu erfüllen.

Beispiele: Bau von Verwaltungsgebäuden, Kauf von Büromaterial.

1. Dimensionen und Bedeutung öffentlicher Aufträge

807   Wegen des Umfangs und der Bedeutung von Auftragsvergabe und Beschaffungswesen passt deren Bezeichnung als fiskalische Hilfsgeschäfte längst nicht mehr[1698]. Denn der Staat **beeinflusst die Wirtschaft** mittlerweile nicht nur über die Regulierung einzelner Wirtschaftszweige, sondern auch als Auftraggeber. Bund, Länder, Kommunen und andere Verwaltungsträger gehören zu den Hauptauftraggebern der Privatwirtschaft, um ihre vielfältigen Aufgaben zu erfüllen, Einrichtungen zu schaffen und zu unterhalten sowie ihren Verwaltungsbedarf zu decken.

808   Zwar haben Entmonopolisierung und Privatisierung in der jüngeren Vergangenheit das öffentliche Auftragsvolumen erheblich reduziert. Gleichwohl ist dieser Sektor nicht zu unterschätzen und betrifft ein gewaltiges **Finanzvolumen**[1699], weil auch in klassischen Verwaltungsbereichen Fremdvergaben wachsen. Öffentliche Aufträge sind abgaben- und haushaltsrechtlich relevant. Sie besitzen eine ökonomische, insbesondere

---

1696   *Pfahl*, Staatliche Wirtschaftsteilnahme und Art. 30 GG, 2016, S. 199 ff., 213 f.
1697   *Pache*, DVBl. 2001, 1781 ff.
1698   *Pfahl*, Staatliche Wirtschaftsteilnahme und Art. 30 GG, 2016, S. 72.
1699   *Puhl*, VVDStRL 60 [2001], 458; *P. M. Huber*, WuV 2007, 167.

wettbewerbliche, ökologische, infrastrukturelle, sozialstaatliche und eine konjunkturpolitische Steuerungs- und Förderungsdimension[1700].

2. Rechtsgrundlagen auf internationaler Ebene

Im Lichte dieser hohen Bedeutung des öffentlichen Auftrags- bzw. Beschaffungswesens **809**
verwundert es nicht, dass die für diesen Bereich maßgeblichen Rechtsgrundlagen zu
einem Gutteil auf internationaler Ebene zu finden sind.

a) Anknüpfungspunkte im Weltwirtschaftsrecht. Sie finden sich zunächst auf weltwirt- **810**
schaftsrechtlicher Ebene und tragen dort dem Umstand Rechnung, dass das öffentliche
Auftragswesen eine globale Bedeutung hat, weil auch Unternehmen außerhalb der EU
öffentliche Aufträge erlangen wollen.

aa) Rahmen. Deshalb stellt sich insoweit die Frage nach der Rechtsstellung ausländi- **811**
scher und globaler Anbieter. Dabei ist einerseits zu berücksichtigen, dass exportorien-
tierte Länder wie Deutschland und Wirtschaftszusammenschlüsse wie die EU für eine
Marktöffnung plädieren, um ihre Produkte und Dienstleistungen auf ausländischen
Vergabemärkten abzusetzen. Andererseits profitiert die öffentliche Hand, weil ein internationaler Vergabewettbewerb eine wirtschaftliche Auftragsvergabe gestattet[1701].
Heute gehört die weltweite öffentliche Auftragsvergabe zu den Hauptforderungen einer global angelegten Liberalisierung und Realisierung der Waren- und Dienstleistungsfreiheit. Sie ist auf Transparenz, objektive Teilnahme- und Auswahlkriterien sowie auf Diskriminierungsfreiheit angelegt[1702]. Zur Verfolgung dieser Ziele wurde
zunächst im Jahre 1979 ein Kodex über das öffentliche Beschaffungswesen beschlos-
sen, der im Rahmen der WTO-Vereinbarungen durch das Abkommen über das öffentliche Beschaffungswesen (**Government Procurement Agreement – GPA**) ersetzt wurde[1703].

Dabei handelt es sich um ein sog. **plurilaterales Abkommen** i. S. d. Art. II Abs. 2 und **812**
3 des WTO-Übereinkommens, weil es nach Anhang 4 nur für jene verbindlich ist, die
dieses Abkommen ausdrücklich angenommen haben *(s. o. Rn. 377)*. Dazu gehört auch
die EU[1704]. Die Inkorporierung des GPA-Abkommens in das Unionsrecht auf Basis des
Art. 216 Abs. 2 AEUV bewirkt, dass das WTO-Vergaberecht dem EU-Richtlinienrecht
vorgeht[1705], weshalb auch die EU-Vergabevorschriften nach Art. XXIV Nr. 5 GPA
WTO-konform zu interpretieren sind *(s. o. Rn. 48)*[1706]. Das Abkommen ist sachlich
zunächst nur für den Handelsbereich anwendbar, weil der Dienstleistungssektor nach
Art. XIII GATS ausgeklammert wurde. Für Drittländer, die dieses Übereinkommen
unterzeichnet haben, gelten die darin enthaltenen Regeln grundsätzlich ebenfalls[1707].

bb) Inhalt. Das GPA-Abkommen zielt darauf ab, die Abwicklung des Welthandels zu **813**
verbessern, die Transparenz der Vorschriften und der Auftragsvergabe zu vergrößern,
die Überwachung zu intensivieren und die Durchsetzung zu gewährleisten. Allerdings
ist es nur bei Erreichung bestimmter **Schwellenwerte** einschlägig. Es beruht auf den
Grundsätzen der Inländerbehandlung und Nichtdiskriminierung *(s. o. Rn. 738)* sowie
der Akzeptanz allgemein gebräuchlicher Ursprungsregeln (Art. III und IV GPA[1708]).

1700 *Bungenberg*, Vergaberecht im Wettbewerb der Systeme, 2007.
1701 *Prieß*, in: Prieß/Berrisch (Hg.), WTO-Handbuch, 2003, S. 624.
1702 S. näher *Waller*, Das internationale Recht des geregelten Vergabewesens, 1998, S. 87 ff.
1703 Abgedruckt in ABl. EG Nr. L 336 1994, S. 273.
1704 Beschluss v. 22.12.1994, ABl. EG Nr. L 336 v. 23.12.1994, S. 1.
1705 RL 2004/18/EG v. 31.3.2004, ABl. EG Nr. L 134 v. 30.4.2004, S. 15 (Erwägungsgründe und Art. 5).
1706 *Gramlich*, RIW 1995, 792, 802; *Dörr*, EuZW 1997, 37, 40.
1707 RL v. 13.10.1997, ABl. EG Nr. L 328 v. 28.11.1997, S. 1 – vierter Erwägungsgrund.
1708 *Weiß/Herrmann*, Welthandelsrecht, 2003, § 21; *Prieß/Berrisch*, WTO-Handbuch, 2003, S. 621 ff.

Besondere Aufmerksamkeit wird der Ausgestaltung des Vergabeverfahrens geschenkt, wobei zwischen offenen, nicht offenen und eingeschränkten Verfahren differenziert wird (Art. VII GPA)[1709].

814   Das Regelwerk ist nach Art. I Abs. 2 GPA anwendbar auf Beschaffungsaufträge jeder vertraglichen Form (procurement by any contractual means), einschließlich Beschaffungsaufträgen im Wege des Kaufs oder des Leasing, der Miete oder des Mietkaufs mit oder ohne Kaufoption und es gilt ferner für die Kombination von Waren und Dienstleistungen. Das GPA ist sowohl für zentralstaatliche Stellen als auch für regionale und kommunale Auftraggeber verbindlich. Nach Art. XX GPA kann die Verletzung subjektiver Rechte **gerichtlich durchgesetzt** werden, wobei der nationale Rechtsschutz der Zuständigkeit der im Rahmen des WTO-Streitbeilegungsabkommens zu befassenden Institutionen *(s. o. Rn. 528)* vorgeht[1710].

815   **b) Anknüpfungspunkte im Unionsrecht.** Wegen der Einbindung Deutschlands in die EU kommt auch ein unionsrechtlicher Aspekt zum Tragen. Er manifestiert sich zunächst in einer einheitlichen vergaberechtlichen Sprachregelung durch die Publikation eines gemeinsamen Vokabulars für öffentliche Aufträge (Common Procurement Vocabulary – CPV)[1711]. Zudem erleichtert die Standardisierung der Veröffentlichung von Vergabebekanntmachungen durch die Einführung von Formularen die Identifizierung von Aufträgen[1712].

816   **aa) Rahmen.** Dieser hohe Grad an Formalisierung deutet auf die hohe Bedeutung hin, die der Liberalisierung des öffentlichen Auftragswesens beigemessen wird. Sie gilt als ein maßgeblicher Prüfstein bei der Realisierung des Binnenmarktes, soll die Beschaffungsmärkte der öffentlichen Hand europaweit öffnen und damit neben dem privaten Wirtschaftsmarkt unter dem Stichwort „go public" einen zweiten, den sog. öffentlichen Markt (government procurement, marché public) im Sinne eines **Vergabebinnenmarktes** kreieren. Dieses Ziel hat zu einem Umbruch des überkommenen nationalen Vergaberechts und zu einer Verrechtlichung dieser Materie geführt[1713]. Die Kommission betont die Notwendigkeit einer optimalen Funktionsweise der öffentlichen Beschaffungsmärkte auch vor dem Hintergrund, dass die Preise für öffentliche Auftraggeber infolge der Marktöffnung bisher gefallen sind und dieser Markt erheblich zum Bruttoinlandsprodukt der EU beiträgt[1714].

817   **bb) Inhalt.** Unbeschadet der aufgezeigten Bedeutung des öffentlichen Auftragswesens für den Binnenmarkt enthält der EU-Vertrag weder ein besonderes Kapitel noch spezielle Vorschriften dazu. Lediglich in Art. 179 Abs. 2 AEUV ist unter dem Stichwort Forschung versteckt von der Notwendigkeit einer Öffnung des einzelstaatlichen öffentlichen Auftragswesens die Rede.

818   **(1) Reform von 2004.** Auf der Ebene des sekundären Unionsrechts beruht das öffentliche Auftragswesen auf folgenden, im Jahre 2004 novellierten **EU-Richtlinien**[1715], nämlich erstens der RL 2004/18/EG v. 31.3.2004 über die Koordinierung der Verfahren zur Vergabe öffentlicher Bauaufträge, Lieferaufträge und Dienstleistungsaufträge[1716] und zweitens der RL 2004/17/EG v. 31.3.2004 zur Koordinierung der Zu-

---

1709   S. näher *Kunnert*, WTO-Vergaberecht, 1998.
1710   S. auch *Prieß/Berrisch*, WTO-Handbuch, 2003, S. 632 ff., 650 ff.
1711   VO (EG) Nr. 2195/2002 i. V. m. VO (EG) Nr. 213/2008 v. 28.11.2007, ABl. Nr. L 74, S. 1 ff.
1712   VO Nr. 1564/2005 v. 7.9.2005, BAnz Nr. 228a v. 2.12.2005.
1713   *Rittner*, NVwZ 1995, 314 und *Pernice*, DVBl. 1996, 1105 ff.
1714   EG-Kommission, EuZW 2004, 132.
1715   S. näher *Pitschas/Ziekow*, Vergaberecht im Wandel, 2006.
1716   ABl. EG Nr. L 134 v. 30.4.2004, S. 114 ff.

schlagserteilung durch Auftraggeber im Bereich der Wasser-, Energie- und Verkehrsversorgung sowie der Postdienste[1717]. Hinzu trat im Jahre 2009 die RL 2009/81/EG v. 13.7.2009 über die Vergabe von Aufträgen in den Bereichen Verteidigung und Sicherheit, die die beiden Basisrichtlinien in ihrem Anwendungsbereich modifizieren sollte.

Die Reform des Vergaberechts im Jahre 2004 **bezweckte,** das bestehende Rechtsregime   **819** in zwei gemeinsame Richtlinien zusammenzuführen und die bestehenden sekundärrechtlichen Regelungen zu straffen. Diese Konsolidierung sollte den Anforderungen des gewandelten Auftragsmarktes und den Möglichkeiten der neuen Informationstechniken durch elektronische Beschaffung (z.B. durch Auktionen) gerecht werden und den Abschluss von Rahmenvereinbarungen sowie die Schaffung dynamischer Beschaffungssysteme ermöglichen. Gleichzeitig wurde der wettbewerbliche Dialog als neues Vergabeverfahren (s. Art. 29 RL 2004/18/EG) eingeführt[1718]. Ferner wurden die Schwellenwerte angehoben[1719].

(2) **Reform von 2014.** Inzwischen ist eine weitere Reform erfolgt, bei der die EU dem   **820** öffentlichen Auftragswesen als marktbasierendes Instrument eine wichtige Zukunftsrolle in den Staaten Europas einräumt. Sie hat dazu im Jahre 2014 mehrere **Richtlinien** erlassen, welche die bisher geltenden Vorschriften seit dem 18. April 2016 ablösen, nämlich erstens die RL 2014/24/EU v. 26.2.2014 über die öffentliche Auftragsvergabe und die Aufhebung der Richtlinie 2004/18/EG und zweitens die RL 2014/25/EU v. 26.2.2004 über die Vergabe von Aufträgen durch Auftraggeber im Bereich der Wasser-, Energie- und Verkehrsversorgung sowie der Postdienste und zur Aufhebung der RL 2004/17/EG (sog. Sektorenrichtlinie). Hinzu kam drittens die sog. Konzessionsrichtlinie (2014/13/EU), die sich konzeptionell an den bisherigen Vergaberichtlinien orientiert. Sie dient der Rechtssicherheit der von diesen Sekundärrechtsakten bisher nicht erfassten Vergabe von Dienstleistungen, der eine politisch erhebliche Bedeutung beigemessen wird[1720].

Beispiele: Betrieb von Stadthallen, Parkraumbewirtschaftung, Stadtmöblierung, Personenverkehrsleistungen.

Ausweislich des zweiten Erwägungsgrundes der RL 2014/24/EU spielt die öffentliche   **821** Auftragsvergabe eine Schlüsselrolle als eines der marktwirtschaftlichen Instrumente, die zur Erzielung eines intelligenten, nachhaltigen und integrativen Wachstums bei gleichzeitiger Gewährleistung eines möglichst effizienten Einsatzes öffentlicher Gelder genutzt werden sollen. Infolgedessen **bezweckt** die Reform von 2014 insbesondere, mit Hilfe der öffentlichen Auftragsvergabe ein nachhaltiges Wachstum der Marktwirtschaft zu ermöglichen und gleichzeitig einen effizienten Einsatz öffentlicher Gelder zu gewährleisten[1721]. Die Modernisierung soll ferner die Teilnahme kleiner und mittlerer Unternehmen erleichtern und es den Vergabestellen ermöglichen, die öffentliche Auftragsvergabe zur Unterstützung gemeinsamer gesellschaftlicher Ziele zu nutzen. Abgesehen davon bringt das neue Richtlinienpaket aber auch Neuerungen im Bereich der Zusammenarbeit innerhalb eines Hoheitsträgers und zwischen mehreren Hoheitsträgern mit sich. Hinzu treten Verbesserungen der Möglichkeiten der sog. strategischen Beschaffung etwa anhand sozialer, ökologischer oder innovativer Kriterien[1722].

1717   ABl. EG Nr. L 134 v. 30.4.2004, S. 1 ff.
1718   S. näher *Knauff,* EuZW 2004, 141 ff.
1719   VO 1874/2000 der Kommission v. 28.10.2004, ABl. EG Nr. L 326, S. 17 f.
1720   *Knauff,* Vergaberecht 2013, 157 ff; *Opitz,* NVwZ 2014, 753 ff.
1721   *Jung,* SächsVBl. 2017, S. 65, 65.
1722   *Krönke,* NVwZ 2016, 568, 569 f.

3. Nationales Vergaberechtsregime

822 Das nationale Vergaberechtsregime muss dem Verfassungsrecht und wegen Art. 1 Abs. 3 GG insbesondere den Grundrechten sowie den primärrechtlichen Vorgaben namentlich in Form der Grundfreiheiten entsprechen, die im Falle ihrer Einschlägigkeit und damit insbesondere bei Vorliegen eines grenzüberschreitenden Bezugs namentlich auf Gleichbehandlung und Transparenz drängen[1723]. Zudem und insbesondere hat sich das bundesdeutsche Vergaberecht an den Rechtsgrundlagen auf weltwirtschafts- und unionsrechtlicher Ebene auszurichten. Von besonderer Bedeutung sind die Vergaberichtlinien, weil sie zu einer Zweiteilung der relevanten Rechtsgrundlagen mit divergierenden Zielrichtungen[1724] führen, indem sie erst greifen, wenn bestimmte Auftragssummen (sog. **Schwellenwerte**) erreicht sind. Sie werden regelmäßig aktualisiert, liegen für Bauaufträge und Konzessionsvergaben bei etwa 5 Millionen Euro sowie bei etwa 200.000 Euro im Falle von Lieferungen sowie Leistungen und sind bezogen auf den konkreten Auftrag durch Schätzung zu ermitteln, wobei eine missbräuchliche Aufteilung des Auftrags, um einem bestimmten Rechtsregime zu entgehen, untersagt ist.

823 **a) Oberhalb der Schwellenwerte.** Oberhalb der Schwellenwerte folgt das Vergaberecht im Lichte des Unionsrechts einer wettbewerblichen Lösung[1725].

824 **aa) Anwendbare Rechtsvorschriften.** Relevant werden zunächst vorbehaltlich etwaiger Spezialgesetze (vgl. z. B. §§ 52 ff. TKG, § 13 Abs. 5 PBefG, § 19c und § 32 Abs. 1 Satz 1 Nr. 3a LuftVG[1726]) die horizontal für sämtliche öffentliche Aufträge geltenden §§ 97 ff. GWB, die in § 97 Abs. 6 GWB ein subjektives Recht auf Einhaltung des Vergaberechts bieten[1727]. Hinzu treten verschiedene auf Basis des § 113 GWB erlassene Verordnungen. Deren Anwendungsbereich hängt vom Bezugspunkt der Vergabe ab. Während die Vergabeverordnung (VgV) Lieferungen und Leistungen sowie in Teilen Bauaufträge erfasst und daher allgemein ansetzt, ergeben sich aus der Sektorenverordnung (SektV) Sonderregeln für die Bereiche Verkehr, Trinkwasser und Energie. Für verteidigungsbezogene Geschäfte kommen weitere spezifische Vorschriften hinzu, die aus der Vergabeverordnung Verteidigung und Sicherheit (VSVgV) resultieren, sich allerdings nur teilweise auf Bauaufträge beziehen. Insoweit, aber auch für andere Bauleistungen gelten neben Teilen der VgV die vergabebezogenen Regeln (Teil A) der Vergabe- und Vertragsordnung für Bauleistungen (VOB). Hinzu tritt schließlich die Konzessionsvergabeverordnung (KonzVgV), die sich entsprechend ihrer Bezeichnung auf die Vergabe von Konzessionen bezieht. Zusammengefasst entsteht eine **Regelungskaskade**[1728] von den übergreifend geltenden, aber allgemein gehaltenen §§ 97 ff. GWB, über die daran anknüpfende und daher schon speziellere Vergabeverordnung sowie die in ihren Anwendungsbereichen grundsätzlich abschließenden Verteidigungs-, Sektoren- und Konzessionsvergabeverordnungen auf die (anders als vor 2016 nun allein noch relevante[1729]) VOB/A für Bauaufträge[1730]. Hinzu treten in Lücken ggf. etwaige landesrechtliche Anforderungen an Vergabeverfahren, während die VOL und VOF in die VgV integriert wurden.

1723 EuGH, NJW 2008, 633, 636; s. näher *Gabriel*, NVwZ 2006, 1262 ff.; vgl. auch *Braun*, EuZW 2006, 683 ff.

1724 S. zur Verfassungsmäßigkeit BVerfG, GewArch. 2007, 31 f.; vgl. auch *Hausmann*, GewArch. 2012, 107 ff.

1725 S. auch *Rittner*, EuZW 1997, 161 ff.; kritisch *Dreher*, NVwZ 1997, 343, 344.

1726 S. näher OVG Lüneburg, NVwZ 1999, 1130 und VGH München, NVwZ 2000, 1131.

1727 BT-Ds. 13/9340, S. 14; Byok, NJW 1998, 2776 f.; *Thieme/Correll*, DVBl. 1999, 884, 887 ff.

1728 Schmidt/Wollenschläger/*Diederichsen/Renner*, Kompendium, § 7 Rn. 15.; *Just/Sailer*, NVwZ 2010, 937 ff.

1729 *Krönke*, NVwZ 2016, 568, 568 f.

1730 Ausf. zum Ganzen *Ziekow*, Öff. WiR, § 9 Rn. 8 ff.; vgl. auch *Krönke*, NVwZ 2016, 568, 569.

Aufgrund dieser Fülle an Normenkomplexen kommt es im Ausgangspunkt maßgeblich **825** auf deren Anwendungsbereiche und insbesondere auf deren **Abgrenzung** an. Sie wird dadurch erleichtert, dass die drei maßgeblichen Auftragsgegenstände der Liefer-, Bau- und Dienstleistungen in § 103 Abs. 2 bis 4 GWB legal definiert sind. Danach zählen Kauf- Miet-, Pacht- und Leasingverträge (mit oder ohne Kaufoption) zu den Lieferun- gen, während öffentliche Bauaufträge die Planung und Ausführung von Bauvorhaben und Bauwerken auf den Gebieten des Tief- und Hochbaus umfassen. Liegen diese beiden Fälle nicht vor, kann es sich ggf. noch um einen Dienstleistungsauftrag handeln. Zu dieser nach § 103 Abs. 4 GWB subsidiären Fallgruppe zählen neben den freiberuf- lichen (Architekten- und Ingenieurleistungen) gewerbliche, kaufmännische und hand- werkliche Tätigkeiten. Weist ein öffentlicher Auftrag Elemente aller drei Bereiche auf, ist für die Zuordnung auf § 110 GWB abzustellen. Die Gegenstände der Vergabever- ordnungen im Sektoren- und im Verteidigungsbereich weisen demgegenüber geringere Abgrenzungsprobleme auf, während der Anwendungsbereich der Konzessionsvergabe- verordnung ungleich schwerer zu bestimmen ist. Im Grundsatz gilt insoweit, dass der Leistungserbringer im Falle einer Konzession (Konzessionär) durch die Einräumung eines Rechts zur entgeltlichen Nutzung des Auftragsgegenstands entlohnt wird, wäh- rend er sonst eine Gegenleistung direkt vom Auftraggeber erhält. Diese vordergründig eindeutige Trennlinie ist letztlich an die Übernahme eines Betriebsrisikos orientiert, das allerdings nicht unbedingt groß sein muss und z. B. sogar auch dann gegeben ist, wenn ein Anschluss- und Benutzungszwang zulasten der Marktgegenseite besteht.

bb) Auftragsbezogene Anforderungen. Ist das relevante Vergaberechtsregime ermittelt, **826** stellt sich zunächst die Frage, ob tatsächlich ein vergaberechtsrelevanter Auftrag vor- liegt. Insoweit bestehen Anforderungen an den Auftraggeber, an den Auftragnehmer und an den Auftrag selbst, die je nach einschlägiger Rechtsgrundlage im Detail vonei- nander abweichen können.

(1) Tauglicher Auftraggeber. Persönlich richtet sich das Vergaberecht an öffentliche **827** Auftraggeber. Darunter fallen aufgrund von § 99 GWB zunächst **staatliche Institutio- nen** (institutioneller Auftraggeberbegriff) in Form von Gebietskörperschaften (Nr. 1) und öffentlich-rechtlichen Organisationen (allerdings über Nr. 2), weil es sich dann um den klassischen Fall staatlicher Beschaffung handelt. Zudem sind zur Vermeidung von Umgehungsgeschäften auch solche Stellen, die staatliche Funktionen wahrnehmen (funktioneller Auftraggeberbegriff), erfasst[1731].

Dazu zählen alle Einrichtungen unabhängig von ihrer (privat- oder öffentlich-rechtli- **828** chen) Rechtsform[1732], die zu dem Zweck gegründet wurden, im Allgemeininteresse liegende Aufgaben nicht gewerblicher Art zu erfüllen, die der Staat wie auch immer (z. B. durch Gesetz) als eigene Aufgabe bewertet und auf deren Erfüllung er Einfluss haben möchte. Zudem muss der Auftraggeber Rechte nach außen wahrnehmen und **überwiegend staatlich finanziert oder beherrscht** sein[1733].

Im Unterschied hierzu erfasst die Sektorenrichtlinie in Art. 4 Abs. 1 lit. b) neben den **829** öffentlichen Auftraggebern auch andere Auftraggeber, wenn sie eine in den Anwen- dungsbereich der Richtlinie fallende Tätigkeit (vgl. deren Art. 8-14) ausüben. Die mit diesem tätigkeitsbezogenen Auftraggeberbegriff)[1734] einhergehende Ausdehnung der **Sektorenrichtlinie** wird mit der monopolistischen Struktur dieser Auftraggeber ge-

---

1731 S. näher *Dreher*, DB 1998, 2579 ff.; *Noch*, NVwZ 1999, 1083 ff.; *Koenig/Haratsch*, NJW 2003, 2637 ff.
1732 EuGH, EuZW 1998, 121 ff.; EuGH, EuZW 1999, 16; s. aber auch BGH, NJW 2007, 3277 ff.
1733 *Ziekow*, Öff. WiR, § 9 Rn. 42 ff.
1734 Vgl. *Noch*, NVwZ 1999, 1083 ff.; *Kekemeti*, NVwZ 1999, 1068.

rechtfertigt, zumal sie voraussetzt, dass sie besondere bzw. ausschließliche Rechte ausüben, die ihnen ein Mitgliedstaat gewährt hat.

830   (2) **Tauglicher Auftragnehmer.** Der Auftragnehmer muss ein **Unternehmen** sein, damit das Vergaberecht anwendbar ist. Diese Anforderung ist aus einer funktionalen Perspektive zu verstehen und verlangt daher nur nach einer marktmäßigen Aktivität, die lediglich die Ausübung von Hoheitsgewalt ausschließt[1735]. Infolgedessen erfasst das Vergaberechtsregime auch Public-Private-Partnerships (PPP), solange sie nicht lediglich informeller Natur sind. Zudem muss der Auftragnehmer insbesondere nicht mit Gewinnerzielungsabsicht tätig werden. Ferner ist der Unternehmensbegriff nicht auf private Organisationen beschränkt, sondern kann auch staatliche Entitäten erfassen, solange sie sich nur am Wirtschaftsleben beteiligen[1736].

831   In diesem Falle bestehen Berührungspunkte zu den sog. **Instate-Geschäften** i. S. d. § 108 Abs. 6 GWB. Sie prägt, dass zwei Verwaltungsträger eine Zusammenarbeit begründen oder gemeinsam eine sie in spezifischer Weise treffende Pflicht erfüllen und dabei nicht in Wettbewerb zu privaten Unternehmen stehen, sondern eine ihnen gleichermaßen obliegende öffentliche Aufgabe erledigen und dafür jeweils einen nicht notwendig gleich umfangreichen Beitrag leisten. In solchen Fällen einer Kooperation greift die Logik des Vergaberechts nicht, weil es für Aufträge, deren Erfüllung in der staatlichen Sphäre bleibt, nicht gilt und der Eigenerledigung mangels Markt- bzw. Wettbewerbsbezugs offen gegenübersteht.

832   Die Ausschreibungsfreiheit der sog. Eigenerledigung, die letztlich auch in Art. 345 AEUV angelegt ist[1737], ist zudem im Falle sog. **Inhouse-Geschäfte** angesprochen, die in § 108 Abs. 1 bis 4 GWB niedergelegt sind. Diese Normen schreiben den Gedanken fort, dass Aufträge mit eigenen Dienststellen, da sie nicht mit einem Marktakteur zustande kommen, de iure nicht den §§ 97 ff. GWB unterliegen können, indem sie ähnlich gelagerte Fälle ausklammern. Vorausgesetzt wird in § 108 Abs. 1 GWB eine Kontrolle des Auftraggebers über den Auftragnehmer, die der über eine Dienststelle vergleichbar ist. Kumulativ hinzukommen muss, dass das Unternehmen auch im Übrigen primär für den Auftraggeber tätig ist[1738].

833   (3) **Der öffentliche Auftrag.** Sachlich erstreckt sich das Vergaberecht nach § 103 Abs. 1 GWB auf öffentliche Aufträge[1739], d. h. auf den Abschluss schriftlicher und entgeltlicher **Verträge** zwischen einem öffentlichen Auftraggeber und einem Unternehmer über Liefer-, Bau- oder Dienstleistungen *(s. o. Rn. 825)* gegen (ein weit zu verstehendes, nicht unbedingt gewinnorientiertes) Entgelt, wobei (zur Vermeidung von Umgehungsgefahren) auch die wesentliche Änderung solcher Abreden (vgl. dazu § 132 GWB) erfasst ist. Zudem verlangt die unionsgerichtliche Spruchpraxis, dass die Erfüllung der gegenseitigen Verpflichtungen einklagbar ist. [1740]

834   Erfasst sind zunächst einmal privatrechtliche Verträge, zumindest nach der Rechtsprechung des Gerichtshofs[1741] ggf. aber **auch öffentlich-rechtliche Verträge,** auch wenn sie die Begründung des Vergaberechtsänderungsgesetzes an sich ausschloß[1742], da auch

---

1735 Vgl. *Fuchs,* in: Kirchhof/Korte/Magen (Hg.), Öff. Wettbewerbsrecht, 2014, § 15 Rn. 76 ff.
1736 *Ziekow,* Öff. WiR, § 9 Rn. 38 f., 52.
1737 Vgl. dazu *Korte,* Verw. 51 (2018), Heft 2.
1738 EuGH, NVwZ 2006, 70 ff.; NVwZ 2009, 898 ff.; EuZW 2013, 591 ff.; ausf. dazu *Ziekow,* Öff. WiR, § 9 Rn. 28 ff.
1739 Vgl. im Einzelnen *Mader,* EuZW 1999, 331, 333 ff.
1740 *Ziekow,* Öff. WiR, § 9 Rn. 20 f., 23.
1741 EuGH, Rs. C-220/05, Slg. 2007 I-385 Rn. 40 – Auroux ua.
1742 BT-Ds. 13/9340, S. 15; s. auch *Dreher,* DB 1998, 2579, 2587; *Pieper,* DVBl. 2000, 160 ff.

solche Vereinbarungen einen hinreichenden Marktbezug aufweisen können. Hinzu kommt, dass sie den obigen Anforderungen gerecht werden, insbesondere weil die gegenseitig eingegangenen Pflichten einklagbar sind *(s. u. Rn. 1121)*.

Was das **Vertragsziel** angeht, ist der Kreis der tauglichen Vereinbarungen insoweit **835** limitiert, als sie auf einen Vorgang der Beschaffung gerichtet sein müssen, d. h. also nicht rein organisationsbezogen sein dürfen. Insoweit kommt es auf den konkreten Einzelfall an. Abgesehen davon muss mit der Vergabe ein konkretes wirtschaftliches Interesse des Auftraggebers erfüllt werden. Es genügen also nicht irgendwelche überindividuellen Gemeinwohlbelange. Stattdessen muss der Auftrag einen spezifischen wirtschaftlichen Bedarf des Auftraggebers erfüllen[1743].

Beispiel: Die Veräußerung eines Grundstücks genügt nicht für einen Beschaffungsvorgang, wenn mit dieser Maßnahme nicht mehr als die Ausübung städtebaulicher Regelungszuständigkeiten verbunden ist[1744].

cc) Verfahrensbezogene Anforderungen. Liegen die auftragsbezogenen Voraussetzun- **836** gen vor, stellt sich die Frage, welche verfahrensbezogenen Vorgaben das einschlägige Vergaberechtsregime macht. Sie weichen bisweilen je nach Auftragsgegenstand erheblich voneinander ab, lassen sich aber gleichwohl auf bestimmte Grundstrukturen zurückführen, die die Verfahrens- bzw. Vergabegrundsätze, die Verfahrensauswahl und den Verfahrensablauf betreffen.

(1) Materielle Grundsätze. Das nationale Vergaberecht prägt in Fortschreibung uni- **837** onsrechtlicher Grundsätze mehrere übergreifende und im Zweifel auch auslegungsrelevante Prinzipien. Sie erkennen im Grundsatz an, dass es dem öffentlichen Auftraggeber zwar in erster Linie um die Befriedigung seines Bedarfs geht und er insoweit an die Grundsätze der Wirtschaftlichkeit und Sparsamkeit gebunden ist[1745], drängen aber darauf, dieses Ziel mit Hilfe eines Wettbewerbs der Bieter zu verwirklichen. Dadurch wird einerseits der Wirtschaft eine möglichst breite Beteiligung an Ausschreibungsverfahren gesichert, andererseits aber auch eine Preisreduktion aufgrund des dadurch entstehenden **Wettbewerbs um den Markt** bewirkt[1746].

In Konkretisierung dieses Wettbewerbsgedankens sind dem öffentlichen Auftraggeber **838** etwaige Diskriminierungen bzw. Ungleichbehandlungen der Bieter untersagt, während mittelständische Belange durch Aufteilung des Auftrags in quantitative Teillose oder tätigkeitsbezogene Fachlose vornehmlich zu berücksichtigen sind (§ 97 Abs. 4 GWB)[1747]. Zudem ist der Auftraggeber auf eine transparente Ausgestaltung des Ausschreibungsverfahrens verpflichtet. Sie setzt voraus, dass etwa interessierte Wirtschaftsunternehmen möglichst rechtzeitig und umfassend über die avisierte Auftragsvergabe informiert werden, damit sie ein Angebot abgeben. Dieser **Transparenzgedanke** ist letztlich ein Mittel zum Zweck der Herstellung einer möglichst diskriminierungsfreien Auftragsvergabe[1748].

(2) Verfahrensauswahl. In verfahrenstechnischer Hinsicht kommt es zunächst einmal **839** darauf an, aus einem der **fünf in § 119 GWB genannten Verfahren** das richtige auszuwählen. Möglich sind ein für alle Unternehmen offenes Verfahren, ein nicht offenes, auf ausgewählte Unternehmen nach öffentlicher Teilnahmeaufforderung beschränktes Verfahren, ein durch Gespräche über die Auftragsbedingungen mit ausgewählten Un-

---

1743 *Ziekow*, Öff. WiR, § 9 Rn. 22 f.
1744 EuGH, Rs. C-451/08, Slg. 2010, I-2673 Rn. 58 – Müller.
1745 *Hermes*, JZ 1997, 909 ff.; s. näher *Bungenberg*, Vergaberecht im Wettbewerb der Systeme, 2007.
1746 Ausf. dazu *Fuchs*, in: Kirchhof/Korte/Magen (Hg.), Öff. Wettbewerbsrecht, 2014, § 15 Rn. 10 ff.
1747 *Byok*, NVwZ 2009, 551 ff.
1748 Ausf. dazu *Ziekow*, Öff. WiR, § 9 Rn. 54 ff.

ternehmen geprägtes Verhandlungsverfahren, eine auf Entwicklung eines noch nicht marktgängigen Produkts gerichtete Innovationspartnerschaft sowie ein wettbewerblicher Dialog, bei dem zunächst die für die hoheitliche Bedarfsbefriedigung erforderlichen Mittel gemeinsam mit den Unternehmen ermittelt (erste Stufe) und dann mit ausgewählten Unternehmen die Auftragseinzelheiten verhandelt werden (zweite Stufe).

840   Aus diesen fünf Verfahrensarten ist in der Regel zwischen dem offenen und dem nicht offenen Verfahren zu wählen, während die übrigen Verfahren nur in besonderen Konstellationen in Betracht zu ziehen sind – so der wettbewerbliche Dialog bei komplexen, vorab nicht klar umschreibbaren Ausschreibungsgegenständen oder die Innovationspartnerschaft, wenn die Entwicklung neuer Produkte im Vordergrund steht. Auch das Verhandlungsverfahren prägt Besonderheiten, die sich aus den einschlägigen Bestimmungen der Vergabeverordnung ableiten lassen. Da sie in besonderer Weise geeignet sind, eine faire, transparente und wettbewerbsorientierte Vergabe zu torpedieren, bedürfen sie einer öffentlichen Aufforderung zur Teilnahme und werden dann ggf. zu einem Motor grenzüberschreitender Auftragsvergabe[1749]. Die **Auswahl des Verfahrens** muss wegen seiner Auswirkungen auf den Bieterwettbewerb begründet und aktenkundig gemacht werden[1750].

841   (3) **Ablauf des Verfahrens.** Das Vergabeverfahren beginnt im offenen Verfahren gegenüber potenziellen Bietern nach Ermittlung des Beschaffungsbedarfs und der Erstellung der Leistungsbeschreibung mit der Bekanntmachung des Auftragsgegenstands im Amtsblatt der EU und bei Interesse der Zusendung der Vergabeunterlagen insbesondere in Form einer detaillierten Leistungsbeschreibung, die die Kalkulation eines Angebots ermöglicht (Publizitätsphase). Danach werden dann die Angebote eingereicht und nach **Ablauf** der Angebotsfrist geöffnet; etwaige Änderungen der Angebote sind ab diesem Zeitpunkt nicht mehr möglich (sog. Angebotsphase). Die daran anschließende Prüfungs- bzw. Wertungsphase reiht dann die eingetroffenen Angebote, in der Regel indem zunächst formal mangelhafte ausgeschieden werden. Danach filtert der Auftraggeber dann Offerten von persönlich ungeeigneten Anbietern sowie preislich offensichtlich unrealistische Angebote aus, um schließlich aus den verbleibenden Angeboten das wirtschaftlichste (vgl. § 127 GWB) auszuwählen. In der das Vergabeverfahren abschließenden Zuschlagsphase wird dann nach Vorabinformation der unterlegenen Bieter der Zuschlag erteilt. Ergeht er unter Einhaltung der erforderlichen Bindefrist, kommt der Vertrag zustande und kann im Falle seiner Wirksamkeit nicht mehr beseitigt werden[1751].

842   Die in der Prüfungs- und Wertungsphase nötige **Auswahl** wird wie bereits angedeutet durch verschiedene Kriterien erleichtert, wobei Eignungs- und Zuschlagsaspekte zu differenzieren sind. Eignungskriterien beziehen sich auf den Kreis der Bieter. Sie können obligatorisch (§ 123 GWB) oder fakultativ (§ 124 GWB) zum Ausschluss aus dem Verfahren führen. Hinzu treten die Erfordernisse der Fachkunde und Leistungsfähigkeit (§ 122 GWB), die auftragsbezogen sein und vorab den Bietern bekannt gemacht werden müssen[1752]. Zuschlagskriterien beziehen sich auf die Ermittlung des wirtschaftlichsten Angebots. Sie müssen in Verbindung zum Auftragsgegenstand stehen, können insoweit aber auch den Herstellungsprozess oder die Abwicklung des Auftrags betreffen. Zwingend ist eine Orientierung an Preis und Kosten der Leistung. Darüber hinaus können nach § 127 Abs. 1 GWB nunmehr auch qualitative, umweltbezogene

---

1749   Schmidt/Wollenschläger/*Diederichsen/Renner*, Kompendium, § 7 Rn. 139 ff.
1750   *Hermes*, JZ 1997, 909 ff.
1751   Ausf. zum Ganzen *Ziekow*, Öff. WiR, § 9 Rn. 73 ff.
1752   Vgl. dazu EuGH, NZBau 2000, 149.

oder soziale Aspekte in die Zuschlagserteilung einbezogen werden[1753]; sie müssen allerdings entweder in der Leistungsbeschreibung oder in den Zuschlagsbedingungen den Bietern in ihrer Relevanz und Gewichtung vorab bekannt gemacht werden, damit sie ihr Angebot daran ausrichten können. Personenbezogene Kriterien dürfen nicht (nochmals) als Zuschlagskriterien herangezogen werden[1754].

Beispiel: Das *BVerfG* hat eine landesrechtliche Tariftreueerklärung für rechtmäßig erklärt, insbesondere weil sie zwar aufgrund ihrer faktischen Zwangswirkung gegenüber etwaigen Bietern in deren Berufsfreiheit eingreift, aber im Lichte der Ziele der Bekämpfung von Arbeitslosigkeit und der Gewährleistung der Stabilität sozialer Sicherungssysteme zumutbar ist[1755].

Für den im Anschluss an die Zuschlagserteilung **geschlossenen Vertrag** gelten grundsätzlich die allgemeinen rechtlichen Fehlerfolgen (vgl. z. B. die Nichtigkeitsgründe der §§ 123, 134, 138 BGB sowie Möglichkeiten zur Kündigung oder Vertragsauflösung etwa nach den §§ 313 f. BGB). Hinzu treten besondere Vorgaben für das Vergaberecht. So führt zunächst einmal eine Verletzung der in § 134 GWB normierten Pflicht zur Vorabinformation in Umsetzung des Transparenzgebots zur Nichtigkeit ex tunc (§ 135 Abs. 1 Nr. 1 GWB). Dieser Rechtsverstoß muss allerdings im Nachprüfungsverfahren *(s. u. Rn. 1150)* festgestellt werden. Abgesehen davon sind auch sog. De-facto-Vergaben von Anfang an nichtig (§ 135 Abs. 1 Nr. 2 GWB). Sie prägt, dass der Auftraggeber den Auftrag nicht vorab ausgeschrieben hat – sei es, weil er die Auftragseigenschaft nicht erkannt hat, sei es, weil er die Schwellenwerte falsch berechnet hat oder sei es, weil er ein falsches Verfahren verwendet hat. Abgesehen davon besteht noch ein spezielles Kündigungsrecht zugunsten des Auftraggebers. Die näheren Voraussetzungen dieser Befugnis ergeben sich aus § 133 GWB. Zur Kündigung berechtigt danach insbesondere eine schwere Verletzung unionsrechtlicher Pflichten, die allerdings unionsgerichtlich festgestellt worden sein müssen[1756]. **843**

b) Unterhalb der Schwellenwerte. Unterhalb der Schwellenwerte folgt das Vergaberecht einer **haushaltsrechtlichen Lösung**[1757], so dass die §§ 97 ff. GWB und die daran anknüpfenden Verordnungen nicht gelten. Stattdessen wird das Haushaltsrecht des jeweiligen Hoheitsträgers relevant, so dass ein objektiv-rechtlicher Ansatz vorherrscht, der vor allem am Gedanken der Wirtschaftlichkeit und Sparsamkeit staatlicher Nachfrageaktivität orientiert ist. Gelegentlich finden sich im Haushaltsrecht oder in speziellen landesrechtlichen Regeln Verweise auf die an sich nur oberhalb der Schwellenwerte geltenden Rechtsregeln. Sie beziehen dann auch die speziell für die Unterschwellenvergabe von Lieferungs- und Leistungsaufträgen konzipierte Unterschwellenvergabeordnung ein. **844**

Die haushaltsrechtliche Lösung unterhalb der Schwellenwerte führt zu **erheblichen Abweichungen gegenüber der Rechtslage oberhalb dieser Auftragssummen**, soweit Bund oder Länder in ihrem Haushaltsrecht nicht auf das dort geltende Recht verwiesen haben. Sie beziehen sich weniger auf die allgemeinen Vergabegrundsätze als zunächst einmal vielmehr auf den Kreis der öffentlichen Auftraggeber, der institutionell geprägt ist und daher nur die klassischen Auftraggeber umfasst. Die unterhalb der Schwellenwerte möglichen Vergabeverfahren sind ebenfalls limitiert. In Betracht kommen in der Regel eine öffentliche Ausschreibung (ähnlich dem offenen Verfahren), eine freihändige Vergabe (ähnlich dem Verhandlungsverfahren) sowie eine beschränkte **845**

1753 Vgl. EuGHE 2002, 7213;. *Oppermann/Classen/Nettesheim*, Europarecht, 5. Aufl., § 21 Rn. 67.
1754 Ausf. zum Ganzen *Ziekow*, Öff. WiR, § 9 Rn. 57 ff.
1755 BVerfG, NJW 2007, 51 Rn. 54 ff.
1756 Ausf. zum Ganzen *Ziekow*, Öff. WiR, § 9 Rn. 85 ff.
1757 G v. 26.11.1993, BGBl. I, S. 1928 ff.; s. näher *Pietzcker*, ZHR 162 [1998], 427 ff.

Ausschreibung (ähnlich dem Verhandlungsverfahren) ggf. auch ohne Teilnahmewettbewerb; den Regelfall bildet die öffentliche Ausschreibung[1758].

846   **c) Strafrechtlicher Flankenschutz.** Aufgrund von Unregelmäßigkeiten im Kontext öffentlicher Aufträge und zur strafrechtlichen Absicherung der mit den Regeln des öffentlichen Auftragsrechts verfolgten Ziele wurde im Jahre 1997 nach intensiver wissenschaftlicher Diskussion ein Abschnitt „Straftaten gegen den Wettbewerb" zur Bekämpfung der Korruption in das StGB eingefügt[1759]. Infolgedessen wird nach § 298 StGB nunmehr bestraft, wer bei einer Ausschreibung über Waren oder gewerbliche Leistungen als **Unternehmer** ein Angebot abgibt, das auf einer rechtswidrigen Absprache (Submissionsabsprache) beruht, die darauf abzielt, den Veranstalter zur Annahme eines bestimmten Angebots zu veranlassen (sog. Ausschreibungsbetrug).

846a   Ebenso macht sich strafbar, wer als **Angestellter oder Beauftragter** eines geschäftlichen Betriebes im geschäftlichen Verkehr einen Vorteil als Gegenleistung dafür fordert, sich versprechen lässt oder annimmt, dass er einen anderen bei dem Bezug von Waren oder gewerblichen Leistungen im Wettbewerb in unlauterer Weise bevorzugt (Bestechung und Bestechlichkeit im geschäftlichen Verkehr, § 299 StGB). Entsprechende Normen existieren für Amtsträger und für den öffentlichen Dienst besonders Verpflichtete. Sie werden bestraft, wenn sie einen Vorteil für sich oder Dritte als Gegenleistung dafür fordern, sich versprechen lassen oder annehmen, daß sie eine Diensthandlung vorgenommen haben oder künftig vornehmen und dadurch ihre Dienstpflichten verletzt haben oder verletzen würden (Bestechlichkeit, § 332 StGB). Ebenso bestraft werden Personen, die Amtsträger derartige Vorteile anbieten, versprechen oder gewähren (Bestechung, § 334 StGB).

846b   Vorbeugend existieren Vergaberegister bzw. Korruptionsregister auf Landesebene, die Informationen und Hinweise auf Verfehlungen sowie Auftragsausschlüsse und Vergabesperren enthalten[1760]. Sie werden durch ein zentrales **Wettbewerbsregister** ergänzt; die dafür erforderliche Rechtsgrundlage ist 2017 erlassen worden. Aufgabe dieses Registers ist es unter anderem, die öffentlichen Auftraggeber bei der Umsetzung der §§ 123 f. GWB zu unterstützen. Insgesamt erzeugen all diese Register die für eine objektive und möglichst risikoarme Vergabe erforderliche Transparenz. Sie tragen dadurch in erheblicher Weise dazu bei, die Ziele des jeweiligen Ausschreibungsverfahrens zu verwirklichen und dabei die öffentlichen Haushalte vor etwaigen Risiken zu bewahren.

1758   *Ziekow*, Öff. WiR, § 9 Rn. 51, 72.
1759   S. dazu *Dölling*, Gutachten zum 61. DJT, 1996, S. 30 ff.; s. näher *Korte*, NStZ 1997, 513 ff.
1760   S. zum Streitstand *Ludyga*, ZRP 2010, 258 ff.

C. Aufgaben und Mittel der Wirtschaftsverwaltung

§ 25 Zur Bedeutung und Systematik von Wirtschaftsverwaltungsaufgaben

I. Wirtschaftsverwaltungsaufgaben als Konkretisierung von Unions- und Verfassungsrecht

Die soeben dargestellten Facetten des höherrangigen Öffentlichen Wirtschaftsrechts **847** liefern die konkretisierende Basis für das Wirtschaftsverwaltungsrecht. In dessen Mittelpunkt stehen diverse **Unions- und Staatsaufgaben**, durch deren Wahrnehmung der Wirtschaftsablauf gesteuert wird. Sie lassen sich nicht abschließend determinieren, weil sie auf Grund des permanenten wirtschaftlichen, sozialen, technischen und ökologischen Wandels wechselnden Regelungsbedürfnissen unterliegen.

Beispiele: Regulierung neuer Medien, Privatisierungsfolgenrecht, Verbraucherschutzrecht.

Wegen der damit verbundenen Dynamik und der unterschiedlichen Ansätze zur recht- **848** lichen Steuerung der Wirtschaft besteht kein Konsens über den wirtschaftsverwaltungsrechtlichen Aufgabenkanon und seine Abgrenzung. Unabhängig davon, welcher Einteilung man folgt, ist zu beachten, dass die einzelnen Aufgaben nicht trennscharf nebeneinanderstehen, weil in der Gesetzes- und Verwaltungspraxis häufig **mehrere Aufgaben gleichzeitig** verfolgt werden.

Beispiele: § 1 GenTG bezweckt den Schutz von Leben und Umwelt sowie die Förderung der Gentechnik. §§ 8 ff. PBefG dienen der wirtschaftlichen Infrastruktur (Nahverkehr), der Wirtschaftsüberwachung (Zuverlässigkeitsprüfung), der Wirtschaftslenkung (öffentliche Verkehrsinteressen) und der Wirtschaftsplanung (Nahverkehrsplan).

II. Aufgaben- und Befugnisnormen

Wirtschaftsverwaltungsaufgaben sind nur Gegenstandsbereiche unions- und staats- **849** rechtlicher Betätigung und Einflussnahme. Sie sind nicht mit Befugnissen und Befugnisnormen identisch. Insbesondere darf nicht von der Aufgabe auf die Befugnis zum Tätigwerden geschlossen werden[1761]. Nur die Befugnisnorm gibt Auskunft, ob und wenn ja welche Maßnahme im konkreten Fall zur Steuerung eines wirtschaftlichen Verhaltens zulässig ist. Sie bildet daher die Ermächtigungsgrundlage zum Handeln und zu Eingriffen in die wirtschaftliche Betätigungsfreiheit ab *(s. o. Rn. 607)* und **unterscheidet** sich dadurch von bloßen Aufgabennormen, die lediglich einen behördlichen Zuständigkeitsbereich festlegen.

Beispiele: §§ 2 f. LuftSiG; § 11 GüKG; § 26 Abs. 2 Nr. 9 ProdSG für hoheitliche Warnungen; §§ 116 ff. TKG; hingegen ist § 1 IHKG lediglich eine Aufgabennorm[1762].

Soweit Wirtschaftsverwaltungsaufgaben durch Befugnisnormen konkretisiert werden, **850** sind sie auf Befolgung durch die Adressaten angelegt *(s. u. Rn. 875 ff.)*. Der Staat ist im Interesse einer effektiven Aufgabenerfüllung darauf angewiesen, dass das Wirtschaftsverwaltungsrecht eingehalten wird und die darauf gestützten Anordnungen be-

---

1761 BVerfG, NJW 1993, 3047, 3053; BVerwG, GewArch. 1996, 465; a. M. EuGHE 1987, 3203, 3253 Rn. 28.
1762 BVerwGE 89, 281, 285; BVerwG, GewArch. 1996, 465 für Landwirtschaftskammern.

folgt werden. Soweit diese basalen Grundsätze verletzt werden, bedarf es der **Sanktionierung des** damit einhergehenden **Fehlverhaltens**. Sie erfolgt entweder über die Anwendung von Verwaltungszwang oder durch den Erlass von Bußgeldern oder ggf. Strafen. Die dafür nötigen Rechtsgrundlagen des Wirtschaftssanktionsrechts sind in der Regel im jeweiligen Fachrecht niedergelegt *(s. o. Rn. 30)*[1763].

III. Allgemeine und besondere Aufgaben der Wirtschaftsverwaltung

851　Das wirtschaftsverwaltungsrechtliche Schrifttum konzentriert sich allgemein auf die spezifisch marktbezogenen Aufgaben[1764]. Diese Sicht ist verkürzt. Sie berücksichtigt zu wenig die Vorgaben, die gewahrt sein müssen, um eine den modernen Anforderungen entsprechende **Wirtschaftspolitik** durchführen bzw. aufrechterhalten und dadurch das Wirtschaftsgeschehen beeinflussen zu können. Insbesondere diese allgemeinen Aufgaben entscheiden über die wirtschaftliche Betätigungsfreiheit, weshalb sie Grundlage jeder besonderen Aufgabe im Bereich der Wirtschaftsverwaltung sind. Deshalb ist zunächst auf die Aufgaben wirtschaftliche Infrastruktur und Wirtschaftsinformation einzugehen. Zwar werden Infrastrukturthemen gelegentlich auch unter dem Stichwort „Wirtschaftsregulierung" abgehandelt[1765]. Diese Zuordnung übersieht jedoch den Dreifachauftrag des Regulierungsrechts *(s. u. Rn. 881)*, das als Modus staatlicher Aufgabenerfüllung verstanden werden kann[1766].

§ 26 Wirtschaftliche Infrastruktur

I. Unions- und Staatsverantwortung für die wirtschaftliche Infrastruktur

852　Fundament jeder Wirtschaftsverwaltung ist die Existenz bzw. Schaffung, Unterhaltung und Weiterentwicklung einer wirtschaftlichen Infrastruktur[1767]. Denn in jeder Wirtschaftsordnung können Produktion, Investition, Verarbeitung, Verteilung und Ressourcennutzung nur optimal funktionieren, wenn die tatsächlichen und rechtlichen Rahmenbedingungen für ökonomisches Handeln gegeben sind[1768]. Angesichts dieser Funktion ist es zu pauschal, die wirtschaftsinfrastrukturelle Regulierung als Reaktion auf Markt- oder Staatsversagen *(s. o. Rn. 100, 104)* zu begreifen[1769]. Das *B VerfG* spricht in diesem Zusammenhang deshalb auch von einem **Infrastruktursicherungsauftrag**[1770], während das Unionsrecht die gewünschte Wirkung von Infrastrukturen als Binnenmarktziel für den grenzüberschreitenden Handel und die Freizügigkeit begreift.

Beispiele: § 2 Abs. 3 Nr. 3 und 4 TKG, § 28a EnWG, § 3 Abs. 1 Nr. 3 und Abs. 2 Nr. 4 VerKLG.

853　Der Infrastrukturbegriff wird zwar häufig in Gesetzen verwendet, aber nicht definiert[1771]. Eine allgemein akzeptierte Umschreibung ist indes auch entbehrlich, weil diese Aufgabe

---

1763　*Pernice/Kadelbach*, DVBl. 1996, 1100 ff.
1764　Stellvertretend *Ziekow*, Öff. WiR, §§ 5 f.
1765　*Ehlers*, §§ 21 ff.
1766　*Wolff/Bachof/Stober/Kluth*, VerwR I, § 4 Rn. 28.
1767　*König/Theobald*, in: FS für Blümel, 1999, S. 277 ff.
1768　S. auch F. A. v. *Hayek*, Die Verfassung der Freiheit, 3. Aufl. 1991, S. 287 ff.; *Bull*, Der Staat 47 [2008], 1, 11 f.
1769　*Ruffert*, in: Ehlers, § 21 Rn. 18.
1770　BVerfGE 108, 370, 393; s. auch *Burgi*, AöR Beiheft 2014, S. 30 ff.; *Gärditz*, in Kirchhof/Korte/Magen (Hg), Öff. Wettbewerbsrecht, 2014, § 11.
1771　S. näher O. *Dörr* und *Wißmann*, VVDStRL 73 [2014], S. 323 ff.

entwicklungsoffen bleiben muss[1772]. Hier wird wirtschaftliche Infrastruktur verstanden als die Gesamtheit der materiellen, institutionellen und personellen Einrichtungen, die den Wirtschaftssubjekten infolge öffentlicher Aktivität zur Verfügung stehen. Wirtschaftsverwaltungsrechtlich handelt es sich dabei um Vorleistungen im Sinne einer **Grundversorgung**, welche die Wettbewerbsfähigkeit einer Volkswirtschaft stärken, Wachstum sichern sowie Wohlstand fördern soll und auf deren Gewährleistung die Wirtschaft angewiesen ist, um sich voll entfalten zu können[1773]. Sie erstreckt sich insbesondere auf folgende Sektoren:

- **Verkehrsinfrastruktur:** Fernstraßen, Wasserstraßen, Flughäfen, Schienennetze; transeuropäische Netze auf Grund von Art. 170 AEUV; Art. 87d und e sowie Art. 90 GG.
- **Informations- und Telekommunikationsinfrastruktur:** Art. 170 AEUV; Art. 87 f GG, § 1 TMG, § 1 OZG und § 2 Abs. 3 Nr. 3 f. TKG zur Förderung der Digitalisierung.
- **Versorgungsinfrastruktur:** Energie i. S. v. Art. 170 AEUV und § 28a EnWG, Wasser, Erschließung von Gewerbegebieten, Technologieparks[1774].
- **Entsorgungsinfrastruktur:** Kreislaufwirtschaft.
- **Bildungs- und Forschungsinfrastruktur:** Gegenseitige Anerkennung von Befähigungsnachweisen (Art. 53, 165 AEUV).
- **Regionale Infrastrukturförderung:** Art. 174 AEUV; Art. 91a GG.
- **Geld- und Währungsinfrastruktur:** Anerkennung des Geldes als Tauschmittel, Wertaufbewahrungsmittel und Recheneinheit; Vereinheitlichung des Währungswesens nach Art. 3 Abs. 4 EUV, Art. 127 ff. AEUV; Art. 88 GG[1775].
- **Sicherheitsinfrastruktur:** Art. 3 Abs. 2 EUV/Art. 6 EU GR Charta.

II. Wirtschaftsnahe institutionelle Infrastruktur

Die unions- und verfassungsrechtliche Infrastrukturverantwortung erschöpft sich indes nicht in der Gewährleistung dieser wirtschaftsbezogenen Grundversorgungsfacetten. Sie erstreckt sich ferner stattdessen vielmehr auch auf die Bereitstellung wirtschaftsnaher Rechtsinstitute und Regeln und auf die Gestaltung der **juristischen Rahmenbedingungen**, die wirtschaftliche Aktivitäten fördern und steuern (sog. institutionelle Infrastruktur, *s. o. Rn. 87 ff.*). Daher müssen sich Wirtschaftsgesetzgebung und -verwaltung auch wegen ihrer dienenden Funktion im Grundrechtsstaat dem Rhythmus und der Nachfrage des Marktes anpassen (Beschleunigung von Genehmigungsverfahren – *s. u. Rn. 1094* sowie Eigentumsschutz und Korruptionsschutz). **854**

III. Wirtschaftliche Infrastruktur als Gewährleistungs- und Regulierungsverantwortung

Jenseits dieser rechtlichen Dimension der hoheitlichen Infrastrukturverantwortung will das Unions- und Verfassungsrecht, wie die in Art. 87e Abs. 4 und Art. 87f Abs. 1 GG zum Ausdruck kommende jüngere Rechtsetzung zeigt, die **Bereitstellung der aufgezeigten Leistungen** lediglich **gewährleisten**[1776], so dass keine Monopolisierung in öffentlicher Hand gewollt ist. Es existiert also keine Produktions-, sondern eine Ge- **855**

1772 S. zur Definition auch *Pielow*, Grundstrukturen öffentlicher Versorgung, 2001, S. 21 ff.; *Koenig/Kühling*, DÖV 2001, 881 ff.; BVerwGE 118, 181, 191.

1773 BVerfGE 108, 370, 393 ff.; zur Entwicklung *Theobald*, NJW 2003, 324 ff.; *Badura*, in: FS Battis, 2014, 319 ff.

1774 *Pielow*, Grundstrukturen öffentlicher Versorgung, 1999.

1775 BVerfGE 50, 57, 92; BVerfG, NJW 1998, 1934; *Ohler*, JZ 2008, 317 ff.

1776 *Schuppert*, Verwaltungswissenschaft, 2000, S. 939; *Brede*, Grundzüge der öffentlichen Betriebswirtschaftslehre, 2001, S. 39 ff.

währleistungsverantwortung[1777]. Daher bestehen die Alternativen „to make or to buy" bzw. „to provide or to enable"[1778]. Infrastrukturleistungen können infolgedessen durch private Wirtschaftssubjekte, durch Kooperation zwischen dem Staat und der Privatwirtschaft oder über eine parallele oder duale Aufgabenwahrnehmung erbracht werden[1779]. Insoweit eröffnet sich ein weites Feld für Public-Private-Partnerships und eine eigenverantwortliche Wahrnehmung von Infrastrukturaufgaben durch Privatunternehmen[1780]. Es entspricht dem Konzept der marktwirtschaftlich orientierten Verfassungsrechtsordnung am ehesten, wenn sich Union, Bund, Länder und Gemeinden wirtschaftssystemkonform verhalten und die wirtschaftliche Infrastruktur weder selbst planen, finanzieren und bauen noch sie unterhalten und weiterentwickeln. So kann sich die öffentliche Hand etwa über eine Kapitalprivatisierung private Investitionsmittel besorgen oder sie kann sich auf ihre Bauherrenfunktion beschränken und die übrigen Aufgaben der Privatwirtschaft übertragen (Go-Public-Market, outsourcing, contracting out – *s.o. Rn. 87 ff.*[1781]). Eine Leitlinie in diese Richtung enthalten Art. 170 AEUV und die Privatisierungsprüfpflicht des § 7 BHO[1782]. Insofern ist die privatwirtschaftlich orientierte Erbringung der wirtschaftlichen Infrastruktur ein Prüfstein für die marktwirtschaftliche Forderung nach einem schlanken Staat und einer lean administration[1783], die vor allem durch Vorgaben des EU-Rechts einen Schub erhalten hat.

856 Der Vorteil der privatisierten Infrastruktur wird vor allem in der Entlastung der öffentlichen Haushalte[1784] und in der zeitlich schnelleren Realisierung gesehen, weil die Leistungserbringung auf andere Weise finanziert wird und der zeitliche Vorlauf staatlicher Bereitstellung entfällt. Der Sozialstaat steht einer Privatisierung von Infrastrukturleistungen nicht entgegen, weil nur das „Was", aber nicht das „Wie" vorgegeben ist[1785]. Das gilt auch für die Rechtsvorschriften zur Daseinsvorsorge[1786] sowie zu den Dienstleistungen von allgemeinem wirtschaftlichem Interesse i. S. v. Art. 14 AEUV und Art. 36 EU-GR-Charta, die im Gegenteil den Wettbewerbscharakter marktgängiger öffentlicher Dienstleistungen unterstreichen. Aufgabe der öffentlichen Hand ist es bei der auf ökonomische Eigen- und Mitverantwortung der Wirtschaftssubjekte zielenden Infrastrukturprivatisierung, die privaten Aufgabenträger nach einer öffentlichen Ausschreibung auszuwählen *(s. u. Rn. 1077)*, sie zu kontrollieren und auf sie im Interesse einer gerechten und effektiven Verwaltung knapper Ressourcen einzuwirken. Die öffentliche Hand agiert in diesen Fällen nicht mehr als Leistungsverwaltung, sondern sie übernimmt die **Rolle einer Gewährleistungsverwaltung** i. S. v. Art. 171 AEUV und Art. 87f Abs. 1 GG, deren Verantwortung sich auf die Garantie der Bereitstellung und Funktionsfähigkeit der für die Wirtschaftsentfaltung nötigen Güter und Dienste konzentriert[1787]. Daraus folgt eine

1777 BVerfGE 108, 370 ff.; *Weiß*, Privatisierung und Staatsaufgaben, 2002, S. 291 ff.; *Lackner*, Gewährleistungsverwaltung und Verkehrsverwaltung, 2004; *Burgi*, HdBStR IV, 3. Aufl., § 75; *Dörr*, VVDStRL 73, 2014, 370, 401 ff.
1778 S. auch *Voßkuhle*, VVDStRL 62 [2003], S. 311.
1779 Stellungnahme des EU-Parlaments zu Dienstleistungen im allgemeinen Interesse v. 27.9.2006; s. auch *Philip*, EuZW 2006, 738.
1780 S. Budäus/Eichhorn (Hg.), Public Private Partnership, 1997; *Bauer*, DÖV 1998, 89 ff.; *Gramm*, Privatisierung und notwendige Staatsaufgaben, 2001; *Wolff/Bachof/Stober/Kluth*, VerwR I, § 91; *Burgi*, Gutachten zum 67. DJT, 2008; BGH, NJW 1999, 2378; vgl. auch *Hetzel/Früchtl*, BayVBl. 2006, 649 ff.
1781 S. zur Fremdfinanzierung öffentlicher Infrastruktur *Steinwachs*, ZRP 1997, 211.
1782 *Sanden*, Verw 38 [2005], 367 ff.
1783 *Wolff/Bachof/Stober/Kluth*, VerwR I, § 2 VI 5; *König*, DÖV 1998, 963 ff.
1784 *De Blois*, Ökonomische Aspekte von Police Private Partnership, 2011.
1785 *Isensee*, in: HdbStR III, § 57 Rn. 168; BVerwGE 95, 188, 203 f.
1786 BVerfGE 107, 59, 93.
1787 S. näher m. w. N. *Stober*, NJW 1997, 889 ff.; ähnlich *Voßkuhle*, VVDStRL 62 [2002], 266 ff., 307 ff.; *Schoch*, NVwZ 2008, 241 ff.; *Franzius*, Gewährleistung im Recht, 2008; *ders.*, VerwArch 99 (2008), 351 ff.; *Waechter*, Verwaltungsrecht im Gewährleistungsstaat, 2008; BVerwG, NVwZ 2004, 1352 f.

Regulierungs-, Einwirkungs- und Kontrollverantwortung[1788]. Sie wird u. a. durch die Schaffung von Privatisierungsfolgenrecht[1789], die Auferlegung spezieller Pflichten (z. B. Universaldienstleistungspflicht)[1790] und die Einrichtung spezieller Regulierungsbehörden *(s. u. Rn. 1164 ff.)* wahrgenommen, die bei der Ausgestaltung der Marktbeziehungen politisch-administrativ abwägend mitwirken.

Beispiele: Der Bau von Autobahnen und anderen Bundesfernstraßen ist eine Hoheitsaufgabe des Bundes. Zwar gestattet das FStrPrivFinG auch den Bau und die Finanzierung durch Private einschließlich der Mauterhebung in Form einer Beleihung. Art. 90 GG i. V. m. § 1 Infrastrukturgesellschaftserrichtungsgesetz beschränkt jedoch diese Option. Dienstleistungen im Bereich des Postwesens und der Telekommunikation werden nach Art. 87f Abs. 2 GG durch die Nachfolgeunternehmen der Deutschen Bundespost und private Anbieter erbracht, die die Grundversorgung grundsätzlich über marktmäßige Aktivität bzw. freiwillig sicherstellen, denen im Falle eines Marktversagens aber auch Universaldienstverpflichtungen auf Basis der §§ 78 ff. TKG auferlegt werden können[1791]. Nach § 22 KrWG können private Dritte mit Entsorgungsaufgaben beauftragt werden. Kommunen können Abwasserentsorgungs- und Wasserversorgungsanlagen im Rahmen von privaten Betreibermodellen finanzieren und unterhalten[1792]. Polizei und private Bewachungsunternehmen können im Rahmen von Police Private Partnerships etwa zur Kontrolle von Flugpassagieren kooperieren[1793].

IV. Das Recht der kritischen Infrastrukturen

Bei den genannten Sektoren – so etwa bei der Energie-, Wasser- oder Gesundheitsversorgung (vgl. §§ 2 ff. BSI-KritisV) – handelt es sich teilweise um sog. sensible oder kritische Infrastrukturen (Kritis). Das sind Infrastrukturen, deren Beeinträchtigung oder Ausfall empfindliche Störungen auch des wirtschaftlichen Lebens namentlich in Form von Versorgungsengpässen oder Gefährdungen der öffentlichen Sicherheit nach sich ziehen können[1794], weil sie von wesentlicher Bedeutung für das gesellschaftliche Zusammenleben und für das Funktionieren des Gemeinwesens sind. Solche Infrastrukturen sind daher vor Katastrophen oder terroristischen Anschlägen zu schützen. Dazu existieren auf EU-, Bundes- und Landesebene **spezielle Rechtsnormen**. Sie werden flankiert von Vorschriften über europäische kritische Infrastrukturen; das sind solche, deren Zerstörung oder Störung erhebliche Auswirkungen auf mindestens zwei EU-Mitgliedstaaten hat (§ 12g EnWG). **857**

Beispiele: VO 725/2004/EU, RL 2005/65/EG sowie Hafensicherheitsgesetze zur Abwehr von Gefahren für Schiffe und Hafenanlagen, VO 185/2010/EU über Grundstandards in der Luftsicherheit; Gesetz über das Bundesamt für Sicherheit in der Informationstechnik (BSI-Gesetz) i. V. m. § 2 Abs. 10 BSI-KritisV.

Da die Funktionsfähigkeit kritischer Infrastrukturen in zunehmendem Maße von den genutzten informationstechnischen Systemen abhängt, die ihrerseits wiederum vermehrt sog. Hacker- oder Cyber-Angriffen ausgesetzt sind, wurde im Jahre 2015 das BSI-Gesetz im Zuge der Verabschiedung des Gesetzes zur Erhöhung der **Sicherheit** **858**

1788 Ebenso *Zippelius/Würtenberger*, Deutsches Staatsrecht, 32. Aufl., § 35 I 3; *Schorkopf*, JZ 2008, 20 ff.
1789 *Burgi*, Gutachten zum 67. DJT, 2008.
1790 OVG Hamburg, NVwZ 2007, 964.
1791 BVerfG, GewArch. 2004, 68 ff.; *Stober*, DÖV 2004, 221 ff.; ausf. zum Problem der Universaldienstpflichten *Korte*, in: Kirchhof/Korte/Magen (Hg.), Öff. Wettbewerbsrecht, 2014, § 14.
1792 *Kahl*, GewArch. 2007, 441 ff.; *Emmerich-Fritsche*, BayVBl. 2007, 1 ff.; *Glöckner*, Kommunale Infrastrukturverantwortung und Konzessionsmodelle, 2009.
1793 BVerwGE 95, 188, 197 ff.; *Stober*, NJW 1997, 889 ff.; *ders.*, ZRP 2001, 260 ff.; *Kämmerer*, Privatisierung, 2001, S. 388 ff.; *Burgi*, Gutachten zum 67. DJT 2008, DI; *Stober*, NJW 2008, 2301 ff.; *De Blois*, Ökonomische Aspekte von Public Private Partnerships, 2011.
1794 S. näher *Stober*, in: ders. u. a. (Hg.), Managementhandbuch Sicherheitswirtschaft und Unternehmenssicherheit, 2012, A V.

informationstechnischer Systeme (IT-Sicherheitsgesetz) entsprechend erweitert[1795]. Im Zentrum dieser Novellierung steht die Etablierung verschiedener Unternehmerpflichten, die den Betreiber einer kritischen Infrastruktur beispielsweise dazu zwingen, technische und organisatorische Mindestvorkehrungen zum Schutz vor Hacker-Angriffen zu treffen und (etwa drohende) Anschläge zu melden, selbst wenn sie erfolglos waren und im Versuchsstadium stecken geblieben sind. Werden diese Verpflichtungen nicht eingehalten oder in ihrer Umsetzung bzw. Fortentwicklung vernachlässigt, drohen ggf. erhebliche Bußgelder[1796].

§ 27 Wirtschaftsinformation

859 Gerade im Zeitalter des Internet, das vielfältige Informationen für wirtschaftliche Aktivitäten liefert, aber auch selbst als Plattform oder Distributionskanal ökonomisch genutzt werden kann, werden Wirtschaftsinformationen immer wichtiger. Daher werden im Folgenden deren Bedeutung für das ökonomische Leben, die Zuständigkeiten für hoheitliche Auskünfte und die wesentlichen Rechtsgrundlagen für die Erteilung von Wirtschaftsinformationen entfaltet.

I.   Wirtschaftsinformation als Eckpfeiler der Wirtschaftsverwaltung

860 Ebenso wie die wirtschaftliche Infrastruktur fristet die Aufgabe der Wirtschaftsinformation im Wirtschaftsverwaltungsrecht im Gegensatz zum Allgemeinen Informationsverwaltungsrecht[1797] ein stiefmütterliches Dasein. Dieser Befund steht im Widerspruch zu den Anforderungen der Informationsgesellschaft und der Informationswirtschaft[1798], die schon bei der Erörterung der Wirtschaftsinformationsfreiheit zum Ausdruck kamen *(s. o. Rn. 679)*. Die weitgehende Ignoranz verkennt die Relevanz der Wirtschaftsinformation als betrieblicher Produktionsfaktor im Zeitalter des elektronischen Geschäftsverkehrs und als Grundlage jeder Wirtschaftsverwaltung sowie der **Staatsfunktion Information**[1799]. Unions- und Staatsorgane sind zur Erfüllung ihrer wirtschaftspolitischen und -rechtlichen Aufgaben auf aktuelle und aussagekräftige Daten angewiesen[1800].

Beispiele: Marktbeobachtung nach § 13 Abs. 4 PBefG und § 14 GüKG; Marktbeobachtung der Markttransparenzstelle für den Großhandel mit Strom, Gas und Kraftstoffen nach § 47b GWB; statistische Erhebungen nach § 14 Abs. 13 Satz 2 GewO.

861 Wirtschaftsinformation ist ein umfassend zu verstehender und nicht abschließend definierbarer Sammelbegriff. Er erfasst die Wirtschaftsbeobachtung und Wirtschaftsstatistik im Sinne einer Eigeninformation und erstreckt sich auf die Erhebung, Verbreitung, Bewertung sowie die Weitergabe von Daten an Wirtschaftsverwaltungsbehörden, andere öffentliche Stellen und private Wirtschaftssubjekte mit der **Möglichkeit der Verhaltenssteuerung** durch unterschiedliche Maßnahmen. Neben den Unternehmen sind in jüngerer Zeit verstärkt Verbraucher Adressat staatlicher Wirtschaftsinformationen[1801].

Beispiele: § 40 Abs. 1a LFGB, § 1 VIG, §§ 30 f. ProdSG.

1795 Vgl. dazu *Schreibauer/Spittka*, ITBR 2015, 240 ff. sowie *Omlor/Elixmann*, jM 2015, 398 ff.
1796 Vgl. zum Ganzen *Kloepfer*, Schutz kritischer Infrastruktur, 2010.
1797 S. näher *Gusy*, JZ 2014, 171 ff.
1798 Näher *Kloepfer*, Informationsrecht, 2002; ähnlich *Schliesky*, Öffentliches Wirtschaftsrecht, 4. Aufl., S. 143 ff.
1799 *Püschel*, Informationen des Staates als Wirtschaftsgut, 2006; *Augsburg*, DVBl. 2007, 733 ff.
1800 BVerfGE 27, 1, 17; 65, 1, 47; BVerwG, GewArch. 1991, 133; *Weiß*, EuZW 2008, 74 f.
1801 *Becker/Blackstein*, NJW 2011, 490 ff.

II. Wirtschaftsinformation als Unions- und Staatsaufgabe

Die Informationsverantwortung ist weder im Unions- noch im Verfassungsrecht aus- **862** drücklich und grundlegend normiert. Diese Aufgabe wird eher versteckt in Staatszielen, Zuständigkeitsbestimmungen und Politiken angesprochen. Auf der Unionsebene ist an das in Art. 15 AEUV und Art. 1 Abs. 2 sowie Art. 10 Abs. 3 Satz 2 EUV verankerte Transparenzprinzip zu erinnern[1802]. Ferner werden die Art. 337 f. AEUV als Kernelement einer Europäischen **Informationsunion** angesehen. Sie soll einerseits die Wirtschaftsbeobachtung und Wirtschaftsstatistik der Mitgliedstaaten im Interesse der Funktionsfähigkeit des Binnenmarktes angleichen und vereinheitlichen. Andererseits gewinnen Verbraucherinformationen von Amts wegen an Bedeutung (§ 40 LFGB)[1803]. Die Aufgabe Wirtschaftsinformation wird in zahlreichen Fachgesetzen und in speziellen Statistikgesetzen konkretisiert, die u. a. unionsrechtliche Vorgaben umsetzen. So heißt es in § 14 Abs. 13 Satz 2 GewO, dass die Gewerbeanzeigestatistik Informationsgrundlage für die Wirtschafts-, Wettbewerbs- und Strukturpolitik sein soll.

III. Wirtschaftsinformationelle Eigenverantwortung

1. Informationsrechte und Informationspflichten

Neben der Wirtschaftsverwaltung sind auch private **Wirtschaftssubjekte** auf umfas- **863** sende aktuelle Wirtschaftsinformationen angewiesen. Die Verbraucher benötigen sie für private Konsumüberlegungen. Die Unternehmer benötigen sie für die Planung betrieblicher Entscheidungen. Dabei ist die Information als eigenständiger Wettbewerbs- und Produktionsfaktor umso wichtiger, je kürzer die Innovations- und Produktionszyklen und je größer und unübersichtlicher die Märkte sind.

Wirtschaftsinformationen ermöglichen und verstärken den Gebrauch ökonomischer **864** Freiheits- und Gleichheitsrechte, sie sorgen für Transparenz und eine bessere Akzeptanz staatlicher Entscheidungen[1804]. Das ist auch der Grund, weshalb den Wirtschaftsbürgern zunehmend **Informationsrechte gegenüber der Verwaltung** eingeräumt werden, die die früheren Grundsätze des Aktengeheimnisses und der Nichtöffentlichkeit im Interesse der Transparenz weitgehend aufheben[1805].

Beispiele: Informationsfreiheitsgesetze des Bundes und mancher Länder[1806]; § 40 LFGB; Umwelt- und Verbraucherinformationsgesetze[1807]; Bekanntgabe von EU-Subventionsempfängern im Internet nach der VO EG 259/2008[1808].

Informationsrechten stehen Informationspflichten gegenüber. Sie bestehen vornehm- **865** lich aus Auskunfts-, Anzeige-, Melde-, Bilanzierungs-, Übermittlungs- sowie Hinweispflichten[1809]. Adressiert werden insoweit je nach Konstellation neben etwa zuständigen Behörden auch und oft die Wirtschaftsakteure. Dann werden Informations- zu **Unternehmerpflichten** – so aufgrund bestehender Sachnähe vor allem, wenn es sich um Informationen aus dem Wirtschaftsbetrieb handelt.

Beispiele: Meldepflicht und Informationspflicht des Anlagenbetreibers nach §§ 11, 11a Störfall-VO gegenüber der Öffentlichkeit bei Störfällen. Nach § 21 KrWG sind Abfallbilanzen zu erstellen, die über Art, Menge und Verbleib der verwerteten oder beseitigten überwachungsbedürftigen

1802 EuGH, EuZW 2010, 943 Rn. 71.
1803 S. näher *Schoch*, NVwZ 2012, 1497, 1501 f; *Rossi*, GewArch 2013, 97 ff.
1804 *Becker/Blackstein*, NJW 2011, 490 ff.
1805 *Kloepfer*, Die transparente Verwaltung, 2002; *Gusy*, JZ 2014, 171 ff.
1806 *Reinhart*, DÖV 2007, 18 ff.
1807 *Schoch*, NVwZ 2012, 1497 ff.
1808 *Kilian*, NJW 2011, 1325 ff.
1809 *Stohrer*, Informationspflichten Privater gegenüber dem Staat, 2007.

Abfälle Auskunft geben. § 44 Abs. 3 LFGB legt Lebensmittelunternehmen Übermittlungspflichten gegenüber der Überwachungsbehörde auf. Betreiber öffentlicher Tankstellen müssen die Änderung der Kraftstoffpreise an die Markttransparenzstelle übermitteln (§ 47k GWB).

866 Etwaige Informationsinteressen sind mit dem Recht auf informationelle Selbstbestimmung *(s. o. Rn. 569)*[1810] und dem Recht auf Schutz der Betriebs- und Geschäftsgeheimnisse *(s. o. Rn. 657)* **auszugleichen.** Ferner stoßen die Vielzahl und die Dichte der Erhebungen seit längerem als zeitliche und finanzielle Belastung und staatliche Inpflichtnahme *(s. u. Rn. 1189 ff.)* auf Kritik. Sie ist insbesondere für kleinere Unternehmen berechtigt, die nicht über eigene Statistikabteilungen verfügen. Deshalb verlangt Art. 338 AEUV zutreffend, dass die Erstellung von Unionsstatistiken die Wirtschaft nicht übermäßig belasten darf.

2. Marktwirtschaftliche und selbstverwaltete Informationssysteme

867 Die Hoheitsträger auf Unions-, Bundes- und Landesebene besitzen kein Wirtschaftsinformations- und Statistikmonopol. Neben den von Amts wegen erhobenen Daten stehen die **nicht amtlichen Statistiken** der Wirtschaftsakteure und anderer Organisationen der Zivilgesellschaft. Sie sind Ausdruck der informationellen Eigenverantwortung und des ggf. auch ökonomischen Eigeninteresses an paralleler Informationsermittlung in marktwirtschaftlich orientierten Wirtschaftsordnungen.

§ 28 Wirtschaftsplanung

868 Wirtschaftliche Infrastruktur und Wirtschaftsinformation sind Voraussetzung für Wirtschaftsplanung.

I. Unions- und Staatsaufgabe Wirtschaftsplanung

869 Die Staats- und Unionsaufgabe Planung ist im Grundgesetz und im Unionsrecht nur sporadisch und in unterschiedlichen Zusammenhängen angesprochen. Wirtschaftsplanung heißt aktive Wirtschaftsgestaltung und übergreifende planmäßige Ordnung von Wirtschaftsabläufen. Sie ist begrifflich und ihrer Natur nach zukunftsbezogen und entwicklungsoffen. Sie konzipiert ein Programm für staatliches Handeln, durch das vorgegebene Soll-Zustände im wirtschaftlichen Bereich angestrebt werden[1811]. Insbesondere legt sie die Bedingungen für **unternehmerische Standortentscheidungen** und für die Nutzung des betrieblichen Produktionsfaktors Boden fest, kann aber gerade auch wegen des Wandels von der ordnenden zur gestaltenden Hoheitsgewalt Ausdruck der öffentlich-rechtlichen Regulierungsverantwortung sein. In diesem Falle bestehen Querverbindungen zur hoheitlichen Aufgabe der Infrastruktursicherung[1812].

870 Da die Wirtschaftsplanung Prämissen für künftige Entscheidungen festlegt, bereitet sie deren Erlass nicht nur vor, sondern hat oft auch **vorentscheidenden Charakter.** Wirtschaftsplanung soll insoweit zufälliges unwirtschaftliches Handeln ausschalten und Entscheidungsgrundlagen für gezielte Maßnahmen liefern. Sie will Risiken vermindern sowie Fehlentscheidungen und Fehlinvestitionen von Gemeinschaft, Staat und Privatwirtschaft vermeiden. Wegen dieses Querschnittcharakters ist sie weder eindeutig der Legislative noch der Exekutive zuzuordnen[1813]. Wirtschaftsplanung ist zudem

---

1810 *Becker/Blackstein*, NJW 2011, 490 ff.
1811 Vgl. *Ossenbühl*, Gutachten B zum 50. DJT, 1974, S. 50 ff.
1812 *Wolff/Bachof/Stober/Kluth*, VerwR I, § 56 Rn. 2.
1813 BVerfG, NJW 1997, 383.

nicht mit Planwirtschaft identisch *(s. o. Rn. 101 ff.)*, weil die individuelle, durch Grundfreiheiten und ökonomische Grundrechte geschützte privatwirtschaftliche Unternehmensplanung Basis und Grenze unions- und verfassungsrechtlicher Planungssteuerung der Wirtschaft ist.

II. Erscheinungsformen der Wirtschaftsplanung

Wirtschaftspläne gibt es in vielfältigen Erscheinungsformen. Sie können nicht hoheitlicher Natur wie z. B. im Falle von Selbstbeschränkungsabkommen der Wirtschaft sein, werden aber in der Regel hoheitlich verantwortet. Nur die wenigsten dieser Pläne haben ausschließlich wirtschaftsverwaltungsrechtlichen Charakter. Meistens werden mehrere Zwecke nebeneinander verfolgt, die aber oft zumindest auch ihre Basis im Ziel der Ordnung des Marktgeschehens finden. **871**

Beispiele: Finanz- und Haushaltsplanung z. B. soweit es um die Auskehrung von Subventionen geht *(s. o. Rn.* 166) , Krankenhausbedarfsplanung nach § 6 KHG in Verbindung mit beispielsweise dem NKHG; Energieversorgungsplanung (§§ 43 ff. EnWG), Abfallwirtschaftsplanung (§§ 30 ff. KrWG); Frequenzplanung (§§ 54 ff. TKG).

Die denkbaren **Rechtsnaturen** wirtschaftsverwaltungsrechtlicher Pläne sind vielfältig. Sie können in Form eines Gesetzes *(s. o. Rn. 299)* ergehen, werden aber normalerweise von der Exekutive erlassen und sind dann etwa als Verwaltungsakt, als Verwaltungsvertrag, als Rechtsverordnung bzw. Satzung oder als schlicht-hoheitliches Handeln konzipiert. Hinzu treten verwaltungsinterne Pläne ohne Außenwirkung. Im Zweifel können Zuordnungsschwierigkeiten bestehen, denen mit Hilfe der herkömmlichen Auslegungsmethoden zu begegnen ist *(s. o. Rn. 52 ff.)* [1814] **872**

III. Anforderungen an die Rechtmäßigkeit

Die Rechtmäßigkeit wirtschaftsverwaltungsrechtlicher Pläne hängt maßgeblich vom jeweils **einschlägigen Fachrecht** ab, das in der Regel formelle Anforderungen stellt, um den Grundrechtsschutz der Betroffenen durch Verfahrensvorgaben zu gewährleisten *(s. o. Rn. 55)*. Demgegenüber treten die materiell-rechtlichen Anforderungen auch deshalb zurück, weil die Planung in hohem Maße vom Ausgleich widerstreitender Interessen abhängt und infolgedessen ein behördliches Planungsermessen *(s. u. Rn. 1049 ff.)* besteht, dessen Ausübung nur eingeschränkt gerichtlich kontrollierbar ist. **873**

Abgesehen davon können die **Vorgaben des höheren Rechts** und insbesondere des Unionsrechts eine Rolle spielen, weil das Planungsrecht in hohem Maße sekundärrechtlich überformt ist, wie z. B. die Umweltverträglichkeitsprüfung zeigt. Hinzu treten soweit relevant die Anforderungen des Primärrechts z. B. in Form der Vorschriften über die transeuropäischen Netze (Art. 170 ff. AEUV sowie das Verfassungsrecht, und zwar nicht nur im Hinblick auf den Schutz betroffener Grundrechte, sondern auch in Form allgemeiner staatsorganisationsrechtlicher Anforderungen wie dem Gesetzesvorbehalt und -vorrang *(s. o. Rn. 155, 157)*. **874**

§ 29 Wirtschaftsüberwachung

Die Wirtschaftsüberwachung ist die wohl klassischste Staatsaufgabe im Zusammenhang mit ökonomischen Aktivitäten, weil sie in der Tradition des wirtschaftlichen **875**

[1814] *Wolff/Bachoff/Stober/Kluth*, VerwR I, § 56 Rn. 14 ff.

Liberalismus sowie der beginnenden Industrialisierung steht und sich als **Korrektiv der Gewerbefreiheit** herausgebildet hat, was sich noch heute aus den jedenfalls im Kern aus dem Jahre 1869 stammenden Vorschriften der Gewerbeordnung ablesen lässt[1815], die nach wie vor zumindest in Teilen deren Herz bilden[1816]. Die Wirtschaftsüberwachung unterscheidet sich, weil sie in ihrer Zielrichtung und Funktionsweise einen Selbststand hat, von anderen (hoheitlichen) Aktivitäten im Bereich der Marktkontrolle (dazu I.), bezieht sich auf verschiedene Schutzgüter sowie Eingriffsschwellen (dazu II.), kennt verschiedene Instrumente (dazu III.) und wird in der jüngeren Vergangenheit mehr und mehr auf die privaten Marktakteure verlagert (dazu IV.).

I. Bedeutung und Gegenstand

876   Bedeutung und Gegenstand der Wirtschaftsüberwachung erschließen sich über deren inhaltliche Ziele, deren Abgrenzung zu ähnlichen Institutionen sowie über deren Entwicklung im Kontext von Privatisierung und Internationalisierung.

1. Wirtschaftsüberwachung als klassische Staatsfunktion

877   In der modernen Industrie-, Dienstleistungs- und Informationswirtschaft wird die Unions- und Staatsaufgabe Wirtschaftsüberwachung durch den in Art. 3 Abs. 3 EUV niedergelegten Grundsatz der wettbewerbsfähigen, sozialen Marktwirtschaft, durch grundrechtliche Schutzpflichten und durch die Staatsfunktion Prävention legitimiert. Binnenmarktrechtlich handelt es sich um ein **Korrektiv** der Verkehrsfreiheiten, das in zahlreichen Bestimmungen zum Vorschein kommt (Art. 36, 52 und 12 AEUV). Zusammengenommen ist Wirtschaftsüberwachung daher Korrelat der Wirtschaftsfreiheit im Interesse des Gemeinwohls[1817]. Denn je offener und freiheitlicher eine Wirtschaftsordnung ausgestaltet ist, umso mehr bedarf es für Wirtschaftsgesetzgebung und Wirtschaftsverwaltung der Möglichkeit, das Wirtschaftsgeschehen mit den Mitteln des Ordnungsrechts zu kontrollieren, um von der wirtschaftlichen Betätigung ausgehende Risiken, Gefahren und Schäden abzuwenden. Diese Zielsetzung schließt die wirtschaftsbezogene Umweltüberwachung ein, die gleichfalls im Gewerberecht ihren Ursprung hat *(s. o. Rn. 40 ff.)* und insbesondere der Gefahrenvorsorge verpflichtet ist.

878   Versucht man das vielschichtige Phänomen der Wirtschaftsüberwachung auf den Begriff zu bringen, dann geht es letztlich um eine typischerweise hoheitlich initiierte Kontrolle des wirtschaftlichen Handelns Privater einschließlich einer ggf. zwangsweisen Berichtigung etwaigen Fehlverhaltens, um Gefahren oder Risiken für bestimmte **schützenswerte Allgemeininteressen** abzuwehren bzw. zu vermeiden[1818]. Die Wirtschaftsüberwachung ist somit darauf gerichtet, dass die Bestimmungen des Öffentlichen Wirtschaftsrechts eingehalten und die Maßnahmen der Wirtschaftsverwaltungsbehörden befolgt werden. Sie hat den Unternehmer (Mensch als Risikofaktor) sowie das Unternehmen im Auge und erstreckt sich auf eine Personen-, Transport-, Betriebs-, Produkt- und Anlagenüberwachung in sämtlichen Phasen unternehmerischer Betätigung. Angesichts dieser selbstverständlichen Daueraufgabe ist es entbehrlich von akzessorischer und nicht akzessorischer Überwachung in Abhängigkeit dazu zu sprechen, ob sie marktverhaltensbezogen ansetzt oder nicht[1819]. Die Einzelheiten dieses speziellen „Wirtschaftspolizeirechts" sind in zahlreichen Regelwerken des Öffentlichen Wirt

---

1815   *Gröschner*, Das Überwachungsrechtsverhältnis, 1992, S. 27 ff.; *ders.*, ThürVBl. 1996, 217, 220.

1816   Vgl. Schmidt/Wollenschläger/*Korte*, Kompendium, § 9 Rn. 1.

1817   Ebenso *Gramlich*, VerwArch. 88 (1997), 598 ff.; allg. *Schuppert*, DÖV 1998, 831 f.; BAG, NVwZ 1999, 917 f.

1818   *Huber*, in: Hoffmann-Riem u. a. (Hg.), Grundlagen. § 45 Rn. 29.

1819   So aber *H. C. Röhl*, in: Hoffmann-Riem u. a. (Hg.), Grundlagen, § 30 Rn. 40 b und 41.

schaftsrechts normiert. Sie fixieren die Überwachungsanforderungen auf der Basis des Verursacherprinzips nach unterschiedlichen Kontrollmaßstäben und nach dem Grad der Überwachungsbedürftigkeit.

2. Wirtschaftsüberwachung und Wettbewerb

In jüngerer Zeit hat sich die Schutzrichtung der Wirtschaftsüberwachung in ehemals **879** hoheitlich verantworteten Wirtschaftszweigen auf Grund fundamentaler ordnungspolitischer Entwicklungen verändert, die mit den Stichworten Privatisierung, Stärkung der unternehmerischen Eigenverantwortung *(s. o. Rn. 18 ff., Rn. 87 ff.)* und des Verbraucherschutzes sowie Rückzug des Staates aus bestimmten Aufgabenbereichen umschrieben werden können. Aus der staatlichen Leistungs- und Erfüllungs- entstand eine Gewährleistungsverwaltung *(s. o. Rn. 855)*, die sich mit der wirtschaftsverwaltungsrechtlich geprägten **Gewährleistungsüberwachung** zu befassen hat und als ein in Teilen eigenen Gesetzmäßigkeiten und Rechtsgrundsätzen folgender Arm der Kontrolle von Marktgeschehen neben die klassische Wirtschaftsüberwachung tritt.

Eine besondere Ausprägung dieser neuen Wirtschaftsüberwachung ist die **wirtschafts-** **880** **verwaltungsrechtliche Regulierung.** Zwar ist der Regulierungsbegriff mehrdeutig, weil er auch Rechtsetzung oder allgemein Wirtschaftsregulierung meinen kann[1820]. Er wird jedoch mehrheitlich in einem engeren Sinne als spezielles Privatisierungsfolgenrecht verstanden, das sich mit ehemals staats- oder kommunalmonopolisierten Unternehmen befasst, die als in die Privatwirtschaft entlassene Wirtschaftszweige einer Regulierungsüberwachung[1821] durch eine besondere Regulierungsbehörde bedürfen (Bundesnetzagentur (zuständig für Elektrizität, Gas, Telekommunikation, Post und Eisenbahn (vgl. z. B. § 54 EnWG))).

Das wirtschaftsverwaltungsrechtlich motivierte Regulierungsrecht hat verstanden als **881** ein spezifischer Modus staatlicher Aufgabenerledigung[1822] einen aus den Regulierungszielen (§ 1 f. EnWG, § 1 TKG, § 1 Eisenbahnregulierungsgesetz, § 1 AEG) ableitbaren dreifachen Auftrag, der eine marktoptimierende Wirtschaftsüberwachung bezweckt[1823]. Er überschneidet sich teilweise mit der Aufgabe wirtschaftliche Infrastruktur *(s. o. Rn. 852)*[1824], weil er oft auf Wirtschaftszweige (z. B. Abfallentsorgung oder Telekommunikation) bezogen ist, deren Marktaktivität von der Nutzung eines in der Anschaffung kostenintensiven Netzes abhängt. Im Einzelnen lassen sich folgende **drei Facetten des Regulierungsauftrags** differenzieren:
- Herstellung eines wirksamen, unverfälschten **Wettbewerbs,**
- Gewährleistung einer **Grundversorgung** mit Gütern und Dienstleistungen,
- Sicherstellung **gewerberechtlicher Anforderungen.**

Folglich ist die wirtschaftsverwaltungsrechtliche Regulierung dadurch gekennzeichnet, **881a** dass sie neben dem Korrektiv der Gewerbefreiheit **zusätzlich** ein **Korrektiv der Wettbewerbsfreiheit** aufrichtet[1825] und die betroffenen Unternehmen im Interesse des Gemeinwohls (public utility regulation) ggf. in hohem Maße in die Pflicht nimmt *(s. u. Rn. 1189)*[1826], um die Versorgung der Bevölkerung mit bestimmten Leistungen (sog. Daseinsvorsorge) als bevorzugte Lösung im Wettbewerb und nur nachrangig, wenn eine Bereitstellung in Konkurrenz scheitert, durch Markteingriffe sicherzustellen, die

---

1820 S. näher *Stober*, in: FS für R. Scholz, 2007, 943 ff.; *Wolff/Bachof/Stober/Kluth*, VerwR II, 7. Aufl. § 95.
1821 Ebenso *Ziekow*, Öff. WiR, § 5 II.
1822 Zustimmend *Hellermann*, VVDStRL 70 [2011], 366, 388; *Möstl*, GewArch. 2011, 265, 272.
1823 Ebenso *Schorkopf*, JZ 2008, 20 ff.; *Bumke*, Verw. 41 (2008), 227 ff.; *Franzius*, DVBl. 2010, 1086 ff.
1824 Ebenso *Knauff*, VerwArch. 98 (2007), 382, 384.
1825 *Masing*, Verw. 36 (2003), 1, 31 ff.; *Franzius*, DVBl. 2010, 1086, 1088 f.
1826 *Fehling/ Ruffert* (Hg.), Regulierungsrecht, 2010.

dann ggf. bis hin zur Selbstvornahme durch die öffentliche Hand reichen können[1827]. Trotz dieser Gemeinsamkeiten fehlt es bislang an einem übergreifenden Regulierungsverwaltungsrecht, auch wenn die Praxis diese Frage bereits aufgeworfen[1828] hat.

Beispiele: Universaldienstleistungspflicht, Entgeltregulierung, Finanzmarktregulierung[1829].

882 Betont man den Wettbewerbsbezug der wirtschaftsverwaltungsrechtlichen Regulierung, zeigt sich, dass deren Instrumente in ihrem Anwendungsfeld nicht auf ehemals hoheitlich verantwortete Wirtschaftsbereiche beschränkt sind, auch wenn sie dort ihren Nukleus haben. Vielmehr erstreckt sich deren Einsatzgebiet auf alle **Bereiche des öffentlichen Wettbewerbsrechts** *(s. o. Rn. 36 ff.)*, in denen die Hoheitsgewalt auf den unternehmerischen Wettbewerb verstanden als frei zugänglichen, durch Konkurrenz geprägten, in einem rechtlichen Rahmen eingehegten und sich in eigener Dynamik entfaltenden Bereich freier wirtschaftlicher Betätigung einwirkt, um Wettbewerb zu sichern, zu ermöglichen, zu lenken oder zu schaffen[1830].

3. Wirtschaftsüberwachung in Abgrenzung zu verwandten Instituten

883 Im Fachrecht finden sich viele unterschiedliche Ansätze der Wirtschaftsüberwachung. Nicht zuletzt aufgrund dieser überaus hybriden Rechtslage hat die Aufgabe Wirtschaftsüberwachung unbeschadet ihrer Tradition und Anerkennung bislang keine festen Konturen gewinnen können. Daher verwundert es nicht, wenn es trotz wissenschaftlicher Bemühungen um Eingrenzung, Systematisierung und Umschreibung an **begrifflicher Klarheit fehlt.** Die Überwachung wird teilweise pauschalierend und irreführend als Wirtschaftsgestaltung[1831], als Wirtschaftsaufsicht[1832] oder als Staatsaufsicht[1833] bezeichnet. Die Verwendung dieser Termini als Synonyme der Wirtschaftsüberwachung geht jedoch aus mehreren Gründen fehl:

884 Zum einen ist aus wirtschaftsverwaltungsgeschichtlicher Perspektive die Überwachung das dogmatische Gegenteil von Aufsicht durch die sog. „gute Policey", die Wohlfahrtspolizei im Sinne des umfassend die Geschicke der Menschen leitenden Wohlfahrtsstaates[1834]. Zum anderen ist aus rechtssystematischer Perspektive zu bedenken, dass die Begriffe Überwachung und Aufsicht teilweise zwar in demselben Wirtschaftsüberwachungsgesetz vorkommen, aber unterschiedliche Bedeutungen haben. So wird Überwachung als Unternehmerkontrolle und Aufsicht im Sinne von Staatsaufsicht, als behördeninterne Kontrolle[1835] oder als Rechtsaufsicht etwa über Kammern verstanden. Anders formuliert: **Überwachung ist Freiheitskorrelat und Aufsicht ist Verwaltungs- und Selbstverwaltungskorrelat**[1836] *(s. u. Rn. 1130).*

1827   Vgl. dazu *Fuchs*, in: Kirchhof/Korte/Magen (Hg.), Öff. Wettbewerbsrecht, 2014, § 14 Rn. 113 ff.

1828   S. dazu *Masing*, Gutachten D zum 66. DJT, 2006, D 192 (insbesondere These 7).

1829   *Bumke*, Verw. 41 (2008), 227 ff.

1830   Vgl. zu dieser Weiterung und den damit verbundenen Konsequenzen ausf. *Kirchhof/Korte/Magen u. a.*, in: Korte/Kirchhof/Magen (Hg.), Öff. Wettbewerbsrecht, 2014, § 4.

1831   So *Brenner*, Der Gestaltungsauftrag der Verwaltung in der EU, 1996, S. 281 ff.

1832   Vgl. zu den Kontroversen *Ehlers*, Ziele der Wirtschaftsaufsicht, 1997, S. 43 ff. und 67 ff.; *Gramlich*, VerwArch. 88 (1997), 598 ff.; *Kahl*, Die Staatsaufsicht, 2000, S. 362; *Hecker*, Marktoptimierende Wirtschaftsaufsicht, 2007, S. 13 ff.

1833   *T. Meyer*, Staatsaufsicht über Private, insbesondere Wirtschaftsunternehmen, 1988; *Mösbauer*, Staatsaufsicht über die Wirtschaft, 1990; *Lühmann*, DVBl. 1999, 752 ff. und dazu *Stober*, in: Pitschas (Hg.), Integrierte Finanzdienstleistungsaufsicht, 2002, S. 21 ff.

1834   S. auch *Gröschner*, Das Überwachungsrechtsverhältnis, 1992, S. 35, 46 ff., 130; *Stober*, NJW 1997, 889 ff.

1835   Ebenso *Kahl*, Die Staatsaufsicht, 2000, S. 32, 364; *Schmidt-Aßmann*, in: ders./Hoffmann-Riem (Hg.), Verwaltungskontrolle, 2001, S. 13; *Kluth*, in: Schulte/Kloos (Hg), Handbuch Öffentliches Wirtschaftsrecht, 2016, § 7 I 3.

1836   *Gröschner*, Das Überwachungsrechtsverhältnis, 1992, S. 52; *ders.*, in: FS Stober, 2008, S. 509, 519 ff.

Beispiele: Überwachungsbedürftige Anlagen sowie zugelassene technische Überwachungsstellen einerseits und Aufsicht der Behörden andererseits (§§ 1 Abs. 2, 37 f. ProdSG, § 115 HwO). Überwachung der betroffenen Unternehmen einerseits und Aufsicht über die beliehene Akkreditierungsstelle andererseits (Akkreditierungsstelle-Beleihungsverordnung).

Vor allem im **Finanzrecht** ist – wie auch Art. 127 Abs. 6 AEUV und das Finanzdienstleis-   **885**
tungsaufsichtsgesetz belegen – weitgehend durchgängig von „Aufsicht" die Rede[1837], so namentlich von Bank-, Versicherungs- oder Wertpapieraufsicht. Die Verwendung dieser Termini ist aber wegen ihrer sektoralen Bedeutung nicht begriffsprägend, zumal auch das Finanzrecht selbst in jüngeren Aufgabenausführungsgesetzen von diesen Grundsätzen abweicht und von Überwachung spricht. Mag sich dort auch im Übrigen der Terminus der „Finanzaufsicht" etabliert haben, folgt daraus deshalb nicht, dass auch sonst zwischen Staat und Bürger ein Aufsichtsverhältnis besteht, zumal der Terminus Überwachung Kennzeichen der Grundrechtsbindung ist, die man im Falle der staatsinternen Aufsicht so in der Regel nicht findet *(s. o. Rn. 573)*[1838].

Beispiel: Überwachung von Ratingagenturen nach § 17 Ausführungsgesetz zur EU-Ratingverordnung[1839].

Weitere Brüche in der Unterscheidung von Aufsicht und Überwachung folgen aus den   **886**
sog. **Gewerbeaufsichtsbehörden.** Deren Aufgabenfeld bezieht sich allerdings nicht auf die allgemeine Wirtschafts- bzw. Gewerbeüberwachung. Stattdessen handelt es sich um eine fachlich beschränkte Sonderwirtschaftsüberwachung, die früher ausschließlich dem Arbeitsschutz diente, heute aber zunehmend auch Umweltschutzaufgaben erledigt. Die Gewerbeaufsichtsbehörden sind im Übrigen traditioneller und sachlich essenzieller Bestandteil der Wirtschaftsüberwachung (§ 139b GewO, § 38 ProdSG, §§ 13 und 15 ArbZG)[1840] und nehmen ihre Zuständigkeiten je nach Landesrecht ggf. neben den allgemeinen Überwachungsbehörden war. Auch diese begrenzte terminologische Abweichung kann daher nicht zur Aufhebung der Differenzierung zwischen Wirtschaftsüberwachung und -aufsicht führen, zumal sie durchgängig dem modernen Gesetzesrecht zugrunde liegt.

Beispiele: Bezeichnung des Teils 3 des AWG, des Teils 6 des KrWG, des Abschnitts 6 des ProdSG, des Abschnitts 7 LFBG, des 11. Abschnitts des AMG und des 5. Abschnitts des GüKG; siehe zudem § 21 ChemG, § 25 GenTG, § 52 BImSchG, § 2 LuftSiG, § 20 TEHG, § 41a HwO, § 9 GefahrgutbeförderungsG, § 31 WeinG.

Innerhalb des Produktsicherheitsrechts bzw. des technischen Verbraucherschutzrechts hat   **887**
sich neuerdings der Begriff **Marktüberwachung** etabliert. Darunter werden die von den Behörden durchgeführten Tätigkeiten und von ihnen getroffenen Maßnahmen verstanden, die ähnlich wie im Falle der klassischen Wirtschaftsüberwachung sicherstellen sollen, dass der betroffene Gegenstand insbesondere mit den Anforderungen der einschlägigen Rechtsvorschriften der EU, aber auch des bundesdeutschen Rechts übereinstimmt und keine Gefährdung für die Gesundheit, die Sicherheit oder andere im öffentlichen Interesse schützenswerte Belange darstellt (§ 2 Nr. 18 i. V. m. §§ 24 ff. ProdSG).

Im Falle der Marktüberwachung liegt der Schwerpunkt in der wirksamen hoheitlichen   **888**
Überwachung der Voraussetzungen für die Bereitstellung von Produkten auf dem Markt auf der Grundlage eines behördlichen **Überwachungskonzepts** (§ 25 ProdSG, § 28 Tabakerzeugnisgesetz, §§ 48 ff. MessEG), das dem Risikoüberwachungsrecht entstammt und gewährleistungsrechtliche Züge aufweist. Dementsprechend werden den

---

1837   *Ludwig*, Branchenspezifische Wirtschaftsaufsicht und Corporate Governace, 2012.
1838   Vgl. dazu *Thiele*, Finanzaufsicht, S. 47 f.; weitergehend *Gröschner*, Das Überwachungsrechtsverhältnis, 1992, S. 335; *Huber*, in: Hoffmann-Riem u. a. (Hg.), Grundlagen, § 45 Rn. 23.
1839   BGBl. I, 2010, S. 786 ff.
1840   *Gramlich*, VerwArch. 88 (1997), 598 ff.; *Gröschner*, Das Überwachungsrechtsverhältnis, 1992, S. 130.

zuständigen Behörden zahlreiche Aufgaben übertragen und Befugnisse eingeräumt, um eine wirksame Marktüberwachung sicherzustellen[1841]. Adressaten der Maßnahmen sind die Wirtschaftsakteure im Sinne von § 2 Nr. 29 i. V. m. § 27 ProdSG (Hersteller, Bevollmächtigte, Einführer, Werbetreibende und Händler).

Beispiele: Stichproben nach § 26 Abs. 1 ProdSG; Schnellinformationssystem RAPEX (§ 30 ProdSG). Vorübergehendes Verbot des Inverkehrbringens eines Erzeugnisses (§ 29 Abs. 2 Tabakerzeugnisgesetz).

889   Wirtschaftsüberwachung ist schließlich nicht mit **Compliance** identisch, da dieser Begriff für die Einhaltung von gesetzlichen Regeln, Standards und selbstgesetzten Anforderungen in einem Unternehmen steht. Er ist damit generell auf ein gesetzeskonformes Unternehmen und eine gute Unternehmensführung gerichtet. Insofern handelt es sich aber nicht um ein neues Ordnungsinstitut, sondern nur um eine Verdeutlichung und Vergewisserung des Rechts, die staatliche Wirtschaftsüberwachung entlasten und ergänzen kann[1842], nicht aber ersetzen, weil sog. Compliance-Management-Systeme, die die Regeltreue sicherstellen, vom Unternehmen und insbesondere von dessen Leitung initiiert sind und daher anders als die Wirtschaftsüberwachung nicht auf eine externe Kontrolle durch gemeinwohlverpflichtete Behörden bauen.

Beispiele: Außenwirtschafts-Compliance liegt vor, wenn ein Unternehmen die Dual Use-Exportregeln befolgt. Der Deutsche Corporate Governance Kodex (DCGK) enthält Empfehlungen insbesondere für börsennotierte Unternehmen, um die Regeltreue im Unternehmen sicherzustellen und die dafür erforderlichen Vorkehrungen zu treffen[1843].

4. Wirtschaftsüberwachung und Internationalisierung

890   Einen eigenständigen Überwachungsbegriff hat die EU-Gesetzgebung im Interesse der funktionierenden Verwaltungszusammenarbeit zwischen den Mitgliedstaaten (§§ 8a ff. VwVfG) mit der mehrdeutigen Bezeichnung Kontrolle eingeführt. Danach umfasst Kontrolle nach dem Erwägungsgrund Nr. 106 DL-RL Tätigkeiten wie Überwachung und Faktenermittlung, Problemlösung, Verlängerung und Vollstreckung von Sanktionen und die damit verbundenen Folgemaßnahmen. Insbesondere Art. 30 Abs. 1 DL-RL sowie Art. 2 Nr. 9 Lebens- und FuttermittelkontrollVO ist zu entnehmen, dass Kontrolle mit Unternehmerüberwachung gleichgesetzt wird. Allerdings weicht dieser **binnenmarktbezogene Kontrollbegriff** von der Verwaltungskontrolle im Wirtschaftsverwaltungsrecht ab *(s. u. Rn. 1130)*[1844].

891   Die zunehmende Regionalisierung und Globalisierung des Wirtschaftsverkehrs wirkt sich zudem insoweit auf die Wahrnehmung der Wirtschaftsüberwachung aus, als sie dem Phänomen der **Internationalisierung** auch über den Binnenmarkt hinaus Rechnung tragen muss. Da sich Unternehmen wegen der Mobilität der Produktionsfaktoren der nationalen Kontrolle entziehen können, besteht aus ordnungsrechtlichen (Verbraucherschutz, Gesundheitsschutz, Vermögensschutz) und wirtschaftspolitischen Gründen in bestimmten Sektoren auch auf weltwirtschaftsrechtlicher Ebene ein Bedürfnis nach einheitlichen grenzüberschreitenden Standards der Wirtschaftsüberwachung[1845].

Beispiele: Finanzmarktrecht[1846], Medienrecht[1847], Umweltrecht, Lebensmittelrecht.

1841   *Klindt*, NVwZ 2012, 719, 723.
1842   *Stober*, DVBl. 2012, 391 ff.; zustimmend *Ehlers*, in: ders./Fehling/Pünder (Hg.), Besonderes Verwaltungsrecht Band 1, 2012, § 1 Rn. 57.
1843   Vgl. dazu *Ulmer*, ZHR 166 (2002), 150 ff. sowie jüngst *Mense/Klie*, BB 2017, 771 ff.
1844   S. näher zur Überwachung nach der DLR *Korte*, NVwZ 2007, 501 ff.
1845   *Stober*, Globales Wirtschaftsverwaltungsrecht, 2001, S. 7.
1846   *Stober*, in: Pitschas (Hg.), Integrierte Finanzdienstleistungsaufsicht, 2002, S. 21 ff.; *Berkenbusch*, Grenzüberschreitender Informationsaustausch in Banken-, Versicherungs- und Wertpapieraufsichtsrecht, 2004.
1847   *Stober*, DÖV 2004, 221 ff.

Voraussetzung für eine effiziente Internationalisierung der Wirtschaftsvcrwaltung　**892**
sind daher multilaterale Abkommen und mit ausreichend Befugnissen ausgestattete
Überwachungsorganisationen, die miteinander kooperieren. Hinsichtlich der Überwachung sind **unterschiedliche Modelle** denkbar. Zum einen kann die Wirtschaftsüberwachung von einer zentralen Stelle aus erfolgen. Zum anderen kann ein nationales, regionales oder internationales Gremium einheitliche Überwachungsregeln
erlassen, die andere Hoheitsträger akzeptieren[1848]. Soweit verbindliche globale Überwachungsregeln fehlen, kommen Softlaw-Instrumente als erster Harmonisierungs-
schritt in Betracht.

Beispiel: Die International Association of Insurance Supervisors gehört zu den wichtigsten Stan-
dardsetzern für die weltweite Versicherungsaufsicht. Sie hat sog. Core Principles mit empfehlen-
dem Charakter verabschiedet, die wegen ihres kulturkreisübergreifenden und auf Konsens beruhenden Ansatzes Vorbild für verpflichtende Rechtsetzung sein können.

II. Schutzgut und Eingriffsschwelle

Die Aufgabe Wirtschaftsüberwachung wird weder im Unionsrecht noch im Grundge-　**893**
setz ausdrücklich erwähnt. Sie wird meistens im Regelungszusammenhang mit anderen
Rechtsfragen angesprochen. Anhaltspunkte finden sich in Art. 36, 52, 114, 168 und
191 AEUV etwa unter den Aspekten Ordnung, Sicherheit, Sittlichkeit, Umwelt, Verbraucherschutz und Gesundheit und in Art. 20a, 73 Abs. 1 Nr. 14, 74 Abs. 1 Nr. 19,
20 und 24 GG unter den Aspekten Umwelt-, Gefahren- und Lebensmittelschutz. Lediglich in Art. 65 und 127 AEUV ist von der Aufsicht über Finanzinstitute die Rede.
Daneben wird diese Aufgabe teilweise im Landesverfassungsrecht hervorgehoben (s.
etwa Art. 152 BayVerf). Weichenstellend für diese und andere Rechtsgrundlagen ist
jedenfalls, dass es um die Abwehr von Unwägbarkeiten für bestimmte Rechtsgüter
geht.

1. Schutzgüter der Wirtschaftsüberwachung

Die Schutzgüter der Wirtschaftsüberwachung sind facettenreich. Es lassen sich ver-　**894**
schiedene Typen identifizieren, von denen der Verbraucherschutz durch öffentliches
Recht in jüngerer Zeit in seiner Bedeutung zunimmt.

a) Einzelne Rechtsgüterschutztypen. Die Wirtschaftsüberwachung zielt auf den Schutz　**895**
von Rechtsgütern. Sie lassen sich nicht einheitlich bestimmen, weil den Wirtschaftsver-
waltungsgesetzen **unterschiedliche Schutzzwecke** zugrunde liegen. Anknüpfungspunkt
können kollektive, individuelle und sachliche Rechtsgüter sein:
- **Kollektiver Rechtsgüterschutz:** Schutz von Gemeinschaftsgütern i. S. v. § 38 Abs. 2
  GewO, Sicherheit und Ordnung, öffentliche Sittlichkeit, Umweltschutz, Wettbe-
  werbsschutz, (Art. 36, 191 AEUV, Art. 37 EU-GR-Charta, § 1 BImSchG, § 27c
  LuftVG, § 2 TKG, § 2 EnWG, § 4 Abs. 1a FinDAG).
- **Individual-integritätsbezogener Rechtsgüterschutz:** Gesundheit, Leben (Art. 36,
  191 AEUV, Art. 35 EU-GR-Charta, Art. 2 Abs. 2 GG), Freiheit.
- **Individual-situationsbezogener Rechtsgüterschutz:** Verbraucherschutz, Nachbar-
  schutz, Arbeitnehmerschutz, Jugendschutz, Gästeschutz, Gläubigerschutz, Kon-
  kurrentenschutz (Art. 169 AEUV, Art. 38 EU-GR-Charta, § 1 LFGB, § 1 EnWG,
  §§ 3 und 8 ProdSG).
- **Sachlicher Rechtsgüterschutz:** Vermögen, Eigentum (Art. 36 AEUV, § 34c Abs. 2
  und § 34d Abs. 2 GewO, § 1 BImSchG), Schutz vor Täuschung (§ 1 LFGB).

1848　Vgl. *Lühmann*, DVBl. 1999, 752, 762.

896 b) **Insbesondere Verbraucherschutz.** Teilweise haben sich einzelne Schutzbereiche zu eigenständigen Rechtsgebieten entwickelt. Das gilt etwa für das Verbraucherschutzrecht (protection des consommateurs, consumer protection)[1849]. Es ist zwar nach wie vor eine **Domäne des Wirtschaftsprivatrechts** und des Wettbewerbsrechts, wie sich aus der verbraucherschutzrechtlichen Aufwertung des BGB anlässlich der Schuldrechtsmodernisierung sowie der Novellierung des GWB (§ 32e Abs. 5 GWB) und der Anpassung des UWG nachweisen lässt[1850]; so definiert § 13 BGB den Verbraucherbegriff *(s. o. Rn. 23)* und die §§ 312 ff. BGB befassen sich mit speziellen verbraucherschutzrelevanten Vertriebsformen (z. B. Fernabsatzrecht und Haustürgeschäfte)[1851]. Allerdings findet auch im Öffentlichen Wirtschaftsrecht das Verbraucherschutzrecht in jüngerer Zeit zunehmend Bedeutung und Anerkennung[1852]. Das ist unter anderem eine Folge des Querschnittscharakters dieser Rechtsmaterie[1853], die ein Musterbeispiel für das Zusammenwirken von Privat- und Verwaltungsrecht ist und sich mit Erscheinungsformen des Marktversagens *(s. o. Rn. 99, 879)* beschäftigt[1854].

Beispiele: Anlagen- und Produktsicherheitsrecht[1855], Handwerksrecht, Lebensmittelrecht (§ 1 LFGB)[1856], Telekommunikationsrecht (§ 2 Abs. 2 Nr. 1 i. V. m. § 67 TKG[1857]), Energiewirtschaftsrecht (§ 1 und § 39 EnWG), Versicherungsvermittlungsrecht (§ 34d GewO), Verbraucherinformationsgesetz[1858], Informationspflichten der Dienstleistungserbringer aus der Dienstleistungs-Informationspflichten-VO[1859], § 6 c GewO, Verbraucherschutz der BaFin (§ 4 Abs. 1a und 8 FinDAG im Rahmen der Überwachung von Finanzprodukten). Die in § 6 Abs. 5 ProdSG enthaltenen Bestimmungen dienen den Verbrauchern, die nicht mit unsicheren Produkten in Berührung kommen sollen[1860].

897 Die wirtschaftsverwaltungsrechtliche Aufwertung des Verbraucherschutzrechts ist vornehmlich auf unionsrechtliche Vorgaben zurückzuführen, die in vielen Sektoren Maßstäbe setzen. Immerhin befassen sich Art. 12 sowie Art. 169 AEUV und Art. 37 f. EU GR Charta ausdrücklich mit der **Verbraucherpolitik**, die auf ein **hohes Schutzniveau** gerichtet ist[1861]. Dementsprechend hat die EU einen allgemeinen Richtlinienrahmen für Verbraucherrecht erlassen[1862]. Teilweise wird auch eine Kodifikation in Gestalt eines Konsumentengesetzbuches gefordert[1863], auch wenn die unionsgerichtliche Spruchpraxis nach wie vor jedenfalls dort, wo die Rahmenbedingungen überschaubar sind, eher auf Selbsthilfemechanismen wie Informationsmodelle setzt *(s. o. Rn. 438)*. Hinzu treten mittelbar wirkende Instrumente, die sich vornehmlich an die Unternehmensführung richten und die Einhaltung bestimmter Grundanforderungen gebieten.

Beispiele: Cross Compliance bei EU-Beihilfemaßnahmen zum Schutz der Gesundheit (Erwägung Nr. 3 und Art. 22 f. VO 73/2009/EG); Gute Laborpraxis/State of GLP Compliance nach §§ 19a, b ChemG, ISO 26000 (Corporate Social Responsibility).

1849   S. etwa *Micklitz/Reich*, EuZW 1992, 593 ff.; *Martis/Meinhof*, Verbraucherschutzrecht, 2. Aufl. 2005.
1850   S. *Roth*, JZ 2001, 475 ff.
1851   S. *Wendehorst*, NJW 2014, 577 ff. und aus europäischer Sicht *Grundmann*, JZ 2013, 53 ff.
1852   Zustimmend *Durner*, VVDStRL 70[2011], 398, 414; *Hellermann*, VVDStRL 70 [2011], 366, 369 ff.
1853   *Graf/Paschke/Stober* (Hg.), Staatlicher Verbraucherschutz und private Unternehmerverantwortung, 2003; *Wiebe*, GewArch 2016, 138 ff.
1854   Ähnlich *Hellermann* und *Durner*, VVDStRL 70 [2011], 373 f. und 419 f.; *Durner*, DVBl 2014, 1356 ff.
1855   *Klindt*, NJW 2004, 465 ff.; *Fluck/Sechting*, DVBl. 2004, 1392 ff.
1856   *Bauschke*, Verbraucherschutz im öffentlichen Recht am Beispiel des Lebensmittelrechts, 2005.
1857   OVG Münster, GewArch. 2010, 318 f.
1858   *Schoch*, NVwZ 2012, 1497 ff; Rossi, GewArch. 2013, 97 ff.
1859   VO v. 17.7.2009, BGBl. I, S. 2091 f.
1860   BGH, GewArch 2017, 392 ff.
1861   *Törnblom*, in: Graf/Paschke/Stober (Hg.), Staatlicher Verbraucherschutz, a. a. O., S. 111 ff.; *Klindt*, NJW 2004, 465.
1862   *Grundmann*, JZ 2013, 53 ff.; RiLi 2011/83/EU v. 25.10.2011.
1863   S. zum Streitstand *Gsell*, JZ 2012, 809, 812 ff.

2. Eingriffsschwellen der Wirtschaftsüberwachung

Die genannten Schutzgüter werden nicht per se, sondern nur dann durch die Mecha-   **898** nismen der Wirtschaftsüberwachung geschützt, wenn bestimmte Eingriffsschwellen überschritten sind. Ausgangspunkt und Kernanliegen der Wirtschaftsüberwachung ist daran anknüpfend die von der wirtschaftlichen Betätigung ausgehende Abwehr von Gefahren, die Gefahrenvorsorge und die Gefahrennachsorge[1864].

a) Gefahrenbewältigung im Präventionsstaat. Herkömmlich wird Gefahr als eine Sach-   **899** lage definiert, die bei ungehindertem Geschehensablauf in absehbarer Zeit mit hinrei- chender Wahrscheinlichkeit zu einem Schaden an Rechts- und Schutzgütern führt (s. auch § 2 Nr. 10 ProdSG). Wann diese Schwelle im Einzelnen überschritten ist, hängt von den Umständen des Einzelfalls ab und insbesondere von der Bedeutung des betrof- fenen Rechtsguts, vom Beurteilungszeitraum der handelnden Behörde und zudem da- von ab, inwieweit das Verhalten des Wirtschaftsakteurs sozialadäquat ist und von der Rechtsordnung hingenommen wird[1865]. Da zudem auch der Umfang des drohenden Schadens eine Rolle für dessen hinreichende Wahrscheinlichkeit spielen kann, unterfal- len bestimmte gefährliche Anlagen ggf. einer besonderen Überwachung (s. § 2 Nr. 30 ProdSG). Das Wirtschaftsüberwachungsrecht knüpft in der Regel allerdings anders als das allgemeine Polizei- und Ordnungsrecht nicht an eine konkrete, im jeweiligen Ein- zelfall bestehende, sondern an eine abstrakte, nach der Lebenserfahrung gegebenen Gefahr für ein Rechtsgut an. Folglich weitet sich der Blickwinkel in Richtung einer übergreifenden, **typisierenden Betrachtung**[1866].

Beispiel: Die in § 55 Abs. 2 GewO normierte Reisegewerbekartenpflicht für gewerbliche Aktivi- täten ohne vorhergehende Bestellung und außerhalb bzw. ohne Niederlassung ist Ausdruck der mit diesem Verhalten nach der Lebenserfahrung bei Betrachtung einer Vielzahl an Fällen einher- gehenden und damit abstrakten Gefahren der Überrumpelung des Verbrauchers sowie der Ver- flüchtigung des Anbieters[1867].

b) Gefahrenvorsorge im Präventionsstaat. Neben die Gefahrenabwehr tritt die Gefah-   **900** renvorsorge als weitere Aufgabe der Wirtschaftsüberwachung.

aa) Phänomenologie. In einer hoch technisierten Industriewirtschaft, die mit vielen   **901** neuartigen komplexen Verfahren, Produkten und Anlagen arbeitet und die auf den nachhaltigen Schutz der natürlichen Lebensgrundlagen gerichtet ist, reicht die bloße Gefahrenabwehr zum effektiven Rechtsgüterschutz nicht aus. Insbesondere bei risiko- behafteter Innovation (Stichwort Risikogesellschaft) bedarf es darüber hinaus Vorkeh- rungen in dem Sinne, dass bereits dem Entstehen von Gefahren vorgebeugt wird[1868]. Gegenstand der Gefahrenvorsorge sind nachteilige **Einwirkungen unterhalb der Gefah- renschwelle.** Hier kommen die Staatsfunktion Prävention und die staatliche Verant- wortung für etwaige Risiken zum Tragen (Risikowirtschaftsverwaltungsrecht)[1869]. Ferner ist die Vorverlagerung des Schutzes und staatlicher Einwirkungsmöglichkeiten wegen der aus Grundrechten fließenden Schutzpflichten geboten *(s. o. Rn. 181)*. Folg- lich ist die größtmögliche Vorsorge gegen vorhandene oder vermutete Gefahren ein zentrales Anliegen der jüngeren Wirtschaftsverwaltungs- und Technikgesetzgebung.

Beispiele: §§ 1, 5 Abs. 1 Nr. 1 und Nr. 2 BImSchG, § 1 GenTG, § 3 und 6 ProdSG, § 1 LFGB.

1864 *Ehlers*, Ziele der Wirtschaftsaufsicht, 1997, 43; BVerwG, NVwZ 2003, 95 ff.
1865 *Korte/Dittrich*, JA 2017, 332, 336; *Schenke*, Polizei- und Ordnungsrecht, 10. Aufl. 2018, Rn. 77.
1866 S. dazu BT-Drucks. 7/111 v. 5.2.1973, S. 5 (für § 35 GewO).
1867 *Korte*, in: Korte/Repkewitz/Schulze-Werner (Hg.), GewO, 287. EL 2015, § 55 Rn. 3.
1868 Dazu *U. Beck*, Risikogesellschaft, 1986; *Di Fabio*, Risikoentscheidungen im Rechtsstaat, 1994, S. 53 f.; *Scherzberg*, VerwArch. 84 (1993), 484 ff.
1869 S. *R. Wahl*, Staatsaufgabe Prävention, 1995; ähnlich *Kahl*, Die Staatsaufsicht, 2000, S. 378; *Scherzberg*, VVDStRL 63 [2004], 216, 219 ff.

902 Die Ausdehnung der Wirtschaftsüberwachung auf die Gefahrenvorsorge wirft die Frage auf, wie **Gefahr und Risiko abzugrenzen** sind[1870]. Teilweise wird Risiko als die unterhalb der Gefahrenschwelle liegende Möglichkeit eines Schadenseintritts verstanden. Teilweise wird Risiko als Oberbegriff betrachtet, der die Gefahr als Unterfall mit der Folge einschließt, dass sie ein besonderes verdichtetes Risiko ist[1871]. § 2 Nr. 23 ProdSG umschreibt Risiko als die Kombination aus der Eintrittswahrscheinlichkeit einer Gefahr und der Schwere möglicher Schäden. Unabhängig davon, welcher Definition man folgt, besteht Einigkeit darüber, dass die Rechtsfigur des Risikos die Einbeziehung unwahrscheinlicher und damit unkalkulierbarer Geschehensabläufe und Auswirkungen gestattet[1872]. Im Gegensatz zur Gefahr bezieht sich das Risiko auf den möglichen aber ungewissen zukünftigen Eintritt eines beeinträchtigenden Ereignisses.

903 Gefahrenabwehr und Gefahrenvorsorge unterscheiden sich somit durch das Kriterium der Eintrittswahrscheinlichkeit des schädigenden Ereignisses. Während es für die Gefahrenabwehr auf die hinreichende Wahrscheinlichkeit ankommt, stellt die Gefahrenvorsorge auf die entferntere Möglichkeit des Schädlichkeitsverdachts bzw. des Gefahrenverdachts oder des Besorgnispotenzials ab[1873]. Diese Differenzierung wirkt sich auch auf die Kausalitätsanforderungen aus, weil der Nachweis der unmittelbaren Verursachung bei der Gefahrenvorsorge nicht geführt werden muss und häufig wegen des unzureichenden Wissensstandes auch nicht geführt werden kann. Ein Einschreiten im so umschriebenen Gefahrenvorfeld, das vor allem das Moment der **(insbesondere wissenschaftlichen) Ungewissheit** prägt, ist wegen des die Verwaltung bindenden Gebots des Gesetzesvorbehalts *(s. o. Rn. 157)* grundsätzlich nur zulässig, wenn dafür separate Rechtsgrundlagen bestehen. Fehlt es daran, kommt behördliches Handeln mit Eingriffscharakter somit nicht in Betracht[1874].

904 Gefahrenvorsorge in Gestalt der Umweltvorsorge bedeutet wirtschaftsverwaltungsrechtliche Produktions- und Produktverantwortung im Sinne von Ressourcenschonung und Ressourcennutzung, wie beispielhaft Art. 191 AEUV sowie die §§ 1 ff., 23 KrWG i. V. m. dem Verpackungsgesetz, der Gewerbeabfallverordnung oder dem Elektro- und Elektronikgerätegesetz zeigen. Ergänzend existieren zur Eindämmung von Verpackungsabfällen getrennte Sammlungen (§ 13 Verpackungsgesetz, § 10 Elektro- und Elektronikgerätegesetz) sowie schärfere Vorgaben hinsichtlich der Verwertungs- und Recyclingquote von Getränkeverpackungen (§ 1 Abs. 4 Verpackungsgesetz), um zusätzliche Wertstoffe zu gewinnen. Insgesamt zeigt sich, dass die **ökologische Verantwortung des Unternehmers** mehr und mehr in den Mittelpunkt rückt. Dieses Konzept wird jedoch nicht durchgängig praktiziert, wie man an dem Entsorgungsfondsgesetz für die kerntechnische Entsorgung nachweisen kann. Dort, wo es Beachtung findet, lassen sich indes drei, in manchen Bereichen noch weiter ausdifferenzierte (vgl. § 6 KrWG: Vermeidung, Vorbereitung der Wiederverwendung, Recycling, sonstige Verwertung, Beseitigung[1875]) Politiken identifizieren, und zwar im Einzelnen

– **Vermeidungsstrategien** (Vermeidung von Abfällen durch Kreisläufe von Einsatzstoffen) einschließlich Alternativstrategien.
– **Verminderungsstrategien** (sparsame Verwendung natürlicher Ressourcen, Verminderung von Abfällen durch abfallarme Produktion und Produktionsgestaltung).

1870 *Lepsius*, VVDStRL 63 [2004], 266 ff.
1871 *Di Fabio*, Risikoentscheidungen im Rechtsstaat, 1994, S. 100.
1872 *Schulze-Fielitz*, in: Hoffmann-Riem u. a. (Hg.), Grundlagen, § 12 B I 3.
1873 BVerwGE 300, 314; *Ossenbühl*, NVwZ 1986, 161 ff.; *Scherzberg*, VerwArch. 84 (1993), 484, 495.
1874 Siehe dazu und insbesondere zum Gefahrenverdacht *Korte/Dittrich*, JA 2017, 332, 333.
1875 *Petersen/Doumet/Stöhr*, NVwZ 2012, 521, 523; *Giesberts*, DVBl. 2012, 816 ff.

– **Verwertungsstrategien** (Wiederverwendung von Abwässern und von Produkten oder Produktkomponenten [Reusing, Refilling], Verwertung von Abfällen als Sekundärrohstoffe [Recycling], umweltverträgliche Abfallbeseitigung)[1876].

Unklar ist, ob es über die tradierten Mechanismen der Wirtschaftsüberwachung und **905** der Risikokontrolle hinaus einer besonderen **systemischen Risikoabwehr** bedarf. Die Notwendigkeit wird damit begründet, systemische Risiken gefährdeten die Funktionsfähigkeit zentraler gesellschaftlicher und natürlicher Systeme wie etwa die Stabilität des Finanzsystems, weshalb eine Systemaufsicht als eigenständige neue Kategorie etabliert werden müsse. Dagegen spricht jedoch, dass sich die insoweit zuständige Finanzaufsicht *(s. o. Rn. 885)* ganz ähnlicher Instrumente und Mechanismen bedient wie die allgemeine Wirtschaftsüberwachung, so dass sie in der Regel auch als spezielle Form der Gewerbeüberwachung begriffen wird[1877]. Unterschiede bestehen allerdings gleichwohl, wie etwa das Primat der laufenden, gelegentlich auch ohne konkreten Anlass auskommenden Überwachung, die Intensität des Informationsaustauschs zwischen Behörden und Unternehmen sowie die primär öffentlichen Interessen und nicht dem Individualrechtsgüterschutz dienenden Ziele der Finanzaufsicht zeigen[1878].

bb) Etablierung von Risikomanagementsystemen. Das wesentliche Charakteristikum **906** des Risikos besteht somit wie gesagt darin, dass Schadensverlauf und Eintrittswahrscheinlichkeit weder empirisch noch kognitiv hinreichend sicher beurteilt werden können[1879]. Das gilt insbesondere für den Teilaspekt des **Restrisikos**, das darauf beruht, dass trotz risikominimierender Maßnahmen keine letzte Gewissheit über den Ausschluss von Schäden möglich ist. In der Summe kann man Risikoregulierung als Entscheidung unter Unsicherheit bezeichnen, die im Risikoverwaltungsrecht ihren Ausdruck findet[1880]. Auch um einer inflationären Verwendung vorzubeugen, darf die Bezeichnung bestimmter Maßnahmen als Teil eines Risikoverwaltungsrechts allerdings nicht darüber hinwegtäuschen, dass die Konzeption der zugehörigen Rechtsgrundlagen von einer zutreffenden Erfassung des jeweils betroffenen Lebensbereichs und dort tatsächlich bestehender Risiken (und nicht Gefahren) abhängt[1881].

Zur Risikobewältigung hat sich in jüngerer Zeit ein Risikomanagement[1882] herausge- **907** bildet, dem ein ganzheitliches Risikoüberwachungskonzept zugrunde liegt (s. auch § 25 ProdSG; Art. 3 Nr. 9 ff. EU-LebensmittelbasisVO; § 4 GwG). Art. 4 Nr. 25 Zollkodex definiert Risikomanagement als „die systematische Ermittlung von Risiken und die Anwendung aller für die Risikobegrenzung erforderlichen Maßnahmen." Dazu gehören Tätigkeiten wie Sammeln von Daten und Informationen, die Analyse und Bewertung von Risiken, das Vorschreiben und Umsetzen von Maßnahmen sowie die regelmäßige Überwachung und Überarbeitung dieses Prozesses und seiner Ergebnisse. Daran anknüpfend setzen sich **Risikomanagement-Systeme** aus mehreren, dem Ablauf von Compliance-Management-Systemen vergleichbaren *(s. u. Rn. 930)* Schritten zusammen, wobei aber weder die Definition noch die einzelnen Details abschließend geklärt sind[1883].
– **Risikoanalyse** als Erforschung und Identifizierung von Sicherheits- und Gesundheitsrisiken (s. auch Art. 3 Nr. 10 und Art. 16 VO 178/2002/EG und § 5 GwG).

1876 S. zur jüngeren Entwicklung *Petersen*, NVwZ 2009, 1063 ff.
1877 *Röhl*, in: Fehling/Ruffert (Hg.), Regulierungsrecht, § 18 Rn. 86 ff.
1878 Schmidt/Wollenschläger/*Kaufhold*, Kompendium, § 14 Rn. 7.
1879 Hoffmann-Riem/Schmidt-Aßmann/*Voßkuhle*, Verwaltungsverfahren, 2002, S. 277, 330.
1880 *Trenkler*, Risikoverwaltung im Wirtschaftsverwaltungsrecht, 2010.
1881 *Ohler*, in: Kirchhof/Korte/Magen (Hg.), Öff. Wettbewerbsrecht, 2014, § 7 Rn. 29.
1882 *Trenkler*, Risikoverwaltung im Wirtschaftsverwaltungsrecht, 2010, S. 24 ff.
1883 S. auch *Hoffmann-Riem*, Verw. 38 (2005), 145 ff.

- **Risikobewertung** als Beschreibung und Abschätzung des Risikopotentials (s. auch Art. 3 Nr. 11 VO 178/2002/EG; §§ 25 f. ProdSG; § 6 und § 12c ChemG, § 54b PBefG).
- **Risikosteuerung** als Prozess der Bewältigung von Risiken durch optimales Abwägen verschiedener Maßnahmen und umfassende Berücksichtigung von Interessen sowie Vor- und Nachteilen durch interne Sicherungsmaßnahmen (§ 6 GwG).
- **Risikokommunikation** als interaktiver Austausch von Informationen und Meinungen über Risiken (Dokumentation, Anhörung, Aufklärung, Warnung: Informationssystem RAPEX – § 30 ProdSG[1884]; s. auch § 6 GenTG, § 25 ProdSG, Art. 3 Nr. 13, Art. 22 und Art. 55 VO 178/2002/EG.
- **Risikoüberwachung** als fortlaufende Kontrolle der Durchführung und Wirksamkeit der Risikobewältigung.

908 Die Risikomanagementverwaltung hat auch **organisatorische Konsequenzen**, soweit vorhandene Einrichtungen nicht für Risikofälle gerüstet sind. In diesem Falle werden oftmals neue Institutionen geschaffen, die entweder den gesamten Prozess des Risikomanagements begleiten und überwachen oder für bestimmte Teilausschnitte verantwortlich sind. Die Mitarbeiter dieser Institutionen verfügen jedenfalls über den für den Umgang mit Risiken nötigen Sachverstand und unterscheiden sich dadurch von den Bediensteten anderer Behörden, die für die Wirtschaftsüberwachung im Allgemeinen verantwortlich sind. Da sie aufgrund ihrer personellen und sachlichen Ausstattung besser zur Risikoverwaltung in der Lage ist als andere Stellen, kann man die Risikoverwaltung auch als organisationsrechtlichen Ausdruck von Grundrechtsschutz *(s. o. Rn. 605)* verstehen[1885].

Beispiele: Einrichtung eines Bundesinstituts für Risikobewertung, Etablierung von Risikobeauftragten (§ 7 GwG).

909 **c) Gefahrennachsorge im Präventionsstaat.** Da die Gefahrenlage mit der Beendigung der Wirtschaftstätigkeit bzw. der Betriebseinstellung nicht zwingend endet, gewinnt die nachsorgende Wirtschaftsüberwachung im Präventionsstaat an Bedeutung. Insofern muss der Gesetzgeber geeignete Unternehmerpflichten aufrichten und Instrumente bereithalten, die eine möglichst **gefahrlose Betriebs- und Anlagenabwicklung** sicherstellen. Sie setzen in der Regel während der Tätigkeitsausübung an und entfalten dann ihre eigentliche nachsorgende Bedeutung, wenn die wirtschaftliche Aktivität eingestellt wird.

Beispiele: Sicherheitsleistung zur Erfüllung der Pflichten nach § 5 Abs. 3 BImSchG[1886]; Sicherheitsleistung nach § 12 Abs. 1 BImSchG für Abfallentsorgungsanlagen[1887].

III. Instrumente der Wirtschaftsüberwachung

910 Der Rechtsgüterschutz durch Wirtschaftsüberwachung erfolgt durch Vorschriften und Maßnahmen, die bei der Aufnahme, bei der Ausübung und bei der Beendigung der wirtschaftlichen Tätigkeit ansetzen. Um die zielführenden Instrumente zu ermitteln, bedarf es im Vorfeld häufig neben der allgemeinen Risikoanalyse *(s. o. Rn. 907)* der Erstellung eines Lagebildes, das die Einschätzung des bestehenden Handlungsbedarfes gestattet (s. etwa § 49 Abs. 1 Satz 2 LFGB). Davon sind Szenarien zu unterscheiden, die als Grundlage für die Erarbeitung von Überwachungsplänen im Rahmen einer mittel- und langfristigen Wirtschaftsüberwachung dienen sollen (§ 12a EnWG). Im

---

1884 *Scherzberg*, VVDStRL 63 [2004], 216, 255; *Böhm*, NVwZ 2005, 609.
1885 *Kaufhold*, Systemaufsicht, 2016 sowie *Kremer*, Vorsorge im Sicherheitsverwaltungsrecht, i. E. für 2019.
1886 BVerfG, NVwZ 2009, 1484 ff.
1887 BVerwG, DVBl. 2008, 978 ff.

Einzelnen bedienen sich Gesetzgebung und Verwaltung unterschiedlicher Regelungstechniken, deren Eingriffsintensität nach dem jeweiligen Präventionsanliegen variiert und die im Schrifttum nach verschiedenen Kriterien systematisiert werden. Grundsätzlich werden Pflichten aufgerichtet, die teilweise wegen der juristischen Bedeutung als Grundpflichten bezeichnet (§ 7 KrWG) und durch Anforderungen aufgrund von Rechtsverordnungen (§ 10 KrWG) konkretisiert werden. Zusammengefasst lassen sich Maßnahmen der **Aufnahme-, der Ausübungs- und der Beendigungsüberwachung** differenzieren[1888]:

1. **Aufnahmeüberwachung**

– **Anzeige- und Anmeldefreiheit:** Teilweise wird auf eine Aufnahmeüberwachung **911** völlig verzichtet, um eine möglichst freie Entfaltung bestimmter wirtschaftlicher Aktivitäten oder die Dienstleistungsfreiheit im Binnenmarkt zu sichern (Zugangsfreiheit zu Telemedien im Rahmen des § 4 TMG).
– **Allgemeine Informationspflichten:** § 5 TMG.
– **Anzeige-, Notifizierungs-, Registrierungs-, Melde- oder Mitteilungspflichten:** Sie zeigen die geringsten Eingriffswirkungen, weil die wirtschaftliche Tätigkeit ohne Erlaubnis bzw. Zulassung begonnen werden kann. Etwas anderes gilt, wenn die Registrierung abgelehnt werden darf (§ 66 f. Abs. 3 TKG). Die Anzeigepflicht bezweckt eine Information der Verwaltung, damit sie ihrer Überwachungsaufgabe nachkommen kann (§ 14 Abs. 1 GewO, §§ 15 und 23 Abs. 1 BImSchG, § 18 und § 53 KrWG[1889]; § 6 Elektro- und Elektronikgerätegesetz; § 6 TKG, § 74a Abs. 3 AMG, § 15a GüKG, § 5 EnWG). Ggf. wird sie von einer unverzüglich nach der Anmeldung erforderlich werdenden Wirtschaftsüberwachung in Form einer Überprüfung der Zuverlässigkeit begleitet (vgl. das überwachungsbedürftige Gewerbe i. S. d. § 38 GewO) oder aktiviert bestimmte Unternehmerpflichten (§ 23 Abs. 1 BImSchG für Anforderungen an die Errichtung, die Beschaffenheit und den Betrieb nicht genehmigungsbedürftiger Anlagen sowie § 19a ChemG für Gute Laborpraxis).
– **Verbot mit Zulassungs- oder Kontrollvorbehalt:** Es gestattet die Aufnahme einer wirtschaftlichen Tätigkeit erst, wenn die erforderliche Zulassung (Erlaubnis, Genehmigung, Konzession, Bewilligung – Legaldefinition, § 15 Abs. 2 GewO und Art. 4 Nr. 6 DLR) erteilt ist[1890]. Diese präventive Zulassungs- oder Eröffnungskontrolle dient unterschiedlichen wirtschaftsverwaltungsrechtlichen Zielsetzungen. Deshalb sind die Zulassungsmaßstäbe nicht einheitlich. Sie können personen- sowie sachbezogen sein und reichen von Unterrichtungs- über Fachkunde- und Befähigungsnachweise bis zu Zuverlässigkeits- und Bedürfnisprüfungen sowie Haftpflichtversicherungspflichten. Die Zulassung kann zudem etwa mit einer Registrierung verbunden sein (§ 11a GewO, § 4 BImSchG, § 30 GewO, §§ 55 f. GewO, § 3 GüKG, § 34a Abs. 6 GewO, § 3 und § 20 LuftVG, § 6 HwO, § 33 BImSchG (Bauartzulassung), § 35 KrWG (Abfallbeseitigungsanlage), § 54 KrWG (Transportgenehmigung), § 56 KrWG (Entsorgungsfachbetrieb), §§ 52 ff. TKG (Frequenzzuteilung), § 4 EnWG, Zuweisungen von Start- und Landezeiten (§ 27a LuftVG), Betrieb unbemannter Luftfahrtsysteme (§ 21a Luftverkehrs-Ordnung), Zuerkennung nach Prüfung vor Inbetriebnahme (§§ 20 ff. ProdSG)) oder bestimmte organisatorische Standards (Existenz eines Risikomanagements nach § 25a Abs. 1 KWG, § 23 Abs. 1 BImSchG) sowie andere Anforderungen aktivieren – so etwa solche, die schon bei Betriebsaufnahme verlangen, dass Vorkehrun-

---

1888 Zustimmend *P. M. Huber*, in: Hoffmann-Riem u. a. (Hg.), Grundlagen, § 45 Rn. 102 ff.
1889 *Glaser*, GewArch. 2013, 1 ff.
1890 S. allgemein *M. Schröder*, Genehmigungsverwaltungsrecht, 2015.

gen für die Beendigung der wirtschaftlichen Aktivität getroffen werden (§ 36 Abs. 3 KrWG).

Beispiele: Nach § 34a Abs. 1 GewO darf eine Bewachungserlaubnis nur erteilt werden, wenn der Gewerbetreibende zuverlässig ist, in geordneten Vermögensverhältnissen lebt, einen Sachkundenachweis besitzt und eine Haftpflichtversicherung nachweist. Nach § 34a Abs. 6 GewO werden Bewachungsgewerbetreibende in einem Bewacherregister erfasst.

– **Verbot mit Befreiungsvorbehalt:** Es gestattet der Wirtschaftsverwaltung nicht nur eine Vorprüfung im Sinne einer Unbedenklichkeitskontrolle, sondern die prinzipielle Unterbindung eines als sozial- bzw. wirtschaftsschädlich qualifizierten Verhaltens (§ 56 Abs. 2 GewO, §§ 9 ff. ArbZG, Spielbanken, § 4 Abs. 5 GlüStV). Im Unterschied zur Kontrollerlaubnis erweitern solche Befreiungen daher den Rechtskreis des Wirtschaftsakteurs, indem sie ihm eine de iure an sich untersagte Tätigkeit erlauben[1891].

– **Absolutes Verbot:** Dieses Instrument ist wegen des Grundrechtes der Berufsfreiheit und im Hinblick auf den Grundsatz der Verhältnismäßigkeit staatlichen Handelns nur selten erforderlich *(s. o. Rn. 187).* Die Notwendigkeit hierfür kann man uneingeschränkt nur für die Bereiche des Lebens- und Gesundheitsschutzes sowie des Wirtschaftsstrafrechts bejahen (§ 5 LFGB, Verbot des Organhandels nach Art. 3 Abs. 2 EU-GR-Charta).

912 Hinsichtlich der Eröffnungskontrolle sind gegenwärtig **zwei gegenläufige Tendenzen** erkennbar: Teilweise wird im Rahmen der Deregulierung nach der Abschaffung von Erlaubnissen gerufen *(s. o. Rn. 87)* und die Verfassungsmäßigkeit einzelner Zulassungen bezweifelt[1892]. Teilweise werden vornehmlich im Interesse des Verbraucherschutzes und der präventiven Gefahrenabwehr neue Zulassungskontrollen aufgerichtet sowie neue Verbotsstrukturen geschaffen[1893] oder gefordert[1894]. Die EU wählt oftmals den erstgenannten Weg und setzt im Interesse der Vollendung des Binnenmarktes in einigen Wirtschaftsbereichen auf eine weitere Liberalisierung des Marktzugangs und alternative Überwachungsinstrumente. Insbesondere die Art. 26 ff. DL-RL machen deutlich, dass die Qualitätssicherung durch Institute der Selbstregulierung etwa in Form von Zertifizierungen, Verhaltenskodizes oder Haftpflichtversicherungspflichten ergänzt um vielfältige Informationspflichten[1895] erfolgen soll. Gemeint sind insoweit nur die Zertifizierungen durch privatrechtlich organisierte technische Überwachungseinrichtungen (§ 56 KrWG), die als alternatives Institut der staatlichen Aufnahmeüberwachung und als Parallele zum Verbot mit Zulassungsvorbehalt fungieren (vgl. z. B. § 4a EnWG, § 2a AWG).

2. Ausübungsüberwachung

913 Gefahren für schützenswerte Rechtsgüter entstehen häufig erst bei der Ausübung wirtschaftlicher Tätigkeiten. Insoweit stehen den Wirtschaftsverwaltungsbehörden im Rahmen eines **Überwachungsvorbehaltes** eine breite Palette von Kontroll- und Eingriffsbefugnissen zur Verfügung, die hier nur exemplarisch angeführt werden können. Dabei ist zu unterscheiden zwischen einmaligen oder sog. Anlassüberwachungen und wiederholenden oder Dauerüberwachungen:

– **Anzeige- und Mitteilungspflichten:** § 14 GewO bei Wechsel des Gegenstands der wirtschaftlichen Betätigung, §§ 16 ff. ChemG, § 15 BImSchG, § 4 TKG.
– **Informationspflichten:** § 40 Abs. 1 und Abs. 1a LFGB.[1896]

1891 *Wolff/Bachof/Stober/Kluth*, VerwR I, § 46 Rn. 41.
1892 *Bulla*, GewArch 2012, 470 ff. zur Zulassung nach der HwO.
1893 *Waldhoff*, GewArch 2018, 89 ff.
1894 *Calliess*, VVDStRL 2012, 113 ff.
1895 *Franzius*, DVBl. 2010, 1086, 1091.
1896 EUGH, NJW 2013, 1725 ff.; *Möstl*, GewArch 2015, 1 ff.

- Kennzeichnungs- und Warnhinweispflichten: § 26 Abs. 2 Nr. 5 ProdSG, § 6 Tabakerzeugnisgesetz.
- Behandlungs-, Verkehrs- und Verwendungsverbote: §§ 5 ff. LFGB, § 26 Abs. 2 Nr. 6 ProdSG.
- Behördliche Warnpflicht: § 6 Abs. 2 und § 26 Abs. 2 Nr. 9 ProdSG.
- Produktüberprüfungspflicht: § 26 Abs. 2 Nr. 3 ProdSG.
- Anforderungen an die Produktkonzeption: § 4 Elektro- und Elektronikgerätegesetz.
- Rücknahmepflichten: § 25 KrWG, § 26 Abs. 2 Nr. 7 ProdSG, §§ 16 f. Elektro- und ElektronikgeräteG, § 39 Abs. 2 Satz 1 Nr. 4 LFGB[1897].
- Rückrufpflichten[1898]: § 26 Abs. 2 Nr. 7 ProdSG.
- Sicherheitsleistungsnachweispflicht: § 12 Abs. 1 Satz 2 BImSchG zur Sicherstellung der Anforderungen für Abfallentsorgungsanlagen[1899].
- Einstellung der wirtschaftlichen Betätigung: § 15 Abs. 2 GewO, § 16 Abs. 3 HwO, § 20 Abs. 2 BImSchG.
- Tarif- und Entgeltfestsetzungen: § 51 PBefG für das Taxengewerbe, § 27 TKG.
- Untersagung der wirtschaftlichen Betätigung: § 35 GewO, § 5 Satz 4 EnWG, § 126 TKG.
- Werbeverbote: § 11 und § 27 LFGB, §§ 19 ff. Tabakerzeugnisgesetz.
- Auskunfts- und Erklärungspflichten, Berichtspflichten: § 17 HwO, § 14 Abs. 8a und § 29 GewO, § 47 KrWG, § 27 und § 31 BImSchG, § 127 TKG, § 2 Netzwerkdurchsetzungsgesetz.
- Unterrichtungspflichten: § 1 Abs. 1 Nr. 3 LFGB.
- Aufzeichnungs- und Offenbarungspflichten von Geschäftsdaten und Datenschutzkontrolle: § 38 Abs. 3 GewO.
- Betretungs- und Nachschaurechte: § 17 Abs. 2 HwO[1900], § 52 Abs. 2 BImSchG, § 28 ProdSG, § 29 GewO, § 64 Abs. 4 AMG, § 47 KrWG.
- Regelmäßige Überwachung von Anlagen und Produkten: § 52 Abs. 1 BImSchG, § 34 ProdSG, § 39 Abs. 1 LFGB.
- Ein- und Ausfuhrüberwachung: §§ 4 ff. AWG.
- Aufzeichnungs-, Vorlage- und Nachweispflichten: § 6 Abs. 3 GenTG, § 50 KrWG, § 23 Abs. 2 TKG.
- Auflagen und nachträgliche Anordnungen: § 17 BImSchG, Art. 5 und 9 IVU-Richtlinie.
- Probenahmen, Messungen, Monitoring[1901]: §§ 35, 51 EnWG, §§ 26 ff. BImSchG, § 28 ProdSG, §§ 43, 50 LFGB.
- Einrichtung von Verantwortlichen: §§ 59 ff. KrWG, §§ 53 ff. BImSchG, §§ 21a ff. WHG, §§ 11a ff. VAG.
- Erfüllung bestverfügbarer Technik: Art. 2 Nr. 11 IVU-Richtlinie.
- Informationspflichten: § 6 c GewO für Dienstleistungserbringer.
- Anwendung guter fachlicher Praxis: § 17 BBodSchG, § 2a PflSchG, § 13 Abs. 2 WeinG, § 19a ChemG.
- Betriebspflichten: § 21 PBefG.
- Qualitätssicherungspflichten: § 12 KrWG.
- Organisationspflichten: § 57 Abs. 1 Nr. 1 KrWG, § 25a KWG.
- Registrierungspflichten: § 49 KrWG, § 6 Elektro- und Elektronikgerätegesetz.
- Überwachungspläne: § 52a BImSchG, § 47 Abs. 7 KrWG, § 6 TEHG.

1897 OVG Münster, GewArch. 2008, 1262.
1898 *Schucht*, DVBl 2017, 1129 ff.
1899 BVerfG, NVwZ 2009, 1484 ff.
1900 BVerfG, GewArch. 2007, 206
1901 *Herzmann*, DVBl. 2007, 670 ff.

- Weiterbildungspflicht: 34c Abs. 2a GewO.
- CE-Kennzeichnungspflicht hinsichtlich der Konformität von Produkten

3. Beendigungsüberwachung

914 – Anzeigepflichten: § 14 GewO, § 6 TKG.
- Gefahrennachsorge- und Entsorgungspflichten: § 5 Abs. 3 BImSchG[1902], § 40 KrWG, AltfahrzeugVO.
- Sicherheitsleistungspflicht: § 12 Abs. 1 und § 17 Abs. 4a BImSchG; § 36 Abs. 3 KrWG[1903].
- Verschmutzungsbeseitigungspflicht: § 5 Abs. 4 BImSchG.

4. Sanktionierung von Pflichtverletzungen

915 Die Wirtschaftsüberwachung ist im Interesse einer wirksamen Aufgabenerfüllung auf die Einhaltung und Durchsetzung der Aufnahme-, Ausübungs- und Beendigungspflichten angewiesen. Deshalb bedürfen Pflichtverstöße regelmäßig der Sanktionierung. Sie erfolgt durch verwaltungsrechtliche Maßnahmen (Untersagungen und Erlaubnisaufhebungen) sowie durch die daran anknüpfenden Vollzugsmaßnahmen und auch bzw. insbesondere durch das **Wirtschaftssanktionsrecht** (d. h. also das Ordnungswidrigkeiten-[1904] und Strafrecht einschließlich etwaiger Vorteilsabschöpfungen und der Einziehung von Gegenständen *(s. o. Rn. 32, 56)).*

Beispiele: §§ 144 ff. GewO, § 62 BImSchG, § 20 GPSG.

916 Die jüngere Gesetzgebung gestattet in Einzelfällen auch eine **Veröffentlichung von Pflichtverletzungen** (sog. Prangerwirkung). Deren Bedeutung ist gerade in Zeiten allgegenwärtiger Informationsmöglichkeiten aufgrund des Internet groß. Die Zulässigkeit solcher Maßnahmen ist nicht zuletzt deshalb aufgrund ihrer ggf. stigmatisierenden Wirkung umstritten, zumal deren Verhältnismäßigkeit im Lichte der dadurch betroffenen Unternehmergrundrechte regelmäßig von den konkreten Umständen des Einzelfalls abhängt. In diesem Kontext dürfte es auch eine Rolle spielen, ob die zugrunde liegenden Pflichtverletzungen bestandskräftig festgestellt oder noch gerichtlich angreifbar sind[1905].

Beispiel: § 34d Abs. 11 GewO.

IV. Staatliche Wirtschaftsüberwachung und unternehmerische Eigenverantwortung

917 Einerseits sind wirtschaftsverwaltungsrechtliche Pflichten, Ge- und Verbote geeignete, effiziente und zuverlässige Instrumente der Gefahrenabwehr und des Rechtsgüterschutzes. Andererseits ist Wirtschaftsüberwachung ein Korrektiv der Unternehmerfreiheit und Ausdruck des Verursacherprinzips *(s. o. Rn. 115).*

1. Wirtschaftsüberwachung und Kooperationsprinzip

918 Vor diesem Hintergrund stellt sich die Frage, ob und inwieweit die auf imperativem Zwang (sog. Eingriffsverwaltung[1906]) beruhende Command and Control Regulation durch marktwirtschaftlich wirkende Instrumente ergänzt werden kann und muss, die bei der unternehmerischen Eigenverantwortung im Sinne der Produkt-, Anlagen-, Betriebs-, Personal- und Transportverantwortung ansetzen. Dabei ist zu bedenken, dass

---

1902 BVerfG, NVwZ 2009, 1484 f.
1903 BVerwG, NVwZ 2008, 1122 ff.
1904 S. *Wolff/Bachof/Stober/Kluth*, VerwR I, § 97.
1905 Vgl. zum Ganzen *Möstl*, GewArch. 2015, 1 ff.; *Wollenschläger*, VerwArch. 102 (2011), 20 ff.
1906 BAG, NVwZ 1999, 917.

derartige Rechtsinstitute das **Eigeninteresse des Unternehmers an einem bestimmten wirtschaftsverwaltungsrechtlich gewünschten Verhalten** fördern sowie betriebliche Maßnahmen auslösen können, die über die staatliche Gefahrenabwehr hinausgehen[1907] und damit dem Vorsorgeprinzip sowie der Risikosteuerung[1908] optimal zur Geltung verhelfen können. In der Vergangenheit war diese Lösung regelmäßig an dem staatlichen Monopol für Gefahrenabwehr und Gefahrenvorsorge gescheitert. Hier zeichnet sich jedoch in jüngerer Zeit insofern ein Wandel in der Sicherheitsphilosophie und Risikobewertung ab, als der Staat kein Wirtschaftsüberwachungsmonopol besitzt und die Rechtsgüter Sicherheit, Gesundheit, Umwelt und Verbraucherschutz inzwischen unter Kosten-, Qualitäts-, Werbe- und Wettbewerbsgesichtspunkten betrachtet werden[1909].

Gegen das überkommene System der Wirtschaftsüberwachung wurde vorgebracht, es **919** sei zu kostspielig, zu bürokratisch reguliert, zu starr und zu einseitig auf Gebote und Verbote konzentriert. Das Genehmigungsrecht sei zu wenig an den tatsächlichen Kosten orientiert, die nicht internalisiert würden. Diese polizeirechtlich geprägte Wirtschaftsverwaltung lähme die technische Entwicklung (Schweigekartell der Ingenieure), zementiere industrielle Strukturen (Bestandsschutz für überholte Technikstandards, Übergangsfristen) und verzerre den Wettbewerb. Deshalb wird vorgeschlagen, das administrativ aufwändige Ordnungsrecht durch Instrumente zu ergänzen, mit deren Hilfe **wirtschaftliche Schadenswirkungen aus dem Markt- und Wettbewerbsprozess heraus korrigiert** werden[1910]. Im Vordergrund stehen die Leitbilder des schlanken Staates, des aktivierenden Staates und des gewährleistenden Staates, die auf Förderung privater Initiative und Selbstregulierung (s. etwa § 3 Abs. 6 Netzwerkdurchsetzungsgesetz) bei funktionaler Äquivalenz der privat inspirierten Steuerung gerichtet sind[1911] Dieser Paradigmenwechsel produziert allerdings neue Regulierungen und Überwachungsaufgaben für die Exekutive[1912], weil der Staat seiner Gewährleistungsverantwortung nachkommen muss *(s. o. Rn. 855)*.

2. Erledigung von Wirtschaftsüberwachungsaufgaben durch Private

Die Erledigung von Wirtschaftsüberwachungsaufgaben durch Private erfolgt seit jeher **920** durch die Einschaltung bzw. Beauftragung Dritter in die staatliche Wirtschaftsüberwachung oder durch Funktionsprivatisierung und Beleihung *(s. u. Rn. 1185)*. Daneben haben sich weitere Modelle insbesondere in Form der Zertifizierung und der Normung etabliert.

a) Zertifizierung und Umwelterklärung. In jüngerer Zeit werden Qualitätssicherung **921** und Gefahrenabwehr (Marktüberwachung) zunehmend durch das Rechtsinstitut der Zertifizierung[1913] realisiert, das nicht mit der administrativen Zulassungszertifizierung *(s. o. Rn. 911)* identisch ist. Es erfasst bestimmte Ausstattungen von Einrichtungen sowie gefährliche Produkte (DIN EN 45001), Personen (DIN EN 45013) und Qualitätssicherungssysteme (DIN EN 45012) oder Betriebe (§ 56 KrWG) und erfolgt nach der Maßgabe von in deutsches Recht umgesetzten EU-Richtlinien durch **unabhängige**

1907 *Hoffmann-Riem*, WuV 1983, 120 ff.
1908 *Appel*, NVwZ 2001, 395 f.; *Scherzberg*, VVDStRL 63 [2004], 216, 235 f.
1909 S. näher BVerwG, DÖV 1986, 198; *Stober*, Rückzug des Staates im Wirtschaftsverwaltungsrecht, 1997; *ders.*, NJW 1997, 889 ff.; *Schmidt-Preuß*, VVDStRL 56 [1997], 162 ff.; *P. M. Huber*, DVBl. 1999, 489 ff.
1910 Bericht Enquêtekommission Schutz des Menschen und der Umwelt, BT-Ds. 12/8260, S. 300 ff.
1911 *Schoch*, NVwZ 2008, 241 ff.; *K. Bieback*, Zertifizierung und Akkreditierung, 2008, 290 ff., 338.
1912 *Stober*, Rückzug des Staates im Wirtschaftsverwaltungsrecht, 1997; *Franzius*, VerwArch. 99 (2008), 351 ff.
1913 *K. Bieback*, Zertifizierung und Akkreditierung, 2008; *Dimitropoulos*, Zertifizierung und Akkreditierung im Internationalen Verwaltungsverbund, 2011.

externe Stellen, die für einen bestimmten Aufgabenbereich zuständig sind, Prüfungen und Konformitätsbewertungen (§ 2 Nr. 16 ProdSG) durchführen und Bescheinigungen (GS-Zeichen) verleihen bzw. Konformitätserklärungen abgeben dürfen *(s. o. Rn. 464 und u. 933).* Diesen Aussagen kommt dann verwaltungsaktsähnliche Wirkung zu, weil sie unionsweit über die Marktzulassung entscheidet.

Beispiel: Nach § 56 KrWG sind Entsorgungsfachbetriebe zu zertifizieren. Das Zertifikat darf nur erteilt werden, wenn typische gewerberechtliche und zusätzliche organisatorische und gerätetechnische Anforderungen erfüllt werden. Nach § 56 Abs. 5 KrWG erfolgt die Erteilung des Zertifikats auf der Grundlage eines Überwachungsvertrages[1914], der die Anforderungen an den Betrieb und seine Überwachung festlegt. Bei Wegfall der Voraussetzungen ist die Berechtigung von der technischen Überwachungsorganisation oder der Entsorgergemeinschaft zu entziehen (§ 56 Abs. 8 KrWG).

922 Die unionsrechtlich inspirierte Zertifizierung gilt im Gewährleistungsstaat als Modell einer sog. **regulierten Selbstregulierung,** weil auf eine hoheitliche Präventivkontrolle verzichtet wird und sich der Staat hauptsächlich auf die Überwachung der Akkreditierungsstelle zurückzieht[1915] (s. dazu § 2 Nr. 1 ProdSG). Es bedarf also keiner behördlichen Zulassung der Tätigkeit, sondern es ist in erster Linie der Eigenverantwortung der Hersteller und Betreiber überlassen, für die Erfüllung der vorgesehenen Standards zu sorgen[1916] (substituierende Zertifizierung)[1917]. Die Zulassung der Zertifizierungsstellen erfolgt in einem Akkreditierungsverfahren gemäß DIN EN 45003 oder §§ 13 ProdSG, 57 KrWG, in dem das Vorliegen der Zulassungsvoraussetzungen geprüft wird (Fachkenntnis, Zuverlässigkeit, Unabhängigkeit usw.).

923 Die Akkreditierung soll als Bezeichnung für eine förmliche staatliche Anerkennung auf Grund nachgewiesener Kompetenz das Vertrauen in das unionsrechtliche Prüf- und Zertifizierungswesen sicherstellen[1918]. Da die **Akkreditierung** eine offizielle Bestätigung darüber bezweckt, ob eine Stelle über die Kompetenz verfügt, Konformitätsbewertungstätigkeiten durchzuführen, wird diese gesetzlich geregelte Aufgabe in der Regel bei einer Einrichtung konzentriert, die den Namen „Deutsche Akkreditierungsstelle GmbH" trägt[1919]. Sie unterliegt als vom Bund mit Hoheitsrechten beliehene Organisation der Bundesaufsicht[1920]. Hinzu tritt die bereits erwähnte Marktüberwachung, in deren Rahmen z. B. nach Maßgabe der §§ 24 ff. ProdSG stichprobenweise kontrolliert wird, ob die Voraussetzungen für die Bereitstellung von Produkten bzw. für die Beschäftigung von Personen erfüllt sind[1921].

924 Ähnlich verhält es sich mit der freiwilligen **Öko-Audit-Betriebsprüfung** (Environmental Management and Audit Scheme – EMAS) nach dem Umweltauditgesetz, welche die Verantwortung der Unternehmer für den Umweltschutz und die Umweltfolgen ihrer Tätigkeiten unterstreicht (s. § 58e BImSchG). Sie hat zum Ziel, dass in einem Akkreditierungsverfahren geprüfte neutrale Umweltgutachter für einen Betriebsstandort in Form einer Umwelterklärung bestätigen, dass er bestimmten Umweltanforderungen entspricht[1922]. Dieses auf Wettbewerb und Vorsorge beruhende Instrument soll den betrieblichen Umweltschutz kontinuierlich verbessern, die Umweltkosten senken,

---

1914 S. näher zum Zertifizierungsrechtsverhältnis *Holoubek*, in: FS für Stozlechner 2013, S. 259 ff.
1915 *Schoch*, NVwZ 2008, 241, 247.
1916 BGH, NVwZ-RR 2011, 556 f.
1917 *K. Bieback*, Zertifizierung und Akkreditierung, 2008, S. 214.
1918 *Kollmer*, GewArch. 1999, 48 ff.; H. C. Röhl, Akkreditierung und Zertifizierung im Produktsicherheitsrecht, 2000, S. 22; *Gesmann-Nuissl/Strübbe*, DÖV 2007, 1046 ff.
1919 S. näher *Tiede/Ryczewski/Yang*, NVwZ 2012, 1212 ff.
1920 *Kirmes*, Informelle technische Vorschriften und Wettbewerb , 2014.
1921 *Klindt/Schlucht*, in: Ehlers/Fehling/Pünder (Hg.), Bes. Verwaltungsrecht, 3. Aufl. 2012, § 36 Rn. 147 ff.
1922 *Schickert*, Der Umweltgutachter der EG-Umwelt-Audit-Verordnung, 2001.

Rechtsstreitigkeiten minimieren, die Versicherungsprämien reduzieren, die Umweltak-
zeptanz sowie das Unternehmensimage erhöhen und die ökologische Produktverantwortung stärken *(s. auch o. Rn. 250, 863)*[1923].

Es entspricht dem Zweck von Zertifizierungen, dem Effizienzprinzip im Interesse der **925**
Vermeidung von Doppelarbeit und dem Verhältnismäßigkeitsprinzip, dass insbesondere die Genehmigungsstandards, Kontroll- und Berichtspflichten zurückgefahren
werden müssen[1924]. Daher sieht die Gesetzgebung **überwachungsrechtliche Erleichterungen** für **auditierte Unternehmen** vor, soweit die Gleichwertigkeit der Überwa-
chungsstandards gegeben ist (§ 58e BImSchG, § 24 WHG, § 61 KrWG – *s. auch u.
Rn. 1102).* Die Zertifizierung wird entzogen, wenn die Voraussetzungen für die Erteilung des Zertifikats entfallen (§ 56 Abs. 8 KrWG). Die Überwachungsbehörde wird
nur tätig, wenn der Betrieb der Aufforderung der technischen Überwachungsorganisation nicht nachkommt.

b) Zur DIN/ISO- und Leitsätze-Normierung. In die Richtung einer neutralen umwelt- **926**
gerechten Betriebsablaufkontrolle zielt auch die Qualitätszertifizierung nach den ISO-
14001 Normen für Umweltmanagementsysteme. Solche Mechanismen verfolgen allerdings nicht nur umweltschützende Ziele, sondern bestehen auch ganz allgemein für
die unternehmensbezogenen Betriebsabläufe, wie die ISO-9000 Normen für Qualitäts-
managementsysteme zeigen, die Zulieferfirmen und andere Kunden oft als Voraussetzung für die Anbahnung von Geschäftskontakten verlangen. Gerade im Dienstleistungssektor ist der Bedarf für **Standardisierungen**, die einen Kodex guter Praxis
aufrichten, groß. In Anlehnung an die technische Normierung werden zunehmend
CEN- und DIN-Normen verabschiedet, die sich mit Qualifikations- und Qualitätsanforderungen in diesem Bereich befassen. Sie dienen der Wettbewerbsfähigkeit und erleichtern teilweise geforderte Präqualifikationen.

Beispiele: DIN-77200 (Bewachungsgewerbe)[1925], DIN-77300 (Bestattungsgewerbe), DIN/ISO
26000 (Guidance on social responsibility) ISO 19600 (Compliance-Management-System).

Zwar sind diese Regeln nicht klassisch demokratisch legitimiert und sie können bei **927**
Wirtschaftsakteuren einen faktischen Anwendungszwang auslösen, obwohl es sich bei
den DIN/EN/ISO-Normen **nicht** um **verbindliche Rechtsvorschriften** *(s. o. § 15)*, sondern um private Regelungen mit Empfehlungscharakter handelt[1926]. Jedoch liegt der
Vorteil derartiger Regelwerke in der Einbringung von Sachkunde, der Beteiligung aller
Interessenebenen bei der Normentwicklung, die dadurch erreichte breite Akzeptanz
hinsichtlich der Normbefolgung[1927] sowie die Möglichkeit der Internationalisierung
der Standards, die gesetzliche Regelungen teilweise erübrigen kann *(s. o. Rn. 453 ff.)*.

Beispiel: Leitsätze des Deutschen Lebensmittelbuches sind zwar keine Rechtsnormen und daher
nicht rechtsverbindliche Standards. Sie dürften jedoch aufgrund der ihnen Kraft § 15 LFGB
zukommenden Legitimation bei der Bestimmung der Beschaffenheitsmerkmale als Auslegungs-
hilfe zugrunde gelegt werden[1928].

3. Unternehmerische Eigenüberwachung und Selbstbeschränkung

Die unternehmerische Eigenverantwortung wird vor allem durch das Instrument der **928**
Eigenüberwachung gefördert.

1923 *Langerfeldt*, Das novellierte EMAS und sein Potential zur Privatisierung der Betreiberüberwachung,
      2007.
1924 *Sarvan*, Reduktion staatlicher Wirtschaftsüberwachung durch Managementsysteme, 2010.
1925 S. näher *Feuerstein*, in: Stober/Olschok (Hg.), Handbuch des Sicherheitsgewerberechts, 2004, S. 539 ff.
1926 BGHZ 139, 16.
1927 *Appel*, in: Hoffmann-Riem u. a. (Hg.), Grundlagen, § 32 Rn. 30.
1928 BVerwG, NVwZ-RR 2013, 141 f.

929   a) **Eigenüberwachung als Wettbewerbs- und Marketingfaktor.** Diese Rechtsfigur beruht zum einen darauf, dass Qualitäts- und Best-Practice-Anforderungen zwingende Voraussetzung für den Marktzutritt sein können, weil sie vom Auftraggeber im Rahmen seines Qualitätssicherungssystems als Nachweis für eine Kundenbeziehung verlangt werden und dann einen marktwirtschaftlich erzeugten „freiwilligen Zwang" aufbauen, der dem betroffenen Unternehmen allerdings kaum Alternativen lässt[1929]. Zum anderen ist die unternehmerische Eigenüberwachung Ausdruck der betriebswirtschaftlichen Überlegung, dass jedes Unternehmen ein langfristiges **Wettbewerbs- und Marketinginteresse** daran haben muss, dass sich seine Einrichtungen, Anlagen, Produktions- und Verkaufsstätten in einem einwandfreien Zustand befinden und seine Produkte und Dienstleistungen hohen Qualitätsanforderungen sowie dem geltenden Recht entsprechen. Dazu dient das Customer Relationship Management[1930]. Vorrangiges Ziel dieses kundenorientierten Managementsystems sind die Schaffung und der Ausbau langfristiger profitabler Kundenbeziehungen im Sinne einer Kundenbindung durch Kundenzufriedenheit.

930   Sein juristischer Bezug wird deutlich, wenn man Customer Relationship Management zugleich als betriebliches Qualitätsmanagement (Code of best practice) zum Schutz vor Produkthaftung sowie als **Compliance-Management**[1931] zum Schutz vor Schadensersatzansprüchen und nachteiligen staatlichen Rechtsfolgen oder ganz allgemein als präventives unternehmerisches Risikomanagement und Überwachungskonzept begreift *(s. o. Rn. 906)*. Da es in diesem Kontext jeweils auch um „legal risks" geht, stellt sich aus wirtschaftsverwaltungsrechtlicher Perspektive die Frage, ob und inwieweit bei funktionaler Äquivalenz eigenverantwortlicher interner oder externer privatwirtschaftlicher Managementkonzepte eine staatliche Wirtschaftsüberwachung notwendig ist. Möglicherweise können sich die Überwachungsstellen auf Stichprobenkontrollen beschränken und ihre begrenzten Ressourcen auf bestimmte überwachungsintensive Felder konzentrieren[1932]. Eigenüberwachung ist insofern ein Surrogat staatlicher Überwachung und ein Anwendungsfall des praktizierten Subsidiaritätsprinzips *(s. o. Rn. 199)*[1933], ohne dass auf staatliche Überwachungssicherungen verzichtet werden muss, die flankierend die Eigenüberwachung begleiten[1934].

Beispiele: Eine behördliche Information der Öffentlichkeit über ein gesundheitsgefährdendes Produkt ist bei einer Unternehmerwarnung entbehrlich (§ 40 Abs. 2 LFGB). Zollbehördlich zugelassenen Wirtschaftsbeteiligten werden Erleichterungen bei sicherheitsrelevanten Zollkontrollen und/oder Vereinfachungen gemäß den Zollvorschriften gewährt (Art. 21 ff. Zollkodex). Haftpflichtversicherungen können staatliche Genehmigungen ersetzen, weil Versicherungsgesellschaften Wirtschaftsunternehmen nur nach einer sorgfältigen Risikoanalyse und auf Grund konkret ausgehandelter Versicherungsbedingungen versichern[1935]. Die Gewähr für eine weit gehende Schadensvermeidung wird etwa durch eine hohe Selbstbeteiligungsrate sowie Auflagen sichergestellt, bestimmte Zertifizierungen und Mindestqualifikationen nachzuweisen. Das Haftpflichtinstrument nutzt ein zivilrechtliches Kontrollinstitut für wirtschaftsverwaltungsrechtliche Zwecke[1936] und zeigt damit die Leistungsfähigkeit der Gesamtrechtsordnung als verwaltungsrechtliche Steuerungsressource; praktische Schwierigkeiten drohen indes, wenn

---

1929   Hoffmann-Riem/Schmidt-Aßmann/*Voßkuhle*, Verwaltungsverfahren, 2002, S. 277, 327 ff.; *Franzius*, DVBl. 2010, 1086, 1093.

1930   *Stober*, DÖV 2005, 333 ff.; *Graf/Paschke/Stober* (Hg.), Customer Relationship Management, 2006; *Sarvan*, Reduktion staatlicher Wirtschaftsüberwchung durch Managementsyteme, 2010.

1931   *Hauschka*, ZRP 2006, 258 ff.; *Klindt*, NJW 2006, 3399 ff.; *Hauschka/Klindt*, NJW 2007, 2727 ff.

1932   *Bumke*, Verw. 41 (2008), S. 227, 249.

1933   Ebenso *Di Fabio*, VVDStRL 56 [1997], 232, 248.

1934   Ähnlich *P. M. Huber*, in: Hoffmann-Riem u. a. (Hg.), Grundlagen, § 45 Rn. 186 ff.

1935   *E. Bohne*, DVBl. 1994, 195, 200 ff.; *Endres/Staiger*, WiSt. 1994, 218 ff.

1936   S. auch *Herbst*, Risikoregulierung durch Umwelthaftung und Versicherung, 1996; *D. Frank*, Umweltrecht und Wirtschaft, 2000, S. 299 ff.

sich aufgrund der Risikoanfälligkeit und des Schadenspotenzials der zu versichernden Tätigkeit kein Unternehmen findet, das diese Aktivität versichern will[1937].

b) Eigenüberwachung zur Internalisierung von Umweltkosten. Abgesehen davon liegt **931** der Eigenüberwachung der Gedanke der **Internalisierung von Umweltkosten** im Sinne einer konsequenten Anwendung des Verursacherprinzips in der Ausprägung der Produktverantwortung zugrunde, um Risiken und Störfälle zu minimieren. Die Knappheit von Umweltressourcen wird dadurch Gegenstand des betrieblichen Kosten-, Produktions- und Produktmanagements *(s. o. Rn. 109)*, insbesondere weil der Hersteller seine Erzeugnisse bzw. seine Betriebsstellen so zu konzipieren bzw. zu organisieren hat, dass Abfälle oder schädliche Umwelteinwirkungen vermindert und gleichwohl entstehende Abfälle umweltverträglich verwertet oder beseitigt werden.

Beispiele: § 23 KrWG (Produktverantwortung des Produzenten), Gewerbeabfallverordnung, § 26 Abs. 2 Nr. 9 ProdSG (Unternehmensinterner Rückruf, Warnung und Informationspflichten), §§ 5 ff. Batteriegesetz (Rücknahme von Batterien).

Diese Formen der Eigenüberwachung sind nicht identisch mit staatlich veranlassten **932** betriebseigenen Kontrollen, wie sie dem sog. **Eigenkontrollkonzept** des EU-Lebens- und Futtermittelrechts sowie des Immissionsschutzrechts zugrunde liegen (§ 36 Abs. 1 LFGB, §§ 26 ff. BImSchG)[1938]. Danach haben Betriebe, die bestimmte Erzeugnisse herstellen, behandeln oder in den Verkehr bringen zur Gewährleistung der Lebensmittelsicherheit und zur Vermeidung gesundheitlicher Gefahren betriebsbezogene Kontroll- und Überwachungsverfahren ggf. durch Einbeziehung externen Sachverstands einzurichten und entsprechende Dokumentationspflichten zu erfüllen.

c) Selbstzertifizierung. Eine spezielle nach außen wirkende Form der Eigenüberwa- **933** chung ist die Selbstzertifizierung, die von der behördlichen Zertifizierung und der Zertifizierung durch technische Überwachungseinrichtungen *(s. o. Rn. 912, 921)* zu unterscheiden ist. Sie erfolgt durch die Kennzeichnung des Produktes mit einem **CE-Zeichen** (s. § 7 ProdSG). Damit erklärt der Hersteller, dass das Produkt bzw. die Leistung bestimmten in Normen festgelegten Sicherheits-, Gesundheits- und anderen Qualitätsanforderungen entspricht (sog. Konformitätserklärung im Sinne von § 2 Nr. 7 ProdSG). Die Selbstzertifizierung beruht auf zahlreichen in deutsches Recht umgesetzten EU-Richtlinien. Sie hat ferner zum Ziel, Doppelprüfungen zu verhindern und den Marktzugang zu erleichtern *(s. o. Rn. 462)*.

d) Selbstbeschränkungsabkommen. Eine besondere Form der Eigenüberwachung sind **934** Selbstbeschränkungsabkommen, mit denen sich einzelne Unternehmer oder Branchen verpflichten (Selbstverpflichtungen, code of conduct), bestimmte wirtschaftliche Aktivitäten zu dulden, zu unterlassen oder vorzunehmen. Diese **Gentlemen-Agreements** dienen vor allem dazu, drohende gesetzliche Maßnahmen zu verhindern (sog. Knüppel-im-Sack-Politik). Hier verzichtet der Staat auf den Erlass von Geboten oder Verboten, weil er auf die Einhaltung des Selbstbeschränkungsabkommens vertraut[1939]. Das ist auch die Normabsicht von Art. 36 DLR.

Beispiele: Kodex für Verhaltensempfehlungen der Arzneimittelhersteller[1940], Verpflichtungszusagen von Unternehmen nach § 32b GWB mit dem Ziel, dass die Kontrollbehörde nicht von ihren Befugnissen Gebrauch macht. Freiwillige Verbändeerklärung zum Benchmarking Wasserwirt-

---

1937 Vgl. dazu *Korte*, in: Korte/Repkewitz/Schulze-Werner (Hg.), GewO, 305 EL 2017, § 55f Rn. 23 f.
1938 *Scheidler*, WiVerw 2010, 177 ff.
1939 *D. Frank*, Umweltrecht und Wirtschaft, 2000, S. 293 ff.; *Frenz*, Selbstverpflichtungen der Wirtschaft, 2001; *Schendel*, NVwZ 2001, 494 ff.; *Köpp*, Normvermeidende Absprachen zwischen Staat und Wirtschaft, 2001.
1940 Arzneimittelindustrie-Kodex v. 16.2.2004, BAnz 2004 Nr. 40 v. 27.2.2004, S. 3545 f. und dazu *Balzer/Dieners*, NJW 2004, 908 f.

schaft mit dem Ziel, die technische und wirtschaftliche Leistung sowie die Kundenzufriedenheit zu optimieren[1941].

4. Preis- und Mengenlösungen

935 Zu den marktorientierten Überwachungslösungen zählen auch Preis- und Mengeninstrumente. Bei der **Preislösung** erhebt der Staat zur Optimierung des Umweltschutzes für jede von einem Betrieb verursachte bzw. von einer Anlage ausgehende Umweltbelastung (Verunreinigung) eine Abgabe (Optimierungsfunktion). Sie verteuert den Schadstoffausstoß und gibt damit einen Anreiz zur Emissionsvermeidung (Anreizfunktion). Der Emittent kann frei entscheiden, ob er die Umweltbelastung senkt oder die Abgabe zahlt. Diese Preislösungen, die auch als Pigou-Abgaben bezeichnet werden[1942], internalisieren externe Effekte und gestatten durch die Alternativenwahl marktwirtschaftliches Verhalten *(s. o. Rn. 112)*.

936 Bei der **Mengenlösung** vergibt der Staat entsprechend der angestrebten Umweltqualität ggf. handelbare Verschmutzungsrechte. Sie gestatten die Belastung der Umwelt mit einem bestimmten Schadstoff bis zu einer festgelegten Höchstmenge. Der Emittent kann frei entscheiden, ob er die Umweltbelastung senkt und seine Rechte verkauft oder das Verschmutzungskontingent in Anspruch nimmt. Die Erreichung der umweltpolitischen Zielvorgabe wird über die Menge der ausgegebenen Verschmutzungsrechte gesteuert, die allmählich verknappt werden[1943]. Dieses, das Verursacherprinzip *(s. o. Rn. 115)* betonende Konzept liegt auch dem geltenden Emissionshandelsrecht zugrunde, dessen Ausgangspunkt Art. 17 des im Jahre 1997 auf der Weltklimaschutzkonferenz ausgehandelten Kyoto-Protokolls ist[1944]. Es sieht den Emissionshandel als mögliche ergänzende Maßnahme zur Reduzierung der Treibhausgase vor[1945].

§ 30 Wirtschaftslenkung

937 Volkswirtschaftlich hoch entwickelte Staaten und Wirtschaftsgemeinschaften steuern über die bisher erörterten Aufgaben hinaus vielfach das Wirtschafts- und Umweltgeschehen vorausschauend aktiv, richtungsweisend und Schwerpunkte setzend, um gesamtwirtschaftlich und in Teilsektoren erwünschte ökonomische bzw. gesellschaftspolitische Zustände zu erhalten oder zu erreichen[1946]. Diese Form der Wirtschaftsbeeinflussung kann man als Wirtschaftslenkung charakterisieren.

I.   Unions- und Staatsaufgabe Wirtschaftslenkung

938 Die Wirtschaftslenkung ist Ausdruck von Unions- und Staatsverantwortung, welche die unternehmerische Eigenverantwortung auf unterschiedliche Weise strukturiert, dirigiert und den Wettbewerb auf der Ebene von Union, Bund und Ländern beeinflusst[1947]. Es handelt sich um eine Aufgabe, die sich vornehmlich aus Art. 3 EUV, Art. 38 ff., 90 ff., 120 ff. AEUV sowie aus Art. 20, 20a, 88 und 109 Abs. 2 GG[1948] ableiten lässt. Umstritten ist die lenkungsrechtliche Beurteilung der in Art. 173 AEUV

1941 S. den Abdruck BT-Ds. 16/1094, S. 43.
1942 *A. C. Pigou*, The Economics of Welfare, 1932, Teil II Kap. 9, London.
1943 *Magen*, in: Kirchhof/Korte/Magen(Hg.), Öff. Wettbewerbsrecht, 2016, § 17.
1944 *Corino/Jones/Hawkes*, EuZW 2002, 165 ff.
1945 S. näher *Magen*, in: Kirchhof/Korte/Magen (Hg), Öff. Wettbewerbsrecht, 2016, § 17.
1946 Zustimmend *Ziekow*, Öff. WiR, § 5 I; *Schliesky*, Öffentliches Wirtschaftsrecht, 4. Aufl., S. 135.
1947 *Ruffert*, AöR 134 (2009), 197, 217 ff.
1948 BVerfGE 4, 7, 13; 67, 256, 274.

vorgesehenen **Industriepolitik.** Einerseits ist sie Infrastruktur- und Förderungspolitik. Andererseits ist sie darauf gerichtet, Produktions- und Investitionsbedingungen sektorell und strukturell mit Wirkung für die Zukunft zu beeinflussen, um die Wettbewerbsfähigkeit der Industrien im Unionsgebiet zu gewährleisten.

Die Aufgabe der Wirtschaftslenkung überschneidet sich einerseits ggf. mit der Wirtschaftsplanung. Die Steuerungsinstrumente der Wirtschaftslenkung sind jedoch umfassender, weil sie nicht nur auf vorausschauende Gestaltung, sondern auch auf konkrete Zielerreichung angelegt sind. Andererseits weist die Wirtschaftslenkung Gemeinsamkeiten mit der Wirtschaftsüberwachung auf *(s. o. Rn. 875 ff.)*. Primärer Regelungsmaßstab ist jedoch nicht die Abwehr von der Wirtschaft ausgehenden Gefahren, sondern die Aufrichtung bestimmter Bewirtschaftungsgrundsätze für die Verwaltung des vom Staat festgelegten Mangels oder bei Marktversagen[1949]. Schließlich existieren **Schnittmengen** mit der Wirtschaftsförderung, weil Lenkungsgesetze im Einzelfall auch Beihilfen vorsehen (§ 6 MOG), die aber nur einen Teil der Bewirtschaftungsvorschriften ausmachen. **939**

Weder diese Unschärfen[1950] noch die politische Ausrichtung der Wirtschaftslenkung rechtfertigen es, auf diese Kategorie zu **verzichten**[1951]. So verkennt die Gleichsetzung von Wirtschaftspolitik und Wirtschaftslenkung die nach wie vor erforderliche Differenzierung ökonomischer, ordnungspolitischer und rechtlicher Gesichtspunkte. Sie wäre ebenso wie die Ersetzung durch den diffusen Begriff Wirtschaftsgestaltung[1952] ein Rückschritt in der Systematisierung des Öffentlichen Wirtschaftsrechts, zumal dieser Aufgabentyp insbesondere im wirtschaftsverwaltungsnahen Steuerrecht, im Umweltrecht und in der Wirtschaftswissenschaft[1953] anerkannt ist. Umgekehrt besteht kein Anlass, die Aufgaben der Wirtschaftsverwaltung auf die Wirtschaftslenkung[1954] zu reduzieren, weil man dann die vielfältigen Zwecke des Öffentlichen Wirtschaftsrechts übersähe, das sich, wie etwa die §§ 13PBefG, 27c LuftVG zeigen, nicht auf die Instrumente einer globalen Lenkung beschränkt[1955]. **940**

II. Zur Typisierung der Lenkungsmaßnahmen

Über die Typisierung der Techniken der Wirtschaftslenkung besteht im Schrifttum keine Einigkeit. Theoretisch lassen sich die Beeinflussungsinstrumente danach einteilen, ob sie global oder partiell, unmittelbar oder mittelbar auf die Wirtschaft einwirken. Eine globale Steuerung, die den freien Markt völlig oder weitgehend außer Kraft setzt, scheitert aus verfassungsrechtlichen Gründen. Sie widerspräche vor allem dem Konzept der offenen, wettbewerbsorientierten Märkte (Art. 3 Abs. 3 EUV). Deshalb kommen allenfalls **partielle Wirtschaftslenkungen** in Betracht. **941**

Sie betreffen bestimmte Wirtschaftszweige, Politikbereiche, Wirtschaftssituationen oder Wirtschaftsregionen. Eine **unmittelbare Steuerung** liegt dann vor, wenn der Staat durch rechtliche Regelungen (Gebote, Verbote, Auferlegung von Lasten) einseitig in den wirtschaftsrechtlichen Status eingreift. In diesem Falle belässt die hoheitliche Maßnahme dem Wirtschaftsakteur keine Freiheit, sondern legt ihm eine dirigistische Verpflichtung auf. **942**

1949 *Bews*, Bewirtschaftungsrecht, 2017.
1950 S. C. *Koenig*, Die öffentlich-rechtliche Verteilungslenkung, 1994, S. 77 ff.; BVerwGE 71, 183, 190.
1951 So aber *Brenner*, Der Gestaltungsauftrag der Verwaltung in der EU, 1996, S. 283.
1952 *Brenner*, a. a. O., S. 281 ff.
1953 P. M. *Huber*, ZRP 1994, 396, 399 ff.; BVerfGE 98, 106, 118.
1954 So E. R. *Huber*, Wirtschaftsverwaltungsrecht II, 2. Aufl., §§ 81 ff.
1955 Ebenso P. M. *Huber*, ZRP 1994, 396, 401; *Kluth*, ZHR 162 [1998], 657 ff.

Beispiele: Ernährungssicherstellungs- und Vorsorgegesetz im Falle von Versorgungskrisen und Notständen[1956]; Verbot der Wahrnehmung bestimmter wirtschaftlicher Tätigkeiten durch hoheitliche Monopolisierung oder Untersagung.

943 Mittelbar ist die Einwirkung dann, wenn staatliche Maßnahmen eine Veränderung des Marktverhaltens bewirken sollen, die aber vom Willen der Marktteilnehmer abhängt. Diese auch als **verhaltenseinwirkende Wirtschaftslenkung** bezeichnete Lenkungstechnik belässt dem Wirtschaftsbürger also die rechtliche Entscheidungsfreiheit, die lediglich durch bestimmte Rahmenbedingungen gesteuert wird[1957].

Beispiele: Bewirtschaftungsvorschriften im Wasserhaushaltsrecht (§ 45a WHG), Abgabenregeln mit Lenkungscharakter[1958], geldpolitische Instrumente *(s. o. Rn. 282 ff.)*, außenwirtschaftliche Beschränkungen nach § 5 Abs. 2 i. V. m. §§ 55 ff. Außenwirtschaftsverordnung für den Erwerb infrastrukturell wichtiger Unternehmensanteile.

944 Die Wirtschaftslenkung spiegelt unter anderen auch einen **Teilbereich des Öffentlichen Wettbewerbsrechts** *(s. o. Rn. 36)*, weil die Hoheitsgewalt in Umsetzung dieser Aufgabe unternehmerisches Verhalten am Markt nutzen kann, um bestimmte wettbewerbsexterne Gemeinwohlbelange – das sind solche, die die marktmäßige Konkurrenz allein nicht erreichen kann, sondern ihr von außen eingestiftet werden – durch entsprechende Regelungen oder Maßnahmen zu verwirklichen[1959].

Beispiel: Die Universaldienstpflichten in den §§ 78 ff. TKG gewährleisten, dass bestimmte de iure festgelegte Leistungen der Grundversorgung primär über den Markt und erst bei dessen Insuffizienz durch einzelne Anbieter erbracht werden[1960].

III. Sanktionierung von Verstößen

945 Ebenso wie das Wirtschaftsüberwachungsrecht ist das Wirtschaftslenkungsrecht auf die **Beachtung der einschlägigen Vorschriften** der Wirtschaftslenkung und der erlassenen Maßnahmen angelegt, weshalb Verstöße sanktioniert werden[1961].

§ 31 Wirtschaftsförderung

946 Die Wirtschaftsförderung bietet den Hoheitsträgern eine Möglichkeit zur Unterstützung bestimmter gemeinwohlrelevanter Vorhaben. Aus Sicht der Wirtschaftsakteure ist sie attraktiv, weil sie es erlaubt, zu günstigeren als den marktmäßigen Bedingungen an die für ein unternehmerisches Vorhaben erforderlichen Mittel zu gelangen. Sie existiert in verschiedenen Facetten und unterliegt speziellen unionsrechtlichen sowie wirtschaftsvölkerrechtlichen Vorgaben.

I. Unions- und Staatsaufgabe Wirtschaftsförderung

947 Die Förderung der Wirtschaft besitzt den Rang einer besonders wichtigen Unions- und Staatsaufgabe[1962] und zählt zum Kern des Spektrums der **kommunalen Selbstverwal-**

1956 *Bews*, Bewirtschaftungsrecht, 2017.
1957 BVerfGE 98, 106 ff.
1958 BFH, NVwZ-RR 2008, 55 ff.; BVerfG, NJW 2009, 48, 50.
1959 *Kirchhof/Korte/Magen u. a.*, in: Kirchhof/Korte/Magen (Hg.), Öff. Wettbewerbsrecht, 2014, § 4 Rn. 15, 19.
1960 Ausf. dazu *Korte*, in: dies. (Hg.), ebenda, § 14 Rn. 23 ff.
1961 *Achenbach*, ZStW 119 [2007], S. 789 ff.
1962 BVerfGE 15, 235, 240.

tung[1963]*(s. o. § 8)*. Insbesondere darf der Staat Förderungsziele verfolgen, indem er verhaltenssteuernd und gestaltend die Wirtschaft mit Hilfe individualgerichteter hoheitlicher Leistungen beeinflusst, die nicht oder nur unter günstigeren Bedingungen entgolten werden müssen.[1964].

1. Wirtschaftsförderung als Leistungs- und Verschonungsverwaltung

Der Begriff „Wirtschaftsförderung" hat sich in Gesetzgebung[1965], Gerichts-[1966] und **948** Verwaltungspraxis allgemein durchgesetzt. Das wirtschaftsrechtliche Schrifttum verwendet das Wort Wirtschaftsförderung vornehmlich zur Charakterisierung der **kommunalen Wirtschaftsförderung** *(s. o. Rn. 213)*[1967] und umschreibt die Aufgabe der Wirtschaftsförderung im Übrigen gelegentlich als Fall der Wirtschaftslenkung oder der Subventionierung[1968]. Die damit verbundene Gleichsetzung verschiedener Facetten der Wirtschaftsverwaltung kann indes schon deshalb nicht überzeugen, weil Förderungs- und Lenkungsmaßnahmen zumindest im Ausgangspunkt unterschiedliche Zielsetzungen prägen.

Während das Wirtschaftsüberwachungsrecht die Rechte der am Wirtschaftsleben Be- **949** teiligten grundsätzlich aus Gründen der öffentlichen Sicherheit und Ordnung und das Wirtschaftslenkungsrecht aus gesamtwirtschaftlichen *(s. o. Rn. 229)*[1969] oder sektorellen Gründen beschneidet (sog. Eingriffsverwaltung), erweitert die Wirtschaftsförderung deren Rechte durch die **Gewährung von Leistungen** (sog. Leistungsverwaltung) oder Belastungsverschonungen[1970]. Im Mittelpunkt steht nämlich die Bemühung der öffentlichen Hand, Unternehmern verschiedenartige Anreize für ein bestimmtes, von ihnen als Begünstigte erwartetes wirtschaftliches Verhalten zu geben[1971].

Auch wenn somit der Schwerpunkt der Wirtschaftslenkung bei der Belastung der Wirt- **950** schaftssubjekte liegt, sind **Überschneidungen** von Wirtschaftslenkungs- und Wirtschaftsförderungsmaßnahmen denkbar, weil auch Förderungen im Einzelfall zumindest partiell belastend wirken können, so wenn sie der Höhe nach hinter der erwarteten oder de iure möglichen Summe zurückbleiben oder wenn sie ein Verhalten gebieten. Namentlich insoweit bestehen dann auch Bezüge zu Lenkungskonzepten, die Förderungsinstrumente enthalten können.

Beispiel: Das EU-Cross-Compliance-Konzept im Bereich der Agrarförderung belastet die Beihilfenehmer mit umweltrechtlichen Anforderungen als Voraussetzung für Direktzahlungen[1972].

Hinsichtlich der **Abgrenzung** von Wirtschaftsförderung und **Subventionierung** ist zu **951** bedenken, dass sich die Aufgabe Wirtschaftsförderung nicht auf eine die Subventionierung im Allgemeinen kennzeichnende Gewährung materieller bzw. finanzieller Hilfen in Form von Geld- und Sachleistungen beschränkt[1973]*(s. u. Bd. II §§ 56)*, sondern darüber hinaus (ähnlich wie im Falle von Beihilfen i. S. d. Art. 107 ff. AEUV *(s. u.*

1963 BVerwG, NVwZ-RR 2013, 465 ff.
1964 BVerfG, NJW 2007, 573, 575.
1965 BFH, NVwZ 2003, 1414 zu § 5 Abs. 1 Nr. 18 KStG.
1966 BGH, NJW 2005, 2458 f.
1967 *Mombaur*, DÖV 1989, 234; *Dieckmann/König* (Hg.), Kommunale Wirtschaftsförderung, 1994. Umfassender *Ziekow*, Öff. WiR, § 5 I.
1968 *Bungenberg*, in: Terhechte (Hg.), Verwaltungsrecht in der EU, 2011, § 21 Rn. 3, 12.
1969 BFH, NVwZ 2003, 1414.
1970 BVerfGE 72, 175, 194; BVerfG, NJW 2007, 573, 575; zust. *Kämmerer*, in: HdBStR V, 3. Aufl., § 124 B II.
1971 *Zacher*, VVDStRL 25 [1966], 263; BFH, NVwZ 2003, 1414 f.
1972 *Götz*, JZ 2012, 53, 58 f.
1973 *Ruthig/Storr*, Öff. WiR, § 9; *Schmidt/Wollenschläger/Unger*, Kompendium, § 8; *Ziekow*, Öff. WiR, § 6.

Rn. 979)) auch Belastungsverschonungen einbezieht[1974]. Die Wirtschaftsförderung lässt sich begrifflich zudem auf das weite Feld der Dienstleistungen *(s. u. Rn. 957)* erstrecken, deren Vorhaltung und Erbringung für die Wirtschaft insbesondere im Zeitalter der Digitalisierung von elementarer Bedeutung ist. Dieser Aspekt wird im Schrifttum häufig vernachlässigt[1975].

2. Wirtschaftsförderung als Risikoverwaltungsrecht

952 Unionsrechtlich oder staatlich inspirierte Wirtschaftsförderung erfolgt grundsätzlich unter **Unsicherheit**, weil im Zeitpunkt von Subventionsentscheidungen die damit verbundenen finanziellen Konsequenzen aufgrund unzureichender Informationen nur teilweise bekannt sind. Insoweit weist die Wirtschaftsförderung Züge eines Risikowirtschaftsverwaltungsrechts auf.

Beispiel: Bei der Bewilligung von Staatsbürgschaften oder Risikokapital lässt sich nicht sagen, ob der staatliche Haushalt beansprucht wird und die Förderungsziele erreicht werden.

953 Das bedeutet, dass die Bewilligungspraxis bei der Subventionsvergabe entsprechende Risikoanalysen anzustellen hat, die denen des **Risikomanagements** bei der Wirtschaftsüberwachung *(s. o. Rn. 906)* ähnlich sind. Insbesondere sind in diesem Kontext die Ausfallrisiken des Empfängers in die Überlegungen einzubeziehen.

Beispiel: Darlehen müssen grundsätzlich banküblich abgesichert sein (§ 3 Abs. 2 KredAWAG). Auslandsbürgschaften werden nach Risikoklassen eingeteilt.

954 Die Übernahme von Wirtschaftsförderungsrisiken setzt eine **Abwägung von Nutzen und Schadenspotentialen** für den hoheitlichen Förderungsgeber voraus. Sie wird als vertretbar angesehen, wenn eine vernünftige Aussicht auf einen schadensfreien Verlauf des unterstützten Geschäftes besteht.

3. Wirtschaftsförderung und Compliance-Anforderungen

955 Das Risiko einer Fehlleitung von Maßnahmen der Wirtschaftsförderung wird vor allem durch klare Regeln gemindert, die den Subventionszweck festlegen. Teilweise wird der Subventionszweck in fachrechtlichen Regelwerken dahin konkretisiert, dass bestimmte Grundanforderungen hinsichtlich der Betriebsführung (Gesundheit, Umwelt, Tierschutz usw.) und des zu erhaltenden guten landwirtschaftlichen und ökologischen Zustandes zu erfüllen sind. Bei diesen insbesondere auf dem Agrarmarkt anzutreffenden Verpflichtungen[1976] handelt es sich um die Einhaltung von Best-Practice-Standards, die nicht unbedingt in gesetzlichen Vorschriften enthalten sind und deshalb eigentlich nicht die Rechtmäßigkeit der Förderung betreffen. Ihre Berücksichtigung wird aber vom Subventionsempfänger unter dem Stichwort „**Cross-Compliance**" *(s. o. Rn. 950)* verlangt und von der zuständigen Behörde kontrolliert. Bei Nichteinhaltung dieser sog. anderweitigen Verpflichtungen können Zahlungen gekürzt oder gestrichen werden (s. etwa Art. 22 f. VO 73/2009/EG)[1977].

4. Wirtschaftsförderungskriminalität

956 Die Chance auf öffentliche Geldleistungen birgt die Gefahr des Missbrauchs in sich. Deshalb müssen Vorkehrungen getroffen werden, dass die förderungserheblichen Tatsachen vor der Bewilligung genau bezeichnet und nicht rechtmäßig erlangte oder verwendete Leistungen zurückbezahlt werden *(s. Bd. II §§ 56 f.)*[1978]. Darüber hinaus ist

---

1974   *Schorkopf*, in: Kirchhof/Korte/Magen (Hg.), Öff. Wettbewerbsrecht, 2014, § 12 Rn. 8.
1975   *Ewer/Behnsen*, NJW 2008, 3457 ff.
1976   *Queisner*, Rahmenbedingungen für eine umweltverträgliche Landwirtschaft im Europarecht, 2013, S. 201 ff.
1977   *Götz*, JZ 2012, 53 ff.
1978   *Partsch/Schaffner*, NJW 1996, 2492.

der **Subventionsbetrug gem.** § 264 StGB strafbar. Auch die EU räumt – wie Art. 325 AEUV belegt – der Bekämpfung von Betrügereien einen hohen Rang ein[1979] und hat deshalb ein eigenes Europäisches Amt für Betrugsbekämpfung gegründet.[1980]

II. Typisierung der Maßnahmen der Wirtschaftsförderung

Die inhaltliche Offenheit der Aufgabe Wirtschaftsförderung korrespondiert mit der Vielfältigkeit der Maßnahmen und Instrumente, mit denen die EU, Staat und Kommunen die Unternehmen unterstützen. Experten meinen sogar, in der Praxis habe sich ein dichtes und wirres Geflecht wirtschaftsfördernder Maßnahmen entwickelt und etabliert, das sich jeder systematischen Erfassung entziehe[1981]. Diese Einschätzung mag quantitativ zutreffend sein. Qualitativ ist ihr entgegenzuhalten, dass sich die Förderinstrumente grundsätzlich auf bestimmte Typen reduzieren, die ihren Niederschlag in Gesetzen, Haushaltsordnungen, Haushaltsplänen und Förderrichtlinien gefunden haben. Im Einzelnen stehen leistende Maßnahmen als finanzielle Anreize in Form von Geldzahlungen sog. Belastungsverschonungen im Sinne eines Forderungsverzichts gegenüber. **957**

1. Wirtschaftsförderung durch Leistungsgewährung

Verlorene Zuschüsse (§ 14 HGrG; § 139 FFG; § 12ABFG) verlangen vom Subventionsempfänger eine bestimmte wirtschaftliche Tätigkeit und müssen nicht mehr zurückgezahlt werden. Sie kommen in unterschiedlichen Formen vor und werden z. B. als Investitions-, Abwrack-[1982], Zins- und Beratungskostenzuschüsse, als Ausbildungsförderungszuschüsse (sog. Meister-BAföG[1983]), als Lohnkostenzuschuss bei Einstellung von Langzeitarbeitslosen oder als Leistung für erwerbsfähige Arbeitslose zur Aufnahme einer selbstständigen Tätigkeit (§ 16c SGB II) gewährt. Hinzu treten Gründungszuschüsse nach 57 ff. SGB III, die die Aufnahme einer selbständigen Tätigkeit fördern und die Schwarzarbeit abbauen sollen[1984]. Verlorene Zuschüsse werden ferner bei EU-Marktordnungsmaßnahmen als flächen- und produktbezogene Beihilfen eingesetzt (§ 6 MOG)[1985] oder kommen in Form der Ausstattung mit Risikokapital (§ 2 Abs. 1 Nr. 1b KredAWAG)[1986] vor. **958**

Prämien und Preise sind der klassische Fall der „Ex-Post-Subvention", da sie auf Grund bereits abgeschlossener wirtschaftlicher Vorgänge an die zu unterstützenden Wirtschaftsunternehmen gezahlt werden. Sie werden u. a. zur Beschaffung von Arbeitskräften in regional oder sektoral gefährdeten Bereichen, zur Stilllegung unrentabler Betriebe, Verkehrsmittel oder Flächen (Abwrack- und Stilllegungsprämien), zur Filmförderung (Spielfilmprämien, Filmpreise) sowie zur Durchführung von EU-Marktordnungsmaßnahmen (Erzeugerprämie, Nichtvermarktungsprämie) eingesetzt. Da sie nach Leistungserbringung ansetzen, sind sie Folge einer erbrachten Leistung, was etwaige nachteilige Auswirkungen solcher Zuwendungen auf den Wirtschaftsverkehr deutlich bremst. **959**

Zinslose oder zinsgünstige Darlehen (§ 3 Abs. 2 KredAWAG; § 60 FFG; § 12 AFBG) gewähren dem Subventionsempfänger einen Geldvorteil gegenüber den marktüblichen **960**

1979 *Sieber*, ZRP 2000, 187 ff.; *Haus*, EuZW 2000, 745 ff.
1980 S. dazu *Kühlung*, in: Ehlers, § 29 Rn. 32.
1981 *Fleckenstein*, WuV 1989, 103.
1982 S. *Spilker*, DVBl. 2011, 458 f.
1983 S. näher *Beckmann*, GewArch. 1997, 89 ff.; *Hablitzl*, WiVerw. 2003, 248 ff.
1984 Gesetz v. 20.7.2006, BGBl. I, S. 1706, 1717.
1985 Marktordnungsgesetz v. 24.6.2005, BGBl. I, S. 1847 ff.
1986 WagniskapitalförderungsG v. 30.7.2004, BGBl. I, S. 2013.

Konditionen. Subventionierte Darlehen gehören zu den häufigsten Erscheinungsformen der Wirtschaftsförderung. Sie werden meistens unter Einschaltung öffentlichrechtlicher Kreditinstitute (wie der Kreditanstalt für Wiederaufbau – § 3 KredAWAG) oder der Hausbanken aus öffentlichen Mitteln gewährt. Dabei handeln die Privatbanken lediglich als Subventionsmittler[1987]. Da Zuschüsse nur einmal genutzt werden und unerwünschte Mitnahmeeffekte produzieren, wird teilweise die Ablösung des Zuschussprinzips durch das Kreditprinzip gefordert.

961 **Bürgschaften** (§ 23 HGrG, § 3 Abs. 3 KredAWAG; § 65 FFG) verpflichten den Subventionsgeber, für Verbindlichkeiten des Subventionsempfängers im Falle von dessen Zahlungsunfähigkeit einzustehen. Dadurch wird dessen Kreditwürdigkeit erhöht und politische sowie wirtschaftliche Risiken werden gemindert[1988]. Bürgschaften werden vornehmlich zur Unternehmenserhaltung und zur Außenwirtschaftsförderung eingesetzt[1989]. Streng genommen handelt es sich nicht um Bürgschaften im zivilrechtlichen Sinne, sondern um Versicherungsverträge im Zusammenhang mit der Außenwirtschaftsförderung (Exportkreditversicherung). Dabei wird das Bürgschaftsentgelt in Abhängigkeit von den übernommenen Länderrisiken festgesetzt.

962 **Garantien** (§ 23 HGrG) verpflichten den Subventionsgeber zum finanziellen Ausgleich bei gescheiterten Risikogeschäften des Subventionsempfängers. Garantien haben in mehrfacher Hinsicht Ähnlichkeit mit Bürgschaften, konzentrieren sich aber vornehmlich auf Investitionen und Kapitalanlagen. Sie belasten kaum die öffentlichen Haushalte, sie sind risikoorientiert und werden aus denselben Zielsetzungen wie Bürgschaften eingesetzt[1990]. So deckt die staatliche Wechselkursversicherung das Wechselkursrisiko bei langfristig angelegten Ausfuhrgeschäften ab[1991]. Andere Garantien fangen politische Risiken auf (Verstaatlichung, Enteignung, Krieg). Soweit Garantien nicht auf Einzelgeschäfte, sondern auf die Geschicke des Unternehmens als solches bezogen sind, handelt sich um sog. Verlustübernahmen.

963 **Naturalsubventionen** verpflichten den Subventionsgeber zur Verfügungstellung von Sachen, die dem Subventionsempfänger einen Vorteil gegenüber den marktüblichen Bedingungen einräumen. Hierher gehört vor allem der verbilligte Verkauf von Gewerbe- und Industriegelände[1992] sowie die verbilligte Vermietung oder Verpachtung von Gewerbehöfen, Industrie- und Technologieparks usw. im Interesse der Ansiedlung von Wirtschaftsunternehmen, zur Förderung von Existenzgründern oder aus Gründen der Bestandspflege. Eng damit verbunden sind andere Verbilligungen, die dazu führen, dass der Subventionsempfänger einen Erstattungsbetrag geltend machen darf (z. B. Gasölverbilligung, für versteuertes Gasöl, das von Landwirten benutzt wird).

964 Eine weitere Form der leistenden Wirtschaftsförderung liegt vor, wenn ein Hoheitsträger dem Begünstigten **Sonderrechte** einräumt, weil sie ihm Vorteile gewähren, die seinen Konkurrenten nicht zukommen. Hierher gehören namentlich sog. Altlastenfreistellungen. Sie verpflichten den Begünstigten, die Verantwortung dafür zu übernehmen, dass verseuchte Flächen und Anlagen schadstofffrei zur Verfügung gestellt

---

1987 S. *Habersack*, ZHR 159 [1995], 663; *Schütterle*, EuZW 1995, 391 ff.; *Bals*, Vergabe und Abwicklung öffentlicher Förderkredite über Hausbanken, 2003.
1988 *K. Möller*, Staatsbürgerschaften im Lichte des EG-Beihilferechts, 2001.
1989 *Greuter*, in: Ehlers/Wolffgang, Rechtsfragen der Ausfuhrkontrolle und Ausfuhrförderung, 1997, S. 57 ff.; *Wolfram*, Staatliche Export-Kreditförderung, 2003, S. 73 ff.
1990 BGH, MDR 1977, 475.
1991 *Siebelt*, NJW 1994, 2860 ff.
1992 BGH, JZ 2007, 415 ff. mit Anmerkung *Stober*.

werden. Auf diese Weise sollen Investitionshemmnisse vermindert werden[1993]. Benutzervorteile berechtigen demgegenüber zu einem bestimmten wirtschaftlichen Verhalten, nachdem bestimmte Voraussetzungen erfüllt sind (längere Start- und Landezeiten für lärmarme Flugzeuge) und lassen sich damit ebenfalls als Sonderrechte einräumen.

Eng mit der Einräumung von Sonderrechten verbunden, weil ebenfalls eine Befugnis einräumend, ist die Bevorzugung eines bestimmten Anbieters bei der öffentlichen Auftragsvergabe. Es handelt sich in solchen Fällen um eine Maßnahme der Wirtschaftsförderung, weil der Subventionsempfänger den Auftrag unter Bedingungen erhält, die unter Ausschöpfung der Marktgegebenheiten nicht gelten würden (Bezahlung eines Überpreises). Die **bevorzugte Auftragsvergabe** dient benachteiligten Gruppen und der Förderung des gewerblichen Mittelstandes oder regionaler Anbieter. Sie ist wegen zahlreicher entgegenstehender, insbesondere unionsrechtlicher Bestimmungen, nur unter engen Voraussetzungen zulässig und verlangt insbesondere nach einer gesetzlichen Grundlage, um Wettbewerbsverzerrungen zulasten der übergangenen Mitbewerber zu verhindern (s. §§ 97 ff. GWB)[1994]. **965**

Unterentwickelt ist die staatliche Förderung von sog. **Countertrade-Geschäften**, die als Barter (Tausch), Kompensationshandel oder Gegenkauf im internationalen Handelsverkehr in Krisen, bei dem Handelsverkehr mit wenig entwickelten Wirtschaftsordnungen und bei chronischem Devisenmangel eine bedeutsame Rolle spielen[1995]. In diese Kategorie fallen namentlich Geschäfte von Unternehmen, wenn sie im Zielstaat eine Industrieanlage bauen und sich vollständig (Tausch) oder teilweise (Kompensation) über dortige Rohstoffe entlohnen lassen bzw. sich im Gegenzug verpflichten, dort hergestellte Produkte zu kaufen (Gegenkauf). Da diese Geschäftsform teilweise die einzige Export- und Importmöglichkeit darstellt, ist es angebracht, dass die wirtschaftliche und politische Risikoabwicklung bzw. Finanzierung dieser Geschäfte ebenso wie bei Bar- bzw. Kreditgeschäften behandelt wird. **966**

2. Wirtschaftsförderung durch Belastungsverschonung

Den Hauptanwendungsfall der Wirtschaftsförderung durch Belastungsverschonung bilden **Steuervergünstigungen** ab. Sie stellen einen Verzicht des Staates auf Steuereinnahmen dar und führen haushaltsrechtlich zu Mindereinnahmen[1996]. Die Vergünstigungs- und Förderungsziele sind weit gefächert[1997]. **967**

Beispiele: Sonderabschreibungen und Ansparabschreibungen zur Förderung kleiner und mittlerer Betriebe nach § 7g EStG. Ziel dieses Instrumentes ist es, die eigenkapitalschonenden Wirkungen der Abschreibungen zeitlich vorzuverlegen und die Finanzierung künftiger Investitionen zu erleichtern[1998]. Umsatzsteuerermäßigung für Hoteliers.

Belastungsverschonungen sind auch im Falle eines **Verzichts auf die Erhebung anderer Abgaben** denkbar. So dienen etwa umweltschonende oder mittelstandsfördernde (vgl. Art. 74 Abs. 3 UA 3 der VO 1907/2006/EG) Gebührenvergünstigungen der Wirtschaftsförderung durch Belastungsverschonung; ähnlich liegen die Dinge im Falle von Beitragsvergünstigungen. **968**

Beispiel: Befreiung vom Kammerbeitrag für bestimmte Existenzgründer nach § 113 Abs. 2 Satz 5 HwO.

1993 *Vierhaus*, NVwZ 2004, 418 ff.
1994 S. aber auch BVerfG, NJW 2007, 51 ff.
1995 *Schobeß*, Barter- und Gegengeschäftsverträge im deutsch-russischen Handels- und Rechtsverkehr, 1996.
1996 BVerfGE 105, 17 ff.
1997 S. näher *Trzaskalik*, Gutachten E zum 63. DJT 2000, S. 65 ff.; BVerfGE 97, 67, 76 ff.
1998 BT-Ds. 12/4487, S. 33 ff.

III. Die ordnungs- und wirtschaftspolitischen Dimensionen der Wirtschaftsförderung

969 Ebenso wie die Wirtschaftslenkung besitzt auch die Wirtschaftsförderung eine ordnungspolitische Komponente. Geht man vom System einer sozialen, umweltgerechten Marktwirtschaft aus *(s. o. Rn. 109 ff.)*, ist zwar Wirtschaftsförderung etwa als Existenzgründungs-, Mittelstands- und Umweltförderung einerseits wirtschaftspolitisch legitim (s. § 2 KredAWAG)[1999]. Andererseits darf sie die Unternehmerverantwortung aber auch nicht allzu sehr in den Hintergrund drängen. Diese Gefahr besteht jedoch umso mehr, je intensiver die Wirtschaft gefördert und je mehr das unternehmerische Risiko auf die öffentliche Hand verlagert wird. Die negativen Wirkungen von Zuwendungen, welche die Unternehmerinitiative lähmen und Innovationen behindern (sog. **Subventionsmentalität**), sind allgemein bekannt. Erinnert sei nur an die Stichworte Mitnahmeeffekte, Gewöhnungseffekte, Besitzstandsdenken, Kumulationseffekte und Subventionswettlauf[2000].

Beispiel: Beihilfen für Standortverlagerungen in der EU, die Arbeitsplätze in einer anderen Region wegfallen lassen.

970 Insbesondere kann die Erhaltung existenzbedrohter Unternehmen (durch **Erhaltungshilfen**) keine Aufgabe des Staates sein. Derartige Zuwendungen verfälschen den Wettbewerb zu Lasten konkurrierender Unternehmen. Sie behindern den Strukturwandel und stören den marktwirtschaftlichen Ausleseprozess. Sie binden ferner volkswirtschaftliche Ressourcen an der falschen Stelle und sind haushaltspolitisch (Grundsatz der Sparsamkeit – *s. o. Rn. 249)* sowie finanzpolitisch vor dem Hintergrund der Staatsverschuldung kaum verantwortbar. Im Übrigen wird auch die ökonomische Effizienz solcher Zuwendungen bezweifelt[2001]. Hinzu tritt die wettbewerbliche Komponente, die primär unional motiviert ist. Sie ist auf Beachtung der verzerrenden, aber ggf. auch wirtschaftserhaltenden Wirkungen finanzieller Zuwendungen gleichermaßen angelegt, wie die Genehmigungspraktiken der Kommission immer wieder zeigen[2002].

971 Die so beschriebenen Risiken für das Wirtschaftsleben, die sich aus einer überbordenden Zuwendungspraxis ergeben, sind nur vermeidbar, wenn die damit verbundenen Maßnahmen der Wirtschaftsförderung an bestimmte **ordnungspolitische und wirtschaftsprinzipielle Vorgaben** gebunden sind, die rechtlich fixiert, transparent und kontrollierbar sind. Oberster Grundsatz muss sein, dass staatliche Wirtschaftshilfe nur Hilfe zur Selbsthilfe sein darf. Diese Leitmaxime entspricht nicht nur dem Grundsatz der Subsidiarität *(s. o. Rn. 199)*[2003]. Sie ist auch die Prämisse für eine zeitlich befristete und degressiv, d. h. auf Abbau (sog. „Sunset-Legislation") angelegte Hilfe (Anpassungshilfen bei Strukturwandel, Produktivitätshilfen)[2004], die regelmäßig im Rahmen einer Erfolgskontrolle auf ihre fortdauernde Rechtfertigung überprüft und insbesondere im Falle der Zielerreichung eingestellt werden muss[2005].

1999 BVerfGE 23, 50, 60; 13, 97, 107; 19. Subventionsbericht, BT-Ds. 15/1635, S. 11; zustimmend *Kühling*, in: Ehlers, § 29 Rn. 30; *Oppermann/Classen/Nettesheim*, Europarecht, 5. Aufl., § 21 II 1.

2000 *Nieder-Eichholz*, Die Subventionsordnung, 1995; *Kämmerer*, in: HdBStR V, 3. Aufl., § 124 A.

2001 S. näher G. *Werner*, Subventionsabbau, 1995, S. 35 ff.; 15. Subventionsbericht, BT-Ds. 13/2230, S. 25; 16. Subventionsbericht, BT-Ds. 13/8420, S. 9.

2002 *Schorkopf*, in: Kirchhof/Korte/Magen (Hg.), Öff. Wettbewerbsrecht, 2014, § 12 Rn. 34 ff.

2003 *Pitschas*, in: Stober/Vogel (Hg.), Subventionsrecht auf dem Prüfstand, 1999, S. 26 ff.; *Stober*, in: Hill/Hof (Hg.), Wirkungsforschung zum Recht II, 2000, S. 251, 254; 19. Subventionsbericht, BT-Ds. 15/1635, S. 11.

2004 BVerfGE 105, 17 ff.; *Schwarz*, JZ 2004, 79 ff.

2005 20. Subventionsbericht, BT-Ds. 16/1020, S. 1 ff.; 21. Subventionsbericht, BT-Ds. 16/6275, S. 1 ff.; *Berthold/Donges*, WiSt. 1996, 490 ff.; *W. G. Leisner*, EuZW 2006, 648 ff.

Zwar wird seit längerem ein durchgreifender Zuwendungs- und insbesondere **Subven-** **972** **tionsabbau** gefordert[2006], der eine Daueraufgabe jeder marktwirtschaftlich orientier-ten Staatsordnung ist[2007]. Es ist allerdings fraglich, ob die mit Paketlösungen und sachfremden Kompromissen agierende Politik sowie die interessenvertretenden Ver-bände die Kraft für eine Rückführung der Subventionitis aufbringen. Voraussetzung wäre ein Subventionsrahmengesetz oder ein Subventionsbegrenzungsgesetz[2008], das mit klaren Begriffen und verbindlichen Vergabekriterien arbeitet und ein wirksames Subventionscontrolling vorsieht oder eine Ergänzung des HGrG um einen Abschnitt „Zuwendungen". Bislang ist es aber noch nicht einmal gelungen, eine transparente Zuwendungsbegleitgesetzgebung zu schaffen, obwohl sie insbesondere das Verständ-nis für den Vollzug von EU-Beihilferecht deutlich verbessern könnte.

Abgesehen davon haben EU, Bund, Länder und Gemeinden im Rahmen ihrer Zustän- **973** digkeit und der verfolgten Wirtschaftspolitik die wirtschafts-, finanz- und gesell-schaftspolitischen Rahmenbedingungen grundsätzlich so zu gestalten, dass die Wettbe-werbs- und Leistungsfähigkeit der Wirtschaft ohne Gewährung öffentlicher Hilfe langfristig gesichert und die unternehmerische Entscheidungsfreiheit, Risikobereit-schaft und Innovationsfähigkeit der Unternehmer gestärkt wird. Gegenwärtig weist das Wirtschaftsförderungsrecht noch allzu sehr eine **monetäre Schlagseite** auf. Diese verengte Sichtweise übersieht, dass Wirtschaftsförderung nur effektiv funktioniert, wenn die administrativen Voraussetzungen stimmen. Insoweit bedarf es vielfältiger Anstrengungen zur Effektuierung der Wirtschaftsförderung[2009].

Beispiele: Konzentration der Wirtschaftsförderungszuständigkeiten in einer Hand (One-Stop-Agency) im Sinne von § 71a ff. VwVfG i. V. m. § 6b GewO *(s. auch u. Rn. 1094)*; Elektronische Informationen über die Abwicklung von Fördermaßnahmen; rasche Entscheidungen über Sub-ventionsanträge, einfache Antragsverfahren; Existenzgründungs-, Außenhandels-, Technologie-, Messeberatung (§ 2 Abs. 2 Satz 2 KredAWAG).

IV. Rechtliche Grundlagen der Wirtschaftsförderung

Aus einer rechtlichen Perspektive wirken auf die Wirtschaftsförderung, da für sie als **974** Teil der leistenden Verwaltung der Grundsatz der Gesetzmäßigkeit nur bedingt gilt *(s. o. Rn. 166)*, vor allem die Rahmenbedingungen des höheren Rechts in Form des nationalen Verfassungsrechts von Bund und Ländern, des Unionsrechts und des Welt-wirtschaftsrechts ein.

1. Wirtschaftsförderung durch Bund und Länder

Die Aufgabe Wirtschaftsförderung wird in zahlreichen **verfassungsrechtlichen** (und **975** gelegentlich auch in einfachgesetzlichen) Bestimmungen angesprochen. So ist in Art. 74 Abs. 1 Nr. 17 GG von der Förderung der land- und forstwirtschaftlichen Er-zeugung und in Art. 91a Abs. 1 GG von der Verbesserung der regionalen Wirtschafts-struktur sowie der Agrarstruktur die Rede. Mittelbar kommt die Aufgabe Wirtschafts-förderung in dem Teilziel „Wirtschaftswachstum" des in Art. 109 Abs. 2 GG verankerten gesamtwirtschaftlichen Gleichgewichts sowie im Sozialstaats- und im Um-weltschutzprinzip zum Ausdruck *(s. o. Rn. 141, 250)*. Hinzu treten Sonderregeln, die

---

2006 *Spannowski*, JZ 1992, 1160; *Fleckenstein*, WuV 1989, 103 ff.; *Dickertmann/Diller*, WiSt. 1990, 38 ff.
2007 14. Subventionsbericht, BT-Ds. 12/5580, S. 25; 16. Subventionsbericht, BT-Ds. 13/8420, S. 9; 17. Sub-ventionsbericht, BT-Ds. 14/1500, S. 9; 19. Subventionsbericht, BT-Ds. 15/1635, S. 12.
2008 So Monopolkommission, Hauptgutachten 1994/95, S. 46 f.; BT-Ds. 15/2061 v. 20.11.2003.
2009 *Stober*, in: Stober/Vogel (Hg.), Subventionsrecht und Subventionspolitik auf dem Prüfstand, 1999, S. 5 ff.

im Falle von Geldleistungen des Bundes Auswirkungen auf die Art des Verwaltungsvollzugs *(s. o. Rn. 207)* haben (vgl. Art. 104a Abs. 3 GG).

976 Daneben betonen mehrere **Landesverfassungen** (Art. 164 BayVerf.; Art. 55 SaVerf.; Art. 153 BayVerf.; Art. 43 HessVerf.; Art. 51 Abs. 2 und 65 RPVerf.; Art. 54 SaVerf.) die Förderung der Landwirtschaft und die Mittelstandsförderung *(s. o. Rn. 17)*[2010], wobei diese Aufträge regelmäßig durch Fachgesetze konkretisiert werden. Die Kommunen können ihren Wirtschaftsförderungsauftrag aus Art. 28 Abs. 2 GG ableiten[2011]. Im Übrigen ist die Wirtschaftsförderung mindestens in Teilbereichen eine rechtsstaatlich fragwürdige Domäne der Exekutive, die sich angesichts des Fehlens allgemeiner und spezieller Rechtsgrundlagen oftmals nur auf Haushaltsansätze *(s. o. Rn. 151)*, Wirtschaftsplangesetze, Rahmenpläne, Regelwerke, Verwaltungsrichtlinien und Compliance-Anforderungen *(s. o. Rn. 889)* stützen kann[2012]. In jüngerer Zeit ermächtigen zunehmend Fördergesetze die Ministerien, die Vorgaben durch Rechtsverordnungen zu normieren[2013].

2. Wirtschaftsförderung und Beihilferecht der Union

977 Die Aufgabe der Wirtschaftsförderung unterliegt daneben unionsrechtlichen Vorgaben.

978 **a) Zielsetzungen.** Diese Anforderungen sind Teil des Binnenmarktrechts *(s. o. Rn. 396)*, das auf eine „wettbewerbsfähige soziale Marktwirtschaft" (Art. 3 Abs. 3 EUV) bzw. auf eine „offene Marktwirtschaft mit freiem Wettbewerb" (Art. 127 Abs. 1 AEUV) angelegt ist. Diesem Ziel dienen das Branchenförderungsrecht sowie das **Beihilfe- und das Beihilfeaufsichtsrecht der EU** (s. etwa Art. 42, 96, 172, 179 AEUV). Während das Beihilferecht die EU-eigene Gewährung von Beihilfen als Wirtschaftsförderung der Union unter Einschaltung der Mitgliedstaaten betrifft (so beispielsweise im Bereich der Landwirtschaft[2014]) und damit eine Form der gestaltenden Wirtschaftsförderung auf Unionsebene ist, befasst sich das Beihilfeaufsichtsrecht mit der Kontrolle der Wirtschaftsförderung der Mitgliedstaaten[2015] und dient insoweit der Überwachung von deren wirtschaftsfördernden Maßnahmen, um binnenmarktweit einheitliche Förderbedingungen und -grundsätze zu gewährleisten. Das Aufsichtsrecht bedient sich dazu des in den Art. 107 ff. AEUV angelegten Verbots von Beihilfen mit Erlaubnisvorbehalt, weil diese Vertragsvorschriften wegen ihres Anwendungsvorrangs das nationale Wirtschaftsförderungsrecht überlagern und dadurch mitgliedstaatliche und kommunale Kompetenzen einschränken.

979 **b) Beihilfebegriff.** Im Mittelpunkt des Interesses steht daran anknüpfend die Frage, ob und inwieweit eine mitgliedstaatliche Zuwendung mit dem Anliegen des Binnenmarktes vereinbar ist, der für einen fairen Wettbewerb der einzelnen Unternehmen in den Mitgliedstaaten sorgen und einen Subventionswettlauf verhindern soll[2016]. Das beurteilt sich nach der Interpretation des Beihilfebegriffs, der in Art. 107 AEUV konkretisiert wird[2017]. Sowohl der Wortlaut „Beihilfen, gleich welcher Art" als auch das Abstellen auf die Wirkung einer Beihilfe durch die Wendung „verfälschen oder zu verfälschen drohen" sprechen für eine **weite Auslegung** des Beihilfebegriffs und damit

2010 *Rodi*, Die Subventionsordnung, 2000, § 9; *Willems*, Die Förderung des Mittelstandes, 2003, S. 76 ff.
2011 BVerwG, NVwZ-RR 2013, 465 ff.; *Rodi*, Die Subventionsrechtsordnung, 2000, § 10.
2012 Zustimmend BGH, NJW 2005, 2458 f.; *Schulze-Fielitz*, in: Hoffmann-Riem u. a. (Hg.), Grundlagen, § 12 B II 4.
2013 § 7 Abs. 2 Direktzahlungen-Verpflichtungsgesetz, BGBl. I 2010, S. 418 ff.
2014 Allg dazu *Bieber*, in: Bieber/Epiney/Haag/Kotzur, Die Europäische Union, 12. Aufl. 2016, § 23.
2015 *Rodi*, in: FS für Selmer, 2004, S. 479 ff.; BGH, NJW 2005, 2458 f.
2016 *Von Carnap-Bornheim*, JuS 2013, 2015; *Bulla*, GewArch 2015, 247 ff. und 279 ff.
2017 *Stolba*, Europäisierung staatlicher Beihilfen, 1998, S. 171 ff.; *Soltesz*, EuZW 1998, 747 ff.; *Birnstiel/Bungenberg/Heinrich* (Hg.), Europäisches Beihilferecht, 2011.

den Einschluss von Belastungsverschonungen und Realförderungen[2018]. Eine zu enge Deutung wie etwa die Beschränkung auf positive Leistungen in Form von Subventionen würde ferner den Wettbewerbszweck des Binnenmarktrechts und den damit verbundenen Kontrollzweck des Beihilfeverfahrens verfehlen. Dementsprechend wendet die Kommission den Beihilfebegriff in einem umfassenden Sinne an[2019]. Er ist bei jeder Maßnahme eines Mitgliedstaates erfüllt, welche die Belastung vermindert, die normalerweise ein Unternehmen zu tragen hat, oder die nach Art und Wirkung einer solchen Maßnahme gleichsteht. Die Kommission hat zur Orientierung der Beurteilung der Beihilfepraxis Leitfäden, Leitlinien und Gemeinschaftsrahmen erlassen.

Beispiele: Gemeinschaftsrahmen für staatliche Beihilfen an KMU[2020]; Leitlinien für die Vergabe staatlicher Regionalbeihilfen; Leitlinien für „Rettungsbeihilfen" (one time, last time); Leitlinien über Exportkredite.

c) Relevante Beihilfeaufsichtsvorschriften. Diese Kommissionsvorgaben sowie der **980** dazu erlassene Verhaltenskodex für die Durchführung von Beihilfeverfahren[2021] spielen eine Schlüsselrolle bei der Zulässigkeitsbewertung von Beihilfen. Unbeschadet der praktischen Bedeutung dieser Regelwerke ist unklar, welche **Rechtsnatur** sie besitzen und inwieweit sie auf Unionsrecht gestützt werden können. Ein Teil der Literatur und die Rechtsprechung qualifizieren die Kodizes und Leitlinien als faktische Selbstbindung des Kommissionsermessens[2022], das in Art. 107 Abs. 3 AEUV („können") angelegt ist. Jedenfalls dienen diese Vorschriften zur Konkretisierung des Beihilfenaufsichtsrechts, soweit der Kommission Beurteilungsspielräume bleiben.

Abgesehen von diesen Rechtsquellen finden sich auf Unionsebene auch Normenkom- **981** plexe, die im Interesse von mehr Rechtsstaatlichkeit (Gesetzesvorbehalt), Rechtssicherheit, Transparenz und Effizienz auf Art. 109 AEUV gestützt worden sind, der zum Erlass zweckdienlicher **Durchführungsverordnungen** ermächtigt. Hierher gehört namentlich die Verordnung über die Anwendung der Art. 107 f. AEUV auf bestimmte Gruppen horizontaler Beihilfen[2023]. Sie ermächtigt die Kommission zum Erlass zeitlich befristeter Gruppenfreistellungsverodnungen (GVOs)[2024], in denen festgelegt wird, dass bestimmte Kategorien staatlicher Beihilfen nicht den Art. 107 ff. AEUV unterliegen sollen, und bildete zunächst die Basis für folgende Verordnungen:
- **Beihilfen zu Gunsten kleiner und mittlerer Unternehmen** *(s. o. Rn. 22* – VO Nr. 70/ 2001/EG)[2025],
- **Ausbildungsbeihilfen** (VO Nr. 68/2001/EG),
- **Beschäftigungsbeihilfen** (VO Nr. 2204/2002/EG),
- **Regionale Investitionsbeihilfen** (VO Nr. 1628/2006/EG).

Mit Erlass der ersten **Allgemeinen Gruppenfreistellungsverordnung** (AGVO Nr. 800/ **982** 2008/EG)[2026] ging dann ein Paradigmenwechsel einher, weil die Kommission dadurch einen einheitlichen Rechtsrahmen geschaffen hatte, der viele der obigen Einzelverordnungen in sich aufnahm. Er sollte der Verfahrensvereinfachung dienen, Kosten sparen

---

2018 *Sedemund*, in: von Danwitz (Hg.), Rechtsfragen der europäischen Beihilfeaufsicht, 2000, S. 32 f.
2019 EuGH, EuZW 2005, 499 f.; *Nettesheim*, NJW 2014, 1847 ff.
2020 ABl. EG C Nr. 213 v. 19.8.1992, S. 2 und dazu EuZW 1992, 459; *Koenig/Kühling*, DVBl. 2000, 1025.
2021 Verhaltenskodex v. 16.6.2009, ABl. C 136, S. 13 ff. sowie Beschluss der EFTA-Überwachungsbehörde v. 16.12.2009, ABl. L 82 v. 22.3.2012, S. 7 ff.
2022 *Jestaedt/Häsemeyer*, EuZW 1995, 787 ff.; *Koenig/Kühling*, EuZW 1999, 517, 519; *dies.*, DVBl. 2000, 1025 ff.
2023 VO Nr. 994/98 des Rates v. 7.5.1998, ABl. EG Nr. L 142, S. 1 ff.
2024 *Sinnaeve*, EuZW 2001, 69 ff.; *Zuleger*, EuZW 2003, 270 ff.
2025 S. dazu *Bartosch*, NJW 2001, 921 ff.
2026 S. *Bartosch*, NJW 2008, 3612 ff.; *Birnstiel/Bungenberg/Heinrich* (Hg.), Europäisches Beihilferecht, 2011.

und den Zugang zu Fördermitteln erleichtern, indem er z. B. Transparenzanforderungen aufstellte (Art. 5 AGVO), Schwellenwerte festlegte (Art. 6 AGVO) und verstärkt auf ökonomische Aspekte (more economic approach) abstellte, um Marktversagen zu vermeiden. In Umsetzung dessen wurde (und wird weiterhin) beispielsweise ein Anreizeffekt verlangt. Er soll(te) sicherstellen, dass das geförderte Vorhaben nur mit Hilfe der Beihilfen und nicht auch ohne sie durchgeführt wird (vgl. Art. 8 AGVO).

983 Diese Gruppenfreistellungsverordnung wurde durch den ihr nachfolgenden Normenkomplex der **VO (EU) Nr. 651/2014** ersetzt, die bis Ende 2020 gelten wird. Sie basiert zwar im Grunde ebenfalls auf diesen Mechanismen, ist allerdings das Ergebnis einer umfassenden Überarbeitung der Beihilfevorschriften im Rahmen der Modernisierungsstrategie der Kommission. Dementsprechend werden zusätzliche Ausnahmen von Anmelde- und Genehmigungsverfahren eingeführt, die Schwellenwerte erhöht und die Freistellungen auf weitere Branchen ausgedehnt. Diese Verordnung soll die Kommission entlasten, die damit Gelegenheit erhalten soll, sich auf große Beihilfefälle zu konzentrieren.

984 Daneben existieren die De-minimis-VO (EU) Nr. 1406/2013[2027] und Sonderregelungen für Zuwendungen an Unternehmen, die Dienstleistungen von allgemeinem wirtschaftlichem Interesse erbringen[2028]. Hinzu tritt schließlich die ebenfalls auf Art. 109 AEUV gestützte **Verfahrensverordnung der EU in Beihilfesachen Nr. 2015/1598**[2029], in der die das Aufsichtsverfahren konkretisierenden Regelungen normiert sind. Sie differenzieren danach, ob es um die Beurteilung einer bei der Kommission angemeldeten (Art. 2 ff.), einer rechtswidrigen (Art. 12 ff.), einer missbräuchlich angewendeten (Art. 20) oder einer bestehenden Beihilfe geht. (Art. 21 ff.). Zudem finden sich in der Verfahrensverordnung Vorschriften über die Beteiligten (Art. 24), über die Überwachung (Art. 26 ff.) und über Begriffsdefinitionen (Art. 1)[2030].

985 **d) Beihilfevoraussetzungen und Rechtsfolgen.** Trotz der Fülle an beihilfenaufsichtsrechtsrelevanten Bestimmungen, bilden die Art. 107 ff. AEUV immer noch den maßgeblichen Bezugspunkt für die Beurteilung der Zulässigkeit mitgliedstaatlicher Zuwendungen. Daran anknüpfend folgt aus Art. 107 Abs. 1 AEUV, dass für eine grundsätzlich verbotene Beihilfe mehrere Merkmale kumulativ erfüllt sein müssen:

986 **(1) Staatlichkeit der Mittel.** Erstens setzt diese Vorschrift eine staatliche oder aus staatlichen Mitteln gewährte Zuwendung voraus. Erfasst sind insoweit solche Mittel, die unmittelbar aus dem **mitgliedstaatlichen Haushalt**, in Deutschland also aus denen vom Bund und/oder von den Ländern, stammen. Diese Bedingung liegt nicht vor, wenn Fördermittel auf Grund eines staatlichen Gesetzes von privaten Unternehmen aufgebracht werden müssen und anderen Unternehmen zufließen.

Beispiel: Fördermittel, die auf Grund von Sonderabgaben und Ausgleichsabgaben erwirtschaftet werden, wie etwa die Absatz- und Marketingförderung nach §§ 37 ff. Weingesetz.

987 Hingegen ist eine aus staatlichen Mitteln gewährte Beihilfe im Falle finanzieller Vorteile gegeben, die über eine vom Staat benannte oder errichtete und ihm deshalb zurechenbare Einrichtung gewährt werden. Denn erforderlich ist nur, dass die Zuwendung staatliche Haushalte belastet, indem Vermögen der öffentlichen Hand abfließt[2031]. Bürgschaften führen zwar nicht zu einem unmittelbaren Geldabfluss. Es müssen je-

2027 ABl. EU Nr. L 352/1 ff. v. 24.12.2013.
2028 Vgl. dazu z. B. ABl. Nr. L 7/3 ff. v. 11.1.2012.
2029 ABl. EU Nr. L 248/9 ff. v 24.9.2015.
2030 Siehe auch *Soltesz*, NJW 2014, 3128 ff.
2031 *Nettesheim*, NJW 2014, 1847 ff.; *Bulla*, GewArch 2015, 247, 249f).

doch die Mittel für den Fall bereitgestellt werden, dass die Bürgschaft greift; sie sind daher ebenfalls als Zuwendung im Sinne des Art. 107 Abs. 1 AEUV einzuordnen.

(2) Unternehmen oder Produktionszweig als Adressat. Art. 107 Abs. 1 AEUV setzt **988** zweitens voraus, dass die Beihilfe (insbesondere) an ein Unternehmen ausgekehrt wird. Darunter fallen alle selbständigen, wirtschaftlich tätigen Einheiten, unabhängig von ihrer Rechtsform und der Art ihrer Finanzierung, soweit keine hoheitliche Gewalt ausgeübt wird[2032]. Schwierigkeiten bestehen insoweit namentlich dann, wenn es sich um eine **stark untergliederte wirtschaftende Einheit** handelt. Dann kommt es auf verschiedene Indizien und insbesondere darauf an, wo die wesentlichen Entscheidungen getroffen werden und wie stark die Aufsichtsstrukturen sind[2033].

Beispiele: Die Spitzenverbände der Freien Wohlfahrtspflege (z. B. die Caritas) üben auf die vor Ort tätigen Betriebe einen mitunter erheblichen Einfluss aus, der teilweise echte Weisungsrechte impliziert, so dass davon auszugehen ist, dass die Spitzenverbände und nicht die lokal aktiven Einrichtungen (z. B. ein ambulanter Pflegedienst) ein Unternehmen bilden[2034].

Zwar wird der Unternehmensbegriff in Art. 107 Abs. 1 AEUV nicht näher erläutert. **989** Wortlaut und Zweck verlangen jedoch, dass nicht nur private, sondern **auch öffentliche Unternehmen** (auch als GmbH oder AG), öffentlich-rechtliche Verwaltungsträger *(s. o.* 762) sowie Public-Private-Partnerships in den Anwendungsbereich fallen, da sämtliche Erscheinungsformen, die eine wirtschaftliche, auf das Angebot von Gütern und Dienstleistungen gerichtete Tätigkeit anbieten, im Falle einer an sie gerichteten Begünstigung durch ihre Tätigkeit den Wettbewerb verfälschen können[2035]. Somit kommt es also für die Geltungskraft des Beihilfenaufsichtsrechts nicht auf den Rechtsträger des begünstigten Unternehmens an.

(3) Selektivität. Das dritte Erfordernis einer selektiven, an bestimmte Unternehmen **990** gerichtete Beihilfe dient dazu solche Vorteile aus dem Kreis des Art. 107 Abs. 1 AEUV **auszuklammern,** die allen Wirtschaftsteilnehmern wettbewerbsneutral zukommen. Es schließt also Maßnahmen der **allgemeinen Infrastrukturförderung**[2036], die wirtschaftspolitisch motiviert sind[2037], aus.

Beispiele: Nationale Maßnahmen, die eine teilweise Vergütung von Energieabgaben vorsehen, sind keine staatliche Beihilfe, wenn sie allen Unternehmen im Inland gewährt werden[2038]. Die Einstellung von Beratern bei Handwerkskammern, die für alle Handwerksbetriebe eine informationsbezogene Anfangsberatung bieten, ist eine wirtschaftsinfrastrukturelle Leistung von allgemeinem Interesse und keine Beihilfe[2039]. Dasselbe gilt für Infrastrukturmaßnahmen wie dem Autobahnbau.

Um die Frage der Selektivität zu beantworten, bietet sich im Falle komplexer, namentlich **991** steuerrechtlicher Sachverhalte eine **dreistufige Prüfung** an, die erörtert, ob eine nationale Maßnahme im Rahmen einer rechtlichen Regelung geeignet ist, bestimmte Unternehmen oder Produktionszweige gegenüber anderen Unternehmen oder Produktionszweigen, die sich in einer vergleichbaren tatsächlichen und rechtlichen Situation befinden, zu begünstigen[2040].

2032 *Koenig/Paul,* in: Streinz (Hg.), EUV/AEUV, 2. Aufl. 2012, Art. 107 Rn. 69.
2033 Vgl. dazu z. B. *EuGH,* Rs. 170/83, Slg. 1984, 2999, Rn. 11 – Hydrotherm sowie *EuGH,* C-73/95 P, Slg. 1996, I-5457 Rn. 16 – DSG.
2034 *Korte,* DVBl. 2017, 730 ff.
2035 S. näher *Albin,* DÖV 2001, 890 ff.; *Koenig/Kühling,* DÖV 2001, 881 ff.
2036 *Koenig/Scholz,* EuZW 2003, 133 ff.
2037 *Modlich,* GewArch. 1996, 227 ff.; *Soltesz,* EuZW 2001, 107 ff.
2038 EuGH, NVwZ 2002, 842 ff.
2039 *Frenz,* GewArch 2017, 172 ff.
2040 *Pache/Pieper,* Fn. 7, Kap. 1 Rn. 214; *EuGH,* Rs. C-173/03, Slg. 2005, I-1627 Rn. 40 – Heiser.

992 In Umsetzung dessen ist erstens ein Bezugsrahmen als **Vergleich**smaßstab für die gegenüberzustellenden wirtschaftenden Einheiten zu definieren. Danach muss zweitens gefragt werden, ob die in Streit stehende Zuwendung zur Ungleichbehandlung von Unternehmen führt, die im gewählten Bezugsrahmen vergleichbar sind. Drittens ist schließlich zu erörtern, ob eine etwaige Ungleichbehandlung gerechtfertigt werden kann[2041].

993 **(4) Begünstigung.** Die verwendeten hoheitlichen Mittel müssen viertens eine Begünstigung sein. Sie liegt im Falle von Vorteilen vor, die gleich in welcher Form (Zuwendung oder Verschonung *(s. o. Rn. 949)* die Belastungen mildern, die ein Unternehmen normalerweise zu tragen hat und denen gleichzeitig keine angemessene Leistung des Begünstigten gegenübersteht[2042]. Daran anknüpfend ist keine Vergünstigung gegeben, wenn einem aus freien Stücken gewährten wirtschaftlich-finanziellen Vorteil eine **angemessene oder marktübliche Gegenleistung** gegenübersteht. Insbesondere im Falle einer Darlehens- oder Kapitalgewährung, aber auch bei anderen Investitionen (z. B. in Form des Anteilserwerbs) wird insoweit der sog. market-economy- oder private investor-Test[2043] herangezogen. Danach ist zu prüfen, ob die staatliche Mittelzuweisung unter Bedingungen erfolgt, die für einen hypothetischen privaten Investor unter normalen marktwirtschaftlichen Voraussetzungen akzeptabel wären. Maßgeblicher Testzeitpunkt ist der Augenblick der Investitionsentscheidung.

Beispiel: Ein staatlich gewährtes Darlehen ist dann keine Beihilfe, wenn sich aufgrund eines private-investor-tests ergibt, dass auch ein privates Kreditinstitut das Darlehen zu denselben Bedingungen vergeben hätte.

994 Im Falle der Wahrnehmung von **gemeinwirtschaftlichen Verpflichtungen** i. S. d. Art. 14, 106 AEUV kann eine Begünstigung ausscheiden, wenn das geförderte Unternehmen mit der Erbringung einer Gegenleistung betraut (1) ist und dafür Zuwendungen in Höhe der Kostendeckungslücke (einschließlich eines angemessenen Gewinns) als Ausgleich (2) erhält, die anhand objektiver, transparenter und vorab festgelegter Kriterien (3) auf Basis der hypothetischen Kosten eines durchschnittlich geführten Unternehmens berechnet wird (4)[2044]. Der Grund dafür liegt darin, dass die Erbringung solcher daseinsvorsorgenden Leistungen für die wirtschaftliche Weiterentwicklung unverzichtbar ist, weil sie ohne staatliche oder kommunale Ausgleichsmechanismen unrentabel sind und deshalb am freien Markt nicht angeboten werden. Gleichwohl prüft die EU-Kommission solche Zuwendungen in erheblichem Umfang am Maßstab der Art. 107 ff. AEUV[2045].

Beispiele: Öffentliche Zuschüsse für die Aufrechterhaltung des Stadt- und Regionalverkehrs i. S. d. §§ 8 Abs. 4 und 13a PBefG fallen nicht unter Art. 107 AEUV, wenn sie die Einnahmelücke für eine Leistung ausgleichen sollen, die von dem begünstigten Unternehmen zur Erfüllung daseinsvorsorgender Aktivitäten erbracht wird. Die von den Mitgliedern eines Zweckverbandes erhobene Umlage ist keine Beihilfe i. S. d. Art. 107 AEUV, wenn sie nach vorab festgelegten transparenten Kriterien ausschließlich zur Finanzierung von gemeinwirtschaftlichen Verpflichtungen eines hoheitlich agierenden Zweckverbandes erhoben wird, der sich mit der Erledigung der Pflichtaufgabe Tierkörperbeseitigung befasst[2046].

2041 *Arhold,* in: Montag/Säcker (Hg.), Münchener Kommentar zum Europäischen und Deutschen Wettbewerbsrecht, Bd. III: Beihilfen- und Vergaberecht, 2011, Art. 107 AEUV Rn. 346 ff.

2042 *Wernsmann/Loscher,* NVwZ 2014, 976 ff.

2043 EuGH, EuZW 2012, 581 Rn. 78 f.; *Rodi,* in: FS für Selmer, 2004, S. 479, 484 ff.; *Bulla,* GewArch 2015, 279 ff.

2044 Vgl. dazu *EuGH,* Rs. C-280/00, Slg. 2003, I-7747 Rn. 95 ff. – Altmark Trans und dazu *Franzius,* NJW 2003, 3029 ff.; *Kämmerer,* NVwZ 2004, 28 ff.; *Kühling,* in: Ehlers, § 29 Rn. 36; *Bulla,* GewArch 2015, 279, 283 f.

2045 *Classen/Mellwig,* DVBl 2014, 1229 ff.

2046 BVerwG, NVwZ 2011, 1016, 1018 f.

(5) (Drohende) **Wettbewerbsverfälschung**. Art. 107 Abs. 1 AEUV setzt fünftens vo- **995**
raus, dass die Beihilfe den Wettbewerb verfälscht oder zu verfälschen droht. Eine Wettbewerbsverfälschung ist dann anzunehmen, wenn die **Wettbewerbsfähigkeit** des begünstigten Unternehmers gegenüber anderen Unternehmern, die keine Beihilfe
erhalten, **verbessert** wird[2047]. Das ist zu bejahen, soweit die subventionierten Unternehmen in der Lage sind, ihre Waren und Dienstleistungen auf Grund der Beihilfe
preiswerter anzubieten, so dass die Konkurrenten einen Wettbewerbsnachteil gegenüber dem Status quo ante erleiden. Die Wendung einer drohenden Verfälschung besagt, dass die Möglichkeit einer Verfälschung ausreicht, weshalb sie nicht nachgewiesen werden muss. Die auf Unionsebene bestehenden De-minimis-Regeln *(s. o. Rn. 984)*
bieten bei der Feststellung der Wettbewerbsverfälschung ggf. Hilfestellung.

(6) **Grenzüberschreitender Bezug**. Schließlich verlangt Art. 107 Abs. 1 AEUV, dass die **996**
Beihilfe sechstens den Handel zwischen den Mitgliedstaaten beeinträchtigt. Diese Zwi-
schenstaatsklausel war bislang für die beihilferechtliche Praxis ohne große Relevanz,
weil mit der Bejahung der Wettbewerbsverfälschung zugleich eine Beeinträchtigung
des Handels zwischen den Staaten angenommen wurde[2048]. Es handelt sich aber
gleichwohl um zwei divergierende Anforderungen, die sich im Detail (nämlich in den
räumlichen Auswirkungen der bedrohten Wettbewerbsverhältnisse[2049]) unterscheiden.
Der *EuGH* bejaht die Eignung zur Handelsbeeinträchtigung, wenn die **Stellung eines
Beihilfeempfängers im innerunionalen Handel gestärkt** wurde[2050].

e) **Zulässige Beihilfen nach Art. 107 Abs. 2 und Abs. 3 AEUV**. Das im Falle der Ein- **997**
schlägigkeit des Art. 107 Abs. 1 AEUV verankerte Beihilfeverbot kennt spezielle
(Art. 42, 93 AEUV[2051]), zwingende (Art. 107 Abs. 2 AEUV) und einzelfallabhängige
(Art. 107 Abs. 3 AEUV), ggf. durch Rechtsakt vorgezeichnete Ausnahmen. Mit dem
Binnenmarkt vereinbar sind zunächst solche Beihilfen, die in Art. 107 Abs. 2 AEUV
aufgeführt sind (sog. **Legalausnahmen**). Darunter fallen u. a. Beihilfen für die Wirtschaft bestimmter durch die Teilung Deutschlands betroffener Gebiete der Bundesrepublik Deutschland. Zwar ist der ursprüngliche Förderungszweck in Gestalt der sog.
Zonenrandförderung entfallen. Bei zutreffender Interpretation dieser Klausel werden
jedoch nunmehr Beihilfen zur Überwindung der Folgen der Teilung nach der Wieder-
vereinigung erfasst[2052]. Für diese Interpretation spricht, dass Art. 107 Abs. 2 lit. c
AEUV weder anlässlich der Beratungen über den Amsterdamer Vertrag noch über den
Lissabonner Vertrag als hinfällig angesehen wurde[2053]. Allerdings ist diese Klausel
wegen ihres Ausnahmecharakters systemkonform eng auszulegen. Deshalb lässt die
unionsgerichtliche Spruchpraxis nur solche Nachteile genügen, welche die Isolierung
auf Grund der Errichtung und Aufrechterhaltung der Grenze betreffen[2054].

Während Art. 107 Abs. 2 AEUV bestimmte Beihilfen kraft Primärrecht für mit dem **998**
Binnenmarkt vereinbar erklärt, enthält Art. 107 Abs. 3 AEUV eine Reihe von Befrei-
ungstatbeständen für die zuständigen Unionsorgane. Sie werden im Lichte ihrer **Er-
messensabhängigkeit** – es bestehen Freiräume auf Tatbestands- ("Förderung wichtiger
Vorhaben von gemeinsamem europäischem Interesse") und auf Rechtsfolgenebene
("können") – durch Leitlinien und ggf. durch andere Sekundär- bzw. Tertiärrechtsakte

---

2047 EuGHE 1994, 3289, 3847.
2048 *Rung*, NVwZ 2017, 117 ff.
2049 Vgl. dazu Calliess/Ruffert/*Cremer*, EUV/AEUV, Art. 107 Rn. 38 f.
2050 EuGH, NJW 1981, 1152 ff.
2051 S. näher *Rodi*, Die Subventionsrechtsordnung, 2000, S. 181 ff. und 212 ff.
2052 *Schütterle*, EuZW 1997, 33; *Uerpmann*, DÖV 1998, 226 ff.; *Kruse*, EuZW 1998, 229 ff.; *Sydow*, JuS 2005, 97 ff.
2053 *Streinz*, EuZW 1998, 139; *Uepmann*, DÖV 1998, 226 ff.; EuG, DVBl. 2000, 337 ff.
2054 EuG, DVBl. 2000, 337 Rn. 134 ff.; *Vogt*, Rechtsprobleme der europäischen Beihilfeaufsicht, 2000.

(s. o. Rn. 987) konkretisiert[2055]. Die in den Art. 107 ff. AEUV normierten Exemtionen ermächtigen in der Regel die Kommission (Art. 107 Abs. 3 lit. a-d AEUV), bisweilen auch den Rat (Art. 107 Abs. 3 lit. e), 108 Abs. 2 AEUV) zum Handeln und sind Ausdruck eines übergreifenden Unionsinteresses an der jeweiligen mitgliedstaatlichen Förderung. Dieser Bezugspunkt harmoniert mit dem Prüfungsauftrag der Kommission, aber auch mit den Handlungsmaximen des Rates, die als Unionsorgane im Gegensatz zu nationalen Behörden in besonderem Maße in der Lage sind, Entscheidungen über die Zulässigkeit einer Beihilfe an gemeineuropäischen Belangen auszurichten, auch wenn sie die Bedingungen vor Ort naturgemäß nur bedingt kraft eigener Anschauung beachten können.

Beispiel: Beihilfe zur Rettung und Umstrukturierung von Unternehmen in Schwierigkeiten anlässlich der Finanzkrise[2056].

999   **f) Rechtsfolge.** Je nachdem, ob die **Beihilfe** als bestehend einzustufen ist, insbesondere weil sie bereits vor Geltung des Unionsrechts im jeweiligen Mitgliedstaat in Kraft war, **oder** ob es sich um eine neue, nach Inkrafttreten der Verträge konzipierte Beihilfe handelt, hat die Kontrolle der Kommission unterschiedliche Rechtsfolgen. Während bestehende Beihilfen wegen Art. 108 Abs. 1 AEUV fortlaufend überprüft werden und im Falle ihrer Unvereinbarkeit nach Absatz 2 dieser Vorschrift ex nunc (d. h. also erst vom Entscheidungszeitpunkt an) unvereinbar mit dem Binnenmarkt sind (sog. repressives Verfahren), gelten für neue Beihilfen strengere Regelungen (sog. präventives Verfahren). Denn aus Art. 108 Abs. 3 AEUV[2057] ergibt sich, dass solche Zuwendungen vorab bei der Kommission notifiziert werden müssen und erst ausgekehrt werden dürfen, wenn sie deren Vereinbarkeit mit dem Binnenmarkt festgestellt hat. Wird gegen diese Grundsätze verstoßen sind etwa geflossene Zuwendungen mitsamt der daraus generierten Vorteile (vor allem Zinsgewinne) rückabzuwickeln *(s. Bd. II § 57 IV)*[2058].

Beispiel: Ob die Zuwendungen zugunsten der Spitzenverbände der Freien Wohlfahrtspflege, die auf Basis des nds. WohlFödG ausgekehrt werden, alte oder neue Förderungen sind, hängt davon ab, ob diese Rechtsgrundlage nur die Rechtslage vor Abschluss der Römischen Verträge in Form des schon 1956 eine solche Fördermöglichkeit bietenden niedersächsischen Glücksspielrechts fortschreibt oder ob das damalige Recht zwischenzeitlich wesentlichen Änderungen unterlegen ist[2059].

1000   Die Ausgestaltung der jeweils zu beachtenden Verfahren richtet sich nach der Subventionsverfahrens-Verordnung. Diese Kodifikation (s. die Erwägung in Abs. 2 der VO) beruht auf langjährigen Praxiserfahrungen der Kommission und des *EuGH*. Sie bezweckt die Gewährleistung eines wirksamen und effizienten Verwaltungsverfahrens sowie die Erhöhung der Rechtssicherheit und der Transparenz durch die Schaffung eines standardisierten, formellen Rechtsrahmens. Die Verordnung enthält mehrere Beihilfedefinitionen und sie befasst sich detailliert mit den Verfahren bei angemeldeten und bei rechtswidrigen Beihilfen, bei rechtsmissbräuchlicher Anwendung sowie bei bestehenden Beihilferegelungen *(s. Bd. II § 57 IV)*[2060]. Sie wird durch eine Durchführungsverordnung ergänzt, die zur wirksamen Subventionskontrolle die Benutzung eines Anmeldeformulars vorschreibt[2061]. Mit dessen Hilfe können Beteiligte (Art. 1 lit. h) VVO) und insbesondere die Konkurrenten des geförderten Unternehmens Beschwerde gegen mitgliedstaatliche Zuwendungspraktiken erheben *(s. o. Rn. 163)*.

2055   EuGH, EuZW 1997, 217 ff.

2056   *Arhold*, EuZW 2008, 713 ff.

2057   Kritisch *Bartosch*, EuZW 2004, 43 ff.

2058   *Korte*, JURA 2017, 656, 663 f.

2059   Ausf. dazu *Korte*, DVBl. 2017,730 ff.

2060   *Sinnaeve*, EuZW 1998, 268 ff.; *Kruse*, NVwZ 1999, 1049 ff.; *T.Becker*, EWS 2007, 255 ff.

2061   VO (EG) Nr. 794/2004 v. 21.4.2004, ABl. Nr. L 140 v. 30.4.2004, S. 1 ff.

3. Rückabwicklung

Zuwendungen, die gegen das föderale, mitgliedstaatliche oder unionale Recht verstoßen, müssen aufgehoben (Rücknahme von Zuwendungsbescheiden) und rückabgewickelt (Rückforderung der Zuwendung) werden *(s. Bd. II § 56)*. In der Regel bieten die **verwaltungsverfahrensrechtlichen Aufhebungstatbestände** *(s. u. Rn. 1103)* dafür eine taugliche Grundlage, soweit ihnen keine Spezialnormen vorgehen[2062]. Gerade im Falle unionsrechtswidriger Beihilfen ist zudem zu beachten, dass etwaige Aufhebungsnormen in teilweise erheblicher Weise durch supranationale Wertungen überformt werden, um binnenmarktweit einheitliche Zuwendungsbedingungen zu gewährleisten[2063]. **1001**

V. Weltwirtschaftliche Subventionsregeln

Die internationale Dimension des Subventionsrechts kommt auch im WTO-Recht zum Ausdruck[2064]. Es legt mit der Novellierung des GATT-Subventionskodexes auf der Grundlage der Art. VI und XVI GATT erstmals für die WTO-Mitglieder ein verbindliches Subventionsregime fest[2065]. Dieses Übereinkommen über Subventionen und Ausgleichsmaßnahmen (SCM)[2066] zielt ähnlich wie die Antidumpingregeln und das Übereinkommen über Schutzmaßnahmen *(s. o. Rn. 526)* im Lichte der Erkenntnis, dass Wirtschaftssubventionen weltweit zunehmen und die Handelsliberalisierung gefährden bzw. wettbewerbsverzerrend wirken können, auf den Schutz der internationalen Handelsbeziehungen ab. **1002**

1. Subventionsbegriff

Eine Subvention i. S. d. **Art. 1 Abs. 1 des Abkommens** ist jeder finanzielle Betrag durch die öffentliche Hand oder jede Form einer Einkommens- oder Preisstützung, wenn der dadurch eingeräumte Vorteil einem bestimmten Unternehmen oder Wirtschaftszweig zugutekommt[2067]. Dadurch lassen sich Subventionen von Infrastrukturmaßnahmen und nichtspezifischen Fördermaßnahmen abgrenzen, wobei eine beigefügte Anlage Beispiele enthält. Erfasst wird neben finanziellen Hilfen wie Bürgschaften oder direkten Geldzuwendungen *(s. o. Rn. 957, 961)* auch die Bereitstellung von Waren oder Dienstleistungen[2068]. **1003**

2. Subventionsregime

Die im Abkommen enthaltenen Regelungen knüpfen die Zulässigkeit von Subventionen an ein **Ampelmodell** (Kategorie rot = verboten, Kategorie gelb = angreifbar, Kategorie grün = erlaubt[2069]), wobei die Kategorie der nicht anfechtbaren und damit erlaubten Zuwendungen mangels Aktivierung durch entsprechenden Beschluss mittlerweile keine Rolle mehr spielt[2070]. Gleichzeitig wird im Abkommen klargestellt, dass Forschungs-, Regional- und bestimmte Umweltbeihilfen gestattet sind. Ziel der Subventionsregeln ist es, einen angemessenen Ausgleich zwischen den nationalen Mo- **1004**

2062 S. näher *Kühling*, in: Ehlers, § 29 Rn. 58 ff.
2063 *Korte*, JURA 2017, 656, 661 f.
2064 S. näher *Bungenberg*, in: Terhechte (Hg.), Verwaltungsrecht in der EU, 2011, Rn. 15 ff. und 65 ff.
2065 S. näher *Ehlers/Wolffgang/Schröder* (Hg.), Subventionen im WTO- und EG-Recht, 2007.
2066 Abgedruckt in: BT-Ds. 12/7986, S. 386 ff.; s. näher 16. Subventionsbericht, BT-Ds. 13/8420, S. 47 und *Meng*, in: Stober/Vogel (Hg.), Subventionsrecht und Subventionspolitik auf dem Prüfstand, 1999, S. 71 ff.
2067 S. näher *Grave*, Der Begriff der Subvention im WTO-Übereinkommen über Subventionen und Ausgleichsmaßnahmen, 2002; *C. Pitschas*, in: Prieß/Berrisch (Hg.), WTO-Handbuch, 2003, S. 453 ff.
2068 *Krajewski*, Wirtschaftsvölkerrecht, 4. Aufl. 2017, Rn. 411.
2069 *Ohlhoff*, EuZW 2000, 645 ff.
2070 *Herrmann*, in: Herrmann/Ohler/Weiß, Welthandelsrecht, 2. Aufl. 2007, § 14 Rn. 685.

tiven und den internationalen Wirtschaftsinteressen herbeizuführen, eine verschärfte Disziplin zu erreichen und mehr Transparenz herzustellen.

1005 Verbotene Subventionen liegen daran anknüpfend einerseits vor, wenn eine Zuwendung die Bedingungen der Warenausfuhr verbessern soll (sog. Exportsubvention). Andererseits sind auch sog. Importsubstitutionssubventionen untersagt, die dafür vergeben werden, dass bei Produktionsprozessen inländische Vorerzeugnisse bevorzugt werden. **Anfechtbare Subventionen** sind demgegenüber gegeben, wenn deren Vergabe zu nachteiligen Auswirkungen auf die Interessen anderer WTO-Mitglieder führt, etwa weil deren Vorteile aus dem GATT geschmälert oder ein dortiger Wirtschaftszweig bzw. dessen Interessen in anderer Weise ernsthaft geschädigt werden, etwa weil Exporte in das subventionierende Land verdrängt werden[2071].

1006 Der Unterschied zwischen beiden Subventionsformen liegt darin, dass verbotene Subventionen von Vornherein untersagt sind, während anfechtbare Subventionen zunächst angegriffen werden müssen; hinzu treten weitere, vornehmlich rechtsfolgenorientierte Divergenzen. Im **Streitfall** stellt das SCM einen Schlichtungsmechanismus zur Verfügung, der in Struktur und Ablauf dem DSU-Verfahren[2072] ähnelt, aber verschiedene Sonderregeln (namentlich über Fristverkürzungen) enthält. Er drängt auf die Rücknahme der Subvention und auf Beseitigung etwaiger nachteiliger Auswirkungen, erlaubt aber abgesehen davon ggf. auch die Erhebung von Ausgleichszöllen in Höhe des erlangten Vorteils[2073].

3. Verfahrensregeln

1007 Das materielle Subventionsregime wird von verfahrensrechtlichen Normen flankiert. Damit Subventionskontrollen vorgenommen werden können, enthält das Subventionsabkommen eine Verpflichtung zur jährlichen ex-post-Notifizierung aller Subventionsprogramme des WTO-Mitglieds (sog. **Transparenzverpflichtung** – *s. auch Bd. II § 55 V*)[2074]. Für die nicht angreifbaren Subventionsprogramme ist eine freiwillige ex-ante-Notifizierung vor der Auszahlung der Programme vorgesehen. Ist der WTO-Subventionsausschuss mit den notifizierten Programmen einverstanden, dann sind sie bei der weiteren Abwicklung weder über die WTO noch mit einem nationalen Ausgleichszollverfahren angreifbar.

§ 32 Außenwirtschaftsverwaltungshandeln

1008 Eine weitere Wirtschaftsaufgabe findet sich schließlich im Bereich des Außenwirtschaftshandelns. Es weist Verbindungslinien zu den übrigen Wirtschaftsaufgaben auf, hat aber aufgrund der Tatsache, dass es die Offenheit der bundesdeutschen Wirtschaftsverfassung *(s. o. Rn. 121)* operationalisiert, einen juristischen Selbststand. Die zugehörigen Rechtsgrundlagen finden sich im nationalen Außenwirtschaftsrecht, das aufgrund weltwirtschafts- und unionsrechtlicher Vorgaben[2075] kaum noch Ausdruck staatlicher Souveränität ist und im Wesentlichen auf die Ergänzung, Umsetzung, Aus-

---

2071 *Krajewski*, Wirtschaftsvölkerrecht, 4. Aufl. 2017, Rn. 411.
2072 S. näher *Langer*, Grundlagen einer internationalen Wirtschaftsverfassung, 1995, S. 251 ff.; *T. Becker*, Das WTO-Subventionsübereinkommen, 2001; *C. Pitschas*, in: Prieß/Berrisch (Hg.), WTO-Handbuch, 2003, S. 471 ff.
2073 *Krajewski*, Wirtschaftsvölkerrecht, 4. Aufl. 2017, Rn. 417 ff.
2074 S. näher *C. Pitschas*, in: Prieß/Berrisch (Hg.), WTO-Handbuch, 2003, S. 450 ff.
2075 Vgl. z. B. *Pünder/Kjellson*, JURA 2016, 894, 894 f.

führung und Durchsetzung des einschlägigen höheren Rechts einschließlich der Sanktionierung von Verstößen reduziert ist[2076].

I. Ausfuhrhandeln

Diese limitierte Kraft des nationalen Außenwirtschaftsrechts zeigt sich namentlich im Falle des Ausfuhrrechts. **1009**

1. Rechtsgrundlagen

Es findet auf Unionsebene seine Basis in der **Verordnung für eine gemeinsame Ausfuhrregelung**[2077]. Der dort niedergelegte Grundsatz der Ausfuhrfreiheit erfährt einige Einschränkungen, die auf welthandelsrechtliche Implikationen des GATT reagieren. Primär ist im Bereich Ausfuhr die Union zuständig, die in bestimmten Fällen handelspolitische Schutzmaßnahmen erlassen kann, um Krisenlagen vorzubeugen oder internationale Pflichten von EU und Mitgliedstaaten zu erfüllen. Vor deren Erlass ist ein Prüfverfahren zu absolvieren, an dem die Kommission und die Mitgliedstaaten zu beteiligen sind[2078]. **1010**

An diese Vorgaben knüpft das bundesdeutsche Außenwirtschaftsverwaltungsrecht an, das in Teilen im Bundesbankgesetz, im Stabilitätsgesetz, im Zollgesetz (sog. tarifärer Bereich), im Marktordnungsgesetz sowie im Außenhandelsstatistikgesetz geregelt, primär aber im **Außenwirtschaftsgesetz (AWG)** normiert ist. Es gliedert sich in drei Teile, die sich erstens auf den hoheitlichen Umgang mit außenwirtschaftlichen Handlungen beziehen, zweitens ergänzende, primär verfahrensorientierte Vorschriften für den Umgang mit rechtswidrigen außenwirtschaftlichen Tätigkeiten enthalten und drittens aus Straf-, Bußgeld- und Überwachungsvorschriften bestehen. **1011**

Eine herausragende Rolle spielt zudem die **Außenwirtschaftsverordnung (AWVO)**[2079]. Sie konkretisiert insbesondere die in § 4 AWG vorausgesetzten Beschränkungen von außenwirtschaftlich relevanten Rechtsgeschäften und Handlungen. Zulässig sind ausweislich des Absatzes 3 dieser Vorschrift Genehmigungserfordernisse oder Verbote. In welchen Fällen solche Maßnahmen ergriffen werden dürfen, ergibt sich aus § 4 Abs. 1 und 2 AWG. Die möglichen Konstellationen sind entweder auf bundesdeutsche oder europa- bzw. völkerrechtliche Interessen bezogen. **1012**

Wichtige Begriffe des Außenwirtschaftsverkehrs sind in § 2 AWG legal definiert. Zentrale Bedeutung kommt der Bezeichnung „Ausfuhr" zu, die nach § 2 Abs. 3 AWG als die Lieferung von Waren (§ 2 Abs. 22 AWG) oder die Übertragung von Software und Technologie aus dem Inland in ein Drittland – das sind alle Bereiche außerhalb des Zollgebiets der EU (vgl. § 2 Abs. 8 AWG) – verstanden wird. Der Ausführer als Adressat außenwirtschaftsrechtlicher Maßnahmen nach dem AWG ist daran anknüpfend jede natürliche oder juristische Person bzw. Personengesellschaft, die zum Zeitpunkt der Ausfuhr Vertragspartner des Empfängers in einem Drittland ist (vgl. § 2 Abs. 2 AWG). **1013**

2. Zielsetzungen

Das Außenwirtschaftsverwaltungsrecht ist konkretisiertes Wirtschaftsverfassungsrecht und Spiegelbild des jeweils verfolgten Wirtschaftssystems. Nach der in Deutschland **1014**

2076 Ähnlich *Tietje*, in: ders. (Hg.), Internationales Wirtschaftsrecht, 2009, § 6 III; *Wolffgang*, in Ehlers, § 30.
2077 ABl. EU Nr. L 291/1 ff. v. 7.11.2009
2078 *Pünder/Kjellson*, JURA 2016, 894, 896.
2079 VO v. 2.8.2013, BGBl. I, S. 2865 ff.

gegenwärtig betriebenen Wirtschaftspolitik ist nach § 1 Abs. 1 AWG oberstes Ziel des deutschen Außenwirtschaftsverwaltungsrechts die **Freiheit des Außenwirtschaftsverkehrs** (Güter-, Dienstleistungs-, Kapital-, Zahlungs- und sonstiger Wirtschaftsverkehr); es besteht also dem Grunde nach auch insoweit Ausfuhrfreiheit. Einerseits verstärkt das Unionsrecht diese Kernaussage, weil es auf den Binnenmarkt und auf eine Marktöffnung gegenüber Drittstaaten angelegt ist. Andererseits setzt sich durchgängig das Unionsinteresse durch[2080].

1015 Die Außenwirtschaftsfreiheit, die letztlich auch Ausdruck der grundrechtlich abgesicherten Unternehmerfreiheit *(s. o. Rn. 616)* ist[2081], bildet allerdings **nur** den **Grundsatz** ab. Sie wird deshalb auch aus unterschiedlichen wirtschaftsverwaltungsrechtlichen und wirtschaftspolitischen Gründen vor allem wegen der Gesamtverantwortung des Staates in diesem Bereich durchbrochen. Dabei ist es hinsichtlich der Motive angemessen, von einer Gemengelage zu sprechen, weil dem geltenden Außenwirtschaftsrecht gleichzeitig wirtschaftsüberwachende und wirtschaftslenkende Elemente zugrunde liegen *(s. o. Rn. 937 ff.)*. Sie werden jenseits des AWG von wirtschaftsfördernden Instrumenten z. B. in Form von Exportkreditversicherungen und -bürgschaften *(s. o. Rn. 961)* flankiert, um internationale Arbeitsteilung zu fördern.

1016 Im Einzelnen spiegeln die **in § 4 AWG normierten Anknüpfungspunkte** für ein Eingreifen in die Außenwirtschaftsfreiheit die kontrollierenden und lenkenden Elemente. Wirtschaftslenkend ist daran anknüpfend namentlich das Interesse an der Gewährleistung eines gesamtwirtschaftlichen und außenwirtschaftlichen Gleichgewichts (s. etwa § 8 Abs. 1 Satz 2 AWG) und an einer Vermeidung schädigender Einflüsse von außen. Wirtschaftsüberwachend sind demgegenüber die in § 4 AWG niedergelegten Anlässe für Beschränkungen von außenwirtschaftlichen Rechtsgeschäften und Handlungen. Sie werden in Absatz 1 (nationale Interessen) und Absatz 2 dieser Norm (völkerrechtliche Interessen) aufgeführt und umfassen:
- Sicherheitsinteressen der Bundesrepublik Deutschland,
- Störung des friedlichen Zusammenlebens der Völker,
- Erhebliche Störung der auswärtigen Beziehungen,
- Gewährleistung der öffentlichen Ordnung und Sicherheit im Sinne der Art. 36, 52 und 65 AEUV,
- Gefährdung der Deckung eines lebenswichtigen Bedarfs im Inland,
- Umsetzung wirtschaftlicher Sanktionsmaßnahmen der EU (Embargo),
- Umsetzung von UN-Resolutionen des Sicherheitsrates,
- Umsetzung anderer zwischenstaatlicher Vereinbarungen.

3. Mechanismen

1017 Um seine wirtschaftsüberwachenden und -lenkenden Ziele zu erreichen, bedient sich das Außenwirtschaftsverwaltungsrecht verschiedener Mechanismen, die sich nach ihrer grundrechtsbezogenen *(s. o. Rn. 895)* Eingriffsintensität in die Kategorien Verbot, Genehmigungsvorbehalt und Ausübungsregel *(s. o. Rn. 899)* unterteilen lassen.

1018 a) **Verbote.** Unbeschadet des Grundsatzes der Außenwirtschaftsfreiheit können bestimmte Ausfuhren verboten sein. Der Kreis der darunterfallenden Güter folgt aus dem Völker- bzw. Unionsrecht und (in der Regel in Umsetzung dessen) namentlich aus den §§ 74 f. AWVO. Die dortigen Kataloge untersagen die Ausfuhr (sowie vorbereitende Handels- und Vermittlungsgeschäfte) in bestimmte Länder und beziehen sich

---

2080 *Epping*, Die Außenwirtschaftsfreiheit, 1998, S. 595; s. auch *Rittner/Dreher*, Europäisches und deutsches Wirtschaftsrecht, 2008, § 27 A II und C III.
2081 Vgl. z. B. *Pünder/Kjellson*, JURA 2016, 894, 894 f.

auf diejenigen Güter, die in Teil I Abschnitt A der sog. Ausfuhrliste niedergelegt sind. Es handelt sich primär um **Waffen, Munition und Rüstungsmaterial.**

Während diese Beschränkungen im Bereich dieser militärischen Güter mangels einer **1019** EU-Harmonisierung (Art. 346 AEUV) aufgrund von § 5 AWG Ausdruck bundesdeutscher Regelungsmacht sind, gilt für Güter mit doppeltem Verwendungszweck (**Dual-Use-Güter**) Unionsrecht. Die maßgeblichen Rechtsgrundlagen sind in der unmittelbar geltenden *(s. o. Rn. 415)* VO Nr. 388/2012 i. V. m. der VO 428/2009 niedergelegt. Sie basiert auf dem Grundsatz der Genehmigungspflicht für Exporte von Gütern mit doppeltem Verwendungszweck, der aber Ausnahmen kennt.

b) Genehmigungsvorbehalt und Genehmigungsverfahren. Abgesehen davon können **1020** bestimmte Rechtsgeschäfte und Handlungen einer Genehmigung aufgrund von § 8 AWG bedürfen. Die zugehörigen Vorbehalte folgen aus der AWVO und beziehen sich auf die Fälle, in denen die in Teil I Abschnitt A der Ausfuhrliste niedergelegten Güter in andere als die in den §§ 74 ff. AWVO aufgeführten Länder exportiert werden sollen (§ 8 AWVO). Hinzu treten Genehmigungserfordernisse für Güter mit bestimmten Verwendungszweck (insbesondere für den Bau kerntechnischer Anlagen (§ 9 AWVO)) sowie für Güter im Sinne des Teils II der Ausfuhrliste (das sind solche pflanzlichen Ursprungs (§ 10 AWVO)). Weitere **Genehmigungsvorbehalte** bestehen etwa für Dienstleistungen, die im Zusammenhang mit Ausfuhrbeschränkungen stehen (vgl. §§ 49 ff. AWVO) oder für die Ausfuhr von Ausrüstung, die sich für die Herstellung von Banknoten und ähnlichem eignet (§ 78 AWVO).

Die Erteilung der Genehmigung kann von **sachlichen und persönlichen Voraussetzungen,** **1021** insbesondere der Zuverlässigkeit des Antragstellers, abhängig gemacht werden (§ 8 Abs. 2 AWG). Solche Prüfungen sind danach auch dann möglich, wenn dem Ausführer eine Bescheinigung erteilt wird, dass er keiner Genehmigung bedarf. Sie werden hingegen verzichtbar, wenn ihm von Behördenseite ein Zertifikat auf Basis der §§ 9 AWG, 2 AWVO in Umsetzung des Art. 9 EU-RL 2009/43 erteilt worden ist, das dessen Zuverlässigkeit bestätigt. Diese Option besteht insbesondere für den Fall der Ausfuhr militärischer Güter, wenn dem Ausführer die Fähigkeit bescheinigt wird, die Ausfuhrbestimmungen für die einschlägigen Güter einzuhalten. Er trägt dann, aber auch in anderen Fällen außenwirtschaftlicher Tätigkeiten zugleich die persönliche Verantwortung für die Ausfuhr und die Einhaltung etwaiger interner Compliance-Programme[2082], etwa soweit angeordnete Beschränkungen Gegenstand einer Außenwirtschafts-Compliance[2083] sind.

Ob eine Genehmigung i. S. d. § 8 Abs. 1 S. 2 AWG verzichtbar ist oder nicht, ergibt **1022** sich ebenfalls namentlich aus der Außenwirtschaftsverordnung (vgl. z. B. § 53 AWVO). In solchen Konstellationen ergeht dann ein sog. Negativbescheid, der bescheinigt, dass eine Ausfuhr nicht genehmigungsbedürftig ist (§ 8 Abs. 3 AWG). Dabei handelt es sich wegen des Regelungscharakters dieses Verwaltungshandelns um einen feststellenden **Verwaltungsakt**[2084] *(s. u. Rn. 1052).* Außenwirtschaftsrechtliche Genehmigungen ergehen im Übrigen ebenfalls in der Regel als Einzel-, ggf. aber auch als Sammel- oder Allgemein-Verwaltungsakte *(s. u. Rn. 1058),* die nach § 14 AWG mit Nebenbestimmungen versehen werden können *(s. u. Rn. 1096)* und grundsätzlich nicht übertragbar sind[2085]. Das insoweit einschlägige (und ansonsten relevante) Verfahrensrecht wird auf Basis des § 11 AWG in den §§ 12 ff. AWVO formuliert.

2082 *Hucko/Wagner,* Außenwirtschaftsrecht, 8. Aufl. 2001, S. 346 ff.; *Sachs/Krebs,* CCZ 2013, 60, 66.
2083 *Hehlmann/Sachs,* EuZW 2012, 527 ff.; *Sachs/Krebs,* CCZ 2013, 60 ff.; *Wermelt/Tervooren,* CCZ 2013, 81 ff.
2084 VGH Kassel, NVwZ 2000, 586; *Monreal/Runte,* GewArch. 2000, 142, 148.
2085 *Pünder/Kjellson,* JURA 2016, 894, 898.

1023 Die **Genehmigung** ist zu **erteilen**, wenn zu erwarten ist, dass die Vornahme des Rechtsgeschäfts oder der Handlung den Zweck der Vorschrift nicht oder nicht wesentlich gefährdet. In anderen Fällen kann die Genehmigung erteilt werden, wenn bei einer Abwägung das volkswirtschaftliche Interesse überwiegt (§ 8 Abs. 1 AWG). Während im zuerst genannten Fall auf Grund einer teleologischen Auslegung der Vorschrift ein Rechtsanspruch auf die Genehmigung besteht, handelt es sich im zweiten Fall um einen Ermessenstatbestand, bei dem nur ein Anspruch auf ermessensfehlerfreie Bescheidung gegeben ist *(s. u. Rn. 1050)*[2086]. Insofern entscheidet auch die Genehmigungspraxis über Freiheit und Bindung im Außenwirtschaftsverkehr. Sie darf den Grundsatzes der Verhältnismäßigkeit *(s. o. Rn. 187)* aber nicht übergehen (vgl. § 4 Abs. 4 AWG), so dass Anzeigevorbehalt oder nachträgliche Kontrollmechanismen mildere, gleich geeignete Mittel sein können.

1024 **c) Ausübungsregeln.** Neben Genehmigungsvorbehalten und Verbotstatbeständen existieren zahlreiche Ausübungsregeln, die das Verfahren bei der Vornahme von Rechtsgeschäften oder Handlungen im Außenwirtschaftsverkehr reglementieren, um eine Überwachung des Außenwirtschaftsverkehrs sicherzustellen. Dabei handelt es sich insbesondere um **Aufzeichnungs-, Aufbewahrungs-, Melde- oder Auskunftspflichten** (§ 11 AWG), mit denen u. a. das Ziel verfolgt wird, die Rechtmäßigkeit der Rechtsgeschäfte und Handlungen zu überprüfen. Die Einzelheiten ergeben sich erneut aus der Außenwirtschaftsverordnung. So sind namentlich in deren §§ 64 ff. Meldepflichten im Falle bestimmter Vermögens- oder Kapitalbildungen vorgesehen. Im Interesse einer wirksamen Befolgung außenwirtschaftsrechtlicher Bestimmungen sieht § 27 AWG überdies eine Überwachung des Fracht-, Post- und Reiseverkehrs vor. So hat etwa derjenige, der in das Inland einreist, auf Verlangen zu erklären, ob er Waren mit sich führt, deren Einfuhr, Durchfuhr oder Verbringung nach dem AWG beschränkt ist.

1025 **d) Vorgehen im Falle von Unternehmensbeteiligungen.** Geht es um den **Erwerb von mindestens 25 % der Anteile an einem Unternehmen**, ergeben sich aus den §§ 55 ff. AWVO Sonderregeln, die an § 5 Abs. 2 und Abs. 3 AWG anknüpfen. Danach kann der Erwerb (von Anteilen) an inländischen Unternehmen durch einen unionsfremden Erwerber beschränkt werden, wenn infolge des Erwerbs die öffentliche Ordnung oder Sicherheit der Bundesrepublik Deutschland gemäß § 4 Abs. 1 Nr. 4 AWG gefährdet ist[2087] oder sicherheitspolitische Interessen oder die militärische Sicherheitsvorsorge (§ 5 Abs. 3 AWG) tangiert sind. Das ist der Fall bei direkt sicherheitsrelevanten Unternehmen, die wichtige Teile der öffentlichen Infrastruktur *(s. dazu o. Rn. 852 ff.)* betreiben. Hinzu kommen sektorspezifische Sonderregeln für andere Unternehmen in den §§ 60 ff. AWVO.

1026 Im Einzelnen reichen die Beschränkungsmöglichkeiten von Verboten, über Anordnungen auf die Erteilung einer Unbedenklichkeitsbescheinigung, wenn dem Erwerb der Anteile bzw. des Unternehmens keine Rechtsgründe entgegenstehen; in jedem Falle bestehen Melde- bzw. Unterlagenvorlagepflichten (vgl. § 57 AWVO). All diese Maßnahmen müssen im Einklang insbesondere mit der **Kapitalverkehrsfreiheit** stehen *(s. o. Rn. 497)*. Sie schützt weltweite Kapitalbewegungen soweit keine entgegenstehenden und insbesondere die im Außenwirtschaftsrecht genannten Gemeinwohlbelange entgegenstehen; die Einzelheiten sind umstritten[2088]. Hinzu kommt, dass die in den §§ 5 AWG, 55 ff. AWVO enthaltenen Beschränkungen bilateralen Investitionsschutzabkommen nicht widersprechen dürfen, was sie ggf. wirkungslos werden lassen kann[2089].

2086   *Von Fürstenwerth*, Ermessensentscheidungen im Außenwirtschaftsrecht, 1985.
2087   S. näher *H. Müller/Hempel*, NJW 2009, 1638 ff.
2088   S. näher *Krolop*, ZRP 2008, 40 ff.; vgl. auch EuGH, EuZW 2002, 437 ff.
2089   *Krolop*, ZRP 2008, 40, 44; s. auch *Martini*, DÖV 2008, 314 ff.

4. Zuständigkeiten im Außenwirtschaftsverwaltungsrecht

Während die Rechtsetzungszuständigkeit weitgehend bei der EU liegt, sind die **Mitgliedstaaten** grundsätzlich (vgl. aber die Ausfuhr-VO *(s. o. Rn. 1012)*) für die Ausführung des Außenwirtschaftsverwaltungsrechts zuständig. Allerdings engen unionsrechtliche Verfahrensvorschriften im Interesse der einheitlichen Rechtsdurchsetzung den Gestaltungsspielraum der Mitgliedstaaten zunehmend ein. Es sei nur an das Instrument der Allgemeinen Ausfuhrgenehmigung der Union für bestimmte Ausfuhrgüter erinnert, das unionsweite Geltung besitzt (S. Art. 6 ff. EG-VO Nr. 1334/2000). **1027**

Das Außenwirtschaftsverwaltungsrecht ist nach deutscher Verfassungslage Bundesrecht; dessen Ausführung obliegt grundsätzlich wegen Art. 87 Abs. 3, 73 Abs. 1 Nr. 5 GG **Bundesbehörden**[2090]. Der allgemeine Grundsatz der Länderzuständigkeit, der in § 28 Abs. 1 AWG deklaratorisch angesprochen ist, wird damit durchbrochen. Daran anknüpfend sind die Bundesregierung sowie der Bundesminister für Wirtschaft und Energie nach § 12 AWG für den Erlass der einschlägigen Rechtsverordnungen, Verwaltungsvorschriften und Einzelweisungen zuständig. **1028**

Die Erteilung und Versagung von Genehmigungen sowie die **Überwachung** ist hingegen Aufgabe zahlreicher u. a. in § 13 AWG aufgeführter Stellen, insbesondere des Bundesamtes für Wirtschaft und Ausfuhrkontrolle, der Bundesanstalt für Landwirtschaft und Ernährung sowie der Deutschen Bundesbank. Hingegen soll die Bundesagentur für Außenwirtschaft die Außenwirtschaft durch Information über Auslandsmärkte fördern (Publikationen, Datenbanken, Auskünfte). Diese Aufgabe übernehmen zudem andere Institutionen *(s. u. Rn. 1247)*. **1029**

5. Sanktionierung von Verstößen

Die Missachtung außenwirtschaftlicher Bestimmungen hat zunächst zivilrechtliche Folgen, weil ein Rechtsgeschäft gemäß § 15 AWG (im Falle des Erwerbs eines Unternehmens bzw. entsprechender Anteile schwebend) unwirksam ist, wenn es ohne erforderliche Genehmigung (bzw. entgegen bestehender Meldepflichten) vorgenommen wird *(s. o. Rn. 58)*. Verstöße gegen das AWG können darüber hinaus aufgrund der §§ 17 ff. AWG **straf- oder bußgeldbewehrt** sein[2091]. Im Interesse einer effektiven Sanktionierung können zusätzlich nach § 20 AWG Gegenstände, auf die sich die Straftat bezieht, eingezogen werden. Nach §§ 17 f. AWG macht sich beispielsweise strafbar, wer einen Rechtsakt der EU zur Durchführung von UN-Embargos nach Bekanntmachung im BGBl. oder im Bundesanzeiger zuwiderhandelt[2092]. Daneben kommt eine Gewerbeuntersagung nach § 35 GewO in Betracht *(s. Bd. II § 46 I 5)*. **1030**

II. Einfuhrhandeln

Im Bereich der Einfuhren bildet die Einfuhrfreiheit das Gegenstück zur Ausfuhrfreiheit. Sie wird allerdings weniger durch nationale Regelungen, als vielmehr durch unmittelbar geltende Verordnungen des Unionsgesetzgebers eingeschränkt. Im Ausgangspunkt gilt die **Verordnung über eine gemeinsame Einfuhrregelung**[2093], die vom Grundsatz der Einfuhrfreiheit ausgeht, aber Schutzmaßnahmen erlaubt, wenn durch Einfuhren den Unionsherstellern bedeutende Schädigungen entstehen können. Bevor **1031**

2090   *Pünder/Kjellson*, JURA 2016, 894, 895.
2091   S. näher *Bieneck*, in: ders., Handbuch des Außenwirtschaftsrechts, 1998, S. 548 ff.
2092   BGH, NJW 1995, 2174; NJW 1996, 602; NJW 1996, 1355 und NJW 2002, 1357; zu den strafrechtlichen Implikationen *Niestedt/Trennt*, BB 2013, 2115, 2117 ff.
2093   ABl. Nr. L 83/16 ff. v. 27.3.2015.

solche Maßnahmen ergriffen werden, ist indes ähnlich wie bei Ausfuhren ein Prüfverfahren zu absolvieren[2094].

1032 An die in der Verordnung normierten Grundlagenbestimmungen knüpfen dann **spezielle Normenkomplexe** an, die spezifische Formen unzulässiger Einfuhren adressieren. Neben der Antisubventions-Verordnung[2095], die an das welthandelsrechtliche Subventionsrecht anknüpft *(s. o. Rn. 1002)*, ist auch die Antidumping-Verordnung von Interesse. Sie setzt ebenfalls die wirtschaftsvölkerrechten Vorgaben um. Beide Rechtsakte erlauben der Kommission (auch im Lichte der Art. 28 ff. AEUV) unter den dort genannten Voraussetzungen insbesondere die Erhebung von Ausgleichszöllen[2096].

2094 *Pünder/Kjellson*, JURA 2016, 894, 901.
2095 ABl. EU Nr. L 156/55 v. 30.6.2015.
2096 *Pünder/Kjellson*, JURA 2016, 894, 901 f.

D. Wirtschaftsverwaltungshandeln

§ 33 Öffentlich-rechtliches und privatrechtliches Wirtschaftsverwaltungshandeln

Bei der Erörterung der Aufgaben und Instrumente wurde nicht darauf eingegangen, in welcher Form die Wirtschaftsverwaltung den Wirtschaftsakteuren gegenübertritt. Da unsere Rechtsordnung traditionell auf der Zweiteilung in Öffentliches Recht und Zivilrecht beruht, ist ein hoheitliches, auf dem Gebrauch von Sonderrechten beruhendes Vorgehen und ein gleichgeordnetes privatrechtliches Vorgehen denkbar[2097].

1033

I. Grundsatz der Wahlfreiheit und Abgrenzung

Die Wirtschaftsverwaltungsbehörden müssen daher nicht zwingend einseitig eingreifend handeln, sondern können sich zur Erfüllung der ihnen obliegenden Aufgaben auch privatrechtlicher Gestaltungsmittel bedienen. Aus Gründen der Optimierung sind beide **Rechtsinstitute** bis zu einem gewissen Grade **austauschbar und kombinierbar** (sog. Grundsatz der Wahlfreiheit[2098]). Vor diesem Hintergrund ist in jüngerer Zeit eine Tendenz zur vermehrten Nutzung privatrechtlicher Handlungs- und Organisationsformen zu beobachten.

1034

Angesichts des Grundsatzes der Wahlfreiheit und der damit verbundenen Rechtsfolgen (Rechtsweg, Haftung, rechtliche Bindungen) leuchtet es ein, dass der Abgrenzung von öffentlichem Recht und Privatrecht erhebliche praktische Bedeutung im Bereich des Wirtschaftsverwaltungsrechts zukommt. Sie bereitet keine Schwierigkeiten, wenn der Gesetzgeber formell oder materiell abschließende Regelungen etwa im Sinne einer sog. **aufdrängenden oder abdrängenden Zuweisung** getroffen hat, weil sie vom Erfordernis einer genauen Einordnung der Maßnahme in eines der beiden Rechtsgebiete entbindet und die bestehende Streitigkeit entweder dem Zivil-, dem Verwaltungs- oder einem anderen Rechtsweg zuweist.

1034a

Beispiele: § 8 Abs. 4 HwO; § 12 HwO; § 112 Abs. 3 HwO (Verwaltungsrechtsweg); §§ 62, 68 OWiG (ordentlicher Rechtsweg bei Einspruch gegen Bußgeldbescheide wegen wirtschaftsverwaltungsrechtlicher Ordnungswidrigkeiten); § 75 Abs. 4 EnWG (OLG als Beschwerdegericht); § 21 Abs. 6 BImSchG (ordentlicher Rechtsweg); § 26 AufstiegsfortbildungsförderungsG (ordentlicher Rechtsweg für Streitigkeiten aus dem Darlehensvertrag); § 9 IFG (Widerspruch und Verpflichtungsklage).

Fehlen spezielle Normierungen, dann sind im Sinne einer **dreistufigen Prüfungsfolge**[2099] zunächst der zwischen den Parteien bestehende Streitgegenstand und vor allem die streitentscheidenden Normen zu ermitteln. Deren Zuordnung ist dann in der Regel ohne Probleme anhand der von Literatur und Rechtsprechung entwickelten, kumulativ anwendbaren[2100] Abgrenzungskriterien möglich, die mit dem Mut zur Vergröberung[2101] daran anknüpfen, ob es um die Regelung eines Verhältnisses der Über-/Unterordnung, öffentlicher oder privater Interessen oder um Normen geht, die einen Träger hoheitlicher Gewalt in seiner Funktion als solchen berechtigen oder verpflichten.

1035

2097   *Wolff/Bachof/Stober/Kluth*, VerwR I, § 22.
2098   S. BVerfGE 68, 193, 213; VerfGH NW, NWVBl. 1992, 14; OVG Berlin, NJW 1991, 715.
2099   *Burgi*, in: Hoffmann-Riem u. a. (Hg.), Grundlagen, § 18 Rn. 18 ff.
2100   *Hufen*, Verwaltungsprozessrecht, 10. Aufl. 2016, § 11 Rn. 18.
2101   S. näher *Wolff/Bachof/Stober/Kluth*, VerwR I, § 22.

Beispiele: Die Beratungstätigkeit einer IHK gegenüber Existenzgründern ist öffentlich-rechtlicher Natur, weil sie zu den Aufgaben gehört, die der IHK nach § 1 IHKG übertragen wurden[2102]. Die Regulierung der Telekommunikation ist Hoheitsaufgabe (Art. 87f Abs. 2 Satz 2 GG i. V. m. § 2 TKG).

1036   Wie wichtig die genaue Zuordnung des Streitgegenstands und die Ermittlung der streitentscheidenden Normen ist, zeigt sich namentlich im Bereich der **Beleihung Privater** mit staatlichen Aufgaben der Wirtschaftsverwaltung *(s. u. Rn. 1185)*. Denn je nachdem, welche Handlungen der Beliehene vornimmt, kann entweder eine hoheitliche oder eine zivilrechtliche Aktivität vorliegen (sog. gemischtes Rechtsverhältnis). Denn der Beliehene handelt nur öffentlich-rechtlich, soweit er dazu kraft Gesetzes berechtigt ist, weil ihm öffentlich-rechtliche Kompetenzen übertragen sind *(s. o. Rn. 579)*[2103].

1037   Solche und vergleichbare Überlagerungen finden sich auch in anderen Bereichen des Wirtschaftsrechts, was die Zuordnung im Detail erheblich erschwert und die Gewinnung allgemein bzw. übergreifend gültiger Grundsätze unmöglich macht. Daher müssen gerade dort das Öffentliche Recht und das Zivilrecht nicht als klar abgrenzbare, sondern vielmehr als **miteinander kommunizierende, eng zusammenhängende Rechtssphären** verstanden werden, die flexibel, problemorientiert sowie pluralistisch verfasst ineinandergreifen[2104] und in ihren Rechtswirkungen teilweise austauschbar[2105] sind[2106].

II. Zweistufige Wirtschaftsverwaltungsrechtsverhältnisse

1038   Eine weitere Konstellation, in der die Ermittlung der streitentscheidenden Normen auf Basis des Streitgegenstands die Weichen für die Zuordnung zum Öffentlichen Recht oder zum Privatrecht stellt, findet sich im Falle von Rechtsverhältnissen, die beide Teilrechtsordnungen nebeneinander ansprechen, obwohl es sich um ein einheitliches Lebensverhältnis handelt. Das trifft vornehmlich für die sog. zweistufigen Rechtsverhältnisse zu. Sie setzen sich aus zwei getrennten Verfahrensabschnitten zusammen, von denen der Erste (die Frage des „ob") stets dem öffentlichen Recht angehört und der Zweite (die Frage des „wie") sowohl öffentlich-rechtlich als auch privatrechtlich ausgestaltet sein kann (sog. **Zweistufenlehre**)[2107].

1039   Die gegen diese sog. Zweistufenlehre vorgebrachte **Kritik**[2108] konnte sich bislang gegen die Gesetzgebung und die Praxis nicht durchsetzen[2109]. Sie ist im Übrigen auch solange unangebracht, wie man diesen Ansatz nur im Sinne einer Sensibilisierung in Richtung der Generierung von Anhaltspunkten dafür versteht, dass die Behörde eine bewusste Entscheidung über das „Ob" getroffen hat[2110]. Denn unter dieser Voraussetzung entschärft sich die dieser Lehre entgegen gebrachte Kritik der Aufspaltung einheitlicher Lebensverhältnisse in die noch dazu schwer zu unterscheidenden Kategorien des „Ob" und „Wie"[2111], weil dieser Vorwurf dann gerade nicht mehr trägt[2112].

2102   BVerwG, NJW 1992, 1641.
2103   BVerwGE 61, 222; BVerwG, NJW 2006, 2568.
2104   *Wolff/Bachof/Stober/Kluth*, VerwR I, § 22 Rn. 1a.
2105   *Schmidt*, Öffentliches Wirtschaftsrecht AT, 1990, § 2 II 1.
2106   *Korte*, in: Kirchhof/Korte/Magen (Hg.), Öff. Wettbewerbsrecht, 2014, § 3 Rn. 36 ff.
2107   *Wolff/Bachof/Stober/Kluth*, VerwR I, § 22 III 4 d und allgemein *Bals*, Vergabe und Abwicklung öffentlicher Förderkredite über Hausbanken, 2003.
2108   *Ehlers*, DVBl. 2014, 1, 7; *Würtenberger*, Verwaltungsprozeßrecht, 2. Aufl., S. 69.
2109   S. auch *Kühling*, in: Ehlers, § 29 Rn. 23; *Goldhammer*, DÖV 2013, 416, 420.
2110   *Kühling/el-Barudi*, Jura 2006, 672, 675 f.; *Kühling*, in: Ehlers, § 29 Rn. 20 ff.
2111   Vgl. dazu *Ehlers*, DVBl. 2014, 1, 7 („Fiktion").
2112   *Kühling/el-Barudi*, Jura 2006, 672, 675 f.; *Kühling*, in: Ehlers, § 29 Rn. 20 ff.

Beispiele: Nach den Gemeindeordnungen sind die Gewerbetreibenden berechtigt, die öffentlichen Einrichtungen der Gemeinde nach gleichen Grundsätzen zu benutzen. Damit ist die Frage der Zulassung zur Benutzung dieser Einrichtung (z. B. hinsichtlich der Vergabe von Standplätzen auf Volksfesten) öffentlich-rechtlich, während die zweite Stufe – die Benutzung im Einzelnen – privatrechtlich geregelt sein kann[2113]. Erblickt ein privater Wettbewerber in der wirtschaftlichen Betätigung einer Gemeinde *(s. o. Rn. 781)*, etwa auf dem Gebiet des Bestattungswesens, einen Rechtsverstoß, dann geht es wegen der in den Gemeindeordnungen geregelten Frage der Zulässigkeit wirtschaftlicher Unternehmungen um die öffentlich-rechtliche Frage, ob das wirtschaftliche Unternehmen überhaupt betrieben werden darf[2114] und nicht darum, wie die Gemeinde dem Bürger gegenüber tätig wird, wenn er die Leistungen des gemeindlichen Bestattungsunternehmens in Anspruch nimmt (z. B. Abschluss eines Kaufvertrags über einen Sarg). Hinsichtlich der öffentlichen Auftragsvergabe hat sich der Gesetzgeber mit den Regelungen in den §§ 97 ff. GWB grundsätzlich für eine private Ausformung entschieden. Soweit diese Vorschriften nicht anwendbar sind, etwa im Unterschwellenbereich, war umstritten, ob es sich bei dem Zuschlag um eine öffentlich-rechtliche Angelegenheit handelt[2115]. Das *BVerwG* lehnt hier die Zweistufigkeit ab, weil sich der Staat bei der Auftragsvergabe nicht von anderen Marktteilnehmern unterscheide *(s. o. Rn. 806)* und Haushaltsrecht Innenrecht sei[2116].

Die Praxis kennt Rechtsverhältnisse, die einmal einstufig und ein anderes Mal zweistufig sind[2117]. In solchen Konstellationen ist genau zu prüfen, ob die relevanten Entscheidungen zusammen oder getrennt nacheinander getroffen werden. Diese Beurteilung ist aus der **Perspektive eines objektiven Dritten in der Rolle des von der hoheitlichen Maßnahme Betroffenen** vorzunehmen. Dessen Sichtweise gibt auch darüber Auskunft, wie weit die Erst- und wie weit die Zweitentscheidung reicht, was vor allem dann von Bedeutung ist, wenn die Entscheidung über das „Ob" auch Aussagen über das „Wie" trifft.[2118] **1040**

Beispiele: Subventionen können durch Verwaltungsakt oder öffentlich-rechtlichen Vertrag vergeben werden, wobei sich an ein öffentlich-rechtliches Verfahren über die Bewilligung (erste Stufe) ein privatrechtlicher Vertrag über die Abwicklung (zweite Stufe) in Form eines Darlehens anschließen kann *(s. Bd. II § 57 VI)*[2119]. Erfolgt die Subventionsvergabe hingegen im sog. Bankenverfahren und werden die Förderbeträge im eigenen Namen der Bank ausgezahlt, dann soll es sich nach Ansicht des *BVerwG* allerdings um ein ausschließlich privatrechtliches Subventionsverhältnis handeln[2120]. Ein einstufiges, dann aber öffentlich-rechtliches Verfahren liegt auch bei der Auszahlung von verlorenen Zuschüssen oder Prämien vor *(s. o. Rn. 958 f.)*, weil sich dann entweder der Zuwendungsakt in der Geldleistung erschöpft oder nur eine bestehende Verpflichtung erfüllt wird[2121].

§ 34 Gebundenheit und Freiheit der Wirtschaftsverwaltung

Die obigen Grundsätze zur Autonomie der Wirtschaftsverwaltung in der Auswahl verwaltungs- oder zivilrechtlicher Gestaltungsmittel sowie deren Abgrenzung untereinander sagen nichts darüber aus, welche Bindungen im Einzelnen gelten, wenn die **1041**

2113 BVerwGE 123, 159 ff.; *Dietlein,* Jura 2002, 445 ff.; *Weißenberger,* GewArch. 2009, 417 ff.
2114 BVerwGE 39, 329; VGH Mannheim, NJW 1984, 251; *Pagenkopf,* GewArch. 2000, 177; *Pielow,* Grundstrukturen öffentlicher Versorgung, 2001, 535; a. M. OLG Düsseldorf, DÖV 2001, 912 f.
2115 Bejahend OVG Koblenz, DVBl. 2005, 988; OVG Münster, NVwZ 2006, 1083.
2116 BVerwG, NVwZ 2007, 820 *Ennuschat/Ulrich,* NJW 2007, 2224 ff.; *Weißenberger,* GewArch. 2009, 417 ff.
2117 VGH Kassel, NVwZ 1990, 879; OVG Münster, DVBl. 2005, 1276.
2118 Vgl. dazu *Ziekow,* Öff. WiR, § 6 Rn. 97; *Finck/Gurlit,* Jura 2011, 87, 89.
2119 BGH, NJW 1997, 257 f. und 328 f.; BGH, DVBl. 2000, 557 ff.; BVerwG, NJW 2006, 536 f.; *Weißenberger,* GewArch. 2009, 465 ff.; *Kühling,* in: Ehlers, § 29 Rn 20 ff.; a. M. OVG Münster, DVBl. 2005, 1276.
2120 BVerwG, NJW 2006, 2568.
2121 Vgl. dazu *Rozek,* JURA 2001, 39, 40.

öffentliche Hand entsprechende Maßnahmen ergreift. Diese Frage wird insbesondere relevant, wenn die Wirtschaftsverwaltung gegenüber einem Wirtschaftsakteur auf Grund öffentlich-rechtlicher Vorschriften tätig wird. In diesem Fall ergeben sich etwaige Bindungen im Lichte des Grundsatzes der Gesetzmäßigkeit der Verwaltung in erster Linie aus dem Gebot rechtsstaatlichen Handelns *(s. o. Rn. 151 ff.)*. In der Regel muss die Wirtschaftsverwaltung daher zumindest im Falle grundrechtsbeeinträchtigender Maßnahmen auf Basis einer Rechtsgrundlage (Gesetzesvorbehalt) handeln und insoweit aber auch im Übrigen den darin enthaltenen und anderen einschlägigen Vorgaben entsprechen (Gesetzesvorrang). Diese an sich eindeutigen Vorgaben werden in der Handhabung schwieriger, wenn das relevante Recht unbestimmte Rechtsbegriffe enthält, komplexe Abwägungen erfordert oder Ermessen einräumt.

I.   Unbestimmte Rechtsbegriffe und Beurteilungsspielraum

1042   Häufig kann der Gesetz- und Verordnungsgeber die Vielgestaltigkeit des Wirtschaftslebens und den Wandel der Technik nicht präzise regeln, weil das Recht dynamisch sein muss und nicht alle Regelungsbedürfnisse vorhersehbar sind. Deshalb bedient er sich vielfach unbestimmter Rechtsbegriffe mit geringer Konturenschärfe *(s. o. Rn. 184)*. Die Ausfüllung unbestimmter Rechtsbegriffe anhand gesetzgeberischer Zielsetzungen ist typische Aufgabe der Exekutive[2122]. Es ist allgemein anerkannt, dass diese sog. **Generalklauselmethode** auch im Wirtschaftsverwaltungsrecht in besonderem Maße geeignet ist, sachgerechte Lösungen zu ermöglichen[2123]. Sie ist solange zulässig, wie die Anforderungen des aus dem Rechtsstaatsprinzip ableitbaren Bestimmtheitsgrundsatzes *(s. o. Rn. 180)* eingehalten werden.

Beispiel: Der im Gewerberecht und insbesondere in § 35 GewO enthaltene Begriff der „Unzuverlässigkeit" ist im ersten Zugriff zwar recht unbestimmt, auch wenn man dessen Definition hinzunimmt, wonach es darauf ankommt, dass jemand nach dem Gesamteindruck seines Verhaltens künftig nicht die Gewähr dafür bietet, seine Tätigkeit ordnungsgemäß auszuüben. Er wurde allerdings durch rechtsanwendungsgeleitete Fallgruppenbildung derart konkretisiert, dass der Gewerbetreibende nunmehr im Vorhinein absehen kann, wodurch er unzuverlässig wird[2124].

1043   Unbestimmte Rechtsbegriffe können zugleich einen Beurteilungsspielraum enthalten mit der Folge, dass eine behördliche Entscheidung nur **eingeschränkt gerichtlich überprüfbar** ist[2125]. Wann eine solche Konstellation gegeben ist, hängt nach der Verfassungsgerichtsbarkeit jenseits ausdrücklicher gesetzlicher Regeln von der Auslegung der jeweiligen Bestimmung ab. Da solche Spielräume wegen der reduzierten gerichtlichen Kontrolldichte das Grundrecht des Wirtschaftsbürgers auf effektiven Rechtsschutz aus Art. 19 Abs. 4 GG *(s. o. Rn. 195)* einschränken, sind Gerichtsbarkeit und Verwaltung insoweit an strenge Anforderungen gebunden, um zu verhindern, dass sie die vorgeschriebene Rollenverteilung zwischen Exekutive und Judikative „in eigener Sache" zulasten der Reichweite des Art. 19 Abs. 4 GG verschieben. Abgesehen davon unterliegt aber auch der Gesetzgeber Bindungen, weil er der Verwaltung nur dann die letztverbindliche Entscheidungsmacht überantworten darf, wenn es dafür einen am Grundsatz eines wirksamen Rechtsschutzes ausgerichteten Sachgrund gibt[2126].

Beispiel: Das für die Zulässigkeit ordnungsrechtlicher Maßnahmen Weichen stellende Erfordernis der Gefahr (vgl. z. B. § 11 NdsSOG) fordert vom handelnden Amtswalter eine Prognose, ob eine Rechtsgutverletzung hinreichend wahrscheinlich ist *(s. o. 899 ff.)*. Gleichwohl folgt aus dieser zukunftsgerichteten und damit einen unbestimmten Rechtsbegriff spiegelnden Vorgabe kein

2122   BVerwGE 72, 73, 77; BVerfG, NJW 1987, 3175.
2123   BVerfGE 31, 33, 42.
2124   Schmidt/Wollenschläger/*Korte*, Kompendium, § 9 Rn. 50 ff.
2125   S. BVerfG, NVwZ 2011, 1062 ff.
2126   Vgl. dazu BVerfGE 129, 1, 21 ff., 31; Maunz/Dürig/*Schmidt-Aßmann*, GG, Art. 19 Abs. 4 Rn. 184 ff.

Beurteilungsspielraum, weil eine Auslegung des Tatbestandsmerkmals der Gefahr ergibt, dass sich die befassten Richter in die handelnden Amtswalter hineinversetzen und aus einer objektiven Perspektive beurteilen können, ob eine Verletzung des bedrohten Rechtsguts hinreichend wahrscheinlich gewesen ist[2127].

Versucht man **Fallgruppen** zu bilden, in denen Beurteilungsspielräume der Verwaltung **1044** bestehen, geht es insoweit primär um Leistungs- oder anderweitige Beurteilungen, die zumindest auch vom individuellen Eindruck des Gutachters abhängen oder von fachkundigen, plural besetzten Gremien getroffen werden, sowie um Maßnahmen, denen ein politisch-gestalterischer bzw. risikobezogener Gehalt immanent ist[2128]. Vor allem in diesen Fällen ist die gerichtliche Kontrolle daher auf Sachverhalts- und Verfahrensfehler, die Einführung sachfremder Erwägungen sowie auf Verstöße gegen den Gleichheitssatz und allgemeine Bewertungsmaßstäbe beschränkt[2129], so dass z. B. vertretbare Lösungen nicht als falsch bewertet werden dürfen[2130]. Greifen diese wenigen Kontrollmaßstäbe nicht, kommt die Letztentscheidungskompetenz der Verwaltung wegen ihres Beurteilungsspielraums zu; die gerichtliche Kontrolle ist dann ausgeschlossen, soweit diese Prärogative berührt ist[2131].

Beispiele: Prüfungsentscheidungen der Handwerkskammer und der Prüfungsausschüsse[2132], soweit es sich um prüfungsspezifische Wertungen und nicht lediglich um fachliche Meinungsverschiedenheiten handelt. Entscheidung über die Funktionsfähigkeit des örtlichen Taxengewerbes nach §§ 13, 47 PBefG[2133]; Bewertung der Attraktivität und Anziehungskraft von Schaustellergeschäften im Rahmen des § 70 Abs. 3 GewO[2134]; Verleihung des Prädikats „Besonders wertvoll" für Kinofilme[2135]; Qualitätsweinprüfung auf Aussehen, Geruch und Geschmack (Sinnenprüfung nach § 24 i. V. m. Anlage 9 WeinG)[2136]; Prognose über die Zuteilungsmenge im Rahmen des Emissionshandels[2137]; Marktdefinition und Marktanalyse der Bundesnetzagentur (vgl. § 10 Abs. 2 S. 2 TKG)[2138]; Vergabe von Bodenabfertigungsdienstleistungen[2139]; Festlegung von Wirtschaftsförderungstatbeständen[2140].

II. Ermessen der Wirtschaftsverwaltung

Während Beurteilungsspielräume der öffentlichen Hand eine Letztentscheidungskom- **1045** petenz auf Tatbestandsebene einräumen, geht es beim Ermessen der Wirtschaftsverwaltung um die Rechtsfolgenebene. Je nach Formulierung der einschlägigen Vorschrift sind die behördlichen Freiräume dort mehr oder weniger groß. Während Freiräume bei Formulierungen wie „ist" oder „hat zu" vollständig fehlen und eine gebundene Entscheidung ergehen muss, kennzeichnet ein „kann", dass der Wirtschaftsverwaltung bei der Entscheidungsfindung Ermessen eingeräumt ist (**Opportunitätsprinzip**), so dass das positive Recht ihr Verhalten nicht voll vorausbestimmt. Insoweit bestehen enge Parallelen zum Beurteilungsspielraum. Grundsätzlich werden zwei bzw. drei Formen der Ermessensausübung unterschieden. Während sich die Wirtschaftsverwaltung bei der Ausübung des Entschließungsermessens die Frage stellen muss, „ob" sie handeln

---

2127 Vgl. dazu *Korte/Dittrich*, JA 2017, 332, 336.
2128 Maunz/Dürig/*Schmidt-Aßmann*, GG, Art. 19 Abs. 4 Rn. 191 ff.; BVerwGE 148, 175, 180 f.
2129 *Hufen*, Verwaltungsprozessrecht, 10. Aufl. 2016, § 25 Rn. 40.
2130 BVerfGE 84, 34, 50 und 59 ff.; BVerwGE 91, 262.
2131 *Sachs*, in: Stelkens/Bonk/Sachs (Hg.), VwVfG, 8. Aufl. 2014, § 40 Rn. 209, 220.
2132 OVG Schleswig, NVwZ-RR 1995, 393; VGH München, NJW 1982, 2685.
2133 BVerwGE 135, 198; OVG Berlin, GewArch. 2000, 338.
2134 OVG Lüneburg, GewArch. 1982, 304.
2135 VGH Kassel, NJW 1998, 1426.
2136 Zustimmend BVerwG, NJW 2007, 2790.
2137 BVerwG, DÖV 2008, 199 ff.
2138 BVerwG, NVwZ 2009, 653 ff und BVerfG, DVBl. 2012, 230 ff.
2139 BVerwG, NVwZ 2013, 507 ff.
2140 OVG Lüneburg, NVwZ-RR 2013, 465 ff.

soll, geht es beim Auswahlermessen, darum, „wen" die Maßnahme adressieren soll, und darum, „wie" sie ausgestaltet sein soll.

Beispiele: § 15 Abs. 2 GewO; § 47 OWiG für die Ahndung von Ordnungswidrigkeiten.

1046 Zwischen der gebundenen und der ermessensabhängigen Entscheidung stehen solche Regelungen, die als „**Soll**"-**Vorschriften** konzipiert sind. Für sie gilt, dass der Gesetzgeber im Regelfall davon ausgeht, dass der Wirtschaftsverwaltung keine Freiräume zukommen sollen, während im Falle eines atypischen Sonderfalls Ermessen eingeräumt wird. Damit prägt also der der Entscheidung zugrunde liegende Sachverhalt das Maß der behördlichen Bindung. Weil dem Gesetzgeber die Option der Schaffung von Soll-Vorschriften zur Seite steht, ist die in der verwaltungsgerichtlichen Spruchpraxis[2141] etablierte Figur des intendierten Ermessens, nach der die Ermessensausübung aufgrund rechtlicher Wertung in eine bestimmte Richtung vorgezeichnet sein soll, nicht anzuerkennen; anderenfalls umginge man den Wortlaut der Ermessen einräumenden Norm.

Beispiel: Das in den §§ 48 Abs. 2 S. 3, 49 Abs. 2 VwVfG eingeräumte Ermessen ist nicht im Lichte der behördlichen Pflicht zu wirtschaftlichem und sparsamen Verhalten *(s. o. Rn. 837)* intendiert, auch wenn die dort normierten Fälle entweder wegen des Verhaltens des Begünstigten oder aus Gerechtigkeitsgründen (Aufhebungsmöglichkeit steht von Vornherein fest oder nachträgliche Lageänderung) die Aufhebung des Verwaltungsakts nahe legen[2142].

1047 Ist die Behörde ermächtigt, nach ihrem Ermessen zu handeln, dann hat sie ihr Ermessen nach §§ 40 VwVfG, 114 VwGO entsprechend dem Zweck der Ermächtigung auszuüben[2143], etwa bestehende Verwaltungsvorschriften *(s. o. Rn. 326 ff.)* zu beachten und die gesetzlichen Grenzen einzuhalten. Der Antragsteller bzw. der Betroffene besitzt dann gegenüber der Verwaltung ein formell subjektives Recht auf **fehlerfreie Ausübung des Ermessens**. Es kann sich ggf. in Richtung eines Anspruchs verdichten, wenn ein Fall der Ermessensreduzierung auf Null vorliegt. Ihn kennzeichnet, dass im konkreten Fall kein behördlicher Entscheidungsfreiraum mehr besteht, weil die Wirtschaftsverwaltung de iure und insbesondere wegen der Vorgaben des höheren Rechts nur noch eine Entscheidung treffen kann[2144].

1048 Übt die Wirtschaftsverwaltung ihr Ermessen aus, ist die **gerichtliche Kontrolldichte beschränkt**. Insbesondere dürfen die befassten Richter ihre Zweckmäßigkeitserwägungen nicht an die Stelle des Verwaltungsermessens setzen, weil eine der Exekutive eingeräumte Entscheidungsautonomie wegen des Grundsatzes der Gewaltenteilung zu beachten ist. Gleichwohl geht damit kein Freibrief zugunsten der Wirtschaftsverwaltung einher, weil die Verwaltungsgerichtsbarkeit aufgrund von § 114 VwGO behördliche Ermessensentscheidungen auf ihre Rechtmäßigkeit hin überprüfen darf. Daran anknüpfend führen folgende, in ihren Grenzen bisweilen fließende Fehler zur Rechtswidrigkeit und Aufhebung der Verwaltungsentscheidung:

– **Ermessensnichtgebrauch:** Er liegt vor, wenn das Ermessen nicht ausgeübt wurde, weil es entweder nicht gesehen wurde oder weil sich die Behörde irrig gebunden · fühlte oder weil bei der Anwendung einer Verwaltungsvorschrift übersehen wurde, dass ein atypischer Fall vorliegt.

– **Ermessensüberschreitung:** Sie liegt vor, wenn eine gesetzlich nicht vorgesehene Ermessensrechtsfolge gewählt wurde, insbesondere weil die Grenzen der Norm oder des höheren Rechts überschritten worden sind.

2141 Vgl. BVerwG, NVwZ 1992, 565, 566; BVerwGE 105, 55, 57.
2142 *Wolff/Bachof/Stober/Kluth,* VerwR I, § 51 Rn. 37, 65.
2143 BVerwG, NJW 1997, 753.
2144 BVerwGE 84, 86 ff. und 322, 334; OVG Weimar, GewArch. 2002, 325 f.

– Ermessensfehlgebrauch: Er liegt vor, wenn die Behörde das Ermessen nicht entsprechend dem Zweck der Ermächtigung ausübt, weil sie sachfremde Erwägungen anstellt („Verkauf von Ermessensakten"), einen falschen Sachverhalt anwendet, unzureichend begründet oder Art. 3 GG nicht beachtet *(s. o. Rn. 749 ff.)*.

III. Planungsermessen

Schließlich ist es denkbar, dass der Wirtschaftsverwaltung eine inhaltliche Letztentscheidungskompetenz zukommt, wenn es um Fragen der Fach-, Raum- und Entwicklungsplanung *(s. o. Rn. 868 ff.)* geht. Die einschlägigen **Vorschriften** sind in solchen Fällen **final** und nicht konditional **aufgebaut**; sie differenzieren also nicht nach Tatbestand und Rechtsfolge und damit auch nicht nach Beurteilungsspielraum und Ermessen, so dass die sog. planerische Gestaltungsfreiheit der Verwaltung eine dritte eigenständige Kategorie behördlicher Letztentscheidungsbefugnisse abbildet. **1049**

Inhaltlich geben die einschlägigen Vorschriften, die man namentlich im Recht der Raum- oder Vorhabenplanung vorfindet, bestimmte Ziele mit Hilfe von **Leitlinien bzw. Abwägungsdirektiven** vor, die verschiedenste, teilweise gegenläufige öffentliche und private Interessen spiegeln, welche miteinander in Ausgleich zu bringen sind *(s. o. Rn. 874)*. Die damit verbundene Wertungsabhängigkeit von Planungsentscheidungen führt zu einer Reduktion der gerichtlichen Kontrolldichte auf die Rüge einiger weniger Abwägungsfehler, die den Ermessensfehlern ähneln[2145]. Die Geltendmachung von Abwägungsfehlern kann zudem durch einzelne Fachgesetze noch weiter eingeschränkt werden, so durch § 214 BauGB für die Bauleitplanung. **1050**

Beispiel: Planerische Gestaltungsfreiheit der Behörde hinsichtlich der zeitlichen Betriebsregelung auf einem Flughafen[2146].

In Anlehnung an das Rechtsinstitut Planungsermessen hat die Rechtsprechung im Zusammenhang mit der Erscheinungsform der Regulierungsverwaltung *(s. o. Rn. 880)* die Rechtsfigur **Regulierungsermessen** anerkannt. Es weist der zuständigen Behörde eine Letztentscheidungskompetenz zu, auf die die Abwägungsfehlerlehre anwendbar ist. Das Regulierungsermessen prägt ein umfassendes Auswahlermessen auf der Rechtsfolgenebene, das mit zahlreichen unbestimmten Rechtsbegriffen auf der Tatbestandsseite gekoppelt ist, so dass viele Regulierungsziele, öffentliche und private Belange auszugleichen sind[2147]. **1051**

§ 35 Wirtschaftsverwaltungsakte

Sofern die Wirtschaftsverwaltungsbehörden gegenüber den Wirtschaftssubjekten öffentlich-rechtlich handeln, steht ihnen ein breites Instrumentarium an Handlungsformen zur Verfügung, das teilweise in den Verwaltungsverfahrensgesetzen von Bund und Ländern geregelt und in Fachgesetzen erwähnt ist. **1052**

Beispiel: Anforderungen an Unternehmen, die Stabilisierungsmaßnahmen in Anspruch nehmen wollen, können durch Vertrag, Selbstverpflichtungen oder Verwaltungsakt festgelegt werden (§ 10 Abs. 2 Finanzmarktstabilisierungsgesetz).

2145 *Voßkuhle*, JuS 2008, 117, 119.
2146 OVG Bremen, DVBl. 1994, 767 ff.
2147 BVerwG, NVwZ 2008, 575 und dazu *Ludwigs*, JZ 2009, 290 ff.; *Gärditz*, NVwZ 2009, 1005 ff.

I. Der Wirtschaftsverwaltungsakt im System der Handlungsformen

1053   Während für das Wirtschaftsprivatrecht der Vertrag die typische Handlungsform ist, steht in der Praxis des Wirtschaftsverwaltungsrechts das Handeln der Behörde durch Verwaltungsakte nach wie vor quantitativ und qualitativ im **Mittelpunkt**. Die Erkenntnisse aus dem Institut des wirtschaftsverwaltungsrechtlichen Rechtsverhältnisses[2148] werden an dieser dominanten Stellung des Verwaltungsakts nur wenig ändern und insbesondere nicht die Gewichte in Richtung gleichordnungsorientierter Handlungsformen verschieben, weil der Verwaltungsakt auch künftig für die Erledigung der Aufgaben Wirtschaftsüberwachung, Wirtschaftslenkung und Wirtschaftsförderung unentbehrlich und dank seiner Multifunktionalität breit einsetzbar ist[2149]. Allerdings zeichnet sich insbesondere unter dem Einfluss des Unionsrechts ein allmählicher Wandel ab etwa vom einseitigen zum einvernehmlichen (kooperativen), vom leistenden zum gewährleistenden, vom formalen zum informalen Verwaltungshandeln und vom staatlichen zum privatisierten Handeln.[2150]

II. Wirkung, Begriff und Bedeutung

1054   Die somit nach wie vor erhebliche Bedeutung des Verwaltungsakts als eine Standardmaßnahme des Verwaltungshandelns zur Anwendung abstrakt-genereller Regeln auf den konkreten Einzelfall spiegelt sich in dessen Wirkung, Vorgaben und Bedeutung.

1. Wirkweise

1055   Weichenstellend für das Verständnis der Rechtsfigur des Verwaltungsakts ist dessen **Funktion als Vollstreckungstitel**[2151]. Sie besteht für wirksame (d. h. insbesondere bekannt gegebene (vgl. §§ 41, 43 BVwVfG bzw. die entsprechenden Vorschriften des Landesverwaltungsverfahrensrecht[2152]) und nicht nichtige (§ 44 VwVfG) Verwaltungsakte, gilt also unabhängig von deren Rechtmäßigkeit oder Rechtswidrigkeit, und führt dazu, dass die Behörde Verwaltungsakte durchsetzen kann, ohne sich gerichtlicher Hilfe bedienen zu müssen, sich also ihren Titel gewissermaßen selbst verschaffen kann. Infolgedessen muss der Unternehmer gegen einen ihn belastenden Verwaltungsakt vorgehen; versäumt er es, einen Rechtsbehelf einzulegen, droht Bestandskraft mit der Folge, dass er sich nicht mehr gegen die darin enthaltene Regelung, sondern nur noch gegen die Umstände der anschließenden Vollstreckung wehren kann. Diese Verschiebung der Initiativen ist gerechtfertigt, weil der Verwaltungsakt auf Gemeinwohlverwirklichung gerichtet ist und dem Einzelnen wegen Art. 19 Abs. 4 GG *(s. o. Rn. 195)* die für einen effektiven Rechtsschutz erforderlichen Rechtsbehelfsmöglichkeiten zur Verfügung stehen[2153].

2. Merkmale des Verwaltungsaktes

1056   Die Handlungsform Verwaltungsakt hat zudem verfahrens- und prozessrechtliche Implikationen. Insbesondere beurteilt sich der Rechtsschutz nach dem Vorliegen eines Verwaltungsaktes (Widerspruchsverfahren nach §§ 68 ff. VwGO, Klageverfahren gem. § 42 VwGO). Auch deshalb kommt es, soweit nicht ein formeller Verwaltungsakt vorliegt, weil die Behörde dem äußeren Erscheinungsbild nach per Verwaltungsakt handelt, etwa weil sie die Maßnahme als Bescheid tituliert oder mit einer Rechtsbe-

---

2148   S. *Wolff/Bachof/Stober/Kluth*, VerwR I, § 32 V, §§ 44 ff.

2149   *Röben*, VerwArch. 99 (2008), 46 ff.; *Bumke*, in: Hoffmann-Riem u. a. (Hg.), Grundlagen, § 35 Rn 73 ff.

2150   S. näher *Wolff/Bachof/Stober/Kluth*, VerwR I, § 44 I 3.

2151   Vgl. zu den übrigen Funktionen *Kopp/Ramsauer*, VwVfG, 19. Aufl. 2018, § 35 Rn. 10 ff.

2152   Auf diesen Zusatz wird nachfolgend verzichtet.

2153   Vgl. im Übrigen *Wolff/Bachof/Stober/Kluth*, VerwR I, § 45 Rn. 2 ff.

helfsbelehrung versieht[2154], entscheidend darauf an, ob die in § 35 VwVfG festgelegten Einzelmerkmale des Verwaltungsakts erfüllt sind; sie besitzen zudem Abgrenzungsfunktion zu anderen Handlungsformen der Verwaltung[2155].

Verwaltungsakte müssen zunächst als Maßnahmen auf dem Gebiet des **öffentlichen** **1057**
Rechts ergehen *(s. o. Rn. 1033 ff.)*, die von einer **Behörde** i. S. d. § 1 Abs. 4 VwVfG
erlassen werden. Dazu zählen auch Beliehene, soweit sie in ihrer Funktion als solche
handeln *(s. o. Rn. 579, 1036)*. Das Erfordernis einer öffentlich-rechtlichen Maßnahme
macht den Verwaltungsakt vom privatrechtlichen Verwaltungshandeln namentlich in
Form einer marktmäßigen, fiskalischen oder verwaltungsprivatrechtlichen Aktivität
der öffentlichen Hand *(s. o. Rn. 580 ff.)* unterscheidbar. Die konkreten Abgrenzungs-
leitlinien folgen aus den obigen Ausführungen zur Differenzierung von Privat- und
Verwaltungsrecht *(s. o. Rn. 31)*.

Beispiele: Maßnahmen des Bundesamtes für Wirtschaft- und Ausfuhrkontrolle (§§ 13 f. AWG) oder
eines Finanzamts; Maßnahmen des Schornsteinfegers im Zusammenhang mit seinen Pflichtaufgaben
insbesondere in Form der Feuerstättenschau, nicht aber dessen wettbewerbliche Tätigkeit.

Verwaltungsakte betreffen zudem konkret individuelle **Einzelfälle**. Dadurch grenzen **1058**
sie sich von den abstrakt generell wirkenden Gesetzen ab. Auch abstrakt-individuelle
Maßnahmen, die sich bei Eintritt der darin festgelegten Voraussetzungen aktualisieren,
lassen sich unter § 35 S. 1 VwVfG fassen. Davon sind Allgemeinverfügungen i. S. d.
§ 35 S. 2 VwVfG zu unterscheiden, weil für sie ggf. besondere verwaltungsverfahrensrechtliche Vorgaben gelten (vgl. z. B. § 28 Abs. 2 Nr. 4 VwVfG). Sie wirken in der
Regel konkret generell und erfassen dann viele Personen, die aber über den geregelten
Sachverhalt konkretisiert werden, so dass es sich ebenfalls um Verwaltungsakte handelt. Weitere Fälle folgen aus § 35 S. 2 VwVfG[2156].

Beispiele: Die Anordnung an einen Gewerbetreibenden, immer bei Schneefall vor seinem Ge-
schäft zu räumen ist eine abstrakt-individuelle Maßnahme; eine Untersagung des Veranstaltens
und Vermittelns öffentlicher Glücksspiele in Telemedienangeboten privater Anbieter wird, wenn
sie lediglich die Rechtslage wiederholt ohne auf bestimmte Anbieter oder Spieler Bezug zu nehmen, nicht als Allgemeinverfügung eingestuft[2157].

Verwaltungsakte müssen ferner eine **Regelung** enthalten. Unter diesem Kriterium ist **1059**
zu erörtern, ob die Maßnahme die Rechtsstellung des Betroffenen einseitig und unmittelbar mit verbindlicher Wirkung verändert. Dieses Merkmal dient der Abgrenzung
gegenüber schlichtem Verwaltungshandeln, das rein faktisch wirkt. Es ist von besonderer Bedeutung namentlich für die Funktion des Wirtschaftsverwaltungsakts als Vollstreckungstitel und in praxi oft strittig – so namentlich, soweit es um die Beurteilung
von Durchführungshandlungen (z. B. Vollstreckungsmaßnahmen), Auskünfte (z. B. auf
Erteilung von Wirtschaftsinformationen nach dem UIG oder VIG), Hinweise, vorbereitende Maßnahmen oder Anschlusshandeln geht[2158].

Beispiele: Ein Anschreiben an ein Inkassounternehmen, in dem auf die Rechtswidrigkeit der
Eintreibung illegal erlangter Forderungen hingewiesen wird, enthält keine Regelung[2159]; Die
Mitteilung einer Kammer über die beabsichtigte Löschung der Eintragung eines Gewerbetreibenden in der Handwerksrolle besitzt Regelungscharakter, weil bereits sie die Maßnahme verbindlich anordnet[2160], die anschließende Löschung hingegen nicht[2161].

2154 *Erfmeyer*, DÖV 1996, 265, 266 f.; *Bickenbach*, JA 2015, 481, 486 f.
2155 S. näher *Wolff/Bachof/Stober/Kluth*, VerwR I, § 45.
2156 *Kopp/Ramsauer*, VwVfG, 19. Aufl. 2018, § 35 Rn. 121.
2157 Saarl. OVG, NVwZ 2011, 190, 191.
2158 Ausf. dazu *Wolff/Bachof/Stober/Kluth*, VerwR I, § 45.
2159 Hess. VGH, NVwZ-RR 2012, 344.
2160 So *Detterbeck*, HwO, 2012, § 11 Rn. 5.
2161 So BVerwG, DVBl. 1991, 946.

1060 § 35 S. 1 VwVfG verlangt schließlich, dass die Maßnahme auf **Außenwirkung** gerichtet ist, damit sie als Verwaltungsakt eingeordnet werden kann. Dazu bedarf es einer nach außen wirkenden behördlichen Handlung, die eine außerhalb des über seine Behörde handelnden Verwaltungsträgers stehende Person adressiert. Oftmals handelt es sich insoweit um private Wirtschaftsakteure, ggf. kann es aber auch um einen anderen Verwaltungsträger gehen. Insoweit kommt es darauf an, ob die Maßnahme diese Institution in ihrer hoheitlichen Eigenverantwortung trifft – sei es, weil beide Verwaltungsträger unterschiedliche Voraussetzungen für den Erlass einer privatgerichteten Maßnahme überprüfen müssen, oder sei es, weil eine behördliche Maßnahme den eigenen Wirkungskreis eines anderen Verwaltungsträgers beeinträchtigt[2162].

3. Zur Einteilung der Wirtschaftsverwaltungsakte

1061 Wirtschaftsverwaltungsakte sind wegen der mit ihnen verbundenen Rechtsfolgen in unterschiedliche Kategorien einzuteilen[2163]. Nach der die **Rechtssphäre des Adressaten einschränkenden oder erweiternden rechtlichen Wirkung** eines Verwaltungsaktes lassen sich im Lichte des § 48 Abs. 1 VwVfG belastende und begünstigende Verwaltungsakte sowie Verwaltungsakte mit Doppelwirkung unterscheiden. Belastende Verwaltungsakte greifen in die Rechtsstellung des Wirtschaftsbürgers ein (z. B. Erlaubnisversagung und Erlaubnisentziehung). Begünstigende Verwaltungsakte verbessern die Rechtsstellung des Adressaten (z. B. Erlaubniserteilung oder Subventionsbewilligung). Verwaltungsakte mit Doppelwirkung haben sowohl belastende als auch begünstigende Rechtswirkungen. Sofern die doppelte Wirkung ausschließlich Rechtspositionen der Verfügungsadressaten berührt, spricht man von einem gemischten Verwaltungsakt (z. B. Erteilung einer Gaststättenerlaubnis oder einer Außenwirtschaftserlaubnis mit einer belastenden Nebenbestimmung). Verteilen sich belastende und begünstigende Wirkungen eines Verwaltungsaktes hingegen auf den Adressaten und einen Dritten, liegt ein sog. Verwaltungsakt mit Drittwirkung vor (z. B. Bescheid über Sonntagsarbeit gegenüber Arbeitgeber und Arbeitnehmern)[2164]. Die Stellung als Adressat eines Verwaltungsakts oder als sonstwie betroffene Person kann insbesondere für den Lauf bzw. die Dauer etwaiger Rechtsbehelfsfristen und für die Klagebefugnis wichtig werden.

1062 Zudem sind Verwaltungsakte auch unter dem Aspekt der **Fehlerhaftigkeit** voneinander abzugrenzen. Im Gegensatz zu rechtmäßigen widersprechen rechtswidrige Verwaltungsakte im Zeitpunkt ihres Erlasses dem geltenden Recht einschließlich des EU-Rechts *(s. u. Rn. 1080)*. Unrichtige Verwaltungsakte beruhen demgegenüber zwar auf einem offenbaren Schreib- oder Rechenfehler, können aber gem. § 42 VwVfG berichtigt werden und bleiben trotz des Fehlers rechtmäßig. Dasselbe gilt im Falle einer Heilung auf Basis des § 45 VwVfG, weil die dort aufgeführten Verfahrensfehler ausweislich des Wortlauts der Norm dann „unbeachtlich" sein sollen, so dass der Verwaltungsakt trotz des (nunmehr geheilten) Fehlers von Anfang an genauso rechtmäßig ist wie ein Verwaltungsakt, der mit einer fehlerhaften Rechtsbehelfsbelehrung im Sinne der §§ 37 Abs. 6, 79 VwVfG, 73 Abs. 3 S. 1 VwGO versehen ist. Sie hat stattdessen nach § 58 VwGO Auswirkungen auf die für die Einlegung etwaiger Rechtsbehelfe geltenden Fristen. Neben die Kategorien des rechtmäßigen und des rechtswidrigen tritt der nichtige Verwaltungsakt. Er liegt unter den Voraussetzungen des § 44 VwVfG im Falle einer offensichtlichen sowie besonders schwerwiegenden Rechtsverletzung vor[2165] und entfaltet keinerlei Rechtswirkung. Daher muss der Normadressat nichtige

---

2162 *Wolff/Bachof/Stober/Kluth*, VerwR I, § 46.
2163 S. näher *Bumke*, in: Hoffmann-Riem u. a. (Hg.), Grundlagen, § 35 Rn 57 ff.
2164 BVerwG, GewArch. 2001, 39 ff.
2165 S. näher *Wolff/Bachof/Stober/Kluth*, VerwR I, §§ 49.

anders als rechtswidrige Verwaltungsakte weder angreifen noch befolgen; deren Vollstreckung geht mangels wirksamen Grundverwaltungsakts anders als die rechtswidriger Verwaltungsakte ins Leere.

Beispiel: Die Erteilung einer vorläufigen oder mit Widerrufsvorbehalt versehenen Erlaubnis zur Personenbeförderung kehrt den eindeutigen Wortlaut des § 15 Abs. 4 PBefG um und führt deshalb zur Nichtigkeit der Erlaubnis nach § 44 Abs. 1 VwVfG.

4. Verwaltungsakte und Unionsrecht

Die EU-Kommission erlässt regelnde Anordnungen in Gestalt von Beschlüssen i. S. d.   **1063**
Art. 288 Abs. 4 AEUV auf Basis und im Rahmen der ihr jeweils zur Verfügung stehenden Rechtsgrundlage (vgl. Art. 5 Abs. 1 EUV). Sie sind in den Wirkungen und Voraussetzungen Verwaltungsakten bundesdeutscher Prägung trotz kleinerer Unterschiede im Ansatz durchaus vergleichbar[2166] und bedürfen als Rechtsakte der Union insbesondere nicht der Mitwirkung der Mitgliedstaaten.

Beispiele: Beschluss über die Zulässigkeit von Beihilfen im Rahmen eines Beihilfeaufsichtsverfahrens *(s. o. Rn. 980).*

Der Normalfall ist allerdings, dass EU-Recht nach nationalem Verfahrensrecht durch   **1064**
nationale Behörden ausgeführt wird *(s. o. Rn. 274).* Das EU-Recht prägt diesen sog. indirekten Vollzug allerdings auf Grund des Anwendungsvorrangs *(s. o. Rn. 47, 132),* sowie des Effektivitäts- und Äquivalenzprinzips, wonach das Unionsrecht praktisch wirksam bleiben muss und der grenzüberschreitende dem inländischen Sachverhalt gleichzustellen ist[2167].

Beispiele: Gentechnik-, Telekommunikations- und Lebensmittelrecht *(s. Bd. II § 51 und § 53),* Dienstleistungsrecht.

Insbesondere die mit den §§ 35 ff. VwVfG vergleichbaren Vorschriften des EU-Zollko-   **1065**
dex *(s. o. Rn. 361)* zeigen, dass der Verwaltungsakt als gemeineuropäische Handlungsform anerkannt ist[2168]. Zudem können solche Maßnahmen als sog. transnationale Verwaltungsakte grenzüberschreitend innerhalb der Union gelten und damit **extraterritoriale Wirkung** entfalten[2169] – sei es, weil deren transnationale Geltungskraft im Unionsrecht angeordnet ist, oder sei es, weil sie aus einem Akt der (gegenseitigen) Anerkennung *(s. o. Rn. 436 ff.)* der Behörde im Zielstaat resultiert[2170].

Beispiele: Zulassung von Bankgeschäften nach § 53b KWG; Gemeinschaftslizenz nach § 5 GüKG.

III. Wirtschaftsverwaltungsrechtliche Genehmigungen

1. Sach- und Personalgenehmigungen

Verwaltungsaktqualität besitzen vor allem Genehmigungen, Konzessionen und Lizen-   **1066**
zen. Sie spielen im Öffentlichen Wirtschaftsrecht eine herausragende Rolle, weil der Gesetzgeber in zahlreichen Fällen die Aufnahme und Ausübung bestimmter wirtschaftlicher Tätigkeiten von einer Eröffnungskontrolle abhängig macht *(s. o. Rn. 911 und Bd. II § 46 II)*[2171]. Genehmigungen haben **Legalisierungswirkung** und geben damit Unternehmen Planungssicherheit *(s. u. Rn. 1127).* Die für die Aufnahme wirtschaftsverwaltungsrechtlicher Betätigungen erforderlichen Genehmigungen lassen sich an-

---

2166 Calliess/Ruffert/*ders.,* EUV/AEUV, Art. 288 Rn. 91 ff.
2167 *Kahl,* ebenda, Art. 4 EUV Rn. 65.
2168 *Pernice/Kadelbach,* DVBl. 1997, 1100, 1104.
2169 *Neßler,* NVwZ 1995, 863 ff.
2170 *Wolff/Bachof/Stober/Kluth,* VerwR I, § 48 Rn. 88 ff.
2171 *Bumke,* in: Hoffmann-Riem u. a. (Hg.), Grundlagen, § 35 Rn. 90 ff.

hand der Maßstäbe typisieren, die als Genehmigungsvoraussetzungen in den einzelnen Gesetzen vorgesehen sind.

1067 Bei der **Sachgenehmigung** wird eine Sache als solche (z. B. Errichtung und Betrieb einer Anlage i. S. v. § 4 BImSchG) oder ein Produkt erlaubt. Die Genehmigung bezieht sich nur auf die Sache bzw. die sachliche Anlage, die örtliche Lage, die Beschaffenheit der Betriebsstätten usw. Sie wird ohne Rücksicht auf die Person des Inhabers erteilt. Es handelt sich infolgedessen um eine dingliche Erlaubnis. Daher wirkt die Sachkonzession für und gegen den Rechtsnachfolger des jeweiligen Genehmigungsinhabers, da sie von dessen persönlichen Eigenschaften abstrahiert.

1068 Bei der **Personalgenehmigung** wird die Erlaubnis einer bestimmten Person erteilt *(s. Bd. II § 46 II)*. Die Erlaubnis ist nur für und gegen diese Person wirksam. Der Rechtsnachfolger, der den Gewerbebetrieb übernimmt, bedarf einer neuen Personalkonzession. Die rein persönliche Erlaubnis knüpft ausschließlich an persönliche Merkmale des Gewerbetreibenden an (Zuverlässigkeit, Sachkunde, wirtschaftliche Leistungsfähigkeit). Die raumbezogene Erlaubnis knüpft an persönliche und sachliche Merkmale an. Wird eine genehmigungspflichtige Wirtschaftstätigkeit ohne Zulassung begonnen, dann kann die Fortsetzung des Betriebes verhindert werden (sog. formelle Gewerberechtswidrigkeit – *s. Bd. II § 46 I 8)*[2172].

Beispiele: Die Erlaubnis zum Betrieb einer Gaststätte ist, soweit sie im Landesrecht noch vorgesehen ist, eine raumbezogene Erlaubnis, da sie Anforderungen an den Betreiber in Form der Zuverlässigkeit, aber auch an die Räumlichkeiten z. B. in Form der Barrierefreiheit oder der Lage stellt (vgl. z. B. § 1 GastG BW in Verbindung mit § 4 Abs. 1 GastG).

1069 Viele Sach- und Personalgenehmigungen sind zum Schutz von Berufsfreiheit und Eigentumsgarantie regelmäßig auf langfristige Geltung angelegt (**Dauerverwaltungsakte**)[2173]. Sie wirken infolgedessen in die Zukunft und gelten nicht nur punktuell für den Zeitpunkt ihres Erlasses, was insbesondere zur Folge hat, dass ein verwaltungsrechtliches Bedürfnis für eine fortwährende Kontrolle im Sinne eines Monitoring besteht und die Rechtmäßigkeit des gestatteten Verhaltens über den Erlasszeitpunkt hinaus zu überwachen ist[2174].

2. Verwaltungsverfahren

1070 a) **Allgemeines Verwaltungsverfahren.** Der Entscheidung über eine wirtschaftsverwaltungsrechtliche Genehmigung geht regelmäßig ein **allgemeines Verwaltungsverfahren** nach den §§ 9 ff. VwVfG voraus. Es ist nur rechtmäßig, wenn bestimmte formelle Voraussetzungen erfüllt sind, die in den §§ 37 ff. VwVfG normiert sind. Ferner ist die Ausgestaltung des Genehmigungs- bzw. Verwaltungsverfahrens gelegentlich in **wirtschaftsverwaltungsrechtlichen Gesetzen** normiert, die als Spezialregelungen den Bestimmungen des VwVfG vorgehen.

Beispiele: §§ 11 ff. PBefG und die 9. BImSchVO regeln das Genehmigungsverfahren; §§ 97 ff. GWB und §§ 8a f. PBefG regeln das Vergabeverfahren.

1071 aa) **Einflüsse der technologischen Entwicklung.** Die technische Entwicklung hat inzwischen zu einem Quantensprung bei der Abwicklung von Verwaltungsverfahren geführt. Die elektronische Kommunikation und die noch im Aufbau befindliche Digitalisierung der Verwaltung einschließlich der Wirtschaftsverwaltung haben ihren Niederschlag in zahlreichen verfahrensrelevanten Vorschriften gefunden (*s. auch o. Rn. 27*), die hier nur exemplarisch erwähnt werden können:

2172   BVerwG, GewArch. 1997, 76.
2173   BVerwG, NVwZ 2013, 1481, 1483.
2174   *Wolff/Bachof/Stober/Kluth*, VerwR I, § 46 Rn. 27 ff.

Beispiele: § 3a VwVfG (Übermittlung elektronischer Dokumente, Ersetzung der Schriftform durch elektronische Form); § 35a VwVfG (Vollständig automatisierter Erlass eines Verwaltungsaktes); § 11a Abs. 3 GewO (Automatisierter Abruf aus dem Vermittlerregister); § 13a Abs. 1 Satz 2 GewO (Elektronische Anzeige bei grenzüberschreitender Dienstleistungserbringung); § 13c Abs. 4 GewO (Elektronische Abwicklung von Dokumenten zur Anerkennung ausländischer Befähigungsnachweise); § 150e GewO (Elektronische Antragstellung bei dem Gewerbezentralregister); § 71e VwVfG (Elektronische Verfahren bei einer einheitlichen Stelle); § 4a EGovG (Elektronische Rechnungslegung bei öffentlichen Aufträgen); § 28 Abs. 2 Tabakerzeugnisgesetz (Elektronische Bereitstellung von Marktüberwachungsprogrammen).

Aufgrund der Elektronisierung der Wirtschaftsverwaltung verfügen die damit befassten Behörden über große Datenbestände, weshalb auch die Gefahr eines behördlichen Datenmissbrauchs wächst. Deshalb ist insbesondere bei sensiblen Wirtschaftsdaten darauf zu achten, dass die vorhandenen Datensätze nur entsprechend dem **datenschutzrechtlichen Zweckbindungsprinzip** genutzt werden und nicht zu Big-Data-Anwendungen führen dürfen *(s. o. Rn. 27)*[2175]. **1072**

bb) **Einflüsse der Internationalisierung.** Infolge der fortschreitenden europäischen Integration wird das Verwaltungsverfahren unbeschadet der grundsätzlichen mitgliedstaatlichen Verfahrensautonomie *(s. o. Rn. 79 f.)* in wachsendem Maße durch EU-Rechtsvorschriften modifiziert und dominiert[2176]. Dieser Wandel hat auch terminologische Folgen, wie die häufige Verwendung der dem klassischen deutschen Wirtschaftsverwaltungsrecht fremden Begriffe **Notifizierungsverfahren, Registrierungsverfahren und Zertifizierung** *(s. auch Rn. 921)* zeigt[2177]. **1073**

Beispiele: Beihilfenotifizierung und Genehmigung nach Art. 108 AEUV i. V. m. der Verfahrensverordnung in Beihilfesachen *(s. Bd. II § 57)*; Registrierung nach § 6 Abs. 2 ElektroG; § 34 Abs. 1 Nr. 3 LFGB und § 11a GewO; Zertifizierung von Entsorgungsfachbetrieben nach § 56 KrWG.

Ferner wird das Verwaltungsverfahrensrecht durch WTO-Vorgaben beeinflusst, die auf zahlreiche unionsrechtliche und mitgliedstaatliche Verfahren einwirken. Diese Anforderungen können entweder direkt im nationalen oder unionalen Recht umgesetzt sein bzw. über eine völkerrechtskonforme Auslegung in die Entscheidungsfindung einfließen. Unmittelbare Wirkung kommt ihnen im Gegensatz zum Unionsrecht hingegen nicht zu *(s. o. Rn. 48)*. **1074**

Beispiele: Zollverfahren, Subventionsverfahren, Lebensmittelverfahren[2178].

b) **Besondere Verwaltungsverfahren.** Unabhängig davon, dass wirtschaftsverwaltungsrechtliche Verfahren nicht nach einheitlichen Mustern aufgebaut sind *(s. auch o. Rn. 806 ff.* zum Vergabeverfahren bei der Auftragsvergabe), sind im Rahmen der zunehmenden Bedeutung der Sparte **Risikowirtschaftsverwaltungsrecht** *(s. o. Rn. 906, 952 ff.)* allgemeine Wirtschaftsverwaltungsverfahren und Risikoverwaltungsverfahren zu differenzieren, die spezifische Anforderungen an die Verfahrensgestaltung aufrichten. **1075**

Beispiele: Verwaltungsverfahren in den Bereichen Chemikalienrecht, Lebensmittelrecht, Arzneimittelrecht, Geräte- und Produktsicherheitsrecht, Gentechnikrecht und Subventionsrecht.

Hier spielen die Begriffe Risikoanalyse, Risikobewertung, Risikosteuerung und Risikomanagement eine herausragende Rolle *(s. o. Rn. 953)*. Das **Risikoverwaltungsverfahren** hat die Aufgabe, der Verwaltung nachvollziehbare Entscheidungen zu ermögli- **1076**

2175 *Martini/Wenzel*, DVBl 2017, 749 ff.
2176 EuGH, JZ 1999, 196 ff. mit Anm. *v. Danwitz*; s. auch EuGH, DVBl. 1993, 1307.
2177 S. näher *M. Schröder*, in: FS für Ritter, 1997, S. 957 ff.
2178 *Caspar*, DVBl. 2002, 1437 ff.

chen, obwohl empirische Beweise für Ursachen-Wirkungs-Zusammenhänge fehlen und die Kalkulierbarkeit unbestimmt ist[2179]. Verallgemeinernd sind am Beispiel des Gentechnikrechts u. a. folgende Verfahrensschritte charakteristisch:

- Behördliche Beratung im Vorfeld des Verwaltungsverfahrens (§ 2 GenTVfV)
- Ermittlungs- und Bewertungspflicht (§ 6 GenTG)
- Bestellung von Projektleitern sowie Beauftragten für Biologische Sicherheit (§ 6 Abs. 4 GenTG)
- Risikobewertung der Behörde (§§ 11 f. GenTG)
- Zentrale Datensammlung (§ 29 GenTG)
- Stellungnahme der Zentralen Kommission für Biologische Sicherheit (§§ 5, 7 GenTG)
- Überwachungspflichten des Betreibers (§ 6 Abs. 3 GenTG)
- Anpassung der Erstentscheidung (§§ 6 f., 16 GenTG).

1077   Teilweise ist die Zulassung bestimmter wirtschaftsverwaltungsrechtlicher Tätigkeiten von einem **Versteigerungs- oder Ausschreibungsverfahren** abhängig, für die bestimmte Grundsätze gelten. Mit diesen Spezialverfahren soll die Behörde herausfinden, wer am besten geeignet ist, die zu vergebende Erlaubnis effizient zu nutzen. Deshalb muss die Behörde im Vorfeld die Regeln und Kriterien detailliert festlegen.

Beispiel: § 61 TKG.

1078   c) **Übergreifende Verfahrensgrundsätze.** Das Wirtschaftsverwaltungsverfahren wird durch zahlreiche Verfahrensgrundsätze geprägt, auf die hier nicht näher eingegangen werden kann[2180]. Die durch Rechtsetzung festgelegten Verfahrensschritte geben allerdings nur den äußeren **Verfahrensablauf** wieder. Daneben existieren informelle Verfahrensstufen[2181].

1079   Insgesamt betrachtet müssen wirtschaftsverwaltungsrechtliche Verwaltungsakte formellen und materiellen Anforderungen genügen, wenn sie rechtmäßig ergehen sollen. Formelle **Fehler** beziehen sich auf die Art des Zustandekommens, das Verfahren und die Form. Materielle Fehler betreffen den Regelungsgehalt des Verwaltungsaktes.

3. Prüfungsschema für die Rechtmäßigkeit von Wirtschaftsverwaltungsakten[2182]

1080   Zusammengefasst ergibt sich folgendes, die relevanten Problempunkte beispielhaft und nicht abschließend abbildendes Prüfungsschema für die Rechtmäßigkeit von (Wirtschafts-)Verwaltungsakten; es gilt prinzipiell nicht nur für Genehmigungen, sondern auch für Ablehnungen und Verbote sowie Untersagungen:

a)   Vorliegen einer Rechtsgrundlage

1081
- **Notwendigkeit** im Falle der Eingriffsverwaltung im Sinne einer Befugnisnorm zwingend *(s. o. Rn. 159)*, im Falle der Leistungsverwaltung z. B. bei Subventionierung streitig *(s. o. Rn. 167 f.)*
- **Auswahl** der Rechtsgrundlage (Bundesrecht vor speziellem, vor allgemeinem Landesrecht)
- **Wirksamkeit** der Rechtsgrundlage (Vereinbarkeit der Norm und ggf. ihrer Rechtsgrundlagen (im Falle von Verordnungen oder Satzungen) mit höherem Recht).

2179   Hoffmann-Riem/Schmidt-Aßmann/*Voßkuhle*, Verwaltungsverfahren, 2002, S. 277, 330.
2180   S. näher *Wolff/Bachof/Stober/Kluth*, VerwR I, §§ 58 ff.
2181   *J. Ipsen*, VVDStRL 48 [1990], 177, 193.
2182   S. näher *Wolff/Bachof/Stober/Kluth*, VerwR I, § 48 Rn. 44 ff.

b) Formelle Rechtmäßigkeit

aa) Zuständigkeit (Aufgabennorm *(s. o. Rn. 160)*)   **1082**
- örtlich: § 3 VwVfG; § 3 Abs. 7 GüKG, § 61 GewO
- sachlich: Gewerbeordnungsbehörde nach § 155 Abs. 2 GewO i. V. m. Landesrecht oder bei besonderer Zuweisung wie in § 34d Abs. 1 GewO die IHK oder wie in § 139b GewO die Gewerbeaufsichtsbehörde
- funktionell-instanziell: Behördenleitung vgl. § 33 Abs. 1 nds. SOG

bb) Verfahrens- und Mitwirkungsvorschriften
- **Unparteilichkeit** der Amtswalter, § 20 f. VwVfG
- **Beteiligung** von Beteiligten und Drittbetroffenen (§§ 13 ff. VwVfG, § 10 BImSchG)
- **Mitwirkung des Wirtschaftsbürgers** durch Antrag (§ 35 Abs. 6 GewO; § 11 Abs. 1 GenTG), Anhörung (§ 28 VwVfG, § 14 PBefG) oder Konkretisierung der Antragsunterlagen
- **Mitwirkung anderer Behörden** (§ 35 Abs. 4 GewO, § 14 PBefG, § 3 Abs. 5a GüKG) oder spezieller Kommissionen (§ 61 FFG) sowie ggf. der EU-Kommission (vgl. § 16 Abs. 5 GenTG)
- **Umweltverträglichkeitsprüfung** (§ 1 Abs. 2 BImSchG und § 4 Gesetz über die Umweltverträglichkeitsprüfung)

cc) Formvorschriften
- Grundsatz der **Formfreiheit** (vgl. § 37 Abs. 2 S. 1 VwVfG)
- **Schriftlichkeitsgebot** nur bei besonderer Anordnung (z. B. § 3 GastG („Erlaubnisurkunde), § 15 PBefG, § 10 Abs. 7 BImSchG („schriftlich")
- **Begründung** für schriftliche Verwaltungsakte (§ 39 VwVfG, § 73 Abs. 3 VwGO)

c) Materielle Rechtmäßigkeit

aa) Voraussetzungen der Rechtsgrundlage   **1083**
- Vorliegen der **Voraussetzungen** für die Entscheidung (Subsumtion des Sachverhalts)
- Richtige **Anwendung** der Rechtsgrundlage (Umgang mit Beurteilungsspielräumen)
- Ggf. unionsrechts-, grundgesetz- oder welthandelsrechtskonforme **Auslegung** bezogen auf den konkreten Fall

bb) Allgemeine Rechtmäßigkeitsvoraussetzungen
- **Bestimmtheit** der konkret getroffenen Maßnahme (§ 37 VwVfG), nicht der Rechtsgrundlage
- **Möglichkeit**, d. h. Ausführbarkeit der Maßnahme

cc) Zulässige Rechtsfolge im Falle von Ermessen *(s. o. Rn. 1045 ff.)*
- **Entschließungsermessen** in Bezug auf das Einschreiten oder Nichteinschreiten („Ob")
- **Auswahlermessen** in Bezug auf den richtigen **Adressaten** („Wer")
- **Auswahlermessen** in Bezug auf die konkrete **Maßnahme** („Wie")

4. Förmliche und gestufte Verfahren

Für bestimmte Anlagen bzw. Projekte sind besonders aufwändige förmliche Genehmi-   **1084** gungsverfahren vorgeschrieben, die teilweise als sog. **Planfeststellung** ausgestaltet sind. Sie dienen dazu, wirtschaftsbezogene Sachverhalte gedanklich vorwegzunehmen, um vorausschauend bestimmte Zielgrößen festzulegen und sie dann durch den Planvollzug zu erreichen. Infolgedessen handelt es sich um ein komplexes Prognoseverfahren, in dessen Rahmen die relevanten Zielgrößen gewonnen, ausgewählt und verarbeitet werden müssen, um sie aufeinander abzustimmen und miteinander in Ausgleich zu bringen. Dadurch steht im Rahmen solcher unternehmensbezogener Planungsprozesse anders als in Genehmigungsverfahren weniger die Subsumtion unter eine konkrete Rechtsnorm im Vordergrund, sondern vielmehr das Planungsverfahren, zumal der öffentlichen Hand in der Regel ein erheblicher Gestaltungsspielraum in Form des sog. Planungsermessens bleibt *(s. o. Rn. 1049 ff.)*[2183].

Beispiele: Genehmigungsverfahren nach §§ 10 ff. BImSchG i. V. m. der 4. und 9. BImSchVO; Zulassung von Abfallbeseitigungsanlagen nach §§ 34 ff. KrWG; Genehmigungsverfahren nach §§ 6 ff. LuftVG[2184].

1085　Angesichts des aufwändigen Verfahrensablaufs sehen die Genehmigungsgesetze häufig eine **Stufung des Verfahrens** vor. Die dann abschnittsweise bzw. aufgeteilte Genehmigung dient ihrem Sinn und Zweck nach zum einen dazu, dem Genehmigungsempfänger und Investor Sicherheit zu verschaffen, weil im Umfang der jeweiligen Gestattung über die Genehmigungsfähigkeit endgültig entschieden wird. Zum anderen sind solche Verfahren für die übrigen Betroffenen (insbesondere Nachbarn oder Verbraucher) von Vorteil, weil sie ihre Belange konzentriert in den Verwaltungsprozess einbringen können. Und schließlich soll das gestufte Genehmigungsverfahren komplexe Sachverhalte in Teilschritten erledigen, ohne dass die Genehmigungsfähigkeit des Gesamtvorhabens aus dem Blick gerät[2185], was zur Reduktion von Komplexität beiträgt und damit vor allem der befassten Behörde entgegenkommt[2186].

Beispiele: §§ 8 f. BImSchG; § 8 Abs. 3 GenTG; § 57b BBergG; § 13 UVPG.

1086　Im Rahmen gestufter Genehmigungsverfahren stehen **zwei Instrumente** zur Verfügung: die Teilgenehmigung und der Vorbescheid. Teilgenehmigung ist die Genehmigung eines Teils des Vorhabens, also z. B. eines Bauabschnitts oder der Errichtung einer Anlage, der dann noch die den Betrieb einschließende Genehmigung folgen muss[2187]; sie berechtigt zum Tätigwerden. Vorbescheid ist die Entscheidung über eine einzelne Genehmigungsvoraussetzung (z. B. über den Standort); sie berechtigt nicht dazu, das Vorhaben ins Werk zu setzen. Im Übrigen hängen die rechtlichen Konsequenzen dieser beiden Instrumente stark vom einschlägigen Fachrecht ab. Vom vorläufigen Verwaltungsakt, der im Wirtschaftsüberwachungsrecht auch unter der Bezeichnung „Zulassung vorzeitigen Beginns" gebräuchlich ist, unterscheiden sich die Entscheidungen im Rahmen gestufter Verfahren dadurch, dass sie einen vom Rest teilbaren Verfahrensabschnitt verbindlich regeln.

Beispiel: § 8 BImSchG im Unterschied zu § 8a BImSchG.

1087　Für **vorläufige Verwaltungsakte** besteht vor allem im Wirtschaftsförderungsrecht ein Bedürfnis, weil etwaige Subventionen schnell bewilligt werden müssen, wenn sie ihren Zweck erfüllen sollen[2188]. Diese Handlungsform kann als Verwaltungsakt mit zeitlich beschränktem Regelungsinhalt qualifiziert werden, der angesichts einer bestehenden Ungewissheit vor einer abschließenden Rechts- und Sachverhaltsermittlung und unter dem Vorbehalt späterer Nachprüfung sowie endgültiger Entscheidung ergeht[2189]. Aus diesem Grunde dürfen vorläufige Verwaltungsakte jenseits entsprechender Rechtsgrundlagen keine Belastungen mit sich bringen. Sie bergen im Übrigen ein erhöhtes Unternehmerrisiko, dem aber ein Beschleunigungsvorteil gegenübersteht. So trägt der

---

2183　Ausf. dazu *Wolff/Bachof/Stober/Kluth*, VerwR I, § 56.
2184　BVerwGE 75, 214.
2185　BVerwG, NVwZ 1993, 578, 580; kritisch *Fluck*, VerwArch. 86 (1995), 468 ff.
2186　Ausf. dazu *Wolff/Bachof/Stober/Kluth*, VerwR I, § 45 Rn. 73 f.
2187　BVerwG, DVBl. 1990, 58.
2188　BVerwGE 67, 99; OVG Münster, NWVBl. 1992, 279 und 297 und NWVBl. 1994, 107.
2189　S. auch OVG Münster, NVwZ 1993, 76; BVerwG, GewArch. 2010, 11 ff.

Antragsteller die Beweislast, genießt keinen Vertrauensschutz, kann sich nicht auf den Wegfall einer Bereicherung berufen und entlastet die Verwaltung von einem Fristrisiko[2190].

5. Genehmigungspraxis und Anforderungen der Wirtschaft

Die bisherige Darstellung vermag den Eindruck zu erwecken, dass eine Person, die **1088** eine wirtschaftliche Tätigkeit aufnehmen will, lediglich ein Genehmigungsverfahren durchlaufen muss (Pauschalgenehmigung). Zumindest im Grundsatz gilt jedoch tatsächlich das Erfordernis paralleler Genehmigungen für denselben wirtschaftlichen Vorgang und den einheitlich zu beurteilenden Lebenssachverhalt. Jede Zulassung hat folglich dem Grunde nach einen Selbststand, weil sie einer spezifischen Gefahrenlage für das Gemeinwohl begegnen will. In der Regel sind für Betriebe und Anlagen daher mehrere Genehmigungen erforderlich, die grundsätzlich nebeneinanderstehen, also getrennt eingeholt werden müssen (**Separationsprinzip**)[2191].

Beispiele: Werden gewerbliche Tätigkeiten außerhalb der eigenen Niederlassung im öffentlichen Straßenraum ohne vorhergehende Bestellung durchgeführt, ist ggf. eine Reisegewerbekarte (§ 55 Abs. 2 GewO) und eine landesstraßenrechtliche Sondernutzungserlaubnis nötig[2192]. Soll in einem denkmalgeschützten, vormals als Wohnhaus genutzten Gebäude künftig eine Gastwirtschaft betrieben werden, bedarf es dafür in einigen Bundesländern ggf. neben einer Baugenehmigung zusätzlich einer gaststätten- und einer denkmalschutzrechtlichen Erlaubnis, soweit sie ihrerseits noch nötig sind (vgl. § 2 Abs. 1 S. 1 NGastG) und keine speziellen Regeln bestehen (vgl. z. B. § 10 Abs. 4 NDenkSchG)[2193].

Aufgrund der mit dem Separationsprinzip verbundenen Langwierigkeit der Vorberei- **1089** tung wirtschaftlicher Aktivitäten ist es zu begrüßen, wenn der Gesetzgeber teilweise eine Substituierung anderer Entscheidungen bzw. eine sog. **Konzentration von Genehmigungen** (sog. Konzentrationswirkung) akzeptiert. So ist bei bestimmten Genehmigungen vorgesehen, dass sie alle anderen oder einzelne andere Genehmigungen ersetzen bzw. einschließen. Die Genehmigungskonzentration bewirkt dann eine Zuständigkeitskonzentration im Sinne einer wirtschaftsnahen, digital aufgestellten „one stop agency"[2194]. Allerdings wird auch auf die verzögernde und überfordernde Wirkung solcher Bündelungen hingewiesen, weil einzelne Behörden infolgedessen bezogen auf das konkrete Vorhaben eine Vielzahl von Fachgesetzen überprüfen müssen; dieser Gefahr lässt sich jedoch durch behördliche Verfahrensbeteiligung begegnen[2195].

Beispiele: § 13 BImSchG; § 75 Abs. 1 VwVfG. Eine Reisegewerbekarte ist ggf. nach § 55a GewO Abs. 1 Nr. 7 GewO entbehrlich, wenn eine andere zuverlässigkeitsbezogene Erlaubnis vorliegt. Soll in einem denkmalgeschützten, vormals als Wohnhaus genutzten Gebäude künftig eine Gastwirtschaft betrieben werden, bedarf es in Hamburg nach § 72 Abs. 2 HHBauO nur einer Baugenehmigung. Sie entfaltet Konzentrationswirkung.

Unbeschadet dieser und anderer administrativer Erleichterungen wird in der Wirt- **1090** schaftspraxis die allzu **starke Förmlichkeit und Dauer** von Verwaltungsverfahren beanstandet[2196]. Diese bürokratische Ausgestaltung widerspricht dem in § 10 Satz 2 VwVfG verankerten Grundsatz der Verfahrensökonomie, wobei Umweltverträglich-

---

2190 *Götz*, JuS 1983, 924; *Peine*, DÖV 1986, 849; ausf. dazu *Wolff/Bachof/Stober/Kluth*, VerwR I, § 45 Rn. 65 ff.

2191 BVerwG, NVwZ 1989, 258; *Schmidt-Preuß*, DVBl. 1991, 229 ff.; *Seidl*, Parallele Genehmigungsverfahren im Wirtschaftsverwaltungsrecht, 1994.

2192 Vgl. *Korte*, in: Korte/Schulze-Werner/Repkewitz (Hg.), GewO, 310. EL, § 55 Rn. 33.

2193 *Erbguth/Mann/Schubert*, Besonderes Verwaltungsrecht, 12. Aufl. 2015, Rn. 871, 1284a.

2194 *Stober*, NVwZ 2003, 1349 ff.; *Schönleiter*, GewArch. 2006, 69 ff.; s. zur DLR *Stober*, WiVerw. 2008, 139 ff.

2195 *Erbguth/Mann/Schubert*, Besonderes Verwaltungsrecht, 12. Aufl. 2015, Rn. 871 (dort Fn. 169).

2196 *Ziekow*, Die Dauer von Zulassungsverfahren, 2005.

keitsprüfungen die Problematik noch verschärfen[2197]. Insoweit ist daran zu erinnern, dass die Wirtschaft auf zügige, unkomplizierte, berechenbare und flexible Verwaltungsverfahren und rasches Verwaltungshandeln angewiesen ist[2198]. Hier kommen die Stichworte Standort-[2199], Wettbewerbs-, Zeit- (Veränderungen des Innovationszyklus) und Kostenfaktor zum Tragen. Ferner sind Grundrechte zu berücksichtigen, die durch eine zu lange Verfahrensdauer entwertet werden können[2200].

1091   Deshalb muss sich die Verwaltung verstanden als **gute Verwaltung** im Sinne des Art. 41 EU- Gr Charta bzw. des Art. 2 EUV[2201] dem Rhythmus der Wirtschaft anpassen und dort nachfrageorientiert, kooperativ und beschleunigend vorgehen, wo der wirtschaftliche Anpassungs- und Entwicklungsprozess durch komplexe und langsame Verwaltungsverfahren behindert wird[2202]. In diesem Zusammenhang können Bürokratieabbaugesetze[2203] sowie Experimentier- und Erprobungsklauseln eine bedeutsame Entwicklungsrolle spielen, weil sie es beispielsweise ermöglichen, von bestimmten Vorschriften – in der Regel über die Berufsausübung *(s. o. Rn. 627)* – für einen begrenzten Zeitraum Ausnahmen zuzulassen, diese Normen dadurch in ihrer Relevanz für die Praxis zu evaluieren und sie ggf. endgültig aufzuheben, wenn sie sich als (ggf. zwischenzeitlich) überflüssig oder nicht mehr zielführend erwiesen haben[2204].

Beispiele: § 13 GewO, § 32 GastG, § 2 Abs. 7 PBefG.

1092   Relevante Impulse für die Vereinfachung des Genehmigungsverfahrens folgen zudem seit 2006 aus der Verabschiedung der Dienstleistungsrichtlinie *(s. o. Rn. 482)*, die u. a. durch Maßnahmen der Verwaltungsvereinfachung auf die Beseitigung von Hindernissen für die Niederlassungs- und Dienstleistungsfreiheit abzielt. In diesem Kontext ist abgesehen von dort geregeltem Primat der begleitenden statt einer Vorab-Überwachung bei gleicher Eignung im Falle dauerhafter Aktivitäten *(s. o. Rn. 466)* auch die sog. **Genehmigungsfiktion** von Relevanz, da sie dazu führt, dass eine Genehmigung unter bestimmten fachrechtlich determinierten Voraussetzungen nach Ablauf eines bestimmten Zeitraums ab Antragstellung als erteilt gilt (vgl. §§ 42 Abs. 2 VwVfG, 6a GewO), um die Verwaltung zu zügigem Handeln anzuhalten[2205].

1093   Im Vordergrund der verwaltungsverfahrensrechtlichen Dimension der Dienstleistungsrichtlinie steht allerdings die Einführung eines **einheitlichen Ansprechpartners** (Art. 6 DLR). Diese Rechtsfigur hat als „einheitliche Stelle" Eingang in das Verwaltungsverfahrensrecht und in das Wirtschaftsverwaltungsrecht gefunden (§§ 54 Abs. 6 Satz 1 KrWG, 6 b GewO und § 5b HwO i. V. m. §§ 71a ff VwVfG). Die Abwicklung von Verwaltungsverfahren über diese Stelle bedeutet aber nicht, dass dort sämtliche Verwaltungsverfahren zusammengeführt und abschließende Entscheidungen getroffen werden. Vielmehr beschränkt sich die Rolle der einheitlichen Stelle auf eine Kontaktstelle zur Annahme und Weiterleitung von Anzeigen, Anträgen, Willenserklärungen und Unterlagen (§ 71 b VwVfG). Diese unterstützende Verfahrensvermittlung ist ein

---

2197   S. näher *Frank*, Umweltrecht und Wirtschaft, 2000.
2198   S. auch BGH, JZ 2007, 686 ff.
2199   *Manssen*, Verwaltungsrecht als Standortnachteil, Schriften der Jur. Stud.ges. Regensburg, Heft 30, 2006.
2200   *Ziekow*, DVBl. 1998, 1101 ff.; *Steinbeiß*, DVBl. 1998, 809 ff.
2201   S. dazu auch *Eisenmenger*, GewArch 2012, 145 ff.
2202   *Bullinger*, JZ 1994, 1129 ff.; *Ziekow* (Hg.), Beschleunigung von Planungs- und Genehmigungsverfahren, 1998; *ders.*, Die Dauer von Zulassungsverfahren, 2005.
2203   Vgl. *Jahn*, GewArch 2007, 353 ff. sowie G. v. 23.10.2007, BGBl. I, S. 2470.
2204   BT-Drucks. 15/4231, S. 18; vgl. dazu auch *Pöltl* GewArch. 2005, 353, 363.
2205   *Wolff/Bachof/Stober/Kluth*, VerwR I, § 44 Rn. 23.

erster Schritt eines Konzeptes, das künftig weitere Vereinfachungs- und Beschleunigungsbeiträge leisten muss[2206].

6. Verfahrensbeschleunigung

Das Thema **Verfahrensbeschleunigung** hat in jüngerer Zeit zahlreiche Expertenkommissionen und die Wissenschaft[2207] intensiv beschäftigt, die zahlreiche unterschiedliche Lösungen anbieten. Auch der Gesetzgeber hat die Kritik zum Anlass genommen, mehrere Beschleunigungsnovellen zu erlassen[2208]. Die einzelnen auf dem Kooperationsprinzip basierenden Verfahrensmodelle sollten und sollen weiterhin neue Verwaltungsimpulse für investitionsrelevante Genehmigungen setzen und den Wirtschaftsstandort Deutschland sichern[2209]. Durchmustert man die Beschleunigungs- und Vereinfachungspotenziale nach logisch-systematischen Gesichtspunkten, dann ergibt sich folgende Reihung: **1094**

– Prüfung, ob es für bestimmte Wirtschaftssachverhalte **überhaupt einer Genehmigung bedarf.** Das wäre nicht der Fall, wenn ein Anzeige-, Registrierungs- oder Anmeldeverfahren oder ein Notifizierungsverfahren ausreichen würde und eine Eigenüberwachung *(s. o. Rn. 928)* oder eine Versicherungslösung[2210] in Betracht käme. Eine zusätzliche Beschleunigung kann durch elektronische Verfahren erreicht werden *(s. o. Rn. 27, 1094)*[2211], die auch Gegenstand von Art. 8 DLR sind.

– Prüfung, ob eine **frühzeitige Beteiligung der Öffentlichkeit** sinnvoll ist (§ 25 Abs. 3 VwVfG)[2212], weil sie darauf zielt, die Betroffenen mit bestimmten Vorhaben, die nicht nur unwesentliche Auswirkungen auf deren Belange haben, vertraut zu machen, um ihnen dadurch Mitspracherechte einzuräumen und so Verständnis bzw. Akzeptanz für das Großvorhaben zu erzeugen. Diese Beteiligung kostet zwar zunächst Zeit, kann aber langwierige Anschlussverfahren vor Gericht verhindern.

– Prüfung, ob die **Verfahrensanforderungen** nicht **reduziert** werden können, weil auf Ergebnisse anderer Verfahren zurückgegriffen werden kann. Diese Übertragung ist teilweise gesetzlich angeordnet, teilweise allerdings auch ein Gebot verfahrenseffizienten Handelns, wobei in jedem Einzelfall zu überprüfen ist, ob die Ergebnisse des anderen Verfahrens tatsächlich herangezogen werden dürfen oder ob ein Vergleich ergibt, dass zwischen den Verfahren Unterschiede von solchem Gewicht bestehen, dass eine Übertragung nicht möglich bzw. zielführend ist.

Beispiel: Übertragung der Ergebnisse der Umweltbetriebsprüfung oder einer Qualitätsmanagementprüfung auf andere Genehmigungen (§ 58e BImSchG, § 61 KrWG).

– Prüfung, ob eine **Rahmengenehmigung** i. S. v. § 6 Abs. 2 BImSchG möglich ist. Sie bringt insoweit Erleichterungen mit sich, als bei Tätigkeitsaufnahme überprüft wird, ob eine Unternehmung oder eine Anlage in unterschiedlicher Weise betrieben werden kann. Bejahendenfalls befreit sie den Unternehmer davon, weitere Genehmigungen einzuholen oder eine Veränderung seiner Tätigkeit vorab anzuzeigen. Effizienzvorteile ergeben sich insoweit vor allem dann, wenn die unterschiedlichen Nutzungen eine enge Verwandtschaft aufweisen.

– Prüfung, ob **Typengenehmigungen** entsprechend § 33 i. V. m. § 4 Abs. 1 Satz 3 BImSchG ausreichen[2213]. Sie sind für standardisierungsfähige Vorhaben, Produkte

---

2206 S. auch *Eisenmenger*, NVwZ 2010, 337 ff.

2207 S. näher *Ziekow* (Hg.), Beschleunigung von Planungs- und Genehmigungsverfahren, 1998; *Voßkuhle*, Verw 34 [2001], 347 ff.

2208 S. näher *Schmitz/Wessendorf*, NVwZ 1996, 955 ff.; *Jahn*, GewArch. 1997, 129 ff.

2209 *Hansmann*, NVwZ 1997, 105, 110; *Bonk*, NVwZ 1997, 320 ff.; *Schmitz*, NJW 1998, 2866 ff.

2210 *Bohne*, DVBl. 1994, 195 ff.

2211 *T. Ernst*, Modernisierung der Wirtschaftsverwaltung durch elektronische Verfahren, 2005.

2212 *Brennecke*, DVBl 2016, 329 ff.

2213 Empfehlungen der Unabhängigen Kommission für Rechts- und Verwaltungsvereinfachung – Waffenschmidt-Kommission, 1990, S. 40.

und Anlagen geeignet, die anhand eines Prototyps oder Musters auf ihre Vereinbarkeit mit den rechtlichen Vorgaben kontrolliert werden. Typengenehmigungen sind infolgedessen nicht möglich, wenn individuelle Standort- oder Produktvoraussetzungen zu prüfen sind. Sie können im Falle ihrer Aufhebung ggf. zu erheblichen Problemen in der Rückabwicklung führen.

Beispiel: EU-Fahrzeugtypengenehmigung[2214].

– Prüfung, ob nicht das **Fristenmodell** zum Zuge kommen kann. Danach ist das Verfahren in angemessener Frist abzuschließen und die Genehmigung innerhalb einer bestimmten Frist zu erteilen (§ 10 Abs. 6a BImSchG; § 27 AMG; § 16 Abs. 3 GenTG). Dieses Instrument geht allerdings ins Leere, soweit der Fristablauf folgenlos bleibt und die Genehmigung nicht – wie in § 15 Abs. 1 Satz 2 PBefG und in § 15 Abs. 2 Satz 2 BImSchG oder in Art. 13 Abs. 4 DLR i. V. m. § 6a GewO und § 10 Abs. 1 HwO sowie § 42 a VwVfG vorgesehen – fingiert wird (Genehmigungsfiktion, *s. o. Rn. 489*)[2215]. Diese Fiktion fingiert allerdings lediglich den Erlass des Verwaltungsaktes nicht aber die Rechtmäßigkeit der beantragten Genehmigung[2216].

– Prüfung, ob nicht ein **Sternverfahren** nach Vorbild des früheren § 71d VwVfG durchgeführt werden soll. Danach soll die zuständige Behörde gleichzeitig und unter Fristsetzung alle relevanten Träger öffentlicher Belange beteiligen (Verfahrenskoordination), um eine parallele Bearbeitung des Antrages zu erreichen. Ergänzend kommt die Einberufung einer Antragskonferenz nach § 5 UVPG (Scopingverfahren) unter Leitung eines Verfahrens- oder Projektmanagers[2217] in Betracht (§ 29 NABEG).

– Prüfung, ob unter dem Aspekt der **Verfahrensprivatisierung** externer Sachverstand einbezogen werden kann. Dadurch können Privatpersonen Beiträge zu einzelnen Verfahrensschritten liefern oder das gesamte Verwaltungsverfahren einschließlich der Entscheidung beeinflussen. Im Rahmen dieses bewährten Verfahrensmodells[2218] können unterschiedliche Helfer einbezogen werden. Traditionelle Formen sind die Beleihung und die Verwaltungshilfe *(s. u. Rn. 1189)*. Neuere Formen sind der Umweltgutachter im Rahmen der Umweltbetriebsprüfung, externe Sachverständige als Beauftragte sowie Projektmanager und Mediatoren (§ 124 TKG, § 45 LFGB)[2219].

1095 Unabhängig von diesen Überlegungen ist zu bedenken, dass die **Betreuungspflichten** der Wirtschaftsverwaltung gegenüber den Wirtschaftsbürgern nur rudimentär entwickelt sind und ausgebaut werden sollten[2220]. Mindestens Existenzgründern und kleinen Unternehmen, aber auch den ggf. unerfahrenen Betriebsnachfolgern sind Aufklärungs-, Beratungs-, Auskunfts- und andere Verfahrensrechte einzuräumen, wie sie im Sozialrecht verankert sind[2221]. Nur auf diese Weise kann die Übermacht der Verwaltung reduziert, das Verhältnis zwischen Groß- und Kleinbetrieben austariert und die dienende Rolle der Verwaltung im transparenten Staat aktiviert werden.

7. Nebenbestimmungen

1096 Wirtschaftsverwaltungsakte werden im Allgemeinen nicht uneingeschränkt erteilt. Damit würde der Komplexität des Regelungsgegenstandes in praxi kaum Rechnung getragen. Viele Wirtschaftsverwaltungsgesetze sehen daher vor, dass Verwaltungsakten

---

2214 Ausf. dazu *Schröder,* DVBl. 2017, 1193 ff.
2215 S. dazu *Uechtritz,* DVBl. 2010, 684 ff.
2216 *Eisele,* NJW 2014, 1417 ff.
2217 *Dietz,* DÖV 2005, 772 ff.
2218 S. *Hoffmann-Riem/J.-P. Schneider* (Hg.), Verfahrensprivatisierung im Umweltrecht, 1996.
2219 S. näher *Pitschas,* NVwZ 2004, 396 ff.; *Stumpf,* Alternative Streitbeilegung im Verwaltungsrecht, 2006.
2220 S. allgemein *Hattstein,* Verwaltungsrechtliche Betreuungspflichten, 1999.
2221 *Stober,* DÖV 1995, 125 ff.

Nebenbestimmungen beigefügt werden dürfen[2222]. Sie sind in ihren Haupterscheinungsformen in § 36 Abs. 2 VwVfG legal definiert, dienen der **Feinsteuerung** und gestatten eine flexible Handhabung durch die Verwaltung.

Inhaltlich sind verschiedene **Arten** von Nebenbestimmungen zu unterscheiden: Während Bedingungen, Befristungen und Widerrufsvorbehalte die Genehmigung zeitlich einschränken, betreffen Auflagen den Inhalt der Genehmigung (modifizierende Auflage) oder eine darüber hinausgehende Verpflichtung (selbstständige Auflage). Nachträgliche Auflagen etwa i. S. v. § 17 BImSchG bezwecken die Aufrechterhaltung der Genehmigung bzw. die Anpassung an die jeweilige Entwicklung. **1097**

Fehlt eine ausdrückliche gesetzliche Regelung, dann sind nach **§ 36 Abs. 1 VwVfG** Nebenbestimmungen bei begünstigenden Verwaltungsakten, auf die ein Anspruch besteht (z. B. die meisten Gewerbeerlaubnisse), nur zulässig, wenn damit die Erfüllung der gesetzlichen Voraussetzungen sichergestellt werden soll. So ist die Versagung einer Genehmigung oder die Aufhebung einer erteilten Genehmigung durch Nebenbestimmungen (§ 12 BImSchG, § 14 Abs. 1 AWG) vermeidbar[2223]. **1098**

Beispiel: Eine Erlaubnis zur Ausübung des Versteigerungsgewerbes wird mit der Maßgabe erteilt, dass der Antragsteller die erforderlichen Kenntnisse der Vorschriften über den Verkehr mit Grundstücken nachweist (§ 34b Abs. 3 GewO).

Steht der Erlass eines Verwaltungsaktes im pflichtgemäßen Ermessen der Behörde, dann richtet sich der Erlass von Nebenbestimmungen ebenfalls zunächst nach spezialgesetzlichen Aussagen im Fachrecht. Fehlen sie, kommt ggf. § 36 Abs. 2 VwVfG als Rechtsgrundlage in Betracht. Dessen Heranziehbarkeit ist allerdings umstritten, weil diese Vorschrift keinerlei gesetzliche Anforderungen stellt. Daher wird sie bisweilen auf den Anwendungsbereich des Abs. 1 beschränkt[2224]. **1099**

Beispiel: Ein Forschungsprojekt wird mit der Maßgabe subventioniert, dass die Prämie bei Nichtrealisierung des Projekts binnen einer angemessenen Frist zurückzuzahlen ist.

Die mit dem anfänglichen oder nachträglichen Erlass von Nebenbestimmungen verbundenen **Rechtsprobleme sind vielfältig.** Sie betreffen neben den Fragen nach der einschlägigen Rechtsgrundlage und deren Erforderlichkeit, deren Beantwortung insbesondere vom Zeitpunkt des Erlasses abhängt, auch die Abgrenzung der verschiedenen Nebenbestimmungen und die bestehenden Rechtsschutzmöglichkeiten. Eine ausführliche Darstellung der damit verbundenen Probleme würde den Rahmen sprengen. Daher sei auf die verwaltungsrechtliche Literatur verwiesen. **1100**

8. Grundregeln eines effektiven Genehmigungsmanagements

Aus dem Blickwinkel des antragstellenden Wirtschaftsbürgers sind im Interesse eines effektiven Genehmigungsverfahrens insbesondere folgende zeitlich gestaffelte Grundregeln zu beachten: **1101**
- Gründliche unternehmensinterne **Vorbereitung** des Genehmigungsprojekts und Bestellung eines Projektmanagers (Welche Bestimmungen und Fristen sind zu beachten? Welche Behörden sind zuständig? Welche Genehmigungen sind bereits vorhanden?).
- Hinzuziehung von unternehmensexternen Sachverständigen und **Beratern.**
- Informelle **Kontaktaufnahme mit der Genehmigungsbehörde** (Beschaffung von Informationen über das Genehmigungsverfahren, seinen Ablauf und die erforderlichen Unterlagen, Klärung von Vor- und Fachfragen).

2222 *Wolff/Bachof/Stober/Kluth*, VerwR I, § 47.
2223 BVerwG, GewArch. 1996, 425.
2224 Ausf. zum Ganzen *Wolff/Bachof/Stober/Kluth*, VerwR I, § 47 Rn. 51 ff.

- **Einbeziehung** der durch das Genehmigungsprojekt **betroffenen Dritten** (Abklärung von Fragen mit Nachbarn).
- **Vorantragskonferenz** mit allen an dem Genehmigungsprojekt zu beteiligenden Stellen.
- **Antragstellung und Antragskonferenz**, Beharrung auf einem Sternverfahren bzw. einer Verfahrenskoordination.
- **Kontrolle der Genehmigung** einschließlich der Nebenbestimmungen, Beachtung von Widerspruchsfristen.

9. Zertifikate mit Verwaltungsaktcharakter

1102 In jüngerer Zeit wird auch der mehrdeutige Zertifikatsbegriff (*s. o. Rn. 911 und 920 ff.*) teilweise als Synonym für bestimmte Verwaltungsakte verwendet, die von Wirtschaftsverwaltungsbehörden erlassen werden (vgl. § 9 AWG, § 4a EnWG). Diese Erscheinungsformen dürfen nicht mit **Zertifikaten privater Überwachungsstellen** verwechselt werden, auch wenn der Unternehmer ggf. erhebliche Voraussetzungen erfüllen muss, um an solche Zertifikate zu gelangen, weil sie gerade nicht behördlicher Natur sind (vgl. § 56 KrWG).

IV. Das Ende der Wirksamkeit von Wirtschaftsverwaltungsakten

1103 Vom Erlass eines Verwaltungsaktes sind die Aufhebung sowie das Erlöschen als auf das Ende der Wirksamkeit solcher Maßnahmen bezogene Gegenstücke zu trennen.

1. Aufhebung

1104 Spezialgesetze sowie die subsidiär geltenden §§ 48 ff. VwVfG nennen zahlreiche Gründe für die Beseitigung eines Verwaltungsaktes. Sie müssen einerseits dem Umstand Rechnung tragen, dass die Betroffenen durchaus darauf vertrauen dürfen, dass ihnen einmal erteilte Genehmigungen erhalten bleiben, was insbesondere für Wirtschaftserlaubnisse und Subventionsbewilligungen bedeutsam ist, da sie langfristige ökonomische Dispositionen auslösen, die mit Genehmigungen gesichert werden sollen. Andererseits ist im Falle der Aufhebung eines Verwaltungsakts aber auch zu bedenken, dass die Verwaltung im Lichte des Art. 20 Abs. 3 GG gesetzmäßig handeln muss. Die Lösung dieses Konfliktes gebietet eine Abwägung der widerstreitenden Interessen und kann zur Aufhebung der Legalisierungswirkung des Verwaltungsaktes führen. Der Gesetzgeber macht insoweit unterschiedliche Vorgaben je nachdem, ob die erteilte Genehmigung zum Erlasszeitpunkt außenrechtswidrig[2225] oder -rechtmäßig war.

1105 **a) Rechtmäßige Verwaltungsakte.** Soll ein rechtmäßiger Verwaltungsakt aufgehoben werden, so ist er nach § 49 VwVfG zu widerrufen, soweit sich keine Widerrufstatbestände in speziellen, auch den Erlass des Verwaltungsaktes regelnden Gesetzen wie z. B. den §§ 15 GastG, 21 BImSchG oder § 3 Abs. 5 GüKG finden[2226]. Die dortigen Anforderungen an die Aufhebung sind mangels bestehenden Rechtsfehlers vergleichsweise hoch, soweit es sich um eine begünstigende Maßnahme handelt, während **belastende Regelungen** tendenziell einfacher zu beseitigen sind, weil der Adressat an deren Erhalt kein Interesse hat und deshalb auch zumindest aus dessen Perspektive kein Vertrauensschutz besteht; ggf. sind aber die Belange Dritter zu schützen.

1105a Soweit ein **begünstigender rechtmäßiger Verwaltungsakt** aufgehoben werden soll, kommt es darauf an, ob er wie im Falle einer Genehmigung unteilbar ist, weil er dann

---

2225 OVG Münster, NJW 1981, 2597; OVG Bremen, DÖV 1988, 180; *Dickersbach*, GewArch. 1993, 177 ff.
2226 S. näher *Wolff/Bachof/Stober/Kluth*, VerwR I, § 51.

nur nach § 49 Abs. 2 VwVfG widerrufen werden kann. Für die Zulassung wirtschaftlicher Aktivitäten von besonderem Interesse sind insoweit die Nr. 3 und 4. Sie gestatten unter den dort genannten Voraussetzungen eine Aufhebung des Verwaltungsakts, wenn sich nachträglich die dem Erlass zugrunde liegende Tatsachen- oder Rechtslage geändert hat. Wird hingegen wie im Falle einer Subvention eine Geld- bzw. teilbare Sachleistung gewährt, greift in erster Linie § 49 Abs. 3 VwVfG, ggf. aber auch Abs. 2 dieser Vorschrift.

Beispiele: Wird eine mobile Bungee-Jumping-Anlage entgegen vorheriger Weisungen (keine Sprünge durch andere Personen als eigene Arbeitnehmer, kein Eintauchen in das Wasser) betrieben, so erweist sich der Betreiber als unzuverlässig, so dass ihm die für seine Tätigkeit erforderliche Reisegewerbekarte nicht hätte erteilt werden dürfen und sie nunmehr auf Basis des § 49 Abs. 2 Nr. 3 VwVfG widerrufen werden kann[2227].

Der Widerruf kann einen **Entschädigungsanspruch** für den ursprünglich begünstigten **1106** Adressaten zur Folge haben, wenn eine entsprechende Regelung besteht. Sie findet sich in § 49 Abs. 6 VwVfG, der allerdings ebenfalls von Spezialvorschriften wie § 21 BImSchG verdrängt wird. Dem Umfang nach sind solche Entschädigungsansprüche auf den Ersatz des Vertrauensschadens (sog. negatives Interesse) begrenzt, soweit das Vertrauen des Adressaten schutzwürdig erscheint. Sie greifen deshalb nur in solchen Fällen, in denen bei Erlass des Verwaltungsakts nichts darauf hindeutet, dass der Adressat mit dem Widerruf hätte rechnen können und sind folglich in den Fällen des § 49 Abs. 2 Nr. 1 und 2 VwVfG ausgeschlossen.

b) Rechtswidrige Verwaltungsakte. Die als Rücknahme bezeichnete Aufhebung rechts- **1107** widriger Verwaltungsakte ist ebenfalls sowohl spezialgesetzlich, z. B. in § 15 GastG oder § 3 Abs. 5 GüKG, als auch subsidiär in § 48 VwVfG geregelt. Während dessen Abs. 1 vornehmlich **belastende Verwaltungsakte** erfasst, die im Zweifel leichter rücknehmbar sind, weil weder die Verwaltung im Lichte des Art. 20 Abs. 3 GG noch der Adressat wegen der darin enthaltenen Belastung, sondern nur ggf. begünstigte Dritte an deren Aufrechterhaltung interessiert sind, bezieht sich § 48 Abs. 2 und Abs. 3 VwVfG auf die Beseitigung begünstigender Verwaltungsakte. Auch diese beiden Bestimmungen unterscheiden sich dadurch voneinander, dass sie sich auf teilbare (Abs. 2) bzw. unteilbare Gewährleistungen (Abs. 3) beziehen, haben insoweit aber anders als § 49 Abs. 2 VwVfG einen exklusiven Anwendungsbereich.

§ 48 Abs. 2 VwVfG bezieht sich auf Geldleistungsakte und damit auf die Aufhebung **1107a** von Subventionsbescheiden. Ihm liegt ein gestuftes Konzept zugrunde, nach dem der Schutz des Vertrauens in bestimmten Fällen (S. 3) in Gänze ausgeschlossen ist, während es umgekehrt in den in Satz 2 genannten Konstellationen in der Regel schutzwürdig ist und es sonst einer Interessenabwägung bedarf (S. 1). § 48 Abs. 3 VwVfG betrifft hingegen unteilbare Gewährleistungen und ist daher auch auf die Genehmigung ökonomischer Aktivität bezogen. Diese Norm bietet jedoch nur Schutz auf Sekundär- und nicht auf Primärebene. Nach deren Logik sind damit rechtswidrige **begünstigende Verwaltungsakte**, die zu einem Tun berechtigen weniger erhaltungswürdig als z. B. rechtswidrige Subventionen. Nur ausnahmsweise kommt deren Aufhebung nicht in Betracht – nämlich wenn das durch die Rücknahme enttäuschte Vertrauen nicht quantifizierbar, sondern höchstpersönlicher Natur ist[2228].

c) Fristen und Ermessen. Die Entscheidung über die Aufhebung von Verwaltungsakten **1108** steht im behördlichen **Ermessen** *(s. o. Rn. 1045)*, soweit im Fachrecht keine gebundene Entscheidung vorgesehen ist. Es ist nicht in Richtung Aufhebung intendiert *(s. o.*

2227   VGH BW, GewArch. 1994, 421 ff.
2228   S. näher *Wolff/Bachof/Stober/Kluth*, VerwR I, § 51 V.

Rn. 1047) sondern pflichtgemäß auszuüben. Insoweit kommt es insbesondere auf den Einzelfall und namentlich auf die Bestandskraft sowie die konkreten Umstände der Rechtswidrigkeit an. [2229]

1109 Aus Gründen der Rechtssicherheit und des Vertrauensschutzes hat die Behörde nach § 48 Abs. 4, § 49 Abs. 2 VwVfG **innerhalb eines Jahres** nach Kenntnisnahme der Aufhebungsgründe eine Entscheidung zu treffen[2230]. Wie genau diese Vorschrift auszulegen ist, ist im Einzelnen umstritten, soweit es um den institutionellen, inhaltlichen und zeitlichen Bezugspunkt dieser Regelung geht. Insoweit sei auf die verwaltungsverfahrensrechtliche Spezialliteratur verwiesen[2231].

1110 d) **Erstattung.** Widerruf und Rücknahme des Verwaltungsaktes mit Wirkung für die Vergangenheit können nach § 49a VwVfG einen Erstattungsanspruch und einen Zinsanspruch **zugunsten der öffentlichen Hand** auslösen. Hinsichtlich des Umfangs der Erstattung wird in § 49a Abs. 2 VwVfG auf die §§ 812 ff. BGB verwiesen[2232]. Die zu erstattende Leistung ist nach § 49a Abs. 1 Satz 2 VwVfG durch schriftlichen Verwaltungsakt festzusetzen[2233].

1111 e) **Unionsrechtliche Überformung.** Die §§ 48 f. VwVfG sind in erheblichem Maße unionsrechtlich überformt. Vor allem im Falle nicht notifizierter Beihilfen stellt sich insoweit die Frage nach deren Aufhebung. Sie richtet sich, da die Gewährung dann von Anfang an rechtswidrig war, nach § 48 Abs. 1, 2 VwVfG, dessen Tatbestandsmerkmale in solchen Fällen in erheblichem Maße die Wertungen der Art. 107 f. AEUV einbeziehen müssen, so dass in der Regel eine Rücknahme zwingend ist, es sei denn, dass Vertrauen des Begünstigten ist ausnahmsweise aus unionsrechtlichen Gründen schutzwürdig[2234].

1112 Abgesehen davon können sich unionsrechtliche Fragen aber auch im Falle des Widerrufs eines ursprünglich rechtmäßigen Verwaltungsakts stellen, wenn sich die Unionsrechtslage ändert. In solchen Fällen kommt dann in der Regel § 49 Abs. 2 S. 1 Nr. 4 und ggf. Nr. 5 VwVfG zur Anwendung. Im Rahmen des (spätestens) auf Ermessensebene erforderlich werdenden Interessenausgleichs sind dann die unionsrechtlichen Wertungen einzuspeisen.

2. **Erlöschen**

1113 Neben der Aufhebung kann auch ein im Genehmigungsrecht zuweilen gesetzlich angeordnetes Erlöschen zum Wegfall eines Verwaltungsaktes führen[2235]. Das gilt vornehmlich, wenn die **Genehmigung nicht ins Werk gesetzt** bzw. wenn von ihr nicht binnen einer bestimmten Frist Gebrauch gemacht wurde.

Beispiele: § 49 Abs. 2 GewO; § 8 GastG; § 18 BImSchG; § 26 PBefG; § 27 GenTG.

§ 36 Wirtschaftsverwaltungsrechtliche Verträge

1114 Herkömmlich steuert die öffentliche Hand das Verhalten der Wirtschaftsbürger durch Ge- und Verbote mittels Verwaltungsakt. Diese traditionelle Handlungsform versagt aber in vielen Fällen, zumal sie häufig keinen Anreiz zur Befolgung bietet und der

---

2229   *Wolff/Bachof/Stober/Kluth*, VerwR I, § 51 II 3 c.
2230   BVerwGE 70, 356.
2231   *Wolff/Bachof/Stober/Kluth*, VerwR I, § 51 Rn. 79 ff.
2232   S. näher BVerwG, BayVBl. 1992, 118 ff.
2233   BVerwGE 67, 305.
2234   *Wolff/Bachof/Stober/Kluth*, VerwR I, § 51 Rn. 121 ff.
2235   S. näher *Odenthal*, GewArch. 1994, 48; BVerwG, NVwZ 1990, 464.

Vielschichtigkeit des Wirtschaftslebens kaum Rechnung trägt. Deshalb können Rechtsverhältnisse auf dem Gebiet des Wirtschaftsverwaltungsrechts auch durch Vertrag begründet, geändert und aufgehoben werden.

I. Kooperatives und konsensuales Wirtschaftsverwaltungshandeln

Verträge mit Verwaltungsbehörden sind Ausdruck kooperativen bzw. konsensualen **1115** Verwaltungshandelns. Sie bieten die Möglichkeit der Zusammenarbeit mit Dritten und setzen auf **Einigung statt** auf **Eingriff**, was die Akzeptanz von hoheitlichen Entscheidungen deutlich erhöhen kann, weil dadurch Konfliktpotenziale abgeschwächt und private Initiativen mobilisiert werden. Dadurch leisten Verwaltungsverträge gerade im Bereich des Wirtschaftslebens oftmals auch einen erheblichen Beitrag zur Erhöhung der Verwaltungsautonomie. Vor diesem Hintergrund verwundert es nicht, dass das Bedürfnis nach dem Einsatz solcher kooperativer Handlungsformen weiter wächst – gerade auch, soweit es um die Regulierungs- und Gewährleistungsverwaltung oder um die Einführung neuer Steuerungsmodelle geht[2236].

Da die öffentliche Hand etwa eine Förderungsleistung zu Gunsten eines Privaten auch **1116** dadurch erbringen kann, dass sie mit diesem einen privatrechtlichen Vertrag abschließt, ein zweistufiges Rechtsverhältnis begründet *(s. o. Rn. 1038)* und sie täglich zur Erfüllung ihrer gesetzlichen Aufgaben zahllose vertragliche Rechtsgeschäfte zum Kauf von Wirtschaftsgütern und Dienstleistungen eingeht, stellt sich die Frage nach der **Abgrenzung von privatrechtlichem und öffentlich-rechtlichem Vertrag.** Die Kenntnis dieser Abgrenzung wird in § 54 VwVfG vorausgesetzt. Ein Vertrag ist dem öffentlichen Recht zuzuordnen, wenn sich sein Gegenstand auf einen von der gesetzlichen Ordnung öffentlich-rechtlich geregelten Sachverhalt bezieht. Bei der Ermittlung der Rechtsnatur ist der schwerpunktmäßige Gesamtinhalt zu würdigen, auf den Zweck des Vertrages sowie auf den Willen der Vertragsschließenden abzustellen[2237].

Beispiele: Für die Klage eines Pflegeheimbetreibers auf Feststellung der Unwirksamkeit eines städtebaulichen (Sanierungs-)Vertrages zwischen einer Kommune und einem konkurrierenden Pflegeheimbetreiber ist der Verwaltungsrechtsweg eröffnet, weil trotz der wettbewerblichen Bezüge die Vertragsgegenstände im BauGB öffentlich-rechtlich geregelt sind[2238]. Der Vertrag zwischen einem Schienennetzbetreiber und einem Telekommunikationsnetzbetreiber über die Kostenlast im Falle der Verlegung, Änderung oder Sicherung von Telekommunikationslinien, die sich auf öffentlichen Straßen befinden, anlässlich von Maßnahmen, die dem Schienen- bzw. dem Straßenverkehr dienen, ist öffentlich-rechtlicher Natur, weil nach den §§ 68 f. TKG dem Bund aufgrund von Art. 87f Abs. 1 GG das Recht zur Nutzung von Verkehrswegen für Telekommunikationsnetze zusteht und er seine originäre Befugnis an die Netzbetreiber lediglich überträgt[2239].

II. Subordinationsrechtliche und koordinationsrechtliche Verträge

Das Öffentliche Wirtschaftsrecht kennt insbesondere zwei Arten von Verträgen: **Sub-** **1117** **ordinationsrechtliche Verträge** können z. B. im Umweltrecht statt Gesetzen abgeschlossen werden[2240], ersetzen nach § 54 Satz 2 VwVfG einen Verwaltungsakt und bilden daher zu dieser Handlungsform ggf. eine interessante Alternative. Teilweise existieren sogar Klauseln, nach denen Verträge vorzuziehen sind, wenn der Schutz-

---

2236 *Wolff/Bachof/Stober/Kluth*, VerwR I, § 54 Rn. 2 ff.
2237 BVerwG, NJW 1976, 2360; GSOGB, NJW 1986, 2359.
2238 OVG RP, NVwZ-RR 2013, 942, 942 f.
2239 BGH, DÖV 2005, 612 ff.
2240 *Knebel/Wicke/Michael*, Selbstverpflichtungen und normersetzende Umweltverträge als Instrumente des Umweltschutzes, 1999; *Song*, Kooperatives Verwaltungshandeln durch Absprachen und Verträge beim Vollzug des Immissionsschutzrechts, 2000.

zweck in gleicher Weise erreichbar ist bzw. nach denen geprüft werden soll, ob der Schutzzweck auch durch vertragliche Vereinbarung erreicht werden kann.

Beispiele: § 8 BNatSchG; Subventionsbewilligung auf Grund eines Vertrages an Stelle eines Verwaltungsaktes *(s. Bd. II § 56 IX)*[2241]; Kompensationsvertrag statt nachträglicher Anordnung nach § 17 BImSchG; Altlastenvertrag[2242]; Vertrag über immissionsrelevante Sanierungsmaßnahmen[2243]; Verträge als Instrument der Marktüberwachung[2244].

1118   Bei **koordinationsrechtlichen Verträgen** stehen sich die Vertragspartner bezüglich des Vertragsgegenstandes gleichgeordnet gegenüber. Sie werden typischerweise zwischen mehreren Trägern öffentlicher Verwaltung abgeschlossen und sind dann oftmals unentbehrlich, weil wegen der Gleichordnung der beteiligten Parteien ein einseitiges Vorgehen in der Regel rechtlich unzulässig ist. Inhaltlich geht es in solchen Vereinbarungen häufig um Kooperationen; sie enthalten wegen der aus Art. 20 Abs. 3 GG resultierenden Bindungen der öffentlichen Hand *(s. o. Rn. 157)* normalerweise keine Regeln für den Fall der Zuwiderhandlung, können aber ggf. aufsichtsrechtlich durchgesetzt werden[2245].

Beispiele: Mehrere Industrie- und Handelskammern einigen sich vertraglich über eine gemeinsame Weiterbildungseinrichtung; Vertrag zwischen einer Gemeinde und einem hoheitlich organisierten Energieversorgungsunternehmen über die Errichtung einer Freileitung[2246]; Vereinbarung zwischen Hoheitsträgern über die gemeinsame Unterhaltung von Brücken oder Wegen[2247].

III. Rechtmäßigkeit von wirtschaftsvertraglichem Handeln

1119   Die Rechtmäßigkeit wirtschaftsvertraglichen Handelns verlangt zunächst nach einem wirksamen Vertragsschluss in Form von Angebot und Annahme; insoweit gelten über § 62 VwVfG die zivilrechtlichen Regelungen. Hinzu kommen weitere Anforderungen an den Vertragsgegenstand bzw. -inhalt, der grundsätzlich dem geltenden Recht entsprechen, d. h. also dem Gesetzesvorrang *(s. o. Rn. 155)* genügen muss und bestimmte formelle Vorgaben in Form der Behördenzuständigkeit, bestimmter Mitwirkungserfordernisse (vgl. § 58 VwVfG) und ggf. etwaiger Formvorschriften (vgl. § 57 VwVfG) einzuhalten hat. Zudem bestehen materiell-rechtliche **Voraussetzungen**, nach denen der Vertrag zunächst als zulässige Handlungsform in Betracht kommen muss, so dass dessen Abschluss nicht gesetzlich verboten sein darf (vgl. z. B. § 1 Abs. 3 S. 2 Hs. 2 BauGB), und nach denen die spezifischen Voraussetzungen der denkbaren Vertragsformen eingehalten sein müssen. Sie ergeben sich namentlich für subordinationsrechtliche Austauschverträge aus den §§ 54 S. 2, 56 VwVfG. In diesem Kontext ist vor allem das in § 56 Abs. 1 S. 2 Var. 2 VwVfG niedergelegte Kopplungsverbot relevant, wonach die ausgetauschten Leistungen in einem sachlichen Zusammenhang stehen müssen, um einem Ausverkauf von Hoheitsrechten vorzubeugen[2248].

Beispiel: Ist mit der Errichtung eines Geschäftshauses eine Pflicht zur Herstellung von Parkplätzen verbunden (vgl. § 47 NBauO), die der Bauherr zunächst durch eine vollständige Zahlungspflicht, später aber durch Teilzahlung und Teilschaffung von Parkraum ablösen soll, dann darf die Erteilung einer für die Errichtung des Parkraums erforderlichen Baugenehmigung nicht davon abhängig gemacht werden, dass der Bauherr zunächst seiner Teilzahlungspflicht nachkommt[2249].

2241   S. BVerwGE 84, 236, 239.
2242   *Pape*, NJW 1994, 409, 411; *Müllmann*, NVwZ 1994, 876.
2243   *Bulling*, DÖV 1989, 277 ff.
2244   *Klindt*, NVwZ 2003, 307 ff.
2245   *Wolff/Bachof/Stober/Kluth*, VerwR I, § 54 Rn. 64.
2246   VGH BW, NVwZ 1998, 351.
2247   BayVGH, BayVBl. 1967, 134.
2248   Ausf. dazu *Wolff/Bachof/Stober/Kluth*, VerwR I, § 54 Rn. 53 ff.
2249   Vgl. sächs OVG, Az.: 1 A 355/09, Urteil v. 18.8.2011, Rn. 40 f. (unv.; zitiert nach juris, Stand 4/2018).

Im Unterschied zu einem Verwaltungsakt, der nur im Falle seiner Nichtigkeit keine **1120** Rechtswirkungen entfaltet und im Übrigen eine zu befolgende Anordnung enthält *(s. o. Rn. 1062)*, sind die Folgen fehlerhafter Verwaltungsverträge diffiziler. Sie ergeben sich zunächst aus § 59 Abs. 2 VwVfG, wonach solche Vereinbarungen in den dort aufgeführten Fällen keine Rechtswirkungen entfalten. Liegt ein dort nicht aufgeführter Rechtsfehler vor, findet § 59 Abs. 1 VwVfG Anwendung, der auf die im BGB normierten Nichtigkeitsgründe und damit insbesondere auf § 134 BGB verweist, wonach Verträge, die gegen ein gesetzliches Verbot verstoßen, unwirksam sind. Legt man diese Norm im Lichte des Art. 20 Abs. 3 GG weit aus, würde man der Verwaltung einen Großteil der ihr in den §§ 54 ff. VwVfG an sich zugesprochenen Flexibilität nehmen, da dann jeder Rechtsverstoß zur Nichtigkeit führen würde. Infolgedessen geht die Rechtspraxis dahin, zunächst einmal entsprechend der Vorgaben des § 134 BGB zu fordern, dass sich die Verbotsnorm entweder an beide Parteien richtet oder ihrer Zwecksetzung nur dadurch entsprochen werden kann, dass der Vertrag für nichtig erklärt wird. Liegen diese Voraussetzungen nicht vor, soll überdies ein qualifizierter, besonders schwerer Gesetzesverstoß den Vorgaben der §§ 59 Abs. 1 VwVfG, 134 BGB genügen[2250].

Beispiele: Ein vertraglich zwischen einem Unternehmer und der Gemeinde vereinbarter Dispens von der bauordnungsrechtlich angeordneten Pflicht zur Schaffung von PKW-Stellplätzen (bzw. zur Zahlung eines Ausgleichs) ist im Falle einer völligen Freistellung nichtig, weil dadurch in qualifizierter, besonders schwerwiegender Weise die Normaussage etwa des § 47 NBauO außer Kraft gesetzt wird, die darauf drängt, dass (auch) Unternehmen entsprechend dem Verursacherprinzip für das generierte Fahrzeugaufkommen Parkraum schaffen bzw. an den entstehenden Kosten beteiligt werden[2251].

IV. Vollzug wirtschaftsvertraglichen Handelns

Soweit ein Verwaltungsvertrag nicht nichtig ist und die empfangenen Leistungen nicht **1121** über die §§ 62 VwVfG, 812 ff. BGB rückabgewickelt werden müssen, richtet sich dessen Vollzug nach zivilrechtlichen Grundsätzen, so dass die gegenseitig eingegangenen Verpflichtungen (jenseits der seltenen Konstellation eines Wegfalls der Geschäftsgrundlage (vgl. § 60 VwVfG)) zu erfüllen sind. Kommt eine Partei dieser Anforderung nicht nach, hat der andere Teil **Leistungsklage** zu erheben und einen vollstreckungsfähigen Titel zu erwirken. Das gilt auch für die öffentliche Hand, die anders als im Falle des Erlasses eines Verwaltungsakts *(s. o. Rn. 1055)* nicht aus einem vereinbarten Vertrag vollstrecken kann. Etwas anderes gilt nur dann, wenn eine Unterwerfungsklausel i. S. d. § 61 VwVfG besteht.

V. Unionsrechtliche Überformung

Abschließend sei in diesem Zusammenhang darauf hingewiesen, dass auch die **1122** §§ 54 ff. VwVfG in teilweise erheblicher Weise unionsrechtlich überformt werden. Von Bedeutung sind in diesem Kontext namentlich Subventionsverträge, die entgegen der Art. 107 f. AEUV abgeschlossen worden sind. Die Verletzung des Vertragsrechts kann insoweit über § 59 Abs. 1 VwVfG einbezogen werden, soweit wie im Fall des Art. 108 Abs. 3 AEUV ein Verbotsgesetz verletzt worden ist. Die dann nötige Rückabwicklung betrifft nicht nur die Zuwendung, sondern ggf. auch andere (z. B.) Zinsvorteile[2252].

2250 Ausf. dazu *Wolff/Bachof/Stober/Kluth*, VerwR I, § 54 Rn. 83 ff.
2251 Vgl. OVG NW, NVwZ 1992, 988 ff.
2252 *Wolff/Bachof/Stober/Kluth*, VerwR I, § 57 Rn. 100; vgl. auch *Korte*, JURA 2017, 656, 665.

Beispiel: Stellt die Kommission rechtskräftig fest, dass eine Beihilfe – im vorliegenden Fall ein über die tatsächlichen Verluste hinausgehender Verlustausgleich – entgegen Art. 108 Abs. 3 AEUV ausgekehrt worden ist, ist die dieser Zuwendung zugrunde liegende Vereinbarung aufgrund von § 134 BGB (ggf. in Verbindung mit § 59 Abs. 1 VwVfG) nichtig, und der zu Unrecht gezahlte Vermögensvorteil von der auskehrenden Behörde – vorliegend in Höhe des überschüssigen Betrags einschließlich des erlangten Zinsvorteils – aufgrund des öffentlich-rechtlichen Erstattungsanspruchs zurückzufordern[2253].

§ 37 Wirtschaftsverwaltungsrechtliche Zusagen und schlichtes Wirtschaftsverwaltungshandeln

1123   Die bisher vorgestellten, klassischen Handlungsformen Wirtschaftsverwaltungsakt und -vertrag werden durch die Institute des schlichten Verwaltungshandelns und der Zusage ergänzt.

I.   Schlichtes Wirtschaftsverwaltungshandeln

1124   Das schlichte bzw. oft auch als informell bezeichnete Verwaltungshandeln[2254] erfasst auch das informative Verwaltungshandeln (administration by communication)[2255] und erfreut sich in der Staats- und Verwaltungspraxis sowie in der Rechtswissenschaft zunehmender Beliebtheit und Aufmerksamkeit. Diese alternative Handlungsform, die auf unterschiedlich angelegten verhaltenspsychologischen Wegen auf das Wirtschaftsgeschehen einwirkt und damit den klassischen, final operierenden Eingriff durch Verwaltungsakt *(s. o. Rn. 1052)* ergänzt oder ersetzt[2256] (Nutzung von Drohpotenzialen: Knüppel im Sack), ist prägnanter Ausdruck einer Dienstleistungs- und Informationsgesellschaft *(s. o. Rn. 860)*. Hier zeigt sich, dass sich die zeitgemäße Aufgabenerfüllung im Wirtschaftsverwaltungsrecht auch auf die Handlungsformen auswirkt. Eine abschließende Erfassung der **Erscheinungsformen** des schlichten Wirtschaftsverwaltungshandelns ist angesichts der Vielgestaltigkeit des Marktgeschehens sowie der schnellen Weiterentwicklung im technisch-ökologisch-ökonomischen Sektor und den daraus entstehenden neuen Handlungsbedürfnissen nicht möglich. Vielmehr ist das schlichte Wirtschaftsverwaltungshandeln ein Sammelbegriff für wirtschaftsverwaltungsrechtliche Maßnahmen, die nicht als Verwaltungsakt oder -vertrag qualifiziert werden können[2257], aber gleichwohl zunehmend ihren Niederschlag im Fachrecht finden.

Beispiele: Abfallrechtliche Informationspflichten (§§ 46 KrWG, Art. 15 IVU-Richtlinie), Beratung, Auskunft[2258] (§§ 25 VwVfG), Empfehlungen (der Kommission zur freiwilligen Festlegung von verbraucherschützenden Verhaltenskodizes) und im Rahmen einer städtischen Plakataktion zur Abfallvermeidung[2259], Warnungen (§ 26 Abs. 2 ProdSG)[2260], Duldungen[2261], Aufklärungs-

2253   S. dazu OVG BB, EuZW 2006, 91 ff.; vgl. dazu auch BGH, EuZW 2003, 444 ff..

2254   *Gusy*, NJW 2000, 977 ff.; *Fehling*, in: Hoffmann-Riem u. a. (Hg.), Grundlagen, § 38.

2255   *Bumke*, Verw 37 [2004], 3 ff.; *Masing*, VVDStRL 63 [2004], 377 ff.

2256   *Becker/Blackstein*, NJW 2011, 490 ff.

2257   *Wolff/Bachof/Stober/Kluth*, VerwR I, § 57; *Fehling*, in: Hoffmann-Riem u. a. (Hg.), Grundlagen, § 38 Rn. 27 ff.

2258   *Kothe*, DÖV 1998, 577 ff.

2259   VGH Kassel, GewArch. 1996, 84.

2260   OLG Stuttgart, NJW 1990, 2690; BVerwGE 87, 37; VGH Kassel, GewArch. 1995, 416; *Murswiek*, DVBl. 1997, 1021 ff.; *von Danwitz*, Verfassungsfragen staatlicher Produktempfehlungen, 2003; *Kaß*, WiVerw. 2002, 197 ff.

2261   VGH Mannheim, NJW 1990, 3163.

aktionen durch die Regierung[2262], Akteneinsicht[2263]; Vorverhandlungen (§ 5 UVPG, § 2 Abs. 2 und § 2a der 9. BImSchVO[2264]), Information der Öffentlichkeit (§ 40 Abs. 1 Satz 2 Nr. 4 LFGB[2265], § 26 Abs. 2 Nr. 9 und § 31 ProdSG[2266]).

Unbeschadet der Vorzüge des schlichten Verwaltungshandelns (Effektivität, Flexibili- **1125** tät), das sich formalen Anforderungen weitgehend entzieht, werden gegen dessen Zulässigkeit auf Grund der dennoch nach wie vor unzureichenden rechtlichen Regelung oftmals **rechtsstaatliche Bedenken** geltend gemacht (Gesetzesvorbehalt, Relativierung gesetzlicher Regelungen, Einschränkung der Kontrolle[2267]) und grundrechtliche Defizite moniert[2268]. Ungeklärt ist auch das Problem, in welchen Fällen schlichtes Verwaltungshandeln rechtswidrig ist mit der Folge, dass Abwehr- und Kompensationsansprüche entstehen. Die Antwort auf die rechtsstaatlichen Fragen ist besonders drängend, weil schlichtes Wirtschaftsverwaltungshandeln weitergehende Wirkungen als ein Handeln durch Verwaltungsakt haben kann („harte Folgen weicher Maßnahmen")[2269]. Trotz dieser Schwierigkeiten im Umgang mit schlichtem Wirtschaftsverwaltungshandeln ist jedenfalls im Grundsatz anerkannt, dass es im Falle einer grundrechtsbeeinträchtigenden Wirkung *(s. o. Rn. 157)* dem Gesetzesvorbehalt und dem Gesetzesvorrang unterliegt, ggf. also auf eine Rechtsgrundlage gestützt sein und dem geltenden Recht entsprechen muss[2270].

Beispiele: So kann eine staatliche Produktinformation in der Mediengesellschaft eine empfindliche umsatzrelevante und existenzberührende Pranger- und Stigmatisierungswirkung erreichen, die einem Produktionsverbot nahekommt[2271]. Solche Maßnahmen müssen daher, soweit sie grundrechtsbeeinträchtigende Wirkung entfalten *(s. o. Rn. 160)* auf eine rechtliche Basis gestellt werden wie sie namentlich ggf. in § 40 LFBG oder § 26 Abs. 2 Nr. 9 ProdSG zu finden sein kann (Gesetzesvorbehalt). Die öffentliche Warnung vor dem Handel mit und dem Verkauf von sog. E-Zigaretten mit dem Hinweis, sie unterfielen arzneimittel- und medizinprodukterechtlichen Vorschriften, ist unzulässig, soweit diese Vorschriften auf E-Zigaretten nicht anwendbar und diese Rechtsauffassung deshalb unzutreffend ist (Gesetzesvorrang; *s. auch o. Rn. 155)*[2272].

II. Wirtschaftsverwaltungsrechtliche Zusagen

Enge Bezüge zum schlichten Verwaltungshandeln weisen die sog. Zusagen auf, weil **1126** sie jedenfalls nach wohl überwiegender Ansicht ebenfalls nicht auf eine Rechtsfolge gerichtet sind und daher **nicht die Voraussetzungen des § 35 VwVfG erfüllen**[2273]. Gerade im Vorfeld wichtiger Investitionsentscheidungen und finanzieller Dispositionen kann am Erhalt einer Zusage ein herausragendes juristisches und ökonomisches Interesse bestehen[2274], zumal Zusagen dazu beitragen können, vorhandene Ungewissheiten z. B. über eine bestimmte Rechtslage zu klären.

2262 BVerfGE 105, 252, 269 ff.
2263 VGH München, BayVBl. 1990, 622.
2264 S. dazu BVerwGE 75, 214, 230; *J. Ipsen*, VVDStRL 48 [1990], 177, 194.
2265 EuGH, NVwZ 2013, 1002 f.
2266 *Martini/Kühl*, DÖV 2013, 573 ff.; *Becker/Blackstein*, NJW 2011, 490 ff.; OVG Münster, NVwZ-RR 2013, 627 f.
2267 S. näher *Wolff/Bachof/Stober/Kluth*, VerwR I, § 57 III; VGH Kassel, GewArch. 1996, 84.
2268 *Martini/Kühl*, DÖV 2013, 573 ff.; *Becker/Blackstein*, NJW 2011, 490 ff.
2269 *Murswiek*, DVBl. 1997, 1021 f.
2270 Ausf. dazu *Wolff/Bachof/Stober/Kluth*, VerwR I, § 57.
2271 *Bethge*, VVDStRL 57 [1998], 10, 49 f.; *von Danwitz*, Verfassungsfragen staatlicher Produktempfehlungen, 2003; BVerwG, NJW 1996, 3161.
2272 BVerwG, StoffR 2015, 84; OVG NW NVwZ 2013, 1562; vgl. dazu *Kühl*, NVwZ 2013, 1566.
2273 Ausf. dazu *Wolff/Bachof/Stober/Kluth*, VerwR I, § 53 Rn. 11 f., 27 f.
2274 S. näher *Wolff/Bachof/Stober/Kluth*, VerwR I, § 53.

Beispiele: Zusage einer Subvention[2275], eines Abgabenverzichts[2276], einer Deckung zur Übernahme einer Exportkreditgarantie als Grundlage für einen Vertrag *(s. o. Rn. 961).*

1127   Abgesehen davon spielt aber auch der **Zeitfaktor** der Zusage angesichts der langen Verfahrensdauer bis zum Erlass behördlicher Entscheidungen bei gleichzeitiger Verkürzung der Innovationszyklen eine erhebliche Rolle (Zeit als Produktionsfaktor). Denn weil die Zusage bestehende Ungewissheiten beseitigen kann, schafft deren Erlass in einem frühen Verfahrensstadium Planungssicherheit und hat daher vorhabenbeschleunigende Wirkung.

1128   Die Zusage wird **definiert** als „hoheitliche Selbstverpflichtung mit einem Bindungswillen zu einem späteren Tun, Dulden oder Unterlassen"[2277]. Das bedeutet, dass die Zusage nicht unbedingt auf den späteren Erlass eines Verwaltungsaktes (sog. Zusicherung i. S. d. § 38 VwVfG) gerichtet sein muss. Auch ein schlichtes Verwaltungshandeln oder der spätere Abschluss eines öffentlich-rechtlichen Vertrages können zugesagt werden.

1129   Die Erteilung einer Zusage steht im Ermessen der Verwaltung *(s. o. Rn. 1045).* Rechtsverbindliche Zusagen sind zu erfüllen. Die **Wirksamkeits- und Rechtmäßigkeitsvoraussetzungen** ergeben sich für Zusicherungen aus § 38 VwVfG. Im Übrigen ist umstritten, ob diese Norm auch für andere Zusagen gilt, insoweit also analog angewandt werden darf, oder ob auf allgemeine verwaltungsrechtliche Grundsätze zurückzugreifen ist[2278].

2275   OVG Berlin, JZ 2005, 672 mit Anm. *C. Möllers.*

2276   BVerwG, NJW 1979, 280; BVerwG, NJW 1984, 2113.

2277   BVerwGE 26, 31, 36; BVerwG, NJW 1984, 2113; OVG Münster, NVwZ 1985, 118 f.

2278   Ausf. dazu *Wolff/Bachof/Stober/Kluth,* VerwR I, § 53 Rn. 22 f., 29 f.

E. Wirtschaftsverwaltungskontrolle

§ 38 Die Kontrolle der Wirtschaftsverwaltung

Die Kontrolle der Wirtschaftsverwaltung reagiert auf fehlerhaftes Handeln der Hoheitsgewalt. Sie will im Gegensatz zur Wirtschaftsüberwachung, die sich auf das Verhalten der Wirtschaftsakteure bezieht *(s. o. Rn. 875 ff.)*, sicherstellen, dass die Behörden recht- und ggf. zweckmäßig handeln. Hinzu treten weitere Funktionen der
Wirtschaftsverwaltungskontrolle[2279] – so namentlich als essentielles und effektives
Instrument und Element zur Festlegung von Compliance-Anforderungen an die Verwaltung[2280]. Im Einzelnen lassen sich eine interne und eine externe Kontrolle der
Wirtschaftsverwaltung differenzieren. In gewissem Sinne dazwischen stehen die sog.
beihilfenaufsichtsrechtlichen Verfahren *(s. o. Rn. 985 ff.)*.

1130

I. Externe Kontrollverfahren

Die externe Kontrolle der Wirtschaftsverwaltung zielt auf die Überprüfung der Recht-
und Zweckmäßigkeit von Verwaltungsentscheidungen auf Veranlassung eines von einer Maßnahme betroffenen Wirtschaftssubjekts. Insofern gibt es formlose und förmliche Rechtsbehelfe im Verhältnis zwischen Staat und Wirtschaft. Hinzu treten Schlich-
tungsverfahren.

1131

1. Förmliche Kontrollverfahren

Förmliche Kontrollen der Wirtschaftsverwaltung bilden aus Perspektive der Wirtschaftsakteure die verfahrensmäßige Seite der Durchsetzung ihrer materiellen Rechtspositionen ab. In diesem Kontext ist Wirtschaftsverwaltungskontrolle primär vorverlagerter **Grundrechtsschutz durch Verfahren**[2281], so dass sie ihren Zweck am besten
erfüllt, wenn dadurch ein späteres Gerichtsverfahren entfallen kann. So gesehen haben
die zugehörigen Rechtsbehelfe eine Filterwirkung im Interesse einer Entlastung der
Gerichte und dienen dadurch der Verfahrensökonomie. Sie sind daher auch in der
Regel eine Sachurteilsvoraussetzung für einen anschließenden Prozess. Außerdem dienen sie dem subjektiven Rechtsschutz und der umfassenden Erforschung aller relevanten Aspekte zur Durchsetzung des objektiven Rechts.

1132

a) Schutz subjektiv-öffentlicher Rechte. Da die förmlichen Kontrollverfahren nicht von
Amts wegen, sondern von den betroffenen Wirtschaftsbürgern angestoßen werden,
sind sie nur zulässig im Falle einer Beschwer, um Popularrechtsbehelfe zu verhindern.
Etwas anderes gilt nur, wenn das Gesetz die Erhebung eines Rechtsbehelfs unabhängig
von einer Beschwer gestattet; dann bedarf es ggf. keiner Individualrechtsposition. Im
Übrigen ist die Frage aufgeworfen, wann ein solches subjektiv-öffentliches Recht vorliegt, wo doch das öffentliche Recht in seiner primären Zielrichtung der Gemeinwohlverwirklichung verpflichtet ist. Sie ist relativ einfach zu beantworten, wenn es um die
Beurteilung der Rechtsstellung des Adressaten eines belastenden Verwaltungsakts geht,
weil er sich mit dem sog. **Adressatengedanken** jedenfalls auf eine Verletzung seiner
Freiheitsrechte zumindest aus Art. 2 Abs. 1 GG berufen kann.

1133

Beispiele: Wird dem Antragsteller die für eine gewerbliche Tätigkeit nötige Genehmigung versagt
(vgl. §§ 30 ff. GewO), ist er dadurch in seinen subjektiv-öffentlichen Rechten betroffen *(s. o.*

2279 *Stober*, in: Merten/Papier (Hg.), HdBGR III, 2010, § 77.
2280 S. näher *Stober/Ohrtmann* (Hg.), Compliance-Handbuch für die Öffentliche Verwaltung, 2014.
2281 S. näher *Stober*, in: Merten/Papier (Hg.), HdBGR, III 2010, § 77, m. w. N.

Rn. 195). Dasselbe gilt im Falle einer Untersagung zulasten eines Gewerbetreibenden. In beiden Fällen liegt eine Beeinträchtigung der in § 1 GewO normierten Gewerbefreiheit vor. Wo diese Vorschrift nicht greift, kann ggf. auf die Unternehmergrundrechte zurückgegriffen werden. Das in Umsetzung der Arhus-Konvention – einer völkerrechtlichen Vereinbarung – in Anknüpfung an die Rechtsschutzmittel-Richtlinie[2282] ergangene Umweltrechtsbehelfsgesetz weist Vereinigungen i. S. d. § 3 Rechtsbehelfsmöglichkeiten für bestimmte umweltbezogene Fälle unabhängig von einer individuellen Beschwer zu, um das öffentliche Gut „Umwelt" *(s. o. Rn. 250)* zu schützen.

1134 Größere Schwierigkeiten bestehen demgegenüber, wenn es um sog. Dreieckskonstellationen geht, weil dann der Adressatengedanke nicht greift. Solche Konstellationen liegen vor, wenn die Rechtsstellung von Konkurrenten, Nachbarn, Beschäftigten, Konsumenten und sonst schutzwürdigen Dritten im Wirtschaftsverwaltungsrecht zu beurteilen ist[2283]. In diesen Fällen gilt die sog. **Schutznormlehre**, wonach ein subjektiv öffentliches Recht vorliegt, wenn die jeweilige Vorschrift nicht nur im Interesse der Allgemeinheit, sondern auch im Individualinteresse erlassen worden ist und dadurch der Einzelne als Teil eines abgrenzbaren Personenkreises geschützt werden soll[2284], was durch Auslegung *(s. o. Rn. 52 ff.)* zu ermitteln ist.

Beispiele: Die Festlegung eines Kommentars oder einer Gesetzessammlung als zugelassenes Hilfsmittel für die erste juristische Staatsprüfung soll trotz der damit einhergehenden Absatzgewinne und Gewöhnungseffekte nicht die subjektiv öffentlichen Rechte der übergangenen Verlage beeinträchtigen, weil weder das einem ordnungsgemäßen Prüfungsablauf zu dienen bestimmte Landesjustizprüfungsrecht noch Art. 12 Abs. 1 GG *(s. o. Rn. 607 ff.)* eine Schutzwirkung zu deren Gunsten entfalten[2285]. Das Gewerberecht will grundsätzlich keinen abgrenzbaren Personenkreises schützen und wirkt daher weder zugunsten eines Verbrauchers noch eines Konkurrenten, so dass sie nicht die Einhaltung der dort niedergelegten Vorschriften gerichtlich durchsetzen und z. B. auf Untersagung bzw. Verhinderung einer reisegewerblichen Tätigkeit klagen können[2286].

1135 Projiziert man diese Grundsätze auf die internationale Ebene, so sind sie in gewisser Hinsicht zu modifizieren: **Wirtschaftsvölkerrechtliche Vereinbarungen** berechtigen wegen der großen Geschmeidigkeit der Vorschriften und des Grundsatzes gegenseitiger Verhandlungen sowie wegen des Umsetzungsgebots aus Art. 59 Abs. 2 GG *(s. o. Rn. 597)* prinzipiell nur die Vertragsstaaten als Völkerrechtssubjekte[2287]. Daher ergeben sich nicht aus diesen Vereinbarungen, sondern allenfalls aus dem Umsetzungsrecht subjektiv-öffentliche Rechte bzw. etwaige Rechtsbehelfsmöglichkeiten. Etwas anderes gilt lediglich, soweit Verfahren Anwendung finden, mit denen Unternehmen rechtlichen Schutz erlangen können[2288].

Beispiel: Das Umweltrechtsbehelfsgesetz gestattet zwar Vereinigungen im Sinne seines § 3 ggf. ein gerichtliches Vorgehen. Es geht aber nicht so weit, dass sie im Zuge des sog. Abgasskandals die Aufhebung einer EU-Typengenehmigung für ein Kraftfahrzeug begehren können, weil im Umweltrechtsbehelfsgesetz nur Genehmigungen für ortsfeste Anlagen und nicht Produktzulassungen für angreifbar erklärt werden. Ob die Arhus-Konvention insoweit weiter reicht, ist unerheblich, da der anlagenbezogene Wortlaut des Umweltrechtsbehelfsgesetzes die äußerste Grenze der völkerrechtskonformen Auslegung bildet. Weiter reichende völkerrechtliche Garantien sind daher nur im Verhältnis zu anderen Vertragsstaaten beachtlich[2289].

2282 ABl. Nr. L 156/17 ff. v. 25.6.2003.
2283 S. näher *P. M. Huber,* Konkurrenzschutz im Verwaltungsrecht 1991, S. 298 ff.; *Schmidt,* NJW 2002, 25 ff.; BVerwG, GewArch. 2001, 39 ff.
2284 S. näher *Wolff/Bachof/Stober/Kluth,* VerwR I, § 43.
2285 *BVerwG,* NVwZ 2012, 1416, 1417.
2286 *Korte,* in: Korte/Repkewitz/Schulze-Werner, GewO, 300. EL 2017, vor Titel III Rn. 36 f.
2287 *Epping,* Außenwirtschaftsfreiheit, 1998, S. 278; EuGH, EuZW 2005, 214; BGH, NJW 1995, 2174.
2288 *Berrisch,* EuZW 1999, 101; *Dörr,* JZ 2005, 905, 908; *Schwartmann,* Private im Wirtschaftsvölkerrecht, 2005.
2289 OVG SH, Az.: 3 A 30/17, Urteil v. 13.12.2017 (unv.; zitiert nach juris, Stand 4/2018).

Auf **Unionsebene** gilt demgegenüber eine großzügigere Betrachtungsweise. Deren In- **1136**
halt ist jedoch im Einzelnen umstritten. So hält die verwaltungsgerichtliche Rechtsprechung zumindest dem Grunde nach am Erfordernis einer Rechtsposition fest, wendet
in manchen Bereichen aber einen weiter reichenden, interessenbezogenen Maßstab
an[2290]. Daran knüpfen Teile der Literatur an, die einen begünstigenden Individualbe-
zug ausreichen lassen[2291], während bisweilen sogar eine vollständige Abkehr von der
Schutznormlehre gefordert wird und bereits ein wie auch immer geartetes Interesse des
Wirtschaftsakteurs an der Durchsetzung der Vorschrift genügen soll[2292]. Hintergrund
dieser Erleichterungen, die die strengen Anforderungen der Schutznormlehre letztlich
partiell bedeutungslos werden lassen, ist die Funktionalisierung des Wirtschaftsbürgers
auf Unionsebene, weil sie im Sinne dezentraler Rechtsdurchsetzung darauf baut, dass
sich der Einzelne auf die im Binnenmarkt enthaltenen Gewährleistungen vor den nationalen Gerichten beruft, um sie so zu realisieren[2293].

Beispiel: Umweltverbänden i. S. d. § 3 UmwRG steht nach der verwaltungsgerichtlichen Rechtsprechung ein prokuratorisches und nicht altruistisches Verbandsklagerecht zu, so dass sie einen
Rechtsbehelf nicht schon im Falle jeder Verletzung einer umweltrechtlichen Norm einlegen können, sondern nur wenn eine subjektiv-öffentliche Rechtsposition einer natürlichen oder juristischen Person betroffen ist. Aus Art. 5 Abs. 2 S. 1 der Emissions-GrundVO soll sie sich nicht
ergeben, da das dort grundsätzlich normierte Verbot der Verwendung von Abschalteinrichtun-
gen, die die Wirkung von Emissionskontrollsystemen verringern, keine individualbezogene, sondern nur objektiv-rechtliche Wirkung entfaltet[2294].

b) Facetten förmlicher Kontrollverfahren. Da förmliche Kontrollen bestimmten Ver- **1137**
fahrensanforderungen unterliegen, sind sie nicht pauschal gegen alle Maßnahmen der
Wirtschaftsverwaltung erhebbar, sondern nur gegen solche, die in den jeweiligen Ver-
fahrensordnungen aufgeführt sind. Außerdem ist eine Sachentscheidung nur möglich,
wenn die Zulässigkeitsvoraussetzungen des Rechtsbehelfs erfüllt sind. Da es kein einheitliches Rechtsbehelfsverfahren gibt, ist maßgebend, ob es sich um eine finanzrechtli-
che, eine ordnungswidrigkeitenrechtliche, eine wettbewerbsrechtliche *(s. o. Rn. 915,
944)* oder um eine verwaltungsrechtliche Angelegenheit handelt. Daher sind Ein-
spruchs-, Beschwerde-, Widerspruchs- und Nachprüfungsverfahren zu trennen.

aa) Einspruchsverfahren. Im Wirtschaftsverwaltungsrecht findet der Rechtsbehelf des **1138**
Einspruchs zunächst dann Anwendung, wenn gesetzliche Vorschriften den **Finanz-
rechtsweg** eröffnen *(s. u. Rn. 1149).* In diesen und in anderen Fällen ist vor Klageerhebung ein Vorverfahren durchzuführen. Der Rechtsbehelf des Einspruchs ist nach
§§ 347 ff. AO grundsätzlich gegeben bei Verwaltungsakten und Zusagen, vornehmlich
im Bereich der finanziellen Wirtschaftsförderung und der Wirtschaftslenkung. Über
den Einspruch entscheidet die Finanzbehörde, die den Verwaltungsakt erlassen hat,
durch Einspruchsentscheidung. Sie hat die Sache gem. § 367 AO in vollem Umfange
zu überprüfen. Die Entscheidung ist schriftlich abzufassen und den Beteiligten zuzustellen. Sie ist zu begründen und nach § 366 AO mit einer Rechtsbehelfsbelehrung zu
versehen.

Der Rechtsbehelf des Einspruchs ist unter Einhaltung der in § 67 OWiG normierten **1139**
Form- und Fristanforderungen ferner gegen einen Bußgeldbescheid wegen eines Verstoßes gegen eine wirtschaftsverwaltungsrechtliche Norm gegeben, die als **Ordnungs-
widrigkeit** ausgestaltet ist. Bei einem Einspruch entscheidet das Amtsgericht (§ 68
OWiG), in dessen Bezirk die den Bescheid erlassende Verwaltungsbehörde ihren Sitz

---

2290   Vgl. BVerwGE 149, 17 ff. sowie BVerwG, NVwZ 2014, 367, 368.
2291   *Gärditz*, in: ders. (Hg.), VwGO, 2. Aufl. 2017, § 42 Rn. 73.
2292   S. *Oestreich*, Verw. 39 (2006), 29 ff.; Calliess/Ruffert/*ders.*, EUV/AEUV, Art. 288 Rn. 66 ff.
2293   Ausf. dazu *Masing*, Die Mobilisierung des Bürgers für die Durchsetzung des Rechts, 1997.
2294   OVG SH, Az.: 3 A 30/17, Urteil v. 13.12.2017 (unv.; zitiert nach juris, Stand 4/2018).

hat, sofern sie der Beschwer nicht nach § 69 Abs. 2 OWiG selbst abhilft. Nicht mit dem Bußgeldbescheid ist die Verwarnung durch die Verwaltungsbehörde zu verwechseln, die bei geringfügigen Ordnungswidrigkeiten in Betracht kommt und niederschwellige Zahlungspflichten begründen kann. Über die Verwarnung wird nach § 56 OWiG eine Bescheinigung erteilt, die jedoch nicht anfechtbar ist.

1140   **bb) Beschwerdeverfahren.** Der Rechtsbehelf der Beschwerde ist **auf nationaler Ebene** nach § 75 EnWG gegen Entscheidungen und das Unterlassen einer beantragten Entscheidung der Regulierungsbehörde zulässig. Über die Beschwerde entscheidet das Oberlandesgericht. Die Beschwerde ist ferner der richtige Rechtsbehelf gegen Verfügungen der Kartellbehörde. Auch dann entscheidet über die Beschwerde nicht eine Verwaltungsbehörde, sondern auf Grund von § 63 GWB das Oberlandesgericht. Abgesehen davon können Kunden von Bankinstituten wegen behaupteter Verstöße Beschwerde bei der Bundesanstalt für Finanzdienstleistungsaufsicht nach § 4b FinDAG einlegen.

1141   Ein weiteres, ebenfalls als Beschwerde bezeichnetes Verfahren findet sich auf **Unionsebene,** soweit es um mitgliedstaatliche Verletzungen von Primär- oder Sekundärrecht geht. Sie können natürliche oder juristische Personen bei der Kommission rügen und so ggf. ein Vertragsverletzungsverfahren initiieren. Deren Initiative ist ein wichtiger Baustein der praktischen Durchsetzung des Unionsrechts, weil die Kommission nur über begrenzte Ressourcen verfügt, so dass sie auf entsprechende Mittelungen angewiesen ist. Das Verfahren ist insoweit formalisiert, als bei der Kommission ein Formblatt abrufbar ist, mit dessen Hilfe die Beschwerde erhoben werden kann[2295]. In Beihilfesachen gelten Sonderregeln *(s. u. Rn. 1161 ff.).*

1142   Anders als die meisten der oben genannten Beschwerden auf nationaler Ebene führt eine Beschwerde bei der Kommission nicht unmittelbar zu einem gerichtlichen Verfahren. Stattdessen obliegt der **Kommission** erstens die Prüfung, ob sie ein Vertragsverletzungsverfahren eröffnet und zweitens, ob sie nach dessen erfolglosem Ablauf Klage vor dem Gerichtshof der EU erhebt (vgl. Art. 258 AEUV). Diese Entscheidung steht jedenfalls[2296] nach der Unionsgerichtsbarkeit[2297] auch wegen der begrenzten Ressourcen der Kommission in deren Ermessen. Es kann sich ggf. aber zu einer Rechtspflicht verdichten[2298].

1143   **cc) Widerspruchsverfahren.** Der Rechtsbehelf des Widerspruchs gem. §§ 68 ff. VwGO ist ein nach wie vor wichtiges Kontrollinstrument für Verwaltungsakte auf dem Gebiet des Wirtschaftsverwaltungsrechts und die Fortsetzung des Verwaltungsverfahrens[2299].

1144   **(1) Grundlagen.** Er hat zum **Ziel,** dass die Verwaltungsbehörde die Rechtmäßigkeit und die Zweckmäßigkeit des Verwaltungsaktes nochmals nachprüft, um die eigene Entscheidung zu hinterfragen, dem Wirtschaftsbürger eine weitere Kontrollinstanz zu geben und die Gerichte zu entlasten. In der Regel hat der Widerspruch aufschiebende Wirkung (s. etwa § 80 Abs. 1 VwGO). Das bedeutet, dass die Verwaltungsentscheidung nicht sofort Bestandskraft erlangt und vollzogen werden kann. Teilweise entfällt die aufschiebende Wirkung, wenn eine entsprechende gesetzliche Anordnung gegeben ist (vgl. § 14 Abs. 2 AWG), weil die Maßnahme aus bestimmten Gründen unverzüglich durchgesetzt werden muss.

2295   Calliess/Ruffert/*Cremer,* EUV/AEUV, Art. 258 Rn. 4.
2296   *Rengeling/Middeke/Gellermann,* Rechtsschutz in der EU, 3. Aufl. 2014, § 6 Rn. 25.
2297   EuGH Rs. C-247/87, Slg. 1989, 291 Rn. 11 f. – Star Fruit/Kommission; EuGH Rs. C-87/89, Slg. 1990, I-2005, Rn. 6 f. – Sonito u. a./Kommission.
2298   Calliess/Ruffert/*Cremer,* EUV/AEUV, Art. 258 Rn. 42
2299   *J.-P. Schneider,* in: Hoffmann-Riem u. a. (Hg.), Grundlagen, § 28 Rn. 120.

Beispiel: § 39 Abs. 7 LFGB zur Durchsetzung des Verbots, gesundheitsschädliche Lebensmittel in Verkehr zu bringen.

Das Widerspruchsverfahren hat seine frühere Bedeutung als maßgebliches Vorverfahren vor einer Anfechtungs- oder Verpflichtungsklage (vgl. § 68 VwGO) zumindest in einigen Bundesländern verloren, da eine **Tendenz zu** dessen weiträumiger **Abschaffung** besteht[2300]. Sie greift die Kritik hinsichtlich der Verfahrensdauer und der verwaltungsinternen Doppelprüfung mit dem Ziel auf, zur Deregulierung und Entbürokratisierung beizutragen *(s. o. Rn. 87 ff.)*. Die Erfahrungen, die bisher mit der Abschaffung des Vorverfahrens gemacht wurden, sind unterschiedlich[2301]. **1145**

Beispiele: Das Vorverfahren ist z. B. in Niedersachsen grundsätzlich abgeschafft (§ 8a nds. AGVwGO), muss aber in anderen Bundesländern wie Sachsen vor Erhebung einer Anfechtungs- oder Verpflichtungsklage prinzipiell durchgeführt werden.

Das Vorverfahren gliedert sich im Lichte der Art. 72 f. VwGO in **zwei Teile**. Nach Erhebung des Widerspruchs (vgl. § 69 VwGO) wird zunächst die Ausgangsbehörde befasst. Hält sie den Widerspruch für begründet, so hilft sie ihm nach § 72 VwGO ab und entscheidet über die Kosten (Abhilfeverfahren). Ist sie anderer Auffassung ergeht ein Widerspruchsbescheid. Ihn erlässt im Lichte des § 73 VwGO in der Regel die nächsthöhere Behörde, es sei denn es handelt sich um eine oberste Bundes- oder Landesbehörde oder um eine Selbstverwaltungsangelegenheit *(s. o. Rn. 220 ff.)*. In diesen Fällen ist es ratsam, die behördeninterne Zuständigkeit so festzulegen, dass nicht derselbe Amtswalter nochmals befasst wird[2302]. **1146**

Beispiel: Da das Berufsbildungswesen zu den Selbstverwaltungsaufgaben der Kammern gehört, entscheidet z. B. eine IHK bei einem Widerspruch gegen einen von ihr erlassenen Prüfungsbescheid selbst[2303].

Die behördliche Prüfung erstreckt sich im Widerspruchsverfahren anders als vor Gericht auf die **Recht- und Zweckmäßigkeit** der getroffenen Maßnahme (vgl. § 68 Abs. 1 VwGO im Unterschied zu § 113 Abs. 1 VwGO). Die Entscheidung über den Rechtsbehelf ist nach § 73 Abs. 3 VwGO zu begründen, mit einer Rechtsmittelbelehrung zu versehen und zuzustellen. Es ist zu beachten, dass der Widerspruch jedenfalls unter bestimmten Voraussetzungen die Rechtsstellung des Betroffenen verschlechtern kann (sog. reformatio in peius); die Einzelheiten zu dieser Frage sind nach wie vor umstritten[2304]. **1147**

(2) Checkliste – Zulässigkeitsvoraussetzungen. Das Widerspruchsverfahren kennt als förmlicher Rechtsbehelf verschiedene Zulässigkeitsvoraussetzungen, die denen des Einspruchsverfahrens ähneln. Liegen sie nicht vor, ist der Widerspruch zurück- bzw. abzuweisen; es handelt sich also um echte Sachentscheidungsanforderungen. Im Einzelnen müssen folgende Zulässigkeitsvoraussetzungen erfüllt sein[2305]: **1148**
- Bei der **Statthaftigkeit** geht es um die Frage, ob überhaupt und wenn ja, welcher Rechtsbehelf im konkreten Fall in Betracht kommt. Hier ist also zunächst festzustellen, ob ein Einspruch, eine Beschwerde oder ein Widerspruch möglich ist. § 68 Abs. 1 Satz 2 VwGO verlangt dafür, dass der Rechtsbehelf nicht durch spezielle Normen ausgeschlossen ist und dass keine oberste Bundes- oder Landesbehörde den Verwaltungsakt erlassen hat.

2300 S. Zur Entwicklung *Stober*, in Merten/Papier (Hg.), HdBGR III, 2010, § 77 Rn. 69.
2301 *Regler/Baumbach*, GewArch. 2007, 466 ff.
2302 *Pache/Knauff*, DÖV 2004, 686, 686; *Hufen*, Verwaltungsprozessrecht, 10. Aufl. 2016, § 8 Rn. 11.
2303 BVerwGE 70, 6.
2304 Vgl. dazu *Kopp/Schenke*, VwGO, 24. Aufl. 2018, § 68 Rn. 10 ff.
2305 S. näher *Wolff/Bachof/Stober/Kluth*, VerwR I, § 63.

Beispiel: Ein Widerspruch nach § 68 VwGO ist grundsätzlich nur bei Vorliegen eines Verwaltungsaktes statthaft.

1149   – Ausgangspunkt der danach zu prüfenden Voraussetzung der **Zulässigkeit des Verwaltungs- oder Finanzrechtsweges** ist die Überlegung, dass es sich bei dem Widerspruchs- und Einspruchsverfahren um ein Vorverfahren handelt, das vor Beschreiten des Rechtsweges zum Verwaltungs- oder Finanzgericht durchzuführen ist und deshalb die Qualität einer Sachurteilsvoraussetzung besitzt. Diese Voraussetzung hat Abgrenzungsfunktion gegenüber verfassungsrechtlichen Streitsachen sowie Verwaltungsmaßnahmen, bei denen andere Rechtswege eröffnet sind. Eine verwaltungsrechtliche Streitigkeit liegt vor, wenn die Voraussetzungen des § 40 VwGO erfüllt sind.

  – Die **Widerspruchsbefugnis** ist nicht ausdrücklich geregelt. Sie ergibt sich aber aus dem Sinn des Widerspruchsverfahrens und der sich daran ggf. anschließenden Klageerhebung, die gleichermaßen dem Individualrechtsschutz dienen, so dass Popularklagen ausgeschlossen werden müssen. Insoweit kann für das Vorverfahren nichts anderes als für die Klage gelten. Deshalb ist § 42 Abs. 2 VwGO sinngemäß oder analog anzuwenden. Danach ist der Widerspruch zulässig, wenn der Betroffene geltend macht, in seinen subjektiv öffentlichen Rechten *(s. o. Rn. 1133)* verletzt zu sein; es bedarf insoweit der Möglichkeit einer Rechtsverletzung.

  – Der Widerspruch ist innerhalb der in § 70 VwGO normierten **Widerspruchsfrist** von einem **Monat** nach Bekanntgabe des Verwaltungsaktes zu erheben. Bei Versäumung kommt eine Wiedereinsetzung in den vorigen Stand nach § 60 VwGO, § 32 VwVfG in Betracht. Bei Fehlen einer Rechtsbehelfsbelehrung verlängert sich die Frist nach § 70 Abs. 2 i. V. m. § 58 Abs. 2 VwGO auf ein Jahr. Das Fristerfordernis dient der Rechtssicherheit für Verwaltung und Bürger. Die Verwaltung muss sich im Interesse der Erledigung anderer Angelegenheiten darauf verlassen können, dass der Verwaltungsakt in einem Monat bestandskräftig wird.

  – Der Widerspruch ist **formbedürftig.** Er ist nach § 70 Abs. 1 S. 1 VwGO schriftlich oder zur Niederschrift bei der zuständigen Behörde zu erheben. Das kann entweder die Behörde sein, die den Verwaltungsakt erlassen hat oder die Behörde, die über den Widerspruch zu entscheiden hat. Wendet sich der Wirtschaftsbürger an die letztgenannte Institution innerhalb der Widerspruchsfrist, bleibt sein Rechtsbehelf zulässig (§ 70 Abs. 1 S. 2 VwGO).

1150   dd) **Sonderfall Vergaberecht.** Eine besondere Form der Kontrolle wirtschaftsverwaltungsrechtlichen Handelns findet sich im Bereich des Vergaberechts, wo sich dessen Zweiteilung *(s. o. Rn. 1038)* verfahrensrechtlich fortsetzt. Aus diesem Grunde sind auch insoweit Aufträge unter- und oberhalb der Schwellenwerte zu differenzieren, da die Rechtsmittelrichtlinie[2306] wie die Vergaberichtlinien erst ab Erreichen bestimmter Auftragssummen Geltung beansprucht. Eine Verletzung des Gleichheitsgrundsatzes ist damit nicht verbunden, weil dem Gesetzgeber bei der Festlegung der Bedingungen des Rechtsschutzes eine Typisierungsbefugnis zukommt, die er auch an den Unterschieden in der Ausgestaltung des Vergaberechts orientieren darf[2307].

1151   (1) **Verfahren oberhalb der Schwellenwerte.** Oberhalb der Schwellenwerte besteht Primärrechtsschutz in Form eines sog. **Nachprüfungsverfahrens,** solange der Zuschlag noch nicht erteilt ist (vgl. § 169 GWB)[2308]. Es setzt voraus, dass die in den §§ 155 ff. GWB normierten Anforderungen an die Zulässigkeit gewahrt sind. Dazu bedarf es eines Antrags und der Einhaltung bestimmter Form- und Fristerfordernisse (vgl.

2306   ABl. EG Nr. L 335/31 ff. v. 20.12.2007.
2307   BVerfGE 116, 135, 160 ff.
2308   OLG Düsseldorf, NJW 2000, 145.

§§ 160 f. GWB). Erforderlich ist zudem eine Antragsbefugnis, die nach § 97 Abs. 6 GWB nur besteht, wenn ein Unternehmen geltend machen kann, dass im Verfahren eine Norm verletzt worden ist, die seinen Schutz bezweckt. Zudem muss ein besonderes Rechtsschutzbedürfnis aufgrund eines infolge dieses Verstoßes (drohenden) Schadens vorliegen[2309].

Die Entscheidung im Rahmen des Nachprüfungsverfahrens obliegt den je nach Auftraggeber auf Bundes- bzw. Landesebene zuständigen Vergabekammern. Sie agieren unabhängig auf Basis des Untersuchungsgrundsatzes (§ 163 GWB) und treffen ihre Entscheidungen durch Erlass eines Verwaltungsakts (§ 168 GWB) nach Abschluss eines vergaberechtlich modifizierten Verwaltungsverfahrens[2310]. Die Vergabekammern sind in ihrer Entscheidung nicht an die Anträge gebunden und können die zur Beseitigung der Rechtsverletzung nötigen Maßnahmen ergreifen. Gegen deren Entscheidung ist nach den §§ 171 ff. GWB wie im Kartellrecht *(s. o. Rn. 1140)* die **sofortige Beschwerde** beim Vergabesenat des zuständigen OLG statthaft. **1152**

(2) Verfahren unterhalb der Schwellenwerte. Unterhalb der Schwellenwerte gelten die soeben beschriebenen Mechanismen nicht. Primärrechtsschutz gegen die Vergabe ist daher vor den Gerichten zu suchen. Zuständig ist nach der verwaltungsgerichtlichen Spruchpraxis die **Zivilgerichtsbarkeit**, solange keine spezifisch öffentlich-rechtlichen Vorschriften in Streit stehen, wenn und weil die Beschaffungsverträge dem Zivilrecht zuzuordnen sind *(s. o. Rn. 1035)*. Eine Anwendung der Zweistufenlehre *(s. o. Rn. 1038)* soll sich insoweit nicht anbieten, insbesondere aufgrund der daraus resultierenden Komplexität und weil weder die bestehenden haushaltsrechtlichen Bindungen mangels Außenwirksamkeit noch der die Vergabe auch unterhalb der Schwellenwerte prägende Bezug zur Erfüllung öffentlicher Aufgaben wegen Hybridität in deren Erbringung hinreichende Verwaltungsrechtsbezüge begründen[2311]. **1153**

Beispiel: Im Falle der Vergabe einer Dienstleistungskonzession über die Durchführung von Rettungsdiensten, deren Umfang unterhalb des Schwellenwerts liegt, hängt der im Streitfall zu beschreitende Rechtsweg nicht vom Gemeinwohlbezug des Ziels der Versorgungsleistung ab. Stattdessen ist die Handlungsform maßgeblich, so dass der Zivilrechtsweg zu beschreiten ist, wenn auf Basis des Zuschlags ein privatrechtlicher Vertrag geschlossen wird, und der Verwaltungsrechtsweg, wenn ein öffentlich-rechtlicher Vertrag vereinbart wird, z. B. weil es im einschlägigen Rettungsdienstgesetz so vorgesehen ist[2312].

In der Regel richtet sich die **Begehr des übergangenen Bieters** auf Unterlassung der Zuschlagserteilung im Wege einstweiliger Rechtsschutzverfahren. Inhaltlich hat die Zivilgerichtsbarkeit neben den unionsrechtlichen Vorgaben *(s. o. Rn. 815 ff.)*[2313] insbesondere den allgemeinen Gleichheitssatz zu beachten[2314]. Zudem zeichnet sich eine Tendenz ab, nicht nur bei vorsätzlichem bzw. grob fahrlässigem Verhalten dem Rechtsschutzziel stattzugeben, sondern auch dann, wenn Normen verletzt werden, deren Einhaltung versprochen wurde und deren Verletzung die Zuschlagschancen des übergangenen Bieters verringert. Trotzdem bleiben ihm oft nur Sekundäransprüche, weil es für ihn schwerer ist seine Rechte durchzusetzen als oberhalb der Schwellenwerte, da seine Verfahrensstellung schwächer ist[2315]. Darauf haben manche Länder reagiert, **1154**

2309   *Ziekow*, Öff. WiR, § 9 Rn. 91 ff.
2310   OLG Brandenburg, NVwZ 1999, 1142, 1146 (zu § 20 VwVfG). Kritisch zur vom OLG Brandenburg angenommenen Reichweite des Neutralitätsgebots *Neßler*, NVwZ 1999, 1081, 1082.
2311   Näher *Ziekow*, Öff. WiR, § 9 Rn. 99.
2312   BGH, Vergaberecht, 2012, 440, 441; vgl. dazu *Braun*, NZBau 2012, 251, 251 f.
2313   EuGH, NVwZ 2005, 1407.
2314   BVerwG, NJW 2006, 3701, 3703.
2315   Kritisch dazu *Hausmann*, GewArch. 2012, 107, 110.

indem sie in ihr Recht Informationspflichten über erfolgte Vergaben sowie zuschlags-
bezogene Karenzzeiten aufgenommen haben[2316].

Beispiel: Auch wenn die Schwellenwerte nicht erreicht werden, ist beim Vergabeverfahren der
Transparenzgrundsatz einzuhalten. Ihm ist auch dann entsprochen, wenn etwaige Preisnachlässe
in Nebenangebote verlagert werden[2317].

2. Schlichtungsverfahren

1155   Eine weitere Form der externen Wirtschaftsverwaltungskontrolle bilden Schlichtungs-
verfahren unter **Beteiligung Privater als Verfahrensmittler** (Mediatoren). Diese Optionen gewinnen auch im Öffentlichen Wirtschaftsrecht zunehmend an Bedeutung[2318].
Sie sind für alle Beteiligten von Vorteil, weil sie die Gerichtsbarkeit entlasten und
sowohl für die Wirtschaftsakteure als auch für die Behörden eine gütliche Einigung
ermöglichen sowie Zeit und Kosten sparen.

Beispiele: Schlichtung durch Schiedsverfahren unter Einschaltung eines Sachverständigen (§ 45
LFGB); Einigungsversuch vor einer Gütestelle (§ 124 TKG); Clearingstelle (§ 81 EEG 2017);
MediationsG i. V. m. § 278a ZPO und § 173 Satz 1 VwGO.

3. Formlose Kontrollen

1156   Nichtförmliche Kontrollen[2319] sind als sog. formlose Rechtsbehelfe gegen jede wirtschaftsverwaltungsrechtliche Maßnahme zulässig und können auch neben förmlichen
Rechtsbehelfen erhoben werden. Sie können mündlich und ohne Beachtung einer Frist
eingelegt werden, allerdings entfalten sie auch **keinerlei Rechtswirkung.** In vielen Fällen ist es daher zweifelhaft, ob formlose Rechtsbehelfe zweckmäßig sind. Denn die
angegangene Behörde muss den Rechtsbehelf zwar entgegennehmen und ggf. an die
zuständige Stelle weiterleiten, die dann zu dessen sachlicher Prüfung verpflichtet ist.
Ein Anspruch auf eine bestimmte Sachentscheidung besteht jedoch nicht. Es genügt
vielmehr ein Bescheid, aus dem ersichtlich ist, wie der Behelf behandelt werden
soll[2320]. Im Einzelnen lassen sich folgende formlose Rechtsbehelfe differenzieren:

- Die Gegenvorstellung richtet sich an diejenige Behörde, welche eine Maßnahme
   getroffen hat mit dem Begehren, die Maßnahme zu ändern oder aufzuheben.
- Die formlose Aufsichtsbeschwerde richtet sich an die Aufsichtsbehörde mit dem
   Begehren, eine Maßnahme der erlassenden Behörde zu ändern oder aufzuheben.
   Sie kann eine Fachaufsichtsbeschwerde sein, wenn der Inhalt einer Maßnahme
   Streitgegenstand ist oder eine Dienstaufsichtsbeschwerde, wenn das persönliche
   Verhalten eines Amtsträgers gerügt wird.
- Die Petition i. S. d. Art. Art. 227 AEUV, 44 EU GR Charta und des Art. 17 GG
   sowie im Sinne vergleichbarer Vorschriften des Landesverfassungs- bzw. Kommu-
   nalrechts richtet sich in der Regel an eine Volksvertretung mit dem Begehren, einer
   Bitte zu entsprechen oder einer Beschwerde abzuhelfen. Sie ist grundsätzlich „jedermann" eröffnet und nach ihrer Zielsetzung noch zu den nichtförmlichen Behel-
   fen zu rechnen, wenngleich sie ggf. schriftlich einzureichen ist[2321].
- Nach Art. 24 i. V. m. Art. 228 AEUV und Art. 43 EU GR Charta kann sich jeder
   Unionsbürger zudem an den Bürgerbeauftragten wenden. Er nimmt Beschwerden
   über Tätigkeiten der Unionsorgane entgegen, untersucht sie und erstattet über
   seine Ergebnisse Bericht.

2316   Schmidt/Wollenschläger/*Diederichsen/Renner*, Kompendium, § 7 Rn. 168.
2317   OLG Saarbrücken, NZBau 2012, 654 ff.
2318   S. auch *Wolff/Bachof/ Stober/Kluth*, VerwR I, § 63 VI; *Stumpf*, Alternative Streitbeilegung im Verwal-
       tungsrecht, 2006; *Kaltenborn*, Streitvermeidung und Streitbeilegung im Verwaltungsrecht, 2007.
2319   S. *Stober*, in: Merten/Papier (Hg.), HdBGR III, 2010, § 77; *Wolff/Bachof/Stober/Kluth*, VerwR I,
       §§ 100 f.
2320   BVerfGE 2, 230.
2321   BayVerfGH, NVwZ 2000, 548.

– Ist ein Wirtschaftsbürger der Ansicht, dass bei Verarbeitung seiner Daten seine Rechte verletzt werden, dann kann er sich nach § 21 BDSG unmittelbar an den zuständigen Beauftragten für Datenschutz wenden[2322], der auf Bundesebene nach § 12 IFG gleichzeitig der Bundesbeauftragte für die Informationsfreiheit ist.

II. Interne Kontrollen

Die internen Kontrollmechanismen verlassen den Bereich der Verwaltung nicht und **1157** lassen sich in zwei Lager aufteilen. Einerseits sind selbstinitiierte Verfahren der Eigenkontrolle möglich, die zu einer Überprüfung des Verhaltens innerhalb der handelnden Behörde führen. Andererseits ist ggf. die Staatsaufsicht *(s. o. Rn. 883)* als verwaltungsdistanzierte, exekutivistische Prüfungsinstanz berufen, Wirtschaftsverwaltungshandeln auf seine Fehlerhaftigkeit zu kontrollieren.

1. Selbstinitiierte Kontrolle

Die erlassende **Wirtschaftsverwaltungsbehörde** soll **von sich aus** Maßnahmen ändern, **1158** widerrufen oder zurücknehmen, wenn sich ihre Unrichtigkeit, Rechtswidrigkeit oder Zweckwidrigkeit herausstellt. Insoweit sind insbesondere die Vorschriften der §§ 42 ff. VwVfG zu beachten *(s. o. Rn. 1062)*. Auf ein solches Vorgehen besteht ggf. ein vor Gericht durchsetzbarer Anspruch des durch den Verwaltungsakt betroffenen Wirtschaftsakteurs. Insoweit sind diese Bestimmungen eine Art Bindeglied zwischen interner und externer Kontrolle der Wirtschaftsverwaltung.

2. Staatsaufsicht

Ferner haben die **Aufsichtsbehörden** stets über die Rechtmäßigkeit (Rechtsaufsicht) **1159** und vor allem bei übertragenen, weisungsgebundenen Aufgaben der Wirtschaftsverwaltung *(s. o. Rn. 227 f.)* auch über die Zweckmäßigkeit von Wirtschaftsverwaltungsmaßnahmen zu wachen (Fachaufsicht) und gegebenenfalls einzuschreiten.

Beispiel: Eine Handwerkskammer überschreitet den in §§ 91, 115 HwO festgelegten Aufgaben- und Zuständigkeitsbereich.

Wirtschaftsakteure haben im Allgemeinen **keinen Anspruch auf Einschreiten** der Auf- **1160** sichtsbehörden. Bei der Staatsaufsicht geht es im Kern um die Realisierung des Rechtsstaatsprinzips im Interesse der im Gesetz liegenden objektiv-rechtlichen Schranke staatlichen Handelns. Deshalb ist Staatsaufsicht nicht individual-, sondern funktionsbezogen.

III. Beihilfenaufsicht

Eine spezielle Ausprägung der Rechtsaufsicht ist auf Unionsebene in den Art. 107 ff. **1161** AEUV niedergelegt. Die dort normierte Beihilfenaufsicht *(s. o. § 31 II 2)* findet genauso wie im Falle interner Kontrollmechanismen durch einen Hoheitsträger statt. Sie unterscheidet sich allerdings von der Staatsaufsicht in zweierlei Hinsicht: Einerseits wird mit der Kommission ein Organ eines **(mitglied-)staatsfremden Hoheitsträgers**, nämlich der Union, als Kontrollorgan tätig.

Andererseits kann ein beihilfeaufsichtsrechtliches Verfahren auch von den **Beteiligten** – **1162** das sind nach Art. 1 lit. h) VO Nr. 2015/1589 auch etwa betroffene Konkurrenten – initiiert werden *(s. o. Rn. 1141)*. Gleichwohl dominiert dessen objektiv-rechtliche Funktion, weil die Rechtsstellung der Beteiligten eingeschränkt ist. Infolgedessen sieht

---

2322 *Wolff/Bachof/Stober/Kluth*, VerwR II, § 103.

die Unionsgerichtsbarkeit[2323] die in solchen Verfahren beteiligten Dritten vornehmlich als Informationsquelle der Union an[2324].

2323   S. nur *EuG*, Rs. T-613/97, Slg. 2000, II-4055 Rn. 89 – Ufex/Kommission.
2324   Vgl. dazu *Bartosch*, EU-Beihilfenrecht, 2. Aufl. 2016, Art. 6 VO 2015/1589 Rn. 1, Art. 24 VO 2015/ 1589 Rn. 1.

F. Organisation und Finanzierung der Wirtschaftsverwaltung

§ 39 Staatliche, unionsrechtliche und internationale Wirtschaftsverwaltung

Die Ausführung und Konkretisierung der zahlreichen Aufgaben des Wirtschaftsver- **1163**
waltungsrechts ist Angelegenheit der Exekutive (Art. 83 GG). Sie werden im Wesentlichen auf der Ebene der EU, des Bundes und der Länder wahrgenommen. Hinzu treten
wirtschaftsvölkerrechtliche und grenzüberschreitend aktive Institutionen.

I. Träger- und Behördenvielfalt

Da das Grundgesetz keine ausdrücklich geregelte Wirtschaftsverfassung kennt *(s. o.* **1164**
Rn. 118), orientiert sich die Organisation im Bereich der Wirtschaftsverwaltung am
allgemeinen Staatsaufbau, der sich im Wesentlichen aus Art. 20, 30, 70 und 83 GG
ergibt. Hinzu treten Unionsorgane sowie deren Ausgründungen[2325], die wegen der
zunehmenden Wirtschaftsintegration auf dem Binnenmarkt mehr und mehr an Bedeutung gewinnen *(s. o. Rn. 132)*, sich allerdings in das Kompetenzgefüge auf Unionsebene einfügen und insbesondere den Art. 5, 13 EUV sowie in der Regel Art. 114
AEUV entsprechen müssen[2326]. Träger der Wirtschaftsverwaltung sind danach zusammengefasst die **EU, Bund, Länder, Körperschaften, Agenturen** und **Anstalten** sowie
besondere Verwaltungsstellen. Ihnen sind die Wirtschaftsverwaltungsbehörden als diejenigen handelnden Organe bzw. Stellen zugeordnet, welche die Aufgaben der Wirt-
schaftsverwaltungsträger i. S. d. § 1 Abs. 4 VwVfG erfüllen und innerhalb der Wirtschaftsverwaltung einen eigenen Zuständigkeitsbereich wahrnehmen. Daneben steht
die Wirtschaftsverwaltung durch Selbstverwaltungsträger *(s. u. Rn. 1203 ff.)* sowie
durch die Einbeziehung von Privaten. Für die Einzelheiten der Organisationsstruktur
der Wirtschaftsverwaltung gilt der Grundsatz der **Wahlfreiheit** einschließlich der Koo-
perationsfreiheit mit Privaten *(s. o. Rn. 556)*[2327].

Beispiel: Die Rechtsangleichungskompetenz aus Art. 114 Abs. 1 AEUV lässt die Gründung von
Unionsorganen, da sie nicht auf die Veränderung des nationalen Rechts bezogen ist, nur zu,
wenn mit deren Schaffung ein substanzieller Mehrwert für das Binnenmarktziel *(s. o. Rn. 138)*
zu erwarten ist. Er soll gegeben sein, wenn das Unionsorgan eine beratende Funktion in einem
weitgehend unionsrechtlich determinierten Bereich wahrnimmt. Zumindest die Grenzen des
Art. 114 Abs. 1 AEUV sind aber erreicht, wenn das Unionsorgan Notfallentscheidungsbefugnisse
unmittelbar gegenüber dem Marktbürger wahrnehmen darf[2328], wobei die Unionsgerichtsbarkeit
im Lichte des Beurteilungsspielraums des Unionsgesetzgebers dann eine Ausnahme macht, wenn
die Behörde mit spezifischem Fachwissen ausgestattet sowie besonders reaktionsfähig ist, weil
sie dann nationalen Alternativen deutlich überlegen ist. Im Lichte dieser Anforderungen hält der
EuGH namentlich die Gründung der ESMA, die Aufsichtsbefugnisse auf dem Wertpapier- und
Finanzmarkt wahrnimmt, für zulässig[2329].

Da die Wirtschaftsverwaltung eine dienende Rolle hat (Wirtschaftsakteure als Kunde), **1165**
müsste eine wirtschaftsnahe und wirtschaftsfreundliche Ausgestaltung der Organisa-

---

2325 *Wolff/Bachof/Stober/Kluth*, VerwR I, § 6 II.
2326 S. *Saurer*, DÖV 2014, 549, 553 f.; Calliess/Ruffert/*Korte*, EUV/AEUV, Art. 114 Rn. 25.
2327 *Wolff/Bachof/Stober/Kluth*, VerwR I, § 22 II 1 und § 88.
2328 Calliess/Ruffert/*Korte*, EUV/AEUV, Art. 114 Rn. 25.
2329 *Saurer*, DÖV 2014, 549, 553 f.; *Kaufhold*, Verw. 46 (2013), 21, 32.

tion oberstes Anliegen sein. Das ist aber angesichts der bestehenden Träger- und Behördenvielfalt nicht der Fall. Es werden unbeschadet der Einführung neuer Steuerungsmodelle und eines New Public Management in der Wirtschaftsverwaltung[2330] immer noch zu wenig Anstrengungen unternommen, die organisatorischen Gegebenheiten mehr zu bündeln und das **Kompetenzwirrwarr** zu entflechten. Vor allem fehlen zentrale Anlaufstellen, die den Wirtschaftssubjekten Wege zu verschiedenen öffentlichen Stellen ersparen. Ein Schritt in diese Richtung sind die durch Art. 6 DLR vorgeschriebenen einheitlichen Ansprechpartner *(s. u. Rn. 1171).* Dieses neue Rechtsinstitut hat aber nur den Charakter einer Anlauf- und Koordinierungsstelle, während die Entscheidungsbefugnis bei anderen Behörden liegt und sich ein einheitliches für die Wirtschaft zweckmäßiges Kammermodell nicht durchgesetzt hat (s. aber auch § 1 Abs. 3a und b IHKG)[2331]. Hilfreich wäre es zudem, den Wirtschaftsakteuren ebenso wie in den §§ 14 f. SGB I einen allgemeinen Auskunfts- und Beratungsanspruch einzuräumen. Er entspräche dem Gebot eines Grundrechtsschutzes durch Verfahren und dem Recht auf eine gute Wirtschaftsverwaltung, da die Information essenzieller Bestandteil der Realisierung ökonomischer Grundrechte ist.

II.   Wirtschaftsverwaltung auf nationaler Ebene

1166   In Anknüpfung an die so beschriebene Behördenvielfalt findet sich auf nationaler Ebene eine Vielfalt an Verwaltungsformen. Es lassen sich die unmittelbare, rechtlich unselbständige Verwaltung durch eigene Behörden und Verwaltungsunterbau sowie die mittelbare Verwaltung durch rechtlich selbstständige Einheiten in Form juristischer Personen unterscheiden.

1.   Unmittelbare Wirtschaftsverwaltung

1167   Bund und Länder können Wirtschaftsverwaltungsaufgaben durch bundes- und landeseigene Verwaltungseinrichtungen erfüllen, die als unmittelbare Wirtschaftsverwaltung bezeichnet werden.

1168   a) **Bundesebene.** Zur bundeseigenen Verwaltung gehören die **obersten Bundesbehörden**, also etwa das Bundesministerium für Wirtschaft, das Bundesfinanz- und das Bundesverkehrsministerium. Sie treffen vornehmlich wirtschaftspolitische Leitentscheidungen, haben zentrale Verwaltungsaufgaben und nehmen Aufsichtsbefugnisse wahr. Den Ministerien sind Bundesoberbehörden nachgeordnet, deren Zuständigkeit die gesamte Bundesrepublik erfasst. Ihre Aufgabe ist es, die Ministerialebene von Verwaltungs- und Vollzugsmaßnahmen auf den Gebieten der Wirtschaft zu entlasten.

Beispiele: Bundesamt für Wirtschaft und Ausfuhrkontrolle, Bundesamt für Ernährung und Forstwirtschaft, Umweltbundesamt, Bundeskartellamt (§§ 48 ff. GWB) mit Markttransparenzstelle zur Marktbeobachtung im Bereich Kraftstoffe (§ 47k GWB), Statistisches Bundesamt, Bundesamt für Güterverkehr (§§ 10 ff. GükG), Bundesinstitut für Arzneimittel und Medizinprodukte (§ 77 AMG), Bundesinstitut für Risikobewertung, Bundesaufsichtsamt für Flugsicherung; Bundesagentur für Außenwirtschaft als Servicestelle für Wirtschaftsinformationen, Bundesanstalt für Finanzdienstleistungsaufsicht, Bundesamt für Verbraucherschutz und Lebensmittelsicherheit, Bundesanstalt für Finanzmarktstabilisierung (§ 3a FinmarktstabG),

1169   Eine besondere Rolle im Gefüge der Wirtschaftsverwaltung nimmt die als selbstständige Bundesoberbehörde ausgestaltete Bundesnetzagentur für Elektrizität, Gas, Telekommunikation, Post und Eisenbahn (§ 54 EnWG, § 116 TKG) ein. Sie hat den Status

---

2330   S. näher allgemein *Wolff/Bachof/Stober/Kluth,* VerwR I, § 2 VI 5.
2331   S. zur Gesetzgebung der Bundesländer *Luch/Schulz,* GewArch. 2010, 225 ff.; *T. Günther,* GewArch. 2010, 437 ff.; *Kluth,* in: Ehlers, § 12 Rn. 24 ff. m. w. N.

einer unabhängigen **Regulierungsbehörde** mit umfassendem Zuständigkeitsbereich für die genannten Sektoren der infrastrukturellen Grundversorgung *(s. o. Rn. 852)*[2332], die aus ehemals staatlichen oder kommunalen Betrieben hervorgegangen sind und für die auf dem Weg zum Wettbewerb Regulierungsverwaltungsrecht als Privatisierungsfolgenrecht gilt *(s. o. Rn. 847)*[2333]. Zur Sicherstellung einer wettbewerbskonformen Bildung von Großhandelspreisen von Elektrizität und Gas wurde bei der Bundesnetzagentur eine Markttransparenzstelle eingerichtet, die die Vermarktung laufend beobachtet (§ 47a, b GWB).

b) Landesebene. **Oberste Landesbehörden** sind jeweils die Ministerien für Wirtschaft **1170** und ausnahmsweise andere Ministerien, die Teilbereiche des Marktgeschehens mitverwalten (z. B. Landwirtschaftsministerium, Verbraucherministerium, Umweltministerium). Außer diesen Behörden, die keiner anderen Landesbehörde unterstehen, gibt es ihnen nachgeordnete Landesoberbehörden, deren Zuständigkeit sich auf das ganze jeweilige Bundesland erstreckt (z. B. Landesgewerbeamt, Landesbergamt) und deren Tätigkeitsprofil auf die Wahrnehmung einer bestimmten Verwaltungsaufgabe spezialisiert ist. Sie verfügen in der Regel nicht über einen eigenen Verwaltungsunterbau.

Hinzu treten, soweit nicht durch Strukturreformen abgeschafft, die **Landesmittelbe-** **1171** **hörden**, die unmittelbar der obersten Landesbehörde unterstehen und jedenfalls in Ländern mit großer Ausdehnung für ein bestimmtes Gebiet eigene Entscheidungszuständigkeiten besitzen, Koordinationsaufgaben erledigen und die Aufsicht über die unteren Wirtschaftsverwaltungsbehörden wahrnehmen, ohne spezialisiert zu sein. Die Landesmittelbehörden dienen daher dort, wo sie noch bestehen, insbesondere dazu, die Ministerialebene von etwaigen Aufsichtspflichten zu entbinden.

Beispiele: Die Landesdirektion Sachsen ist unterhalb der sächsischen Ministerialebene angesiedelt, untersteht dem sächsischen Innenministerium und hat Standorte in Chemnitz als Hauptsitz, Dresden und Leipzig. Sie untersteht dem sächsischen Innenministerium, nimmt aber auch Aufgaben wahr, die in den Verantwortungsbereich anderer Ministerien gehören – so im Bereich des Gesundheitswesens oder der kommunalen Wirtschaftsförderung bzw. -entwicklung. Zudem achtet sie sachsenweit auf eine einheitliche Anwendung des Gewerbe- bzw. Handwerksrechts oder wird als einheitlicher Ansprechpartner aktiv.

Die **unteren Landesbehörden** bilden die Kreise, kreisfreien Städten, die Gemeinden und **1172** die Gemeindeverbände ab. Sie sind zwar als Körperschaften des öffentlichen Rechts organisiert und daher rechtlich selbstständig, nehmen aber gleichwohl staatliche Aufgaben der Wirtschaftsverwaltung, die in der Regel (vgl. Art. 125a Abs. 1 GG) den Ländern obliegen (vgl. Art. 84 Abs. 1 S. 6 GG), als Auftragsangelegenheiten bzw. als Pflichtaufgaben zur Erfüllung nach Weisung wahr *(s. o. § 8)*[2334] und unterliegen insoweit der Rechts- und Fachaufsicht durch die oberste Landesbehörde (zweistufiger Verwaltungsaufbau) oder durch die Landesmittelbehörden (dreistufiger Verwaltungsaufbau).

Die **Kommunen** erfüllen darüber hinaus aber auch Selbstverwaltungsaufgaben und **1173** unterliegen dann nur der Rechtsaufsicht. Insoweit kommt ihnen im Rahmen der Gesetze ein Aufgabenfindungsrecht als ein wesentlicher Teil der in Art. 28 Abs. 2 GG normierten **Selbstverwaltungsgarantie** zu *(s. o. Rn. 217)*. Zudem sind die Aufgaben der Kommunen in ihrem Kern änderungsfest, wobei dessen Grenzen nicht klar vermessen sind. Die historische Bedeutung der Selbstverwaltung und das Einflussnahmeinte-

---

2332 S. zur Neuorganisation C. *Schmidt*, NVwZ 2006, 907 ff.; *Ruffert*, in: Ehlers, § 21 Rn. 27 ff.
2333 *Döhler*, Verw 34 [2001], 59 ff.; *Fehling*, DÖV 2002, 793, 795.
2334 Vgl. zu den Unterschieden ausf. *Mann*, in: Erbguth/Mann/Schubert, Besonderes Verwaltungsrecht, 12. Aufl. 2015, Rn. 90 ff., 345 ff.

resse des Bürgers vor Ort bilden insoweit Anhaltspunkte. Ferner soll es auf eine Abwägung der widerstreitenden Kompetenzinteressen ankommen[2335].

Beispiel: Die gesetzliche Einrichtung eines Entschädigungsfonds, der im Falle von Schäden infolge der landwirtschaftlichen Nutzung von bei der Aufbereitung von Abwässern entstehendem und ggf. nährstoffreichem Klärschlamm greifen soll und von den Nutzern bzw. Veräußerern des Schlamms gespeist wird, betrifft zwar eine Angelegenheit der örtlichen Gemeinschaft, weil er sich auf den örtlich anfallenden Klärschlamm bezieht, kann aber durch Gesetz geregelt und so den Kommunen als Aufgabe entzogen werden. Insoweit kommt der Legislative im Rahmen des Art. 28 Abs. 2 GG eine gewisse Prärogative zu[2336].

1174 Wirtschaftspolitisch ist in jüngerer Zeit eine Tendenz zur Herabzonung von Wirtschaftsverwaltungsaufgaben im Sinne einer **Dezentralisierung** auf untere Behörden und eine Verlagerung auf Träger wirtschaftlicher Selbstverwaltung *(s. u. 1204 ff.)* zu beobachten[2337]. Soweit einzelne Wirtschaftszweige einer besonderen Aufsicht unterstehen, ist die Überwachungsbehörde nicht immer mit der Genehmigungsbehörde identisch. Teilweise sind Sonderbehörden an der Kontrolle der Wirtschaftsverwaltung beteiligt. Zudem bedienen sich die Bundes- und Landesbehörden teilweise fachkundiger Gremien, die vor allem Beratungsaufgaben wahrnehmen.

Beispiele: Sonderbehörden sind namentlich die Gewerbeaufsichtsämter, Eichämter, Umweltfachämter, Arbeitsschutzämter; auf beratende Gremien beziehen sich § 8 FinDAG (Fachbeirat) und § 8a FinDAG (Verbraucherbeirat).

2. Mittelbare Wirtschaftsverwaltung

1175 Zur Wahrnehmung von Aufgaben der Wirtschaftsverwaltung bedienen sich Bund und Länder nicht nur der unmittelbaren Verwaltungseinrichtungen. Sie lassen Teilbereiche aus unterschiedlichen Gründen durch **bundes- und landesmittelbare Körperschaften, Anstalten und Stiftungen des öffentlichen Rechts** erledigen, die häufig nur der Rechtsaufsicht unterstehen und als mittelbare Bundes- oder Landesverwaltung bezeichnet werden. Sie heben sich von den bisher erörterten Verwaltungsformen durch ihre juristische Verselbstständigung ab.

Beispiele: Bundesanstalt für Landwirtschaft und Ernährung, Filmförderungsanstalt; Bundesanstalt für Materialforschung, Bundesbank, Erdölbevorratungsverband, Kreditanstalt für Wiederaufbau als zentrale Förderbank des Bundes mit fünf Säulen (Entwicklungsbank, Investitionsbank für Entwicklungsländer, Exportfinanzierungsbank, Mittelstandsbank und Förderbank für umweltbewusstes Wirtschaften), Bundesanstalt für Arbeitsschutz und Arbeitsmedizin (§ 32 ProdSG, § 4 Abs. 1 ChemG).

3. Öffentliche Unternehmen

1176 Eine Zwischenstellung zwischen mittelbarer und unmittelbarer Staatsverwaltung nehmen schließlich die öffentlichen Unternehmen ein *(s. o. Rn. 767)*. Sie erledigen vielfältige Aufgaben der Wirtschaftsverwaltung, indem sie u. a. infrastrukturelle, strukturpolitische, konjunkturpolitische, bedarfsdeckende, wettbewerbspolitische, wirtschaftsfördernde sowie gewinnorientierte Ziele verfolgen, und lassen sich der unmittelbaren Wirtschaftsverwaltung von Bund und Ländern jedenfalls dann zuschlagen, wenn sie als Regie- oder Eigenbetriebe organisiert und dann rechtlich unselbstständig sind. Im Falle ihrer rechtlichen Selbstständigkeit werden die öffentlichen Unternehmen in der Regel der mittelbaren Staatsverwaltung zugeordnet. Die **genaue Grenzziehung** ist im Einzelnen **streitig**[2338].

2335 S. dazu z. B. Schmidt-Bleibtreu/Hofmann/Henneke/*Henneke*, GG, Art. 28 Rn. 77 f.

2336 BVerfGE 110, 370, 400 ff.; vgl. dazu *Gärditz*, AbfallR 2005, 68 ff.

2337 *Bull*, in: Ziekow (Hg.), Entwicklungslinien der Verwaltungspolitik, Schriftenreihe der Deutschen Sektion für Verwaltungswissenschaften Band 32, 2007, S. 158.

2338 Vgl. dazu *Pfahl*, Staatliche Wirtschaftsteilnahme und Art. 30 GG, 2016, S. 200 ff.

III. Wirtschaftsverwaltungsorganisation und EU

Hinsichtlich der administrativen Durchführung des EU-Rechts gehen die Unionsver-**1177** träge wegen Art. 5 Abs. 3 EUV von dem bereits erörterten **mitgliedstaatlichen Verwaltungsvollzug als Grundsatz** aus[2339]. Die dargelegte grundgesetzlich vorgegebene Kompetenzverteilung des Verwaltungsvollzugs gilt auch für die Durchführung des EU-Rechts, so dass der Gesetzesvollzug im Allgemeinen bei den Landesbehörden liegt *(s. o. Rn. 271)*. Daneben existieren besondere Verwaltungseinrichtungen auf der EU-Ebene, die spezielle Aufgaben wahrnehmen.

In jüngerer Zeit ist eine deutliche Tendenz zur Unionisierung von Verwaltungseinrich-**1178** tungen festzustellen, um spezielle Integrationsziele zu erreichen und die Einheitlichkeit des Vollzugs und der Verwaltungspraxis zu gewährleisten[2340].Teilweise wurde hierzu das Grundgesetz geändert (Art. 87d Abs. 1 und Art. 88 GG). Ein Ende dieser Entwicklung ist kaum abzusehen. Die damit verbundene **Zentralisierung** wirkt sich in erheblicher Weise auf die nationalstaatlichen Verwaltungsverfahren und die europäische Verwaltungszusammenarbeit aus, da häufig EU-Verwaltungen beteiligt sind.

Beispiele: Europäische Zentralbank nach Art. 282 Abs. 3 EUV; Statistisches Amt der EU (EURO-STAT); Europäische Investitionsbank (EIB) gem. Art. 308 f. AEUV; Harmonisierungsamt für Marken, Muster und Modelle zur Vergabe einheitlicher Gemeinschaftsmarken; Europäische Bank für Wiederaufbau und Entwicklung; Europäisches Amt für Betrugsbekämpfung; EU-Behörde für Lebensmittelsicherheit; Europäische Bankenaufsichtsbehörde.

Besonders deutlich wird die Ausweitung des Unionsverwaltungsrechts bei der perma-**1179** nenten Schaffung hochspezialisierter **Europäischer Fachagenturen**[2341]. Insoweit steht der Union wie bereits angedeutet *(s. o. Rn. 280 f.)* kein Freibrief zu. Sie hat vielmehr die ihr gesetzten Kompetenzgrenzen einzuhalten[2342]. Insbesondere ist im Lichte des Art. 114 Abs. 1 AEUV darauf zu achten, dass die neu geschaffenen Institutionen der Durchsetzung des Unionsrechts dienen und nicht eigene Befugnisse ausüben. Die unionsrechtliche Praxis verfährt freilich anders, was die Unionsgerichtsbarkeit in Grenzen duldet[2343].

Beispiele: Europäische Agentur für die Beurteilung von Arzneimitteln, Europäische Agentur für Flugsicherheit, die u. a. für die Unionszulassung für Luftfahrtgeräte zuständig ist, Europäische Agentur für die Sicherheit des Seeverkehrs, Europäische Agentur für Fischereiaufsicht, Europäische Eisenbahnagentur, Europäische Chemikalienagentur, Europäische Regulierungsagentur für Bankenaufsicht[2344].

Unabhängig davon wächst der Bedarf nach Verwaltungszusammenarbeit im in Art. 4 **1180** Abs. 3 EUV angelegten **Europäischen Verwaltungsverbund**[2345] durch Amtshilfe, Information und Kontrolle im Interesse einer wirksamen Verbundüberwachung auf dem Binnenmarkt, die die Aufgabe hat die Viereebenenverwaltung (EU-Bund-Länder-Gemeinden) zu vernetzen. Dadurch werden viele Bereiche des klassischen Wirtschaftsverwaltungs-, aber auch des Regulierungs- und Risikorechts überformt.

2339 *Wolff/Bachof/Stober/Kluth*, VerwR I, § 6 II; *Hatje*, Die gemeinschaftsrechtliche Steuerung der Wirtschaftsverwaltung, 1998, S. 41 ff.; BVerwG, NVwZ 1997, 176 f.

2340 EuGH, EuZW 2006, 369 ff.

2341 S. näher *Wolff/Bachof/Stober/Kluth*, VerwR I, § 6 II 1; *Groß*, DÖV 2004, 20 ff.; *R. Vetter*, DÖV 2005, 72 ff.; *Kilb*, EuZW 2006, 268 ff.; *Görisch*, JURA 2012, 42 ff.; *Groß*, JZ 2012, 1087 ff.

2342 Vgl. *J.P. Schneider/Schwarze/Müller-Graff* (Hg.), Vollzug des Europäischen Wirtschaftsrechts zwischen Zentralisierung und Dezentralisierung, 2005; *Kugelmann*, VerwArch. 98 (2007), 78 ff.

2343 Vgl. zum Ganzen Calliess/Ruffert/*Korte*, EUV/AEUV, Art. 114 Rn. 25.

2344 *Kämmerer*, NVwZ 2011, 1281 ff.; *K. Michel*, DÖV 2011, 728 ff.

2345 Schmidt-Aßmann/Schöndorf-Haubold (Hg.), Der Europäische Verwaltungsverbund, 2005; *Ruffert*, DÖV 2007, 761 ff.

Beispiele: Durchführung der Richtlinie über die Anerkennung von Berufsqualifikationen (Art. 8 und 56); Durchführung der Dienstleistungsrichtlinie (Art. 28 ff. und Erwägung Nr. 105)[2346] über die §§ 8a ff. VwVfG; Europäischer Informationsaustausch nach § 17 GüKG, Zusammenarbeit bei der Bankenaufsicht nach § 4 FinDAG.

1181   Da die EU-Kommission im Interesse der Realisierung des Binnenmarktes ein großes Interesse an der ordnungsgemäßen Umsetzung und korrekten Durchführung der einschlägigen Rechtsvorschriften und Entscheidungen hat, verpflichtet das Unionsrecht die Mitgliedstaaten oftmals dazu, Vorortprüfungen durch von der Kommission beauftragte Bedienstete und Sachverständige zu gestatten (sog. **Inspektionen**).

Beispiel: Art. 15 VO 300/2008/EG hinsichtlich der Einhaltung von Luftsicherheitsstandards.

IV. Internationale Wirtschaftsverwaltungsorganisationen

1182   Die Organisation der Wirtschaftsverwaltung erschöpft sich wegen der internationalen ökonomischen Verflechtungen und Beziehungen nicht in einer staatlichen und unionsrechtlichen Dimension. Daneben existieren zahlreiche internationale Einrichtungen, die unterschiedliche, meist spezielle Aufgaben erfüllen. Die internationalen Wirtschaftsorganisationen leisten in doppelter Hinsicht einen wichtigen Beitrag zur Förderung des internationalen Wirtschaftsrechts. Zum einen versuchen sie, den engen Bilateralismus im grenzüberschreitenden Wirtschaftsverkehr zu überwinden. Zum anderen sind sie Ersatz für fehlende internationale materielle Regeln. Insoweit hat die internationale institutionelle Kooperation den Dialog über das internationale Wirtschaftsrecht voranzubringen und fungiert damit i. S. v. Art. III WTO-Abkommen als Wegbereiter und Entwickler[2347]. Die zugehörigen Institutionen können hier nur exemplarisch aufgeführt werden[2348].

Beispiele: Die World Trade Organisation (WTO) ist die organisatorische bzw. institutionelle Grundlage insbesondere des GATT zur Weiterentwicklung der Handelsregeln mit Entscheidungs- und Überwachungskompetenz[2349]. Sie soll die Durchführung des GATT-Vertragssystems erleichtern und seine Zielsetzungen fördern. Gleichzeitig soll sie als Forum für Verhandlungen und den weiteren Ausbau des GATT-Systems dienen. Zudem ist ein Streitbeilegungssystem *(s. o. Rn. 528)* auf WTO-Ebene angesiedelt. Die Organisation für wirtschaftliche Zusammenarbeit und Entwicklung (OECD) ist ein lockerer Zusammenschluss von Staaten. Sie fungiert als „clearing house" bzw. als „informeller Arbeitsstab" der Industrieländer. Sie hat Beratungsstatus und analysiert die Wirtschaftspolitik der Mitgliedsländer[2350]. Ferner setzt sie wirtschaftsrelevante Standards als „Softlaw" und unverbindliche „Decisions". Der Internationale Währungsfonds (IWF) überwacht weltweit die Währungsstabilität und versucht, das Währungssystem vor gravierenden Erschütterungen zu bewahren sowie die Konjunktur durch Ausgabenprogramme in Schwung zu halten. Bei Zahlungsbilanzdefiziten hilft der IWF durch Kredite. Die parallel zum IWF gegründete Weltbank hat vornehmlich die Aufgabe, den Wiederaufbau und die Entwicklung der Mitgliedsländer zu unterstützen sowie die private Investitionstätigkeit zu fördern. Die Vereinten Nationen haben zahlreiche Institutionen geschaffen, die sich mit wirtschaftsrechtlichen Fragen und der Entwicklung ökonomisch relevanter Modellgesetze befassen[2351].

1183   Zu diesen zwischenstaatlichen Einrichtungen treten solche Institutionen hinzu, die deutsche Interessen im Ausland vertreten. So existieren dort als ein (weiterer) Bestandteil der Außenwirtschaftsförderung „**Deutsche Industrie- und Handelszentren** (DIHZ)", die auch als „German Centres" firmieren. Sie vereinen die Außenwirtschaftsförderung des Bundes,

---

2346   *Korte*, NVwZ 2007, 501 ff.
2347   *Ebke*, JZ 1996, 995 f.; *Stober*, Globales Wirtschaftsverwaltungsrecht, 2001.
2348   S. näher *Oeter*, in: Ehlers, § 3; *Terhechte*, JuS 2004, 959 ff.
2349   *Barth*, NJW 1994, 2811; *Jansen*, EuZW 1994, 333, 339; *Weiß/Hermann*, Welthandelsrecht, 2003, § 9.
2350   *Köpernik*, JuS 1976, 705 ff.
2351   S. näher *Stober*, Globales Wirtschaftsverwaltungsrecht, 2001; *ders.*, in: Baudenbacher/Busek (Hg.), Europa und die Globalisierung, 2002, S. 309 ff.; *Oeter*, in: Ehlers, § 3 Rn. 44 ff.

der Länder sowie der deutschen Wirtschaft unter einem Dach und beruhen auf privater Trägerschaft. Ihr Zweck liegt darin, als Anlaufstelle im Ausland für deutsche und ausländische Unternehmen zu fungieren und dort eine breite Palette von Serviceleistungen anzubieten, um das Außenwirtschaftsförderungsinstrumentarium zu ergänzen. Diese Organisationen arbeiten mit den Außenhandelskammern und den Delegierten der Deutschen Wirtschaft *(s. u. Rn. 1248)* zusammen.

§ 40 Wirtschaftsverwaltung durch Einschaltung Privater

Der Staat muss die mit der Wirtschaftsverwaltung zusammenhängenden Aufgaben nicht selbst erledigen, sondern kann im Lichte seiner Organisationsfreiheit *(s. o. Rn. 774)* private Kräfte einschalten, muss sich dabei aber wegen des permanenten Wandels öffentlicher Aufgaben an der Funktionsfähigkeit und Optimierung der Wirtschaftsverwaltung orientieren[2352]. **1184**

I. Beleihung

Daran anknüpfend existieren zahlreiche Kooperationsmöglichkeiten, die Ausdruck des verantwortungsgeteilten Staates *(s. o. Rn .19 ff.)* sind und bis zur Privatisierung staatlicher Aufgaben reichen *(s. u. Rn. 1266)*[2353]. Als Träger öffentlicher Verwaltung werden dann neben den juristischen Personen des öffentlichen Rechts auch natürliche oder juristische Personen des Privatrechts eingesetzt. Soweit ihnen die Zuständigkeit eingeräumt ist, bestimmte einzelne öffentlich-rechtliche Kompetenzen im eigenen Namen und in den Handlungsformen des öffentlichen Rechts *(s. o. Rn. 1036)* wahrzunehmen, liegt ein Fall der **Beleihung** vor. Sie ist eine traditionell und aktuell häufig eingesetzte Organisationsform des Wirtschaftsverwaltungsrechts, deren Bedeutung in der jüngeren Vergangenheit angesichts des Ausbaues des **Gewährleistungsverwaltungsrechts** *(s. o. Rn. 856)* zunimmt[2354]. **1185**

Die Beleihung hat den Zweck, die öffentliche Verwaltung zu dezentralisieren, die Hoheitsträger zu entlasten[2355] sowie private Initiative, Situationsbeherrschung, Verwaltungspotenzial, Finanzmittel und u. a. technische Sachkenntnis nutzbar zu machen. In den allermeisten Fällen wären staatliche Organe gar nicht in der Lage, die den Beliehenen anvertrauten besonderen Kompetenzen wahrzunehmen. Die Dezentralisierung durch Beleihung ist deshalb gleichzeitig eine erwägenswerte **Alternative zur vollständigen Privatisierung** im Sinne einer Aufgabenprivatisierung (Entstaatlichung, Entkommunalisierung – *s. o. Rn. 89)*[2356]. Die Rechtsfigur der Beleihung ist grundsätzlich in allen Feldern der Wirtschaftsverwaltung zu finden. **1186**

Beispiele: Seeschiffskapitäne[2357]; Luftfahrzeugführer nach § 12 Abs. 1 LuftSiG; Bezirksschornsteinfegermeister nach §§ 14 ff. SchfHwG; Subventionsverwaltung gem. § 44 Abs. 3 BHO[2358]; § 33 PostG für die förmliche Zustellung von Schriftstücken; TÜV-Sachverständige im Rahmen der Straßenverkehrszulassung[2359]; Fischereiaufseher; Werkstätten anlässlich der Kfz-Abgasuntersuchun-

---

2352 *Schmidt-Aßmann/Hoffmann-Riem* (Hg.), Verwaltungsorganisationsrecht als Steuerungsressource, 1997; *Budäus* (Hg.), Organisationsmodell öffentlicher Aufgabenwahrnehmung, 1998.
2353 *Burgi*, Gutachten für den 67. DJT 2008; *Stober*, NJW 2008, 2301 ff.
2354 *Heintzen* und *Voßkuhle*, VVDStRL 62 [2003], 222 ff.; *Schoch*, NVwZ 2008, 241 ff.
2355 *vom Feld*, Staatsentlastung im Technikrecht, 2007.
2356 S. *Wolff/Bachof/Stober/Kluth*, VerwR I, §§ 90 ff.
2357 EuGH, DVBl. 2004, 182.
2358 *U. Stelkens*, NVwZ 2004, 304 ff.; *Dommach*, NVwZ 2007, 53 ff.; BreStGH, NVwZ 2003, 81 ff.
2359 BGHZ 122, 85 ff.

gen²³⁶⁰; Zulassungsstelle für Öko-Audit-Gutachter nach § 28 f. UAG i. V. m. der Beleihungsverordnung; Luftsicherheitsassistent nach § 16a LuftSiG; §§ 1 f. FStrPrivFinG für den gebührenfinanzierten Bau von Fernstraßen; Führung des Unternehmerregisters durch die Bundesanzeiger Verlagsgesellschaft mbH nach § 9a Abs. 1 HGB; Deutsche Akkreditierungsstelle GmbH (§§ 8 ff. AkkstelleG); Beauftragte nach § 31b Abs. 1 Satz 2 und § 31c i. V. m. § 31d LuftVG; Gemeinsame Stelle nach § 40 Elektro- und Elektronikgesetz, Führung des Transparenzregisters nach § 25 GwG.

1187 Die Beleihung steht unter (institutionellem) **Gesetzesvorbehalt** *(s. o. Rn. 157)*, der sich nicht nur auf das „Ob" der Beleihung bezieht, sondern auch auf deren wesentliche Modalitäten – gerade soweit es um die Befugnisse des Beliehenen und deren Umfang sowie etwaige Verpflichtungen Dritter geht. Die damit einhergehende Übertragung von Hoheitsrechten muss der Verfassung und insbesondere den Vorgaben des Art. 33 Abs. 4 GG gerecht werden, wobei dem Gesetzgeber insoweit ein recht weit reichender Gestaltungsspielraum zugestanden wird. Die in Entsprechung zu diesen Grundsätzen Beliehenen sind grundrechtsgebunden und unterstehen der Staatsaufsicht, die nicht nur als Rechts-, sondern auch als Fachaufsicht ausgestaltet sein kann. Sie sind teilweise befugt, Gebühren für ihre Tätigkeit zu erheben.²³⁶¹

Beispiel: Einer in der Hand des Landeswohlfahrtsverbandes Hessen – ein Zusammenschluss der hessischen Landkreise und kreisfreien Städte – befindlichen, formell privatisierten Klinik dürfen Aufgaben im Rahmen des Maßregelvollzugs im Wege der Beleihung übertragen werden, obwohl die gegenüber den Insassen erforderlichen vorläufigen Anordnungen dann nicht mehr von Beamten i. S. d. Art. 33 Abs. 4 GG getroffen werden. Diese Ausnahme lässt sich auf den Regelvorbehalt in Art. 33 Abs. 4 GG stützen, wenn ein spezifischer und verhältnismäßig umgesetzter, nicht nur fiskalische Interessen spiegelnder Ausnahmegrund vorliegt. Er folgt im Falle der Klinik aus Verbundvorteilen wegen der engen Verbindung zur psychiatrischen Behandlung, die die Klinik ebenfalls durchführt und die die Insassen vor oder nach dem Maßregelvollzug oftmals benötigen. Hinzu kommt, dass ein hinreichender Einfluss der öffentlichen Hand auf die Tätigkeiten in der Klinik wegen der Aufsichtsbefugnisse und der lediglich formellen Privatisierung bestand²³⁶².

II. Verwaltungshelfer

1188 Die Wirtschaftsverwaltungsbehörden bedienen sich zur Erledigung ihrer vielfältigen Aufgaben daneben auch privater Verwaltungshelfer²³⁶³, Amtshelfer oder Erfüllungsgehilfen, die für eine Behörde unselbstständig tätig und lediglich als Werkzeug in die Erledigung hoheitlicher Aufgaben eingeschaltet sind²³⁶⁴ oder selbstständig einen Teilbeitrag mit funktionalem Bezug zu einer öffentlich-rechtlichen Aufgabe erbringen. Sie stehen nicht in unmittelbarer Rechtsbeziehung zu Dritten, wie das für den Beliehenen typisch ist und verfügen anders als er nicht über eigenen Entscheidungskompetenzen, sondern handeln im Auftrag und nach Weisung der Behörde. Sie sind Ausdruck einer Public-Private-Partnership *(s. o. Rn. 767)*²³⁶⁵ und des Kooperationsprinzip, wobei nur die Erfüllung in private Hände gelegt wird (**Erfüllungsprivatisierung**).

Beispiele: § 22 KrWG²³⁶⁶; § 29 Abs. 2 LuftVG; § 40 Abs. 2 WHG; Einschaltung privater Banken bei der Subventionsabwicklung²³⁶⁷; das Bundesamt für Güterverkehr kann nach § 4 Abs. 2 Au-

---

2360 OLG Schleswig, NJW 1996, 1218; VGH Kassel, GewArch 2010, 366 ff.
2361 Ausf. dazu *Wolff/Bachof/Stober/Kluth*, VerwR II, § 90.
2362 BVerfGE 130, 76 f.; vgl. dazu *Sachs*, JuS 2012, 668 ff. sowie *Schladebach/Schönrock*, NVwZ 2012, 1011 ff.
2363 S. *Burgi*, Funktionale Privatisierung und Verwaltungshilfe, 1999; *Wolff/Bachof/Stober/Kluth*, VerwR II, § 91.
2364 S. auch *Peine*, DÖV 1997, 353 ff.
2365 *Tettinger*, DÖV 1996, 764 ff.; *Wolff/Bachof/Stober/Kluth*, VerwR I, § 93.
2366 S. näher *Stober*, in: Tettinger (Hg.), Rechtlicher Rahmen für Public-Private-Partnerships, 1994, S. 25 ff.; *Kummer/Giesberts*, NVwZ 1996, 1166 ff.; *Kahl*, DVBl. 1995, 1327 ff.
2367 *Burgi*, Funktionale Privatisierung und Verwaltungshilfe, 1999, S. 117 ff.

tobahnmautG einen Privaten beauftragen, an der Erhebung der Maut mitzuwirken; Einschaltung privater Abschleppunternehmer[2368].

III. Indienst- oder Inpflichtnahme

Beleihung und Verwaltungshilfe sind von der sog. Inpflichtnahme oder Indienstnahme **1189** zur Erfüllung öffentlicher Aufgaben durch Heranziehung zu sachlichen, finanziellen oder persönlichen Leistungen zu Gunsten eines Hoheitsträgers zu unterscheiden[2369]. Der Indienstgenommene übt keine hoheitlichen Entscheidungskompetenzen aus und ist nicht in die Erledigung von Verwaltungsaufgaben eingebunden, sondern unterliegt aus Gründen des öffentlichen Interesses lediglich bestimmten Pflichten, welche die staatliche Wirtschaftsverwaltung erleichtern und die Berufsausübung beschränken[2370].

Beispiele: Bevorratungspflichten (§ 50 EnWG); Abgabeneinzugspflichten[2371]; Statistikpflichten; Einrichtung eines Werksschutzes[2372]; Eigenüberwachung im Interesse des Immissionsschutzes nach § 29a BImSchG; Produktverantwortung und Rücknahmepflichten nach §§ 23 f. KrWG; Verpflichtung zur Erbringung von Universaldienstleistungen nach §§ 78 ff. TKG[2373] und der Grundversorgung mit Energie (§ 36 EnWG); Sicherungsmaßnahmen der Flugplatzbetreiber durch § 8 LuftSiG; Erstellung von Risikobewertungen durch Hafenbetreiber[2374]; Kontenresearch hinsichtlich des Geldwäscheverdachts[2375] sowie die Vorhaltung interner Sicherheitsmaßnahmen (§ 9 GwG) etwa durch Bestellung eines Geldwäschebeauftragten (§ 7 GWG); Mitteilungspflicht von Tankstellen über den aktuellen Mineralölpreis[2376].

Teilweise wird mit einer Indienst- oder Inpflichtnahme neben der Entlastung der öf- **1190** fentlichen Hand eine Stärkung der ökonomischen Eigenverantwortung oder die Aufrechterhaltung einer Grundversorgung mit bestimmten Gütern und Diensten[2377] *(s. o. Rn. 853)* bzw. der Schutz kritischer Infrastrukturen oder eine transparente Information der Wirtschaft[2378] bezweckt. Insgesamt wird aber auch deren starke Belastung mit Verwaltungsaufgaben beklagt und eine Kostenerstattung verlangt, die nur teilweise vorgesehen ist. Hinzu tritt der **wettbewerbliche Aspekt der Inpflichtnahme,** der die öffentliche Hand verpflichtet, die konkreten Marktpositionen der beteiligten Unternehmen zu berücksichtigen[2379].

Nach der verfassungsgerichtlichen Spruchpraxis ist die Indienstnahme nur zulässig, **1190a** wenn eine „Verantwortungsbeziehung" der belasteten Unternehmer zu der übertragenen Aufgabe existiert[2380]. Soweit im Rahmen einer Indienst- oder Inpflichtnahme nur einzelne Anbieter zur Leistungserbringung herangezogen werden, sind zudem **grundrechtliche und grundfreiheitliche Wertungen** insbesondere im Lichte der Art. 3 Abs. 1, 12 Abs. 1 GG *(s. o. Rn. 607, 749)* in die Überlegungen einzustellen. Ggf. bedarf es

---

2368 BGH, NVwZ 2006, 964 f.
2369 Kritisch zu diesem Begriff *Burgi,* in: HdBStR III, 3. Aufl. 2006, § 75 Fußn. 99.
2370 *Burgi,* Funktionale Privatisierung und Verwaltungshilfe, 1999, S. 252 ff.; *ders.,* GewArch. 1999, 39; *Lücke,* DVBl. 2001, 1469, 1474; *Wolff/Bachof/Stober/Kluth,* VerwR I, § 91 ; OVG Münster, NWVBl. 1999, 224.
2371 *G. Kirchof,* Die Erfüllungspflichten des Arbeitgebers im Lohnsteuerverfahren 2005.
2372 BVerwGE 81, 185, 188.
2373 So auch *Schoch,* VVDStRL 57 [1998], 157, 210.
2374 *Erbguth,* LKV 2007, 532 ff.
2375 *Uibeleisen,* Die verfassungsrechtlichen Grenzen der Inpflichtnahme Privater, 2006; *Degen,* Gesetzliche Mitwirkungspflichten der Kreditwirtschaft bei der Geldwäsche- und Terrorismusbekämpfung, 2008.
2376 *Martini/Kühl,* DÖV 2013, 573, 582.
2377 *D. Strauß,* Verfassungsfragen der Kostenüberwälzung bei staatlichen Indienstnahmen privater Unternehmen, 2009, S. 57 ff. und 311 ff.
2378 *Martini/Kühl,* DÖV 2013, 573, 581.
2379 Ausf. dazu *Korte,* in: Korte/Kirchhof/Magen (Hg.), Öffentliches Wettbewerbsrecht, 2014, § 14.
2380 BVerfGE 77, 308, 337; 85, 226, 237; BVerfG, NJW 1999, 1621; BGH, NJW 1997, 574, 578.

einer Kompensation etwaiger Belastungen durch Ausgleichspflichten der verschonten Konkurrenten[2381].

IV. Beauftragte und Akkreditierte

1191 Eine weitere Facette der Einschaltung Privater in die Wirtschaftsverwaltung liegt im Falle einer **Beauftragung**[2382] vor. Dieser Begriff ist allerdings mehrdeutig. Hier geht es nur um Beauftragte, die in die betriebliche Sphäre eingebettet sind und auch der unternehmerischen Eigenüberwachung dienen. Sie sind vornehmlich im Bereich der Wirtschaftsüberwachung zu finden und werden dort als Grundpfeiler der Organisation des innerbetrieblichen Umweltschutzes und als Element des „Risikomanagements" angesehen *(s. o. Rn. 904)*.

Beispiele: Immissionsschutzbeauftragter (§ 53 BImSchG), Störfallbeauftragter (§ 58a BImSchG), Gefahrgutbeauftragter, Betriebsbeauftragter für Gewässerschutz (§§ 64 ff. WHG) oder Abfall (§ 59 KrWG), Kerntechnischer Sicherheitsbeauftragter, Geldwäschebeauftragter (§ 7 GWG), Compliance-Beauftragter; Gentechnikbeauftragter (§§ 6, 14 f. GenTG),

1192 Auf vielfältige Weise bedient sich die Wirtschaftsverwaltung ferner **öffentlich bestellter Sachverständiger**[2383] sowie diverser Sachverständigengremien. Es handelt sich insoweit um spezifisch deutsche Organisationsformen, namentlich soweit es um die Einschaltung von Sachverständigen geht. Die näheren Bedingungen ihrer Tätigkeit und insbesondere die Anforderungen an die öffentliche Bestellung ergeben sich aus den §§ 36 f. GewO.

Beispiele: Sachverständigenrat zur Begutachtung der gesamtwirtschaftlichen Entwicklung, Monopolkommission (§ 24b Abs. 3 GWB), Bundesprüfstelle für jugendgefährdende Schriften, Lebensmittelbuch-Kommission (§ 16 LFGB).

1193 Auf Unionsebene findet man demgegenüber zunehmend **Zertifizierungsstellen**, die auf Basis einer Akkreditierung (staatliche Anerkennung; *s. o. Rn. 922)*[2384] vornehmlich an Stelle staatlicher Einrichtungen Wirtschaftsüberwachungsaufgaben wahrnehmen[2385], indem sie Produkte präventiv prüfen (DIN EN 45001 und 45011), Personen zertifizieren (DIN EN 45013) und Qualitätssicherungssysteme bewerten (DIN EN 45012, Art. 26 DRL). Damit werden staatliche Stellen entlastet, die jedoch die typischen Marktüberwachungsbefugnisse behalten.

Beispiel: Konformitätsbewertungsstellen nach §§ 12 ff. ProdSG.

V. Konzessionäre

1194 Während der Verwaltungshelfer lediglich einen Teilbeitrag leistet und die Zuständigkeit zur Aufgabenerledigung nicht tangiert wird, ist die Konzession dadurch gekennzeichnet, dass eine Aufgabe auf den Konzessionär übertragen wird. Dieses Rechtsinstitut, das nicht trennscharf von anderen Formen der Einschaltung privater Kräfte in die Wirtschaftsverwaltung abgrenzbar ist, kombiniert eigenverantwortliche private Aufgabenerledigung mit gemeinwohlbezogenen Anforderungen.

Beispiele: Märkte[2386], Stadtmöblierung.

2381 Ausf. dazu *Korte*, in: Korte/Kirchhof/Magen (Hg.), Öffentliches Wettbewerbsrecht, 2014, § 14 Rn. 132 ff.

2382 *S. Fuchs*, DÖV 1986, 363 ff.; *R. Weber*, Der Betriebsbeauftragte, 1988.

2383 *Scherzberg*, NVwZ 2006, 377 ff.

2384 *Kollmer*, GewArch. 1999, 48 ff.

2385 S. näher *Di Fabio*, VVDStRL 56 [1997], 237, 244 ff.; *Merten*, DVBl. 2004, 1211 ff.

2386 OVG Berlin-Brb., NVwZ 2011, 293 f.

§ 41 Wirtschaftsverwaltung durch Privatisierung

Die soeben skizzierte Einschaltung privater Kräfte stand unter dem Vorbehalt, dass **1195**
der öffentlichen Hand ein maßgeblicher Einfluss auf die Aufgabenerfüllung verbleibt.
Sie sagt deshalb noch nichts darüber aus, ob und inwieweit die öffentliche Hand Aufgaben in den privaten Bereich auslagern kann.

I. Formelle Privatisierung

Die wohl geringsten Probleme ergeben sich insoweit, wenn Aufgaben der Wirtschafts- **1196**
verwaltung durch privatrechtliche Organisationen der öffentlichen Hand erledigt werden *(s. o. § 3 III, § 26 II)*[2387]. Die Motive für diese Trabanten, Verwaltungsgesellschaften, Kapitalgesellschaften und Tochtergesellschaften sind vielfältig und lassen sich
unter dem Oberbegriff der formellen Privatisierung (Organisationsprivatisierung) der
Wirtschaftsverwaltung zusammenfassen. Sie wird teilweise auch als „Scheinprivatisierung" bezeichnet, weil sich die öffentliche Hand lediglich eines privatrechtlichen Kleides bedient, aber weiter selbst die Aufgabe erfüllt. Die formelle Privatisierung dient
einerseits dazu, die Verwaltung zu **dezentralisieren** und spezielle, abtrennbare Verwaltungsaufgaben zur Bildung eigener Verantwortungsbereiche oder wegen der Natur der
Sachmaterie auszulagern.

Zum anderen soll die Verwaltung von den starren Fesseln des öffentlichen Organisati- **1197**
onsrechts befreit werden, um ein flexibleres, transparenteres, effizienteres und unbürokratischeres Verwaltungshandeln zu ermöglichen (z. B. Erleichterung der Personalbeschaffung). Die Organisationsprivatisierung führt indes nicht dazu, dass sich die
öffentliche Hand den **öffentlich-rechtlichen Bindungen** völlig entziehen kann *(s. o.
Rn. 580)*. Insbesondere bleibt sie Adressatin der Grundrechte *(s. o. Rn. 795)*. Hinzu
kommen zahlreiche weitere Einwirkungspflichten. Die rechtlichen Erscheinungsformen der privatrechtlich organisierten Verwaltung sind so vielfältig wie die vorhandenen gesellschaftsrechtlichen Gestaltungsmöglichkeiten des Privatrechts; die öffentliche
Hand genießt (auch insoweit) Wahlfreiheit.

Beispiele: Wirtschaftsförderungsgesellschaften; staatliche Bankinstitute; Germany Trade and Invest-Gesellschaft für Außenwirtschaft und Standortmarketing mbH, die für den Standort
Deutschland wirbt[2388]; Deutsche Akkreditierungsstelle mbH; Errichtung einer Infrastrukturgesellschaft für Autobahnen (§ 1 Infrastrukturgesellschaftserrichtungsgesetz).

II. Materielle und funktionale Privatisierung

Die Frage nach dem „Ob" und „Inwieweit" einer **materiellen Privatisierung** (Aufga- **1198**
benprivatisierung)[2389] von Aufgaben der Wirtschaftsverwaltung stellt sich aufgrund
der Häufigkeit der formellen Privatisierung und der Beteiligung Privater zwangsläufig,
zumal zahlreiche typische Wirtschaftsaufgaben parallel zum Staat auch von Privaten
erledigt werden *(s. o. Rn. 89, 857)*. Dabei handelt es sich – wie § 7 BHO belegt – nicht
nur um ein ordnungspolitisches Problem *(s. o. Rn. 87 ff.)*. Diese Bestimmung wurde
jedoch noch nicht in das HGrG übernommen. Sie verpflichtet deshalb nur den Bund.
Daneben existieren andere Normen, die aber nur selten eine Rechtspflicht zur Privatisierung aufrichten[2390]. In jüngster Zeit wurden zahlreiche Bundesunternehmen und

---

2387   *Wolff/Bachof/Stober/Kluth*, VerwR I, § 92; *Kämmerer*, in: Ehlers, § 14.
2388   *Kersten*, VerwArch. 99 (2008), 30, 32.
2389   *Wolff/Bachof/Stober/Kluth*, VerwR I, § 94.
2390   S. näher *Helm*, Rechtspflicht zur Privatisierung, 1999.

Beteiligungen privatisiert *(s. o. Rn. 89)*[2391]. Gleichzeitig wurde eine Privatisierung von Bundesautobahnen und Bundesfernstraßen ausdrücklich ausgeschlossen (Art. 90 GG).

1199 In den Ländern und Gemeinden geht die materielle Privatisierung eher schleppend voran. Das hängt auch damit zusammen, dass die Privatisierungsgrenzen aus unterschiedlichen Gründen umstritten sind[2392]. Hingegen werden in der Verwaltungspraxis vermehrt viele Modelle einer Public-Private-Partnership praktiziert und diskutiert (Betreibermodell, Betriebsführungsmodell, Leasingmodell – *s. o. Rn. 852 und 1184)*[2393]. Sie sind teilweise Ausdruck **funktionaler Privatisierung**[2394], die zwischen der formellen und materiellen Privatisierung einzuordnen ist, weil sich der Staat zwar aus der Leistung zurückzieht, deren Erbringung aber durch andere Anbieter garantiert[2395]. Privatisierungen entlassen den Staat nicht aus seiner Gewährleistungs- und Regulierungsverantwortung für das Funktionieren der privatisierten Aufgabe oder Einrichtung *(s. o. Rn. 854, 875 ff.)*. Zudem besteht so manche rechtliche Bindung unabhängig davon, ob eine Aufgabe privatisiert wurde.

Beispiel: Die in Art. 106 AEUV angeordnete Bindung gilt nicht nur für öffentliche Unternehmen *(s. o. Rn. 1176)*, sondern auch dann, wenn ein Mitgliedstaat einem nicht öffentlichen Unternehmen besondere oder ausschließliche Rechte im Zuge einer Privatisierung gewährt hat.

§ 42 Kommunale Organisation der Wirtschaftsverwaltung

1200 Im Schrifttum wird die kommunale Organisation der Wirtschaftsverwaltung kaum erwähnt. An dieser Stelle ist nur auf die kommunale Wirtschaftsverwaltung im Sinne einer eigenverantwortlichen Erledigung auf örtlicher Ebene nach Art. 28 Abs. 2 GG einzugehen, während die Aufgabenorganisation des so genannten übertragenen Wirkungskreises bzw. der kommunalen Verwaltung als weisungsgebundenes Glied staatlicher Wirtschaftsverwaltung bereits oben dargestellt wurde *(s. o. Rn. 227, 1166)*. Eigenverantwortliche organisationsrechtliche Maßnahmen auf kommunaler Ebene sind nur in den Grenzen des Art. 28 Abs. 2 GG *(s. o. Rn. 217)* zulässig und ergehen in der Regel im Rahmen des Erforderlichen zur Erledigung der örtlichen Aufgaben der Infrastruktur-, Planungs- und Wirtschaftsförderung *(s. o. Rn. 852 ff.)*. Die Organisationsformen der kommunalen Wirtschaftsverwaltung entsprechen weitgehend denen der staatlichen Wirtschaftsverwaltung.

Beispiele: Angelegenheiten der örtlichen Gemeinschaft sind beispielsweise etwa solche der Abfall- und Abwasserbeseitigung oder der Fernwasserversorgung, auch wenn die dafür erforderlichen Anlagen außerhalb des Gemeindegebiets liegen[2396]. Welcher Organisationsformen sich die Gemeinden zur Erfüllung dieser Aufgaben bedienen, liegt in ihrer Hand, so dass z. B. Dienststellen, Eigenbetriebe oder ggf. *(s. o. Rn 1196)* juristische Personen des Privatrechts gegründet werden können[2397].

1201 Die **Erledigung der Aufgaben** der kommunalen Wirtschaftsverwaltung erfolgt zunächst durch die Gemeindebehörden und Ämter (z. B. Amt für Wirtschaftsförderung). Daneben werden ähnlich wie auf Bundes- und Landesebene Regie- und Eigenbetriebe errichtet, die zu den unselbstständigen öffentlichen Unternehmen im kommunalen Bereich zählen. Unabhängig davon schaffen die Gemeinden öffentliche Einrichtungen, die bestimmten wirtschaftlichen Zwecken gewidmet werden (z. B. Marktplätze, Mes-

---

2391 Bundesministerium der Finanzen (Hg.), Beteiligungsbericht 2005, 2005.
2392 S. etwa *Helm*, Rechtspflicht zur Privatisierung, 1999, S. 53 ff.
2393 *Wolff/Bachof/Stober/Kluth*, VerwR I, § 93.
2394 *Burgi*, Funktionale Privatisierung und Verwaltungshilfe, 1999; *ders.*, in: HdBStR IV, 3. Aufl., § 75.
2395 Schmidt/Wollenschläger/*Knauff*, § 6 Rn. 9 ff.
2396 BVerwG, NVwZ 2005, 958, 959.
2397 Schmidt-Bleibtreu/Hofmann/Henneke/*Henneke*, GG, Art. 28 Rn. 94, 103.

sehallen usw.). Die Kommunen können ferner Sparkassen als rechtsfähige Anstalten des öffentlichen Rechts bzw. als selbstständige Wirtschaftsunternehmen betreiben[2398]. Zu ihren Aufgaben gehört nach der gesetzlichen Ausgestaltung vor allem die Kreditausstattung des Mittelstandes sowie der wirtschaftlich schwachen Bevölkerungskreise[2399]. Sie unterstützen ferner die Kommunen im wirtschaftlichen, regionalpolitischen, sozialen und kulturellen Bereich.

Die Gründung von und die Beteiligungen an Gesellschaften des Privatrechts im Sinne einer **1202** formalen Privatisierung spielen in der kommunalen Wirtschaftsverwaltung eine herausragende Rolle. Das gilt insbesondere für Versorgungs-, Entsorgungs- und Verkehrsunternehmen, die teilweise in einem Konzern oder zu einer Holding zusammengefasst werden und in der Regel als GmbH ausgestaltet sind. Hinzu kommen Wirtschaftsförderungsgesellschaften, Technologieparks, Messe- und Ausstellungsgesellschaften[2400]. Hingegen widerspricht nach Ansicht des *BVerwG* eine **materielle Privatisierung** einer Einrichtung dem kommunalen Selbstverwaltungsauftrag aus Art. 28 Abs. 2 GG, wenn sie dazu führt, dass eine wirkungsvolle Selbstverwaltung nicht mehr möglich ist[2401]. Im Übrigen ist hier vieles umstritten. Insbesondere ist unklar, ob und inwieweit sich die Kommunen wirtschaftlich betätigen *(s. o. Rn. 762 , 1034)* und ob sie sich auch außerhalb des Gemeindegebiets (s. etwa § 107 Abs. 3 NWGemO)[2402] und im Ausland engagieren dürfen[2403].

Beispiel: Die Veranstaltung eines traditionsreichen Weihnachtsmarktes ist nach der bundesverwaltungsgerichtlichen Spruchpraxis für das örtliche Zusammengehörigkeitsgefühl derart wesentlich und letztlich daseinsvorsorgend *(s. o. Rn. 763)*, dass diese Aufgabe nicht materiell, sondern allenfalls formell privatisiert werden darf, obwohl es sich mangels einfachgesetzlicher Verpflichtung zur Veranstaltung nicht um eine kommunale Pflichtaufgabe handelt. Das *BVerwG* argumentiert insoweit damit, dass es sonst die Kommunen in der Hand hätten, ihre Selbstverwaltungsaktivität auf Null zu reduzieren, obwohl Art. 28 Abs. 2 GG entsprechende Aktivitäten voraussetzt[2404]. Dagegen wird allerdings vorgebracht, dass diese Verfassungsnorm ihrem Wortlaut nach keine Pflicht, sondern nur ein Recht der Selbstverwaltung begründet[2405].

§ 43 Selbstverwaltung der Wirtschaft

Die vielfältigen Aufgaben der Wirtschaftsverwaltung werden nicht nur durch Hoheits- **1203** träger auf Bundes- bzw. Landesebene wahrgenommen oder auf private Kräfte ausgelagert, sondern auch im Wege der Selbstverwaltung erfüllt.

I. Selbstverwaltungsbegriff und Selbstverwaltungsidee

Die Träger wirtschaftlicher Selbstverwaltung sind im Wesentlichen die Kammern pri- **1204** mär in Form der Industrie- und Handels- sowie der Handwerkskammern. Sie stehen organisatorisch neben der staatlichen und kommunalen Wirtschaftsverwaltung.

2398 *Oebbecke*, LKV 2006, 145 ff.
2399 BVerwGE 41, 196; BVerfGE 75, 192, 197 ff.; BGH, DVBl. 2003, 942; SächsVerfGH, DVBl. 2001, 293, *Henneke*, in: FS für Brohm, 2002, S. 81 ff.; *Ruge*, ZG 2004, 13 ff.
2400 S. *Schiefer*, SächsVBl. 1993, 169 ff.; *Erbguth/Schlacke*, NWVBl. 2002, 258 ff.
2401 BVerwG, NVwZ 2009, 1500 und dazu kritisch *Schoch*, DVBl. 2009, 1533 ff.
2402 RPVerfGH, GewArch. 2000, 326.
2403 Kritisch *Ehlers*, DVBl. 1998, 497, 504; *Badura*, DÖV 1998, 818, 822 und näher *Stober/Vogel* (Hg.), Wirtschaftliche Betätigung der öffentlichen Hand, 2000.
2404 BVerwG, GewArch. 2009, 484 ff.; zustimmend z. B. *Kniesel*, GewArch. 2013, 270, 274 f.
2405 So *Engels*, Die Verfassungsgarantie kommunaler Selbstverwaltung, 2014, S. 480 ff.; *Schoch*, DVBl. 2009, 1533 ff.; prägnant *Erbguth/Mann/Schubert*, Besonderes Verwaltungsrecht, 12. Aufl. 2015, Rn. 197.

1. Kammern als Träger der funktionalen Selbstverwaltung

1205 Der Begriff **Selbstverwaltung der Wirtschaft** ist normativ weder vorgeprägt noch konkretisiert[2406]. In jüngerer Zeit hat diese Bezeichnung zwar Aufnahme in die Gesetzgebung gefunden. So qualifizierte der bis zum Jahre 2012 geltende § 18 Abs. 1 KrW/AbfG die Industrie- und Handelskammern, die Handwerkskammern und die Landwirtschaftskammern als Selbstverwaltungskörperschaften der Wirtschaft. Diese Vorschrift wurde jedoch im Rahmen der Novellierung des Kreislaufwirtschaftsrechts gestrichen. Das Schrifttum fasst unter dem Oberbegriff der Selbstverwaltung unterschiedliche Inhalte. Einigkeit besteht nur darüber, dass die wirtschaftliche Selbstverwaltung eine Erscheinungsform der **funktionalen**, d. h. also auf die Wahrnehmung bestimmter Aufgaben bezogenen **Selbstverwaltung** ist[2407].

1206 Aus dem Blickwinkel der Wirtschaftsverwaltung muss der Ausdruck Selbstverwaltung **formale und materielle Kriterien** erfüllen. Formal ist das Vorhandensein einer öffentlich-rechtlichen Organisation Voraussetzung; damit scheiden privatrechtliche Zusammenschlüsse aus. Dieser Anforderung entsprechen die Kammern als Körperschaften des öffentlichen Rechts. Materiell müssen staatliche bzw. öffentliche Verwaltungsaufgaben für bestimmte private Wirtschaftszweige erledigt werden. Infolgedessen werden Hoheitsträger jedenfalls dem Grunde nach nicht einbezogen. Etwas anderes gilt ggf. soweit deren Einrichtungen wie Privatrechtssubjekte am Markt tätig werden (vgl. § 2 Abs. 1 IHK-G).

1207 Diese Kennzeichnung der Selbstverwaltung der Wirtschaft entspricht der Tradition dieses Rechtsinstituts. Selbstverwaltung ist Ausdruck des dem wirtschaftlichen Liberalismus zugrunde liegenden Gedankens der Subsidiarität des Staates im wirtschaftlichen Bereich *(s. o. Rn. 199)*[2408]. Ferner ist Selbstverwaltung die organisatorische Konsequenz der Entscheidung für eine marktwirtschaftlich orientierte und freiheitlich verfasste Rechtsordnung, die gleichzeitig die ökonomischen Grundrechte sichert und verstärkt[2409] und damit Folge der Eigen- und Mitverantwortung der Wirtschaft für das Gemeinwohl ist. Wegen ihrer Staatsdistanziertheit bei gleichzeitiger Wirtschaftsnähe wird der wirtschaftlichen Selbstverwaltung zutreffend eine **Mittlerrolle zwischen Staat und Wirtschaft** zugesprochen[2410].

1208 Einerseits legen Bundestag und Bundesregierung aus diesen Gründen gelegentlich ein Bekenntnis zu den öffentlich-rechtlich organisierten Selbstverwaltungskammern ab[2411]. Andererseits werden Auftrag und Stellung dieser bewährten Organisationsform ordnungspolitisch immer wieder in Frage gestellt. So wird teilweise nach einer Reform des Kammerrechts oder einer Privatisierung der Kammern gerufen[2412]. Das *BVerfG* bekräftigte bislang in ständiger Rechtsprechung die besondere Funktion und den besonderen öffentlichen Auftrag vornehmlich der Industrie- und Handelskammern[2413] und bestätigt damit die **Daseinsberechtigung der Kammern** jedenfalls dem Grunde nach.

2406   S. näher *M. Will*, Selbstverwaltung der Wirtschaft, 2010.
2407   S. *Kluth*, Funktionale Selbstverwaltung, 1997, S. 123 ff.; s. allgemein BVerfGE 107, 59, 92 ff.
2408   *Pitschas*, in: Lüder (Hg.), Staat und Verwaltung, 1997, S. 284 spricht von einem „Verwaltungssubstitut".
2409   *Stober*, GewArch. 1992, 41 ff.; s. auch *C. Koenig*, Die öffentlich-rechtliche Verteilungslenkung, 1994, S. 250 f.; *Kluth*, Verfassungsfragen der Privatisierung von Industrie- und Handelskammern, 1997, S. 67; *Stober*, GewArch. 2001, 393 ff.; ähnlich BVerfG, NJW 2005, 45, 47.
2410   *Stober*, Die Industrie- und Handelskammern als Mittler zwischen Staat und Wirtschaft, 1992 und im Anschluss daran Kluth, Verfassungsfragen der Privatisierung von Industrie- und Handelskammern, 1997, S. 67; BVerfG, GewArch. 2002, 111 ff.; BVerwGE 107, 169, 174, 176.
2411   S. BT-Ds. 13/10297 und ZRP 1998, 197; BT-Ds. 15/3114 und 3265, S. 2 und 7.
2412   S. *Kaltenhäuser*, Möglichkeiten und Perspektiven einer Reform der Organisation der Wirtschaftsverwaltung, 1997, S. 227 ff.; *Stober*, in: GS-Tettinger, 2007, 189 ff.
2413   BVerfG, GewArch. 2002, 111 ff.; BVerfG, NJW 2017, 2744 ff.

2. Zur Internationalisierung der Selbstverwaltungsidee

Die auf der Pflichtmitgliedschaft beruhende Selbstverwaltungsidee sollte deshalb auch **1209** Grundlage einer wünschenswerten **Europäischen Charta der wirtschaftlichen Selbstverwaltung** sein[2414], die seit 1998 lediglich für die Handelskammern existiert. Allerdings hat sich dieses ordnungspolitische Konzept in den Mitgliedstaaten der EU nicht durchgesetzt. Vielmehr wurde die teilweise in den östlichen EU-Ländern eingeführte Pflichtmitgliedschaft wieder abgeschafft. Deshalb ist weiterhin unklar, ob die Selbstverwaltung der Wirtschaft im Zusammenhang mit dem Stichwort Globalisierung zum Zukunftsprogramm der GATT/WTO-Verhandlungen[2415] gehören kann. Immerhin achtet Art. 4 Abs. 2 EUV u. a. die verfassungsmäßigen Strukturen der regionalen und lokalen Selbstverwaltung, in welche die Kammern eingebettet werden können.

II. Abgrenzung von ähnlichen Erscheinungsformen

Selbstverwaltung der Wirtschaft ist nicht identisch mit **berufsständischer Selbstverwaltung**, weil sie die Belange bestimmter Berufe als reine Berufsorganisation wahrnimmt, während die Selbstverwaltung der Wirtschaft dem Gesamtinteresse einer Vielzahl von Berufen verpflichtet ist[2416]. Die Selbstverwaltung der freien Berufe ist auf Grund der normativen Ausgestaltung getrennt von der Selbstverwaltung der Wirtschaft darzustellen[2417]. Denn die einschlägigen Gesetze betonen, dass der freiberuflich Tätige kein Gewerbe ausübt (§ 2 Abs. 2 BRAO; § 18 EStG). Deshalb zählen die freien Berufe nach § 2 Abs. 2 IHKG nur zur Industrie- und Handelskammer, wenn sie im Handelsregister eingetragen sind.

Unabhängig von dieser Sonderstellung besteht an der Einbeziehung der freien Berufe **1211** in das Öffentliche Wirtschaftsrecht schon deshalb ein Interesse, weil teilweise wirtschaftsnahe Tätigkeiten ausgeübt werden und die Funktionsfähigkeit des Wirtschaftslebens entscheidend von der Erfüllung der Dienstleistungsaufgaben der freien Berufe abhängt[2418]. Schließlich ist angesichts der Wirtschaftsweise (etwa der Apotheken) und der jüngeren Lockerung des Standesrechts (Werbung, Zweigstellen, Zusammenschlüsse in GmbH-Form usw.) fraglich, ob die Trennung von der wirtschaftlichen Selbstverwaltung noch sachgerecht ist[2419]*(s. auch Bd. II § 45 VIII 4).*

III. Wirkungskreis und Aufgabenbereich

Ebenso wie bei der kommunalen Wirtschaftsverwaltung *(s. o. Rn. 213 ff.)* sind bei der **1212** Selbstverwaltung der Wirtschaft der eigene und der übertragene Wirkungskreis bzw. die Selbst- und die Staatsverwaltungsangelegenheiten zu unterscheiden.

1. Vom Hilfsorgan der Staatsregierung zum Servicecenter

Die Aufgabenbereiche der Kammern sind daran anknüpfend dynamisch zu verstehen, um **1213** den Strukturwandel zu erfassen. Der Schwerpunkt der Tätigkeit liegt bei der Wahrnehmung von Selbstverwaltungsaufgaben. Der Gesetzgeber kann jedoch aus Gründen der Dekonzentration und der sachnäheren Erledigung den Selbstverwaltungsorganisationen durch Gesetz oder Rechtsverordnung bestimmte Aufgaben übertragen, die in den Bereich

---

2414 S. *Stober*, DÖV 1993, 333 ff.
2415 S. näher *Stober*, Globales Wirtschaftsverwaltungsrecht, 2001, S. 78 ff.
2416 S. auch OVG Münster, GewArch. 1997, 200 f.
2417 S. *Kluth*, Funktionale Selbstverwaltung, 1997, S. 82 ff.; *Tettinger*, DÖV 2000, 534 ff.
2418 S. Bericht der Bundesregierung zur Lage der freien Berufe, BT-Ds. 11/6985, S. 1 ff.
2419 *Stober*, GewArch. 2001, 393 ff.; *Frotscher/Kramer*, § 22 I 3.

der staatlichen Wirtschaftsverwaltung fallen[2420]. Ferner dient die Unterstützung der staatlichen Wirtschaftsverwaltung ganz allgemein dem Ziel, dass staatliche Entschließungen ein möglichst hohes Maß an Sachnähe und Richtigkeit gewinnen[2421]. Das *preußische* OVG hat deshalb die Kammern als „**Hilfsorgane der Staatsregierung**" angesehen, die der Staat sich geschaffen habe, damit ize ihn „in der Fürsorge um Handel und Verkehr mit ihren Erfahrungen berufsmäßig unterstützen"[2422].

Beispiele: Anhörungsrecht bei Gründung von und Beteiligung an wirtschaftlichen Unternehmen der Gemeinde (§ 107 Abs. 5 NWGO); Anhörung bei Gewerbeuntersagungen (§ 35 Abs. 4 GewO); Beteiligung bei Erlaubnissen (§ 3 Abs. 5a GüKG).

1214 Zwar hat sich die in § 1 IHKG und § 90 HwO niedergelegte allgemeine Aufgabenumschreibung seit dem Entstehen der ersten Kammern kaum verändert. Sie umfasst nach wie vor **Pflichtaufgaben** und **freiwillige Aufgaben**, die sich auf die Vertretung der Gesamtinteressen des Berufsstandes nach außen[2423], die Förderung der gewerblichen Wirtschaft nach innen, die Teilnahme an der Berufszulassung, die Überwachung der Mitglieder, das Ausbildungs- und Fortbildungswesen, die Beratung staatlicher Behörden, die Erstattung von Gutachten sowie die Schaffung von Einrichtungen zur Förderung der einzelnen Berufszweige konzentrieren[2424]. In jüngerer Zeit entwickeln sich die Kammern jedoch zu Servicezentren für die Gewerbetreibenden und zu Rathäusern der Wirtschaft, die gleichzeitig wichtige Gesprächspartner für Regionen und Kommunen sind. Da sich die Tätigkeit der Kammern in der Vergangenheit bewährt hat, werden ihnen permanent neue Aufgaben zur Erledigung übertragen[2425].

Beispiele: Unterhaltung von Bildungswerken[2426], Standortregistrierung nach erfolgreicher Umweltbetriebsprüfung nach §§ 32 ff. UAG, Bereithaltung von Schlichtungs-, Vermittlungs-, Mediations- und Gütestellen, Erledigung von Statistikaufgaben nach § 4 StatRegG, Zuständigkeit nach § 3 UKlaG, Abnahme von Sachkundeprüfungen nach § 34a Abs. 1 GewO, Verfolgung von Wettbewerbsverstößen nach § 8 Abs. 3 Nr. 2 UWG; Beratungsaufgaben nach § 46 Abs. 1 KrWG.

1215 Im Zuge der Verfestigung des Binnenmarktes kommen den Kammern der gewerblichen Wirtschaft darüber hinaus weitere Unterstützungsaufgaben **im Rahmen der** mehrstufig ausgestalteten **EU-Verbundverwaltung** zu *(s. o. Rn. 1177)*. Sie beziehen sich namentlich auf den Bereich der klassischen Wirtschaftsüberwachung *(s. o. Rn. 875)*. So sind aufgrund von Art. 6 DLR in jedem Mitgliedstaat sog. einheitliche Ansprechpartner mit der Abwicklung von Verwaltungsformalitäten zu beauftragen *(s. o. Rn. 488)*. Für die Wahrnehmung dieser Aufgabe sind die Kammern nach Ansicht des Gesetzgebers geeignet, wie § 1 IHKG in seinen Absätzen 3a und b belegt[2427]. Abgesehen davon werden die Kammern in den Vorgang der Anerkennung von Berufsqualifikationen eingebunden, weil sie nach § 8 Abs. 1 BQFG in bestimmten Fällen zur Feststellung der Gleichwertigkeit von in- und EU-ausländischen Qualifikationen berufen sind.

2. Zum Ausbau der überwachungsrechtlichen Kompetenz

1216 In jüngerer Zeit wird die **überwachungsrechtliche Kompetenz** *(s. auch o. Rn. 875)* durch die kontinuierliche Übertragung neuer – vornehmlich gewerbe- und umweltrechtlicher – Zuständigkeiten gestärkt[2428]:

2420 BVerfG, NJW 2017, 2744 ff.
2421 BVerfGE 15, 235, 240.
2422 PrOVGE 19, 26, 68.
2423 *Stober/Eisenmenger*, in: Kluth (Hg.), Handbuch des Kammerrechts, 2005, S. 211 ff.
2424 BVerwGE 112, 69 ff.; s. zu anderen Ansätzen *Stober*, GewArch. 2001, 393 ff.
2425 S. auch *Burgi*, VVDStRL 62 [2003], 404, 433 f.; *Jahn*, GewArch. 2002, 353 ff.
2426 VG Freiburg, NVwZ-RR 2006, 686.
2427 S. auch *Korte*, Jahrbuch des Kammer- und Berufsrechts 2009, S. 112, 117 ff.
2428 S. näher *Stober*, in: Graf/Paschke/Stober (Hg.), Strategische Perspektiven des Kammerrechts, 2007, 23 ff.

- Anzeigekompetenz (§ 14 i. V. m. § 155 GewO und Landesrecht)[2429],
- Registerkompetenz (§ 11a GewO),
- Zulassungskompetenz (§ 34 d und e GewO),
- Unterrichtungskompetenz (§ 34a Abs. 1 Nr. 3 GewO),
- Prüfungskompetenz (§ 34a Abs. 1a S. 2 GewO, § 4 Berufskraftfahrerqualifikationsgesetz),
- Betretungs- und Besichtigungskompetenz (§ 29 Abs. 2 GewO i. V. m. § 17 Abs. 2 HwO)[2430],
- Nachweispflichtenkompetenz (§ 25 Abs. 1 Nr. 4 und 5 KrWG),
- Whistleblower-Meldekompetenz (§ 34d Abs. 12 GewO),
- Datenbereitstellungskompetenz (§ 34a Abs. 6 S. 4 GewO).

3. Dimensionen der Kammeraufgaben

Zusammenfassend sind die Kammern einem dreifachen Auftrag verpflichtet, der auch **1217** der Spruchpraxis von *BVerfG*, *BVerwG* und *BGH* entspricht, die den Kammerauftrag als eine Verbindung von Interessenvertretung, Förderung und Verwaltungsaufgaben qualifizieren[2431]:

- Sie sind **staatsorientiert** (Erledigung von Wirtschaftsverwaltungsaufgaben).

  Beispiele: Lieferung von Wirtschaftsinformationen, Mitwirkung bei Gesetzesvorhaben, Abnahme von Prüfungen.

- Sie sind **regionalwirtschaftsorientiert** (Interessenvertretungsaufgaben).

  Beispiel: Mitwirkung bei der Optimierung der ökonomischen Infrastruktur und der Wirtschaftsförderung.

- Sie sind **unternehmensorientiert** (Wirtschafts- und Mitgliedsförderungsaufgaben).

  Beispiele: Dienstleister für Existenzgründer und Unternehmen im Sinne infrastruktureller Grundversorgung mit vormarktlichen Leistungen wie etwa der Anschubbeteiligung an einem Flughafenprojekt[2432] oder der Beratung[2433].

IV. Zweck der Selbstverwaltung und Pflichtmitgliedschaft

Sinn und Zweck der Selbstverwaltung der Wirtschaft hängen eng mit deren auf die **1218** Wahrnehmung des Gesamtinteresses der Pflichtmitglieder beschränkten Aufgabenkreis zusammen.

1. Selbstverwaltungsmotive

So zielt die Selbstverwaltung in erster Linie auf die **Dezentralisierung von Verwal-** **1219** **tungsaufgaben** und damit auf die Entlastung der staatlichen und kommunalen Wirtschaftsverwaltung im Interesse einer eigenverantwortlichen Erledigung im örtlich überschaubaren Raum ab (sog. Regionalprinzip). Ferner wird das Ziel verfolgt, einen sachgerechten Interessenausgleich zu erleichtern und zur effektiveren Zweckerreichung beizutragen[2434]. Außerdem sollen der verwaltungsexterne Sachverstand und die Sachnähe der Kammerangehörigen genutzt werden. Schließlich liegt ein demokratisches Motiv zugrunde, nämlich die aktive Beteiligung der Betroffenen an der Erledi-

---

2429   S. etwa RP G v. 5.10.2007, GVBl. 2007, 188.
2430   S. dazu BVerfG, GewArch. 2007, 206.
2431   BVerfG, NVwZ 2002, 335; BGH, NJW 2012, 534, 536; BVerfG, NJW 2017, 2744, 2748.
2432   BVerwGE 112, 69 ff.; BVerfG, GewArch. 2004, 93 ff.
2433   OLG Koblenz, NVwZ 2002, 379.
2434   BVerfGE 107, 59, 92; BVerfG, NJW 2005, 45, 47.

gung ihrer eigenen Angelegenheiten[2435]. Insoweit ergänzt und stärkt die funktionale Selbstverwaltung das Demokratieprinzip[2436]*(s. u. Rn. 1224)*.

1220 Die Selbstverwaltung der Wirtschaft beruht grundsätzlich – wie § 2 IHKG belegt – auf **Pflichtzusammenschlüssen,** die aber nur in wenigen anderen europäischen Staaten existieren[2437]. Die Pflichtmitgliedschaft wird vornehmlich wegen der damit verbundenen finanziellen Folgen in Form der Beitragspflicht mit der Begründung kritisiert, das einzelne Kammermitglied habe kaum merkbare Vorteile aus der Kammerzugehörigkeit. Diese Argumentation verkennt den Kern des Beitragsrechts[2438], die Grundversorgungsaufgabe der Kammern und den Gedanken der Solidargemeinschaft, der durch eine freiwillige Mitgliedschaft nicht aktiviert werden könnte[2439]. Aus diesen und anderen Gründen sind nach der verfassungsgerichtlichen Spruchpraxis Pflichtmitgliedschaften mit Art. 2 Abs. 1 GG vereinbar *(s. o. Rn. 724)*.

1221 Aus der Perspektive der **Neuen Institutionenökonomik,** die sich als ein Zweig der Volkswirtschaftslehre mit dem Zustandekommen und der Wirkung transaktionsbeschränkender Regeln beschäftigt, tragen die Kammern zur Minimierung staatlicher Rechtsetzungs- und Vollzugsdefizite bei, indem sie durch Informationsaustausch und Gremienarbeit Informationsasymmetrien beseitigen und für Fair Play im Geschäftsleben sowie für Rechtssicherheit sorgen[2440]. Ihre Bindung an Recht und Gesetz (Art. 20 Abs. 3 GG) als Körperschaften des öffentlichen Rechts gewährleistet, dass diese Einflussnahme keine unzulässigen Züge annimmt. Sie ändert allerdings nichts daran, dass die Beteiligung der Kammern im Rechtsetzungsprozess und auch im Übrigen vor allem den zusammengeschlossenen Unternehmen zugutekommt.

2. Das besondere gewerbepolitische Mandat

1222 Während nämlich Staat und Gemeinden prinzipiell allzuständig sind und die wirtschaftlichen Interessen aller Einwohner und Berufstätigen berücksichtigen müssen, obliegt den Selbstverwaltungsorganisationen der Wirtschaft ein beschränkter – nach Berufen organisierter – Aufgabenbereich. Folglich verdrängen die Selbstverwaltungsträger der Wirtschaft weder Staat noch Gemeinden aus der Wirtschaftsverwaltung. Die Kammern haben also **kein allgemeinpolitisches Mandat,** sondern ein besonderes gewerbepolitisches Mandat[2441]. Es legitimiert sie dazu, die besonderen öffentlichen Interessen der von ihnen vertretenen Gewerbetreibenden wahrzunehmen. Eine weitere Betätigungsgrenze ergibt sich daraus, dass die Selbstverwaltungseinrichtungen ihren Mitgliedern durch **eigenwirtschaftliche Betätigung** keine Konkurrenz machen dürfen[2442]. Eine klare Aufgabenabgrenzung ist allerdings kaum möglich.

Beispiele: Die Betätigung im Hotel- und Gaststättengewerbe gehört grundsätzlich nicht zu den gesetzlichen Aufgaben der Kammern[2443]. Eine Handwerkskammer darf weder selbst noch mit Hilfe einer Beteiligung ein wirtschaftliches Unternehmen in Form einer GmbH betreiben, dessen Gegenstand die Übernahme und Durchführung von Bauleistungen aller Art ist[2444]. Kammern überschreiten mit der Veranstaltung von Weiterbildungslehrgängen grundsätzlich nicht den ihnen

---

2435 *Emde,* Die demokratische Legitimation der funktionellen Selbstverwaltung, 1991; BVerfGE 107, 59, 92 f.

2436 BVerfGE 107, 59, 86 ff.; VGH Kassel, NVwZ-RR 2013, 878; BVerfG, NJW 2017, 2744 ff.

2437 S. näher *Kluth/Rieger,* in: Kluth (Hg.), Handbuch des Kammerrechts, 2005, S. 179 ff.

2438 *Gornig,* WiVerw. 1998, 157, 175 ff.

2439 S. auch *Schmidt-Trenz,* Die Logik kollektiven Handelns bei Delegation, 1996, S. 167 ff.

2440 *Goltz,* Pflichtmitgliedschaftliche Kammerverfassung, 2005, S. 121 f.

2441 BVerwGE 112, 69 ff.; OVG Münster, GewArch. 2003, 418.

2442 BVerwG, GewArch. 1999, 193 f.; OVG Bremen, NJW 1994, 1606; *Jahn,* GewArch. 2006, 89 ff.

2443 OVG Brandenburg, GewArch. 2005, 31.

2444 OVG Koblenz, GewArch. 1980, 339; s. allg. *Erdmann,* DVBl. 1998, 13 ff.; *Kannengießer,* WuV 1998, 182 ff.

zugewiesenen Aufgabenbereich[2445]. Sie dürfen im Rahmen der Gesamtinteressenvertretung auch Äußerungen zu politischen Themen abgeben, bei denen Belange der gewerblichen Wirtschaft nur am Rande berührt werden[2446].

3. Zur Pflichtmitgliedschaft für Binnenmarktdienstleister

Bei der Pflichtmitgliedschaft mit Beitragsfolge ist bei Wirtschaftssubjekten aus anderen EU-Mitgliedstaaten zwischen der Niederlassungs- und der Dienstleistungsfreiheit zu trennen. Werden in einem Aufnahmemitgliedstaat lediglich Dienstleistungen im Sinne der Art. 56 ff. AEUV erbracht *(s. o. Rn. 473)*, dann bewirkt die zwingende Eintragung eine Verzögerung, Erschwerung und Verteuerung dieser wirtschaftlichen Aktivität. Deshalb kann eine Eintragung nur automatisch erfolgen und sie darf für den betroffenen Dienstleister weder Verwaltungskosten verursachen noch die Zahlung von Kammerbeiträgen nach sich ziehen[2447]. Diese „pro-forma"-Mitgliedschaft ist deshalb sinnvoll, weil sie die Behörden des Bestimmungslandes über die Tätigkeit des Unternehmers in dessen Hoheitsgebiet informiert (s. auch Art. 6 BQRL und Art. 16 Abs. 2 lit. b DLR – *s. o. Rn. 478 ff.*). **1223**

Hingegen sind Pflichtmitgliedschaft und Beitragspflicht mit der **Niederlassungsfreiheit** vereinbar, weil sie dadurch nicht spürbar behindert wird, zielt die Tätigkeit des Grundfreiheitsberechtigten doch dann auf eine dauerhafte Integration in die deutsche Volkswirtschaft ab (s. o. Rn. 476), so dass die Pflichtbeiträge bezogen auf die Fülle der dortigen Geschäftsabschlüsse nur eine überaus kleine Belastung mit sich bringen. Daher wird man ihnen schon keine beeinträchtigende Wirkung zusprechen können, sie aber jedenfalls als verhältnismäßig einstufen müssen *(s. o. Rn. 489)*. Dies gilt umso mehr, als der Kammerbeitrag eine Gegenleistung für Vorteile darstellen kann, die der Einzelne ggf. aus seiner Mitgliedschaft zieht. Das besondere Diskriminierungsverbot wird nicht verletzt, da die Pflichtmitgliedschaft für in- und ausländische Unternehmen gilt[2448]. **1223a**

V. Organisationsstrukturen

Die Selbstverwaltung der Wirtschaft erfolgt durch Körperschaften des öffentlichen Rechts in Form von Kammern, die aufgrund ihrer rechtlichen Selbstständigkeit Teil der mittelbaren Staatsverwaltung sind[2449]. **1224**

1. Rechts- und Fachaufsicht

Für die Selbstverwaltungskörperschaften der Wirtschaft gilt normalerweise die Staatsaufsicht[2450], die grundsätzlich als **Rechtsaufsicht** im Sinne einer Rechtmäßigkeitskontrolle (§ 11 Abs. 1 IHKG, § 115 Abs. 1 HwO) ausgestaltet ist. Teilweise existieren Erlaubnisvorbehalte. Sie sind Ausdruck der Kooperation von Staat und Selbstverwaltung in Angelegenheiten, an deren Präventivkontrolle ein besonderes Interesse besteht. **1225**

Beispiele: § 11 Abs. 2 IHKG, § 8 Abs. 2 Berufskraftfahrerqualifikationsgesetz.

Darüber hinaus besteht **Fachaufsicht**, soweit typische Staatsaufgaben wahrgenommen oder übertragen werden und eine Zweckmäßigkeitskontrolle für erforderlich gehalten wird. Diese Aufsichtsform kann in erheblicher Weise in die Autonomie der Kammern eingreifen, weil sie ihnen Gestaltungsmöglichkeiten in einem Bereich des wirtschaftli- **1226**

2445 VG Freiburg, GewArch. 2005, 478.
2446 BVerwG, GewArch. 2010, 400 ff.;*Hövelberndt*, DÖV 2011, 628 ff.; s. aber auch BVerwG, NVwZ 2017, 70 ff.
2447 EuGH, GewArch. 2004, 62 f.
2448 VG Darmstadt, GewArch. 2007, 85 f.
2449 S. auch BGH, NJW 2012, 534, 536.
2450 *Heusch*, in: Kluth (Hg.), Handbuch des Kammerrechts, 2005, 495 ff.

chen Geschehens nimmt, für den sie eine besondere Verantwortung tragen und in dem sie über ein besonderes Problembewusstsein verfügen.

Beispiele: Erteilung von Ausnahmen nach §§ 7a, 7b, 8 und 9 HwO.

1227   Das der **Fachaufsicht** zugrundeliegende Misstrauen ist nicht berechtigt, weil sich die Kammern durch ihre sachkundige Aufgabenerledigung bewährt und sich die Aufsichtsmaßstäbe in Richtung einer Dominanz der kooperativen Aufsicht, die kammerfreundlich und verhältnismäßig auszuüben ist, gewandelt haben[2451]. Hinzu kommt ein Trend zur Stärkung der beruflichen Selbstverwaltung[2452], der fachaufsichtliche Regeln zu einem Fremdkörper macht und daher allgemeine Aufsichtsregeln wie § 34d Abs. 1 Satz 5 und § 11a Abs. 1 Satz 5 GewO als Formen der Rechtsaufsicht erscheinen lässt.

2. Beitragserhebung und -verwendung

1228   Die Kosten der Kammertätigkeit werden grundsätzlich durch die Erhebung von Beiträgen gemäß einer Beitragsordnung gedeckt (s. u. Rn. 1261 ff.). Nach § 3 Abs. 3 Satz 1 IHKG kann der Grundbeitrag gestaffelt werden. Dabei sollen insbesondere Art, Umfang und Leistungskraft des Gewerbebetriebes (z. B. Kaufmannseigenschaft, Umsatz, Beschäftigtenzahl, Filialen usw.) berücksichtigt werden. Dieser vom Solidargedanken getragene **Grundsatz der Leistungskraft** wird in § 3 Abs. 3 Satz 3 IHKG dahingehend konkretisiert, dass nicht in das Handelsregister eingetragene Kammerzugehörige, deren Gewerbeertrag oder deren nach dem Einkommensteuergesetz ermittelter Gewinn aus Gewerbebetrieb 5200 Euro nicht übersteigt, von der Beitragszahlung befreit sind. Abgesehen von dieser Kleinunternehmerregelung werden Existenzgründer für zwei Jahre von dem Grundbeitrag befreit, wenn der Gewerbeertrag oder Gewinn aus Gewerbebetrieb unter 25 000 Euro liegt. Diese Regelung bedeutet eine Abkehr von dem Prinzip der Lastengleichheit, realisiert aber den Grundsatz der Solidarität. Sie betrifft schätzungsweise mehrere hunderttausend Kleinbetriebe.

1229   Die Beiträge dienen der Deckung des **Wirtschaftsplans**, der vorab für jedes Geschäftsjahr auf Basis einer Prognose nach den Grundsätzen eines sparsamen und wirtschaftlichen Finanzgebarens unter pfleglicher Behandlung der Kammerzugehörigen festzulegen ist (vgl. § 3 Abs. 2 S. 2 IHK-G). Daher hängt die Rechtmäßigkeit der Beitragserhebung auch von der naturgemäß einem Beurteilungsspielraum *(s. o. Rn. 1043)* unterliegenden Prognose des Wirtschaftsplans ab. Er darf nicht auf Vermögens-, ggf. aber auf Rücklagenbildung angelegt sein, wenn sie an einen sachlichen Zweck im Rahmen zulässiger Kammertätigkeit gebunden ist. Unter dieser Voraussetzung ist sie Teil einer geordneten Haushaltsführung und de iure nicht zu beanstanden, solange auch die übrigen rechtlichen Bindungen (vgl. z. B. § 3 Abs. 7a IHK-G (sinngemäße Anwendung der Grundsätze kaufmännischer Buchführung und Rechnungslegung)) und insbesondere das Gebot der Schätzgenauigkeit eingehalten werden. Die Grenzen zwischen unzulässiger Vermögens- und zulässiger Rücklagenbildung sind daran anknüpfend fließend. Mittelreserven sind ggf. möglich, um Einnahmeverzögerungen oder -ausfällen vorzubeugen[2453].

3. Kammerorgane und Kammerwahlen

1230   Die Aufgaben der Selbstverwaltung der Wirtschaft werden primär durch die Kammern selbst wahrgenommen, die aber auch unselbstständige Einrichtungen schaffen können. **Organe** sind die Vollversammlung, der Präsident und die Ausschüsse, die ehrenamtlich tätig sind, sowie der Hauptgeschäftsführer. Die Legitimation zur körperschaftlichen Aufgabenwahrnehmung erfolgt gemäß dem für alle Staatsgewalt ausübenden Organe

---

2451   S. *Stober*, Die IHK als Mittler zwischen Staat und Wirtschaft, 1992, 79; *Kahl*, Staatsaufsicht, 2000, § 11.
2452   S. auch *Möllering*, WiVerw 2006, 261, 282 ff.
2453   BVerwGE 153, 315 ff.; vgl. dazu *Jahn*, GewArch. 2016, 263 ff.

geltenden Demokratieprinzip durch Wahlen der Mitglieder nach §§ 5 f. IHKG, § 95 HwO i. V. m. Anlage C.

Teilweise wird die Abhaltung sog. **Friedenswahlen** (Wahlvorschlag ohne Wahlhandlung) wegen des geringen Interesses der Kammermitglieder als sinnvoll und zweckmäßig angesehen[2454]. Diese Ansicht ist mit dem Demokratieprinzip jedoch kaum vereinbar[2455], weil die funktionale Selbstverwaltung das demokratische Prinzip ergänzen und verstärken soll[2456]. Infolgedessen müssen wesentliche Kammerentscheidungen der Vollversammlung vorbehalten bleiben[2457]. **1231**

Die demokratische Komponente verlangt zudem ein Mindestmaß an **Transparenz des Kammerhandelns** gegenüber den Mitgliedern auch als Ausgleich zur Pflichtmitgliedschaft. Wegbereiter in diese Richtung sind die Informationsfreiheitsgesetze, die auch gegenüber den Kammern Informationsrechte gewähren[2458]. Diese und andere Rechte sind Bausteine eines Rechts auf gute Kammerverwaltung[2459], dessen Bedeutung als Stütze der Pflichtmitgliedschaft nicht zu unterschätzen ist. **1232**

4. Einzelne Hoheitsrechte

Zur Finanzierung der Sachaufgaben dürfen die Kammern der gewerblichen Wirtschaft Beiträge und Gebühren erheben (§ 3 IHKG, § 113 HwO). Zur **ordnungsgemäßen Wahrnehmung der Kammeraufgaben** ist den Selbstverwaltungsträgern das Satzungsrecht, Organisations-[2460] und Abgabenhoheit, Personal- und nach § 10 IHKG wegen des wachsenden Bedarfs an kammergrenzenüberschreitender Zusammenarbeit Kooperationshoheit[2461] im Sinne einer Aufgabenübertragungshoheit eingeräumt. Dabei handelt es sich um ein zweckmäßiges Recht zur Vermeidung oder Vorbereitung von Fusionen aufgrund schrumpfender Mitglieder, veränderter regionaler Bedürfnisse[2462] sowie unionsrechtlicher Herausforderungen. **1233**

Beispiele: Bündelung von Aufgaben nach dem Berufsqualifikationsfeststellungsgesetz in der neu gegründeten IHK Foreign Skills Approval (IHK-FOSA)[2463], Beteiligung an überregionalen Arbeitsgemeinschaften von IHKs[2464].

VI. Erscheinungsformen

Je nach Ausrichtung der wirtschaftlichen Tätigkeit gibt es verschiedene Erscheinungsformen der Selbstverwaltung. **1234**

1. Organisationsformen des Handwerks

Im Gegensatz zu der einheitlichen Organisation der Industrie- und Handelskammern unterscheidet die Handwerksordnung vier verschiedene Organisationsformen des Handwerks: die Handwerksinnungen (§§ 52 ff. HwO), die Innungsverbände (§§ 79 ff. **1235**

2454 S. etwa *Kluth*, Funktionale Selbstverwaltung, 1997, S. 458; *Tettinger*, Kammerrecht, 1997, S. 111 ff.
2455 So *Honig*, HwO, Kommentar, 3. Aufl. 2004, § 95 Rn. 6.
2456 Ebenso *Groß*, in: Kluth (Hg.), Handbuch des Kammerrechts, 2005, 187, 201; s. zur Kontroverse auch VGH Mannheim, GewArch. 1998, 65 und allgemein BVerwG, NVwZ 1999, 868, 873 ff.
2457 BVerfGE 107, 59, 92 f.
2458 Sehr restriktiv bezüglich Einsichtsrechte BVerwG, DVBl. 2004, 1172 ff.
2459 OVG Münster, GewArch. 2007, 113 ff.
2460 OVG Münster, GewArch. 2003, 418 f.; s. auch *Kormann*, GewArch. 2003, 89 ff.
2461 S. *Stober*, DÖV 1993, 333, 336 und im Anschluss daran *Jahn*, JA 1995, 972, 977; zur alten Regelung des § 1 Abs. 4a IHKG *Biernert*, Kooperation von Industrie- und Handelskammern in Deutschland und Europa, 2006; kritisch *Jahn*, NVwZ 1998, 1043 f.; *Ammermann*, WiVerw 1998, 201 ff.
2462 *Meyer*, GewArch. 2006, 305 ff.
2463 *Baumbach*, WiVerw 2012, 77 ff.; *Jahn*, WiVerw 2012, 88 ff.
2464 BVerwG, NVwZ-RR 2010, 882.

HwO), die Kreishandwerkerschaften (§§ 86 ff. HwO) und die Handwerkskammern (§§ 90 ff. HwO)[2465].

1236 a) **Handwerkskammern.** Der **Status** der Handwerkskammern **entspricht** weitgehend dem der **Industrie- und Handelskammern.** So können Handwerkskammern nach § 91 Abs. 1a HwO die Aufgaben einer einheitlichen Stelle nach §§ 71a ff. VwVfG übertragen werden. Auch im Übrigen gelten für sie im Hinblick auf die Zielsetzungen, die Aufgabenfelder und die Organisationsstrukturen die obigen Grundsätze. Nicht zuletzt aufgrund dieser Parallelen stellen sich oft Probleme, soweit es um die Zuordnung zur Handwerks- bzw. zur Industrie- und Handelskammer geht. Entscheidendes Abgrenzungskriterium ist insoweit traditionell, ob ein Handwerk oder ein sonstiges Gewerbe vorliegt.

1237 Im Rahmen der Handwerksreform 2003 hat der Gesetzgeber die Mitgliedschaft in Handwerkskammern durch die sog. **Kleine Handwerksreform** *(s. näher Bd. II § 48)* im Interesse der Rechtssicherheit teilweise neu geordnet. Nach dem damals modifizierten § 1 Abs. 2 HwO zählen nunmehr insbesondere einfache Tätigkeiten nicht zum Handwerk. Deren Ausübung wird nun ausdrücklich den Industrie- und Handelskammern zugeschlagen. Allerdings muss § 1 Abs. 2 i. V. m. § 90 Abs. 3 und 4 HwO gelesen werden, der auch Tätigkeiten erfassen will, die in einer dem Handwerk entsprechenden Betriebsform erbracht werden. Dementsprechend besteht ein Mitgliedschaftsverhältnis zu den Handwerkskammern i. S. d. § 1 Abs. 2 HwO, wenn

– der Gewerbetreibende die **Gesellenprüfung in einem zulassungspflichtigen Handwerk** erfolgreich abgelegt hat,
– die **betriebliche Tätigkeit Bestandteil der Erstausbildung** in diesem zulassungspflichtigen Handwerk war und
– die Tätigkeit den **überwiegenden Teil der gewerblichen Tätigkeit** ausmacht.

1238 Diese Differenzierung basiert auf der Überlegung, dass sich die handwerkliche Ausbildung und damit die fachliche und persönliche Verbundenheit mit der „Handwerksfamilie" auch auf die Kammerzugehörigkeit auswirken sollen[2466]. Abgesehen davon, dass diese gesetzliche Zuordnungsentscheidung systematisch nur partiell überzeugt, führt sie in der Verwaltungspraxis zu massiven Abgrenzungsschwierigkeiten und überflüssiger Bürokratie[2467]. Gerade Begriffe wie der des „Überwiegens" bergen verbunden mit der Weite handwerklicher Ausbildungsbestandteile insoweit Probleme.

Beispiel: Ein Bäckergeselle, der in seinem eigenen Backshop vorgefertigte Teigrohlinge aufbackt und verkauft, gehört zur Handwerkskammer. An der handwerklichen Vertriebsform fehlt es, wenn der Bäckergeselle eine Tankstelle betreibt und dort vorgefertigte Backprodukte verkauft.

1239 Können sich die Kammerorganisationen nicht über die Zugehörigkeit eines Gewerbetreibenden zu einer der beiden Kammern einigen, dann kann nach § 16 Abs. 10 HwO eine aufgrund von § 16 Abs. 4 HwO bei dem DIHK und dem DHKT gebildete **Schlichtungskommission** angerufen werden. Darüber hinaus sind Doppelmitgliedschaften je nach Ausrichtung des Unternehmens denkbar: Wer in der Handwerksrolle oder in ein Verzeichnis der handwerksähnlichen Gewerbe eingetragen ist, gehört nach § 2 Abs. 3 IHKG mit dem nichthandwerklichen oder nichthandwerksähnlichen Betriebsteil der Industrie- und Handelskammer und im Übrigen der Handwerkskammer an.

1240 In jüngerer Zeit wird verstärkt darüber nachgedacht, ob die klassische Unterscheidung insbesondere zwischen Handwerkskammern sowie Industrie- und Handelskammern nicht mittlerweile überholt ist[2468]. Teilweise wird diskutiert ob eine **Selbstverwaltungs-**

2465 *Möllering,* WuV 1998, 214 ff.; *Wiesemann,* Auslandshandelskammern, 2000.
2466 S. dazu *Jahn,* GewArch. 2004, 41 ff.
2467 S. zur Kontroverse *Mirbach,* GewArch. 2005, 366 f.; *K. Schmitz,* GewArch. 2005, 453 ff.
2468 S. *Degenhart,* DVBl. 1996, 551, 555 ff.

kammer für sämtliche Branchen der Wirtschaft ausreichend ist[2469]. Gelegentlich wird auch angeregt, die Kammerzugehörigkeit von der handwerksmäßigen Betriebsweise zu entkoppeln, um weitere Gewerbebetriebe in die Kammern einzubeziehen[2470]. Diese Argumentation übersieht, dass die Kammerzugehörigkeit nur eine Folge der ausgeübten Tätigkeit ist und deshalb nicht Ausgangspunkt einer Berufsqualifizierung sein kann.

b) Handwerksinnungen, Innungsverbände und Kreishandwerkerschaften. Eine besondere Stellung nehmen die Handwerksinnungen ein, weil sie auf freiwilliger Mitgliedschaft beruhen, aber als Körperschaften des öffentlichen Rechts organisiert sind (vgl. § 53 HwO). Sie sind ebenfalls Teil der (im weiteren Sinne) staatlichen Verwaltung und nehmen die gemeinsamen berufsständischen und wirtschaftlichen Interessen der in ihnen zusammengeschlossenen Handwerker wahr[2471]. Bezogen auf den Kreis ihrer Mitglieder unterscheiden sich die Handwerksinnungen insoweit von den Kammern, als sie auf ein bestimmtes Handwerk bezogen sind. Da sie nach § 52 Abs. 1 HwO auch für ein zulassungsfreies Handwerk gebildet werden können, tragen sie auch der wachsenden Bedeutung dieser Gewerbe innerhalb der Handwerksordnung Rechnung. **1241**

Die Handwerksinnungen eines Kreises, aber unterschiedlicher Handwerke, bilden die Kreishandwerkerschaft (vgl. § 86 HwO). Sie sind als Körperschaften des öffentlichen Rechts organisiert und fachübergreifend tätig. Demgegenüber sind die Innungsverbände Zusammenschlüsse der Innungen auf Länder- und auf Bundesebene und damit Interessenvertretungen des gleichen Handwerks. Sie sind zwar als juristische Personen des Privatrechts organisiert, können aber ebenso wie Innungen öffentliche Aufgaben auf Grund gesetzlicher Zuweisung wahrnehmen[2472]. Ihre Rechtsform ist insofern atypisch, als sie sich ausschließlich aus Körperschaften des öffentlichen Rechts zusammensetzen. **1242**

Die Existenz von Innungen, Innungsverbänden und Kreishandwerkerschaften kann damit gerechtfertigt werden, dass sie zahlreiche wirtschaftsverwaltungsrechtliche Aufgaben erledigen. Sie nehmen das Ausbildungs- und Prüfungswesen wahr und fungieren insbesondere als ortsnahe Dienstleistungszentren für die Handwerker (Rechtsberatung, Steuerberatung)[2473]. Gleichzeitig unterscheiden sie sich von den Kammern wegen ihrer Beschränkung entweder auf die Inhaber bestimmter Handwerksbetriebe oder auf die Inhaber aller Handwerksbetriebe in einer Region[2474]. Dennoch wird bezweifelt, dass die überkommene Organisationsstruktur noch zeitgemäß ist, den Strukturwandel im Handwerk angemessen berücksichtigt[2475], den Anforderungen der Betriebe genügt und die Mitglieder nicht zu sehr mit Beiträgen belastet[2476]. **1243**

Auch die Handwerksorganisationen müssen sich den Effizienz- und Synergieanforderungen des neuen Verwaltungssteuerungsmodells und der Einführung des New Public Managements stellen[2477]. Ein erster Schritt in diese Richtung einer schlanken Handwerksadministration ist die inzwischen in mehreren Bundesländern (Berlin, Hamburg, Saarland) und Bezirken (z. B. München) erfolgte Abschaffung der Kreishandwerker- **1244**

2469 S. Schmidt-Trenz/Stober (Hg.), Jahrbuch Recht und Ökonomik des Dritten Sektors 2007/2008.
2470 *Schwarz*, GewArch. 1993, 353, 356 und dazu *Degenhart*, DVBl. 1996, 551 ff.
2471 BVerfGE 68, 193, 208 f.; BVerwGE 90, 88.
2472 BVerfGE 68, 193, 212; VG Potsdam, NVwZ 2002, 1396.
2473 BGH, GewArch. 1991, 36 und 233 für die Kreishandwerkerschaften; *Kormann/Schinner-Stör*, Zulässigkeit von Rechtsdienstleistungen der Handwerksorganisationen, 2003.
2474 S. auch BVerwGE 125, 384 ff.
2475 S. *Schwarz*, GewArch. 1993, 353 ff.; *Kopp*, WuV 1994, 1 ff.
2476 VG Schleswig-Holstein, GewArch. 2005, 378; *Badura/Kormann*, GewArch. 2005, 102 ff.; *Detterbeck*, GewArch. 2005, 271 ff. und 321 ff.; BVerwGE 125, 384 ff.
2477 *Wolff/Bachof/Stober/Kluth*, VerwR I, § 2 VI 5.

schaften als eigenständige Organisation sowie die freiwillige Fusion von Innungen[2478]. Gleichzeitig wäre zu erwägen, ob nicht zum Zwecke der Verwaltungsvereinfachung weitere staatliche Aufgaben auf die Handwerkskammern übertragen werden sollen[2479] und staatliche Genehmigungspflichten entfallen können.

2. Organisation der Landwirtschaftskammern

1245 Die Landwirtschaftskammern sind landesrechtlich geregelte Körperschaften des öffentlichen Rechts, deren Kosten durch Umlagen von den landwirtschaftlichen Betrieben, Einnahmen und Staatszuschüssen gedeckt werden. Sie sind in Kreis- und Ortsstellen untergliedert und für Landwirte, Forstwirte, Gärtner und landwirtschaftliche Arbeitnehmer zuständig. Zu ihren Aufgaben gehört es, die **Gesamtinteressen der Agrarwirtschaft** zu fördern sowie auf die Wirtschaftlichkeit und Umweltverträglichkeit bei der landwirtschaftlichen Erzeugung und Tierhaltung einzuwirken. Die Landwirtschaftskammer ist einerseits eine Einheit der Selbstverwaltung der Landwirte und andererseits Zweig der Staatsverwaltung, die in der Region die unions-, bundes- und landesrechtlichen Vorgaben umsetzt. Sie begleitet die Mitglieder bei dem Strukturwandel, betreibt angewandte Forschung zur Optimierung landwirtschaftlicher Produkte und wirkt bei der Prüfung und Bewertung von Saatgut und Zuchttieren mit. Im Übrigen decken sich die Aufgaben mit denen der anderen Kammern[2480].

3. Privatrechtliche Organisationsformen und Kooperation

1246 Zur Erfüllung der ihnen obliegenden Wirtschaftsverwaltungsaufgaben können sich die Industrie- und Handelskammern sowie die Handwerks- und Landwirtschaftsorganisationen im Rahmen ihrer **Organisationshoheit** auch privatrechtlicher Organisationsformen bedienen und sich mit anderen Stellen zur gemeinsamen Aufgabenerledigung zusammenschließen.

Beispiele: Zusammenschluss selbstständiger Kreditgarantiegemeinschaften zu einer Bürgschaftsbank, die sich als Selbsthilfeeinrichtung der Wirtschaft gegenüber Kreditinstituten für Existenzgründungskredite verbürgt. Zusammenschluss zu regionalen Entwicklungsgesellschaften zur Struktur- und Wirtschaftsförderung. Beteiligung an Fördergesellschaften[2481].

1247 Eine Sonderstellung nehmen die **Auslandshandelskammern** ein[2482]. Dabei handelt es sich um freiwillige Zusammenschlüsse, die unter Beachtung des Rechtes des Gaststaates errichtet werden. Soweit die Schaffung von Auslandshandelskammern nicht zweckmäßig oder nicht möglich ist, werden deren Aufgaben von Delegiertenbüros der Deutschen Wirtschaft wahrgenommen, die weder über Mitglieder noch über Kammervorstände verfügen.

1248 Im Mittelpunkt stehen Serviceleistungen für deutsche Unternehmen im Interesse der Marktöffnung und zur **Förderung der Außenwirtschaft**. Sie werden durch das Konzept „DE international" weltweit standardisiert. Zusammen mit den diplomatischen und berufskonsularischen Vertretungen sowie der Bundesagentur für Außenhandelswirtschaft sind die Außenhandelskammern bzw. Delegiertenbüros Teil des Dreisäulenkonzepts der Außenwirtschaftsförderung *(s. o. Rn. 1183)*.

4. Spitzenorganisationen der Selbstverwaltung der Wirtschaft

1249 Die Träger wirtschaftlicher Selbstverwaltung haben sich zu **Spitzenorganisationen** zusammengeschlossen, um eine wirksame Interessenvertretung gegenüber EU-Organen,

---

2478 *P. Schmidt*, GewArch. 2006, 451 ff.
2479 *Hammen*, GewArch. 1995, 405 ff.
2480 S. näher *Steding*, LKV 1991, 325.
2481 OVG Schleswig-Holstein, GewArch. 1997, 144.
2482 *Schliesky/Altmann*, in: Graf/Paschke/Stober (Hg.), Strategische Perspektiven des Kammerrechts, 2007, 45 ff.

Bund, Ländern und anderen Stellen sicherzustellen. Sie werden ferner beratend und koordinierend tätig und tragen zur Informationsvermittlung bei[2483].

Ihre Tätigkeit wird durch das ihnen übertragene Mandat begrenzt. Das bedeutet, dass **1250** Dachverbände weder die Kompetenzen der einzelnen Mitgliedskammern erweitern können noch ihnen eigene Aufgaben übertragen werden dürfen.[2484] Insoweit besteht also ein akzessorisches Verhältnis.

Die Industrie- und Handelskammern bilden den **Deutschen Industrie- und Handels- 1251 kammertag** (DIHK) und die Handwerkskammern den **Deutschen Handwerkskammertag** (DHKT – s. auch § 16 Abs. 4 HwO). Als Interessenvertretung auf europäischer Ebene existieren die sog. **Euro-Chambres.**

VII. Partizipation von Wirtschaftsverbänden an der Wirtschaftsverwaltung

Eine gewisse Verwandtschaft zur Selbstverwaltung der Wirtschaft durch die mittelbare **1252** Staatsverwaltung weisen die Wirtschaftsverbände *(s. o. Rn. 225)* auf, so dass zunächst beide Organisationsformen in Beziehung zu setzen sind, um die Bedeutung der Wirtschaftsverbände für die Wirtschaftsverwaltung ergründen zu können.

1. Zum Status der Wirtschaftsverbände

Die Partizipation der Wirtschaftsverbände an der Wirtschaftsverwaltung wird teil- **1253** weise als eine weitere Form der Selbstverwaltung der Wirtschaft qualifiziert[2485]. Teilweise wird behauptet, die Wirtschaftsverbände gehörten nicht zur Wirtschaftsverwaltung[2486]. Welche dieser Einordnungen zutreffend ist, hängt zunächst von der Struktur dieser Organisationen ab. Wirtschaftsverbände sind freiwillige Vereinigungen von Unternehmern und Unternehmen des gleichen fachlichen Wirtschaftszweiges, welche die gemeinsamen wirtschaftlichen Interessen ihrer Mitglieder fördern und sie insbesondere gegenüber der Öffentlichkeit, den Unions-, Regierungs-, Verwaltungs- und Gesetzgebungsorganen sowie anderen Wirtschaftszweigen vertreten[2487]. Sie sind auf Grund von Art. 9 Abs. 1 GG und Art. 12 EU GR Charta grundrechtlich geschützt, privatrechtlich organisiert und können sich zu Spitzenverbänden zusammenschließen (z. B. Bundesverband der Deutschen Industrie). Die Strukturen der Wirtschaftsverbände weisen somit zusammengenommen erhebliche Unterschiede zur Selbstverwaltung der Wirtschaft durch Kammern auf.

Vergleicht man zudem deren **Tätigkeitsfeld**, so fällt zunächst auf, dass die Partizipa- **1254** tion von Wirtschaftsverbänden an Gesetzgebungs- und Verwaltungsentscheidungen verfassungsrechtlich gar nicht und auf Unionsebene nur ansatzweise in den Art. 99, 300 ff. AEUV normiert ist. Inhaltlich geht es bei deren Aktivitäten vornehmlich um eine primär pluralistisch, sozial-, umwelt- und rechtsstaatlich motivierte[2488] Interessenvertretung zugunsten der Mitglieder. Sie erschöpft sich hauptsächlich in der gelegentlichen, also keinen erheblichen Teil der Arbeitskraft beanspruchenden, anhörenden, einwendenden und auf andere Weise mitwirkenden Vorbereitung von staatlichen Entscheidungen, ohne dass öffentlich-rechtlichen Befugnisse bestünden. Damit weist auch das Tätigkeitsfeld der Wirtschaftsverbände und insbesondere deren Möglichkeit

---

2483 BVerwGE 74, 254; BVerwG, GewArch. 1991, 398, 400.
2484 BVerwG, NVwZ 2017, 70 ff.
2485 Vgl. *Fikentscher*, Wirtschaftsrecht, Band II, 1983, § 21 V 3.
2486 *Schmidt*, § 9 V.
2487 Ebenso *Frotscher/Kramer*, § 23 I 2 Fn. 18; *Schladebach*, DÖV 2000, 1026 ff.
2488 BVerfGE 20, 56, 99; *Dederer*, Korporative Staatsgewalt, 2004.

zur Partizipation am politischen Willensbildungsprozess erhebliche Unterschiede zu dem der Kammern auf.

1254a   Weitere Divergenzen zwischen der Tätigkeit der Selbstverwaltung der Wirtschaft und den Wirtschaftsverbänden ergeben sich daraus, dass die „Wirtschaftslobbys" bei ihrer formellen und informellen Einflussnahme auf den politischen Willensbildungs- oder administrativen Entscheidungsprozess keine Gemeinwohlaufgaben, sondern prinzipiell **Eigenwohlaufgaben** und Sonderinteressen ihrer Mitglieder verfolgen. Sie haben weder ein Gesamtinteresse zu wahren noch müssen sie unterschiedliche Interessen abwägen und ausgleichen[2489]. Wegen dieser partikularinteressenorientierten Ausrichtung können Verbände kaum als sachgerechte und neutrale Vermittler zwischen Politik und Wirtschaft qualifiziert werden[2490]. Sie können nach alledem somit nicht als eine Facette der Selbstverwaltung der Wirtschaft begriffen werden.

2. Mitwirkungs- und Beteiligungsrechte der Wirtschaftsverbände

1255   Wirtschaftsverbände besitzen aufgrund unterschiedlich starker Mitwirkungs- und Beteiligungsrechte in der Praxis einen erheblichen Einfluss auf die staatliche Wirtschaftsgestaltung und die Wirtschaftspolitik. Die hoheitlich geregelte Mitarbeit der Wirtschaft hat den Vorteil, dass sich EU-Organe, Bund, Länder und andere Verwaltungsträger die Sachkunde und Vorstellungen dieser Interessenvertretungen zunutze machen können (z. B. „Hearings"). Die verschiedenen Hoheitsträger sind insoweit auf die ständige **Information und Mitwirkung** der Wirtschaftsverbände angewiesen, weil sie das Tatsachenmaterial für staatliche Entscheidungen auf dem Gebiet der Wirtschaft liefern und für Meinungsvielfalt sorgen.

1256   Die Wirksamkeit staatlicher Maßnahmen hängt nicht nur von der Richtigkeit im Sinne von Sachgerechtigkeit, sondern auch von der Akzeptanz der Adressaten ab. Insoweit ist die Kooperation mit den Verbänden ebenfalls hilfreich. Sie stärkt die Leistungsfähigkeit des modernen sozialen Rechtsstaates und vermeidet Vollzugsdefizite. Ferner hat es die starke wirtschaftliche Ausrichtung vieler staatlicher Organe als zweckmäßig erscheinen lassen, in den Gremien selbst Personen aufzunehmen, die durch ihre berufliche Erfahrung und in eigener Anschauung erworbene Sachkunde in besonderem Maße in der Lage sind, die richtige Entscheidungsfindung zu fördern.

Beispiele: Wirtschafts- und Sozialausschuss nach Art. 300 ff. AEUV als beratendes Organ; Technische Ausschüsse nach § 34 Abs. 2 ProdSG; Sachverständigenausschüsse beim Bundesamt für Wirtschaft (§ 5 des Gesetzes über das Bundesamt für gewerbliche Wirtschaft), Verwaltungsrat des Stabilisierungsfonds (§ 20 WeinwirtschaftsG); zahlreiche Gesetze sehen eine Anhörung beteiligter Kreise vor (§ 51 BImSchG; § 68 KrWG); nach § 24 der Gemeinsamen Geschäftsordnung der Bundesministerien (GGO II) können bei der Vorbereitung von Gesetzen „die Vertretungen der beteiligten Fachkreise oder Verbände unterrichtet und um Überlassung von Unterlagen gebeten werden sowie Gelegenheit zur Stellungnahme erhalten"; § 70 der Geschäftsordnung des Bundestages gestattet die Hinzuziehung von Interessenvertretern anlässlich öffentlicher Anhörungen; Klagerecht von Verbraucherverbänden nach § 4 Unterlassungsklagegesetz.

1257   Die besondere Rolle der Wirtschaftsverbände in der Dienstleistungswirtschaft wird durch die **Dienstleistungsrichtlinie** gestärkt. Nach Art. 37 DLR ergreifen die Mitgliedsstaaten in Zusammenarbeit mit der Kommission Maßnahmen, um insbesondere Berufsverbände, -organisationen und -vereinigungen zu ermutigen, auf Gemeinschaftsebene Verhaltenskodizes auszuarbeiten, welche die Leistungserbringung oder die Niederlassung von Dienstleistungserbringern erleichtern sollen. Zudem sollen nach Art. 26 DLR die Berufsverbände im Interesse der Qualitätssicherung Qualitätscharten oder Gütesiegel auf Unionsebene erarbeiten.

2489   VG Neustadt, GewArch. 1997, 23 ff.; *Stober*, GewArch. 2001, 393 ff.
2490   *Kammin*, EuZW 2007, 453 f.

3. Informelle Einflussnahmen und Staatsentlastung

Erheblich stärker als der staatlich gesteuerte Einfluss ist die ungelenkte Einflussnahme **1258** der Wirtschaftsverbände zur Durchsetzung ihrer Interessen. Sie erfolgt vornehmlich durch informelles Handeln und insbesondere durch intensive **Lobbyarbeit,** die nicht als demokratiegefährdende Einflussnahme in den Entscheidungsprozess zu werten, sondern vielmehr als Ausdruck der den Wirtschaftsverbänden zustehenden Vereinigungsfreiheit zu begreifen ist[2491].

Unabhängig von dieser Partizipation haben die Wirtschaftsverbände in mehrfacher Hin- **1259** sicht **staatsentlastende Funktion.** Sie erbringen für ihre Mitglieder in der stark verrechtlichten Dienstleistungs- und Informationsgesellschaft Dienstleistungen (Information, Aus-/ Weiterbildung, Verbandsprüfungen), vermeiden hoheitliches Handeln (Selbstbeschränkungsabkommen, Schaffung von technischen Regelwerken, Disziplinierung von Mitgliedsunternehmen, Ombudsmann des Bundesverbandes deutscher Banken zur außergerichtlichen Streitschlichtung) und versorgen die öffentliche Hand mit Informationen.

4. Internationalisierung

Übernational agiert die **Internationale Handelskammer** als weltweiter Zusammen- **1260** schluss von Unternehmen und Verbänden. Sie versteht sich als Gegengewicht zu den übrigen Organisationen, die Rahmenbedingungen für die Wirtschaft festlegen. Tätigkeitsschwerpunkte sind Regelvereinheitlichung, Selbstbeschränkungsabkommen, Schiedsgerichtsbarkeit und Beratung.

§ 44 Finanzierung der Wirtschaftsverwaltung

Die Finanzierung der Wirtschaftsverwaltungsaufgaben und der Tätigkeit der Wirtschafts- **1261** verwaltungsorganisationen *(s. o. Rn. 852 ff., 1126 ff.)* erfolgt nicht nach einem einheitlichen Muster. Zwar wird im modernen Abgabenstaat der staatliche Aufwand für die Aufgabenerledigung typischerweise aus Steuermitteln finanziert. Hinzu treten jedoch Gebühren und Konzessionsabgaben für konkrete Verwaltungsleistungen – wie etwa Genehmigungen und Benutzungsrechte – oder Beiträge für die Mitgliedschaft in Kammern *(s. o. Rn. 1204)* sowie für die Nutzung von Einrichtungen (§ 143 TKG). Im Einzelfall werden darüber hinaus auch Sonderabgaben erhoben, die unterschiedliche Funktionen besitzen[2492] und zudem nur unter bestimmten Voraussetzungen zulässig sind *(s. o. Rn. 311).*

I. Nutzerfinanzierung

Auf Basis dieser Grundsätze lässt sich in jüngerer Zeit eine schleichende Verlagerung **1262** des klassischen Finanzierungsgefüges hin zu verschiedenen Formen der Betroffenenfinanzierung feststellen, deren Zulässigkeit nicht in Stein gemeißelt ist.

1. Ausgangspunkt

Im Einzelnen lässt sich in manchen Wirtschaftszweigen eine partielle oder vollständige **1263** Umstellung in Richtung Nutzerfinanzierung im Sinne einer Überwälzung von Bürokratiekosten auf die Adressaten von Überwachungsmaßnahmen beobachten[2493], deren

---

2491 Vgl. dazu *Schladebach,* DÖV 2000, 1026 ff.
2492 S. näher *Wolff/Bachof/Stober/Kluth,* VerwR I, § 42 V 6; *P. Kirchhof,* in: HdBStR V, 3. Aufl. § 119.
2493 *Gramm,* Der Staat 36 [1997], 267 ff.; *Hendler,* DÖV 1999, 749 ff.; *Kube,* JZ 2016, 373 ff.

rechtliche Qualifizierung und verfassungsrechtliche Zulässigkeit umstritten ist[2494]. Traditioneller Vorreiter dieses Wandels ist die Finanzierung der **Banken- und Kreditaufsicht**, wie sie ihren Niederschlag in den §§ 16 ff. FinDAG gefunden hat. Danach sind die Kosten der Bundesanstalt für Finanzdienstleistungsaufsicht, soweit sie nicht durch Gebühren oder Erstattung nach § 14 ff. FinDAG gedeckt werden, einschließlich der Fehlbeträge und der nicht eingegangenen Beiträge des Vorjahres anteilig auf die Versicherungsunternehmen, Kredit-, Finanzdienstleistungsinstitute usw. umzulegen.

1264   Diese in § 16 FinDAG normierte Umlage für anderweitig nicht gedeckte Aufwendungen im Kontext der Marktaufsicht soll nach der verfassungsgerichtlichen Spruchpraxis[2495] den Anforderungen einer **Sonderabgabe** (s. o. Rn. 311) entsprechen, weil die Finanzdienstleister in der Tätigkeitsstruktur homogen seien, zum Finanzmarkt eine spezifische Nähe aufwiesen und weil dieser Markt in besonderer Weise vom Vertrauen der Öffentlichkeit abhänge. Denn infolgedessen könnten Nachlässigkeiten eines Unternehmens Vertrauensverluste für die anderen zur Folge haben, so dass alle Anbieter für die Finanzierung solcher Mechanismen verantwortlich seien, die das Marktvertrauen erhielten, und deren Bestehen für sie besonders nützlich sei[2496].

1265   Diese Rechtsprechungslinie führt dazu, dass der Aufwand der Wirtschaftsüberwachung überall dort, wo diese Voraussetzungen erfüllt sind, auf die betroffene Wirtschaftsbranche entsprechend dem **Verursacherprinzip** und dem Gedanken privater Aufgabenverantwortung (s. o. Rn. 115) umgelegt werden darf [2497]. Da die verfassungsgerichtlichen Anforderungen nicht exklusiv für den Finanzsektor gelten, kann daher eine auf den Aufwand für die behördliche Überwachungsstruktur bezogene Umlagefinanzierung ggf. auch im Falle der Überwachung der Erbringer anderer sensibler, z. B. arbeitsmarktbezogener Dienstleistungen möglich sein, soweit sie in hohem Maße auf das Vertrauen der Öffentlichkeit angewiesen sind[2498].

2.   Weiterungen

1266   Diese Lösung ist in Zeiten knapper Haushaltskassen sehr attraktiv, weil sie staatliche Mittel nicht belastet. Deshalb verwundert es nicht, dass sie Pate für weitere Überwälzungen der Kosten auf andere Wirtschaftszweige stand, die im Zuge der Privatisierung staatlicher Aufgaben mit großem finanziell zu Buche schlagendem Kontrollbedarf und der Entwicklung eines **Regulierungsverwaltungsrechts** (s. o. Rn. 875 ff.) entstanden sind. Beispielhaft für diesen Systemwechsel ist an § 143 TKG[2499] zu erinnern. Diese Vorschrift ermächtigt zur Erhebung eines auf die überwachten Unternehmen umgelegten Nutzungsbeitrages, um die Kosten der Regulierungsbehörde für die Verwaltung, Kontrolle und Durchsetzung der gesetzlichen Pflichten zu decken.

1267   Für den Bereich der DB-AG verlangte der Bund eine anteilige Kostenerstattung für die Einsatzleistungen der Bundespolizei im Bahnhofs- und Netzbereich[2500], die aber im konkreten Fall von der Rechtsprechung abgelehnt wurde, weil die DB-AG keine exklusive Verantwortung für die Sicherheit auf dem Schienennetz trage, sondern sie mit den anderen dort verkehrenden Eisenbahnunternehmen teile[2501]. Aufgrund dieses übergreifenden Ansatzes spricht diese Entscheidung nicht gegen eine Nutzerfinanzierung

---

2494   S. näher *Ehlers/Achelpöhler*, NVwZ 1993, 1025 ff.; *Mückl*, DÖV 2006, 797 ff.; *A. Eichhorn*, Die Finanzierung staatlicher Regulierung durch die Regulierten, 2013; *Kube*, JZ 2016, 373 ff.
2495   BVerfG, DVBl. 2016, 242 ff.
2496   Vgl. auch BVerwG, JZ 2007, 466 ff.; BVerwG, NVwZ 2010, 35 ff.; BVerwG, NVwZ 2012, 763 ff.
2497   *Kube*, Verw 41 [2008], 1, 11 ff.
2498   Vgl. *Calliess/Korte*, Dienstleistungsrecht in der EU, 2011, § 3 Rn. 142.
2499   S. näher *Mückl*, DÖV 2006, 797 ff.
2500   *Oschmann*, Die Finanzierung der inneren Sicherheit, 2005, S. 157 ff.
2501   BVerwGE 126, 60 ff. und dazu *C. Moench*, a. a. O., S. 823 ff.

der Überwachung im **Bahnverkehr**, sondern dafür, solange alle Unternehmen herangezogen werden[2502].

3. Ausgrenzungen

Ein anderes Konzept liegt der Erhebung der LKW-**Maut** zugrunde, da sie die Kosten **1268** der Nutzung einer Infrastruktureinrichtung ausgleichen will (s. auch § 2 FStrPrivFG) und sich damit nicht auf die Kosten der Wirtschaftsüberwachung bezieht, sondern eine anteilige Heranziehung für die Inanspruchnahme der Straßeninfrastruktur erlaubt[2503]. Dasselbe gilt in Fortschreibung dessen für die unionsrechtlich umstrittene, mittlerweile eingeführte, aber noch nicht erhobene PKW-Maut.[2504]

Zudem liegt kein Falle einer Nutzerfinanzierung vor, wenn der Organisator einer **ge-** **1269** **winnorientierten Großveranstaltung** die Kosten tragen soll, die anlässlich deren Überwachung aufgrund der Heranziehung von Polizeikräften entstanden sind, soweit von der Veranstaltung erfahrungsgemäß Gewalthandlungen ausgehen, weil dann eine Gebühr *(s. o. Rn. 309)* erhoben wird[2505].

Beispiel: Die Kosten für den zum Schutz der öffentlichen Sicherheit und Ordnung erforderlichen Einsatz von Polizisten, die anlässlich eines Fußballbundesligaspiels entstehen, weil das Verhältnis der „Fans" der beteiligten Clubs angespannt ist und in der Vergangenheit oft in gewaltsamen Auseinandersetzungen mündete, dürfen der DFL als Veranstalter auferlegt werden[2506].

II. Finanzierung durch Inpflichtnahme privater Unternehmen

Von der Abgaben- und Nutzerfinanzierung ist die Kostentragung im Rahmen einer **1270** **Inpflicht- oder Indienstnahme** *(s. o. Rn. 1189)* zu unterscheiden, die sich als zusätzliche Last darstellt. Das *BVerfG* hält eine Überwälzung auf betroffene Unternehmen für zulässig, soweit sie in einem vertretbaren Verhältnis zu den Gesamtumsätzen und Gewinnen des belasteten Wirtschaftszweigs steht[2507]. Dabei spielt auch eine Rolle, ob das Unternehmen die Kosten auf seine Kunden abwälzen kann[2508]. Zudem wird relevant, ob die erhoben Kosten die Wettbewerbsstellung des betroffenen Unternehmens nachteilig beeinflussen *(s. o. Rn. 1190)*.

Beispiel: Finanzierungsgarantie für die Rücknahme und Entsorgung von Elektro- und Elektronikgeräten (§ 7 Elektro- und Elektronikgerätegesetz).

2502 Vgl. *Bier,* jurisPR-BVerwG 20/2006, Anm. 1 unter B. (zitiert nach juris, Abruf 4/2018).
2503 *Uechtritz,* DVBl. 2003, 575 ff.; *Neumann,* NVwZ 2005, 130 ff.; OVG Münster, DÖV 2010, 35 ff.
2504 Vgl. dazu *Korte/Gurreck,* EuR 2014, 420 ff.
2505 Siehe zum Ganzen *Kempny,* DVBl. 2017, 862 ff.
2506 OVG Bremen, Az. 2 LC 139/17 v. 5.2.2018 (zitiert nach juris).
2507 BVerfG, 30, 292 ff.
2508 S. kritisch *D. Strauß,* Verfassungsfragen der Kostenabwälzung bei staatlichen Indienstnahmen privater Unternehmen, 2009.

Stichwortverzeichnis

Stichwortverzeichnis

Stichwortverzeichnis

Stichwortverzeichnis

Stichwortverzeichnis

Stichwortverzeichnis

Stichwortverzeichnis

Stichwortverzeichnis